JN316853

大学院講座・日本法制2010年

日本法制の改革：
立法と実務の最前線

小島 武司 編著

日本比較法研究所
研究叢書
74

中央大学出版部

装幀　道吉　剛

はしがき

　中央大学大学院法学研究科は，1999 年に，大学院改革の動きに呼応して社会人教育プログラムを創設し，これに適合するカリキュラムの再編成を行った。官庁や企業などでの実務経験を有する社会人を対象として，そのキャリア向上のための大学院教育新展開の一環として，実社会のニーズに応えるべく大学院の社会的開放を推進し，これを契機に学術理論の刷新を図ろうとしたのである。

　この時期に研究科委員長の任にあったことから，わたくし自身も応分の寄与をすべく，司法を中心とする制度改革の進展を分野横断的に幅広く視野に収めて諸法の変化を追い，その核となる思想を探るため，総合科目「日本法制 2010 年」を発足させた。2001 年の司法制度改革審議会意見書は諸法制改革の動きを加速させ，近未来 2010 年をにらんでの大局観を獲得する場は，その輝きを増していったのである。

　このような経緯で，国会，裁判所，法務省，文部科学省，弁護士会，各種紛争解決機関，通商産業省，総務省などから法制改革の第一線にある立法関係者による連続講義を中心に，これと緊密に関わる先端的な研究者や実務家を加えての，年間 20 前後の課題にわたって授業を企画し，現場の新鮮な息吹を伝えることとなった。このような趣旨を徹底するために，講義の担当者は原則として毎年入れ替わり，オンゴーイングの改革鮮度が保たれることになった。

　「日本法制 2010 年」は，専攻のいかんを問わず，学生のすべてが参加の機会を得られるように，前期の授業の終了直後の 7 月，後期の授業が始まる直前の 9 月，および後期の授業終了直後の 1 月の各土曜日において集中授業の形で実施されることになった。期待通り多くの受講者が集い，このセッションは，活

気に満ちた貴重な対話の場となった。この授業の成果を研究レベルに取り込み理論の深化を進めるために，これと併行するものとして，日本比較法研究所における研究プロジェクトが始まった。

　本書は，この集中講義との関わりで執筆された諸論文からなるものである。多忙な職務のかたわら力作をお寄せいただいた各執筆者の方々に厚く御礼申し上げたい（講義当時の職務等は，各論文の末尾に記載）。講師およびテーマに関する記録散逸という事情に加えて，講義を担当された方々のなかには，その担当部署を離れて実務の第一線に復帰された方々，その後要職に就かれた関係で論文作成の時間的な余裕を見出せず執筆を断念された方々，講義後法制に更なる進展があったため講義内容を改めて論文とする意義が薄れたとして執筆を辞退された方々などが少なからずあって，ここに収められた論文が全体の一部分に限られる結果になったことは，各講義の新鮮な輝きに感動している編者にとっては，まことに残念である。

　しかし，このこと自体講義のもつ歴史的意義の大きさを物語っているともいうことができるのであり，コーディネイターを務めた者としてはいささか誇らしい気持ちを禁じえない。なお，本講座の発足当初の若干の講義については，中央大学から講義集『司法改革・教育改革』（2001年）が既に公刊されている。本書と合せてご覧いただければ幸いと思う。

　平成の大司法改革は，まことにスピーディに多くの新法ないし改正法を生み出し，いまその実践の段階を迎えている。なかには，諸外国の法制の先を行く独創的立法もあり，その成果には国際的にも熱い視線が注がれている。われわれの課題は，改革立法の段階から法運用の段階に移りつつある。これらの諸立法がよき成果に結び付き，わが国における「社会的公正度」の飛躍的上昇が一日も早く訪れることを期待したい。

　最後に，本書のためにご寄稿いただいた執筆者の方々に対し，改めて心より感謝の言葉をささげたい。大学院における授業の設営のため，また，研究プロジェクトの推進のために，さらには本書の編集のために多大なご尽力をいただ

いた，中央大学大学院事務室の町田慎一，吉村泰紀，日本比較法研究所の五島功二，中央大学出版部の小川砂織の各氏にもお礼を申し上げたい。

2007年7月

小　島　武　司

目　　次

はしがき ……………………………………………小島武司

第Ⅰ部　司法制度・司法アクセスの動向

第1章　司法制度改革とこれからの民事訴訟の
　　　　あり方について想うこと ………………近藤昌昭… 3
　Ⅰ　はじめに　3
　Ⅱ　民事訴訟の現状　3
　Ⅲ　これからの民事司法　6

第2章　建築訴訟の現状と課題 ……………………齋藤　隆… 18
　Ⅰ　建築訴訟を取り巻く状況　18
　Ⅱ　建築訴訟の特質と審理の現状　23
　Ⅲ　建築訴訟の課題とその実践　30

　　　　　　　　　　　　　　　　　　　　　　合田俊文
第3章　利用者起点の司法アクセスに向けて ………石川幹子… 42
　　　　　　　　　　　　　　　　　　　　　　藤本光太郎
　Ⅰ　はじめに──利用者起点という問題意識　42
　Ⅱ　司法ニーズと司法サービスの現在
　　　──誰がどのように困っているのか？　44
　Ⅲ　ネットワークをめぐる問題──新しい枠組みを求めて　69
　Ⅳ　海外の司法アクセス機関──情報技術の活用を中心に　79
　Ⅴ　おわりに　88

第Ⅱ部　仲裁法制の動向

第1章　民事紛争解決手段としての仲裁の位置付けと可能性………出井直樹… 95

 Ⅰ　はじめに　95
 Ⅱ　仲裁合意の意義と効力に関する諸問題　96
 Ⅲ　これからの仲裁の可能性　102

第2章　新仲裁法と建設工事紛争審査会………唐木芳博… 113

 Ⅰ　建設工事紛争審査会の概要　113
 Ⅱ　建設業法における仲裁法の特則　123
 Ⅲ　審査内規の法的性格と仲裁に関する主な規定　126
 Ⅳ　仲裁法の運用上の諸問題　128
 Ⅴ　おわりに　137

第3章　新仲裁法と日本商事仲裁協会
　　　　──国際商事仲裁──………大貫雅晴… 139

 Ⅰ　はじめに　139
 Ⅱ　新仲裁法と日本商事仲裁協会　140
 Ⅲ　日本における国際商事仲裁　142
 　資料　社団法人日本商事仲裁協会　商事仲裁規則　156

第4章　海事仲裁の現状と将来展望………松元俊夫… 172

 Ⅰ　はじめに　172
 Ⅱ　一般商事仲裁と海事仲裁　172
 Ⅲ　海事仲裁の実績　173
 Ⅳ　世界の海事仲裁マーケット　174
 Ⅴ　TOMAC仲裁規則　174
 Ⅵ　将来展望　184

資料　社団法人日本海運集会所　海事仲裁委員会　仲裁規則　186

第5章　アドホク仲裁とケース・マネージメント
　　　　　………………………………………………………川村　明…197
　　Ⅰ　アドホク仲裁　197
　　Ⅱ　機関仲裁，機関補助型アドホク仲裁とアドホク仲裁　198
　　Ⅲ　機関仲裁条項とアドホク仲裁条項　200
　　Ⅳ　アドホク仲裁の法律問題　204
　　Ⅴ　私の珍しい「アドホク仲裁人体験」　209

第6章　ICC仲裁と調停の帰趨　………………………澤田壽夫…213
　　Ⅰ　ICC仲裁手続　214
　　Ⅱ　仲裁前判定規則による保全・暫定措置　223
　　Ⅲ　ICC調停（ADR）　225
　　Ⅳ　ICC手続と調仲・仲調　229

第Ⅲ部　調停法制の動向

第1章　ADRの規格化・標準化の試みについて……山本和彦…237
　　Ⅰ　ADR拡充の意義　237
　　Ⅱ　ADRの規格化・標準化の意義と必要　239
　　Ⅲ　ADR法（裁判外紛争解決手続利用促進法）　240
　　Ⅳ　金融ADRモデル　246
　　Ⅴ　ISOのEDR規格（ISO10003）　250

第2章　ADR・調停に関するやや反時代的な一考察
　　　　　………………………………………………………萩原金美…258
　　Ⅰ　はじめに――なぜ，そして何を論ずるのか？　258
　　Ⅱ　ADRと法の支配との矛盾・相剋　259
　　Ⅲ　調停の今日的問題点　264

Ⅳ　ADR・調停の行方——結びに代えて　269

第3章　消費者相談
　　　　　——その実際と役割についての一考察——　………島野　康…283
　Ⅰ　はじめに　283
　Ⅱ　消費者基本法と独立行政法人国民生活センター法　284
　Ⅲ　苦情相談件数の具体的相談　296
　Ⅳ　あっせん・助言・自主交渉　317
　Ⅴ　むすびに代えて　320
　　資料1　携帯電話端末の交換等に伴う有料コンテンツ
　　　　　引継ぎのトラブルについて　321
　　資料2　外国の航空会社の指示によって預けた手荷物の
　　　　　紛失に関するトラブル　335

第4章　国際紛争解決の手段としての調停と
　　　　他の仲裁代替手法………………………………澤田壽夫…350
　Ⅰ　交　　　渉　351
　Ⅱ　事実調査・査問　352
　Ⅲ　斡旋・調停　354
　Ⅳ　調仲と仲調　359
　Ⅴ　その他のADR　362
　Ⅵ　む　す　び　365

第5章　仲調の展開
　　　　——2010年とそのあとを目指して——　…………澤田壽夫…368
　Ⅰ　仲調という概念　369
　Ⅱ　仲調と仲調類似の参考例　369
　Ⅲ　仲調排除の理由　373
　Ⅳ　仲調を困難にする法律，判例，規則等　374
　Ⅴ　仲調を積極的に支持する法律，論説等　378
　Ⅵ　仲調支持の背景　379

Ⅶ　仲調普及の方策　381
第6章　市民による市民のための紛争解決・支援
　　　　──総括的メディエーションにおけるメディエーターと
　　　　　ケースマネージャーの役割──……………田中圭子…390
　　Ⅰ　はじめに　390
　　Ⅱ　ADRのプロセス　390
　　Ⅲ　ADRの中のメディエーションとは何か　402
　　Ⅳ　相談とケースマネジメント
　　　　──ADR（両当事者がそろうまで）の流れ　411
　　Ⅴ　まとめにかえて
　　　　──メディエーションで出来ることと
　　　　　メディエーターが出来ること　425

第Ⅳ部　法人組織に関する法制の動向

第1章　会社法について …………………………相澤　哲…431
　　Ⅰ　はじめに　431
　　Ⅱ　制定への経緯　432
　　Ⅲ　会社法の特徴　438
　　Ⅳ　主要改正点　440
　　Ⅴ　関連政省令　454
　　Ⅵ　おわりに　455
　　　別表　会社法制の改正の経過　461
第2章　倒産法大改正とその社会的実体的影響 ……小林秀之…465
　　Ⅰ　はじめに　465
　　Ⅱ　民事再生法の成立　468
　　Ⅲ　個人再生手続の創設　469

Ⅳ　民事再生や個人再生を必要とした社会的背景　471
Ⅴ　民事再生手続の特徴　473
Ⅵ　新会社更生法と破産法の全面改正　480
Ⅶ　否認権改正の詐害行為取消権への影響　483
Ⅷ　否認権と詐害行為取消権の効果の異同　489
Ⅸ　おわりに　494

第3章　早期事業再生の現在と近未来　………………高木新二郎…497

Ⅰ　債権者銀行と債務者企業との利害衝突　497
Ⅱ　不良債権処理のための時限組織・産業再生機構　499
Ⅲ　事業と財務の再構築計画　500
Ⅳ　ワークアウトを助力する制度の必要性　504
Ⅴ　今後の展望　508

第4章　Public Private Partnership と NPO……………臼井純子…511
　　　　　　　　　　　　　　　　　　　　　　　　　坂野成俊

Ⅰ　はじめに　511
Ⅱ　諸外国におけるPPPの動向　512
Ⅲ　日本におけるPPPの取り組み　522
Ⅳ　PPPのパートナーとしてのNPOへの期待　540
Ⅴ　おわりに　545

第5章　特定非営利活動促進法と公益法人制度
　　　　　改革関連3法の立法過程
　　　　　　――特に立法への市民参加の視点から――………山岡義典…549

Ⅰ　はじめに　549
Ⅱ　NPO法立法過程に関する主な文献と立法過程の特徴　550
Ⅲ　与党3党案成立過程における主な合意ステップとその背景　558
Ⅳ　各合意ステップにおける主な修正点　565
Ⅴ　NPO法と比較した公益法人制度改革関連3法の立法過程　585
Ⅵ　おわりに　601

第6章　協働公益活動の合意形成及び
　　　　逆システム学による検証 ……………………竹田純一… 609
　Ⅰ　はじめに　609
　Ⅱ　個人の生き方と環境問題　611
　Ⅲ　合意形成と協働公益活動　624
　Ⅳ　逆システム学と協働公益活動　637
　Ⅴ　協働公益活動の創出　642

第Ⅴ部　大学改革の動向

第1章　大学制度改革の動向と大学法制の課題 ……舘　　　昭… 657
　Ⅰ　はじめに　657
　Ⅱ　近年の大学政策の構造──中教審答申
　　　『我が国の高等教育の将来像』の分析から　658
　Ⅲ　学部概念の問題点と学士課程教育の確立　669
　Ⅳ　認証評価制度の問題点と今後の課題　681

第2章　2001年「国立大学の構造改革の方針」の
　　　　6年の考察 ……………………………………本間政雄… 691
　Ⅰ　「国立大学の構造改革」前史　691
　Ⅱ　国立大学を取り巻く環境の変化　694
　Ⅲ　「国立大学の構造改革の方針」の発表へ　699
　Ⅳ　国立大学の再編・統合──行政改革か,
　　　教育研究機能の強化か？　700
　Ⅴ　国立大学の法人化　706
　Ⅵ　法人化効果の検証──経営責任の明確化による
　　　機動的・戦略的大学運営の実現　709
　Ⅶ　法人化効果の検証──学外者の参画による大学運営の
　　　透明化と国民・社会の意見の反映　715

Ⅷ 法人化効果の検証——中長期の目標に沿った
　　教育研究活動の展開　720
Ⅸ 法人化効果の検証——能力主義・業績主義に立った
　　新しい人事システムの導入　722
Ⅹ 法人化効果の検証——事務改革・事務組織改革による
　　効率的・効果的大学運営の実現（大学「運営」から
　　大学「経営」への転換）　725
Ⅺ 第三者評価による競争原理の導入　729
Ⅻ 結　論　730

第Ⅵ部　国際的文脈における法および政策の動向

第1章　WTOにおける貿易紛争解決手続きの問題点
　　　　——とくに発展途上国の権利向上の視点から——　松下満雄…735

Ⅰ WTOにおける加盟国間紛争解決手続きの概要　735
Ⅱ 弁論主義の功罪——WTO紛争解決手続きと発展途上国　737
Ⅲ 挙証責任　740
Ⅳ 科学的鑑定の取り扱い　743
Ⅴ 上級委員会に対する審査手続きの必要性　744
Ⅵ パネルの専門化　747
Ⅶ おわりに　749

第2章　国際社会と法　………………………………黒川　剛…752

Ⅰ はじめに　752
Ⅱ 国際政治と法秩序　753
Ⅲ 政治の道具としての法　757
Ⅳ 理想主義と現実主義　766
Ⅴ 結語に代えて——「建前」と「本音」　767

第 3 章　パックス・アメリカーナ第Ⅱ期(PA Ⅱ)と日米同盟 …………………………………坂本正弘…771

Ⅰ　冷戦後の世界と一極・アメリカ　771
Ⅱ　二極体制から一極体制への影響　777
Ⅲ　覇権と国際システム──覇権としてのパックス・アメリカーナ　781
Ⅳ　アメリカ覇権の見通し　785
Ⅴ　米中関係　790
Ⅵ　日米同盟，日本の役割　793

第 4 章　日本法と外国法 …………………………………木下　毅…802

Ⅰ　比較法制度的アプローチ　802
Ⅱ　日本の法制度は，大陸法系に属するか？　804
Ⅲ　日本人の訴訟嫌いと比較法文化的アプローチ　805
Ⅳ　比較法文化論と法人類学(法人間学)　809

第 5 章　ALI/UNIDROIT 渉外民事訴訟手続の策定…小島武司…816
　　　　　　　　　　　　　　　　　　　　　　　　　清水　宏

Ⅰ　はじめに　816
Ⅱ　渉外事件における正義へのアクセス実現の努力　816
Ⅲ　渉外民事訴訟手続に関する基本原則の生成　820
Ⅳ　わが国への導入の可否　825
Ⅴ　結びに代えて　833
　〔附篇〕渉外民事訴訟に関する基本原則　834

資料Ⅰ　大学院法学研究科履修要網(1999 年度～2005 年度)　851
資料Ⅱ　中央大学編『司法改革・教育改革』はしがき・目次　861

第Ⅰ部

司法制度・司法アクセスの動向

第 1 章

司法制度改革とこれからの民事訴訟のあり方について想うこと

近 藤 昌 昭

I はじめに

　司法制度改革は，平成12年11月16日に公布された司法制度改革推進法に基づき，同年12月1日に内閣総理大臣を本部長とする司法制度改革推進本部が設置されて，法律上の設置期限である平成16年11月30日までに民事刑事を問わず，幅広い観点から，改革のための多くの法律案を提出し，それらの法律が成立した。著者は，司法制度改革推進本部事務局で参事官のひとりとして，司法制度改革にかかわる立案等を担当してきた者であるが，本章においては，個別の法律の中身の解説ではなく，法律が目指していた方向性と今後の民事訴訟のあり方について簡単な管見を述べた上で，現在，私個人が興味を持っている医事関係事件についての紛争処理のあるべき方向について意見を述べてみたい。

II 民事訴訟の現状

1．民事訴訟の審理期間

　大多数の国民は日本の民事訴訟が解決までに長期間を要していると思っている。司法制度改革の一環としても，「裁判の迅速化に関する法律（平成15年法律第107号）」（以下「迅速化法」と略称する。）が成立し，通常の一審の審理期間について，民事刑事を問わず，2年間で処理すべきであるとされた。その

ために，どのような点を改善していくべきかについて，検証をし，無駄を省く努力をしていくことになっている。迅速化法8条1項で定められた最高裁判所における2年ごとの検証結果についても，既に第1回目の結果が公表されている。私自身は，法曹の実務家として，日本の民事訴訟は，諸外国と比較してもそれほど長くはなく，むしろ短期間に処理されているのではないかと内心思っているが，無駄を省くことには賛成である。ただ，一般の国民が日本の民事訴訟が解決までに長期間を要していると感じているのは，どの点であるか，つまり，無駄と考えられている点はどこかを明確にしておく必要がある。

　この点で，参考となるのは，利用者アンケートの調査結果であると思われる。司法制度改革推進本部は，司法制度改革審議会の意見書に基づいて制度改革を進めたわけであるが，同審議会で議論されていた当時に，実際の民事裁判の利用者に対してアンケート調査を実施して，民事裁判利用者の実態調査を行った。このような実態調査が行われたのは日本においては初めてのことであり，貴重な資料である。諸外国においても，このような実態調査を本格的に行っている国はほとんどないようである。この実態調査の結果をどのように分析するかは，重要かつ難しい問題である。この実態調査の結果及びその分析については，ジュリスト1250号74頁以下及び佐藤岩夫・菅原郁夫・山本和彦編『利用者からみた民事訴訟』に詳しいので，是非参照していただきたい。この実態調査の結果は非常に興味深いものがあるが，その一つには，訴訟制度に対する満足度という調査項目では，不満を抱く人が非常に多く，「不満」と「やや不満」が50.6％を占めているが，他方で，訴訟結果の評価や手続過程の評価については，それほどの不満が示されておらず，訴訟制度に対する不満がどのようなところにあるのか明確になっていない。この点については，さらに実態調査を進める必要があるようにも思われるが，私が常日頃感じているところからすれば，具体的な不満ということではなく，「何となくもっとよい制度があってもよいのではないか」という漠然とした不満ではないかと思われる。実態調査の分析でも，「審理時間が長いか短いかということは，制度の満足とはあまり関わりのないものとして捉えている節がある」（前掲ジュリ82頁・菅原郁夫教授の発言）

との指摘もあり，実際に，訴訟を利用している者にとって，審理期間の長短はそれほど重要な問題となっていないのではないかとも考えられる。この利用者アンケートの2次分析をどのように見るかも分れるところであるが，概して，手続利用者としては訴訟が非常に時間がかかっているとは考えていないのではないかとの仮説も十分に成り立ちうる。むしろ，訴訟に関係のない人又は自分の訴訟手続とは無関係に，現在の民事訴訟の問題点は何かと問われれば，ほとんどの人が裁判に時間がかかることであるとの返答をするであろう。そのように捉えられていること自体，非常に問題であると思われるので，今回の改正によって，無駄を削ぎ，合理的に迅速化していくことが望ましいことであると思うし，そのための努力を今後も法曹全体で担っていかなければならない。しかし，逆に，訴訟は，短ければよいというものではなく，内容の伴うことが重要である。訴訟で現実に争っている人は，自分で十分と思えるだけの主張と立証を尽くしたいと思っていることも多く，自分側の訴訟活動を制限されることを嫌うことは当然である。双方の主張立証を十分に尽くしたといえるように手続保障も厚くしながら，迅速化を図る必要があり，そのために，前述の最高裁判所の2年ごとの調査も期待されているものである。利用者アンケートについても今後も時期を見て実施していく予定であると聞いており，今回の司法制度改革がより実り多きものになるように着実に動き出しているように思われる。

2．紛争解決のための期間

利用者アンケートの結果については，後で言及するADRの活用との関係で，アンケート項目の，紛争の発生から終局に至るまでの期間を尋ねた結果を紹介しておきたい。紛争発生から終局までの期間は，全体で平均1,000日ぐらいかかっており，そのうえ訴訟に関係しているのは平均して258日であり，全体の4分の1という調査結果が出ている。目指すべきは，紛争発生から終局までの期間の短縮であり，訴訟手続の合理化，迅速化も必要ではあるが，その前の紛争解決までに要している時間のうち4分の3の部分についても配慮する必要があろう。

Ⅲ　これからの民事司法

1．司法制度改革により導入されたもの

(1)　民事訴訟の迅速化が国民から求められていることを前提として，司法制度改革においては，前述のとおり，裁判の迅速化に関する法律が制定され，原則として一審の終局までどのような事件であっても2年以内に終了するように努力することとされ，特に，専門的知見を要する事件が終局までに時間を要していたため，この種の事件について対応策が執られた。この対応策としては，例えば，専門委員制度の創設や知的財産高等裁判所の設置，知的財産関係事件に係る裁判所調査官の権限の明確化，労働審判制度の導入等である。これらの諸制度の改革は，民事訴訟のよりよい改善に繋がっていくものと信じているが，手続内の直接的な改革であることからその効用も非常に分かりやすいものといえよう。

(2)　その他にも，判事補及び検事の弁護士職務経験に関する法律や裁判員制度の導入等が司法制度改革により実現された。これらは，日本の司法文化の変化を確実にもたらしていくと思われる。中でも，法科大学院の創設と司法試験法の改正により，法曹人口が大幅に増加することになるが，このことが与える影響が最も大きいと思われる。法曹人口の大幅な増加がどのような影響をもたらすかについては明確ではないが，最初に考えるべきは弁護士の数が増加することである。この点で，アメリカ型の訴訟型社会となっていくのか，ドイツ型の弁護士強制型社会となっていくのか，独自の司法文化社会となっていくのかを考えておく必要がある。

2．これからの民事訴訟

(1)　弁護士人口の増加は，日本の司法文化を変容する要素を包含していると思われる。悲観的に考えると訴訟社会化され，訴訟のためのコストが非常に大きな社会となり，国民のストレスが増大する危険もあるといえよう。しかしながら，日本の弁護士が現在のように一定の高い倫理観と使命感を持ち続けるこ

とができれば，非常にすばらしい司法文化が育成できる可能性も大いに期待できる[1]。第1に訴訟期間が長くかかっている最大の要因は，やはり代理人である弁護士の仕事のスタイルにあると思われるからである。裁判所としては，できるだけ連日開廷にしてもらえれば，記録を読み直す時間をカットできるのであり，連日といわなくても，隔日程度にして，1回の時間を十分にとって実質的な議論が最初からできればそれに越したことはない。現在の民事訴訟においては，代理人は，相手方の出方を見ながら，一定の間隔を空けて，依頼者との相談を繰り返して時間をかけて方針を決めてく。代理人は，同時に受任している事件数が多く，並行して事件を処理して行くにはそのような方法が最適と考えていると思われる。今回の民事訴訟の改正では，提訴前の証拠収集方法の拡充の制度が導入されたが，実務では全く使われていない。むしろ，弁護士の業務実態からすれば，なかなか提訴前に証拠収集する余裕はないと言われている。若干，極端に図式化して言えば，現状では，弁護士である代理人にとって，依頼者が弁護士に相談に訪れても，法律相談だけで終了してしまうとあまりメリットがなく，提訴することに決まった段階で，委任契約を締結するとともに着手金を受領することが多いと思われる[2]。提訴前の証拠収集をやってみてから事件を受任（訴訟提起を前提として）するかどうかについて，結論を出すという状況にはなっていない。ただ，私としては，弁護士人口の増加とともに，適正な競争が生じてくると，受任する形も多様になり，段階的な委任契約の形になっていくのではないかと期待している。相談から，内容証明郵便だけで処理できる事件は，そこで終了し，もう少し複雑な事件については，提訴前の証拠収集をし，しかも，その収集された証拠の中身によって，相対交渉で決着したり，廉価なADRや専門性のあるADRを活用したり，新たな法律問題があったり，難しい事案については，裁判所に提訴するなどの様々な対応が一般化していくのではないかと期待している。そして，弁護士に事件を委任した場合に，どのような対応をしてもらうのか，その場合の報酬をいくら支払うのかも，例えば相対交渉で終了した場合の報酬はいくらか，訴訟提起に及んだ場合に，6ヶ月以内で和解により解決したときの報酬，判決まで解決できなかったときの

報酬などを一つの委任契約とするなど，複合的なパッケージ契約のようなものが出現してくるのではないかと思う。そのような契約に基づき，内容証明郵便や，提訴前の証拠収集もやり，最終的に，その紛争を裁判所で解決しなければならないと判断したような段階では，原告側も被告側の代理人も紛争の早期の段階から関与しているのであるから，早期に紛争の核心について議論し，判断することが可能になるのではないかと思われる。司法制度改革において，目指された民事訴訟の流れは，ADRの発展拡充も含めて，そのようなものと理解できる。また，弁護士が専門化され，ADRの手続実施者としても活躍することも前提となろう。

　前述のように，民事訴訟法に導入された計画審理や提訴前の証拠収集方法は，現在のところ，ほとんど利用されていないのが実態と思われるが，無理にこれらの規定を，現在，活用することを考えるよりも，弁護士が早期に事件を受任し，裁判以外の解決も広く視野に入れつつ，早期に関与することが重要であり（早期に紛争解決に至る事件についてはコストも安くする必要があり，そのために事務員を含めた弁護士事務所の態勢も再考されるべき点があろう。)，受任した弁護士が紛争解決へのアプローチを多様化していくことが要請されているといえよう[3]。六本佳平氏は，弁護士の役割について，次のように述べている

　　「弁護士の業務が，社会の成員の必要に応じて適切に遂行されることによって，社会における諸々の行為や関係が法的に規制されることになる。この意味で，弁護士は，法規範に従った公式の評価に関する決定機関たる裁判所と一般社会成員とを仲介する位置において，法的価値を社会に広く実現させる役割を負っていると言えるのであり，医師が健康という価値を社会に広く実現するという使命を負っているのに対比されうる。」（注2）の論文515頁）

と述べているが，受任した弁護士が紛争解決へのアプローチを多様化することによって，法的価値を社会に広く実現させることになると思われるし，そのようなことなくして司法制度改革審議会の意見書でいう「法の支配，精神を日本国民に血肉化する」ことは困難といえるであろう。

3．ADR について

(1) 司法は，広い目で見ると，裁判手続だけではなく，ADRの充実も図るべきであることは夙に言われていたことである。このADRがなかなか利用されにくかったのも，前述のように，依頼者が法律事務所の門を叩いても，その門は，裁判所に繋がっていたという構造的な問題があったのではないか。紛争解決のために，法律事務所から広く多方面に広がる道筋がつくようになれば現状の裁判所依存の構造は大きく変化していくことになる。司法制度改革において，仲裁法が整備され，裁判外紛争解決手続の利用の促進に関する法律も制定され，総合法律支援法も，民事刑事を問わず，ワンストップサービスを目指すものであるが，これらのハード面における改革のみによって司法文化がよりよい方向に変質することにはならないのではないかと危惧されるところである。著者は，仲裁法の立案を担当し，また，裁判外紛争解決手続の利用の促進に関する法律の立案にも関与した者として，ADRの今後の発展に大いに期待している。ただ，他方，仲裁法の制定にあっても，消費者，労働者を中心として裁判所以外の解決を必ずしも望まない声もある。紛争発生以前に仲裁合意を調達することができるのは，当面のところ，商事関係事件等のごく限られたものにならざるを得ないであろう。しかし，調停型の紛争解決制度を利用し，その紛争解決に当たる者に信頼関係が生じてきたら，そこで，仲裁合意を調達したり，あるいは，事件の処理を積み重ねることによって，ADR機関の信頼を勝ち得ていくこともできる。そのような地道な蓄積が重要であると思われる。その意味で，法務大臣が認証した認証紛争解決事業者にも期待したいと思う。ADRを永年研究された学者の先生方の中には，ADRと認証制度自体がなじまないものとして反対の意見を述べられていた方も少なからずいたが，私自身は，ADRの認証制度と紛争解決制度としてADRを定着させていくためには一つの行き方であったと信じているところである。なお，裁判所の人的体制が今後大きく変化することは，あまり期待できず，他方，弁護士人口の飛躍的増大により事件数の大幅な拡大が予想される中で，司法制度を十分に機能させていくためには，ADRの充実が不可欠であると思われる。

(2) 私は，本原稿執筆当時，さいたま地方裁判所の医事関係訴訟事件を扱う医療集中部に籍をおいていた。医事関係訴訟事件を担当して思ったことは，患者側の原告は，医療に関して大きな期待を抱いており，病院に行けばどのような病気であっても直るものであるということを前提に考えている患者がいることは否定できず，期待に反した結果が出たときには，権利意識の高揚と相俟って，訴え提起に至ることが多くなっている。反面，病院側では，多くの場合には医師賠償責任保険に加入しているものの，和解による解決がふさわしいと思われる事案においても，最近では，訴訟で病院側の過失が完全に立証されるまでは保険会社が保険金の支払いに応じないケースがやや増加しているような印象を持っている。また，裁判実務上は，医事関係訴訟事件について，患者側に主張立証責任があるとしても，手術室の中で何が起こったかを主張立証することは非常に難しく，カルテに記載のないことが行われていないと断定することもできない。紛争を法的に解決するために，客観的に確定できる事実を手掛かりに事件を組立て，一応の推定などの証明度軽減の法理をも前提としながら，患者側も医療側も納得のできる結論に落ち着かせるように努めているのが実態といえるのではないか。その意味で，医事関係訴訟は，一般事件と比較して多少とも特徴的な面を有しているということができる。次に，法的な解決がどのように行われているかについて，最高裁の判例を若干紹介したい。

(a) 最高裁昭和50年10月24日第2小法廷判決民集29巻9号1,379頁では，3歳児である原告は，化膿性髄膜炎の治療のため東京大学医学部付属病院に入院し，腰椎穿刺による髄液採取とペニシリンの髄腔内注入のいわゆるルンバールを連日施行し，重篤な症状は次第に軽快したが，髄膜炎症状の重要なもののいくつかが残っていたので，さらに本件ルンバールが施行されたところ，同施行後15分から20分後に原告が突然嘔吐するとともに痙攣発作を起こし，その後，右半身痙攣性不全麻痺，言語障害を発症し，さらに知能障害や運動障害を後遺症として残したという事案について，「訴訟上の因果関係の立証は，一点の疑義も許されない自然科学的証明ではなく，経験則に照らして全証拠を総合的に検討し，特定の事実が特定の

結果発生を招来した関係を是認しうる高度の蓋然性を証明することであり，その判定は，通常人が疑いを差し挟まない程度に真実性の確信を持ちうるものであることを必要とし，かつ，それで足りる」とした。原判決が認定した事実としては，原告は，もともと血管が脆弱で出血性傾向があったこと，泣き叫ぶ原告の体を押さえつけ何度か穿刺をやり直して施術終了まで約 30 分を要していたこと，脳の異常部位が左部にあったことなどを掲げた上で，「上告人の病状が一貫して軽快しつつある段階において，本件ルンバール実施後 15 分ないし 20 分を経て突然に発生したものであり，他方，化膿性髄膜炎の再燃する蓋然性は通常低いものとされており，当時これが再燃するような特別の事情も認められなかったこと，……他に特段の事情の認められないかぎり，経験則上本件発作とその後の病変の原因は脳出血であり，これが本件ルンバールに因って発生したものというべく，結局，上告人の発作及びその後の病変と本件ルンバールとの間に因果関係を肯定するのが相当である」とした。そして，本件発作とその後の病院の原因が脳出血によるか，又は化膿性髄膜炎もしくはこれに随伴する脳実質の病変の再燃のいずれによるかは判定し難いとし，本件発作とその後の病変の原因が本件ルンバールの実施にあることを断定できないとした原判決を経験則に違反するものとして破棄して，医師の過失につき審理を遂げさせるために本件を原審に差し戻した。患者に施行された本件ルンバールと本件発作及びその後の病変との関係については，鑑定が実施されていたが，判決文中では，各鑑定結果もこれを子細に検討すると因果関係を肯定する結論に妨げになるものではないとしている。この判例では，医学的な因果関係ではなく，紛争解決制度としての裁判所のスタンスにおいて事実認定をすることを明らかにしたものといえよう。

(b) 最高裁平成 8 年 1 月 23 日第 3 小法廷判決民集 50 巻 1 号 1 頁では，昭和 49 年の虫垂切除時の腰椎麻酔ショックに関する医師の注意義務に関して「医薬品の添付文書（能書）の記載事項は，当該医療品の危険性（副作用等）につき最も高度の情報を有している製造業者又は輸入販売業者が，投与を

受ける患者の安全を確保するために，これを使用する医師等に対して必要な情報を提供する目的で記載するものであるから，医師が医薬品を使用するに当たって右文書に記載された使用上の注意義務に従わず，それによって医療事故が発生した場合には，これに従わなかったことにつき特段の合理的理由がない限り，当該医師の過失が推定されるものというべきである」と判示し，医薬品の添付文書に記載の2分間隔の血圧測定を行わず，5分間隔の血圧測定をしていたことを過失と認め，脳機能低下発生の機序については，血圧低下による低酸素状態にあったところ，虫垂根部の牽引を機縁として迷走神経反射と徐脈，血圧降下，気管支痙攣等が発生したものとして損害賠償を認めた。これについて，医事関係訴訟に造詣の深い畔柳達雄弁護士は，「医療と司法判断」255頁以下で，事故当時，腰椎麻酔によるショック死の原因については，医学界の中で諸説があり（本件事件でも，アナフィラキシーショック，高位腰麻ショック，腰麻ショック，迷走神経反射によるショックが問題とされていた。），胸腺リンパ体質によるショック死の可能性を指摘する医師もあり，また，高位麻酔の機序も事故後に明らかになったものであることを指摘している。原審においては，2分間隔の血圧測定していないことは過失に該当するが，より早期に異常を発見しえたか明確でなく，患者の脳機能低下症発症との間の因果関係を否定したが，最高裁は，当時の慣行どおりに5分間隔で血圧測定をして医薬品添付文書の指示と異なることをした医師に医療事故について過失があったとし，結果との因果関係について証明責任を軽減した事案であることは間違いないであろう。

(c) 最高裁平成13年6月8日第2小法廷判決裁判集民事202号279頁も，就労中に鋼材圧延金属プレス機のローラーに両手を挟まれた患者が大学病院に緊急入院の上，治療し，途中，緑膿菌感染による症状が一旦消失したが，1か月半後に緑膿菌による敗血症により死亡したという事案について，緊急手術後1週間を経過してもなお37度から38度を超える発熱が継続するなど細菌感染を疑わせる症状が出現している以上，創部の細菌感染を疑

い，細菌感染の有無，感染細菌の特定及び抗生剤の感受性判定のための検査をし，感染細菌に対し感受性の強い適切な抗生物質の投与を行うべきであるとして，原審を破棄して差し戻している。これも，細菌感染について一応の推定を前提として判断しているものといえよう。

医事関係訴訟においては，このように一応の推定を前提として判断する判例は枚挙にいとまがない。医療においては，自然科学的な因果関係等が問題とされるが，訴訟においては，通常人が疑いを差し挟まない程度に確信が持てる証明がされれば足りるものといえる。しかしながら，このことは，責任の有無を判断されるのは医療の現場の医師であり，自然科学的には，手術の結果，突発的に死亡したような場合にも，訴訟においては，手術の際の何らかの過誤があったと推定されることもありうるし，また，手技的なミスも，医師の側からすれば，1,000件に1件ないし10,000件に1件の確率で仕方がないと考えているような場合においても，訴訟においては，過失と認定される場合があることを意味する。川井健一橋大学名誉教授は，「専門家責任の意義と課題」10頁（新・裁判実務大系第8巻所収）の中で，専門家の注意義務に関して「判例では，人の生命，身体にかかわる医師には最善の注意義務が必要とされる（最判昭和36年2月16日民集15巻2号244頁）。これは高度の注意義務ともいわれる。弁護士の場合は，どうであろうか。弁護士は，人の生命，身体にかかわる業務を営むとは，いえないので，最善ないし高度の注意義務は要請されない。最善ないし高度の注意義務というのは，無過失責任ないし中間責任に近いものであり，ただ，日本では，解釈による証明責任の転換は認められていないので，事実上の推定理論により，過失を認定するほかない。」と指摘している[4]。

このようなことを前提とすると，医事関係訴訟事件の紛争処理のあり方が現状のままでよいかについては考えるべき時期にきていると思われるのである。医師は，事故に至る前には，患者を正しく治療するために最大限の努力をしているのが通常であるが，一旦，事故が起きると，双方の立場は，敵対関係に変わってしまう。このようなことが，医療事故が多い分野と言われている，産婦人科の医師のなり手不足に繋がっているとの指摘もある[5]。医療の正しい発展

のためには，紛争後のことも視野に入れて制度設計されていかなければならないと思う。医師と患者が対立関係になることをできるだけ抑止するためには，医療において事故が発生することは一定の確率では不可避であることを正面から認め，患者側が医師の過失を立証しなくとも賠償できるような制度設計することも考慮されてよいように思われる。交通事故においては，事故が発生することが不可避であるとして，自動車損害賠償責任法が制定され，基本的には自動車損害賠償責任保険が付保されていない自動車の運行を禁止するとともに，自動車を運行させる者が無過失であることを立証できないときは損害賠償責任を認めるという仕組みにしている。医療に関しても，強制責任保険を前提として，医師の無過失が立証されない限り，損害賠償保険の範囲で損害賠償責任を認めることとし，患者にも診療代とともに損害賠償保険の費用の一部を負担させ，医者や病院側も保険にかかる費用の一部を負担させることとして，賠償責任制度を確立すべきではないか[6]。このように，患者側の損害の一定額については，その損害賠償保険によって賠償できるような制度を設計すれば，患者と医師との敵対関係をある程度修復することが可能であると思われる。また，このような制度設計ができるとすれば，先端医療による治療を受けることを患者に対して促す契機になりうる余地がある。もとより，先端医療による事故の場合には，医師側の無過失が立証されることも多いものの，損害賠償保険による賠償額を他の場合に比較して低額にするなど工夫の余地があるように思われる。

　そして，このような強制保険制度ができた場合に損害賠償保険の事故を処理する機関としては，厚生労働省傘下に新たなADRを創設すべきではないか。というのは，医師側，患者側の代表者の外，保険を運用する機関を代表する者もパネルに入って，保険金の給付額を決定することに参加する機会を確保することが，制度を円滑に運用するために不可欠であると考えるからである。もちろん，このADRを利用するか否かは患者側としては強制されるものではなく，自由とされるべきである。しかし，質の高いADRの判断が期待でき，相応の賠償額が認められるのであれば，利用されていくものと思われる。当該ADR

の利用を根付かせるためには，ADRの手続実施者をどのように構成するかも重要な点である。このADRの手続実施者としては，例えば，候補者名簿から選任される，当該事故の専門領域の医師，病院側及び患者側の弁護士，ADRの管理者及び一般有識者というような構成が一応考えられる[7]。このような構成であれば，病院側に偏った組織と非難されることもないであろう。また，手続自体としては，訴訟手続類似のものとなるものと思われ，判断を示す場合にも判決に相当する裁決書を作成の上，責任と損害論とについて判断を示すべきである[8]。そのようにすれば，このADRの判断に不満で裁判所に訴え提起された場合にも，その裁決書が訴訟資料となり，このADRでの審理が無駄な審理に終わることを防ぐことができるからである。また，当該ADRを利用しないで，直接，裁判所に訴え提起された場合にも公害紛争処理法42条の3と同様に，裁判所から当該ADRに責任の有無等について，受訴裁判所から嘱託をすることができるという仕組みも考えられるべきである。そのような仕組みとする趣旨は，医事関係にかかる紛争の解決について，連携を取りつつ，統一的な解決を図ることが望ましいからである。さらに，当該ADRに申し立てられた事件についても，当該ADRにおいて保険でカバーできないもの，あるいは，裁判所で判断するにふさわしい等と判断したものについては，当事者に対して，裁判所への提訴を示唆すれば足りるので，当該ADRから裁判所への事件の送付まで認める必要はないように思う[9]。

1) 弁護士の誠実義務について，二元的に捉えるかどうかは別として，単なる倫理規範ではなく，法的な義務として捉える見解が多数となっているいえよう（加藤新太郎『弁護士役割論（新版）』第10章以下参照）。
2) 六本佳平「弁護士の役割と業務形態」『法学協会100周年記念論文集』第1巻536頁によれば，日本の弁護士1人当たりの訴訟・調停の手持ち件数は，約30件であり，その他の「交渉案件，相談案件，書類作成案件などで，弁護士報酬の対象となりうるもの」は，5件程度であるとの報告がある。全国ベースで見ると，裁判所ケースが78.8％であり，準司法ケースは3.4％に過ぎない。この論文は，日本弁護士連合会が1980年に行った調査（「弁護士業務の経済的基盤に関する実態調査基本報告」『自由と正義』32巻10号）と東京弁護士会が行った調査（東弁・弁護

士業務対策委員会『弁護士業務実態調査報告書』(1981年) を元に，H. フォルクスの1973年の西ドイツの弁護士の調査及び1965・66年及び1975・76年の英国のソリシターのデータとを比較して論じたものである。同論文によれば，日本と西ドイツ・英国との事務所の事務員の体制も異なるが，西ドイツの弁護士の手持ち件数の6割が非裁判所ケース（ほとんとが民事であろうと推測している）であり，業務件数も日本と比較して9倍弱の量を扱っている。また，英国のソリシターについても，不動産譲渡契約に係わる仕事がソリシターに独占されていることからも業務件数は西ドイツと同様に相当な数にのぼり，その内，訴訟ケースの占める割合が2割強に過ぎないとの報告がある。また，同論文は，各国の収入についても比較検討しており，日本の弁護士は，西ドイツの弁護士と比較して，1件当たりの単価が高い案件を数少なく扱っていると分析している。そして，弁護士の専門化・多様化（この中には，紛争の法廷外での解決，さらに予防案件の処理へという次元も含んでいるとする。）が必要であると説いている。これらの分析は，現在においても基本的に妥当するものと思われるので，今後の司法のあり方を考える上では重要な基礎資料を提供しているものといえよう。

3) 山本和彦編『民事訴訟の過去・現在・未来』111頁において，山本和彦教授は，弁護士の力量によって証拠収集方法の拡充の規定が将来大化けする可能性があると発言しているが，著者と同趣旨の発言ではないかと思われる。

4) 専門家の責任に関する法律論的な議論の状況については，本文で引用した川井論文が詳しいが，その中で引用されている加藤一郎教授の日本私法学会での発言が興味深い。同教授は，専門家の責任の中でも，医師の責任は特殊であることを指摘しており，各専門家ごとの責任のあり方が重要であるとの指摘である。本論稿では，専門家の責任を一般に論じるものではないが，医師の責任について，どのような仕組みとしていくべきかを論じるに当たって，他の専門家の責任のあり方と異なる手法を採ることを否定されるべきではないという意味で，参考になるものと思われる。

5) 虎の門病院泌尿器科部長小松秀樹氏が平成17年7月12日付け朝日新聞『私の視点』に寄稿しているが，その中で「小児救急に対しては患者側からの「攻撃」が強く，担い手が減少して崩壊した。紛争の多い産科診療も地域によっては崩壊寸前である。東北地方で始まった麻酔科医の病院からの離職は，全国に広まりつつある。全国の病院で医師不足が目立ってきた。開業医は増えてはいるが，複雑・専門化した病院の診療を代替できるとは思えない。」と指摘している。

6) 専門家責任保険を普及させると，専門家が安易な業務に傾斜してしまい，専門家の研鑽による質や能力の向上にマイナスであるとして，専門家責任保険の普及に反対する立場も考えられる。この点で，西嶋梅治（法政大学名誉教授）は，「専門家の責任と保険」（『新・裁判実務大系』第8巻）の中で，「①専門家の初歩的なミス

や重過失による損害についても，高度に技術的なミスの場合と同等に被害者の保護を最優先にすべきであるから，ここでも専門家の責任を率直に認めて責任保険金を給付すべきである。②初歩的なミスを繰返し行う専門家に対しては，次期以降の保険料を引き上げ，かつ，2度と同じ過ちを犯さないよう厳しく再教育する，これらの手を打ってもなおどうにもならないときは，当人の専門家資格を剥奪する，という両面作戦をとるべきである。」とされる。正当な指摘であると思う。医師の責任を問題とする場合，民事・刑事・行政の各分野の責任の範囲について今少し踏み込んだ検討が必要であろう。

7) パネルの構成員として若干多いとも思われるが，現在の日本医師会医師賠償責任保険の実質的な判断を下している「賠償責任審査会」の構成委員は，医学関係学術者6名，法律関係学識経験者4名の計10名で構成されている（医師賠償責任保険について詳しくは，平沼高明「医師賠償責任保険」『新・裁判実務大系』第8巻参照）。

8) 東京医科歯科大学教授高瀬浩造氏は，「分かりやすい医療裁判の処方箋」300頁の対談の中で，「医療裁判の判断において，国民が医療に対してここまでは期待していいというシーリングを示してほしい」と指摘している。そのような必要性があることは著者も同感であるが，個別具体的な紛争解決を前提とする裁判所が，事件を離れて一般的な枠組みであるシーリング的な判断を示すことは，訴訟の構造やその能力との関係から難しいと思うが，行政組織の中のADRであれば，その可能性も大いにありうるところであり，そのような方向が，医師側と患者側の認識の不一致を統合していく処方箋といえるのではないだろうか。

9) 同様の論旨の論文として拙稿「医療安全に関する民事訴訟の現状」ジュリスト1323号32頁以下も参照いただければ幸甚である。

〔元司法制度改革推進本部事務局参事官・名古屋地方裁判所判事〕

第 2 章

建築訴訟の現状と課題

齋 藤 　 隆

I　建築訴訟を取り巻く状況

1．新民事訴訟法の制定とその理念

(1)　我が国の民事訴訟は，時代の推移に伴い社会構造が著しい変遷を遂げているにもかかわらず，長年にわたって一つの民事手続に関する基本法を使い続けてきた。すなわち，平成8年民事訴訟法（同年法律第109号，平成10年1月1日施行。以下「新民事訴訟法」又は「法」という。）が制定されるまでは，明治23年民事訴訟法（同年法律第29号，明治24年1月1日施行。以下「旧民事訴訟法」という。）が連綿として用いられており，大正15年の大改正（同年法律第61号，昭和4年10月1日施行）を経たものの，1世紀近く（前記改正から数えても約70年）にわたって，民事裁判の場における紛争解決のためのツールとされてきた。

しかしながら，民事訴訟の対象となる社会事象は，経済構造の複雑化と科学技術の進歩によってその様相を日に日に新たにしており，紛争の多発により裁判所に持ち込まれる事件数が飛躍的に多くなったことも相まって，民事訴訟は現代社会における紛争解決制度として十分に機能を果たしていないのではないかとの非難を受け，また，このことから国民の間に裁判離れが生じているとの指摘を受けるようになった。

(2)　そこで，国民にとって分かりやすく利用しやすい民事裁判の実現を目指して新民事訴訟法が制定されることとなったが，制度全般にわたる改正点の中

でも，特に争点整理手続のメニューが多様化した上，充実した証拠調べのための方策が講じられたことが注目される。適正かつ迅速な裁判を実現する効率的な訴訟運営を図るためには，早期に争点及び証拠が整理され，真に立証を要する事実が明確にされた上で，争点に焦点を当てた内容の濃い証拠調べが行われる必要があるところ，新民事訴訟法においては，争点整理手続として，準備的口頭弁論（法164条以下），弁論準備手続（法168条以下）及び書面による弁論準備手続（法175条以下）という3種類の手続が用意されたことから，個々の事件の特性に応じた選択が可能となったばかりでなく，同法に伴って新たに制定された民事訴訟規則（平成8年最高裁判所規則第5号。以下「規則」という。）において設けられた進行協議期日（規則95条以下）により，訴訟進行に関し必要な事項について裁判所と当事者とが確認する方途を執ることに手続上の根拠が与えられ，主張と証拠の整理が要領よく行われることが可能となった。また，証拠調べに関しては，できる限り集中して行わなければならないとの規定（法182条以下）が設けられたほか，文書提出命令の対象となる文書の範囲が拡充し（法220条），当事者照会制度（法163条）が新設され，証拠の収集及び取調べが合理的に行われる基礎が築かれた。

(3) そして，約8年余にわたる民事裁判の場における実践の状況を見ていると，新法施行後の実務は，争点中心型審理の定着と集中証拠調べの活用により，相当程度の改善が図られているといってよいと思われる[1]。その成果は，審理期間の短縮化に端的に表されており，地方裁判所の民事第1審通常事件の平均審理期間（全事件）は，平成2年に12.8か月であったのが，新法施行1年後の平成11年には9.1か月に，さらに，その6年後の平成17年には8.4か月へと短縮化されている[2]。また，争点整理手続の中でも弁論準備手続が一般的に利用されるようになり，第1回口頭弁論期日において被告が応訴して争うことが明らかになれば，直ちに弁論準備手続に付して，争点整理を行うのが通例となり，しかも，争点整理後の証拠調べも，絞られた争点に限定して，1回の口頭弁論期日で集中的に行うことが多くなったといってよいと思われる。

2. 専門訴訟への取組み

(1) しかしながら，以上のような一般的な傾向とは異なり，依然として審理が難渋し長期化する傾向の顕著な事件が存在することは否定できない。例えば，裁判において審理の対象となる事象の認識・理解及びこれに基づく判断に専門的知見[3]を必要とする事件を「専門訴訟」というが，この種の事件としては，従来から知的財産権訴訟，公害訴訟，洪水訴訟，その他特殊損害賠償請求訴訟等が取り上げられていた。これらの中には，特定の時期を捉えて見れば，公害訴訟のように，紛争の多発及びその深刻さにより社会的な関心を呼んで，民事訴訟としても一時代を画した類型の事件がないわけでなかったが，その事件数自体は，全体的に見れば，必ずしも多くはなく，民事訴訟全体の在り方に影響を及ぼすことはなかった。ところが，近時，国民の間における権利意識の浸透に伴って，従来はとかく避けられがちであった専門家の責任を追及する訴訟が増加することとなった。医療訴訟及び建築訴訟がその典型であり，この種の訴訟が多数提起され，専門的・複雑な事象が審理の対象として裁判所に持ち込まれ，審理の長期化と未済事件の増加という現象を引き起こすこととなった。

(2) ところで，専門訴訟の審理が難渋する原因は，裁判官及び当事者（訴訟代理人である弁護士）に審理の対象に関する専門的知見が乏しい場合が多いという点にある。そのため，これを訴訟の場において補充する必要があるところ，従来の制度では，争点整理の段階で専門家を関与させる方法がなく，また，証拠調べの段階で用いられる鑑定も実際には必ずしも円滑に実施されているとはいい難い状態にあったことは否定できない。

そこで，このような状況を放置することは民事訴訟全般の機能を損ないかねないとの問題意識から，司法制度審議会は，新民事訴訟法施行後間もなくの平成13年6月12日に公表した意見書[4]において，民事裁判制度については，適正・迅速かつ実効的な司法救済という視点からこれを充実・迅速化することと，ますます増加することが予想される専門訴訟への対応を強化することが課題となると指摘した上で，民事訴訟の審理期間をおおむね半減することを目標とし，①計画審理の推進，②提訴前をも含めて早期に証拠収集するための手段

の拡充，③専門委員が専門技術的見地から裁判官をサポートする新たな訴訟手続への参加制度の導入，④鑑定制度の改善等の方策を実施すべきであると提言した。

　他方，民事裁判実務においても，前記のような状態を手をこまねいて見ていたわけではなく，各地の裁判所において運営改善の方策を探求して実践するほか，平成10年度の司法研究において「専門的な知見を必要とする民事訴訟の運営」をテーマに選定し，「その運営のあるべき姿を追求し，訴訟の改善の提言をしよう」[5]と試みるなどした。

　このような動きは，争点中心型審理により効率的な訴訟運営を目指した新民事訴訟法を専門訴訟の場面において具体化した上で，さらに，その理念の実現を阻む固有の因子を発見してその特質に合った審理方法を探求し，いわば新民事訴訟法の残された課題を克服しようとするものであった[6]。

(3)　そして，平成15年改正民事訴訟法（同年法律第108号，平成16年4月1日施行。以下「改正民事訴訟法」という。）は，前記の司法制度審議会の意見書を踏まえて，①計画審理の導入（法147条の2以下），②提訴前証拠収集処等の新設（法132条の2以下），③専門委員制度の新設（法92条の2以下），④鑑定制度の改善（法215条以下）などの方策を講じた。これらのうち，直接的に専門訴訟への対応強化を図ったのは③と④であるが，①と②も複雑困難の事件の典型とされている専門訴訟の審理の充実に資するものであり，実務の今後の課題は，これらの諸制度を専門訴訟においていかに使いこなすかにあるといって差し支えないであろう。

3．建築訴訟への対応

(1)　裁判所では，前記のような専門訴訟運営改善の試みの過程で，医学界や建築界の専門家団体（学会）に協力を求め，主として鑑定や専門家調停を円滑に実施するための方策についての情報交換を行い，鑑定人や調停委員の適任者確保のための方策，専門家の関与する各種手続を適正かつ円滑に実施するために必要な条件の整備等について検討を続けた。その中でも，建築界との交流は

平成11年から始まり，財団法人日本建築学会と裁判所側とが定期的な意見交換会を重ね，多発する建築紛争の原因分析，建築訴訟の抱える問題点の検討，同学会としての協力態勢の整備等の諸点について討議し，その結果，平成12年6月には建築紛争事件の円滑な解決のため裁判所に必要な協力を行うことを目的として，「司法支援建築会議」が同学会の内部組織として設置されるに至り，爾後は司法支援建築会議が裁判所との対応の窓口として，鑑定人・調停委員の候補者の推薦，その適任者の確保に当たることとなった[7]。

(2) 以上のような動きを踏まえて，最高裁判所は，建築界と法曹界との連携の下に，建築訴訟の運営改善のために建築と法律の専門家から意見を聴くこととし，まず平成12年に建築関係訴訟懇談会を設置し，さらにこれを発展させて，翌13年には最高裁判所規則（同年第6号）により建築関係訴訟委員会を設置し，「建築紛争事件を，専門家の協力を得て，適正かつ合理的期間内に解決するための訴訟手続及び調停手続の在り方」についての意見を求める旨の諮問をしたところ，同委員会は，平成15年6月に建築紛争の原因と紛争解決・予防のための方策について中間取りまとめ[8]を発表し，その後，平成17年6月には前記諮問に対する答申を行い，建築紛争事件の現状と問題点，建築紛争の原因と紛争解決・予防のための方策等についての検討結果を公表した[9]。

(3) 一方，第一線の実務においても，審理が長期化しがちな建築訴訟の運営改善のための不断の努力が続けられている。例えば，筆者の所属する東京地方裁判所では，まず平成11年に建築瑕疵紛争検討委員会を発足させ，当時通常部に請負代金請求事件や損害賠償請求事件として係属していた建築瑕疵を巡る訴訟事件及び付調停又は申立てにより調停部（民事第22部）に係属していた調停事件について実態調査をした上で，同年に中間報告を発表した後，翌12年に「建築瑕疵紛争事件の適正かつ迅速な処理のために（調停制度の活用を中心として）」及び「建築瑕疵紛争事件の審理の実情と運営について」とそれぞれ題する提言[10]を発表し，さらに同委員会を継承して平成14年に発足した建築訴訟対策委員会が，その後の改善状況について調査した結果を「報告書（アンケート結果について）」としてまとめ，さらに鑑定制度の円滑な運用を目指

して「建築鑑定の手引き」[11]を公表するなど,専門訴訟としての特質に応じた訴訟運営,特に,専門委員が制度化される以前の段階で,訴訟事件を自庁調停に付した上,専門家調停委員の関与の下に,専門技術的な検討を踏まえた争点の絞込みを行い,真に問題のある部分について話合いによる解決を試み,仮に調停が不成立となった場合にも前記の争点整理の成果を瑕疵一覧表等によって審理に引き継ぐという方法を考案し,専門的知見の導入により審理を円滑に行うことを提言してきた。そして,前記のとおり司法支援建築会議の協力により調停委員を各専門分野にまたがって多数任命することが可能になったことから,一定の成果を上げることができるようになった。

　しかしながら,このような訴訟運営についても,各通常部に係属している限りにおいてはノウハウの浸透にも限界があることが判明したばかりでなく,裁判官の専門的知見の不十分性を克服しなければ,問題状況の根本的解決には至らないとの考慮に基づき,建築訴訟の審理を担当する裁判官が自ら専門化した上で,建築家調停委員が多数配置されている調停部の人的・物的資源をより効率的に活用する必要があるとの結論に到達したことから,平成13年4月に調停部において建築訴訟を集中処理することとし,訴訟と調停を一貫して担当する制度を整え,さらに,その後の建築事件の急増現象に対処するため,平成16年4月からは民事第49部も建築事件集中部となり,現在では2か部体制を採っている[12]。

Ⅱ　建築訴訟の特質と審理の現状

1．建築訴訟の意義と問題点

(1)　「建物」は,「屋根及び周壁又はこれらに類するものを有し,土地に定着した建造物であって,その目的とする用途に供し得る状態にあるもの」(不動産登記規則111条)と一応定義されるが,そのような状態になる前段階での建築途上の工作物や付属施設等の建築物が問題となることもある。

　また,「建築」とは,建物の新築,増改築及び移築を指すが,これに至らない程度の改装(リフォーム)をも含めるのが実際的である。

そして，建築訴訟が特に審理方法に関する検討に際して取り上げられるのは，いうまでもなく建築技術上の専門的な問題が争点として現れてくることに基づいているから，「建物」の「建築」に関して提起された訴訟の中でも，特に専門性の高いものに限定して考察の対象とすることになる。東京地方裁判所の事務分配規程において，建築事件集中部の担当する事件を定めるに当たって「建築に関する事件」について「ア　建物（土地の工作物を含む。）に関する請負代金（設計料及び監理料を含む。）又は売買代金の請求の事件（ただし，(ア)設計，施工又は監理の瑕疵，(イ)工事の完成，工事の追加又は変更，(エ)設計又は監理の出来高に関する事項が争点とならないことが明らかなものを除く。），イ　建物の設計，施工若しくは監理の瑕疵又は建物の工事の未完成を原因とする損害賠償事件，ウ　工事に伴う振動又は地盤沈下に基づく損害賠償請求事件」としているのは，同様の考慮によるものである。

　(2)　ところで，建物と一口に言っても，用途及び態様によって，戸建住宅，共同住宅（マンション・アパート），事務所ビル，商業施設（商店，デパート，スーパーマーケット，遊技場），工場等の種別があり，また，その構造は，木造軸組工法，木造枠組壁工法，軽量鉄骨造，鉄鋼造（ALCその他），鉄筋コンクリート造，鉄骨鉄筋コンクリート造等に分かれる。これらの違いが専門分野の細分類に直結するので，審理に際しては的確に把握しておかなければならない点である。

　また，建物の不具合・欠陥現象は，地盤・基礎，外壁，屋根，内壁，床，天井，柱・梁，階段，建具，設備（電気，給排水，風呂，洗面所）等の建物を構成する各部位において生じ，具体的には，地盤沈下・傾斜，構造上の安全性欠如，亀裂・ひび割れ，仕上げ不良，壁厚・コンクリート被り厚さの欠如，漏水・雨漏り，結露・カビ，遮音性能の欠如，シックハウス等の現象として生ずるのであるが，そのいずれかであるかによって専門分野が異なってくるので，部位及び事象の特定は，審理の過程で避けて通ることのできない問題である。

　(3)　建築生産は，施主（建築主）が建築計画を立て，その要望に応じて設計者が設計をし，建築確認がされた後に，施工者が設計図書に従い，監理者の監

理の下に施工し，建物を完成して，建築主に引き渡すという過程を経るのが一般的である。設計，施工及び監理のプロセスごとに関与する者が違ってくる場合があるが，責任の所在を判断するためには，不具合・欠陥事象がどの過程で生じたものであるかを明確にしなければならない。

そして，施主と建築士との間には設計・監理契約（準委任契約と解する説が有力であるが，請負契約説や混合契約説等も主張されている。），施主と施工業者との間には工事請負契約がそれぞれ締結されているのが通常であり，両者間で報酬の支払や建物の不具合・欠陥を巡って紛争が生じると，これらの契約上の問題として法律関係が規律されることになる。また，建売住宅のように既に建築されている建物の取引は，売買契約に基づくので，売買代金請求権の存否及びその金額あるいは売買契約に基づく瑕疵担保責任の有無が争われることになる。さらに，建物の不具合の程度が著しい場合，建物の建築に起因して契約関係にない第三者に被害を及ぼした場合等には，不法行為に基づく損害賠償請求権の存否及び損害額が問題とされる。

このように取引形態や関与する者相互の関係によって法律構成に違いが見られ，争点の捉え方が異なってくることに注意しなければならない[13]。

(4) 前記の建築生産の関与者間に紛争が生じた場合の訴訟への現れ方は，訴えの形式（事件名）を見れば把握することができるが，施工業者若しくは設計・監理者又は売主から施主又は買主への代金請求事件という形態を取るものが比較的多い。このような事案において，施主又は買主が代金の支払を拒絶し，抗弁として，契約の目的物である建物に不具合・欠陥があることを理由に瑕疵担保責任や債務不履行・不法行為責任等が主張された段階で初めて専門技術的事項が争点として顕在化することになる[14]。この点に関し，医療関係訴訟においては，患者の側からの損害賠償請求事件として提起されるのがほとんどであるのと対照的であり，経済的紛争としての側面が色濃く表れているのが注目される。

以上の傾向を反映して，当初から施主又は買主が瑕疵の部位・事象及び原因等について主張及び立証の方針を立て，その準備を整えて訴えを提起するとい

う事件は比較的少なく，代金請求訴訟を提起されてから防御的に建物の不具合ないし欠陥の部分について本格的な調査をして，主張及び立証の準備をすることが多いのが特質となっている。

2．建築訴訟の特質

(1) 建築訴訟の第一の特質は，いうまでもなく高度の専門性にあるが，それは二つの事柄を意味する。一つは，建物の不具合・欠陥が主張されると，裁判所は，その事象を正確に認識・理解した後，まず建築技術的な意味での基準に合致しているか否かを判断し，さらに，それを前提とした上で，瑕疵・債務不履行・不法行為（注意義務違反）という法律的概念への当てはめをしなければならないのであるが，これらの認識及び判断作用を的確に行うには，建築技術に関する専門的知見が不可欠であるということである。しかしながら，裁判官や当事者（訴訟代理人である弁護士）は，これを持ち合わせていないことが多いので，審理を的確に行うためには，専門的知見を適切に補充する方策が必要とされる。そこで，改正民事訴訟法において新設された専門委員や従来から実務上の工夫として活用されていた専門家調停を始め，専門的知見を補充するための諸制度をどのように用いるかが審理の帰趨を決める要因となる。これが二つめの要点である。

なお，建築専門家の側においても，専攻領域の細分化が著しく進んでおり，従来からの意匠，構造，施工，材料，設備，地盤，積算といった大まかな分類では対応できず，前記の建物の種別や構造による分類よりもさらに細かい専攻を把握しなければ，適切な専門家の選定ができないという状態も生じている。また，瑕疵や債務不履行・不法行為に当たるか否かという観点からの判断だけではなく，最終的には瑕疵修補に代わる損害賠償の金額や債務不履行・不法行為における損害額の算定という問題を避けることはできないが，この点に関しても，専門的知見（積算の技術）がなければ，評価・判断が困難になるところ，積算には豊富な実務経験と知識が必要とされることから，適切な専門家を確保することが困難であり，その解決策に窮することもしばしばである。

(2)　次に，建物は，他の一般の請負や売買の目的物と比べても高価な商品であり，特に住居を構えることは施主又は買主にとって人生の重大事であるから，建物の性能や形状についての関心が高いことは容易に察することができるであろう。ところが，建物の性状に関する要求水準は，施主又は買主の間でも個人差があるばかりでなく，これらの者と施工者や売主との間でしばしば食い違うことがある。特に現物を見てから購入を決める建売住宅（売買契約）と比べて，図面や見積書・仕様書を見るだけで契約を締結しなければならないことの多い注文住宅（請負契約）の場合には，建築材料の質や見栄えに関する認識に相違が生じやすいことから，その認識の相違が顕在化した場合には，深刻な紛争となり，人格訴訟の様相を呈することすらある。

　また，建物の建築工事に起因して近隣住民（の所有する土地・建物）に被害が発生する，いわゆる第三者被害型事件においては，建築とは直接的な関係のない者が不測の損害を被るわけであるから，その被害感情は極めて強い場合が多い。

　以上のような厳しい対立が訴訟の場に持ち込まれる点が建築訴訟の特質であり，このことにより，時として数百にも及ぶ瑕疵が主張されたり，通常は問題とならないような軽微な瑕疵が取り上げられたりして，争点の絞込みが困難となることがある。

　(3)　さらに，建築紛争においては，請負契約の締結が口頭で行われ，契約書や設計図面が作成されていない事案，契約の前提としての見積書がない事案，契約の内容を特定するための仕様書が存在しない事案，工事の過程を表す工程管理記録等が備えられていない事案を多々見かける。当初の契約締結に際しては契約書や設計図面が作成されたとしても，その後の工事内容の変更や追加に際して，口頭で発注され，書面が作成されないことは日常茶飯事といって差し支えない。このような場合には，審理の出発点となる契約内容の確定が著しく困難となる。

　また，施主と設計者・工事業者との間では，建築に関する情報力の格差が著しい場合がほとんどであるから，契約内容を確実に記載した書面がないばかり

でなく，説明不足が重なった事案においては，客観的な根拠の乏しい水掛論が繰り返され，このことによって感情的な対立が増幅することもある。

なお，我が国の建築業界は，多重的な下請構造を採っていると指摘されることがあるが，元請けと下請け，下請けと孫請けというような業者間の事案においては，請負報酬額に関する合意がされないまま工事に着手し，完成・引渡しの後に金額に関する争いが生ずることも多い。このような場合に，適正報酬額や出来高を算定するのは困難なことが多く，積算の専門家が少ないこともあって，審理に困難を来すことになる。

以上のように，証拠が乏しく，事実認定に困難を伴うこともまた建築訴訟の特徴である。

(4) 前記の建築訴訟が抱える問題性の反映として，審理が長期化する傾向にあることもまた建築訴訟の特質として挙げられる。全国の地方裁判所の平成16年度の統計[15]によると，既済事件の平均審理期間は，民事通常事件が8.3か月であるのに対し，建築訴訟は17.0か月である。そして，建築訴訟のうち，建物の瑕疵が主張された事件は24.7か月となっており，その主張がされなかった事件が10.5か月であるのに比して，2倍以上の審理期間を要していることが注目される。

3．建築訴訟の概況

(1) 建築訴訟は，近時，いわゆる欠陥住宅問題が社会の関心を呼ぶようになり，それに伴って事件が増加したが，その性質は一般の民事通常事件と異なるところはないから，従前は特にそれだけを取り出した統計的な数値はなかった。しかしながら，建築事件集中部が発足した平成13年4月以降の東京及び大阪の各地方裁判所における新受件数[16]を取り上げてみても，依然として高い水準を保っており，建築紛争の多発という傾向が続いていることは看取できるであろう。

(2) 新民事訴訟法施行後における建築訴訟の運営改善は，三つの時期に分けて考察すると，分かりやすい。

第1期は，平成11年から13年3月までであり，主として専門的知見の円滑な導入のための方策を検討し，適切な専門家の確保（鑑定人及び調停委員の推薦システムの構築）を目的として建築界との交流を図る一方，専門家調停を活用する審理方法を開発・実践していた時期である。専門家調停は，専門委員制度が導入される前の代替的な手段という意味合いがないわけではないが，専門家の関与による争点の整理のみを目的とするわけではなく，もちろん話合いによる紛争解決を目指して当事者双方に対する調整活動を行うのであり，前記のとおり，当事者間の感情的な対立が激しいことの多い建築紛争の解決手段としてふさわしいということができるばかりでなく，調停委員会による現地見分により，実質的には検証と鑑定とを同時に行うに等しい効果を得ることができ，現場の状況を踏まえた解決に導くことができるという実際的な利点もあることから，建築訴訟にとっては有用な手段と評価することができるものである。

　第2期は，平成13年4月から平成16年3月までであり，建築事件集中部が発足し，裁判官が自ら専門化して効率的な審理を行おうとする試みを実践する過程であり，日本建築学会に設置された司法支援建築会議からの推薦による調停委員が多数任命され，専門家調停をさらに推進して，効果を上げた。東京地裁の建築事件集中部（民事第22部）を例に取ると，建築専門家の調停委員は100名にも及び，設計（意匠・構造），施工，材料，設備，地盤，積算等の種々の専門分野にわたって適任者が確保され，同部において審理（争点及び書証の整理）を行った事件を自庁調停に付して，引き続き争点の絞込みと現地見分を踏まえた検討を行い，当事者双方の利害調整を図った結果，この3年間における調停成立率は70％を超えるに至った[17]。

　第3期は，平成16年4月以降現在に至るまでであり，専門訴訟への対応強化のために改正民事訴訟法により導入された新制度を活用して，本格的な審理方式の構築を目指した実践を行うことが期待されている。そして，従前からの専門家調停活用方式と新制度を利用した方式との兼合いを図り，事案の特質に応じてどのように選択ないし使い分けしていくかを検討するのが今後の課題であるということができる。

(3) 以上のような経緯をたどって，建築訴訟は，専門訴訟としての特質に応じた審理方法が採られることになったことから，相当程度運営改善が図られたと評してよいと思われる。その成果を既済事件の平均審理期間について見ると，これまで30か月を超えていた[18]が，14か月まで短縮されており[19]，従前の半分の期間で訴訟が終結したことが分かる。なお，付調停事件の調停成立率が高いことは前記のとおりであるが，既済事件に占める調停成立事件の割合も高く，半分程度まで達している[20]。

III 建築訴訟の課題とその実践

1．計画審理の推進

(1) 平成15年改正民事訴訟法は，新たに計画審理の制度を導入し，「裁判所及び当事者は，適正かつ迅速な審理の実現のため，訴訟手続の計画的な進行を図らなければならない」（法147条の2）と規定し，「審理すべき事項が多数であり又は錯そうしているなど事件が複雑であることその他の事情によりその適正かつ迅速な審理を行うため必要があると認められるときは」，裁判所は，当事者双方と協議をし，その結果を踏まえて「審理の計画」を定めなければならない（法147条の3第1項）と規定している。すなわち，法は，すべての民事訴訟事件について，訴訟手続の計画的な進行を図らなければならないとした上で，適正・迅速な審理を行うため必要がある場合には，審理計画を定め，これに基づく審理を行うことを義務づけ（必要的計画審理），この審理計画においては，①争点及び証拠の整理を行う期間，②証人及び当事者本人の尋問を行う期間，③口頭弁論の終結及び判決の言渡しの予定時期を定めなければならないものとしている（法147条の3第2項）。そして，法147条の2の趣旨に照らせば，必要的計画審理の対象とならない事件であっても，当事者間に争いが存し，争点整理に複数期日を要する場合には，訴訟手続の計画的な進行を図るために，裁判所と当事者が協議の上，争点整理終了まで，又は，当面の数期日の審理予定を取り決め，その間における準備書面や書証の提出時期を定めるなど，可能な限り訴訟進行の見通しを立て，審理を一定の軌道に乗せる必要がある。

実務では，このような緩やかに訴訟手続の計画的進行を図る審理方法を準計画審理と呼んでいる。

(2) ところで，建築訴訟は，争点が多岐にわたり，審理が複雑化する場合が多く，適正・迅速な進行を図るためには審理を計画的に行う必要がある。すなわち，建築訴訟は，その本来的な性質から，前記の必要的計画審理の対象となる事件が多いと考えられ，そのような事件については法147条の3第1項により計画審理を行うことが義務づけられているのであり，また，そうでない事件にあっても，争点の拡散を防ぎ，合理的な期間内における適正な解決を図るためには，準計画審理を行うべきである[21]。

(3) そこで，建築訴訟において計画審理を実践するための方策について検討すると，審理の当初の段階から当事者双方の主張が明確であって，両者を対比することにより争点を整理することが可能であり，必要な証拠（書証）がある程度揃っている場合には，なるべく早期に計画を策定すべきである。その際，後に述べるように，審理に専門家の関与を要するのか否か，要するとした場合，訴訟手続を選択して専門委員の関与により審理するのか，証拠調べにおいて鑑定を行う必要はあるか，専門家調停に付して建築専門家を含む調停委員会が現地見分をして解決策を提示するという方法は採れないのかということが審理計画を定めるに際して最も重要な考慮要素であるから，まずこのような観点から手続を選択した上で，各手続に要する審理回数及び期間を想定して，必要的計画事項を定めることになる。

しかしながら，実際には早期に審理の経過を見通すことのできる事案ばかりとは限らない。むしろ前記のような建築訴訟の特質にかんがみると，建物の不具合・欠陥に関する主張及び証拠が審理の当初においては必ずしも準備されておらず，建物の性状に関する施主又は買主の不満が多数・多岐にわたって述べられ，法的評価概念としての「瑕疵」に該当するものとそうでないものとが峻別されることなく，漫然と列挙されて主張されることがしばしばである。このような場合に，当初から厳格かつ緻密な審理計画を立てても，そのとおりに進行させることは不可能に近い。そこで，当初は，ある程度幅のある期間内に大

まかな進行案を考えて，当事者の主張を吟味した上で，争点を絞り込み，真の争点に即した証拠の有無及び必要とされる証拠調べを想定できる段階になってから，終局までの審理計画を策定するといった方法も検討すべきである。要は，計画を自己目的化せずに，合理的・効率的な審理を図るための方策であるとの認識の下に，柔軟な運用を心掛けるべきであり，そうしないと，建築訴訟の特質に適合せず，審理が硬直化することになりかねないというべきである。

(4) 審理計画は，ただ単に当事者と協議して策定すれば，それに沿った審理ができるというものではない。計画の内容を裁判所と当事者とが確認し，互いに共通の認識の下に実践していくという意識を持つことが必要である。そのためには，策定した審理計画を裁判所において書面化（調書又はメモに記載して作成）し，当事者にファクシミリ等により送付し，その内容の確認を求め，また，各期日ごとに準備すべき具体的な事項についても常に周知・徹底を図り，その実施に向けて働きかけなければならない[22]。また，争点を整理した結果については，瑕疵一覧表，主張対比表，時系列表等[23]を用いて，裁判所と当事者が確認し，それを争点整理手続の調書に添付するという方法により明確にしておく必要がある。

このような計画の策定と実施の過程における工夫が，計画に沿った訴訟運営を可能ならしめるのであり，今後の実務においては，裁判所と当事者が協働して，これらの方策を確実に行うようにすることが課題である。

(5) 東京地方裁判所の建築事件集中部においては，改正民事訴訟法の施行前から計画審理の実践に努め，主として準計画審理の方式による訴訟運営を心掛け，近時は，調停についても計画的な進行を図るべきであるとの認識から，複数回の期日の一括指定を始めとする計画調停の実施を目指している。そして，その検討の結果を「建築関係事件審理要領」[24]としてまとめ，これに基づいて訴訟及び調停の運用を行っており，計画的な訴訟と調停の運営は，2か部の共通の目的となっている。

2．専門的知見の取得の方策

(1) 建築訴訟の中には，専ら契約の成否及びその内容が争われる事案も存する。前記のとおり，契約書や設計図書等の書証が存しないことも多く，口頭の合意の成否及びその内容について当事者双方の供述のみによって立証するほかないという場合には，真相の把握に困難を来すこともあるが，争点は事実認定に関わることなので，この点では他の一般の民事訴訟と異なるところはない。このような事件については，通常，一般的な経験則によって判断すれば足りるので，そのまま専門家の関与を求めることなく，弁論準備手続において審理し，話合いによる解決の余地があれば，和解又は調停により合意の形成を目指すことになる。もっとも，事実認定に当たって，専門的な知識に関わる特別な経験則が問題となり，建築業界の実情に関する認識や，建築技術・材料に関する知識が必要となることもないわけではない。そのような場合には，専門委員の関与を求め，あるいは専門家調停に付することになる。

最も問題になるのは，建築瑕疵が問題とされる事案や第三者に被害が生じた事案である。この種の事件の審理において，紛争の内容となっている事象の認識及び理解並びにこれに基づく判断のために専門的知見が必要であると考えられる場合には，なるべく早期に専門家の関与を求めるべきである。

(2) 従前は，審理の過程で専門的知見を取得しようとしても，証拠調べとして鑑定を行うしか方法がなく，争点整理の段階でこれを導入する方途は存在しなかったことから，訴訟事件を自庁調停に付して，専門家調停委員の関与の下に争点整理を兼ねた話合いをし，その過程で確認された争点については瑕疵一覧表や主張対比表等の争点整理書面により裁判所（調停委員会）と当事者双方が確認し，仮に調停が不調に終わったとしても，審理再開後の口頭弁論期日又は争点整理手続期日において，前記争点整理書面と同様の主張整理をするという方法を考案していた。これは，一種の代替的手続であるが，調停制度を利用するものであるだけに，全く話合いの意思もない当事者に対して実施することはできなかった。そこで，専門家の関与の下に，専ら争点を整理するために用いることのできる本格的な手続が待望されていたところ，改正民事訴訟法は，

専門委員の制度を導入し，審理手続に専門的知見を必要とする場合，該当分野の専門的な知見を有する者の中から選任された専門委員に，訴訟手続（争点又は証拠の整理等，証拠調べ，和解の各手続）に関与してもらうことが可能となった（法92条の2以下）。これまで訴訟関係人の専門的知見の不足からとかく審理が難渋しがちであった専門訴訟において活用されることが望まれるが，専門委員は，あくまでも「専門的な知見に基づく説明を聴くため」に関与するのであり，訴訟の結論について意見を述べたり，判断を示す立場にはないことに注意しなければならない。他方，調停においては，合意による解決のために意見を述べて当事者を説得することは，その本来的な機能である。この二つの制度は，それぞれ長所と短所があり，事案の性質に応じて，それぞれの長所が発揮できるように使い分ける必要があることはいうまでもない。

(3) この点に関し，建築訴訟の特質にかんがみると，時間と費用をかけることなく，事件を合意により終局的に解決するための制度である調停が紛争解決手段として適していると考えられるので，まず第1に合意による紛争解決の可能性が両手続選択の基準となるであろう。

これを具体的に検討すると，まず，合意が成立する可能性があれば，争点整理を兼ねて話合いをするのに適しているといえるから，専門家調停を選択し，その中で専門的な知見に基づく争点整理及び説得活動をすることになろう。したがって，合意の可能性が全くないのに，争点整理だけを目的として調停に付するのは相当でない。専門委員制度が設けられた以上，これを選択すべきである。例えば，第三者被害型事件においては，原告（工事現場の近隣住民）は，自己と関係のない建築工事により一方的に損害を被ったとして，被害感情が強く，これに対し，被告（施主や工事業者）は，原告方建物の傾斜や亀裂の発生の原因を地盤軟弱等に求め，工事と被害発生との因果関係を争うことが多いので，両者の感情的対立が厳しく，しかも，因果関係の認定のために鑑定等による厳密な立証を要することもあるので，調停にはなじまないことが多い。次に，損害発生の因果関係や瑕疵発生の原因を探求するのに建物の破壊検査やその他の費用がかかる調査を要する事案もまた調停手続の中では対処が困難であるの

で，専門委員の関与を得て，争点及び鑑定事項を整理して，最終的には鑑定による立証を待つことになろう。通常，当事者は，損害や不具合・欠陥発生の原因について曖昧にしたまま解決についてだけ合意することはあり得ないからである。

もっとも，最初は当事者間の対立が厳しくとも，主張を整理している間に，事案の性質や利害得失を考慮して，話合いによる解決の気運が生じてくる事例も枚挙にいとまがない。真の原因探求に過分の費用を要し，それが明らかになったからといって，解決のための金額にはそれほど影響しない場合（いわゆる費用倒れのケース）がその典型である。例えば，当初は瑕疵が著しく構造の安全性を欠いているとして建替費用相当額の損害賠償を主張していたものの，その程度までは至っていないことが判明した場合には，個々の不具合事象について鑑定をしても，その修補金額はたいした金額にならないので，むしろ建築家調停委員に現地調査の上で修補方法とこれに要する金額についての意見を述べてもらい，それに基づいて解決する方が合理的である。また，下請負関係や追加変更工事に関する事案においてしばしば見られるが，代金に関する明確な合意が存しないため相当額を算定しなければならない場合には，施工業者が要した費用と発注者が得た利益を中心にして両者に負担させるべき合理的金額を算定する必要がある。しかしながら，これを訴訟手続の中で立証させることは容易でなく，当事者としても，了解できる範囲内の金額であれば，訴訟コストをかけるよりも話合いにより解決したいとの意向を持つことが多いので，積算実務に詳しい専門家調停委員の試算額に基づいて調整を図ることになる。

(4) ところで，東京地方裁判所においては，制度発足時から医療・建築・工学・不動産鑑定・財務税務・知的財産権等の各種の分野にわたって多数の専門委員が配属され，その数は 261 名[25]に及んでおり，専門制度検討委員会を中心にしてこれを積極的に活用するための方策を講じている。その結果，専門委員の指定数は，平成 18 年 5 月 1 日現在で，217 件（226 名）[26]を数えている。そのうち，建築関係の専門委員を指定したのは 96 件（99 名）であり，建築事件集中部による指定は 47 件（48 名）である。

専門委員の関与例を建築訴訟について具体的に見ると[27]，専門領域としては，建築全般から，設計（意匠，構造），地盤，施工，材料，設備，環境（騒音・振動）など，種々の分野にまたがっており，その争点は，建築物の瑕疵の存否，相当な修補方法，修補費用相当の損害額が争点である事例（建築瑕疵型事件）が最も多く，69％を占め，次いで，隣地における工事による地盤，建物等への被害発生が争点である事例（第三者被害型事件）が15％，請負契約の追加変更工事について契約の存否，施工の有無，代金相当額等が争われている事例が12％と続いている。また，関与形態としては，争点整理手続（弁論準備手続）における建築技術に関する専門的事項の説明というのが3分の2以上を占め，その結果，専門委員の関与により争点整理が円滑に進んだとして肯定的な評価を受けている事例が大半であると報告されている。このような状況からすれば，制度発足から間もないのにもかかわらず，極めて熱心に活用されており，今後の利用の拡大が期待される。

(5) さらに，専門的知見を補充する証拠調べとして行われる鑑定に関し，改正民事訴訟法により改善が図られ，鑑定人に口頭で意見を陳述させる方式について，証人尋問の規定を準用せず，まず鑑定人に意見を陳述させた後に質問を行うこととし，質問の順序も原則として第1に裁判長，第2に鑑定を申請した当事者，第3にその相手方当事者と定め（法215条の2），また，いったん意見を述べさせた鑑定人について，意見の内容を明確にしたり，その根拠を確認するために必要があるときは，再度意見を述べさせること（いわゆる鑑定の補充）ができることとされ（法215条2項），鑑定書提出後に鑑定人に口頭で鑑定内容の説明を求める手続も，従来行われてきた証人又は鑑定証人に対する尋問ではなく，鑑定人による意見陳述の一環として行われることが明らかにされ，以上の改正に伴い，民事訴訟規則においても，鑑定のために必要な事項について裁判所が鑑定人及び当事者と協議し得ること（規則129条の2），鑑定人の陳述の方式として書面で意見を述べる場合において書面提出期限を定め得ること（規則132条），いったん意見を述べた鑑定人に更に意見を陳述させること及び意見を求める事項を決定する手続（同条の2）などに関する規定が設けら

れた。

　ところで，東京地方裁判所における実態調査[28]によると，一般的には，裁判所が鑑定人及び当事者と鑑定について必要な事項を協議する手続，鑑定の補充制度はよく利用されているということができる。

　建築訴訟に関しては，第三者に被害が生じた事件や瑕疵原因の究明が困難な事件のように，当事者間の対立が激しく，容易に合意が成立する見通しが立たない事件について訴訟手続が選択され，証拠調べにおいて鑑定が行われることが多いのであるが，調停が不成立に終わった後に瑕疵の有無やその原因について徹底的に解明したいとの当事者の意向が強い場合や，あるいは，調停段階で当事者の納得のために瑕疵原因等についての鑑定が行われることもあり，その利用方法は多様である。

　前記の改正点との関係では，ほぼ全件において，鑑定事項と実施方法を定めるに当たって裁判所と鑑定人及び当事者との協議が行われているのが注目される。これは，建築訴訟においては，鑑定事項が専門的技術的な事柄に関わり，複雑なものになることから，専門家を交えて十分に検討する必要があることを示している。このような事情を反映して，鑑定人の意見陳述は，すべての事件について，書面（鑑定書）による方式が採られている。書面による方が口頭よりも，確実であるばかりでなく，理解が容易で，正確性も保たれるからである。そして，鑑定書の内容に疑問のある当事者から鑑定の補充の申立てがされることもしばしばであるが，その際の陳述の方式も，口頭よりも書面による方が確実であり，実務上もそのような方法を採ることが多い。

　建築訴訟の鑑定に特有の問題として，対象となる建物を一部解体したり，毀損したりすることが必要となる場合（いわゆる破壊検査）があり，そこまで徹底した調査をするのか，また，鑑定の方法は，目視によるのか，検査機器（RCレーダ，レントゲン等）を用いるのかといったことがある。瑕疵の内容や費用負担との関係で考慮せざるを得ない問題であるが，どの程度まで厳密に調査するかという程度問題であり，裁判所の判断にとっての有用度だけでなく，当事者の納得の問題もあるから，裁判所は，鑑定人及び当事者と十分に協議を

さらに，充実した鑑定資料を収集するため，鑑定人を審理に立ち会わせることも検討の余地がある。専門家の目から見て既に取り調べた証拠では不十分な場合，当事者や証人に直接確認する必要がある場合などに有益であり，建築訴訟においては，争点整理の段階で鑑定を採用して，鑑定人を弁論準備手続期日に立ち会わせたり，進行協議（現地見分）や証拠調べ（人証の尋問）に立ち会わせることも多く行われている。事案の特質に応じた新しい審理方式として注目される。

(6)　なお，以上のほか，審理に必要な専門的知見を取得する方法としては，当事者の補助者（当事者からの依頼による事実調査をした建築士，設計者や施工業者の従業員等）から説明を受ける方法が考えられる。当事者の補助者からの説明は，弁論準備手続において当事者双方の面前で討論ないし質疑応答の形式でしばしば行われる。また，進行協議期日における現地見分の際に，当事者の補助者が指示・説明のために立ち会うということもよく行われる。簡便な方法であり，当事者双方の主張の理解のためには有用なこともあるが，これらの者は，もとより中立的な立場にいるわけではなく，その説明内容が公正であるとは限らないので，裁判所は，聴取に際し，相手方の立会いの下に反論の機会を与えるなどの配慮をすることが必要である。

(7)　建築訴訟は，これまでも専門訴訟としての特質に応じた審理方式を考案してきたが，適正かつ迅速な裁判を実現するための手続的な手当ては，民事訴訟法の改正と制度の整備により整ったということができる。しかしながら，効率的な審理という面では不十分な点も存するので，今後とも，日々の実践に基づいて運営の改善を続ける中でより良き審理を目指すことが求められているということができよう。

1)　新民事訴訟法施行後の実務の状況を紹介するものとして，大森文彦ほか・座談会「民事訴訟の新展開［上］［下］」判例タイムズ1153号4頁，同1155号4頁，高橋宏志ほか・座談会「民事訴訟法改正10年，そして新たな時代へ」ジュリスト1317

号 6 頁参照。
2) 菅野雅之「訴訟の促進と審理の充実―裁判官から」ジュリスト 1317 号 61 頁参照。なお，人証調べが実施された対席判決事件について同様に比較してみても，平成 2 年に 25.9 か月であったのが，平成 11 年に 21.2 か月，平成 17 年に 19.4 か月へと短縮されている。
3) 裁判官が審理及び判断をするに当たって通常有することを期待されている一般的な知識及び経験（経験則及び論理則のほか，その基礎となる事柄に関する知識を含む。）を超えた，ある専門分野に関する特殊な知識及び経験をいう。なお，伊藤眞「専門訴訟の行方」判例タイムズ 1124 号 4 頁は，専門訴訟の審理運営に当たって裁判所が解決しなければならない課題として，第 1 に専門的知見獲得の必要性，第 2 に事件の複雑性，第 3 に証拠の偏在が挙げられると指摘しているが，この点は，本稿も同様の問題意識に立脚している。
4) 司法制度審議会意見書「21 世紀の日本を支える司法制度」参照。
5) 司法研修所編・専門的な知見を必要とする民事訴訟の運営のはしがき参照。
6) 齋藤隆「専門訴訟の一断面」21 紀における刑事規制のゆくえ 188 頁参照。
7) 日本建築学会発行の司法支援建築会議に関する冊子に掲記された同会議の設置主旨によれば，社会環境や経済環境の変化に伴って建築関係紛争が増大することが予測されるところ，訴訟関係人の専門的知見の不足から建築訴訟の審理が長期化する傾向にあるので，円滑・迅速な審理のためには専門家の関与が必要とされるとともに，設計者・技術者にとっても紛争を防止するためには施主に対する説明責任を果たすことを通じて業務の透明性を高めると同時に，紛争事例に学ぶ必要があることから，同学会が保持する厳正中立的な立場から調停制度や鑑定制度に支援協力するとともに，建築紛争の調査研究とその成果の公表を通じて，会員はもとより公共の利益に貢献することとしたとされている。これは，建築紛争を迅速かつ適正に解決することが社会全体の共通の課題であることを示している。
8) 最高裁判所建築関係訴訟委員会「建築関係訴訟委員会中間取りまとめ」判例タイムズ 1121 号 4 頁参照。
9) 最高裁判所建築関係訴訟委員会「建築関係訴訟委員会答申」判例タイムズ 1180 号 45 頁参照。
10) 東京地方裁判所建築瑕疵紛争検討委員会「建築瑕疵紛争事件の適正かつ迅速な処理のために～調停制度の活用を中心として～」判例時報 1710 号 3 頁，同委員会・プラクティス第 1 委員会「東京地方裁判所における建築瑕疵紛争事件の審理の実情と運営について」同 13 頁参照。
11) 東京地方裁判所建築訴訟対策委員会「建築鑑定の手引き」判例時報 1777 号 3 頁参照。
12) 大阪地方裁判所においても平成 13 年 4 月に調停部（第 10 民事部）が建築事件集

中部となり，その後，横浜地方裁判所，千葉地方裁判所，名古屋地方裁判所等においても集中処理部体制が採られている。なお，東京・大阪各地方裁判所における建築事件集中部発足後の審理方式については，東京地方裁判所民事第22部裁判官田中信義ほか「専門訴訟・建築紛争(1)～(3)」二弁フロンティア2004年3～5月号，武宮英子「東京地裁民事第22部における事件処理の概況」民事法情報212号15頁，篠原康治「東京地裁民事第22部における事件処理の概況」民事法情報237号26頁，東京地方裁判所建築訴訟対策委員会編著・建築訴訟の審理，齋藤隆編著・建築訴訟の実務［改訂版］350頁，大阪地裁専門訴訟事件検討委員会「大阪地方裁判所建築関係訴訟集中部発足1年を振り返って」判例タイムズ1092号41頁，同「大阪地方裁判所建築関係訴訟集中部における審理の現状と展望」判例タイムズ1133号28頁，小久保孝雄「建築関係訴訟の審理の在り方―専門的知見の獲得方法の視点から」ジュリスト1317号113頁参照。

13) 前掲9)の建築関係訴訟委員会答申（全国の裁判所の統計）によると，瑕疵の原因として主張されているのは，設計が15％，監理が8％，施工が73％であり，圧倒的に施行上の瑕疵が争点となっている事案が多い。また，前掲8)の同委員会中間取りまとめ（東京・大阪地裁のデータ）によると，建築瑕疵による損害賠償請求の法律構成は，東京地裁においては，債務不履行が59％，瑕疵担保責任が29％，不法行為責任が8％であり，大阪地裁においては，債務不履行が38％，瑕疵担保責任が7％，不法行為責任が38％であると報告されている。

14) 前掲9)の建築関係訴訟委員会答申（全国の地方裁判所の統計）によると，請求の内容は，契約請負代金請求が74％であるのに対し，建築瑕疵による損害賠償請求は21％である。前掲8)の同委員会中間取りまとめによると，東京地裁においては，請負代金請求が68％，損害賠償請求が24％，設計料請求が2％，監理費請求が1％，債務不存在請求が1％，建物補修工事請求が0.4％，その他が4％である。

15) 前掲9)の建築関係訴訟委員会答申に引用された統計結果による。

16) 前掲12)の建築訴訟の実務350頁以下参照。

17) 前掲12)の「専門訴訟・建築紛争(1)」二弁フロンティア2004年3月号32頁，建築訴訟の実務［改訂版］354頁参照。

18) 前掲10)の「東京地方裁判所における建築瑕疵紛争事件の審理の実情と運営について」判例時報1710号14頁によると，同裁判所において，平成11年3月23日から同年12月26日までに終了した92件についての平均審理期間は31.5か月と報告されている。

19) 前掲12)の建築訴訟の実務［改訂版］355頁によると，平成13年4月から翌14年3月までの1年間に東京地方裁判所の建築事件集中部において受理した511件について，平成16年2月時点で既済となった事件の平均審理期間は，全体で444日，

調停手続を利用した場合は 575 日であると報告されている。
20) 前掲 19)の調査結果によると，前同様の受理事件について，平成 16 年 2 月時点では，未済事件が 22％，既済事件が 78％であるが，その内訳は，調停成立が 38％，和解が 14％，判決が 13％とされている。
21) 建築訴訟における計画審理の重要性を指摘するものとして，前掲 12)の建築訴訟の審理 42 頁以下，同建築関係訴訟の実務［改訂版］311 頁以下参照。
22) 東京地方裁判所の建築事件集中部においては，必要的計画審理事件及び準計画審理事件ともに，計画の内容と各期日ごとの進行予定を「期日進行連絡票」により当事者に通知している。前掲 12)の建築訴訟の審理 134 頁以下参照。
23) 各争点整理表の書式については，前掲 12)の建築訴訟の審理 128 頁以下参照。
24) これを外部に公表するために刊行したのが前掲 12)の建築訴訟の審理である。
25) 東京地方裁判所本務の専門委員は，医療関係 30 名，建築関係 61 名，不動産鑑定関係 18 名，情報技術関係 12 名，機械技術関係 2 名，財務税務関係 8 名，その他 5 名であり，東京高等裁判所本務の専門委員は，知的財産権関係 125 名（以上，いずれも平成 17 年 9 月 1 日現在の員数）であり，それぞれ最高裁判所により任命されている。
26) 専門分野を異にする専門委員を複数（2 名）指定した事件が 9 件である。
27) 東京地方裁判所専門委員制度検討委員会「改正民事訴訟法 500 日の歩み(2)―東京地方裁判所における新制度運用の実情―」判例時報 1911 号 3 頁参照。
28) 東京地方裁判所鑑定関係委員会「改正民事訴訟法 500 日の歩み(3)―東京地方裁判所における新制度運用の実情―」判例時報 1913 号 3 頁参照。

〔東京地方裁判所判事〕

第 3 章

利用者起点の司法アクセスに向けて

合　田　俊　文
石　川　幹　子
藤　本　光太郎

I　はじめに——利用者起点という問題意識

本章は利用者起点という問題意識から司法アクセスを考える。

1．利用者起点

　それでは，利用者起点とは何か。
　近年，政府の諸施策においても，民間企業の経営計画においても，「利用者」が強調される。公共サービスであれ，民間サービスであれ，サービス提供者側に立つ者は，サービスにアクセスして利用する者の視点で，構想や計画を立案し，実行に移すことが重要であるとされる。利用する者は，文脈によって納税者であり，消費者あるいはクライアントであるものの，官民問わずサービス提供側は，利用者中心主義を貫くという点に変わりはない。これを，ここでは「利用者起点」の第一の意味とする。
　この十数年で著しい発展を遂げたインターネットの世界は，第二の意味で「利用者起点」の考え方を提供する。ブログ，Wikipedia，ソーシャル・ブックマークなどの「利用者参加型」あるいは「利用者主導型」の情報発信やその支援サービス群がよい例であろう。ここで，利用する者は，単にサービスを消費するというよりも，利用する者の声を相互に交換し合い，主体的に新たな価値

を生み出すことができる,と位置付けられる。これは,利用者の主体性が起点となってサービスが発展的に構成されることを意味する。

したがって,「利用者起点」は,まさに利用者が常に中心にいるという発想であり,サービスを提供する側からも,また同時に利用する側からも対称的に該当する発想である。

2. 司法アクセスと利用者起点

それでは,司法アクセスを利用者起点で考えるとはどのような問題意識になるだろうか。

今般の司法改革で国民の司法アクセスの重要性が指摘されていることは論を俟たない。それは,司法制度改革審議会意見書に記述されているとおりである[1]。この点に関して,同意見書は,法曹人口を増やすと同時に地域的な偏在をただすこと,既存の法的サービスを拡充し質を向上させること,情報技術を積極的に活用すること,といった方向性を示している[2]。

「利用者起点」の切り口で同意見書を読み解けば,言葉は異なるにせよ,同様の発想が明白に述べられている。それは自律と支援である[3]。自律とは,主権者である国民の一人ひとりが能動的に法の実践を行うことである。機関や組織としての司法,つまり法を司る側は個人の自律を支援する[4]。ここで,国民の一人ひとりを利用者,法を司る側をサービス提供者と読み換えることができれば,一方で利用者は法を活用し,他方でこの利用者をサービス提供者が支援する,と理解できるであろう。これは,司法における「利用者起点」の宣言であるといえよう。

3. 本章の構成

本章は,このような問題意識の下で,司法アクセスを考える。

まず,Ⅱは,著者が実施したアンケートから,司法アクセスに関連して利用する者のニーズとサービスを提供する者の現況を見る。その結果から,利用者とサービス提供者双方の相互関係やアクセス阻害の解消に向けた幾つかの方策

について読み解き,「利用者起点」への示唆を述べる。

これを踏まえ, Ⅲは,「利用者起点」の司法アクセスを切り拓くための仮説として, 司法サービスのネットワーク構築の問題を考える。

Ⅳは, 海外の司法アクセス機関の概要を紹介する。その中で「利用者起点」の司法アクセスを実現する手段の一つである情報技術の活用について紹介する[5]。

最後に, Ⅴでは,「利用者起点」の司法アクセスの意義を再確認し, 今後の展開につながるような駆動力についてポイントを述べることとする。

Ⅱ 司法ニーズと司法サービスの現在
——誰がどのように困っているのか？

現在進められている司法制度改革は,「制度基盤改革」,「人的基盤改革」,「国民の参加」という大きな三つの柱で成り立っており, 司法サービス利用者である国民の立場に立って, 身近な司法, 国民の司法参加を目指している。

同改革における司法ネット構想は, 国民の司法サービスへのアクセスを改善し,「いつでも, どこでも」利用者が司法を容易に利用できることを目指す点

表1 司法制度改革の骨子

改革の柱	具体的な施策
制度基盤改革	裁判の迅速・充実化　eg. 民事審理期間の短縮, 知財高裁の設立
	ADR（裁判外紛争手続）の拡充
	司法ネット構想 ⇒市民に身近な領域では, 裁判員と並ぶ司法改革の目玉
人的基盤改革	法科大学院設置
	法曹制度の改革　eg. 法曹三者の人事交流, 外国弁護士法人の規制緩和
国民の参加	裁判員制度
	情報公開推進　eg. 法令の英訳化, 判決公開
	法教育の充実　eg. 初等, 中等, 生涯教育

出典：司法制度改革審議会資料より富士通総研作成

で，最重要施策の一つである。

そこで，司法ネット構築のための基礎的な情報を得るため，「法律相談に関する調査」と「自治体による法律相談の現状」というアンケート調査によって，国民の司法サービスにおけるニーズを理解し，国民に対して最も身近で司法サービスを提供する自治体の法律相談の現状を把握することとした。

1．「法律相談に関する調査」

(1) 調査の概要

(a) 調査の目的

この調査は，国民の司法サービスに対するニーズを調査分析し，簡易・迅速・低廉でかつ質の高い司法サービスを整備するための課題を明らかにし，司法ネット構築のための基礎資料を得るために行った。

(b) 調査方法

インターネット調査

(c) 調査対象と実施時期

調査対象は，日本全国に住む20歳以上の男女であり，インターネットアンケート調査会社の一般消費者モニターを，男女・年齢階層別に割り付けを行った。

調査は，2005年9月に実施した。

(d) 有効回答数

有効回答は，1,040人であった。

(2) サンプルの概要

回答者の年齢，性別，居住地域，職業は次のとおりである。

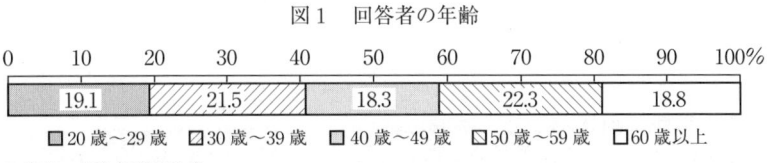

図1　回答者の年齢

20歳～29歳	30歳～39歳	40歳～49歳	50歳～59歳	60歳以上
19.1	21.5	18.3	22.3	18.8

出典：富士通総研作成

46　第Ⅰ部　司法制度・司法アクセスの動向

図2　回答者の性別

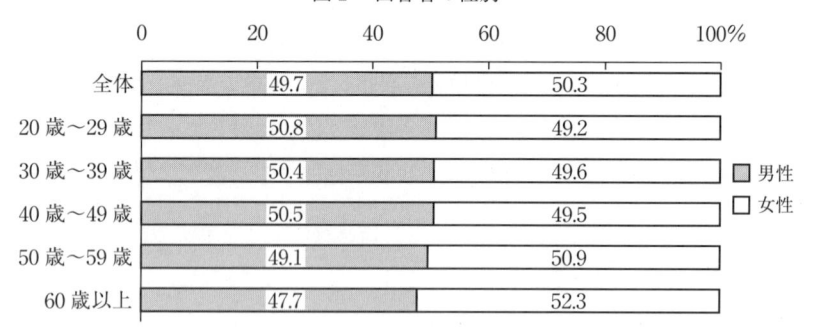

	男性	女性
全体	49.7	50.3
20歳〜29歳	50.8	49.2
30歳〜39歳	50.4	49.6
40歳〜49歳	50.5	49.5
50歳〜59歳	49.1	50.9
60歳以上	47.7	52.3

出典：図1と同じ

図3　回答者の職業

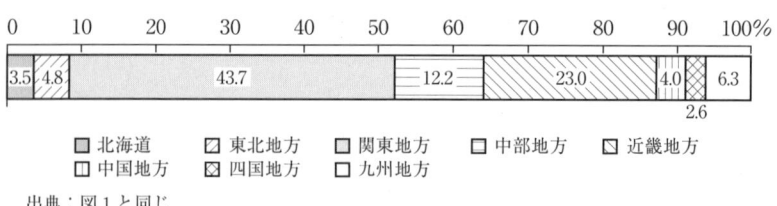

北海道	東北地方	関東地方	中部地方	近畿地方	中国地方	四国地方	九州地方
3.5	4.8	43.7	12.2	23.0	4.0	2.6	6.3

出典：図1と同じ

図4　回答者の職業

公務員	経営者・役員	会社員（事務系）	会社員（技術系）	会社員（その他）	自営業	自由業	専業主婦	パート・アルバイト	学生	その他
4.2	2.3	13.1	11.8	8.5	8.9	2.6	22.1	12.2	3.6	10.7

出典：図1と同じ

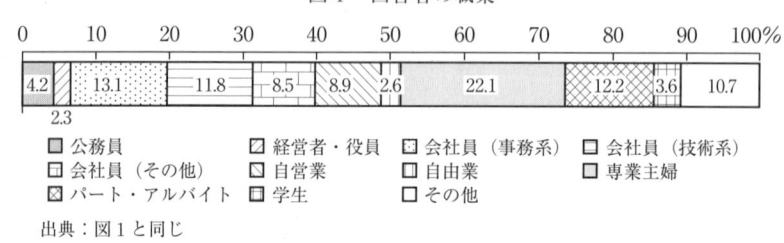

(3)　データの集計・分析結果

(a)　最近5年間/一番最近で困ったことや不満を持ったことのある問題

　最近5年間に困ったことや不満を持ったことがあったかを尋ねたところ，「職場における問題」（30.6％）が最も多く，次いで「介護や子育てなど親族・

第3章　利用者起点の司法アクセスに向けて　47

家庭関係に関する問題」（19.0％），「金銭の貸し借りに関する問題」（12.3％）となっている。「困ったこと不満を持ったことはない」という回答も約3割あった。

また，最近5年間で困ったことや不満を持ったことのある人に対して，一番最近の問題について尋ねたところ，最近5年間に困ったことや不満を持ったことがある問題と同様に，「職場における問題」（25.3％），「介護や子育てなど親族・家庭関係に関する問題」（15.8％），「金銭の貸し借りに関する問題」（10.3％）の順番で多い。

図5　最近5年間/一番最近で困ったことや不満を持ったことのある問題

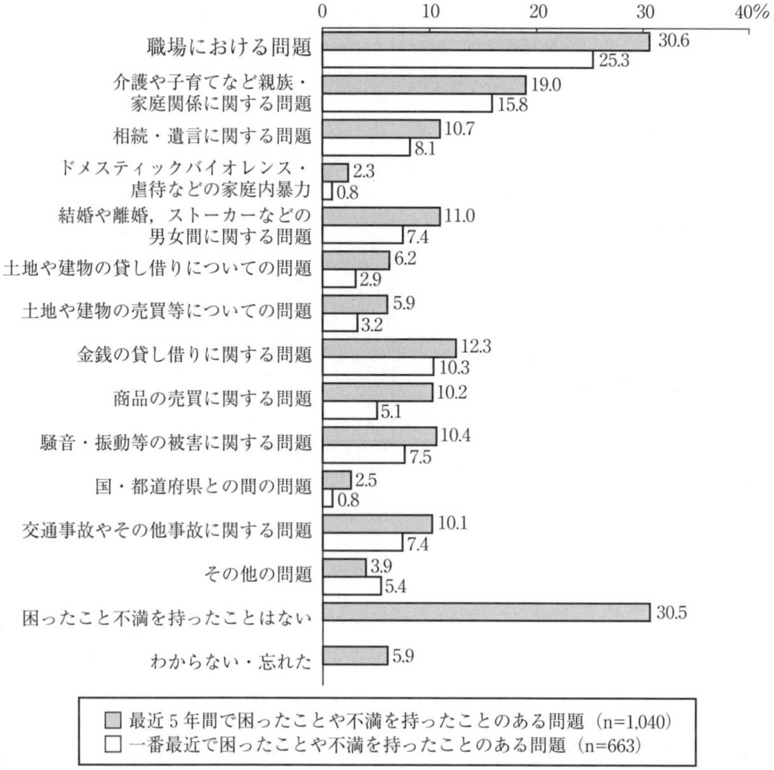

項目	最近5年間 (n=1,040)	一番最近 (n=663)
職場における問題	30.6	25.3
介護や子育てなど親族・家庭関係に関する問題	19.0	15.8
相続・遺言に関する問題	10.7	8.1
ドメスティックバイオレンス・虐待などの家庭内暴力	2.3	0.8
結婚や離婚，ストーカーなどの男女間に関する問題	11.0	7.4
土地や建物の貸し借りについての問題	6.2	2.9
土地や建物の売買等についての問題	5.9	3.2
金銭の貸し借りに関する問題	12.3	10.3
商品の売買に関する問題	10.2	5.1
騒音・振動等の被害に関する問題	10.4	7.5
国・都道府県との間の問題	2.5	0.8
交通事故やその他事故に関する問題	10.1	7.4
その他の問題	3.9	5.4
困ったこと不満を持ったことはない	30.5	—
わからない・忘れた	—	5.9

出典：図1と同じ

(b) 一番最近の問題についての相談相手

　一番最近の問題について，誰に相談したかを尋ねたところ，「家族・親族」（48.4％），「友人・知人」（40.4％），「職場の上司・同僚」（14.3％）の順で多く，「誰にも相談しなかった」（20.5％）という回答も2割あった。また，弁護士などの専門家，あるいは相談窓口など第三者への相談先を合計すると，約35％になり，3分の1以上の人が第三者に相談をしていることがわかった。

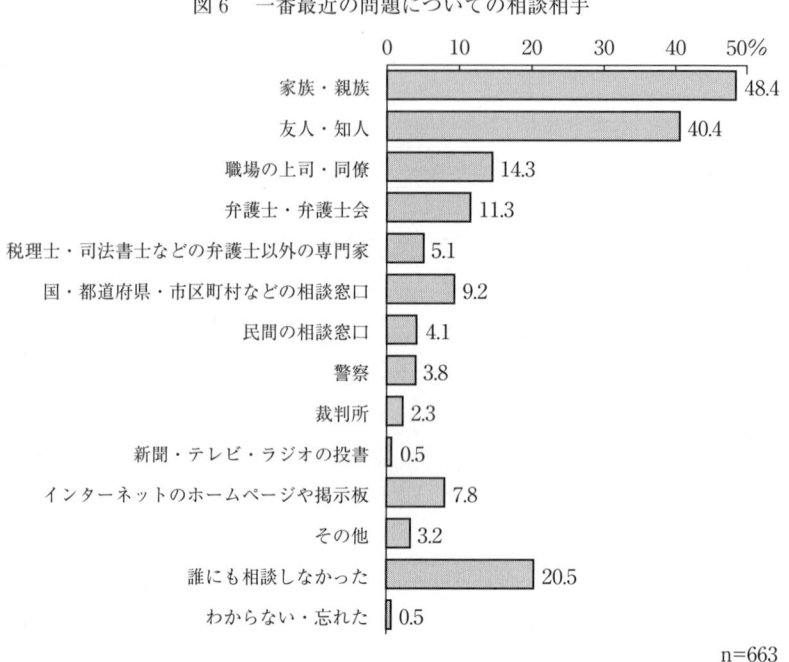

図6　一番最近の問題についての相談相手

相談相手	％
家族・親族	48.4
友人・知人	40.4
職場の上司・同僚	14.3
弁護士・弁護士会	11.3
税理士・司法書士などの弁護士以外の専門家	5.1
国・都道府県・市区町村などの相談窓口	9.2
民間の相談窓口	4.1
警察	3.8
裁判所	2.3
新聞・テレビ・ラジオの投書	0.5
インターネットのホームページや掲示板	7.8
その他	3.2
誰にも相談しなかった	20.5
わからない・忘れた	0.5

n=663

出典：図1と同じ

(c) 一番最近の問題について誰にも相談しなかった理由

　一番最近の問題について誰にも相談しなかった理由は，「自分の問題は自分で解決すべきだと思うから」（33.1％）が多い。相談先がわからない，第三者への相談の心理的抵抗，経済的な負担が生じるから，という理由についてはそ

れぞれ2割程度であった。

図7　一番最近の問題について誰にも相談しなかった理由

項目	%
それほど大きな問題だと思わなかったから	30.1
自分の個人的な問題を第三者に相談するのは恥ずかしいなどの心理的な抵抗があるから	19.9
どこに（誰に）相談してよいかわからなかったから	21.3
第三者に相談すると費用など経済的な負担が生じるから	17.6
自分の問題は自分で解決すべきだと思うから	33.1
第三者に相談している時間がなかったから	5.1
その他	8.1

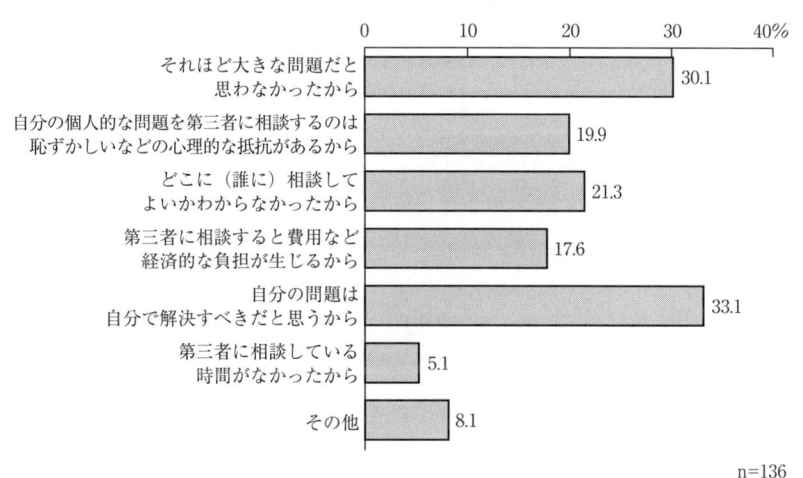

n=136

出典：図1と同じ

(d)　一番最近の問題についての解決方法

　一番最近の問題についての解決方法を尋ねたところ，半数近くが「交渉等したりすることはなかった」（47.5％）となっており，次いで，「自分で相手方と交渉した」（30.0％）となっている。

図8 一番最近の問題についての解決方法

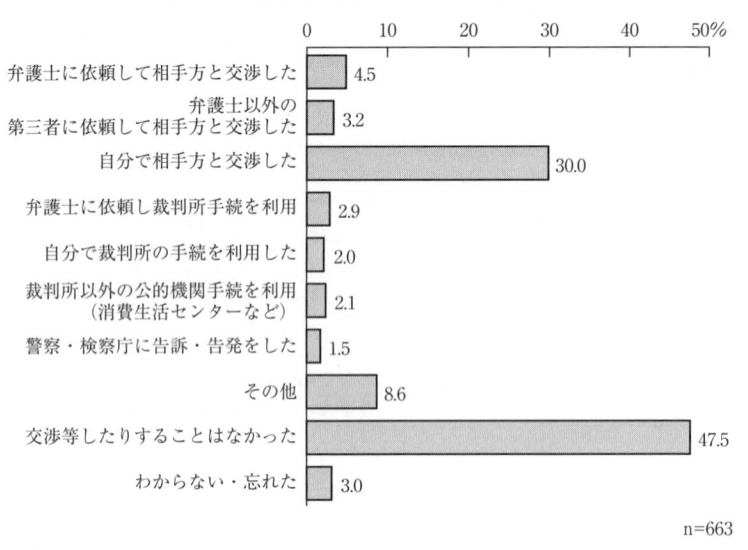

解決方法	%
弁護士に依頼して相手方と交渉した	4.5
弁護士以外の第三者に依頼して相手方と交渉した	3.2
自分で相手方と交渉した	30.0
弁護士に依頼し裁判所手続を利用	2.9
自分で裁判所の手続を利用した	2.0
裁判所以外の公的機関手続を利用（消費生活センターなど）	2.1
警察・検察庁に告訴・告発をした	1.5
その他	8.6
交渉等したりすることはなかった	47.5
わからない・忘れた	3.0

n=663

出典：図1と同じ

(e) 一番最近の問題が解決するまでにかかった日数と金額

　一番最近の問題が解決するまでにかかった日数と費用が最も多かったのは，「結婚や離婚，ストーカーなどの男女間に関する問題」であった。

　一番最近の問題が解決するまでにかかった平均日数：98日

　一番最近の問題が解決するまでにかかった平均金額：107,328円

表2 一番最近の問題が解決するまでにかかった日数と金額

一番最近の問題	平均日数（日）	平均金額（円）
職場における問題	79	21,049
介護や子育てなど親族・家庭関係に関する問題	80	86,923
相続・遺言に関する問題	123	177,952
ドメスティックバイオレンス・虐待などの家庭内暴力	30	2,500
結婚や離婚，ストーカーなどの男女間に関する問題	206	239,892
土地や建物の貸し借りについての問題	68	212,501
土地や建物の売買等についての問題	67	17,844
金銭の貸し借りに関する問題	177	204,000
商品の売買に関する問題	19	32,691
騒音・振動等の被害に関する問題	101	15,795
国・都道府県との間の問題	22	0
交通事故やその他事故に関する問題	78	142,147
その他の問題	39	455,889
平　　　均	98	107,328

出典：表1と同じ

(f) 弁護士への相談経験

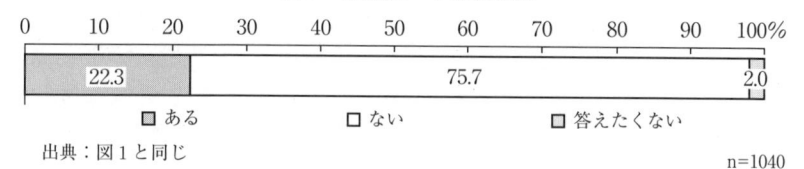

弁護士への相談経験があるのは約2割であった。

図9　弁護士への相談経験

ある	ない	答えたくない
22.3	75.7	2.0

出典：図1と同じ　　　　　　　　　　　　　　　　　n=1040

(g) 弁護士へ相談した問題

弁護士へ相談した問題は「相続・遺言に関する問題」（19.8％），「結婚や離婚，ストーカーなどの男女間に関する問題」（19.6％），「交通事故やその他事故に関する問題」（14.7％）の順で多い。

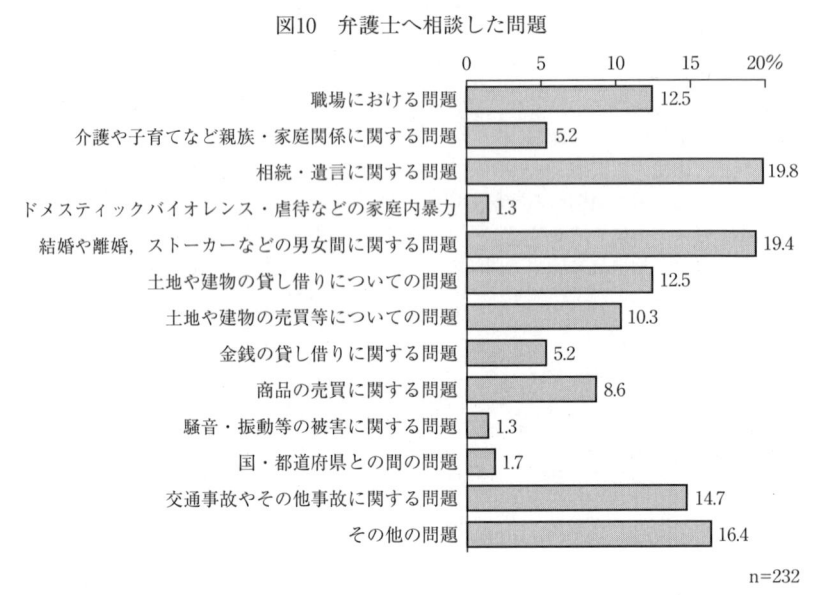

図10 弁護士へ相談した問題

項目	％
職場における問題	12.5
介護や子育てなど親族・家庭関係に関する問題	5.2
相続・遺言に関する問題	19.8
ドメスティックバイオレンス・虐待などの家庭内暴力	1.3
結婚や離婚，ストーカーなどの男女間に関する問題	19.4
土地や建物の貸し借りについての問題	12.5
土地や建物の売買等についての問題	10.3
金銭の貸し借りに関する問題	5.2
商品の売買に関する問題	8.6
騒音・振動等の被害に関する問題	1.3
国・都道府県との間の問題	1.7
交通事故やその他事故に関する問題	14.7
その他の問題	16.4

n=232

出典：図1と同じ

(h)　相談した弁護士の探し方

相談した弁護士の探し方を尋ねたところ，「家族・知人の紹介」（38.4％）が最も多く，「行政の相談窓口からの紹介」（27.2％），「会社の顧問弁護士であるから」（14.7％）という順となった。

図11　相談した弁護士の探し方

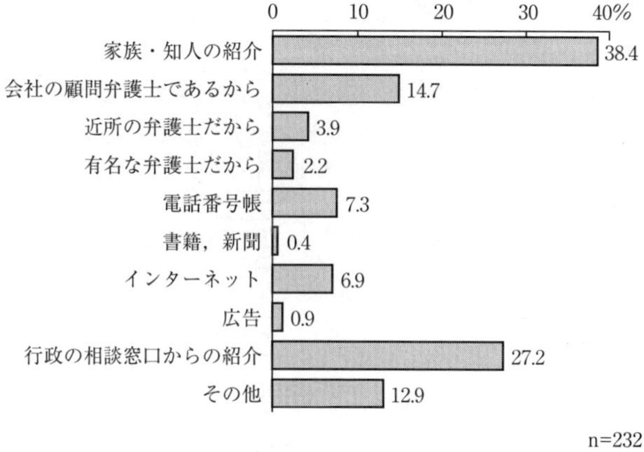
0
10
20
30
40%
家族・知人の紹介
38.4
会社の顧問弁護士であるから
14.7
近所の弁護士だから
3.9
有名な弁護士だから
2.2
電話番号帳
7.3
書籍，新聞
0.4
インターネット
6.9
広告
0.9
行政の相談窓口からの紹介
27.2
その他
12.9
n=232

出典：図１と同じ

(i) 弁護士に相談したことがない理由

弁護士に相談したことがない理由を尋ねたところ,「弁護士に相談するほどの問題を経験していないから」(61.0％) が 6 割以上である。必要があったが相談しなかった人の回答として最も多かったのは「費用について不安があったから」(24.1％) であった。

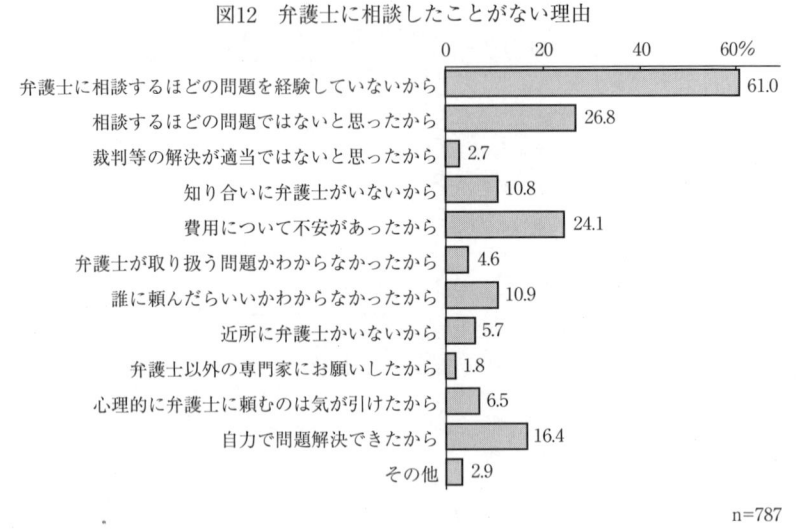

図12　弁護士に相談したことがない理由

項目	％
弁護士に相談するほどの問題を経験していないから	61.0
相談するほどの問題ではないと思ったから	26.8
裁判等の解決が適当ではないと思ったから	2.7
知り合いに弁護士がいないから	10.8
費用について不安があったから	24.1
弁護士が取り扱う問題かわからなかったから	4.6
誰に頼んだらいいかわからなかったから	10.9
近所に弁護士かいないから	5.7
弁護士以外の専門家にお願いしたから	1.8
心理的に弁護士に頼むのは気が引けたから	6.5
自力で問題解決できたから	16.4
その他	2.9

n=787

出典：図1と同じ

(j) 今後の弁護士の探し方

今後,弁護士への依頼が必要な場合,弁護士はどのように探すと思うか尋ねたところ,「家族・知人の紹介」(46.4％),「行政の相談窓口からの紹介」(37.8％) が多い。Web調査であるので多少バイアスがあると思われるが,「インターネット」(36.6％) という回答もかなり多い。

図13 今後の弁護士の探し方

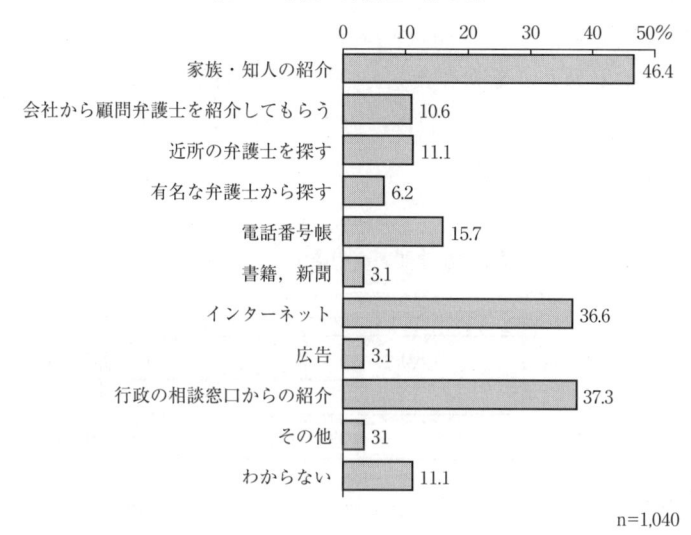

探し方	%
家族・知人の紹介	46.4
会社から顧問弁護士を紹介してもらう	10.6
近所の弁護士を探す	11.1
有名な弁護士から探す	6.2
電話番号帳	15.7
書籍，新聞	3.1
インターネット	36.6
広告	3.1
行政の相談窓口からの紹介	37.3
その他	31
わからない	11.1

n=1,040

出典：図1と同じ

(k) 法律問題を最初に相談したい相手

今後，法律問題に直面した時，家族・親族・友人・知人，職場の上司・同僚以外で最初にどこ(誰)に相談したいか尋ねたところ，「国・都道府県・市区町村などの法律相談窓口」(36.5％)，「弁護士・弁護士会」(23.6％)，「民間の相談窓口」(16.2％) の順で多かった。

図14 法律問題を最初に相談したい相手

弁護士・弁護士会	税理士・司法書士などの弁護士以外の専門家	国・都道府県・市区町村などの相談窓口	民間の相談窓口	警察	裁判所	新聞・テレビ・ラジオの投書	インターネットのホームページや掲示板	その他
23.6	3.2	36.5	16.2	4.1	0.8	—	14.0	1.4

n=1,040

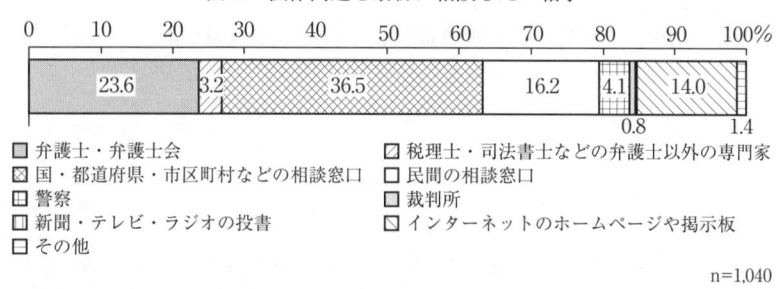

出典：図1と同じ

(l) 法律問題を相談する時の方法

　法律問題を専門家に最初に相談する時と2回目以降に相談する場合の相談方法をそれぞれ尋ねた。最初の相談方法は「直接対面」（40.6％）と「電話」（38.6％）であったが，2回目以降は約7割の回答者が「直接対面」（71.8％）であった。

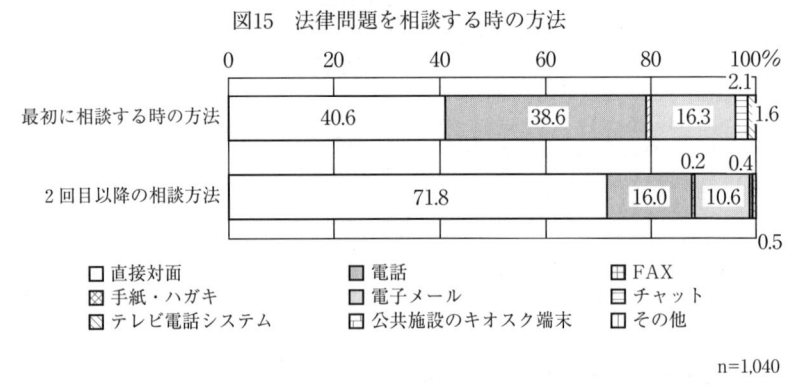

図15　法律問題を相談する時の方法

相談方法	直接対面	電話	FAX	手紙・ハガキ	電子メール	その他
最初に相談する時の方法	40.6	38.6	16.3	2.1		1.6
2回目以降の相談方法	71.8	16.0	10.6	0.2	0.4	0.5

□ 直接対面　　　■ 電話　　　■ FAX
⊠ 手紙・ハガキ　■ 電子メール　□ チャット
■ テレビ電話システム　■ 公共施設のキオスク端末　□ その他

n=1,040

出典：図1と同じ

(m) 専門家に30分間法律相談する場合，支払い可能な金額

　法律問題を専門家に30分間相談する場合，どのくらいの金額までなら支払うことができるかを尋ねたところ，「3,000円以上5,000円未満」（31.9％）が最も多い。次いで，「1,000円以上3,000円未満」（22.1％），「5,000円以上1万円未満」（20.4％）となっている。全体の約7割は，現行の弁護士相談費用（30分5,000円）より低めの金額を希望していることがわかる。

図16　専門家に30分間法律相談する場合，支払い可能な金額

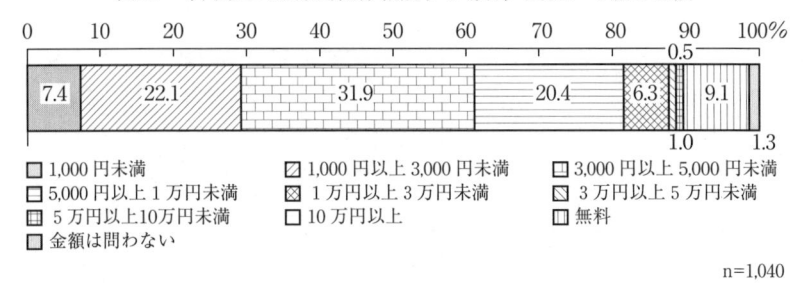

| 7.4 | 22.1 | 31.9 | 20.4 | 6.3 | 0.5 | 9.1 | 1.0 | 1.3 |

- □ 1,000円未満
- ☒ 1,000円以上3,000円未満
- □ 3,000円以上5,000円未満
- □ 5,000円以上1万円未満
- ☒ 1万円以上3万円未満
- ☒ 3万円以上5万円未満
- □ 5万円以上10万円未満
- □ 10万円以上
- □ 無料
- □ 金額は問わない

n=1,040

出典：図1と同じ

(n) 「司法ネット」の認知度

「司法ネット」という言葉を聞いたことがあるか尋ねたところ，「聞いたことがある」（11.3％）のは，約1割程度であり，まだまだ認知度は低い。

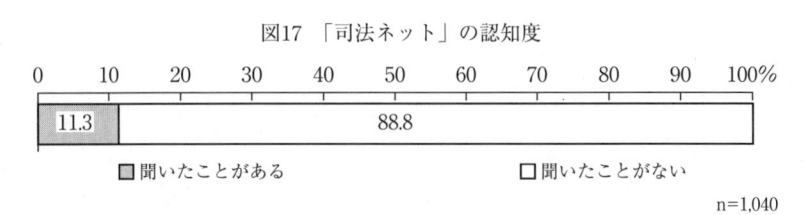

図17　「司法ネット」の認知度

| 11.3 | 88.8 |

■ 聞いたことがある　　□ 聞いたことがない

n=1,040

出典：図1と同じ

(o) 「司法ネット」という言葉からイメージするもの

「司法ネット」という言葉からイメージするものを尋ねたところ，「法律に関するポータルサイト」（57.5％）が最も多く，次いで「気軽に法律相談が受けられる仕組み」（43.0％），「法律相談などの窓口利用の仕方が簡単・わかりやすくなるもの」（28.7％）となっている。

図18 「司法ネット」という言葉からイメージするもの

項目	%
法律に関するポータルサイト	57.5
自治体や裁判所，弁護士などを結ぶもの	16.9
気軽に法律相談が受けられる仕組み	43.0
法律相談などの窓口利用の仕方が簡単・わかりやすくなるもの	28.7
トラブル解決の道案内をしてくれる仕組み	25.0
その他	0.6

n=1,040

出典：図1と同じ

(p) 「日本司法支援センター」の認知度

「日本司法支援センター」の認知度は，「名称も内容も知らない」と回答した人が9割以上で，認知率は著しく低いことがわかる。

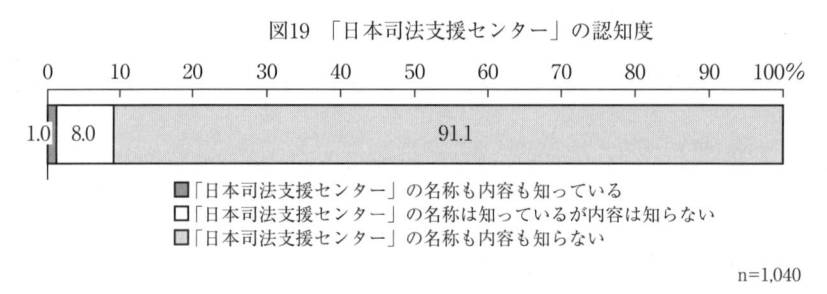

図19 「日本司法支援センター」の認知度

区分	%
「日本司法支援センター」の名称も内容も知っている	1.0
「日本司法支援センター」の名称は知っているが内容は知らない	8.0
「日本司法支援センター」の名称も内容も知らない	91.1

n=1,040

出典：図1と同じ

(q) 「司法ネット」の利用意向

回答者に司法ネット構想についての説明文を読んでいただき，利用意向を尋ねた。「問題によっては利用したい」（48.1％），「利用したい」（28.0％），「一定の条件が整えば利用したい」（17.3％）の順で多く，9割以上の人が利用し

たいとしている。

※「司法ネット構想」説明文：「日本司法支援センター」を中心に裁判所や自治体，弁護士及び司法書士等の法律家，ADR機関（裁判以外の方法）などを結び，どこの入り口からも市民が気軽に法律相談できる環境作りを目指すものです。

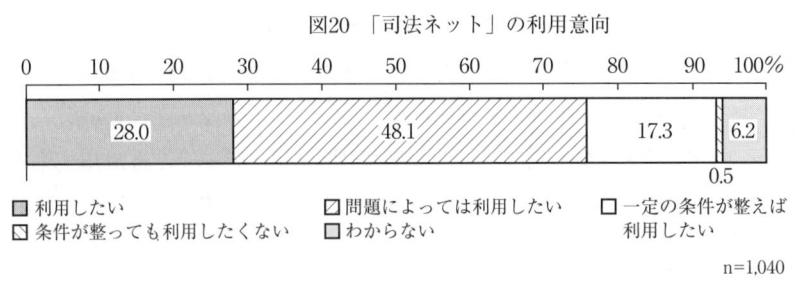

図20 「司法ネット」の利用意向

| 28.0 | 48.1 | 17.3 | 6.2 |

0.5

- □ 利用したい
- ☒ 問題によっては利用したい
- □ 一定の条件が整えば利用したい
- ◨ 条件が整っても利用したくない
- □ わからない

n=1,040

出典：図1と同じ

(4) 調査のまとめ

(a) 市民が抱える問題の傾向

市民が抱える問題は，「職場における問題」，「介護や子育てなど親族・家庭関係に関する問題」，「金銭の貸し借りに関する問題」など，身近な問題が多いことがわかった。

相談先は，「家族・親族」，「友人・知人」が圧倒的に多いが，「誰にも相談しなかった」という人も2割程度あった。誰にも相談しなかった理由として，「それほど大きな問題だと思わなかったから」という回答が多かった。しかし，本人が大きな問題だと思っていない場合でも，その後，法律的に見ると大きな問題に発展する可能性も否定できない。また，弁護士に相談したことがない理由を尋ねたところ，「弁護士に相談するほどの問題を経験していないから」という回答が多く，ここからも，明らかに問題が大きくならないと，弁護士へ相談しない傾向があることがわかる。

(b) 自己解決支援の必要性

一番最近の問題を誰にも相談しなかった理由として，「自分の問題は自分で

解決すべきだと思うから」という回答が最も多く，問題の解決も「自分で相手方と交渉した」という回答が多かった。このことから，自分自身で問題解決を進めるための仕組み作りを，制度面，技術面の両面から支援する必要性があることがわかった。

(c) 司法ネットへの期待

今後，法律問題を最初に相談したい相手として，最も多かったのは「国・都道府県・市区町村の相談窓口」であり，公的機関が実施する法律相談への期待は大きい。日本司法支援センターを含め，司法ネットの認知度は低いが，9割以上の人が利用意向があることから，日本司法支援センターと自治体や地域の公的機関との連携を強めて，市民への司法サービスを充実させていくことが望まれる。

2．自治体による法律相談の現状

(1) 調査の概要

(a) 調査の目的

この調査は，自治体が提供する法律相談の相談希望者の状況，サービスの運営状況について明らかにするために行った。

(b) 調査方法

調査票を郵送で発送し，FAXにて回収を行った。

(c) 調査対象と実施時期

調査対象は，東京，神奈川，埼玉，千葉の254自治体（都・県を含む）の法律相談担当者である。各自治体のホームページで法律相談の担当課が明記されている場合には，担当課宛に調査票を送付して回答を依頼し，明記されていない場合は，郵送先を「法律相談担当者さま」とした。

実施時期は，2005年11月29日～12月9日である。

(d) 有効回答数

有効回答数は，92件であった（回答率36.2％）。

(2) サンプルの概要

回答を得た自治体のうち，町村については，自治体のホームページで法律相談の実施について明記されている場合が少なく，郵送先を「法律相談担当者さま」としたため，あまり回答を得られなかった。

図21　回答自治体の種類

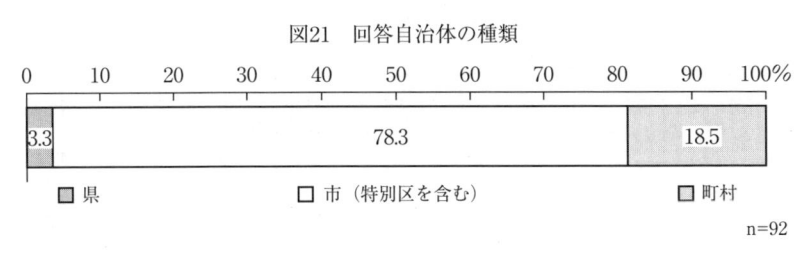

県	市（特別区を含む）	町村
3.3	78.3	18.5

n=92

出典：図1と同じ

図22　回答自治体が所属する県

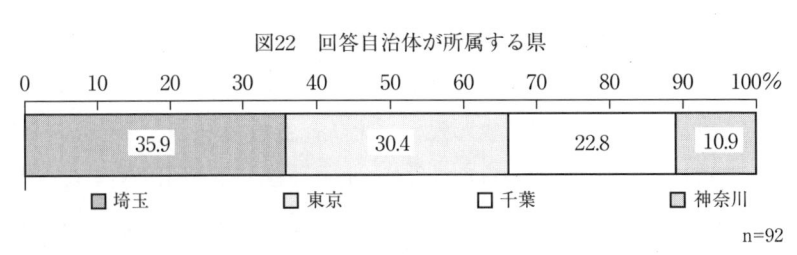

埼玉	東京	千葉	神奈川
35.9	30.4	22.8	10.9

n=92

出典：図1と同じ

(3)　調査結果

(a)　法律相談の実施状況

自治体で住民向けに法律相談を実施しているのか尋ねたところ，9割以上の自治体で実施していることがわかった。

図23　法律相談の実施状況

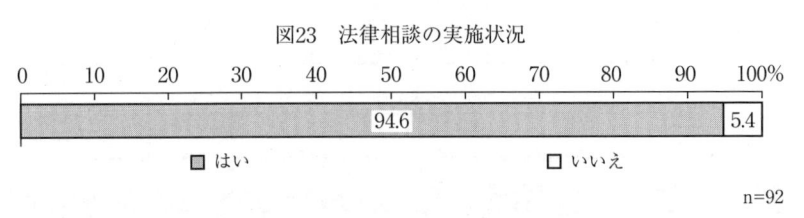

はい	いいえ
94.6	5.4

n=92

出典：図1と同じ

(b) 法律相談の実施頻度

　法律相談の実施頻度については,「週に2〜4日」(28.7%) が最も多く,次いで「月に2〜3日」(23.0%),「週に1日」(21.8%) となっている。

図24　法律相談の実施頻度

週に5日以上	週に2〜4日	週に1日	月に2〜3日	月に1日	その他
10.3	28.7	21.8	23.0	10.3	5.7

n=87

出典：図1と同じ

(c) 法律相談の希望者数と自治体の相談受付可能人数

　自治体の法律相談を希望する人数は,1回につき,「6人以上10人未満」(38.0%),「10人以上20人未満」(37.0%) が多い。

　一方,自治体の相談受付可能人数は,「6人以上10人未満」(58.7%) が半数以上となっている。法律相談希望者が1回につき10人以上である自治体が42.4%であるにもかかわらず,それに対して対応できる自治体は26%しかないことがわかった。

　これに対して,各自治体の担当者からは,「予算の関係で需要を満たす相談機会が提供できない」,「希望者が多く2〜3週間待ちの状態」,「常に予約待ちの状態で,緊急の相談に応じられない」等の回答があった。

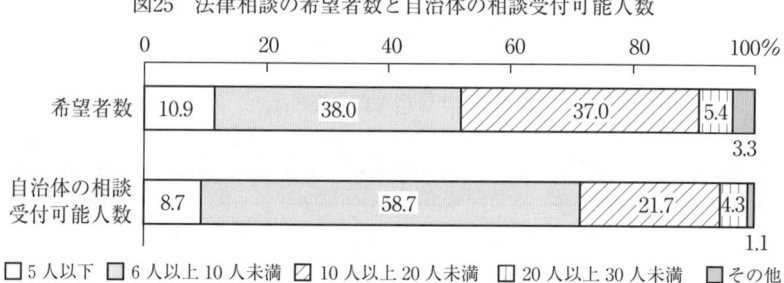

図25　法律相談の希望者数と自治体の相談受付可能人数

	5人以下	6人以上10人未満	10人以上20人未満	20人以上30人未満	その他
希望者数	10.9	38.0	37.0	5.4	3.3
自治体の相談受付可能人数	8.7	58.7	21.7	4.3	1.1

n=87

出典：図1と同じ

(d) 法律相談の受付方法

　自治体の法律相談の受付方法を尋ねたところ，「電話」(86.2％)と「来所」(74.7％)という回答が多かった。なお，法律相談の受付は，決められた相談日当日に直接会場に行く場合と予約が必要な場合がある。キャンセル待ちが多いにもかかわらず，「相談日当日の無断欠席も多い」との回答も多かった。

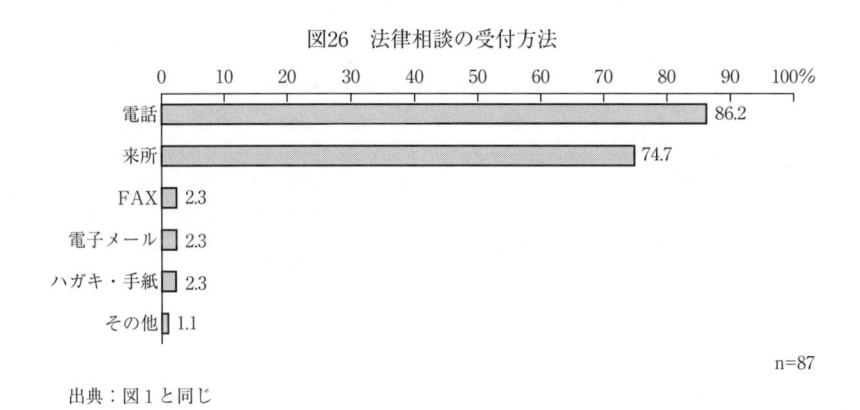

図26　法律相談の受付方法

受付方法	割合(%)
電話	86.2
来所	74.7
FAX	2.3
電子メール	2.3
ハガキ・手紙	2.3
その他	1.1

n=87

出典：図1と同じ

(e) 法律相談希望者の年齢と職業

　法律相談を希望する人で多い年代は，「60代」(46.0％)と「50代」(44.0％)で，多い職業は，「無職」(44.4％)と「被雇用者（常勤）」(18.5％)である。職業の「その他」(18.5％)の大半は，主婦である。

　法律相談希望者の年代と職業については，収集していない自治体が多いため，サンプル数が少なくなっている。法律相談の開催日が平日の昼間であることが多いため，年配の方や比較的時間の都合のつきやすい人が多くなっていると思われる。

図27 法律相談希望者の年齢

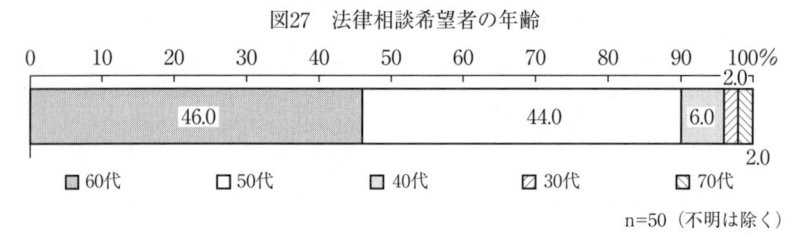

60代	50代	40代	30代	70代
46.0	44.0	6.0	2.0	2.0

n=50（不明は除く）

出典：図1と同じ

図28 法律相談希望者の職業

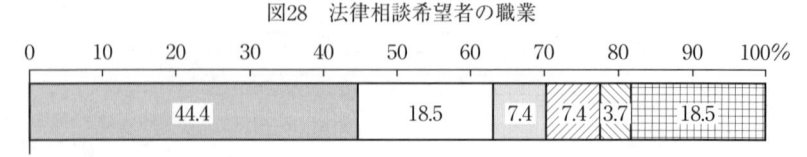

無職	被雇用者（常勤）	自営業	パートタイム・アルバイト	兼業農家	その他
44.4	18.5	7.4	7.4	3.7	18.5

n=27（不明は除く）

出典：図1と同じ

(f) 相談内容

　自治体の法律相談に寄せられる内容で多いものは，「相続・遺言に関する問題」（94.3％），「金銭の貸し借りに関する問題」（79.3％），「結婚や離婚，ストーカーなどの男女間に関する問題」（77.0％）である。

　「Ⅱ 1.(3)データの集計・分析結果(a)最近5年間/一番最近で困ったことや不満を持ったことのある問題」と比べると，最近5年間あるいは一番最近で困ったことや不満を持ったこととして多くあがっていた「職場における問題」「介護や子育てなど親族・家庭関係に関する問題」については，自治体の法律相談で相談されていないことがわかった。「職場における問題」については，自治体の法律相談の開催日が，平日の昼間であることが多いため，労働者の大半が物理的に相談することができないことが考えられる。また，「介護や子育てなど親族・家庭関係に関する問題」については，法律問題として認識されにくく，法律相談の場では，相談件数が少ないことが考えられる。また，法律相談に関する調査によると，「介護や子育てなど親族・家庭関係に関する問題」を一番

最近，困ったことや不満を持ったこととしてあげた人の中で，この問題について相談したことがある相手は，「家族・親族」(66.7%)，「友人・知人」(35.2%)，「誰にも相談しなかった」(19.0%) の順で多く，家庭の問題を外部機関に相談することに抵抗感があることも予想される。

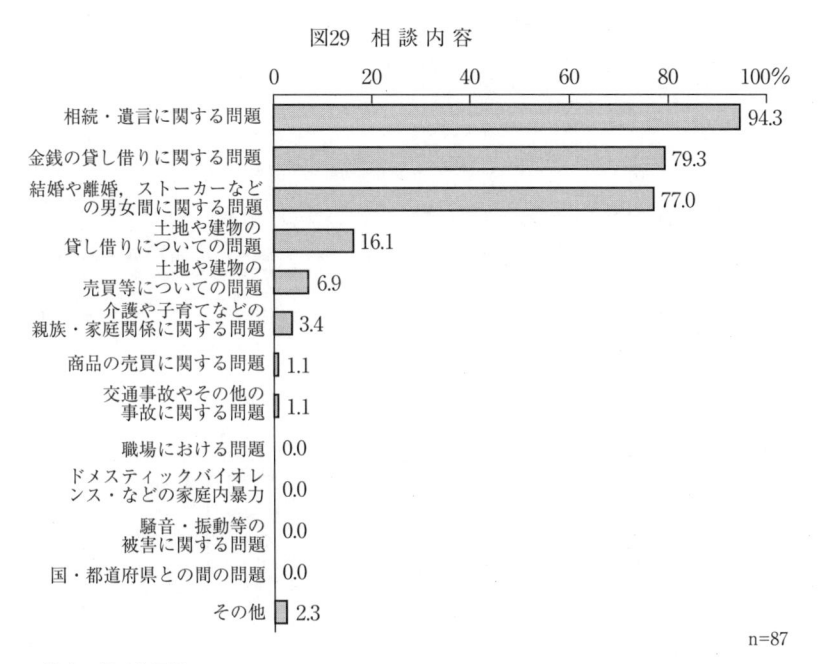

図29　相談内容

相談内容	%
相続・遺言に関する問題	94.3
金銭の貸し借りに関する問題	79.3
結婚や離婚，ストーカーなどの男女間に関する問題	77.0
土地や建物の貸し借りについての問題	16.1
土地や建物の売買等についての問題	6.9
介護や子育てなどの親族・家庭関係に関する問題	3.4
商品の売買に関する問題	1.1
交通事故やその他の事故に関する問題	1.1
職場における問題	0.0
ドメスティックバイオレンス・などの家庭内暴力	0.0
騒音・振動等の被害に関する問題	0.0
国・都道府県との間の問題	0.0
その他	2.3

n=87

出典：図1と同じ

(g)　法律相談のサービス提供者

法律相談のサービス提供としては，「弁護士」(96.6%) が最も多く，次いで「司法書士」(10.3%) となっている。また，定期的ではないが，「年3回，弁護士会やNPO法人司法過疎サポートネットワークがボランティアで法律相談を実施している」，「不定期（年6回程度）で大学教授による無料法律相談を実施している」という回答もあった。

図30　法律相談のサービス提供者

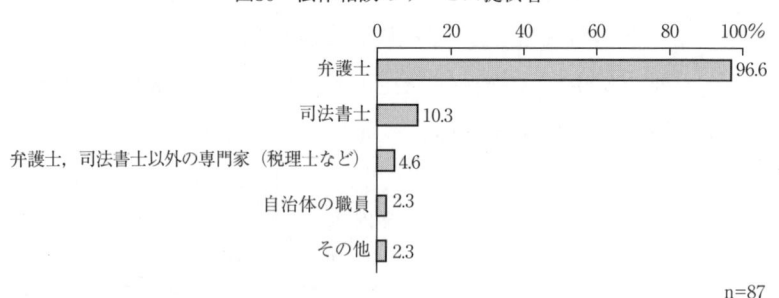

- 弁護士　96.6
- 司法書士　10.3
- 弁護士，司法書士以外の専門家（税理士など）　4.6
- 自治体の職員　2.3
- その他　2.3

n=87

出典：図1と同じ

(h)　法律相談にかけている予算金額

法律相談にかけている予算を尋ねたところ，県を除いた年間予算金額の平均は，およそ293万7,000円である。1,000万円以上の予算をかけている自治体もあるものの，低予算の自治体が多い。

図31　法律相談にかけている予算金額（県を除く）

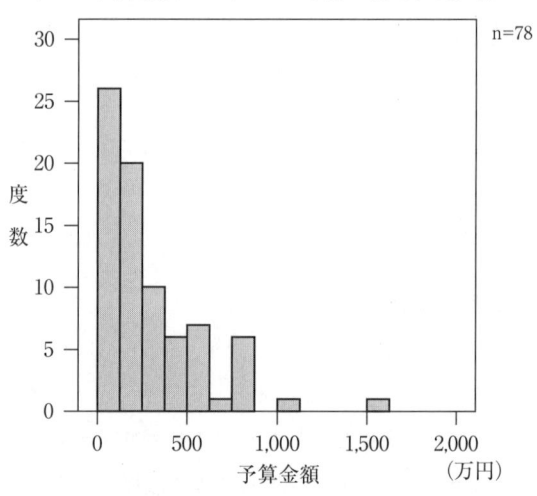

n=78

出典：図1と同じ

(i) 法律相談に関する紹介先

法律問題について相談があった場合，自治体が実施する法律相談以外に他の機関を紹介しているか尋ねたところ，9割以上の自治体が他の機関を紹介していることがわかった。

紹介先は，市区町村であれば「県の法律相談」が多く，そのほかに「法律扶助協会」，「弁護士会法律相談センター」，「司法書士会」「公証役場」「家庭裁判所」「消費者生活センター」等がある。

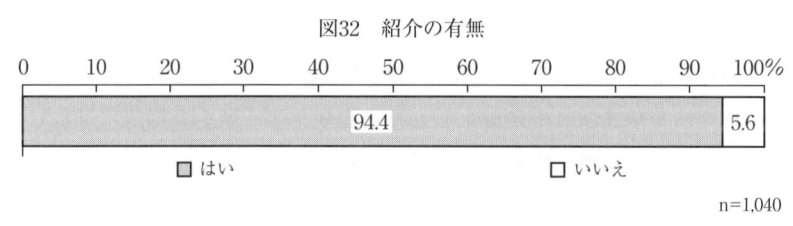

図32　紹介の有無

はい	いいえ
94.4	5.6

n=1,040

出典：図1と同じ

(j) 法律相談サービスについての意見

下記は，自治体の法律相談担当者から，法律相談サービスの現状について自由に意見をいただき，まとめたものである。

(i) 相談の受付
- 月1回を限度にしているが，同一案件を継続するリピーターが多い。どの段階で打ち切るかが難しい。
- 近隣トラブルの相談を受ける時，人権相談にするか法律相談にするかなど，相談先を振り分ける対応が難しい場合がある。
- 高齢者や障害のある方の中には質問の趣旨が把握できず，対応が難しい場合がある。
- 簡単に相談内容を事前に聞いてから法律相談を実施しているが，最近，相談内容も「弁護士に直接話します」と言うように話さない市民が多くなってきた。

・市外の方が法律相談を希望してくる場合がある。
(ⅱ) 相談の方法
・弁護士・司法書士等の無料相談について，面談以外の電話・メールといった方法や，夜間相談の充実を望む声が多い。
(ⅲ) 新たな司法サービスの希望
・面接相談でなく，「電話でちょっと聞きたいのだけど」という方が多いが，電話では相談は実施していない。
・すべて予約制となっているが，すぐに受けたいという人も多い。法律の専門知識を持つ弁護士や司法書士が公的無料の電話相談を実施すれば，即対応できる相談も多いのではないかと思う。
・毎回，相談希望者が定員を超えてしまうため，簡単な相談に対しては，電話やメール等で答えていただける機関を設置して欲しい。
(ⅳ) その他
・法律相談の場に人生相談をしにくる年配者が多い。
・弁護士等を紹介して欲しいという依頼がある。
・法律相談の有料化や相談弁護士の定年制の検討を考えている。

(4) 調査のまとめ

「自治体による法律相談の現状」調査をまとめると，以下のようになる。

9割以上の自治体が，週に2日～4日程度の法律相談を実施している。しかし，それにもかかわらず，法律相談の希望者が多く，希望者すべてが，法律相談が受けられる状況にないことがわかった。

法律相談の受付方法は，電話や来所によるものが多く，法律相談希望者も年齢は50代，60代であり，職業は無職が半数近くを占める。相談内容は，「相続・遺言に関する問題」が最も多く，次いで「金銭の貸し借りに関する問題」，「結婚や離婚，ストーカーなどの男女間に関する問題」となっている。しかし，法律相談に関する調査で多かった「職場における問題」「介護や子育てなど親族・家庭関係に関する問題」については，自治体の法律相談で相談されていないことがわかった。要因としては，相談利用者が利用しにくい時間設定や，家

庭問題を他者や外部機関に相談するのは抵抗感があることが考えられる。

　法律相談の相談者は，9割以上が弁護士である。自治体の法律相談にかかる予算金額は平均293万7,000円であるが，このほとんどが弁護士への報酬であると思われる。

　他の機関を紹介している自治体も9割以上あり，主な紹介先として，「県の法律相談」，「法律扶助協会」，「弁護士会法律相談センター」，「司法書士会」等を紹介していることがわかった。自治体と関係機関との連携は，実施されているようではあるが，今後はより一層，日本司法支援センター（法テラス）と自治体等の地域の主要機関とが相互に協調・補完して，「司法ネット」を構築していくことが望まれる。

　また，相談希望者から自治体に寄せられる法律相談についての要望として多いのは，電話やメールを用いた法律相談であったことから，利用者がその生活に応じて，司法サービスを利用できるようにアクセス手段と支援内容の多様化を進めていく必要がある。こうした中で，利用者及び利用者を支援する法律家等をサポートする仕組みに，情報技術をどのように活用していけるかが今後の課題である。

Ⅲ　ネットワークをめぐる問題——新しい枠組みを求めて

　司法サービスをネットワーク化する必要性について述べると同時に，ネットワーク化の障害と克服への道筋を考える論点を提示し，新しい枠組みへの示唆を得る。

1．ネットワークの理解

　まず，ネットワークをどのように理解するかについて述べる。端的にいえばネットワークとは網である。人や物の移動を可能にする交通網，水や電気といったエネルギーを生活の場に届ける社会インフラ網，音や映像などの情報を伝送する情報ネットワーク網，など，この社会にネットワークと称される対象は多々ある。抽象的にいえば，ネットワークとは個々の部分とそれを連結する何

がしかの機能によって構成される網状の構造物である[6]。部分は網につながり，網は各部分の総体であることによって，そこを様々な資源が行き交う。

ネットワークに連なる個々の部分が十分に機能し，それを連結する機能が信頼に足りうる強度を持ち，これらの層が厚く重なれば重なるほど，ネットワークの利用者は多くの資源を効果的に享受することができる。

上記の理解に従うならば，司法サービスのネットワーク化は，個々の司法サービス提供者が相互に連結し合い，一つの総体として網状の司法サービス・ネットワークという構造物を作ることに他ならない。司法サービスの存在意義が利用者一人ひとりに正しさや公平さといった司法の価値を享受してもらうことであるとすれば，そのネットワーク化によってそのような価値の享受をより効果的に果たすことができるはずである。

2．なぜネットワークが必要か

それでは，このような司法サービス・ネットワークはなぜ必要なのか。

第一の理由は，利用者の司法アクセスの機会均等を実現するためである。

今日，人口数万人規模以上の自治体の無料法律相談，全国数百の簡易・家庭裁判所，大都市圏を中心とする数千の法律事務所に至るまで，暮らしの中で司法サービスにアクセスできるポイントは少なくとも多々存在している。とはいうものの，Ⅱの調査でもその一端が示されたように，利用者側には，2，3週間待たなければならない，昼間は働いているので窓口にいけない，などの形で機会不均等が発生している。つまり，一部の利用者は，ある程度無理をしないと司法サービスへのアクセス・ポイントに駆け込むことができない，という状態に置かれている。

確かに多くのアクセス・ポイントを整備すれば，機会の不均等は解消される可能性が高い。2006年10月に業務を開始した日本司法支援センター（以下，法テラス）はアクセス・ポイントの整備に乗り出しており，この点で大きな期待が寄せられている。しかし，その法テラスも人材や資金は青天井ではない。少なくとも中短期的には法テラスによるアクセス・ポイントの整備の範囲には

自ずと限界がある。その意味では，利用者が無理をしないと駆け込めない状態の解消を法テラスの一手に委ねることは妥当な選択ではないであろう。

前述のとおり，法テラス以外にも多くのアクセス・ポイントが現に存在している。そこでまずは，不足を相互に補い合う発想で，既存の司法サービス機関や窓口，さらには類似機能を担いうるそれらをネットワーク化し，総体としてアクセス・ポイントと捉える方が理にかなっている。つまり，アクセス機会の均等は，一機関だけでなく多くのポイントをつないだネットワークで責任を持つということである。

第二の理由は，利用者が安心と信頼を享受するため，である。これは，利用者に司法へのアクセスの機会が与えられ，かつ利用者が安心と信頼を享受する，ということである。

しばしば，安心と信頼の享受にほど遠い事態が発生する場合がある。例えば，利用者はアクセス・ポイントに駆け込んだけれども，そこは問題を扱えないので次のアクセス・ポイントを自分で探さなくてはならないといった事態である。利用者は次のアクセス・ポイントでも同様の状況に陥る可能性があり，ひどい場合にはそれが繰り返されることになる。つまり，「たらい回し」である。その結果，利用者は徒労感を覚えることはもちろんのこと，道筋が見えないという不安を抱えることになる。また，自分の問題に向き合う司法サービス提供者はいないのではないか，司法サービス提供者は一般的にそういうものだ，といった漠とした不信を抱えることもあろう。これらの状態を放置することは，間接的に，司法サービス提供者側が利用者にトラブルや紛争を抱えた状態の継続への辛抱を強いて，それらの解決への諦念を起こさせることに等しい。誤解を恐れずにいえば，司法サービス提供者が利用者を「泣き寝入り」させる。

もちろん，上記のように，「泣き寝入り」の原因を「たらい回し」だけで説明することはできない。利用者の意識や習慣が原因かもしれない。しかし，「たらい回し」で覚えた不安や不信が「泣き寝入り」にもなりうるという認識を持つならば，「たらい回し」を回避する手段を考える価値があろう。ここにネットワークの必要性が認められるであろう。最初のコンタクト先にさえ行き

着くことができれば，利用者はそこで示されたルートを辿って適切な機関や窓口に導かれる。そこに安心が生まれるはずである。言い換えれば，ネットワークを辿ること自体は利用者が行うが，その経路はネットワーク側で保証するという安心感である。同様に，利用者は最初のコンタクト先で，信頼の置ける機関や窓口について自らの状況を考慮した複数の選択肢が提供される。ここに信頼が生まれるはずである。

　利用者がトラブルの解決に向けた確度の高い道筋を見つけられないことは，利用者側の落ち度ではないはずである。利用者にもっと忍耐強く賢くなれ，とはいえない。であるから，利用者に安心と信頼を享受してもらう機会を構築するため，ネットワークを形成する必要があろう。この問題はネットワークの必要性だけでなく，さらにネットワーク形成のあり方そのものを問うことになる。この点はさらに後述する。

　第三の理由は，一つの紛争における問題の多様性に対応して総合的な解決を図るためである。司法サービスの利用者の要求，つまり，暮らしの中で解決や予防を図りたいトラブルや紛争は時に多種多様な側面がある。例えば，離婚を考える夫婦の間には，子の親権や財産分与をどうするかだけでなく，その背後にはドメスティックバイオレンス，両親の介護，相続の問題があるかもしれない。医療過誤訴訟では医療者の専門的な鑑定が必要になるだろうし，ITベンダへの損害賠償事件ではシステム開発モデルの知見が必要かもしれない。多様な問題の解決を利用者側の財力と運に依存させるのであればともかく，それをサービス提供者側の問題として捉えれば，複数の領域を横断してチームを形成するなど，総合的に問題を解決するような司法サービスが必要であろう。

　このような総合的解決を目指した試みは既に多くあるが，ここでは一つの事例として「まちかどネットワーク（以下，まち・NET）」[7]を紹介する。まち・NETは，クライアントから寄せられる相談や事案が複数の専門職で対処すべき問題であることに注目して活動をスタートさせている。展開するサービスは，弁護士を中心に，司法書士，税理士，不動産鑑定士，医師等々の専門職が初期的な相談フェーズから協働して問題の解決にあたる，といったものである。筆

者が中心的な役割を担う人物に話をうかがったところ，まち・NETのねらいは，いわば「納豆」のように個々の専門職は独立しつつ相互に連結し合うことであり，その効果は，クライアントに素早い解決の道筋を示し，解決コストも安くできる，といったものであるという。もっとも，後述するように，ネットワーク内の専門家たるサービス提供者を利用者が選択できるかどうか，言い換えれば，サービス提供者間に適切な競争が生まれているかどうか，というネットワークの質の維持と向上という課題は残る。しかし，それはネットワークの仕組みについて一定の工夫を問うものであるが，ネットワーク構築自体の必要性を疑問視することにはならない。

　いずれにしても，利用者の多様な問題を含んだ紛争を総合的に解決するため，個々の司法サービス提供者はこれまで以上に司法内外の専門職とネットワークを形成することが求められている。

3．司法界におけるネットワーク化への障害

　ネットワークの必要性が認められたとして，現在の日本の司法界がネットワーク化に乗り出すにあたっての障害とそれを克服するために必要な環境整備は何か。

　第一に，司法の分野における「独居状態」を特徴として捉え，これを「協働」へと転換すべきであろう。ここで「独居状態」とは，相互関係をそれほど考慮せず自組織の秩序に安住することである。

　例えば，同じクレジット・サラ金の相談サービスにおいて，ある専門職の団体が設ける窓口と別の専門職の団体が設置する窓口が存在するもののあまり交流がない。ADRの中で分野や手法が類似する場合でも公共機関，業界団体，NPOなどの組織類型が異なれば情報の交換がされない。

　確かに，裁判，調停，法律相談といった紛争解決サービスの個々の形態やプロセスに注目すれば，それぞれが固有の意義や役割を持ち，その意味では峻別されうるかもしれない。法律相談など同じ形態のサービスであっても各提供者の独自性を発揮すべき点もあろう。また，裁判官，検察官，弁護士，司法書士

などの隣接法律専門職種といった司法サービスに従事する専門職は，その責任と専門性を規定する根拠法や倫理規程が異なるから，これからも「独立性」の観点で区別されてしかるべき点があるかもしれない。しかし，そのような厳密な区別が当の司法サービスの利用者側に，今日において，どの程度の恩恵をもたらすのか一考の余地があろう。その恩恵は，国民の権利の保護，あるいは不適切なサービスの排除だろうか。本章の冒頭で述べたとおり，今日の日本で目指すべき利用者と司法サービス提供者の関係が自律と支援であるとすれば，利用者の主体的な選択をサポートすることと厳密な区別とは，いかにも異なる発想であろう。むしろ支援体制の中での役割分担を明確にするためにも協働を進めるべき，ということになるのではないか。

　第二に，司法サービスの「定常性」の特徴を認識し，これを「競合」へと転換すべきであろう。

　ここで「定常性」とは利用者側のニーズや状況にそれほど影響されずにサービス提供が安定的になされている，という意味で用いている。これは特定の文脈や範囲では積極的に解釈可能であるが，本論では次のように消極的に用いている。

　まず，「定常性」は，司法サービスの供給量に大きな変化を起こさないため，利用者の需要との間に不均衡を起こしている。この点については，これまで法曹人口の増大や法曹の地域的偏在の解消という方向性で解決に向けた実践が進んでいる。法曹輩出機関である法科大学院が約80校も設立され，全国に多くの法律相談センターや「公設」[8]事務所も開設された。その意味では，「定常性」から脱却して量的な「競合」に向けた道筋が見え始めている。この流れが後戻りできない潮流として定着すれば，利用者の需要との均衡を果たす日が訪れるであろう。また，ネットワーク化の対象となる拠点や人材といった資源の不足に陥らないという意味で，ネットワーク化に向けた条件が整うはずである。

　また，「定常性」は，司法サービス提供者側の競争が少ない状態での棲み分けを助長するとともに，サービス提供者側に質の向上へのインセンティブを働きにくくする。この問題は量によってある程度までは解決される。なぜならば，

供給が需要に迫る水準に向かうということがわかれば，サービス提供者は心理的に質の確保に取り組むであろうし，さらに，サービス供給が需要を上回れば選択による淘汰が始まるからである。しかし，量が一定水準になるまでの間をどうするか，量が一定水準になったとしても非競争的環境を維持するある種の規制が残った場合にどうするか，という問題が残る。前者の問題は，アクセス機会の均等のくだりで述べたように，既存サービス提供者間でパートナーシップを構築し，資源を融通し合うという方向性で解決できるのではないか。パートナーシップの構築に障害があるならば，信頼できる第三者が橋渡しを行うことも一案であろう。後者の問題の解は，サービス提供者側ではなく，利用者側の「政治的」行動に求められる。「不買運動」や「口コミ」といったいわば選択や評価という利用者側の特権的な手段を用いて，声を上げ続ける必要がある。そのための支援をNPOや公共機関に仰ぐのも一案であろう。

　第三に，司法サービスにおける利用者の「受動性」を利用者が能動的にネットワークに参画する性格へと転換する必要があろう。

　前段に述べたとおり，本来，利用者はサービスの選択や評価という特権を行使できるはずである。しかし，これまでの日本では，利用者が司法の世界，あるいは司法サービスに対して，このような権利を行使せず受動的な地位に甘んじてきたといえよう。この受動性は必ずしも利用者側だけに帰すべき問題ではないが，利用者側でも解決すべき問題であることは確かである。

　まず，他の民間サービスや公共サービスと比較すると著しくこの受動性が際立つ。最近は，医療サービスの世界においても病院や医師を選択し，それらの評価にセカンドオピニオンを活用する時代である。他方，司法サービスでは利用者が重要な利害関係者として登場することは稀である。利用者が司法サービスの選択や評価を行うという水準の低さについては，群を抜くといっても過言ではない。また，「裁判沙汰」という言葉に象徴されるように，利用者側の意識において，司法界や司法サービスはおよそ縁遠ければ縁遠いほどよい，という価値観が共有されている。これはかなりの難題であって一朝一夕に解決の道筋が見える問題ではない。なぜならば，この問題は社会的な価値転換の領域に

入るからである。利用者が普段の生活で事件や紛争を「沙汰」と捉えるのではなく，事件や紛争の事実を見定め，解決のプロセスや結果についてその正しさや公平さを追求するのは普通のことであると捉えなくてはならない。つまり，司法界や司法サービスに主体的に向き合うという価値の序列順位を実感として高めなくてはならない。この点について本章ではこれ以上触れないが，2009年に開始される裁判員制度はそれを問う契機になることは間違いない。ここでは，少なくともリテラシーの視点で考えるのが妥当であろう。つまり，利用者が司法サービスを積極的に活用できるようなリテラシーを高めるという視点である。法のリテラシーの向上は，司法サービスの中心に利用者を位置付け，利用者に能動的なネットワーク参画を促す一つの契機となるのではないだろうか。

これまで述べたように，司法の世界では「独居状態」，「定常性」，利用者の「受動性」という点でネットワーク化に向けた障害があると考えられる。司法サービス提供者側は，利用者一人ひとりにそのサービスの価値をもっと効果的に享受してもらおう，という発想を十分に持たなくてもよい環境下にあった。これは個々のサービス提供者が利用者側から見ればおよそ紛争の解決の支援という点で同じ「司法サービス」であっても，相互にお互いのサービスの連結を考えようとしにくい環境である。利用者も積極的にサービス提供者の選択や評価に関与してこなかった。そのため，サービス提供者は利用者や市場に「売り込む」必要がなかった。サービス提供者側から見ても利用者側から見ても，残念ながらネットワーク化を促すような条件は十分に満たされていない状況である。いずれにしても，われわれは，将来に向けて司法サービスをネットワーク化する出発点は，ネットワーク化への志向性や発想が希薄であり，それらを活性化させる仕掛けが不足している，ということを認識しておくべきであろう。

4．ネットワーク化の道筋

前項では司法サービスのネットワーク化という課題を前に，現在の日本の困難な状況について述べた。そのような中での朗報は，今般の司法改革で打ち出

された司法ネット構想である。司法ネットは裁判員制度や法科大学院と並ぶ政策的重点が置かれることとなり，中核機関の法テラスがサービスを開始する。利用者の司法アクセスを飛躍的に向上されるのではないか。開かれた窓口，真のアクセス・ポイントが生まれてくるのではないか。司法ネットがこの日本にできあがるだろう，という期待は大きい。とはいえ，中核を文字通りに捉えれば，それはネットワーク全体を指すわけではない。さらに，中核とネットワークの全体がどのように関係するかについては，いまだ詳細には示されていない。言い換えれば，これからどのようなネットワーク化を行うかについては議論が始まったばかりである。

　Ⅲの締めくくりにあたって，今後，ネットワーク化の道筋をつけるために使うべき資源と枠組みはどのようなものかを改めて考えてみたい。ここで道筋をつけるために，と言うのは，今後の司法サービス・ネットワークの発展につながる方向性を示す，という意図である。

　第一に，資源には，当然ながら人材と資金が含まれる。Ⅳで紹介するような情報技術の活用も必要になろう。

　人材については，サービス提供者と利用者という観点がある。

　まず前者は，従来の法曹三者にとらわれずに，隣接法律専門職種や図書館などの窓口サービスを担う人材を積極的に採用し，ネットワークの中に取り込んで行くことが求められる[9]。司法サービスとそのネットワークを利用者が縦横無尽に駆け回るためのナビゲーターやプランナーというような広義の専門職という考え方を導入してもよい。また，後者の利用者をネットワークに取り込むことは見逃されることが多いが，利用者起点には不可欠な観点である。利用者は文字通りサービスを利用する者であるが，サービスを消費するだけの受動的な存在ではない。これまでも繰り返し述べたように，選択し，評価することを通じて競争下にあるサービス提供者側に質の向上のインセンティブを与えることになる。このような能動的利用者が将来的に司法サービス・ネットワークの中心にあれば，利用者は利用をする者であるがゆえに，ネットワークの連結の程度や信頼性に大きな影響を与えうる人材である。

資金は，一つの機関に依存しないという意味でも，より多くの主体が持つ資金を活用することがポイントになるはずである。Ⅱでも示したように，中規模自治体は法律相談に年間数百万円規模の予算しか持たない[10]。これを一つの単位で区切ってしまうことが必然であるとすると柔軟な運用の余地がなくなるが，広域的に資金を拠出し合ってそれを共通資金としてもよいだろう。もちろん，これは一つの共通資金ですべてのサービス提供コストをまかなうということを意味しない。ネットワークの立ち上げや維持のため，あるいはネットワークの場としての信頼性を担保するためなど，使用対象を絞ってもよい。

　第二に，上記の資源を活かす施策や事業の構成をどうするかという枠組みの問題がある。この点については次に述べるような司法界の特色からいっても，官側のサービス提供者も民側のサービス提供者も，自らだけで司法サービスの提供とネットワークの構築責任を負うのではなく，双方をパートナーと捉えることが基本原則になろう。

　そもそも司法サービスの特色の一つは，裁判所などを想像する限りにおいては，そのサービスは税金を財源とする官業であるが，他方，弁護士業はまさに商売であって民業である，という二元性である。これを「司法サービスは広義の「公共」サービスである」と言い換えてもよいかもしれない。そのように考えると，司法の世界は制度的にも資源的にもそもそも官民が手を携える仕掛けになっているといえる。前項では「独居状態」を障害として指摘したが，これはある環境下で形成された行動特性であって不変ではない。したがって，特定の環境変化があれば，協働すべき相手を見つけてネットワークとして連結することはそれほど困難ではないかもしれない。もちろん，司法権と行政権とは異なるので官側のサービス提供者と一言でいってもその他の官の領域とは様相が異なる。しかし，行政による事前規制ではなく事後チェック型社会への移行を目指すのであれば，チェック機能としての司法の論理や手法の重要性は，官側の職務分掌にかかわらず認められるべきである。また，民側のサービス提供者にも職域をめぐる争いがある。しかし，これは他の世界も同様であり，基本的に規制緩和の流れは止まないと考えれば，時間の経過とともに利用者の選択と

評価に任せる問題であろう。いずれにしても,司法サービスを利用者のニーズに応え,利用者の積極的参画を促す「公共」サービスと位置付け,このサービスの提供は官だけでも民だけでもないその双方のパートナーシップで実現されるということを確認すべきであろう[11]。

　前段で資金と人材について言及したが,今後は,上記パートナーシップ関係において人材交流や資金の融通の具体論を詰めるべきであろう。例えば,利用者の生活圏単位で簡易裁判所,弁護士会,司法書士会,自治体などが資金を出し合い,その圏内の利用者のニーズや声を把握する。ご当地の「司法アクセスの分布図」と「司法サービス・ネットワークの設計図」を作成する。あるいは,弁護士会の法律相談センターや公設事務所の担当弁護士,自治体の法律相談企画担当者,ADRを取り組むNPOの相談員,裁判所の民事・家事調停委員などが,利用者の抱える紛争の場面やサイクルに応じた課題や解決策について議論し合い,研修を実施する。いずれも,各サービス提供者がネットワーク化への当事者意識を持ってそれぞれをパートナーと認めるという前提であるが,それをクリアできれば比較的容易に実現できる施策や事業ではないだろうか。また,このような資金の融通や人材の交流により,ネットワーク化に向けたアイディアが生まれるという面もある。全体的なビジョンとして利用者起点の司法アクセスを実現することを共有し,目標として司法サービスのより実質的かつ有機的なネットワーク化を掲げ,具体論は当事者であるサービス提供者がご当地で実質的なパートナーシップを組む。そこで利用者をサービスの中心に位置付けて,アイディアを練り上げ,計画,実行,評価のサイクルを創り上げる。このような大きな枠組みを形成できれば,今後,「司法ネット」構想の具体化を図るに際しても,その道筋を描くことができるのではないだろうか[12]。

Ⅳ　海外の司法アクセス機関──情報技術の活用を中心に

　Ⅳは,海外における司法アクセスの中核機関について,情報技術の活用[13]を中心に紹介する。日本における「司法ネット」の構築に参考となる取組みである。

1. イギリス

イギリスにおける司法アクセスは，1999年にAccess to Justice Actが施行され，同法に基づいてLegal Service Commission (LSC) が設けられて，法的情報の提供や民事・刑事を含む包括的な援助が実施されている。民事法律扶助に関してはCommunity Legal Service (CLS)，刑事法律扶助に関してはCriminal Defense Service (CDS) がある[14]。

図33　LSCのHP

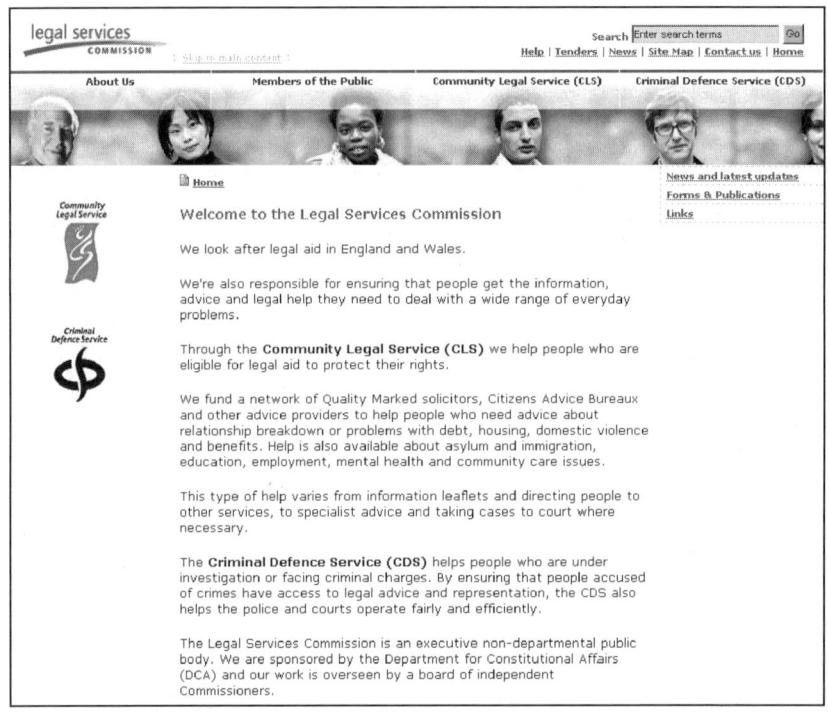

出典：http://www.legalservices.gov.uk/

(1) Community Legal Service

CLSでは，インターネットによるサービス窓口として，CLS Direct[15]というWebサイトが設けられていて，次のようなサービスが提供されている。

(a) CLS 認定弁護士，相談機関，情報提供組織へのアクセスの手引き（Directory）

この手引きを利用するにあたっては，郵便番号（住民の最寄りの弁護士や施設を探すため），相談したいテーマ，公的な資金による援助の必要性，身体障害等の特別の配慮をすべき事項等の 10 項目を入力して，必要な情報を得る。

(b) 情報小冊子（PDF ファイル），ホームページ上での情報提供や Q & A

情報小冊子として，債務，雇用，離婚，貸借，売買，ホームレス，人権，商品及びサービス問題，医療過誤，機会均等，人種差別，賠償，身障差別，地域福祉，教育，移住，裁判外紛争解決等の 31 テーマ（2006 年 6 月現在）の解説書が無料でダウンロードできる。

(c) CLS の資金により民事法律扶助が受けられるか否かの条件確認（Calculator）

図 34　CLS の Calculator

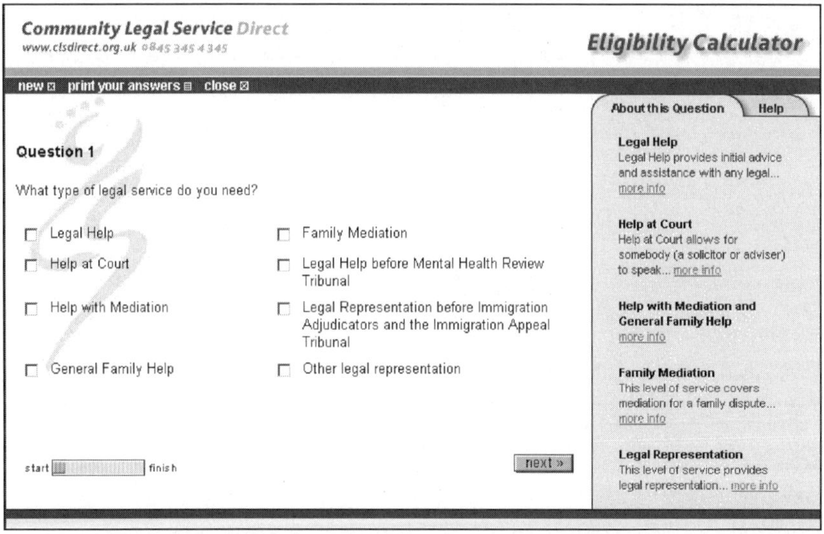

出典：http://www.clsdirect.org.uk/

(2) Citizens Advice Bureau

また，イギリス全土に市民相談所(Citizens Advice Bureau：CAB)[16]があり，ボランティアを中心として，債務，雇用，社会福祉等の様々な分野についての相談活動を実施している。

CAB の相談実績は，2002 年度で，社会保障関係 167 万件，債務関係 146 万件，住宅関係 57 万件，雇用関係 56 万件，法律関係 45 万件，その他 96 万件の合計 567 万件となっている。

図 35　CAB の Web サイト

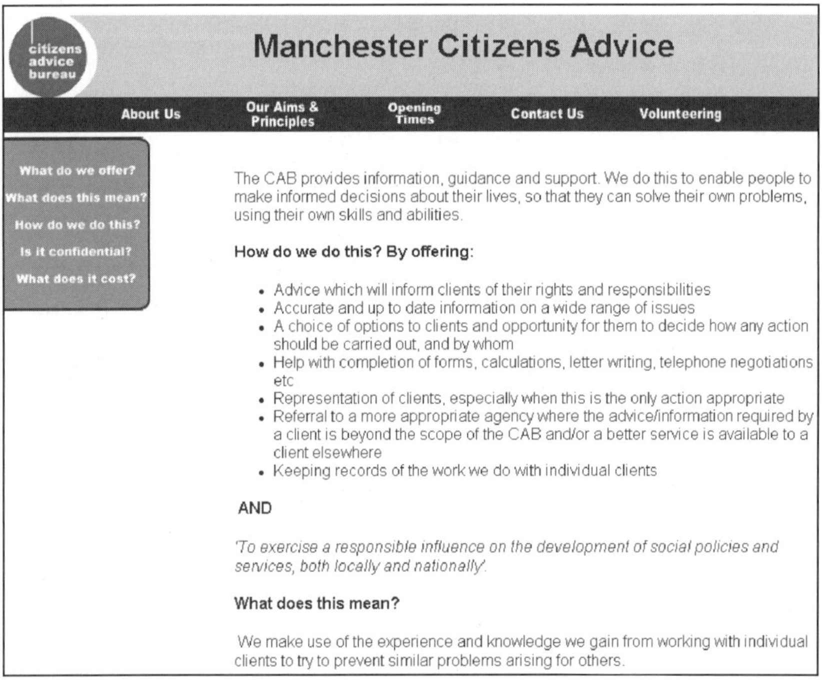

出典：http://www.poptel.org.uk/cab/vol.html

2．アメリカ合衆国

(1) Legal Services Corporation

アメリカでは米国連邦政府の資金を元に，民事法律扶助事業に対する資金援助を行う非営利特別法人の Legal Services Corporation (LSC)[17]がある。

LSC の予算規模は 2005 年度で 335.500 万ドルであり，全国各地で 143 事業（2002 年度実績）を補助している。例えば，カリフォルニア州の簡易な申立書作成事業やサウスカロライナ州でのビデオ会議による法律相談などの事業がある。

図 36　LSC の Web サイト

出典：http://www.lsc.gov/

図 37 Self Help Center の Web ページ

出典：http://www.courtinfo.ca.gov/selfhelp/

(2) Self Help Center（カリフォルニア州）

アメリカでは，当然のことながら裁判所も利用者の司法アクセス向上に積極的である。ここでは著者が 2005 年に現地を訪問して調査[18]したカリフォルニア州裁判所の Self Help Center の事例を取り上げる[19]。

(a) Self Help Center における本人訴訟支援

同センター担当者（弁護士）によれば，カリフォルニア州では本人訴訟が増加しており，例えば，家事に関する事件では，全体の 80 ％が本人訴訟であるという。一方で，人口の 30 ％〜 40 ％は，英語を十分に話すことができないため，訴訟制度について十分な知識・情報を得ることが難しい。そこで，同州では同センターを中心に後段に示すような様々な手段によって，本人訴訟の円滑な支援に努めているという。

(b) センターにおける支援の内容

まず，利用者向けに訴訟についての分かりやすいパンフレットの作成をしているという。また，裁判官向けにも本人訴訟を適切に指摘するためのマニュアルを作成しているようである。例えば裁判官の目から見て結果が予測できるような事件であっても，当事者の納得を重視するために十分な主張の機会を与えるべきことが説かれている。さらに，一つの事件について，部分的に弁護士が関与することも認める unbundling 方式が採用されている。この方式により，煩雑な手続部分だけ弁護士のサポートを受けることもできるようである。

(c) IT を活用した Online Self Help の状況

まず，Web 情報を充実させているようである。同州人口の 70 ％はインターネット・アクセスが可能であり，900 ページにおよぶ情報を Web 上で公開している。公開される情報は，各種の紛争解決機関や安価に依頼できるあるいは非営利の弁護士団体の紹介，弁護士の探し方などである。ただし，特定の弁護士を推薦・紹介することはない。

また，オンラインで書式が作成できるという。Web 上に簡易に様式に入力できるページを用意し，州全体で統一された約 600 の書式に対応している。完成した様式は紙にプリントアウトして申立を行う場合が多いが，一部は EZ Legal File といったシステムで電子的に申立する場合がある。電子的に申立ができない場合であっても，書式を入力できるだけで当事者の労力をかなり軽減させることができるようである。

さらに，手続の進め方についても Web 上の選択式の質問と回答でガイダンスをするとのことである。また，英語での読み書きに通訳を必要とするが英語のヒアリングはできるという利用者のために，動画や音声を使用した説明も用意されている。

3．ニュージーランド

ニュージーランドでは，国営のエージェンシーとして Legal Services Agency (LSA)[20]があり，民事及び刑事法律扶助を行っている。

図38 LSAのWebサイト

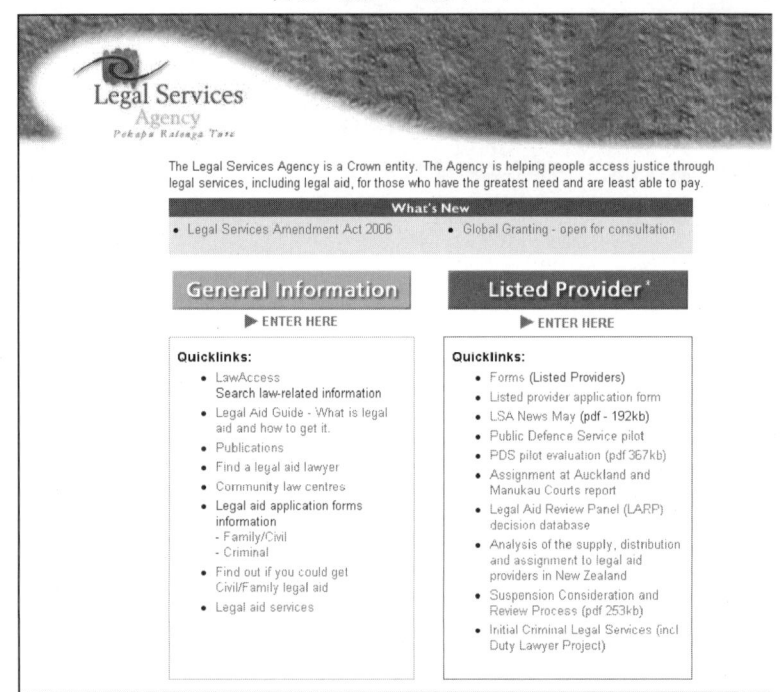

出典： http://www.lsa.govt.nz/

　LSAのWebサイトでは，各地域の契約弁護士の検索，法情報の提供，被疑者段階での法的支援，各種様式の提供等を行っている。

　また，全国25地域において，LSAほかの資金補助によるCommunity Law Center(CLC)[21]が設けられており，住民への法サービス，法律事務所支援，法教育支援，自治体の法整備支援等の様々なサービスを実施している。

　尚，イギリスと同様に，市民ボランティアにより無料相談を実施するCitizens Advice Bureau(CAB)もある。

図39　CLCのWebサイト

[CLCのWebサイトのスクリーンショット：Legal Services Agency の General Information ページ、Community Law Centres の説明と Community Law Centre Address List (Te Tai Tokerau Community Law Service, Waitakere Community Law Service 等) が掲載されている]

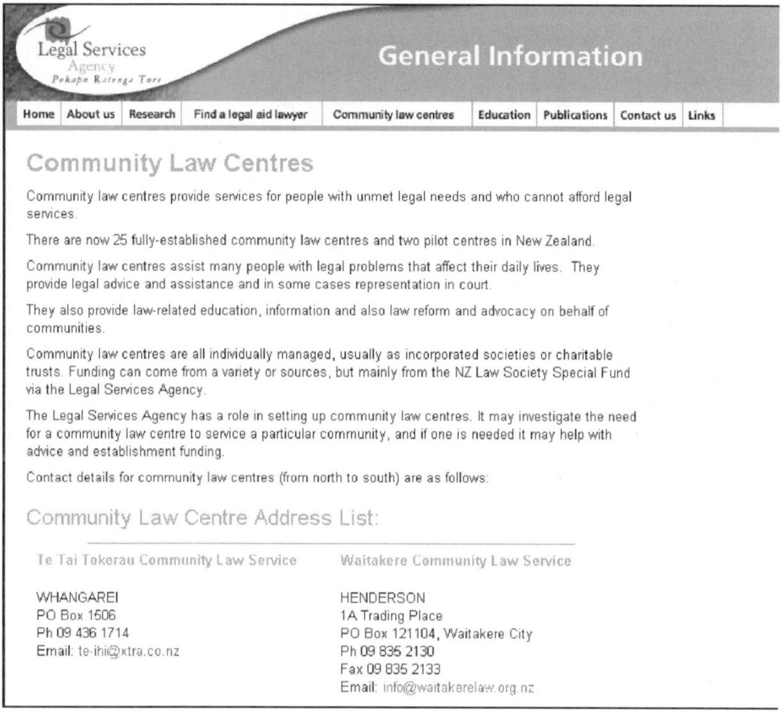

出典：http://www.lsa.govt.nz/general/community.htm

4．韓　　国

韓国では 1986 年に司法支援法が施行され，それを受けて 1987 年に非営利法人 Korea Legal Aid Corporation (KLAC)[22] が設立されて，法情報の提供や民事及び刑事法律扶助を実施している。

KLAC では，電話による自動応答システム (Automated Response System) を利用し，統合的な司法コンサルテーションを行っている。

2003 年度の実績では，法律扶助事業で民事 44,437 件，刑事 16,708 件，無料法律相談は 1,001,370 件，法律情報提供はインターネットで 4,682,673 件等となっている。

図40　KLACのWebサイト

出典：http://www.klac.or.kr/

V　おわりに

　最後に，これまでの論点に即して，利用者起点の司法アクセスに向けて，今後われわれが行動を起こすべき点について総括を行う。

　第一に，文字通り起点となる利用者の真のニーズを見極め，そのニーズに基づいてサービスを設計する必要がある。そもそも司法界には国民や市民の司法ニーズを知る手がかりとなる基本統計や総合的な調査結果が少ない。したがって，まずは，このような調査を設計，定期的に実施することが利用者のニーズの把握につながる。今回は，自治体の法律相談状況において，対象となる利用者が偏っていることが判明したが，自治体の法律相談だけでなく，その他の司法サービスについても同様の調査が実施され，利用者のニーズを摑んでいくことが必要であろう。

第二に，ネットワークの理解を共有し各地で試行を開始すべきである。本論において示した論点はネットワーク化を考えるためのすべての論点ではない。しかし，少なくとも，ネットワーク化の理解は，利用者起点でのサービスの質的向上を企図したものであって，単にサービス提供者の連絡体制を作るという控えめな理解ではないことを示したつもりである。紛争やトラブルが利用者の実生活で起こるため，その生活圏毎に有機的なネットワークを形成するための試みを開始すべきであろう。そのような場のホスト役としては，各地の法テラスの地域事務所であってもよいし，自治体，弁護士会や裁判所でもよい。

　第三に，情報技術は利用者もサービス提供者も支援できる点で「使用者」を選ばない有効なツールである。したがって，諸外国の司法アクセス機関で既に実装されているように，今後の日本の司法アクセスの推進にあたって積極的に採用し活用すべきものであろう。これまでもデジタル・デバイドや既存の業務との整合性，セキュリティ，コストなどの観点から情報技術の活用にあたって配慮すべき問題点が指摘されている。もちろん，これらの問題点は個々に重要であり見逃すべきではない。しかし，そもそもこれらは克服すべき問題であって，情報技術の有効性そのものを問う問題ではない。世界に冠たる情報技術立国の日本において，司法サービスに限り，ツールたる情報技術との付き合い方を考えない，という選択肢はない。ツールは設計の思想によってその能力を発揮する可能性を与えられ，実務の要求に耐えて洗練され，利用者の選択と評価によって淘汰される。今後，司法アクセスに貢献する情報技術の使い方を利用者起点で「設計」すべきであろう[23]。

1) 司法制度改革審議会『司法制度改革審議会意見書』平成13年6月，9-10頁。なお，同意見書における「アクセス」という語の使用されている回数は25回である。裁判所，弁護士，法的サービスへのアクセス，といった司法アクセスの意味で使われている。
2) 同，31，36，80，85，113頁。
3) 同，3-4頁。7-8頁。
4) この点については，次の論考にもヒントを得ている。早野貴文「司法支援センタ

――人びとの公共性づくりの礎として――」『リーガル・エイド研究』11号，2005年6月所収。
5）　利用者重視のIT活用については，拙稿（合田）「司法におけるIT利活用」『法律扶助だより』83号，2004年1月所収，も参照されたい。
6）　ここでは，日本語版Wikipedia及びHatenaの「ネットワーク」欄を参考にした。
7）　例えば，http://kimura-law.jp/goannnai.html を参照のこと。
8）　ここでいう「公設」とは，官による設置や，官が設置して民が運営するという意味ではない。実際に，事務所設立と一部運営のための資金源は弁護士会の基金である。したがって，「公設」とは，弁護士会が自主的に地域的な偏在や司法過疎という「公的」問題に対応した事務所を設立したと理解できる。ただし，鳥取県などのように，自治体が「公設」事務所を助成する例外もある。例えば，http://www.pref.tottori.jp/kouhou/dayori/2003-06/2.htm に詳しい。
9）　図書館界では既にこの議論が開始されている。例えば，早野他「特集：法情報へのアクセス拠点としての図書館」『現代の図書館』24(4)，2004年12月，藤勝周次「図書館サービスの潜在力と司法情報提供」『リーガル・エイド研究』11号，2005年6月，67-84頁，を参照のこと。
10）　なお，市はともかく，町村レベルになると予算手当てができないから常設の法律相談窓口はなくなる。
11）　司法界においても「○○は国が責任もって面倒をみるべきである」，「民間の独立性や自主性に国は口を出すべきではない」という論理が持ち出されるようである。この論理はこれからも一定の範囲で通用するが，利用者起点の発想において，公共サービスである司法サービスをネットワーク化する場面においては，通用しにくいと考えるべきであろう。
12）　このような問題提起は，筆者も関わる地域法サービス研究会においても議論されているところである。例えば，大河原他「地域づくりと司法サービス・ネットワーク」『地域政策研究』2005年7月，を参照されたい。
13）　司法アクセスや司法ネットにおける情報技術の活用の具体的展望については，阿部圭太「情報技術活用型法律サービスの提供について」『リーガル・エイド研究』第9号，2004年1月所収，須崎雅彦「司法ネットにおける情報技術の活用」同上，に詳しい。
14）　http://www.legalservices.gov.uk/を参照のこと。
15）　http://www.clsdirect.org.uk/を参照のこと。
16）　http://www.poptel.org.uk/cab/vol.html を参照のこと。
17）　http://www.lsc.gov/を参照のこと。
18）　日本弁護士連合会業務改革委員会及び「司法制度改革と先端テクノロジィ」研究会が実施した米国調査（2005年7月）の一部である。同項は，上記委員会シンポ

ジウム（2005 年 10 月）第三分科会における米国調査報告書記載該当部分を元に書き下ろしている。
19) ここで紹介する LSC や裁判所だけでなく，その他の非営利セクターも活発にセルフヘルプ事業を実施しており，密なネットワークができあがっているようである。例えば，カリフォルニア州の場合は，LawHelpCalifornia.org（http://www.lawhelpcalifornia.org/），selfhelpsupport.org（http://www.selfhelpsupport.org/），probono.net（http://www.probono.net/）などがある。
20) http://www.lsa.govt.nz/を参照のこと。
21) http://www.lsa.govt.nz/general/community.htm を参照のこと。
22) http://www.klac.or.kr/を参照のこと。
23) 司法アクセスを含めた司法全般領域における情報技術の活用については，「司法制度改革と先端テクノロジィ」研究会『司法制度改革と先端テクノロジィの導入と活用に係る提言』2004 年 2 月，に詳しい設計思想と具体化の方向性が述べられている。

〔合田俊文（㈱富士通総研シニアマネジングコンサルタント）
石川幹子（㈱富士通総研コンサルタント）
藤本光太郎（㈱富士通総研コンサルタント）〕

第Ⅱ部
仲裁法制の動向

第 1 章

民事紛争解決手段としての仲裁の位置付けと可能性

出 井 直 樹

I　はじめに

　本章[1]は，仲裁という制度が，民事紛争解決手段としてどのような位置付けを有するか，そして今後どのような発展が考えられるかについて，著者の考えるところをまとめたものである。

　仲裁とは，私人間の紛争を訴訟によらずに解決する方法の一つで，当事者が第三者（仲裁人）による紛争の解決（仲裁判断）に服することを合意（仲裁合意）し，これに基づいて進められる手続をいう[2]。仲裁は，裁判外紛争解決手段（Alternative Dispute Resolution = ADR）の一つに整理される[3]が，第一に，仲裁合意があれば，同一当事者間で同一事項について訴訟を提起しても妨訴抗弁により却下となる[4]点，第二に，仲裁判断は，確定判決と同一の効力を有し[5]，裁判所の執行決定を経て，仲裁判断に基づく強制執行も可能になる[6]点で，他のADRとは一線を画する特殊の制度である。仲裁は，一審限りの私的な裁判とも性格付けることができよう。

　本章では，まず，仲裁という制度が日本の民事司法制度の中でどのように位置付けられるかということを，主として仲裁合意の効力の問題に焦点を当てて，述べる。その上で，仲裁という制度の今後の課題と可能性についても述べることとする。

Ⅱ 仲裁合意の意義と効力に関する諸問題

1．仲裁合意の意義

仲裁合意とは，当事者間の一定の範囲の紛争の解決を第三者の判断（仲裁判断）に委ねそれに拘束される旨の合意である[7]。

仲裁合意の効果として，前述のように，第一に，当事者は対象となった紛争について訴訟を提起できなくなる（提起しても妨訴抗弁で却下となる）という効果，すなわち訴権放棄効果を有する[8]。仲裁合意の消極的効果であると言える。

第二に，仲裁合意は，単に訴権を放棄するというだけでなく，仲裁という特殊の紛争解決手続に付することを強制する，すなわち一方当事者が仲裁を申し立てれば他方当事者はその手続への参加を強制される[9]，合意である。さらに，仲裁が開始すれば審理が行われて仲裁判断がなされ，かつ仲裁判断は確定判決と同一の効力を有し，裁判所の執行決定を経て強制執行もできるという特別の効果が法により与えられる[10]。仲裁合意の積極的効果と言ってもよい。

たとえて言うなら，仲裁合意を結ぶことによって，その当事者は，対象となった紛争に関しては，一般民事司法ワールドから仲裁ワールドという別の世界に入ることになる。この仲裁ワールドは一般民事司法ワールドから完全に切り離されてしまうのではなく，仲裁ワールドを通過して出ると再び民事司法ワールドに戻る。しかし，その時には一般民事司法ワールドにおける紛争解決の最後の段階である確定判決→強制執行という段階に至っているわけである。

仲裁ワールドを一般民事司法ワールドから画するのが仲裁合意の有無である。したがって，仲裁合意の効力をどう考えるかにより，仲裁ワールドと一般民事司法ワールドの境界線が明らかになるのである。以下，仲裁合意の効力について，いくつか問題となる点を概観する。

2．仲裁適格

仲裁合意の対象にできるのは，当事者が和解をすることができる民事上の紛

争に限られる[11]。例えば，土地の境界問題が紛争になることがあるが，公法上の筆界は当事者間で和解ができないので，仲裁合意の対象とすることもできない[12]。同様に，婚姻の無効・取消，離婚，子の認知，養子の離縁など身分関係上の紛争も裁判所の後見的介入なく当事者間だけで処理できる問題ではないので，仲裁合意の対象とすることができないと解されている。

　そのほか仲裁適格に関して問題となるのは，特許権等登録を要件とする知的財産権の有効性をめぐる紛争，独占禁止法，証券取引法等の公法違反をめぐる紛争である。詳論は避けるが，仲裁判断の効果が誰に及ぶか（当事者だけか対世効を有するか）の問題，あるいは仲裁判断の内容が公法に反するかどうかの問題と，仲裁適格の問題は，分けて論ずべきである。特許の有効無効を仲裁で判断したとしても，その判断の効力が及ぶのは当事者間だけであり，対世的に特許の有効無効が確定するわけではない。だからと言って初めから仲裁適格を否定してしまう必要もない。また，仲裁判断の内容が独占禁止法等公法に反することはありうるとしても，それは仲裁判断の適法性，さらには取消等の関係での公序違反の問題であり，仲裁適格の問題とは別である。一般論であるが，仲裁適格はできるだけ広く認めるべきであると考えている。

3．仲裁合意の範囲

(1) 範囲限定の必要性

　仲裁合意は，当事者間の「一定の法律関係」を特定してしなければならない。これを限定せず，「ＡとＢの間の一切の紛争」を仲裁合意の対象とすることはできない[13]。「ＡとＢの間の〇〇契約から生ずる一切の紛争」等と特定することが多い。

(2) 仲裁合意の客観的範囲

　仲裁合意の中で対象となる紛争の範囲を特定した場合，実際にどこまでが含まれるのかが問題となることがある。仲裁合意の客観的範囲の問題である。

　例えば「ＡとＢの間の〇〇契約から生ずる一切の紛争」と特定した場合，当該契約の解除を原因とする原状回復や損害賠償の紛争はどうか，あるいは当

該取引関係をめぐる不法行為の紛争（例えば，契約締結に際して詐欺的行為があったとか，情報開示が不十分であったことを不法行為と構成する場合）はどうか，といった問題である。当事者間の合理的意思解釈の問題に帰着するが，一般論としては，できるだけ広く仲裁合意の対象と認めるべきではないか。契約の解除を原因とする紛争や取引的不法行為の場合も，原則として仲裁合意の客観的範囲に含まれると解すべきであると考える。

(3) 仲裁合意の主観的範囲

次に，仲裁合意の主観的範囲が問題となることがある。仲裁合意の拘束力は，仲裁合意の当事者にのみ及ぶのが原則である。例えば，債権者と債務者間の仲裁合意は保証人に当然に及ぶものではない。また，建設工事請負契約において施主と建築業者の間の仲裁合意が，当然に監理者や設計者に及ぶものではない。

会社等法人のなした仲裁合意が，その構成員（株主，社員），代表者個人，従業員を拘束するものではない。もっとも，最高裁は平成9年のリングリングサーカス事件判決において，米国仲裁法のもとでの判断ではあるが，事実関係によっては，法人の役員や代表者が法人の仲裁合意に拘束されることを判示した[14]。しかし，これをもって法人の仲裁合意の効力が代表者にも当然及ぶことを言っていると解すべきではないであろう。仲裁合意は訴権放棄という非常に強力な効果を有する合意である。仲裁合意の主観的範囲は，仲裁に服することを明示的に合意した者の間に限られるべきであろう[15]。黙示の仲裁合意や法人格否認の法理を安易に持ち込むことには慎重であるべきであろう。

4．仲裁合意のその他の問題

(1) 仲裁合意の意思表示の問題

仲裁合意も意思表示である以上，意思表示の有無や瑕疵が問題となりうる。錯誤無効，詐欺・強迫による取消等の問題である。

これに関連して，約款における仲裁合意の効力が問題となることがある[16]。約款を読んでいなかった，あまり注意していなかったので仲裁合意をしている

という意識がなかった，さらには「仲裁」の意味がわからななかった，という主張がなされることがある。

建設工事請負契約に関する民間約款（旧四会連合約款）についての裁判例がいくつかある。最高裁昭和55年6月26日判決[17]は，契約締結に際して約款を通読している等の事情のもとで仲裁合意の拘束力を認めた[18]。これに対して，約款での仲裁合意の効力を否定した裁判例もある[19]。

(2) 消費者，労働者の仲裁合意

仲裁合意が訴権放棄効果を有する非常に強力な合意であることから，消費者及び労働者が行う仲裁合意についての特殊の取扱いをすべきかどうかが仲裁法の立案過程で議論になった。特に，紛争が起こる前にする仲裁合意（将来の紛争を対象とする仲裁合意）について，すなわち典型的には消費者と企業の間の契約，労働者と使用者の間の契約において，それら契約から生ずる紛争を仲裁に付するとする合意について，問題となった。

これらの場合，第一に，消費者・労働者が遠方における仲裁等，手続的に不利な仲裁手続を強制されるおそれがあること，第二に，紛争が起こる前に，消費者・労働者は紛争解決手段について実質的な選択権を失うことになること等の理由から，消費者・労働者が行う事前の仲裁合意についてはその拘束力について特別の取扱いを法定することが求められた。これには反対の意見も根強かったが，結局，「当分の間」の措置として，次のような取扱いをすることが仲裁法の附則で規定された。

消費者と事業者の間の将来の紛争を対象とする仲裁合意については，消費者において理由のいかんを問わず解除できることとされた[20]。消費者が解除権を行使すると，仲裁合意はなかったことになるから，仲裁はできない。

消費者が解除権を失うのは，①消費者が仲裁を申し立てた場合[21]，②消費者が仲裁廷に出頭して仲裁廷から仲裁とはどういうものかについて説明を受けた後解除権を放棄した場合[22]，及び明文の規定はないが，③事業者が訴訟を提起した場合において，消費者が仲裁合意を理由に妨訴抗弁を提出した場合である[23]。なお，消費者が仲裁の申立てを受け，これを無視して仲裁廷に出頭

しない場合は，解除権を行使したものとみなされる[24]。

次に，労働者と使用者の間の個別労働関係紛争についての紛争であって将来の紛争を対象とする仲裁合意は，無効とされた[25]。

5．仲裁合意の効力が問題となる場面

仲裁合意の効力に関する問題点は以上の通りだが，どのような局面で仲裁合意の有効性が問題となるかについて整理しておきたい。仲裁ワールドと一般民事司法ワールドの接点でもある。

以下述べるように，仲裁合意の効力は，仲裁手続の中で問題となった場合には第一次的に仲裁廷が判断することができるが，いずれの局面でも，最終的には裁判所が判断することになっている。仲裁ワールドも民事司法ワールドの中に包摂されているのである。

(1) 妨訴抗弁の場面

仲裁合意があるのに，その対象とされている紛争について一方当事者が訴訟を提起した場合に，他方当事者から提出される妨訴抗弁の審理において，仲裁合意の効力が問題となる。有効な仲裁合意でなければ，妨訴抗弁は成立しない。

なお，妨訴抗弁の理由としては，仲裁合意が有効に存在するということで十分であり，現実に仲裁を申し立てている必要はない。

(2) 仲裁廷の権限をめぐる争い

仲裁手続開始後，被申立人が仲裁合意は無効であるから，仲裁廷は審理権限を有しないという形で主張されることがある[26]。問題は，かかる主張がなされた場合に，仲裁廷が自らの審理権限の有無の基礎となる仲裁合意の効力について判断できるかという点である。仲裁法は，これを肯定し，仲裁廷自らが自分の仲裁権限の有無，すなわち仲裁合意の効力について判断する権限を有するとした[27]。そして，仲裁廷が仲裁合意有効，すなわち自己に仲裁権限ありとの判断を独立の決定で行った場合[28]，裁判所に仲裁廷の仲裁権限についての審査を求めることができるとされている[29]。

このように，仲裁法は，仲裁手続で仲裁合意の効力が争われた場合，第一次的に仲裁廷がそれを判断する権限を与えていると言える。但し，最終的には裁判所が判断することになる（(3)参照）。

(3) 取消，執行段階での争い

仲裁判断がなされた後にもともとの仲裁合意の効力が問題となることもある。仲裁判断取消の場面及び仲裁判断の執行の場面である。仲裁判断は，一定の限られた事由に基づいてのみ裁判所によって取消すことができるが，その事由の中に，仲裁合意が効力を有しないことが規定されている[30]。また，執行の場面でも，仲裁合意に効力がないことは執行拒否事由に含まれている[31]。いずれも，裁判所で審理がなされる。

(4) それ以外の場面

上記(1)ないし(3)以外の場面で仲裁合意の効力が問題となりうるか，特に裁判所がこれら以外の場面で仲裁合意の効力を審査することがありうるかは問題である。例えば，当事者間で仲裁合意の効力を確認する訴えが認められるかどうかという問題である。この点については，仲裁手続への裁判所の関与を仲裁法に規定する場合に限定する仲裁法4条を根拠に，あるいは仲裁合意の効力に関する第一次的審査権を仲裁廷に与えた仲裁法23条を根拠に，これを否定する見解もあるが，他方，訴えの利益が存する限り，裁判所の審査権限を否定すべきではないという見解もあり，対立している[32]。

6．どういう場面で仲裁合意をするか

以上，仲裁合意に関する法的問題点を概観したが，最後に，実際上どのような場合に仲裁合意がなされるかを見ておきたい。

第一に，紛争が起こる前に，典型的には種々の契約の中で，当該契約から生じまたはこれに関連する紛争を仲裁に付しこれに拘束されるという合意を行うことがある（事前の仲裁合意）。おそらく，現実にはこれが圧倒的に多いであろう。後に述べるが，国際契約の交渉では，仲裁条項が交渉の焦点となることも多い。

第二に，紛争が実際に起こってからその当事者間で仲裁合意をすることもある。事後的仲裁合意という。既に紛争が起こり当事者間には対立関係があるので，このような事後的仲裁合意がなされることは現実にはまれであるが，ないことはない。

第三に，ADR機関に調停や和解あっせんが申し立てられ，その調停・和解あっせん手続の過程で仲裁合意をする場合もある。これも事後的仲裁合意の一種であるが，仲裁以外のADR手続の中で仲裁合意がなされ，仲裁手続に移行する点に特色がある[33]。

第四に，紛争が和解で解決した場合に，その和解契約上の紛争について仲裁合意をすることがある。事前の仲裁合意の一種である。和解は，民事上の和解もあれば，ADR手続での和解，訴訟を提起した後訴訟手続の中で行う裁判上の和解もありうる。

III　これからの仲裁の可能性

IIで仲裁という制度の民事司法における法制上の位置付けを概観した。これを前提に，日本における仲裁の今後の可能性について述べる。

1．日本における仲裁利用の現状

まず，日本における仲裁利用の現状について見ておきたい。

仲裁には，仲裁機関で行う機関仲裁と非機関仲裁（アドホック仲裁）があるが，後者はどれくらいの数が行われているのか把握は困難である。機関仲裁としては，国際・国内の商事紛争を扱う日本商事仲裁協会，海事紛争を扱う日本海運集会所，一般民商事紛争を扱う弁護士会ADR（仲裁センター）等民間の仲裁機関のほか建設業法に基づき建築工事に関する紛争を扱う行政型仲裁機関である中央建設工事紛争審査会などがあるが，これら全てを合わせても，仲裁事件は年間30件から40件程度ではないかと推測される[34]。

以上のように，日本における仲裁は，国際仲裁，国内仲裁を通じて，それほど活発に利用されているとは言い難い状況にある。今後日本における仲裁はど

のような方向に行くのであろうか。仲裁を活性化するにはどうしたらよいのであろうか。

2．仲裁のメリット・デメリット
(1) 仲裁の利点

仲裁の利点として，まず，非公開であることがあげられる。裁判は公開の法廷で行われる[35]が，仲裁は公開しなくともよく，実際にも圧倒的に多くの仲裁が非公開でなされている。紛争があること自体を知られたくないような場合，さらには営業秘密やプライバシーが深く関係する紛争に仲裁非公開のメリットが活かせる。

次に，仲裁の迅速性が言われることがある。もっとも，最近では裁判もかなり速くなってきており[36]，仲裁の迅速性をどれだけ強調できるかは問題である。しかし，少なくとも裁判が三審制（あるいは実質的二審制）であるのに対し，仲裁には上訴がないという点は，現在でも明らかな違いであり，上訴がないことだけをとらえても仲裁のメリットはある。また第三，第四の点ともからむが，仲裁は，誰が仲裁人となるか，どのような手続の進め方をするかで，審理に要する期間を著しく短縮できる。

第三に，仲裁においては，当事者が仲裁人を選べるというメリットがある。特に，専門性の高い事件については，その分野に通暁した仲裁人が仲裁を行うことが求められる。裁判では，（少なくとも現行の訴訟法においては）裁判官を当事者が選ぶということができないし，そもそも裁判官のプロフィールや専門性について開示されているわけではない。仲裁では，当事者の合意により仲裁人を選任できるのが通常であり，また3人の仲裁人が合議体を形成する場合，うち1人ずつを各当事者の指名により選任できるとしているところが多い[37]。

第四に，仲裁は，手続が柔軟である。別の言葉で言うと，仲裁では，当事者の合意あるいは各機関の規則により，かなり自由な手続設計・手続合意が可能である。これに対して，裁判は，訴訟法及び規則によって手続が厳格に定められており，あまり自由がきかない。

最後に、仲裁の方が裁判に比べてコストが安いということが言われることがある。しかし、仲裁、特に国際仲裁は、費用も非常に高い。「費用」のうち代理人（弁護士）の報酬は同じくらいであろう。仲裁人・仲裁機関に支払う報酬・費用も、どちらが高いかは制度設計によるであろう。確かに、三審制をフルに行う場合に比べれば総体としての仲裁の費用は安いと言えるだろうが、仲裁一般の利点としてあげるのは適当でないかもしれない。

(2) 仲裁のデメリット

仲裁には裁判と比較したデメリットもある。多くは、上にあげた仲裁のメリットと裏腹の関係にある。

第一に、上訴ができない点である。この点は、当事者にとって大きなリスクである。

第二に、多くの仲裁が非公開であること、当事者の合意で仲裁人を選ぶ場合を除きどのよう人が仲裁人になるかわからないこと（裁判の場合は一応公務員たる判事が裁判官となることが保障されている）、手続が柔軟であること（ということは時にルーズに流れうるということ）、上訴がないことから、適正な審理がなされることの保障がないこと、がデメリットとしてあげられる。これも仲裁のリスクである。もちろん、仲裁法及び各機関の規則で適切な規律がなされているが、それがどれだけ遵守されるかについては、裁判所・裁判官に対する信頼に比べれば、利用者にとって不安が残る。日本のように裁判所・裁判官に対する信頼が非常に高い国にあっては、なおさらである。

3．仲裁の活性化のために

(1) 国際仲裁と国内仲裁の違い

仲裁をより多く利用してもらう可能性だが、国際仲裁と国内仲裁では、若干様相を異にする。

国際民商事紛争においては、そもそも両当事者が納得する裁判所というものがない（互いに相手の国の裁判所では訴訟をしたくない）ところから出発するので、訴訟を嫌って仲裁でという方向に行きやすい。すなわち、裁判自体は問

題ないのだが，相手の国の裁判所での裁判は困るということである。これに対して，国内民商事紛争においては，裁判所というものがあるので，裁判ではなくなぜ仲裁なのかということがより厳しく問われることになる。2で述べた仲裁のリスク，デメリットを考慮してもなお裁判ではなく仲裁を選ぶメリットがあるかどうかが問われる。

(2) 国内仲裁の活性化

このように，国内仲裁の活性化の方がよりストレートであるので，こちらから検討する。

まずは，仲裁の特性及びメリット・デメリットを多くの人が正しく理解するということが重要だ。裁判より仲裁の方が一般的に便利である，優れた手続である，ということではなく，また逆に裁判の方が一般的に適切な手続であるというわけでもない。まさに選択の問題である。しかし，合理的な選択を行うためには，まず制度の正確な理解が必要である。この理解を誤ったまま仲裁を選択してしまうことは危険であるとともに，その結果仲裁制度は危険な制度であるというイメージが広がり，健全な発展は望めない[38]。同時に，仲裁という制度を理解しないまま，これをことさらに危険視して言わば食わず嫌いになるというのも困る。紛争解決の一つの正当な選択肢として，正しく仲裁を理解する必要がある。

仲裁制度のPRが必要である。とともに，特に，紛争解決にあたる弁護士等専門家は，仲裁という制度を依頼者に正確にアドバイスできるよう研鑽を積む必要がある。

次に，仲裁手続を行う側では，訴訟におけるプラクティスをそのまま仲裁に持ち込むような運用ではなく，仲裁のメリットを活かせる手続運用に努めるべきである。それによって，訴訟との差別化を一層はかることができる。仲裁手続は，一般に訴訟手続と比べて柔軟であり，さまざまな工夫が可能である。それを活かさない手はない。

例えば，期日の入れ方を集中的にしたり，現場での手続を重視したり，専門家を手続に関与させたり，証拠開示を徹底したり，あるいは逆に証拠開示を適

度に制限したり，といった工夫が考えられる。また，4で述べるように，仲裁のリスク（と感じられるところ）を少しでも軽減するため，調停・和解あっせんと仲裁を組み合わせたり，二階建て仲裁というものも考えられる。

(3) 国際仲裁をいかに日本に持ってくるか

日本における国際仲裁の活性化の問題は，国際仲裁の仲裁地，仲裁機関を，いかに日本に持ってくるかという問題である。(2)で述べた諸点に加え，以下の点を考慮する必要がある。

国際契約では，仲裁条項でも自国に仲裁地あるいは自国の仲裁機関を合意したがる傾向にあり，契約交渉で最後の最後までお互い譲らずもめる条項である。この場合，多くの日本の企業の傾向として，仲裁地を日本に持ってくることに固執するより，仲裁条項は譲って他の条項での譲歩を勝ち取ろうとする。その結果，日本を仲裁地とする仲裁合意がなかなか結べないという事態が起こる。仲裁条項の重要性を再認識して，安易な譲歩に歯止めをかけるべきかもしれない。いわゆるクロス仲裁条項にするというのが一つの解決方法である。すなわち，申し立てられた当事者の国で仲裁を行うという条項である。平等な条項なので，なかなか正面からは反対できない[39]。

仲裁地をどこに持ってくることができるかは，結局のところ契約当事者の間の力関係が大きな影響を及ぼす。これはいかんともしがたいが，ただ「力関係」だけに着目すると，世界第2位の経済大国である日本の企業が欧米はじめ世界の企業に対して「力関係」で全般に劣るとも思えない。しかし，やはり契約交渉の問題，さらに言語の問題があり[40]，現実にはなかなか日本を仲裁地とする仲裁合意は結べない。この課題には，今のところ答えはない。日本における仲裁の実績が積み上がれば自然と問題は解消するのかもしれないが，それは問いに対して問いをもって答えることにほかならない。

(4) 人の養成の問題

最後に，仲裁人や仲裁代理人の養成の問題がある。これは鶏が先か卵が先かの問題に類するが，仲裁手続や実務に通じた実績のある仲裁人や仲裁代理人の層を厚くすることによって，仲裁制度は信頼性，利便性，実効性が高まるので

ある。仲裁人の養成研修と仲裁・ADRの研究を目的として設立された日本仲裁人協会等の活動が期待される。

4．さまざまな仲裁の可能性

仲裁においては，さまざまな手続の工夫が可能であり，これができることが裁判と比較した仲裁の大きなメリットである。この点に着目し，今後の仲裁の発展の可能性として，以下の二つの問題を提起したい。

(1) 仲裁と調停・和解あっせんの連携

調停・和解あっせんと仲裁を組み合わせることが考えられる。調停・和解あっせんという当事者間の合意を目指す手続と仲裁という裁断による解決を目指す手続を組み合わせるのである。それによって，仲裁の予測可能性を増し，当事者のリスク感を少しでも軽減しようという試みである。

まず，調停・和解あっせん等和解を目指す手続を先行させ，その手続の中で仲裁合意をして仲裁に移行するという仕組みが考えられる。一部の弁護士会ADRで行われている手続である。調停・和解あっせんの過程で手続実施者たる仲介者に対する当事者の信頼が生まれ，手続実施者に判断を委ねようという機運が生ずることがある。また，調停・和解あっせんで話し合いを詰められるところまで詰め，最後の金額は第三者の判断に委ねるという方法もある。

逆に，仲裁手続開始後に事件を調停・和解あっせんに付するということもありうる。仲裁手続の中での和解[41]という形で行われることもあるだろうし，仲裁廷とは別のところでの調停・和解あっせんを行うこともあるだろう。

いずれについても，既にさまざまなところで実践されている。仲裁と調停・和解あっせんのよいところをミックスしようとするものであるが，同時に両者の区別があいまいになり悪いところがミックスされてしまう，よいところが互いに打ち消されてしまうことのないよう，何よりも手続の透明性を欠くことにならないよう，制度設計上及び手続運用上の注意が必要である。詳論は避けるが，例えば，和解あっせんから仲裁に移行する場合に，和解あっせんを担当した者が当然のように仲裁人になるというのは，望ましくないであろう。少なく

とも当事者の了解が必要であろう[42]。また、仲裁人が行う和解についても、仲裁人が和解に入るについて当事者の承諾を求める仲裁法 38 条 4 項の趣旨を没却しないようにしなければならない[43]。

(2) 二階建て仲裁，上訴を許す仲裁

仲裁は一審限りの私的裁判であり、それだけにリスクも大きい。この点を緩和するものとして、二階建て仲裁という制度が考えられる。すなわち、仲裁制度内での不服申立て・再審理を許すのである。まず第一の仲裁廷が審理し第一の仲裁判断を出すが、これに不服のある当事者は別の仲裁廷（第二の仲裁廷）に再審理を申し立てることができるという制度である。むろんこのような制度についての当事者の合意が必要である[44]。

第一の仲裁廷と第二の仲裁廷の構成に工夫が必要であろう。第一の仲裁廷は単独体、第二の仲裁廷は合議体とする[45]、あるいは第二の仲裁廷はよりシニアの仲裁人の合議体とする等である。また、不服申立ては、法律点だけに限るというような不服申立ての範囲の限定も制度設計としてはありうる。

このような二階建て仲裁は、仲裁法のもとで可能であろうか。この場合、第二の仲裁判断をもって仲裁判断ととらえ、第一の仲裁判断は暫定的な判断ととらえることになろう。問題は、第一の仲裁判断に不服がなければそれで最終の仲裁判断となるのであるが、そのような条件付の拘束力を予定されている判断に仲裁判断としての効力を与えてよいかである[46]。また、第一の仲裁判断の仲裁廷と第二の仲裁判断の仲裁廷の構成が変わっている点、問題ないであろうか。

試論だが、いずれも仲裁法上問題ないと解する。「仲裁人の判断に服する」というのは、第一の仲裁廷と第二の仲裁廷を通じて仲裁人の判断に服するということで足り（「仲裁人」をどう構成するかは当事者の合意による）、第一の仲裁廷だけを取り出して「条件付」であるからといって仲裁合意であることを否定する理由はないものと考える。第二の点については、仲裁法上、仲裁手続の開始から終結まで仲裁廷の構成を変えてはならないという規制はない。

これと関連するが、裁判所に上訴できる仲裁というものがありうるだろうか。

事実認定，法律論全てについて裁判所に上訴できる，あるいは法律点のみ裁判所に上訴できるというような制度設計が考えうる。傍論ではあるが，このような仲裁合意の効力を否定した裁判例がある[47]。この裁判例では，「仲裁判断を最終のものとしない合意」（すなわち仲裁判断に対して上訴できる）を無効と判断した。裁判所への上訴を許す仲裁を現行仲裁法上の仲裁と認めてよいかは問題である[48]。但し，仲裁合意としては認められなくとも，裁定型のADRを前置する旨の合意としては有効であろう。

以上試論を含め今後の仲裁の発展の可能性について述べた。これらを含め，さまざまな工夫がなされ，仲裁という制度が日本の民事司法制度の中で健全に発展していくことを願う。

1) 本章は，2005年7月30日に中央大学法学研究科「特殊講義Ⅰ・日本法制2010年」の一環として行った著者の講義「新仲裁法の諸問題」をベースに，さらに発展させたものである。
2) 有斐閣『法律学小辞典』の定義。
3) 2004年に成立した裁判外紛争解決手続の利用の促進に関する法律（平成16年法律第151号，本章脱稿日現在未施行）は，主として調停や和解あっせんといった和解を目指す手続について規定する法律だが，この法律でも「裁判外紛争解決手続」自体の定義には仲裁も含んでいる。
4) 仲裁法（平成15年法律第138号）14条。
5) 仲裁法45条1項。但し，一定の限られた事由による取消が可能である（仲裁法44条）。
6) 仲裁法46条。
7) 仲裁法2条1項。
8) なお，仲裁合意があっても，保全処分を裁判所に申し立てることは妨げない（仲裁法15条）。
9) 参加しない場合，法律上それだけで不利益な仲裁判断がなされることとなっているわけではないが，手続は進めることができ（仲裁法33条2項，3項），圧倒的に多くの場合に事実上不参加当事者に不利な判断がなされることになる。
10) この点，調停・和解あっせん等他のADRでは，①手続への参加は強制されない，②手続が開始しても和解という結果になるとは限らない，③（少なくとも現行法で

は）ADR の結果としての和解は私人間の契約に過ぎず，それ自体に執行力はない，のと異なる。
11) 仲裁法 13 条 1 項。
12) もっとも，公法上の筆界と区別された意味での，私法上の所有権界であれば，私人間で処分できる，すなわち和解できるのであるから，仲裁適格を有する。
13) もっとも，黙示的に紛争対象が特定されていると判断されることは事案によってはあるかもしれない。
14) 最高裁平成 9 年 9 月 4 日判決民集 51 巻 8 号 3657 頁。
15) このことと，相続や合併など包括承継の場合は，仲裁合意も承継されることは別論である。問題は，契約の特定承継の場合である。ジュリスト研究会「新仲裁法の実務と理論」第 4 回・ジュリスト 1268 号 176 頁以下参照。
16) 約款については，仲裁合意の書面性の要件（仲裁法 13 条 2 項）との関係も一応問題となるが，仲裁条項を記載した他の文書を引用した文書がある場合も書面性の要件は満たすことが仲裁法で明定されている（仲裁法 13 条 3 項）。
17) 判例時報 979 号 54 頁。
18) 反対意見あり。反対意見は，仲裁合意は訴え却下という重大な効果を生ずるものであるから，当事者において約款における仲裁合意の存在を知っていたとしても，仲裁合意のこのような効力についての認識があったか否かを吟味・判断すべきであるとする。
19) 東京地裁昭和 50 年 5 月 15 日判決（判例時報 799 号 62 頁）は，建設工事標準約款中の仲裁合意を，「訴訟手続とは別個に独自の解決方法によりうることを合意したものに過ぎない」と解するのが相当と判断して，仲裁合意としての効力を否定した（もっとも，仲裁の妨訴抗弁を提出した当事者が既に訴訟で弁論を重ねていたという事情もある）。東京高裁昭和 54 年 11 月 26 日判決（判例タイムズ 407 号 86 頁）は，仲裁合意が成立したと言うためには「仲裁付託の明確な意思」があることが必要とした上で，「問題があれば裁判所でやりたいと思う旨を話して被控訴人の納得を得ていた」との間接事実等を根拠に，四会連合約款中の仲裁合意の成立を否定した。
20) 仲裁法附則 3 条。
21) 仲裁法附則 3 条 2 項但書き。
22) 仲裁法附則 3 条 6 項。
23) 解除権の放棄ないし解除権を行使することが信義則に反し許されない場合と考えるべきであろう。一方で仲裁合意を援用して訴訟を却下に持ち込んでおいて，今度はその仲裁合意を解除することは背理であるからである。もっとも，妨訴抗弁を提出するだけで解除権を失うのか，それとも実際に訴訟が却下されることまで要するかは，議論がありえよう。

24) 仲裁法附則3条7項。
25) 仲裁法附則4条。もっとも，規定を設けた趣旨からして，使用者の側から無効を主張することは許されず，片面的無効，すなわち解除権に近いものであると解される。
26) このような主張は，原則として仲裁における本案についての最初の主張時になされなければならない（仲裁法23条2項）。
27) 仲裁法23条1項。
28) 仲裁廷が仲裁権限を有するかどうかの判断は，終局仲裁判断の中で行うこともできるし，仲裁判断前の独立の決定で行うこともできる。なお，仲裁権限を有しないとの判断は，仲裁手続の終了決定の形で示す（仲裁法23条4項）。
29) 仲裁法23条5項。決定通知を受けた日から30日以内に審査を申し立てなければならない。
30) 仲裁法44条1項1号，同2号。
31) 仲裁法46条8項，同45条2項1号，同2号。
32) ジュリスト研究会「新仲裁法の理論と実務」第2回・ジュリスト1266号149頁以下，同第9回・ジュリスト1275号108頁以下参照。
33) 弁護士会ADRでこの方式が用いられている。多くの弁護士会ADR機関は，和解あっせんとともに仲裁を行っているので，仲裁手続への移行もスムーズである。もっとも，和解あっせん手続を担当していたあっせん人がそのまま仲裁人になることについては，批判もある。そこで，例えば第二東京弁護士会仲裁センター等では，和解あっせんから仲裁への移行の場合に，当事者の一方でも反対すれば，あっせん人とは別の仲裁人が仲裁を担当することとしている（第二東京弁護士会仲裁センター手続細則28条3項）。
34) 各機関の公表している数字に基づく。このうち，弁護士会仲裁ADRでは，和解あっせんで成立した和解に執行力を与えるために仲裁判断とする（いわゆる和解的仲裁判断＝仲裁法38条1項決定）場合も多い。例えば，平成16年度の全国での仲裁判断件数は17件であるが，そのうち8件は和解的仲裁判断である（日本弁護士連合会『仲裁統計年報全国版平成16年度』）。
35) もっとも，プライバシーや営業秘密保護のための訴訟記録閲覧等の制限の措置が認められている（民事訴訟法92条）。また，プライバシー保護のための人事訴訟手続における当事者尋問等公開停止，営業秘密保護のための当事者尋問等の公開停止の諸規定も設けられており（人事訴訟法22条，特許法107条の5，実用新案法30条，不正競争防止法13条），裁判においても近時一定の手当がなされている。
36) 裁判の迅速化に関する法律（平成15年法律第107号）は，民事・刑事の第一審訴訟手続を2年以内のできるだけ短い期間内に終局させるよう充実した手続の実施及び制度・体制の整備を求める（同法2条）。同法8条に基づき最高裁判所が行っ

た裁判の迅速化にかかる検証の第1回報告書が2005年7月に公表されたが，それによると，民事第一審の平均審理期間は，欠席判決等も含めた全事件で約8.2ヶ月，対席事件（すなわち実質的に争いのある事件）で約12.6ヶ月となっていること，また全事件の94％の事件が第一審2年以内に終局していることが示される。

37) 仲裁法17条2項参照。
38) この観点から，仲裁法附則に規定されたように，消費者や労働者の事前の仲裁合意について解除権を与えたり無効とするという方法は，合理的な選択を担保する一つの方法であろう。もっとも，事前の仲裁合意であれば，その内容や合意の状況のいかんを問わず一律に解除権を与えたり無効としたりする法制は，手続法制としてもまた消費者・労働者保護法制としても異例であり，一定の定着期間を置いた後の見直しが求められる。
39) もっともこのようなクロス仲裁条項を合意すると，なかなか自分の方からは申し立てにくくなる点注意を要する。
40) やや乱暴だが，国際契約，国際ビジネスは英語が主流であると言ってよい。
41) 仲裁法38条1項は，仲裁手続の中でも和解ができることを予定したものである。
42) 注33参照。
43) 仲裁法38条5項によれば，この承諾は，当事者間の別段の定めがない限り，書面でしなければならない。もっとも，多くの機関は機関規則で書面による承諾不要としている。
44) 当事者が合意した機関の規則に定めがあればよい。
45) 第一の仲裁廷の仲裁人が入った合議体とすることもありうるだろうし，全く別に合議体を構成することもありうる。
46) 厳密には，そのような合意を仲裁合意とよんでよいか，すなわち紛争についての判断を仲裁人に委ねそれに「服する」旨の合意（仲裁法2条1項）にあたるか，という点である。
47) 東京地裁平成16年1月26日判決判例時報1847号123頁。
48) 場合によっては仲裁法上の仲裁と認めてよいとする見解として，ジュリスト研究会「新仲裁法の理論と実務」第10回・ジュリスト1276号116頁以下の三木教授の見解がある。なお詰めるべき点はあるが，傾聴すべき見解である。無効説との帰結の違いは，無効説ではこのような合意では仲裁の妨訴抗弁にならない点，不服申立てが行われず仲裁判断が最終のものとなった場合（不服申立て期間を定めているか等にもよる）に仲裁判断としての効力が与えられるかどうかという点である。

〔大東文化大学法科大学院教授・弁護士〕

第 2 章

新仲裁法と建設工事紛争審査会

唐 木 芳 博

I 建設工事紛争審査会の概要

1．取り扱う紛争の範囲

　建設工事紛争審査会（以下「審査会」という。）は，「建設工事の請負契約に関する紛争の解決を図る」（建設業法25条1項）ために，建設業法に基づいて設置されている ADR 機関である。

　したがって，発注者と設計監理者との間の紛争，元請負人と孫請負人との間の紛争，請負人と現場近隣住民との間の紛争，材料の売買契約や機械のリース契約に関する紛争は，いずれも「建設工事の請負契約に関する紛争」に該当しないことから，審査会では取り扱われていない。請負契約の成否に関する紛争についても，これに該当しないとした仲裁判断例がある（中央審査会昭和52年(仲)第6号事件）。

　ただし，発注者と設計監理者との間の紛争が発注者と請負者との間の紛争に付随して発生している場合，例えば，仕事の目的物の瑕疵が請負者の施工上の過失によるものか，設計監理者の設計監理上の過失によるものかが争いになっている場合において，発注者，請負者及び設計監理者の3者を当事者として，発注者と設計監理者との間の紛争も含めて取り扱った事例は少なくない。建設業法の解釈上は，「建設工事の請負契約に関する紛争」の「関する」という文言が「係る」と異なり相当広く解釈しうるものであること，同法が発注者保護を目的の一つにしていること（同法1条）から，少なくとも，発注者と請負者

との間の紛争の解決を図るためにこれと一体的に処理する必要がある発注者と設計監理者との間の紛争については，これに含まれるものと解して差し支えないと考えられる。もっとも，仲裁の場合には，設計監理者との間にも有効な仲裁合意があることが前提となる。これについては，Ⅳの1で述べる。なお，あっせん・調停の場合には手続応諾義務がない（下記4参照）ことから，上記のとおり解しても，設計監理者がその意思に反して当事者となることはない。

2．中央審査会と都道府県審査会

　審査会には，中央建設工事紛争審査会（以下「中央審査会」という。）と都道府県建設工事紛争審査会（以下「都道府県審査会」という。）とがあり，前者は国土交通省に，後者は各都道府県に置かれている（建設業法25条3項）。

　これらの役割分担（管轄）については，同法25条の9に規定があり，審査会が建設業法に基づいて設置されている機関であることを反映して，同法に基づく建設業の許可とリンクした形となっている。すなわち，建設業を営もうとする者は，同法3条の規定により，2つ以上の都道府県の区域内に営業所を設けて営業をしようとする場合にあっては国土交通大臣の，1つの都道府県の区域内にのみ営業所を設けて営業をしようとする場合にあっては当該営業所の所在地を管轄する都道府県知事の許可を受けなければならないこととされている。そこで，まず，紛争当事者に国土交通大臣許可の建設業者が含まれる場合には，国土交通省の機関である中央審査会の管轄となる。また，当事者の双方が建設業者で，許可した都道府県知事が異なる場合，例えば，東京都知事許可の建設業者と神奈川県知事許可の建設業者との間の紛争についても同様である。他方，紛争当事者である建設業者がある都道府県知事の許可した業者のみである紛争については，当該都道府県の紛争審査会の管轄となる。例えば，発注者と東京都知事許可の建設業者との間の紛争であれば，東京都審査会の管轄となる。

　ただし，当事者は，双方の合意によって管轄審査会を定めることができる（同法25条の9第3項）。例えば，熊本県知事許可の建設業者と鹿児島県知事

許可の建設業者との間の紛争の場合，上記の原則どおりであれば中央審査会の管轄となり，審理期日のつど九州から東京の国土交通本省に出頭することが必要となるが，「熊本県建設工事紛争審査会を建設業法による紛争処理の管轄審査会とすることを合意します」との管轄合意書を当事者連名で作成し，申請書に添付（同法施行令13条3項）するのであれば，熊本県庁に出向けば済むこととなる。

3．審査会の組織

　審査会は，委員15人以内をもって組織され（建設業法25条の2第1項），委員は，人格が高潔で識見の高い者のなかから，中央審査会にあっては国土交通大臣，都道府県審査会にあっては都道府県知事により任命される（同条2項）。

　この15人以内の委員による会議（同法25条の6）は，会長及び会長代理を互選（同法25条の2第3項及び第5項）するほか，公共性のある施設・工作物に関する紛争につき職権であっせん又は調停を行う旨の決議を行う権限（同法25条の11第2号），会議に関し必要な事項を定める権限（同法施行令10条。これに基づき，中央審査会では「中央建設工事紛争審査会議事細則」が制定されている。）を有する。

　他方，個別の紛争処理に関する審査会の権限は，委員又は特別委員のなかから事件ごとに会長が指名するあっせん委員，調停委員，仲裁委員により行使される（同法25条の12，25条の13及び25条の19の第1項及び2項）。

　審査会には，紛争処理に参与させるために，特別委員を置くことができる（同法25条の7第1項）。これは，紛争の件数が多いために委員のみでは迅速に処理できない場合や，紛争の内容が多様であり解決に当たってそれぞれに応じた専門知識を要する場合に対応するための制度である。特別委員の資格，任命手続，欠格事項，解任等については，委員に関する規定を準用することとされている（同条3項）。また，特別委員は，会長の承認を得て，上記の会議に出席し，意見を述べることができる（同法施行令9条）。

審査会の委員・特別委員は，①弁護士となる資格を有する法律委員，②建築，土木などの分野ごとの建設工事に関する技術に精通した技術委員，③建設業の商慣行等に精通した行政経験者等の一般委員に大別される。中央審査会においては，平成19年4月現在で，法律63名，建築37名，土木14名，設備12名，電気6名，一般19名，合計で151名の委員・特別委員が任命されている。

4．手続の種類

　審査会の紛争処理手続には，あっせん，調停，仲裁という3種類がある。仲裁については，II以下で詳述することとし，ここではあっせん及び調停について述べる。

　これらは，当事者の歩み寄りによる紛争解決を目指す手続であり，当事者の一方又は双方が互いに譲歩することなく容易に妥協点が見出せない場合には，手続は打ち切られる（建設業法25条の15第1項）。当事者間に和解が成立すれば，和解書又は調停書を作成し，これにあっせん委員又は調停委員及び当事者双方が署名押印するが，民法上の和解としての効力しかなく，したがって，執行力はない。時効の中断に関しては，建築士法等の一部を改正する法律（平成18年に法律第114号）により建設業法が改正され，裁判外紛争解決手続の利用の促進に関する法律（以下「ADR法」という。）25条1項と同趣旨の規定が新設された。すなわち，あっせん又は調停が打ち切られた場合において，申請人がその旨の通知を受けた日から1ヶ月以内に訴えを提起したときは，申請の時に訴えの提起があったものとみなされる（建設業法25条の16）。訴訟手続の中止についても，同様に，ADR法26条と同趣旨の規定が新設され，あっせん又は調停が実施されており，又はこれらにより紛争解決を図る旨の合意がある場合に，当事者の共同の申立てがあれば，受訴裁判所は，4ヶ月以内の期間を定めて訴訟手続を中止する旨の決定をすることができる（建設業法25条の17）。

　あっせんと調停の間には，建設業法上，いくつかの相違点がある。
　第一に，あっせんについては「あつせん委員がこれを行う」（同法25条の

12第1項）と規定されているのに対し，調停については「3人の調停委員がこれを行う」（同法25条の13第1項）と規定されている。すなわち，あっせんでは，弁護士となる資格を有する法律委員1名のみがあっせん委員となるのが通常であるが，調停では，これに加えて，例えば建築工事の瑕疵をめぐる紛争であれば建築分野の技術に精通した技術委員，土木工事の工事ミスと下請代金の不払いが絡んだ紛争であれば土木分野の技術に精通した技術委員と建設業の商慣行等に精通した一般委員というように，紛争の内容を勘案して3名の調停委員が指名される。したがって，工事の瑕疵や追加・変更工事の対価等の技術的な争点がある紛争の場合には，あっせんではなく調停を申請しなければ，審査会で紛争解決を図る意義が薄れる。逆に，「契約を解除したのに契約金が返ってこない」，「請負代金額については争いがないが，支払方法についての協議がまとまらない」といった場合には，調停ではなくあっせんを申請しなければ，割高な手数料（例えば，解決を求める金額が500万円である場合，あっせんでは1万8,000円であるが，調停ではその倍額の3万6,000円となる。同法施行令26条参照。）を支払う意味がない。

　第二に，上記と関連するが，あっせんについては「当事者間をあつせんし，双方の主張の要点を確かめ，事件が解決するように努めなければならない」（同法25条の12第3項）と規定されているのに対し，調停については「調停案を作成し，当事者に対しその受諾を勧告することができる」（同法25条の13第4項）と規定されている。すなわち，調停の場合には，調停委員会（当該事件を担当する調停委員の合議体をいう。以下同じ。）によって必要と判断されれば，工事の瑕疵や追加・変更工事の有無，内容，金銭評価等について専門的な検討が行われ，調停案の作成・受諾勧告が行われるのに対し，あっせんの場合にはそのような検討は行われない。これを反映して，申請から事件終了までの平均所要月数は，中央審査会の場合，あっせんでは3ヶ月前後，調停では7ヶ月前後となっている。

　第三に，調停については「必要があると認めるときは，当事者の出頭を求め，その意見をきくことができる」（同条3項）と規定され，正当な理由なくこれ

に応じなかった者は 10 万円以下の過料に処せられる（同法 55 条 2 号）のに対し，あっせんについてはこのような規定はない。これは，上記のとおり調停委員会は調停案を作成し，当事者に対しその受諾を勧告することができることから，そのための手段である当事者からの意見聴取について，強制力をもって担保したものと考えられる。ただし，過料に処せられるのはあくまでも正当な理由なく応じなかった場合であるから，この規定によって手続応諾義務が課せられているとは解されない（内山ほか『新訂建設業法』232 頁）。あっせんの場合にも，当事者の出頭を求め，意見をきくのが通例であるが，中央審査会においても，僅かではあるが，被申請人が特段の理由を示すことなくこれに応じない場合がある。

　第四に，調停については「審査会の行う調停又は仲裁の手続は，公開しない。ただし，審査会は，相当と認める者に傍聴を許すことができる。」（同法 25 条の 22）と規定されているのに対し，あっせんについてはこのような規定はない。あっせんは，当事者間の私的な話合いが主たる内容であることから，このような規定を置くまでもなく，当然に非公開であると解されている。なお，手続の非公開とは，ある者を当事者とする手続の有無を含めて公にしない趣旨であると解する。もしこれを公にすれば，特に仲裁については，氏名，地名等の固有名詞を伏せた形で仲裁判断書が公表されていることとの関係上，当該仲裁判断書の当事者が誰であるかを推認できることとなり，手続を公開したのと同じ結果を招くためである。「傍聴を許す」例としては，委員や当事者が司法修習生等を同行し，傍聴させるケースがあるのみである。審査会においては，弁護士でない者を代理人とするには許可を要するものとされ，また，この許可は，本人の家族，会社の役員等以外の者についてはなされないが，こうした運用について，以上のような手続の非公開から導き出されたものと解することもできよう。

5．審査会における紛争取扱い状況

　平成 17 年度における審査会への紛争処理申請の件数は，中央審査会に対す

るものが55件，都道府県審査会に対するものが178件，合計で233件であった（図1）。手続の種類別には，調停が161件（構成比69％）と最も多いが，仲裁（41件・構成比18％），あっせん（31件・構成比13％）も少なくない（図2）。仲裁の件数が比較的多いとされるが，そのほとんどは事前仲裁合意に基づく申請であり，中央建設業審議会が建設業法34条2項に基づき作成・実施勧告している標準請負契約約款や，民間(旧四会)連合協定工事請負契約約款に，「仲裁合意書に基づき，審査会の仲裁に付し，その仲裁判断に服する」旨の条項があることによるところが大きい。

同年度における申請件数を工事種類別にみると，建築工事が72％，土木工事が14％，その他の工事が14％を占めており，経年的には，土木工事及びその他の工事（主として設備工事）の割合が増加する傾向にある（図3）。また，当事者類型別にみると，「発注者が請負人を相手に申請する」という類型が48％，「請負人が発注者を相手に申請する」という類型が26％，「下請負人が元請負人を相手に申請する」という類型が24％を占めており，経年的には，

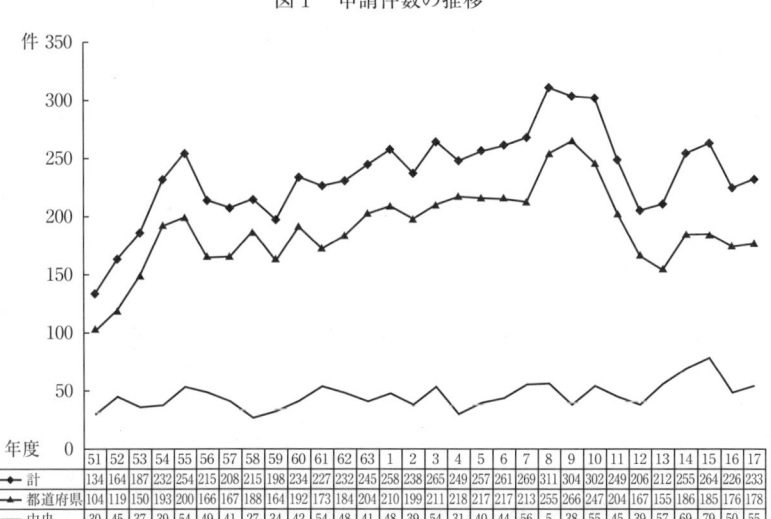

図1　申請件数の推移

出典：「建設工事紛争取扱状況について（平成17年度）」（国土交通省）

120 第Ⅱ部 仲裁法制の動向

図2 手続別の申請件数割合の推移（中央＋都道府県）

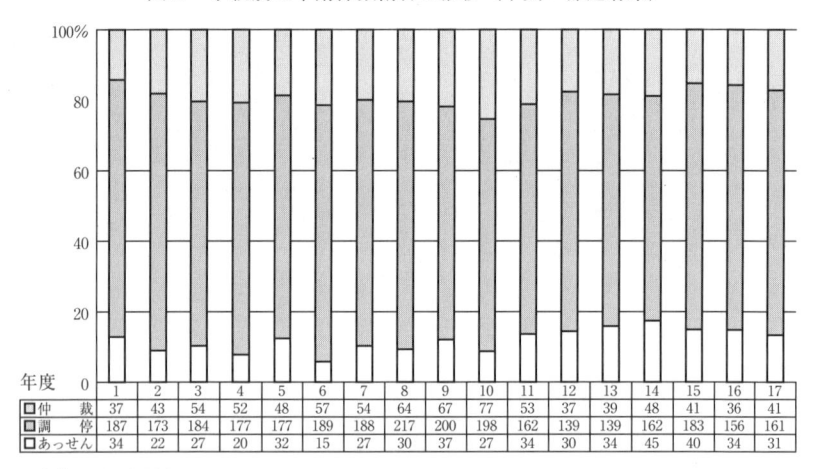

年度	1	2	3	4	5	6	7	8	9	10	11	12	13	14	15	16	17
仲裁	37	43	54	52	48	57	54	64	67	77	53	37	39	48	41	36	41
調停	187	173	184	177	177	189	188	217	200	198	162	139	139	162	183	156	161
あっせん	34	22	27	20	32	15	27	30	37	27	34	30	34	45	40	34	31

出典：図1と同じ

図3 工事種類別の申請件数割合の推移（中央＋都道府県）

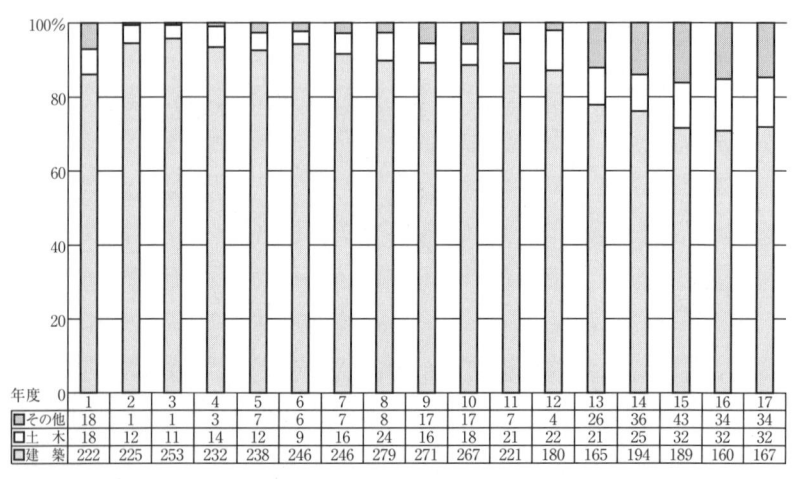

年度	1	2	3	4	5	6	7	8	9	10	11	12	13	14	15	16	17
その他	18	1	1	3	7	6	7	8	17	17	7	4	26	36	43	34	34
土木	18	12	11	14	12	9	16	24	16	18	21	22	21	25	32	32	32
建築	222	225	253	232	238	246	246	279	271	267	221	180	165	194	189	160	167

出典：図1と同じ

第2章　新仲裁法と建設工事紛争審査会　*121*

図4　当事者類型別の申請件数割合の推移（中央＋都道府県）

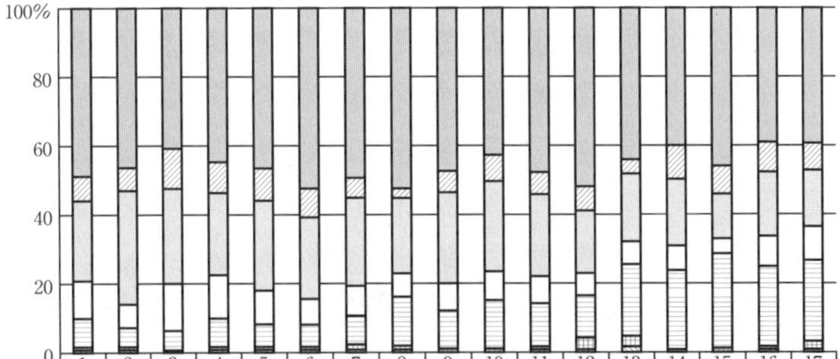

年度	1	2	3	4	5	6	7	8	9	10	11	12	13	14	15	16	17
個人発注者→請負人	126	111	109	111	120	137	133	164	144	130	119	107	94	100	122	88	92
法人発注者→請負人	19	15	30	23	25	21	15	8	20	23	16	15	8	25	21	20	19
請負人→個人発注者	60	79	73	59	66	62	70	68	81	78	59	37	42	48	34	42	37
請負人→法人発注者	27	16	36	31	26	21	23	22	23	25	20	13	15	19	12	20	23
下請負人→元請負人	23	15	17	22	17	16	22	43	34	44	31	26	44	60	73	52	55
元請負人→下請負人	2	2	0	1	2	3	5	5	2	1	2	7	6	0	2	4	7
その他	1	0	0	2	1	1	1	1	1	0	1	2	1	3	0	0	0

出典：図1と同じ

図5　紛争類型別の申請件数割合の推移（中央＋都道府県）

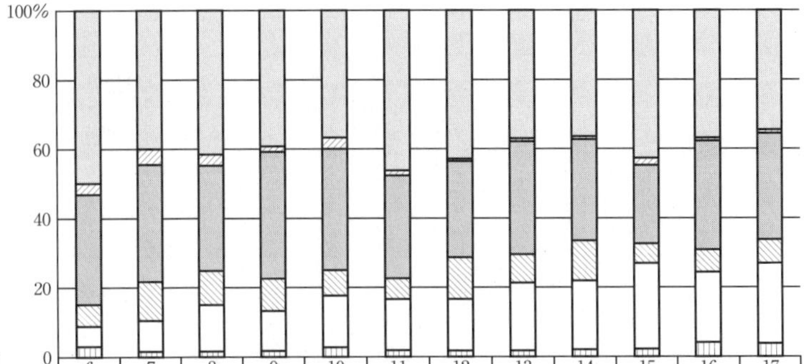

年度	6	7	8	9	10	11	12	13	14	15	16	17
工事瑕疵	131	107	129	120	111	115	88	79	94	113	84	81
工事遅延	8	13	10	4	9	4	2	1	2	5	2	2
工事代金の争い	83	91	94	111	105	73	57	69	74	60	70	71
契約解除	16	30	32	29	24	16	25	18	30	15	15	16
下請代金の争い	15	24	42	35	45	36	31	42	50	65	47	55
その他	8	4	4	5	8	5	3	3	5	6	8	8

出典：図1と同じ

表1　手続別紛争処理状況　　　　　　　　　　(件)

		あっせん			調停			仲裁			合計		
		中央	都道府県	計	中央	都道府県	計	中央	都道府県	計	中央	都道府県	計
前年度からの繰越件数 (a)		3	9	12	21	52	73	27	35	62	51	96	147
今年度からの申請件数 (b)		6	25	31	39	122	161	10	31	41	55	178	233
今年度の取扱件数 (a + b)		9	34	43	60	174	234	37	66	103	106	274	380
今年度の終了件数		7	25	32	42	107	149	6	27	33	55	159	214
内訳	あっせん・調停成立	3	9	12	18	41	59	—	—	—	21	50	71
	打切り	4	11	15	14	46	60	—	—	—	18	57	75
	取下げ	0	5	5	9	20	29	—	—	—	9	25	34
	あっせん・調停しない	0	0	0	1	0	1	—	—	—	1	0	1
	仲裁判断(うち和解的仲裁判断)	—	—	—	—	—	—	5 (2)	20 (10)	25 (12)	5 (2)	20 (10)	25 (12)
	期日内和解	—	—	—	—	—	—	0	6	6	0	6	6
	その他	—	—	—	—	—	—	1	1	2	1	1	2
次年度繰越件数		2	9	11	18	67	85	31	39	70	51	115	166

出典：図1と同じ

「下請負人が元請負人を相手に申請する」という類型の割合が増加する傾向にある（図4）。さらに，紛争類型別にみると，工事の瑕疵に関するものが35％，工事代金に関するものが30％，契約の解除に関するものが7％，下請代金に

関するものが24％を占めており，経年的には，下請代金に関するものの割合が増加する傾向にある（図5）。

平成17年度に処理が終了したあっせん・調停事件は，中央審査会及び都道府県審査会の合計で181件であり，そのうち，あっせん・調停が成立したものは71件，あっせん・調停が成立せずに打ち切られたものは75件となっている。このほかに取下げが34件あり，その多くは期日外での和解成立によるものと考えられることから，あっせん・調停の場合も6割近くの紛争が解決しているものとみられる。他方，同年度に処理が終了した仲裁事件は，中央審査会及び都道府県審査会の合計で33件であり，そのうち，仲裁判断が出たものが25件となっているが，うち12件は和解的仲裁判断，すなわち，和解における合意内容どおりの仲裁判断がなされた（新仲裁法施行後に開始した手続にあっては，同法38条3項に基づき決定書が作成された）ものである。また，期日内の和解成立による取下げ（新仲裁法施行後に開始した手続にあっては，同法40条2項に基づく終了決定）が6件，その他の取下げが2件となっており，仲裁の場合も，5～6割の紛争が和解によって解決しているという状況にある。（表1）

II 建設業法における仲裁法の特則

1．建設業法と仲裁法の関係

審査会の行う仲裁については，建設業法に別段の定めがある場合を除いて，仲裁委員を仲裁人とみなして，仲裁法の規定を適用することとされている（建設業法25条の19第4項）。具体的には，建設業法において，以下のとおり仲裁法の特則が設けられている。

2．仲裁人の選任等に関する特則

仲裁委員の数は，3人とされている（建設業25条の19第1項）。仲裁委員の選任については，次のとおり，多くの特則がある。

第一に，仲裁委員のうち少なくとも1人は，弁護士となる資格を有する者で

なければならない（同条3項）。

　第二に，審査会は，仲裁の申請があったときは，当事者に対して委員又は特別委員の名簿（同法施行規則16条の規定により，氏名，職業，経歴，弁護士となる資格の有無等を記載するものとされている。）の写を送付しなければならず（同法施行令18条1項），委員又は特別委員のなかから当事者が合意により仲裁委員となるべき者を選定したときは，その者につき，審査会の会長が仲裁委員に指名する（同法25条の19第2項本文）。他方，選定した者の氏名が名簿の写の送付を受けた日から2週間以内に審査会に対して書面をもって通知されないときは，当事者の合意による選定がなされなかったものとみなされる（同法施行令18条3項）。

　第三に，当事者の合意による選定がなされない場合において，各当事者は，仲裁委員に指名されることが適当ではないと認める委員又は特別委員があるときは，その者の氏名を上記2週間の期間内に審査会に対して書面をもって通知することができる（同法施行令19条1項）。この通知の制度は，仲裁法に基づく仲裁委員の忌避の制度の適用を排除するものではない。ただし，この通知を行わなかったことにより，仲裁委員の選任について「推薦その他これに類する関与をした当事者」（仲裁法18条2項）に該当することになると解する余地はあり（近藤ほか『仲裁法コンメンタール』78頁），そのように解するのであれば，仲裁委員の選任後に知った事由を忌避の原因とする場合に限り，当該仲裁委員を忌避できることとなる。

　第四に，当事者の合意による選定がなされない場合においては，委員又は特別委員のなかから審査会の会長が仲裁委員を指名する（建設業法25条の19第2項ただし書）。この指名は，当該事件の性質，当事者の意思等を勘案して行うものとされている（同法施行令19条2項）。すなわち，上記により当事者から仲裁委員に指名されることが適当ではないと認める委員又は特別委員の氏名の通知があった場合には，会長は，これを当事者の意思として勘案しなければならないが，それに拘束されるわけではない。ただし，既述のとおり，当事者から忌避の申立てがなされる可能性は残る。

3. 仲裁手続等に関する特則

　審査会は，仲裁の申請がなされたときは，仲裁を行うと規定されている（建設業法25条の18）ことから，仲裁手続は，仲裁法29条1項の規定にかかわらず，申請がなされたときに開始するものと解される。そして，申請は，建設業法25条の10の規定により書面をもってしなければならないこととされ，当該書面には同法施行令13条1項3号の規定により仲裁を求める事項が記載されることから，「仲裁手続における請求」（仲裁法29条2項）にほかならず，これにより時効中断の効力を生ずるものと解される。

　また，この建設業法25条の10の規定は，仲裁法31条1項の特則と解され，したがって，これを受けた同条2項の適用も排除されると解されることから，あえて委員指名を待って仲裁委員会（当該事件を担当する仲裁委員の合議体をいう。以下同じ。）として答弁書の提出期限を通知するのではなく，建設業法施行令16条に基づく紛争処理の通知（被申請人に対する紛争処理の申請がなされた旨の通知。申請書の写を添えて書面をもって実施。）と併せてこれを行うのが通例となっている。

　審査会は，必要があると認めるときは，当事者の申出により，相手方の所持する当該請負契約に関する文書又は物件を提出させることができ，相手方が正当な理由なくこれに応じないときは，当該文書又は物件に関する申立人の主張を真実と認めることができる（建設業法25条の20）。同様に，審査会は，必要があると認めるときは，当事者の申出により，相手方の占有する工事現場その他事件に関係のある場所に立ち入り，紛争の原因たる事実関係につき検査をすることができ，相手方が正当な理由なくこの検査を拒んだときは，当該事実関係に関する申立人の主張を真実と認めることができる（同法25条の21）。なお，審査会のこれらの権限は，上記Ⅰの3で述べたとおり，仲裁委員により行使される。

　審査会の行う仲裁の手続については，Ⅰの4で述べたとおり，公開しない旨が明文で規定されている（同法25条の22）。

　当事者の申立てに係る費用を要する行為については，当事者に当該費用を予

納させるものとされており，また，当事者が当該費用の予納をしないときは，審査会は，当該行為をしないことができることとされている（同法25条の23第2項及び第3項）。仲裁法48条の規定と異なり，当事者が別段の合意をする余地はない。

Ⅲ 審査内規の法的性格と仲裁に関する主な規定

1．審査内規の法的性格

　常設仲裁機関への仲裁付託は，当該仲裁機関が定める仲裁手続規則に従う旨の合意を黙示的に含むものと解されている（小島『仲裁法』220頁）。

　しかしながら，審査会の場合には，上記Ⅱの1で述べたとおり，建設業法に別段の定めがある場合を除いて仲裁法の規定を適用する旨が法律に明記されていることから，建設業法に特則がない事項については任意規定を含めて仲裁法の規定を適用しなければならないとも解される（小島・高桑編『注解仲裁法』（上田徹一郎）122頁）。実際にも，建設業法上の特則は，上記Ⅱの2及び3をみれば分かるとおり，仲裁法上は当事者の合意が優先するとされている事項について定められている。また，そもそも審査会には手続規則を定める権限が付与されておらず（他方，例えば公害等調整委員会については，公害紛争処理法47条に「紛争の処理の手続その他紛争の処理に関し必要な事項は公害等調整委員会規則で……定める」との規定がある。），これは，同じ建設工事紛争審査会であるにもかかわらず手続規則が個々に異なるという事態を回避するために，あえて個々の審査会に手続規則の制定権限を付与しなかったものとも考えられる。（なお，建設業法施行令10条に「審査会の会議に関し必要な事項は，審査会が定める」とあるのは，上記Ⅰの3で述べたとおり，審査会の議事細則を定める権限を規定したものに過ぎない。）

　中央審査会及び一部の都道府県審査会においては，審査内規が制定されているが，上記のような法令の下では，仮に審査会が独自の判断により手続規則を制定したとしても，紛争当事者がその存在を認識又は想定し，これに従う旨の暗黙の合意を込めて仲裁合意又は仲裁の申請を行うとは必ずしも期待できず，

したがって，審査会に関していえば，仲裁の申請にこうした審査内規に従う旨の黙示的な合意が含まれると解することには無理があると言わざるを得ない。

したがって，これらの審査内規は，その名称どおり「内規」，すなわち審査会の内部に向けて制定された規程であると考えられ，その内容をみても，仲裁法の特則となる規定は置かれておらず，あっせん・調停手続を含めて，会長又は事件担当委員の裁量に属する事項につき運用の統一化を図るものとなっている。仲裁に関して，具体的には，以下のような規定が置かれている。

2．仲裁人の選任等に関する規定

第一に，会長は，委員又は特別委員が民事訴訟法23条1項1号から5号までに掲げる裁判官の除斥事由に該当するときは，仲裁委員に指名してはならない（中央審査会内規1条1項）。また，仲裁委員は，同除斥事由その他仲裁の公正を妨げるべき明白な事由があるときは，事件の担当を回避すべき旨を会長に申し出なければならない（同内規3条1項）。

第二に，仲裁委員会は，仲裁法19条2項の規定により仲裁委員の忌避についての決定をしようとするときは，資格審査委員会（会長，会長代理及び会長があらかじめ中央審査会の委員のなかから指定する委員1人をもって構成。）の意見を聴くことができる（中央審査会内規2条の2）。

3．仲裁手続等に関する規定

第一に，審理の指揮は，原則として弁護士となる資格を有する仲裁委員が行うものとされている（中央審査会内規6条）。

第二に，仲裁判断書には，仲裁法に定める事項（理由，作成年月日及び仲裁地）のほか，次の事項を記載しなければならない（中央審査会内規15条）。記載事項に「口頭審理その他の必要な調査を終了した年月日」が加えられたのは，当該仲裁判断の既判力の基準時を明確にするためである。

① 当事者の氏名又は名称及び住所
② 代理人があるときは，その氏名及び住所

③ 事件の表示及び主文
④ 仲裁判断をするための口頭審理その他の必要な調査を終了した年月日

Ⅳ 仲裁法の運用上の諸問題

1．仲裁合意の効力等

　当事者の一方が審査会に仲裁の申請をする場合には，仲裁合意を証する文書を申請書に添付しなければならないこととされている（建設業法施行令13条4項）。これは，新仲裁法の制定前から置かれている規定であるが，文書があっても仲裁合意の効力が争われる場合が少なくないことは周知のとおりである。例えば，最高裁昭和55年6月26日判決（判例時報979号53頁）は，請負契約の締結に当時の四会連合協定工事請負契約約款を用いた場合について，審査会の仲裁に付する旨の同約款29条の規定をもって仲裁合意の成立を認めたものであるが，「地方の一般零細業者については，……仲裁手続の存在やその意義及び効果についての認識及び理解の程度は，なお原始状態を多く出るものではないと推測される」などとする反対意見が付されている。このため，中央建設業審議会の標準請負契約約款や民間(旧四会)連合協定工事請負契約約款は，裏面に仲裁合意の意味等を明記した仲裁合意書を添付し，これに改めて記名押印することによって仲裁合意を結ぶ形式に改められているが，約款中の条項のみによって仲裁合意が結ばれている例は依然として多く，法律用語としての「仲裁」と市井の用語である「仲裁」との間で意味にずれがある限り，問題は解決しないように思われる。ちなみに，審査会においては，こうした約款のみを添付して仲裁の申請がなされた場合にも，仲裁合意の効力が争われる可能性がある旨を申請人に注意喚起したうえで受理するのが通例とされている。

　Ⅰの1で述べた発注者と設計監理者との間の仲裁合意の効力については，大阪高裁昭和51年3月10日判決（判例時報829号66頁）で，やはり当時の四会連合協定工事請負契約約款につき，監理技師は紛争解決条項の主語である「当事者」という文言に文理上含まれないことを主たる理由として，仲裁条項は監理技師には適用されない旨の判示がなされている。このため，仲裁の当事

者に設計監理者を含めようとする場合は，契約約款に添付の仲裁合意書に設計監理者も記名押印している等仲裁合意の成立についての明確な根拠が必要と考えられる。なお，同判決は，「審査会が仲裁調停等の権能を与えられた当事者は請負契約当事者すなわち注文者と請負人であって，監理技師はこれを予想していないと解されること」を理由の一つに掲げているが，これは，当該事案について仲裁合意の成立を否定するための論拠の一つに過ぎないと思われる。

2．忌避に関する情報の開示（表2参照）

　仲裁法18条4項に基づく当事者への事実の開示について，審査会では，表2のとおり，列を主語，行を述語とするマトリックス表（例えば，1行1列は「仲裁委員本人が—事件の当事者である」，1行2列は「仲裁委員の配偶者が—事件の当事者である」という事実を表す。）を用いることとされている。

　このうち，「除斥・回避」と記したマスは，民事訴訟法に定める裁判官の除斥事由であり，Ⅲの2で述べたとおり，委員又は特別委員がこれに該当するときは，仲裁委員に指名してはならならず，また，指名された仲裁委員は回避を申し出なければならないこととされている。

　他方，「必ず連絡」と記したマスは，当該事実に該当する場合には，その旨を仲裁委員から事務局に連絡したうえで，必要に応じ他の仲裁委員等の意見も聞いて開示の要否の判断がなされるというものであり，また，「疑いの余地あれば連絡」と記したマスについては，「交友関係がある」，「経済的な影響を受ける関係にある」等様々な形態が考えられ，その形態によっては開示の要否が検討されるまでもないと考えられることから，当該事実に該当することによって「公正性又は独立性に疑いを生じさせる余地がある」かどうかを，まずは仲裁委員自身が判断したうえで，「疑いの余地あり」ということであれば事務局への連絡がなされるというものである。

　そもそもこの開示の目的は，当該事実が忌避事由に該当するかどうかを検討する機会を当事者にも付与することにあると考えられるが，「除斥・回避」以外の場合については，個別具体の事実が忌避事由に該当するかどうかについて

表2 当事者への開示の要否を検討するため

区分	述語＼主語	本人が	配偶者が	配偶者であった者が
事件とのかかわり	事件の当事者である	除斥・回避（民訴23①）	除斥・回避（民訴23①）	除斥・回避（民訴23①）
	法人等である事件の当事者の役員，法務担当者又は事件に関係する職員である	*必ず連絡（3①)*	*必ず連絡（3①)*	*必ず連絡（3①)*
	法人等である事件の当事者の役員，法務担当者又は事件に関係する職員であった	*必ず連絡（3①)*	*必ず連絡（3①)*	*必ず連絡（3①)*
	事件について当事者の代理人又は補佐人である	除斥・回避（民訴23⑤）	必ず連絡（2）	必ず連絡（2）
	事件について当事者の代理人又は補佐人であった	除斥・回避（民訴23⑤）	*必ず連絡（2)*	*必ず連絡（2)*
	事件について証人又は鑑定人となった	除斥・回避（民訴23④）	*必ず連絡（2)*	*必ず連絡（2)*
	事件について仲裁手続外で相談又は情報の提供を受けた	必ず連絡（4）	疑いの余地あれば連絡（5）	疑いの余地あれば連絡（5）
当事者とのかかわり	当事者の後見人，後見監督人，保佐人，保佐監督人，補助人又は補助監督人である	除斥・回避（民訴23③）	必ず連絡（2）	必ず連絡（2）
	当事者の後見人，後見監督人，保佐人，保佐監督人，補助人又は補助監督人であった	*必ず連絡（3②)*	*必ず連絡（3②)*	*必ず連絡（3②)*
	他の事件について当事者の代理人又は補佐人である	*必ず連絡（3③)*	*必ず連絡（3③)*	*必ず連絡（3③)*
	他の事件について当事者の代理人又は補佐人であった	*必ず連絡（3③)*	*必ず連絡（3③)*	*必ず連絡（3③)*
	他の事件について当事者又はその代理人若しくは補佐人の相手方である	*必ず連絡（3④)*	*必ず連絡（3④)*	*必ず連絡（3④)*
	他の事件について当事者又はその代理人若しくは補佐人の相手方であった	*必ず連絡（3④)*	*必ず連絡（3④)*	*必ず連絡（3④)*
利害関係	事件について当事者と共同権利者，共同義務者又は償還義務者の関係にある	除斥・回避（民訴23①）	除斥・回避（民訴23①）	除斥・回避（民訴23①）
	当事者の債権者，出資者その他事件に係る紛争処理の結果により経済的な影響を受ける関係にある	疑いの余地あれば連絡（6）	疑いの余地あれば連絡（6）	疑いの余地あれば連絡（6）

注：1．斜字は、忌避事由（裁判官の場合を含む。）たりうるとする学説等がみられる類型である。
　　2．括弧内の数字は、審査会で用いられている「様式3-13」の「別紙2」中のどの項目に該当するか
出典：「建設工事紛争審査会紛争処理手続実務必携（平成16年3月1日）」（全国建設工事紛争審査会連絡協議

事務局に連絡すべき事実について

四親等内の血族、三親等内の姻族又は同居の親族が	四親等内の血族、三親等内の姻族又は同居の親族であった者が	同じ職場で勤務している者が	同じ職場で勤務していた者が	交友関係がある者が	交友関係があった者が
除斥・回避（民訴23②）	除斥・回避（民訴23②）	疑いの余地あれば連絡（7①）	疑いの余地あれば連絡（7①）	疑いの余地あれば連絡（7②）	疑いの余地あれば連絡（7②）
必ず連絡（3①）	必ず連絡（3①）	疑いの余地あれば連絡（7①）	疑いの余地あれば連絡（7①）	疑いの余地あれば連絡（7②）	疑いの余地あれば連絡（7②）
必ず連絡（3①）	必ず連絡（3①）	疑いの余地あれば連絡（7①）	疑いの余地あれば連絡（7①）	疑いの余地あれば連絡（7②）	疑いの余地あれば連絡（7②）
必ず連絡（2）	必ず連絡（2）	疑いの余地あれば連絡（7①）	疑いの余地あれば連絡（7①）	疑いの余地あれば連絡（7②）	疑いの余地あれば連絡（7②）
必ず連絡（2）	必ず連絡（2）	疑いの余地あれば連絡（7①）	疑いの余地あれば連絡（7①）	疑いの余地あれば連絡（7②）	疑いの余地あれば連絡（7②）
必ず連絡（2）	必ず連絡（2）	疑いの余地あれば連絡（7①）	疑いの余地あれば連絡（7①）	疑いの余地あれば連絡（7②）	疑いの余地あれば連絡（7②）
疑いの余地あれば連絡（5）	疑いの余地あれば連絡（5）	疑いの余地あれば連絡（7①）	疑いの余地あれば連絡（7①）	疑いの余地あれば連絡（7②）	疑いの余地あれば連絡（7②）
必ず連絡（2）	必ず連絡（2）	疑いの余地あれば連絡（7①）	疑いの余地あれば連絡（7①）	疑いの余地あれば連絡（7②）	疑いの余地あれば連絡（7②）
必ず連絡（3②）	必ず連絡（3②）	疑いの余地あれば連絡（7①）	疑いの余地あれば連絡（7①）	疑いの余地あれば連絡（7②）	疑いの余地あれば連絡（7②）
必ず連絡（3③）	必ず連絡（3③）	疑いの余地あれば連絡（7①）	疑いの余地あれば連絡（7①）	疑いの余地あれば連絡（7②）	疑いの余地あれば連絡（7②）
必ず連絡（3③）	必ず連絡（3③）	疑いの余地あれば連絡（7①）	疑いの余地あれば連絡（7①）	疑いの余地あれば連絡（7②）	疑いの余地あれば連絡（7②）
必ず連絡（3④）	必ず連絡（3④）	疑いの余地あれば連絡（7①）	疑いの余地あれば連絡（7①）	疑いの余地あれば連絡（7②）	疑いの余地あれば連絡（7②）
必ず連絡（3④）	必ず連絡（3④）	疑いの余地あれば連絡（7①）	疑いの余地あれば連絡（7①）	疑いの余地あれば連絡（7②）	疑いの余地あれば連絡（7②）
必ず連絡（1）	必ず連絡（1）	疑いの余地あれば連絡（7①）	疑いの余地あれば連絡（7①）	疑いの余地あれば連絡（7②）	疑いの余地あれば連絡（7②）
疑いの余地あれば連絡（6）	疑いの余地あれば連絡（6）	疑いの余地あれば連絡（7①）	疑いの余地あれば連絡（7①）	疑いの余地あれば連絡（7②）	疑いの余地あれば連絡（7②）

を示す。
会）

の判例，学説等が僅少である（表2の作成に当たって国内の文献を探したが，当該事実が忌避事由に該当する旨の判例，学説等を見出し得たのはマスのなかの文字が斜字になっているもののみであった。）ために，やむを得ず，開示の要否を個別に判断し，実例を積み重ねていくこととされたものである。しかしながら，開示の要否についての判断は，現実には極めて困難と言わざるを得ない。「疑わしきは開示する」という安易な運用を行った場合，「開示された事実は仲裁人の公平性・独立性を損なうものではないか」という誤った疑念を当事者が抱き，仲裁手続への信頼性を無用に損なうことなるおそれがあることも否定できないからである。また，特に審査会の場合には，例えば同じ「建築」のなかにも，構造，材料，工法等様々な専門分野があり，当該紛争の解決に必要な専門知識を有している委員・特別委員は自ずと限られることから，疑わしきは開示し，開示があれば忌避申立てがなされるという運用が行われたのでは，こうした委員・特別委員がすべて排除されることになりかねない。

　幸いにして，「国際仲裁における利益相反に関するIBAガイドライン」（IBA Guidelines on Conflicts of Interest in International Arbitration）が，平成16年5月に国際法曹協会（International Bar Association ＝ IBA）によって作成され，ここでは，相当数の具体例が，オレンジリスト（当事者の目からみて仲裁人の公正性又は独立性に疑いを生じさせる可能性がある（may）事由。仲裁人には開示の義務あり。），グリーンリスト（合理的かつ客観的な観点からみて利益相反がない事由。仲裁人には開示の義務なし。）等に分類して掲載されていることから，判断の目安としての活用が可能である。

　オレンジリストには，例えば，「仲裁人と当事者の代理人が個人的に親しい友人であり，常日頃から（regularly），職務の遂行又は職能団体（professional association）若しくは社交団体（social organization）の活動とは関わりなく，かなりの（considerable）時間を共に過ごす。」（3.3.6），「仲裁人が，一方の当事者又はこれと同じ企業グループに属する会社の公開された（publicly listed）持分を，数（number）又は額面（denomination）からみて重要な持分（material holding）を形成する程度に，直接又は間接に保有している。」（3.5.1）等の具体例が挙

げられている。「常日頃から」,「重要な持分」といった不確定な用語が多用されてはいるものの，年に1回も会わないような交友関係や，僅かな株式を保有している程度の経済的関係については，いずれも開示の必要がないと判断できることとなる。

3．和解を試みるための当事者の承諾

仲裁法38条4項では，仲裁廷又はその選任した仲裁人は，当事者双方の承諾がある場合には和解を試みることができるとされ，また，同条5項では，この承諾又はその撤回は，当事者間に別段の合意がない限り，書面でしなければならないとされている。和解勧試を当事者の承諾に係らしめることについては，司法制度改革推進本部の仲裁検討会（第6回，平成14年6月）においても議論がなされ，公表されている議事録によれば概ね委員の賛同が得られているが，この承諾又はその撤回を書面でしなければならないことについては，そのような形跡はない。むしろ，実務者の間では，仲裁手続の実態にそぐわないとする意見が多く，その結果，例えば(社)日本商事仲裁協会の商事仲裁規則には，「当事者全員の書面または口頭による承諾がある場合には，仲裁廷は，和解を試みることができる」（47条）との規定が置かれており，また，第一東京弁護士会の仲裁センター規則にも，「前項の［和解勧試についての当事者の］承諾及びその撤回は書面によることを要しない」（28条3項），「仲裁廷は，第2項の承諾及びその撤回のあったことを期日調書に記載しなければならない」（同条4項）との規定が置かれている。

審査会の場合には，上記Ⅲの1で述べたとおり，こうした仲裁手続規則の制定をもって仲裁法の任意規定の適用を排除することはできないとも解されることから，やむを得ず，和解を試みることにつき両当事者から承諾の意向が示された際には，併せて仲裁委員から「この承諾については，当事者から書面の提出を求めず，承諾があった旨を審理調書に記載するにとどめてよいか」を打診し，両当事者がこれに同意すれば，その旨を審理調書（建設業法施行令23条の規定により，同法施行規則17条所定の様式による作成が義務付けられてい

る)に記載するにとどめて,いちいち書面は出させないという手法をとることとされている。もちろん,建設業法に「書面によることを要しない」旨の特則が置かれれば問題は解決するが,和解勧試の承諾やその撤回の重要性にかんがみて仲裁法に書面によるべき旨の規定が置かれているなかで,これに反する特則を設けるに足りる特殊性を審査会の仲裁手続について論証することは,容易とは思われない。

なお,これに関連して,あっせん又は調停が打ち切られた事項について仲裁の申請がなされた場合に,当該あっせん又は調停を担当した委員について,仲裁委員に指名されることが適当ではないとして当事者から建設業法施行令19条1項に基づく通知(上記Ⅱの2参照)がなされた場合には,仲裁法38条4項が当事者双方の承諾がある場合に限り仲裁手続における和解の試みを認めている趣旨にかんがみ,当該委員を仲裁委員に指名することは差し控えられるべきではないかと考える。

4. 消費者仲裁合意に関する特例

(1) 消費者仲裁合意に基づく仲裁申請の状況等

事業者が新仲裁法の施行後に締結された消費者仲裁合意に基づいて仲裁の申請をした事例は,平成17年6月末日現在,中央審査会,都道府県審査会を通じて,一例もない。その理由として,事業者が,仲裁の申請に代えて,訴えを提起していることが考えられる。すなわち,審査会への仲裁の申請手数料は,解決を求める金額が1,000万円である場合で訴え提起の手数料の2.4倍となっているため,新仲裁法の制定を契機に,第1回審理期日の終了前に申請を取り下げれば手数料の2分の1が還付される制度(建設業法施行令26条の3)が導入されはしたものの,仲裁を申請して消費者が解除権を行使するかどうかをみるよりも,訴えを提起して消費者が妨訴抗弁するかどうかをみる方が,金額のうえで有利とされていることが考えられる。

(2) 答弁書の取扱い

仲裁法附則3条では,被申請人である消費者が解除権を行使するかどうかの

意思確認を行うための手続が定められており，具体的には，申請人である事業者の申立てによって口頭審理の実施を決定しなければならないとされ（同条3項），また，この口頭審理の期日においては，被申請人である消費者に所定の事項を説明しなければならず，そのうえで同人が解除権を放棄する旨の意思を明示しないときは，仲裁合意を解除したものとみなすとされている（同条6項）。

この口頭審理は，当該仲裁手続における他のすべての審理に先立って実施しなければならないとされている（同条4項）が，審査会においては，上記Ⅱの3で述べたとおり，紛争処理の通知，すなわち，被申請人に申請書の写を送付するに際して，期限を定めて答弁書の提出を求めることを通例としてきており，このように，口頭審理の開催前に答弁書の提出を求めることは，仲裁法附則の同規定に反するのではないかという疑義が生ずる。このため，消費者仲裁合意に係る仲裁の申請が事業者からなされた場合，消費者である被申請人への申請書の送付に当たっては，答弁書の提出を被申請人の自由な意思に委ねることとされている。また，その結果，口頭審理期日までに答弁書が提出されなかった場合には，口頭審理期日において被申請人が解除権放棄の意思を明示した段階で答弁書の提出を求めることとされている。

5．反対申請の取扱い

反対申請の取扱いについて，新仲裁法には規定がないが，審査会の実務においては，仲裁人の選任と絡んでしばしば問題となる。例えば，請負人が請負残代金500万円の支払いを求めて仲裁を申請したのに対し，発注者が，請負人の施工ミスにより800万円の損害を被ったとして，請負残代金との相殺を主張するのみならず，差額300万円の支払いを求めて仲裁を申請した場合がこれに相当する。

反対申請といえども建設業法上は新たな仲裁の申請であるから，上記Ⅱの2で述べた特則に従って仲裁委員が選任される必要があるが，当事者が，本申請の仲裁委員について，反対申請の仲裁委員に指名されることが適当ではないとして同法施行令19条1項に基づく通知を行った場合に，なお本申請の仲裁委

員を反対申請の仲裁委員に指名することの可否が問題となる。（否であれば，反対申請は別の仲裁委員会で審理されることとなり，本申請において主張する施工ミスと反対申請において主張する施工ミスとが重複している場合には，当該重複部分について，二つの仲裁委員会から異なった判断が示される可能性が生ずる。）

　上記Ⅱの２で述べたとおり，審査会の会長が仲裁委員を指名するに当たって，当事者から仲裁委員に指名されることが適当ではないと認める委員・特別委員の氏名の通知があった場合には，会長は，これを当事者の意思として勘案しなければならないが，それに拘束されるわけではない。また，上記２で述べた「IBAガイドライン」では，オレンジリストに「仲裁人が，現在又は過去３年以内に，一方の当事者又はこれと同じ企業グループに属する会社を当事者とする他の関連する事項についての仲裁の仲裁人を務めており，又は務めていた。」(3.1.5)という具体例が挙げられているが，字句をみる限り当事者が双方とも共通ならこれに該当しない。そうであれば，反対申請のみにつき忌避事由が存するという場合でない限り，本申請の仲裁委員が指名されても差し支えないのではないかと思われる。また，本申請に係る手続において既に和解勧試がなされている場合についても，その際には仲裁法38条４項に基づく承諾がなされていることから，和解勧試がなされたことを原因とする忌避は反対申請においても許されなくなると解する余地があるように思われる。

　これらを踏まえ，冒頭の設例について検討すると，まず，本申請に係る手続で相殺の抗弁についても審理が進んでいる場合には，反対申請について本申請とは別の仲裁委員による審理を求めることは，手続をいたずらに遅延させる行為にほかならないとみることができるから，このような場合には，当事者の意に反して本申請の仲裁委員を反対申請の仲裁委員に指名することも十分考えられると思われる。他方，本申請に係る手続で相殺の抗弁についての審理がさほど進んでいない場合は，施工ミスについては別の仲裁委員に判断して欲しいという当事者の意思を尊重して，本申請の仲裁委員以外の者を反対申請の仲裁委員に指名し，本申請において主張する施工ミスと反対申請において主張する施

エミスとが重複している場合には，本申請に係る相殺の抗弁を取り下げさせて専ら反対申請に係る手続において審理することが，結局は，円滑かつ迅速な紛争解決につながるように思われる。

なお，常設仲裁機関の仲裁手続規則には，反対申請の取扱いが明文をもって規定されている例が多い。例えば，(社)日本商事仲裁協会の商事仲裁規則では，「被申立人は，基準日から4週間を経過する日までに限り，申立人の請求に関連し，かつ同一の仲裁合意の対象に含まれる反対請求の申立てをすることができる。仲裁廷は，反対請求を申立人の請求と併合して審理しなければならない。」(19条1項)と規定されている。他方，第二東京弁護士会の仲裁手続及び和解あっせん手続細則では，「相手方は，審理終了宣言前に限り，同一の事件から生ずる反対請求の申立てを行うことができる。」(40条1項)，「前項に規定する反対請求は，特別の事情がない限り，申立人の申立てにかかる仲裁事件と併合して審理する。」(同条2項)と，「特別の事情」があれば審理を併合しないこともありうる規定ぶりとされている。

V　おわりに

仲裁機関の事務局担当者に期待されるのは，むしろ実際の手続のなかで浮上した諸問題とこれへの対応事例をご紹介することであろうが，新仲裁法施行後に申請がなされた事件が，都道府県審査会を含めてもまだ少ないため，現時点ではそれに十分にお応えすることができない。このため，意見にわたる部分が文章のかなりの割合を占めることとなったが，これらはいうまでもなく著者個人の執筆時点における見解であり，中央審査会事務局の見解とは区別されるべきものである。以上の点につき，最後にお断りしておきたい。

本章において引用した建設業法の条文は，建築士法等の一部を改正する法律（平成18年法律第114号）による改正（25条の15ないし17の新設及びこれに伴う条ずれ等）の後のものであり，平成19年4月1日から施行された。

参 考 文 献

内山尚三ほか著『新訂建設業法』(平成2年10月10日, 第一法規出版㈱)
小島武司著『仲裁法』(平成12年5月31日, ㈱青林書院)
小島武司・高桑昭編『注解仲裁法』(昭和63年5月10日, ㈱青林書院)
近藤昌昭ほか著『仲裁法コンメンタール』(平成15年12月2日, ㈱商事法務)

〔国土交通省総合政策局建設業課紛争調整官〕

第 3 章

新仲裁法と日本商事仲裁協会
―― 国際商事仲裁 ――

大 貫 雅 晴

I　はじめに

　一般に紛争解決は裁判という概念があるが，近年のように取引のグローバル化，情報化，多様化の時代においては，事案の性格，当事者の事情に応じた多様な紛争解決手段が必要とされる。ADR は裁判外紛争解決手段であり，非公開，手続の柔軟性，迅速，多様な専門家の知見を活かした当事者自治による解決手段として時代のニーズに対応する解決手段である。国際的観点から ADR の現状をみると，欧米諸国をはじめ，アジアにおいても ADR が発展している。一方，日本における ADR は必ずしも充分に機能しているとはいえないのが現状である。このような状況下，司法制度改革審議会意見書（2001 年 6 月）には ADR の整備，拡充をすべきであるとの提言があり，その意見書の中で，「国民の期待に応える司法制度の構築のためには，ニーズに応じて多様な紛争解決手段を選択する必要があり」，「ADR は，厳格な裁判手続と異なり，利用者の自主性を活かした解決，プライバシーや営業秘密を保持した非公開での解決，簡易・迅速で廉価な解決，多様な分野の専門家の知見を活かしたきめ細かな解決，……柔軟な対応も可能である。」，「裁判機能の充実に格別の努力を傾注すべきことに加えて，ADR が，国民にとって裁判と並ぶ魅力的な選択肢となるよう，その拡充，活性化を図るべきである。」と提言している。この提言を受けて，内閣府の司法制度改革推進本部に仲裁法検討会，ADR 基本法検討

会が設置された。仲裁法は2003年第156回国会において成立し，同年8月1日に2003年法律第138号として公布（以下新仲裁法という）され，2004年3月1日に施行された。日本商事仲裁協会では，新仲裁法の成立を受けて，新仲裁法に対応する商事仲裁規則の大幅改正を行った。

「裁判外紛争解決手続の利用の促進に関する法律」（以下ADR促進法という）は，2004年第161回臨時国会において成立，同年12月1日に法律第151号として公布され，2007年4月1日から施行される。日本商事仲裁協会は，ADR促進法の施行に向けて，東京と大阪に調停センターを創設，国内商事紛争の調停実施機関としての活動をはじめた。

報告では，新仲裁法の施行，及びグローバル化に向けての日本商事仲裁協会の活動と，改正商事仲裁規則に基づく国際商事仲裁手続を紹介する。

II 新仲裁法と日本商事仲裁協会

1．日本商事仲裁協会の沿革

日本商事仲裁協会は，国際商事紛争，国内商事紛争解決のための，斡旋，調停，仲裁手続を実施するADR機関である。1950年（昭和25年）に日本商工会議所を中心に経済団体連合会など経済7団体が発起人になり，主に国際商事紛争の解決を図り，外国貿易を促進して，わが国の産業経済の確立に資するための機関として日本商工会議所に国際商事仲裁委員会が設置された。その後，国際取引の発展に伴って，事業の拡大と業務の充実のため1953年（昭和28年）に同会議所から独立し，社団法人国際商事仲裁協会として発展改組。さらに，2003年（平成15年）1月1日に，名称を社団法人日本商事仲裁協会に変更した。

2．新仲裁法の施行と日本商事仲裁協会の対応

(1) 商事仲裁規則の改正

日本商事仲裁協会では，新仲裁法制定に伴い，商事仲裁規則の改正を検討するため，外部の専門家から構成する商事仲裁規則改正委員会（座長：青山善充

明治大学法科大学院教授）を設置して，その検討結果を受けて，新仲裁法，及び世界標準の仲裁手続の実務を取り入れ，商事仲裁規則を大幅に改正した改正商事仲裁規則を，新仲裁法施行にあわせて施行した（平成16年3月1日改正・施行）。その後も，東アジアなどの非英語圏の当事者との間の紛争における言語も考慮して，従来，日本語と英語を使用言語としていたが，日本語，英語以外の使用言語にも対応できるように規則を一部改正した（平成18年7月1日改正・施行）。

(2) 仲裁人名簿の外国人仲裁人の充実

日本商事仲裁協会は，商事仲裁規則9条「仲裁人選任の便宜を図るため，協会は仲裁人名簿を作成し，これを常備する。」の規定に従い，仲裁人名簿を常備している。新仲裁法の施行，国際商事紛争の多様化，複雑化に対応して，外国居住の著名国際仲裁人を大幅に増員するなど，仲裁人名簿を充実させた。現在仲裁人名簿には，約90名の日本人仲裁人候補者と約50名の外国居住，又は日本居住の外国人仲裁人候補者を名簿に掲載している。職業別には弁護士，大学教授，実業家を中心に構成されている。外国人仲裁人候補者の職業は，日本在住外国人は外国法事務弁護士が，また，在外外国人も，弁護士が中心である。

(3) 諸外国仲裁機関との連携

日本商事仲裁協会は，国際商事仲裁の振興，推進のため，諸外国の仲裁機関との間で相互に協力することを約した協力協定を締結している。現在，米国仲裁協会との日米合同仲裁協定をはじめ，44の外国仲裁関係機関との協力協定を締結している。

(4) 仲裁振興のための活動

(a) 海外での普及，宣伝活動

日本商事仲裁協会ではニューヨーク，パリ，ロンドンにおいて協会主催の国際商事仲裁セミナーを開催して，新仲裁法及び協会の商事仲裁規則を広く宣伝，普及させるための活動を行ってきた，また，諸外国で開催される国際商事仲裁会議へも積極的に参加して，日本における国際商事仲裁の宣伝，普及を図って

いる。

(b) 国内での仲裁振興活動

日本商事仲裁協会は，国内の仲裁実務家，企業実務担当者，学者，弁護士などを対象にした国際商事仲裁セミナー，模擬仲裁を開催，また，諸外国の著名な仲裁人，仲裁機関の代表を招聘して国際商事仲裁フォーラムの開催等により，国内での国際商事仲裁の振興を図っている。

(c) 商事仲裁月刊誌「JCA ジャーナル」の発行

商事仲裁と商取引の実務・法務に関する月刊の専門誌「JCA ジャーナル」を発行し，国際商事仲裁，国内 ADR に関する研究論文，実務記事などを掲載して，国際商事仲裁の普及，振興を図っている。

Ⅲ 日本における国際商事仲裁

1. 機関仲裁とアドホク仲裁

国際商事仲裁の形態としては，アドホク仲裁と機関仲裁がある。アドホク仲裁は，当事者間に発生した紛争を仲裁機関に付託しないで，当事者が自ら仲裁手続を進めて行く仲裁をいう。アドホク仲裁では当事者が仲裁手続を自由に進行させることができる。一方，当事者間の手続進行の協力姿勢がないと，一方当事者の非協力的態度による手続遅延，手続の長期化，費用負担が増大することもある。また，手続上の瑕疵が発生しやすく，結果として手続上の瑕疵を理由に仲裁判断が取り消されることがある。機関仲裁は，当事者間の紛争の仲裁付託を受けた常設仲裁機関が，仲裁申立から仲裁判断までの仲裁手続上の管理サービスを提供することで，手続が進められる仲裁をいう。仲裁機関は，通常，仲裁人リスト，仲裁規則を備え，専門の手続管理者による管理が行われることでより効率的かつ迅速で手続上の瑕疵の無い手続が期待できる。また，アドホク仲裁と比べて，機関仲裁による仲裁判断は，対外的信頼性がより高いといわれている。

日本において行われている国際商事仲裁の形態は機関仲裁であり，アドホク仲裁は殆ど行われていない。日本を仲裁地とする機関仲裁の実施機関として，

日本商事仲裁協会，日本海運集会所などの地域密着型仲裁機関がある。また，パリに本部を置く国際商業会議所(ICC)国際仲裁裁判所のような国際的仲裁機関も，日本を仲裁地とする仲裁を行っている。

2．日本商事仲裁協会の国際商事仲裁

(1) 国際商事仲裁事件（2001年～2005年）の契約類型と当事者の国籍

日本商事仲裁協会が過去5年間（2001年～2005年）に取り扱った仲裁事件の契約類型は，継続的売買契約（販売代理店，フランチャイズ，OEM，他）：25％（内訳比率），ライセンス契約：15％，物品売買契約（輸出・輸入）：18％，建設請負：5％，合弁事業契約：8％，その他：29％となっている。当事者の国籍は，日本，韓国，中国，台湾，米国，英国，ドイツ，イタリア，ブラジル，タイ，オーストラリア，他となっている。

仲裁廷の構成人数は，単独（1名）仲裁人：55％，3名仲裁人：45％であった。また，仲裁人の職業は，弁護士：81％，大学教授：13％，実業家：6％であった。また，仲裁人の国籍は，日本：88％，米国：6％，ドイツ：2％，他カナダ，台湾，英国，中国であった。

(2) 日本商事仲裁協会の仲裁規則

日本商事仲裁協会では，国際商事仲裁に対応する仲裁規則として，商事仲裁規則（平成16年3月1日，平成18年7月1日改正施行）とUNCITRAL仲裁規則[1]による仲裁の管理及び手続に関する規則（1991年6月1日施行）を備えている。当事者は，仲裁規則として上記の仲裁規則を選択合意ができる。商事仲裁規則は，当事者が紛争を協会の規則による仲裁または単に協会における仲裁に付する旨の合意をした場合に適用される（規則3条1項）。日本商事仲裁協会の推奨仲裁条項は以下の通りである。

「この契約からまたはこの契約に関連して，当事者の間に生じることのある全ての紛争，論争または意見の相違は，㈳日本商事仲裁協会の商事仲裁規則に従って，（都市名）において仲裁により最終的に解決されるものとする。」

UNCITRAL仲裁規則は，当事者が，協会にUNCITRAL仲裁規則による仲裁の管理業務を行わせる合意をしている場合に適用される（UNCITRAL仲裁規則による仲裁の管理及び手続に関する規則1条）。推奨仲裁条項は以下の通りである。

「この契約，その違反，終了若しくはその無効またはこれ等に関連する如何なる紛争，紛議，若しくは請求もUNCITRAL仲裁規則の現に効力を有する規定に従って解決するものとする。かかる仲裁は，UNCITRAL仲裁規則による仲裁の管理及び手続の管理及び手続に関する規則に従って，日本商事仲裁協会により管理されるものとする。選定機関は日本商事仲裁協会とする。」

なお，上記規定に仲裁人の数，仲裁地，仲裁手続使用言語について，以下のように定めておくこともできる。

　　(1)　仲裁人の数は，＿＿＿＿＿＿（1名または3名）とする。
　　(2)　仲裁地は＿＿＿＿＿＿とする。
　　(3)　仲裁手続に使用される言語は＿＿＿＿＿＿とする。

3．日本商事仲裁協会の「商事仲裁規則」に基づく仲裁手続

(1)　仲　裁　合　意

商事仲裁規則は，当事者が紛争を商事仲裁規則による仲裁に付託することを書面で合意した場合に適用される。仲裁合意には，現に発生している当事者間の紛争を仲裁で解決する旨の合意（仲裁付託契約）と，将来において発生するかもしれない紛争について，仲裁で解決する旨の合意（仲裁条項）がある。仲裁合意の方式は，当事者全員が署名した文書，当事者が交換した書簡又は電報，ファクシミリ，その他の書面，また電磁的記録による仲裁合意も書面によってされたものと見做される。さらに，書面によってされた契約において，仲裁合意を内容とする条項が記載された文書が契約の一部を構成するものとして引用されている場合には，書面による仲裁合意とされる（規則5条）。

(2)　仲裁の付託

(a) 仲裁の申立て

　紛争を仲裁によって解決しようとする当事者は，存在する仲裁合意に基づいて，仲裁申立書を日本商事仲裁協会へ提出しなければならない。当事者は商事仲裁規則による手続において，自己が任意に選任した者に代理させ，または補佐させることができる（規則10条）。代理人により仲裁手続を行う場合は，委任状を協会に提出しなければならない。

　仲裁申立書には次に挙げる事項を記載しなければならない。①紛争を規則による仲裁に付託すること，②援用する仲裁条項，③当事者の氏名または名称および住所，④代理人を定める場合，その氏名および住所，⑤申立人または代理人の連絡先，⑥請求の趣旨，⑦紛争の概要，⑧請求を根拠づける理由，証明方法。

　協会は，仲裁申立てがされたことを確認した後，遅滞なく，被申立人に対し，仲裁申立てがあったことを通知する（規則15条）。

　仲裁手続の開始日に関して，規則14条4項に，「仲裁手続は，仲裁申立書が協会に提出された日に開始したとみなす。」旨規定されている。新仲裁法の仲裁手続における請求の時効中断効についての規定[2]に関連して，仲裁手続の開始日を明確化している。

(b) 答　　弁

　仲裁申立てを受領した相手方は，一定期間内に，申立書記載の請求の根拠となる事実，争点，求める救済措置について答弁をしなければならない。協会の商事仲裁規則では，仲裁申立てを受領した被申立人は，商事仲裁規則に定める期間内（基準日から4週間以内）に，協会に答弁書を提出しなければならないと規定している（規則18条）。答弁書には下記に挙げる事項を記載しなければならない。①当事者の氏名または名称および住所，②代理人を定める場合，その氏名および住所，③被申立人または代理人の連絡先，④答弁の趣旨，⑤紛争の概要，⑥答弁の理由および証明方法。

(c) 反　対　請　求

　被申立人は，答弁と平行して，申立人に対して，申立てに記載された契約か

ら生じる反対請求を行うことができる。反対請求は，それ自体一つの申立てと同様であるから，その申立ての記載に関する規定が準用される。尚，仲裁は仲裁合意に基づいて行われる手続であり，仲裁合意の範囲外の紛争や請求を，その仲裁手続で仲裁判断をすることはできないので，反対請求もその仲裁の対象となる紛争の生じた契約に基づくものでなければ，同一の仲裁手続で取上げることができない。

協会の商事仲裁規則では，被申立人は，一定期間内に申立人の請求に関連し，同一の仲裁合意の対象に含まれる反対請求の申立てをすることができ，仲裁廷は，反対請求を申立人の請求と併合して審理しなければならない旨規定している（規則19条）。

(3) 仲裁廷の構成

(a) 仲裁人の数

当事者は仲裁人の数について，予め1人または複数の仲裁人の数を合意しておくことができる。仲裁人の合意が無い場合は，仲裁人は1人となる（規則24条1項）。尚，いずれの当事者も，仲裁人の数を3人とすることを協会に要求することができ，この場合，協会は紛争の金額，事件の難易その他を考慮し，3人とすることができる（規則24条2項）。

(b) 仲裁人の選任

仲裁人が1人の場合，当事者は一定期間内に合意によって仲裁人を選任しなければならない（規則25条1項）。当事者が選任しない場合には，協会が代わって選任することになる（規則25条2項）。

仲裁人が3人の場合，各当事者がそれぞれ1人の仲裁人を選任し，選任された2人の仲裁人がさらに1人の仲裁人を選任しなければならない。各当事者，および2人の仲裁人が選任しない場合は，協会が代わって選任することになる（規則26条）。協会が仲裁人を選任する場合，当事者がいずれの当事者の国籍とも異なる国籍の仲裁人を選任することを求めたときは，協会はこれを考慮しなければならない（規則25条3項）。協会は，通常，当事者の求めに応じて，第三国籍の仲裁人を選任している。

(c) 仲裁廷の構成と意思決定

仲裁廷は，全ての仲裁人が選任された時に成立する。仲裁廷を構成する仲裁人が複数の場合には，合議によってその中の1人を仲裁廷の長に選任しなければならない（規則6条）。

仲裁人の数が複数の場合，仲裁廷の意思は，仲裁判断を含め，仲裁人の過半数で決定される。仲裁人の意見が可否同数となったときは，仲裁廷の長が決定する（規則7条）。

(4) 仲裁人の忌避

(a) 仲裁人の公正，独立性と開示義務

仲裁は，公正，独立な第三者の判断に当事者が服従することで解決する手続である。従って，仲裁人は当事者に対して独立でなければならないし，かつ，公正でなければならない。仲裁人の公正，独立性を疑う理由があるときは，仲裁人は忌避の対象となる。

仲裁人への就任の依頼を受けようとする者は，依頼した者に対し，自己の公正性又は独立性に疑いを生じさせる恐れがある事実の全部を開示しなければならない。また，仲裁人に選任されたときも，仲裁人は，当事者および協会に対し，同様の開示をしなければならない（規則28条）。

(b) 仲裁人の忌避手続

当事者は，仲裁人の公正性または独立性を疑うに足りる相当な理由があるときは，その仲裁人を忌避することができる（規則29条1項）。仲裁人の忌避を申立てしようとする当事者は，一定期間内に，忌避の原因を記載した申立書を協会に提出しなければならない（規則29条2項）。忌避の申立てがあった場合には，協会は，遅滞なく，申立書の写しを添えて，相手方当事者および仲裁人に忌避の申立てがあった旨を通知する（規則29条4項）。忌避の理由があるか否かは協会が判断する。協会は，当事者および仲裁人の意見を聴いた上で，忌避審査委員会に諮り，忌避の当否について決定する[3]（規則29条5項）。

(5) 仲裁手続概観

仲裁手続は，仲裁判断のために仲裁廷の主宰の下で行われる手続で，一般に，

仲裁の申立てから仲裁判断までをいう。審理手続は，通常，審問期日が開催される。審問において，当事者の主張，証拠の提出が行われ，証人，鑑定人，本人に対する尋問がなされる。しかし，当事者は，書面のみによる審理手続を求めることができる（規則52条）。その場合には，特に審問期日を開催する必要はない。またその手続に規則の規定を適用することがその性質に反するときは，仲裁廷の定めるところによる。

(a) 仲裁手続の使用言語

国際商事仲裁では，使用言語の異なる当事者間の争いとなることが多いので，手続に使用される用語を決めておく必要がある。商事仲裁規則11条1項では，「仲裁廷は，当事者間に別段の合意がない限り，遅滞なく仲裁手続における用語を決定しなければならない」と規定している。協会の国際商事仲裁では，使用言語の制約がないので，いずれの言語による仲裁手続でも可能である。但し，協会と当事者または仲裁人との通信は，日本語または英語により行われる（規則11条3項）。

(b) 仲裁手続の非公開

仲裁の特質の一つに仲裁手続の非公開が挙げられるが，新仲裁法では，仲裁手続の非公開に関する規定は設けられていない。商事仲裁規則40条1項では，「仲裁手続およびその記録は，非公開とする」旨規定している。従って，仲裁手続は非公開で行われ，仲裁判断も公開されない。

(c) 審理手続の指揮

審問その他の審理手続は，仲裁廷の指揮の下で行われる。仲裁廷は，当事者を平等に扱い，当事者の主張，立証およびこれに対する防御を行う充分な機会を与えなければならない。但し，仲裁廷は，いずれかの当事者が意見の陳述または証拠の申し出を行わない場合であっても，仲裁手続を進めることができる（規則32条3項）。

仲裁の特質に迅速性が挙げられるが，商事仲裁規則には仲裁廷の迅速解決努力規定として，仲裁廷は，紛争の迅速な解決に努めなければならない（規則32条4項），また，仲裁廷は，その成立後速やかに，当事者と協議し，審理手

続の予定を立てなければならない（規則32条5項）旨の規定が設けられている。

(d) 仲裁廷の仲裁権限

仲裁廷の仲裁権限とは，仲裁廷が仲裁を主宰する権限のことであり，管轄権を意味する。この管轄権は，仲裁に付される紛争が仲裁合意の対象であるか否かの問題であり，仲裁合意が有効であるか否かの問題と紛争が仲裁合意の対象であるか否かの二つの問題を含む。仲裁廷は，この問題について，自己が権限を有するかどうかについて判断する権限を有する。当事者は仲裁廷が仲裁権限を有しない旨の抗弁を主張することができる。当事者の抗弁は仲裁手続を進める前提に関する問題であり，答弁書において主張しなければならない。仲裁廷は職権で判断しなければならない。仲裁廷は，原則として，仲裁権限の有無を先決問題として取り上げ判断しなければならない。

商事仲裁規則33条では，「仲裁廷は，仲裁合意の存否または効力に関する主張についての判断その他自己の仲裁権限の有無についての判断を示すことができ，また，仲裁廷は自己の仲裁権限を有しないと判断する場合には，仲裁手続の終了を決定しなければならない。」旨規定している。また，同規則5条4項で，「仲裁手続において，一方の当事者が提出した申立書に仲裁合意の内容の記載があり，これに対して他方の当事者が提出した答弁書にこれを争う旨の記載が無いときは，その仲裁合意は書面によってなされたものとみなす。」旨規定している。

(e) 暫定措置，保全措置

仲裁廷は，当事者の申立てにより，紛争の対象について仲裁廷が必要と認める暫定措置または保全措置を講じることを命じることができる（規則48条）。

仲裁法に，仲裁廷による暫定措置，保全措置命令権限およびその命令に関する規定が設けられているが，命令に執行力を付与する規定はなく，命令の強制力が問題となる。しかし，仲裁実務においては，仲裁廷の命令に執行力がなくても，仲裁廷に紛争解決の判断を任せている当事者にとり，そのモラルサンクションは大きいと言えよう。

(f) 責問権の放棄

当事者が商事仲裁規則の規定が遵守されず，または規則の定める要件が満たされていないことを知りながら，速やかに意義を述べなかったときは，これを述べる権利を放棄したものとみなされる（規則51条）。

(6) 審問手続

審問は仲裁廷が指定する場所及び期日に行われる。審問において，当事者が紛争について主張し，証拠を提出し，証人尋問，鑑定人尋問，本人尋問などが行われる。

(a) 審問期日

審問期日及び場所は，仲裁廷が当事者の意見を聴いた上で決定し，これを遅滞なく当事者に通知しなければならない（規則34条1項，2項）。審問期日において，意見の陳述および証拠調べが行われる（規則34条3項）。

(b) 当事者出席の原則，一方当事者欠席による審理

審問期日は，当事者双方の出席の下に開くことを原則とする（規則35条1項）。当事者の一方または双方が，正当な理由が無く欠席した場合には，欠席のまま審問期日を開くことができる（規則35条2項）。当事者の一方が欠席した場合には，出席した当事者の主張と立証に基づいて審理を進めることができる（規則35条3項）。

(7) 証拠調べ

(a) 当事者の立証責任

当事者は，その請求または防御の根拠となる事実を立証する責任を負う（規則37条1項）。この規定の趣旨は，証拠の収集および提出は，原則として当事者の責任であり，仲裁廷は職権によって証拠を収集する義務を負わないことを意味する。これは，当事者の立証が充分でないときは，いずれかの当事者が不利益を受けることも間接的に意味している。尚，仲裁廷は，必要と認めるときは，当事者から申し出がない証拠を取り調べることができる（規則37条2項）

(b) 文書提出命令

当事者は，仲裁廷に対し，相手方当事者にその所持する文書の提出を命じる

ことを申し立てることができる。仲裁廷は，かかる申立てがあった場合において，相手方当事者の意見を聴いた上で，取調べの必要があると認めるときは，法律により提出を拒む正当な理由があると認める場合を除き，その提出を命じることができる[4]（規則37条4項）。

(c) 仲裁廷による鑑定人の選任

仲裁廷は，鑑定人を選任し，必要な事項について鑑定をさせ，文書又は口頭によりその結果を報告させることができる。仲裁廷は，鑑定人がかかる報告をした後，当事者が要請したときは，審問の期日において鑑定人に対して質問をする機会を与えなければならない（規則38条）。

(8) 審理の終結

仲裁廷は，当事者が主張，立証を尽くし，手続が仲裁判断に熟すると認めるときは，審理の終結を決定することができる。審問期日外においてこの決定をするときは，適当な予告期間をおかなければならない（規則49条）。

(9) 仲 裁 判 断

仲裁廷は，当事者の主張，立証が尽きたときは，審理を終結して仲裁判断をしなければならない。仲裁判断は，仲裁人の数が複数である場合には，商事仲裁規則7条に従い，仲裁人の過半数をもって決定する。仲裁人の意見が可否同数となった場合，例えば，3人仲裁で，意見が三つに分かれた場合には，仲裁廷の長の決するところによる（規則7条2項）。

仲裁判断は当事者を法的に拘束し，当事者間において最終であり，これに対する不服申立ては許されない。新仲裁法45条1項で，仲裁判断は，確定した判決と同一の効力を有する旨規定している。商事仲裁規則54条6項では，仲裁判断は，終局的であり当事者を拘束する旨規定している。

(a) 仲裁判断の時期

仲裁廷は審理終結の日より5週間以内に仲裁判断をしなければならない。但し，仲裁廷は事件の難易その他の事情により必要があると認めるときは，その期間を8週間以内の適当な期間とすることができる（規則53条1項）。

(b) 仲裁判断の形式

仲裁判断は書面によらなければならない。仲裁判断は書面に作成し，当事者に送付しなければならない。仲裁判断書には，下記の事項を記載し，仲裁人が署名をしなければならない，①当事者の氏名または名称および住所，②代理人がある場合は，その氏名および住所，③主文，④判断の理由，⑤判断の年月日，⑥仲裁地。仲裁廷は，仲裁判断書において，管理料金，仲裁人報償金および手続に必要な費用について，それらの合計額とその当事者間の負担割合を記載しなければならない（規則54条1項，3項）。

仲裁人の数が複数の場合において，仲裁判断書に署名しない仲裁人があるときは，仲裁判断書にその理由を記載しなければならない（規則54条5項）。

(c) 仲裁判断書の送付

仲裁判断書は協会に保管される。協会は，仲裁人の署名のある仲裁判断書の写しを手交，配達証明付書留郵便またはその受領を証明できる他の方法によって，当事者に送付しなければならない（規則55条1項，2項）。

尚，旧仲裁法では，仲裁判断原本は送達の証書を添えて管轄裁判所への預置の規定があったが，新仲裁法では，仲裁判断書の預置制度を廃止しており，預置の規定は設けられていない。従って，旧商事仲裁規則に設けられていた協会による仲裁判断書の管轄裁判所への預置に関する規定は，改正商事仲裁規則では除かれている。

(10) 和解と仲裁判断

仲裁判断がなされるまでの間であれば，どの段階でも，当事者は紛争について和解することができる。仲裁廷は，当事者全員の書面または口頭による承諾がある場合には，和解を試みることができる（規則47条）。

和解は仲裁手続において，仲裁廷の仲介によって成立することもあり，また仲裁手続外で当事者の和解交渉で成立することもある。仲裁廷は，仲裁手続の進行中に和解した当事者が要請した場合には，和解の内容を仲裁判断とすることができる。仲裁廷は，この場合，和解の内容を仲裁判断にした旨を記載しなければならない（規則54条2項）。

(11) 仲裁判断の基準

仲裁廷は実体法上の判断基準を決定してそれを遵守して判断を下さなければならない。仲裁判断は事実認定をもとにして，法的判断がされる。新仲裁法36条には，「仲裁判断において準拠すべき法」に関する規定が設けられている。商事仲裁規則でも同様の規定が設けられている。同規則41条の規定によると，仲裁廷が，仲裁判断において準拠すべき法は，当事者が合意により定めるところによるとされる。契約書の準拠法規定が実体判断基準として採用されることになる。ここでいう「法」は非国家法も含むと解されており，国家法，非国家法の広い範囲の法を判断基準とすることができる。

　準拠法につき当事者の合意がないときは，仲裁廷は，仲裁手続に付された民事上の紛争に最も密接な関係がある国の法令であって，事案に直接適用されるべきものを適用しなければならないとされている。ここでいう「国の法令」は国家法を意味している。仲裁廷は，国際私法を適用しないで，事案に直接適用される実質法を適用することになる。

　尚，仲裁には，衡平と善による仲裁[5]があるが，この場合は，法的判断は要求されない。しかし，現在では，善と衡平による仲裁は稀有であり，国際商事仲裁は法による仲裁が一般的である。商事仲裁規則41条3項に，衡平と善による仲裁に関して，仲裁廷は，当事者の明示された求めがある場合に限り，衡平と善により判断することができる旨の規定を設けている。

(12)　簡易仲裁手続

　仲裁の迅速性の特質を考慮して，協会は仲裁手続の迅速性に向けての努力をしているが，商事仲裁規則に簡易仲裁手続規則を設けて，紛争金額が一定金額以下の場合に，仲裁手続が速やかに行われる工夫をしている。

　申立ての請求金額が2,000万円以下の場合，原則，簡易手続が適用される。簡易手続が適用されると，仲裁人は1人に限定され，審問期日の制限を設け，審問期日は，原則，1日に限り開くことができるとされている。仲裁判断の期限も短縮されており，仲裁廷は，原則，仲裁廷の成立の日から3ヶ月以内に仲裁判断をしなければならないとされている。

(13)　仲裁費用

仲裁は国家機関による紛争解決ではなく，当事者自治による解決であるので，裁判では，手続にかかる費用の大方は国家の支出によりまかなわれるが，仲裁の場合は，仲裁手続に要する費用は原則として当事者負担となる[6]。協会による仲裁にかかる費用は，申立料金，管理料金，仲裁人報償金，その他手続に要する費用からなっている。日本商事仲裁協会の商事仲裁規則には，以下の費用に関する規定を設けている。

(a) 申立て時の申立料金，管理料金の納付義務

申立人は，仲裁申立ての際，協会の仲裁料金規定に定める申立料金および管理料金を納付しなければならない（規則14条3項）。

(b) 料金等の納付義務

当事者は，仲裁料金規定に定める料金，仲裁人報償金および手続に必要な費用の協会に対する納付について，連帯して責任を負う（規則68条）

(c) 仲裁人報償金，手続費用の協会に対する予納

当事者は，仲裁人報償金および手続に必要な費用に充当するため，協会の定める金額をその定める方法に従い，その定める期間内に協会に納付しなければならない（規則71条1項）。

(d) 仲裁人報償金の負担

当事者は，協会の定める仲裁人報償金を等額負担しなければならない。但し，仲裁廷は，事情によりこれと異なる負担割合を定めることができる（規則70条）。

(e) 料金及び費用の負担

当事者は，仲裁料金規定に定める料金および手続に必要な費用を次に定めるところにより負担しなければならない（規則69条）。

① 申立料金は，仲裁手続開始の申立てをする当事者が負担する。

② 管理料金および手続に必要な費用は，仲裁廷が仲裁判断において定める割合に従って負担する。

1) UNCITRAL仲裁規則は，1976年4月28日に，国際連合国際商取引法委員会

(UNCITRAL) によって作成，採択された，仲裁手続に関するモデル・ルールである。

2) 新仲裁法29条1項で，「仲裁手続は，当事者間に別段の合意が無い限り，特定の民事上の紛争について，一方の当事者が他方の当事者に対し，これを仲裁手続に付する旨の通知をした日に開始する。」，第2項で，「仲裁手続における請求は，時効中断の効力を生じる。ただし，当該仲裁手続が仲裁判断によらずに終了したときは，このかぎりではない。」旨規定している。尚，仲裁手続の開始時期については，当事者間に別段の合意がある場合には，当該合意により開始時期が定まることになるが，商事仲裁規則は当事者の別段の合意とみなされる。

3) 当事者が合意した商事仲裁規則に基づく仲裁人忌避の手続においてされた忌避を協会が理由がないとする決定をした場合，その決定については，裁判所に対する忌避申立てが認められる（新仲裁法19条）。忌避をした当事者は，その決定の通知を受けた日から30日以内に，裁判所に対して，当該仲裁人の忌避を申立てることができる。

4) 当事者が仲裁廷の命令に従わないときは，裁判所に対して援助を求めることができる。新仲裁法35条1項では，「仲裁廷または当事者は，民事訴訟法の規定による調査の嘱託，証人尋問，鑑定，書証および検証」の実施を裁判所に申立てることができると規定している。

5) 新仲裁法36条3項に，「仲裁廷は，当事者双方の明示された求めがあるときは，前2項の規定にかかわらず，衡平と善により判断するものとする。」旨の規定がある。衡平と善による仲裁は，その事案に適した具体的正義の原理を適用して判断することである。衡平と善による仲裁は，友誼的仲裁ともいわれる。仲裁人は，法による仲裁に縛られることなく，特定の国家法に準拠してもよいし，法の一般原則や取引慣行に準拠してもよい。

6) 新仲裁法には，仲裁費用および報酬に関する規定として，仲裁人の報酬（規則47条），仲裁費用の予納（規則48条），仲裁費用の分担（規則49条）が定められている。機関仲裁においては，仲裁機関の仲裁規則等に費用および仲裁人報酬規定が通常置かれている。

資　料

社団法人日本商事仲裁協会　　商事仲裁規則

平成18年7月1日改正・施行

第1章　総則

第1条（目的）
　この規則は，日本商事仲裁協会（以下「協会」という）における仲裁に関して必要な事項を定めることを目的とする。

第2条（定義）
1　この規則において「基準日」とは，協会が第15条第1項に定める仲裁申立ての通知を発信した日から3週間を経過する日とする。ただし，被申立人がその日より後に申立ての通知を受領したことを証明したときは，その受領日を基準日とする。
2　前項の規定にかかわらず，協会が第15条第2項に規定する方法により仲裁申立ての通知を発信したときは，その通知が通常到達すべきであった日を基準日とする。
3　この規則において，「当事者」とは，申立人または被申立人をいう。複数の申立人および複数の被申立人は，仲裁人の選任については，それぞれ1人の当事者とみなす。

第3条（この規則の適用）
1　この規則は，当事者が紛争を協会の規則による仲裁または単に協会における仲裁に付する旨の合意（以下「仲裁合意」という）をした場合に適用される。
2　当事者が仲裁合意をしたときは，この規則はその合意の内容となったものとする。ただし，当事者は，仲裁廷が同意することを条件として，この規則と異なる合意をすることができる。

第4条（この規則の解釈）
　この規則の解釈につき疑義が生じたときは，協会の解釈に従うものとする。ただし，仲裁廷が行った解釈は，その仲裁事件において，協会の解釈に優先する。

第5条（仲裁合意）
1　仲裁合意は，当事者全員が署名した文書，当事者が交換した書簡または電報（ファクシミリ装置その他の隔地者間の通信手段で文字による通信内容の記録が受信者に提供されるものを用いて送信されたものを含む）その他の書面によってしなければならない。
2　書面によってされた契約において，仲裁合意を内容とする条項が記載された文書が契約の一部を構成するものとして引用されているときは，その仲裁合意は，書面に

よってされたものとする。
3 仲裁合意がその内容を記録した電磁的記録（電子的方式，磁気的方式その他人の知覚によっては認識することができない方式で作られる記録であって，電子計算機による情報処理の用に供されるものをいう。以下この規則において同じ）によってされたときは，その仲裁合意は，書面によってされたものとする。
4 仲裁手続において，一方の当事者が提出した申立書に仲裁合意の内容の記載があり，これに対して他方の当事者が提出した答弁書にこれを争う旨の記載がないときは，その仲裁合意は，書面によってされたものとみなす。

第6条（仲裁廷）
1 この規則による仲裁は，第23条から第26条まで，第31条，第45条（第44条第2項の規定により準用される場合を含む）および第63条の規定により選任された単数または複数の仲裁人によって構成される仲裁廷によって行う。
2 仲裁廷は，すべての仲裁人が選任された時に成立する。
3 仲裁廷を構成する仲裁人が複数であるときは，その合議によってその中の1人を仲裁廷の長に選任しなければならない。

第7条（仲裁廷の意思決定）
1 仲裁人の数が複数である場合には，仲裁廷の意思は，仲裁判断を含め，仲裁人の過半数をもって決定する。
2 仲裁廷の意思の決定について仲裁人の意見が可否同数となったときは，仲裁廷の長の決するところによる。

第8条（事務局）
1 この規則による仲裁に関する事務は，協会の事務局が行う。
2 協会の事務局は，仲裁廷または当事者の要請があるときは，審問を録音し，仲裁手続を遂行するために必要な通訳，速記，審問室等を手配する。

第9条（仲裁人名簿）
仲裁人選任の便宜をはかるため，協会は仲裁人名簿を作成し，これを常備する。

第10条（代理および補佐）
当事者は，この規則による手続において，自己の選択する者に代理または補佐をさせることができる。

第11条（用語）
1 仲裁廷は，当事者間に別段の合意がない限り，遅滞なく仲裁手続における用語を決定しなければならない。仲裁廷は，用語を決定するに当り，通訳および翻訳の要否ならびにその費用の負担割合を考慮しなければならない。
2 仲裁廷は，すべての証拠書類について，それを提出する当事者に対し，仲裁手続に

おける用語による翻訳文を添付することを求めることができる。
3 協会と当事者または仲裁人との通信は，日本語または英語により行うものとする。

第12条（手続の期間）
1 当事者は，書面による合意により，第2条第1項，第18条第1項および第19条第1項に定める期間を除き，この規則に規定する期間を延長することができる。この場合は，当事者は，遅滞なく仲裁廷（仲裁廷が成立する前においては協会）にその旨を通知しなければならない。
2 仲裁廷は，第65条に定める期間を除き，必要と認めるときは，この規則に規定する期間（仲裁廷が定める期間を含む）を延長することができる。この場合には，仲裁廷は，遅滞なく当事者にその旨を通知しなければならない。
3 仲裁廷が成立する前においては，協会は，この規則による手続に関する期間を定めることができる。

第13条（免責）
仲裁人，協会または協会の役員もしくは職員は，故意または重過失による場合を除き，仲裁手続に関する作為または不作為について，何人に対しても責任を負わない。

　　　第2章　仲裁手続の開始

第14条（仲裁申立て）
1 仲裁手続開始の申立てをするには，申立人は，次に掲げる事項を記載した仲裁申立書を協会に提出しなければならない。
 (1) 紛争をこの規則による仲裁に付託すること
 (2) 援用する仲裁合意
 (3) 当事者の氏名または名称および住所
 (4) 代理人を定める場合，その氏名および住所
 (5) 申立人または代理人の連絡先（書面送付場所，電話番号，ファクシミリ番号および電子メールアドレス）
 (6) 請求の趣旨
 (7) 紛争の概要
 (8) 請求を根拠づける理由および証明方法
2 代理人によって仲裁手続を行う場合には，代理人は，仲裁申立書とともに，委任状を協会に提出しなければならない。
3 申立人は，仲裁申立ての際，協会の仲裁料金規程に定める申立料金および管理料金を納付しなければならない。協会は，申立人が申立料金および管理料金を納付しないときは，仲裁申立てがなかったものとみなし，その旨を付記して仲裁申立書を申立人に差し戻すことができる。

4　仲裁手続は，仲裁申立書が協会に提出された日に開始したものとみなす。

第15条（仲裁申立ての通知）
1　協会は，前条第1項から第3項までの規定に適合した仲裁申立てがされたことを確認した後，遅滞なく，被申立人に対し，仲裁申立てがあったことを通知する。この通知には，仲裁申立書の写しを添付する。
2　申立人が相当の調査をしても，被申立人の住所，常居所，営業所，事務所および被申立人が申立人からの書面の配達を受けるべき場所として指定した場所（以下「配達場所」という）のいずれをも知ることができないときは，協会は，被申立人の最後の住所，常居所，営業所，事務所または配達場所にあてて書留郵便その他配達を試みたことを証明することができる方法により発信することにより，仲裁申立ての通知をすることができる。

第16条（仲裁廷の成立前における仲裁手続の続行）
　協会は，仲裁廷の成立前において，被申立人が仲裁合意の成立または効力について異議を述べた場合であっても，仲裁廷構成のための手続を進めることができる。この場合において，仲裁合意の成立または効力についての異議の当否は，仲裁廷の成立後，第33条第1項の規定に従い仲裁廷が判断する。

第17条（仲裁手続分離の申立て）
1　複数の者を被申立人とする仲裁申立てがあった場合において，被申立人が，仲裁廷の成立前でかつ基準日から3週間を経過する日までに，書面により仲裁手続分離の申立てをしたときは，申立人は，その被申立人および他の被申立人に対し，あらためてそれぞれ仲裁申立てをしなければならない。
2　前項の場合には，あらためてされた仲裁申立てはすべて，当初の仲裁申立書が協会に提出された日にされたものとみなす。ただし，基準日については，あらためてされた仲裁申立てによる。
3　第1項の規定は，第44条の適用を妨げない。

第18条（答弁）
1　被申立人は，基準日から4週間を経過する日までに，次に掲げる事項を記載した答弁書を協会に提出しなければならない。
　(1)　当事者の氏名または名称および住所
　(2)　代理人を定める場合，その氏名および住所
　(3)　被申立人または代理人の連絡先（書面送付場所，電話番号，ファクシミリ番号および電子メールアドレス）
　(4)　答弁の趣旨
　(5)　紛争の概要

 (6) 答弁の理由および証明方法
2 代理人によって仲裁手続を行う場合には，代理人は，答弁書とともに，委任状を協会に提出しなければならない。
3 答弁書の提出があった場合には，協会は，遅滞なく，当事者，および仲裁人が選任されているときは仲裁人に，その写しを送付する。
4 答弁書に反対請求の申立てが含まれているときは，反対請求については次条の規定による。

第19条（反対請求の申立て）
1 被申立人は，基準日から4週間を経過する日までに限り，申立人の請求に関連し，かつ同一の仲裁合意の対象に含まれる反対請求の申立てをすることができる。仲裁廷は，反対請求を申立人の請求と併合して審理しなければならない。
2 前項の反対請求の申立てについては，第14条，第15条および第18条の規定を準用する。

第20条（申立ての変更）
1 申立人（反対請求の申立人を含む）は，同一の仲裁合意の対象に含まれる限り，申立変更書を協会に提出してその申立て（反対請求の申立てを含む。以下本条において同じ）の変更をすることができる。ただし，仲裁廷が成立した後においては，申立変更許可申請書を仲裁廷に提出してその許可を得なければならない。
2 仲裁廷は，前項の許可をするについて予め相手方当事者の意見を聴かなければならない。
3 仲裁廷は，申立ての変更が仲裁手続の進行を著しく遅延し，または相手方当事者の利益を害し，もしくは，その他の事情にてらしてその申立ての変更を許可することが不適当と認めるときは，第1項の許可を行わないことができる。
4 変更された申立てに対する答弁または反対請求については第18条または第19条の規定を準用する。ただし，期間については，協会または仲裁廷が相手方当事者に申立ての変更の通知を発信した日から3週間を経過する日までとする。

第21条（提出部数）
 第14条第1項，第18条第1項（これらの規定を第19条第2項および前条第4項において準用する場合を含む）ならびに前条第1項の規定により当事者が提出する書面の部数は，仲裁人の数（これが定まっていないときは3とする）と相手方当事者の数に1を加えた数とする。ただし，委任状は1部で足りる。

第22条（仲裁申立ての取下げ）
1 仲裁廷が成立する前においては，申立人は，協会に対し仲裁申立取下書を提出することにより仲裁申立てを取り下げることができる。

2 仲裁廷が成立した後においては，申立人は，仲裁廷に対し仲裁申立取下書を提出し，かつ仲裁廷の許可を得て仲裁申立てを取り下げることができる。
3 前項の申立てがあった場合には，仲裁廷は，被申立人の意見を聴いた上で，被申立人が取下げに遅滞なく異議を述べ，かつ，仲裁手続に付された紛争の解決について被申立人が正当な利益を有すると仲裁廷が認める場合を除き，仲裁申立ての取下げを許可しなければならない。
4 前項の規定により仲裁申立てが取り下げられた場合には，仲裁廷は，仲裁手続の終了決定をしなければならない。

第3章 仲裁廷

第23条（仲裁人の選任）
1 仲裁人は，当事者の合意に従って選任される。
2 当事者間に仲裁人の選任について合意がない場合には，次条から第26条までの規定に従って選任される。

第24条（仲裁人の数）
1 当事者が基準日から3週間を経過する日までに仲裁人の数に関する合意を協会に通知しないときは，仲裁人は1人とする。
2 いずれの当事者も，基準日から3週間を経過する日までに，仲裁人の数を3人とすることを要求する旨を協会に通知することができる。この場合において，協会が，紛争の金額，事件の難易その他の事情を考慮し，これを適当と認め，その旨を当事者に通知したときは，仲裁人は3人とする。

第25条（仲裁人の選任—仲裁人が1人の場合）
1 前条の規定により仲裁人が1人とされた場合には，当事者は，前条第1項に定める通知期限から2週間を経過する日までに，合意によって仲裁人を選任しなければならない。
2 当事者が前項の期間内に第27条の規定に従い仲裁人の選任通知をしない場合には，協会がその仲裁人を選任する。
3 前項の規定により協会が仲裁人を選任する場合において，当事者がいずれの当事者の国籍とも異なる国籍を有する仲裁人を選任することを求めたときは，協会はこれを考慮するものとする。

第26条（仲裁人の選任—仲裁人が3人の場合）
1 第24条第2項の規定により仲裁人が3人とされた場合には，その旨の通知を協会が当事者に発信した日から3週間を経過する日までに，当事者はそれぞれ1人の仲裁人を選任しなければならない。
2 当事者が前項の期間内に第27条の規定に従い仲裁人の選任通知をしない場合には，

協会がその仲裁人を選任する。
3 当事者が選任した仲裁人または前項の規定により選任された仲裁人は，協会が，2人の仲裁人が選任された旨の通知を仲裁人に発信した日から3週間を経過する日までに，さらに1人の仲裁人を選任しなければならない。
4 仲裁人が前項の期間内に第27条の規定に従い仲裁人の選任通知をしない場合には，協会がその仲裁人を選任する。
5 前項の規定により協会が仲裁人を選任する場合には，前条第3項の規定を準用する。

第27条（仲裁人の選任通知）
1 当事者または仲裁人が仲裁人を選任したときは，仲裁人の受諾書を添えて，遅滞なく協会にその氏名，住所，連絡先（電話番号，ファクシミリ番号および電子メールアドレス）および職業を記載した仲裁人選任通知書を提出しなければならない。協会は，当事者が仲裁人を選任した場合には，相手方当事者およびすでに選任されている仲裁人に対し，仲裁人がさらに1人の仲裁人を選任した場合には，当事者に対し，それぞれ遅滞なくその写しを送付する。
2 協会が仲裁人を選任したときは，遅滞なく当事者およびすでに選任されている仲裁人に，その者の氏名，住所，連絡先（電話番号，ファクシミリ番号および電子メールアドレス）および職業を通知する。

第28条（仲裁人の公正・独立）
1 仲裁人は，公正かつ独立でなければならない。
2 仲裁人への就任の依頼を受けてその交渉に応じようとする者は，依頼をした者に対し，自己の公正性または独立性に疑いを生じさせるおそれのある事実の全部を開示しなければならない。
3 仲裁人は，当事者および協会に対し，自己の公正性または独立性に疑いを生じさせるおそれのある事実（すでに開示したものを除く）の全部を遅滞なく開示しなければならない。

第29条（仲裁人の忌避）
1 当事者は，仲裁人の公正性または独立性を疑うに足りる相当な理由があるときは，その仲裁人を忌避することができる。
2 仲裁人を選任し，または仲裁人の選任について推薦その他これに類する関与をした当事者は，選任後に知った事由を忌避の原因とする場合に限り，その仲裁人を忌避することができる。
3 仲裁人の忌避の申立てをしようとする当事者は，仲裁人の選任通知を受領した日または第1項に定める事由のあることを知った日から2週間を経過する日までに，忌

避の原因を記載した申立書を協会に提出しなければならない。
4 前項の申立てがあった場合には，協会は，遅滞なく，申立書の写しを添えて，相手方当事者および仲裁人に忌避の申立てがあった旨を通知する。
5 協会は，当事者および仲裁人の意見を聴いた上で，忌避審査委員会に諮り，忌避の当否について，決定する。

第30条（仲裁人の解任）
　仲裁人が任務を遂行せずもしくは任務の遂行を不当に遅延しているとき，または法律上もしくは事実上仲裁人が任務を遂行することができないときは，協会はその仲裁人を解任することができる。

第31条（仲裁人の補充）
1 仲裁人が辞任または死亡したときは，協会は，遅滞なく当事者およびその他の仲裁人にその旨を通知しなければならない。
2 当事者間に別段の合意がない限り，辞任または死亡した仲裁人が当事者または他の仲裁人によって選任された者である場合には，選任した当事者または仲裁人は，前項の通知を受けた日から3週間を経過する日までに，新たな仲裁人を選任しなければならない。辞任または死亡した仲裁人が協会によって選任された者である場合には，協会は，その旨を知った日から3週間を経過する日までに，新たな仲裁人を選任しなければならない。
3 当事者または他の仲裁人が前項の期間内に第27条の規定に従い新たな仲裁人の選任通知をしないときは，協会が新たな仲裁人を選任する。
4 前2項の規定は，第29条による忌避の申立てに対し，協会が忌避の原因があると認める決定をした場合，および前条の解任の場合における新たな仲裁人の選任について準用する。

　　第4章　仲裁手続
　　　第1節　審理手続

第32条（審理手続の指揮）
1 審問その他の審理手続は，仲裁廷の指揮の下に行う。
2 仲裁廷は，当事者を平等に扱い，当事者が主張，立証およびこれに対する防御を行うに十分な機会を与えなければならない。
3 仲裁廷は，いずれかの当事者が意見の陳述または証拠の申し出を行わない場合であっても，仲裁手続を進めることができる。
4 仲裁廷は，紛争の迅速な解決に努めなければならない。
5 仲裁廷は，その成立後速やかに，当事者と協議し，審理手続の予定を立てなければならない。

6 当事者が審理手続において提出する書面は，仲裁人，相手方当事者および協会に送付し，仲裁廷から当事者に対する通知は，その写しを協会に送付するものとする。
7 前項により当事者が提出する書面は，仲裁廷が適当と認める場合には，ファクシミリまたは電磁的記録によることができる。

第 33 条（仲裁権限に対する異議申立て）
1 仲裁廷は，仲裁合意の存否または効力に関する主張についての判断その他自己の仲裁権限の有無についての判断を示すことができる。
2 仲裁廷は，自己が仲裁権限を有しないと判断する場合には，仲裁手続の終了決定をしなければならない。

第 34 条（審問期日）
1 審問の期日および場所は，仲裁廷が当事者の意見を聴いた上で決定する。審問期日が 2 日以上にわたる場合には，できる限り連続する日に開かなければならない。
2 審問の期日および場所が決定されたときは，仲裁廷は，遅滞なくこれを当事者に通知しなければならない。期日を連続する日に開く場合には，1 個の通知で足りる。
3 審問期日においては，意見の陳述および証拠調べを行う。
4 当事者双方から審問期日の変更の申し出があったときは，その期日を変更しなければならない。当事者の一方から審問期日の変更の申し出があったときは，仲裁廷は，やむを得ない事情があると認める場合に限り，期日を変更することができる。
5 前項の申し出は，審問期日においてする場合を除き，書面でしなければならない。

第 35 条（当事者出席の原則）
1 審問期日は，当事者双方の出席の下に開くことを原則とする。
2 当事者の一方または双方が，正当な理由がなく欠席した場合には，欠席のまま審問期日を開くことができる。
3 当事者の一方が欠席した場合には，出席した当事者の主張と立証に基づいて審理を進めることができる。

第 36 条（主張書面の提出）
1 当事者は，仲裁廷が定める期間内に，法律および事実に関する主張を記載した書面（以下「主張書面」という）を仲裁廷に提出しなければならない。
2 仲裁廷は，当事者から提出された主張書面の受領を確認しなければならない。

第 37 条（証拠の申し出・証拠調べ）
1 当事者は，その請求または防御の根拠となる事実を立証する責任を負う。
2 仲裁廷は，必要があると認めるときは，当事者から申し出がない証拠を取り調べることができる。
3 証拠調べは，審問期日外においても行うことができる。この場合においては，当事

者に立会いの機会を与えなければならない。
4 当事者は，仲裁廷に対し，相手方当事者にその所持する文書の提出を命じることを申し立てることができる。
5 仲裁廷は，前項の申立てがあった場合において，相手方当事者の意見を聴いた上で，取調べの必要があると認めるときは，法律により提出を拒む正当な理由があると認める場合を除き，その提出を命じることができる。

第38条（仲裁廷による鑑定人の選任）
1 仲裁廷は，鑑定人を選任し，必要な事項について鑑定をさせ，文書または口頭によりその結果の報告をさせることができる。
2 仲裁廷は，鑑定人が前項の規定による報告をした後，当事者が要請したときは，審問の期日において鑑定人に対し質問する機会を与えなければならない。

第39条（仲裁廷の権限の委譲）
　仲裁廷は，必要があると認めるときは，当事者の同意を得て，仲裁廷を構成する仲裁人の1人または数人に審理手続の一部をさせることができる。

第40条（非公開・守秘義務）
1 仲裁手続およびその記録は，非公開とする。
2 仲裁人，協会の役員，職員，当事者およびその代理人または補佐人は，仲裁事件に関する事実または仲裁事件を通じて知り得た事実を他に漏らしてはならない。ただし，その開示が法律に基づきまたは訴訟手続で要求されている場合には，この限りでない。

第41条（実体判断の基準）
1 仲裁廷が仲裁判断において準拠すべき法は，当事者が合意により定めるところによる。
2 前項の合意がないときは，仲裁廷は，仲裁手続に付された紛争に最も密接な関係がある国の法令であって事案に直接適用されるべきものを適用しなければならない。
3 仲裁廷は，当事者の明示された求めがある場合に限り，前2項の規定にかかわらず，衡平と善により判断することができる。

第42条（仲裁地）
1 当事者間に別段の合意がない限り，仲裁地は，第14条第1項に定める仲裁申立書を申立人が提出した協会の事務所の所在地とする。
2 仲裁廷は，前項の規定による仲裁地にかかわらず，適当と認めるいかなる場所においても，仲裁手続を行うことができる。

第43条（手続参加）
1 仲裁手続の当事者となっていない者であっても，その者および仲裁手続の当事者全

員の同意があるときは，申立人として仲裁手続に参加し，またはこの者を被申立人として仲裁手続に参加させることができる。
2 前項の手続参加が仲裁廷の成立前である場合には，仲裁人の選任は第45条の規定により行い，仲裁廷の成立後である場合には，その構成に影響を及ぼさない。
3 仲裁廷は，第1項の同意がある場合であっても，手続参加が仲裁手続を遅延させると認めるときその他相当の理由があるときは，手続参加を許さないことができる。
4 手続参加の申立てについては第14条の規定を準用する。ただし，手続参加が許されなかった場合には，同条第3項の管理料金は返還するものとする。

第44条（同一手続による複数の仲裁申立ての審理）
1 協会または仲裁廷は，複数の仲裁申立てであって，その請求の趣旨が相互に関連するものについて，必要があると認めるときは，各仲裁申立ての当事者全員の書面による合意を得て，これを同一の手続によって審理することができる。ただし，複数の仲裁申立てが同一の仲裁合意に基づくものであるときは，当事者の合意を必要としない。
2 前項の規定により，複数の仲裁申立てが同一の手続によるものとされた場合には，仲裁人の選任については，前条第2項の規定を準用する。

第45条（仲裁人の選任－第三者による手続参加の場合）
1 第三者が，仲裁廷の成立前に，第43条の規定によって仲裁手続に参加し，または参加させられた場合には，申立人，被申立人および第三者の合意によって，単数または複数の仲裁人を選任する。
2 第三者が仲裁手続に参加した日から3週間を経過する日までに，仲裁人の数が合意されない場合または合意された数の仲裁人の選任が行われない場合には，協会は，それぞれ適当と考える数または合意された数の仲裁人を選任する。

第46条（中間判断）
仲裁廷は，仲裁手続中に生じた争いにつき相当と認めるときは，これを裁定する中間判断をすることができる。この場合には，第54条第1項，第55条第1項および同条第2項の規定を準用する。ただし，理由の記載は省略することができる。

第47条（和解の試み）
当事者全員の書面または口頭による承諾がある場合には，仲裁廷は，和解を試みることができる。

第48条（暫定措置または保全措置）
1 仲裁廷は，当事者の申立てにより，紛争の対象について仲裁廷が必要と認める暫定措置または保全措置を講じることを命じることができる。
2 仲裁廷は，前項の暫定措置または保全措置を講じるについて，相当な担保を提供す

べきことを命じることができる。

第49条（審理終結・再開）

1 仲裁廷は，手続が仲裁判断に熟すると認めるときは，審理の終結を決定することができる。審問期日外においてこの決定をするときは，適当な予告期間をおかなければならない。

2 仲裁廷は，必要があると認めるときは，審理を再開することができる。審理の再開は，原則として審理終結の日から3週間を経過する日以後には行わないものとする。

第50条（仲裁手続の終了）

1 仲裁手続は，仲裁判断または仲裁手続の終了決定があった時に，終了する。

2 仲裁廷は，第22条第4項または第33条第2項の規定による場合のほか，仲裁手続を続行する必要がなく，または仲裁手続を続行することが不可能であると認めるときは，仲裁手続の終了決定をしなければならない。

3 仲裁廷の任務は，仲裁手続が終了した時に，終了する。ただし，第56条から第58条までの規定による行為をすることができる。

4 第54条第1項，第3項，第4項および第5項ならびに第55条の規定は，本条の決定について準用する。

第51条（責問権）

当事者が仲裁手続に関する違背を知りまたは知ることができた場合において，遅滞なく異議を述べないときは，これを述べる権利を失う。ただし，放棄することができないものはこの限りでない。

第52条（書面のみによる審理手続）

1 当事者は，いつでも書面による合意により書面のみによる審理を求めることができる。この場合において，すでにされた手続の効力は失われない。

2 書面のみによる審理手続にこの規則の規定を適用することがその性質に反するときは，仲裁廷の定めるところによる。

　　　第2節　仲裁判断

第53条（仲裁判断の時期）

1 仲裁廷は，手続が仲裁判断に熟すると認めて審理を終結したときは，その日から5週間を経過する日までに，仲裁判断をしなければならない。ただし，仲裁廷は事件の難易その他の事情により必要があると認めるときは，その期間を8週間以内の適当な期間とすることができる。

2 仲裁廷は，前項の審理終結に当り，仲裁判断をする時期を当事者に知らせなければならない。

第54条（仲裁判断）

1 仲裁判断書には，次の事項を記載し，仲裁人が署名をしなければならない。ただし，第4号の記載は，当事者がこれを要しない旨を合意している場合および次項に規定する場合には省略するものとし，省略の理由を記載しなければならない。
  (1) 当事者の氏名または名称および住所
  (2) 代理人がある場合は，その氏名および住所
  (3) 主文
  (4) 判断の理由
  (5) 判断の年月日
  (6) 仲裁地
2 仲裁廷は，仲裁手続の進行中に和解した当事者が要請した場合には，和解の内容を仲裁判断とすることができる。この場合には，和解の内容を仲裁判断にした旨を記載しなければならない。
3 仲裁廷は，仲裁判断書において，管理料金，仲裁人報償金および手続に必要な費用について，それらの合計額とその当事者間の負担割合を記載しなければならない。
4 前項の負担割合に基づき一方の当事者が他方の当事者に対して償還すべき額があるときは，仲裁廷は，仲裁判断書の主文において，その額を支払うべき旨の命令を記載しなければならない。
5 仲裁人の数が複数の場合において，仲裁判断書に署名をしない仲裁人があるときは，仲裁判断書にその理由を記載しなければならない。
6 仲裁判断は，終局的であり当事者を拘束する。

第55条（仲裁判断書の送付）
1 仲裁判断書は，協会に保管されるものとする。
2 協会は，仲裁人の署名のある仲裁判断書の写しを手交，配達証明付書留郵便またはその受領を証明できるその他の方法によって，当事者に送付しなければならない。
3 前項の送付は，仲裁人報償金および手続に必要な費用の全額が協会に納付された後に行う。

第56条（仲裁判断の訂正）
　仲裁廷は，当事者の申立てによりまたは職権で，仲裁判断における計算違い，誤記その他これらに類する誤りを訂正することができる。

第57条（仲裁廷による仲裁判断の解釈）
　当事者は，仲裁廷に対し，仲裁判断の特定の部分の解釈を求める申立てをすることができる。

58条（追加仲裁判断）
　当事者は，仲裁手続における申立てのうち仲裁判断において判断が示されなかったも

のがあるときは，仲裁廷に対し，その申立てについての仲裁判断を求める申立てをすることができる。

第5章　簡易手続

第59条（簡易手続の適用）
1 申立ての請求金額または請求の経済的価値が2,000万円以下の場合には，この章に定める規定により仲裁を行う。ただし，次に掲げる場合には，この章の規定は適用しない。
  (1) 当事者が基準日から2週間を経過する日までに簡易手続によらない旨の合意を協会に通知した場合
  (2) 当事者が基準日から2週間を経過する日までに仲裁人の数を複数とする合意を協会に通知した場合
  (3) 第61条の規定に従い反対請求の申立てがあり，その請求金額または請求の経済的価値が2,000万円を超える場合
2 主たる請求に附帯する利息その他の果実，損害賠償，違約金または費用の価額は，前項の請求金額または請求の経済的価値に算入しない。
3 請求の経済的価値の算定ができないときもしくは極めて困難であるとき，または請求の経済的価値に関し当事者間に争いがあるときは，第1項の経済的価値は2,000万円を超えるものとみなす。

第60条（簡易手続に適用する規定）
1 簡易手続は，第61条から第67条までの規定による。
2 この章に定めのない事項については，他の章の規定を適用する。

第61条（反対請求の申立ての期限）
　被申立人は，第59条に定める申立ての請求金額または請求の経済的価値が2,000万円以下の場合には，基準日から2週間を経過する日までに限り，第19条に規定する反対請求の申立てをすることができる。

第62条（申立ての変更の禁止）
　申立人または反対請求の申立人は，いずれもその申立てを変更することができない。

第63条（仲裁人の選任）
1 仲裁人は1人とする。
2 当事者は，基準日から4週間を経過する日までに合意によって仲裁人の選任をしなければならない。
3 当事者が前項の期間内に第27条の規定に従い仲裁人の選任通知をしない場合には，協会がその仲裁人を選任する。
4 前項の規定により協会が仲裁人を選任する場合において，当事者がいずれの当事者

の国籍とも異なる国籍を有する仲裁人を選任することを求めたときは、協会はこれを考慮するものとする。

5　第23条から第26条までおよび第45条の規定は簡易手続には適用しない。

第64条（審問期日の制限）

　仲裁廷は、審問を1日に限り開くことができる。ただし、やむを得ない事由がある場合には、追加の審問を1日に限り開くことができる。

第65条（仲裁判断の期限）

1　仲裁廷は、その成立の日から3カ月以内に仲裁判断をしなければならない。

2　前項の規定にかかわらず、協会は、仲裁人と全当事者との合意があるとき、または仲裁人が心身の故障その他仲裁人としての任務を遂行できない事由のため前項の期間内に仲裁判断をすることができないと認めるときは、前項の期間を延長することができる。ただし、いずれの場合においても、協会が延長する期間は、3カ月を限度とする。

第66条（手続参加および併合審理に関する規定の適用の排除）

　第43条および第44条の規定は、簡易手続には適用しない。

第67条（読替規定）

　第2条第1項本文および第17条第1項の規定が適用されるときは、第2条第1項本文中の「3週間」とあるのは「1週間」と、第17条第1項中の「3週間」とあるのは「4週間」とそれぞれ読み替えるものとする。

　　　　　第6章　補則

第68条（料金等の納付義務）

　当事者は、仲裁料金規程に定める料金、仲裁人報償金および手続に必要な費用の協会に対する納付について、連帯して責任を負う。

第69条（料金および費用の負担）

　当事者は、仲裁料金規程に定める料金および手続に必要な費用を次に定めるところにより負担しなければならない。

　(1)　申立料金は、仲裁手続開始の申立てをする当事者が負担する。

　(2)　管理料金および手続に必要な費用は、仲裁廷が仲裁判断において定める割合に従って負担する。

第70条（仲裁人報償金の負担）

　当事者は、協会の定める仲裁人報償金を等額負担しなければならない。ただし、仲裁廷は、事情によりこれと異なる負担割合を定めることができる。

第71条（協会に対する納付）

1　当事者は、仲裁人報償金および手続に必要な費用に充当するため、協会の定める金

額をその定める方法に従い，その定める期間内に協会に納付しなければならない。
2 　当事者が前項の納付をしないときは，協会は，仲裁廷に対し，仲裁手続を停止しまたは終了することを求めることができる。ただし，他方の当事者がその分についても納付したときは，この限りでない。
3 　仲裁手続が終了した場合において，第1項の規定により納付された額および管理料金の額の合計額が，第54条第3項の規定により仲裁廷が定めた管理料金，仲裁人報償金および当事者が協会に支払う手続に必要な費用の合計額を超えるときは，協会は，その差額を当事者に返還しなければならない。

第72条（当事者が仲裁手続に関して支出した費用）
　当事者間に別段の合意がない限り，仲裁廷は，当事者が仲裁手続の遂行に要した代理人の報酬および費用の全部または一部を仲裁手続に必要な費用として認めることができる。

　　　　　附則（平成4年10月1日施行）
1 　この規則は平成4年10月1日から施行する。
2 　平成3年6月1日改正された商事仲裁規則は廃止する。
3 　この規則の施行前に手続が開始された仲裁事件については，なお従前の例による。ただし，当事者の合意により，その後の手続をこの規則によって行うことができる。この場合，従前の規則により行われた手続はその効力を失わない。

　　　　　附則（平成9年10月1日施行）
1 　この規則は平成9年10月1日から施行する。
2 　この規則の施行前に手続が開始された仲裁事件については，なお従前の例による。ただし，当事者の合意により，その後の手続をこの規則によって行うことができる。この場合，従前の規則により行われた手続はその効力を失わない。

　　　　　附則（平成16年3月1日施行）
1 　この規則は平成16年3月1日から施行する。
2 　この規則の施行前に手続が開始された仲裁事件については，なお従前の例による。ただし，当事者の合意により，その後の手続をこの規則によって行うことができる。この場合，従前の規則により行われた手続はその効力を失わない。

　　　　　附則（平成18年7月1日施行）
1 　この規則は平成18年7月1日から施行する。
2 　この規則の施行前に手続が開始された仲裁事件については，なお従前の例による。ただし，当事者の合意により，その後の手続をこの規則によって行うことができる。この場合，従前の規則により行われた手続はその効力を失わない。

〔㈳日本商事仲裁協会理事〕

第 4 章

海事仲裁の現状と将来展望

松 元 俊 夫

I はじめに

　社団法人日本海運集会所（The Japan Shipping Exchange, Inc. 略称 JSE）は，1921 年（大正 10 年）9 月創立の株式会社神戸海運集会所が 1933 年（昭和 8 年）11 月社団法人に衣替えをした組織で，純民間の非営利公益法人である。創立の目的は，海運取引の商談に適する場所と設備を提供することであって，仲裁を始めたのは 1926 年である。仲裁機関でありながら名称に「仲裁」となっていないのは，このような歴史的な由来による。

　2003 年度の統計によると，世界の海上貨物輸送量は，58 億トンでその 15.7％， 9 億 1,600 万トンが日本の輸出入高である。外国との海上輸送なしには，日常生活が成り立たないわが国において，海事仲裁の果たす役割も大きいと思われる。

II 一般商事仲裁と海事仲裁

　「海事仲裁」と言っても，それは商事仲裁の一部であるが，諸外国においても一般の商事仲裁とは別に海事仲裁機関や海事仲裁人協会が存在している。その理由はいろいろ考えられる。海運業が商品売買やライセンス契約などを扱う業界と違って，国際的に一つの取引分野を形成しており，外航海運業は全世界の同業者と競争しているもので，運賃や傭船料或いは新造船価や中古船の船価が世界のマーケットに左右されるだけでなく，印刷された共通の契約書式が長

年にわたり広く利用されており，そのような契約書式には，ロンドンやニューヨークにおける仲裁や海運集会所の仲裁（TOMAC）によると印刷されているものが多いからであろう。TOMAC は Tokyo Maritime Arbitration Commission（東京海事仲裁委員会）の略称である。

傭船契約，傭船契約書を意味する charter party は，parted card（分割されたカード）が原意で，1375 年には使用されていたと言われている（佐波宣平『海の英語』97 頁）。そのような事情を考えても海事仲裁が，商事仲裁の中でも非常に古くから行われていたであろうと思われる。

わが国で，常設の海事仲裁機関として仲裁判断を行ったのは，記録による限り 1913 年に海運仲立業者の団体である神戸海運業組合が最初である。JSE は，その前身たる株式会社神戸海運集会所の時代，即ち 1926 年 5 月に仲裁部を設けて，同組合から海事仲裁業務を引き継ぎ，今日に至っている。

III　海事仲裁の実績

1994 年 4 月から 2004 年 3 月までの最近 10 年間における TOMAC 仲裁の実績を見ると，受理した仲裁件数は，149 件で，申立人と被申立人双方の住所が日本国にあるもの（以下「国内案件」という）が 75 件，いずれか一方又は双方が日本国以外にあるもの（以下「国際案件」という）が 74 件である。仲裁判断書を交付したもの 65 件（併合したものを含む），手続中に仲裁人の斡旋で和解したもの 26 件，取下げ 46 件である。取下げのうちの大部分は，時効中断のために仲裁を申し立てた後，当事者間で示談解決したものである。

受理したものについて紛議の内容を見ると，定期傭船契約 46 件，船舶売買契約 30 件，航海傭船契約及び運送契約 29 件，造船契約 6 件，裸傭船契約 9 件，貨物損害 10 件，運航委託契約 3 件，救助契約 1，コンテナリース契約 1 件，その他 14 件となっている。

アドホク仲裁がどれほど行われているかについては，公表された資料がないから不明である。

IV　世界の海事仲裁マーケット

　諸外国と比較して極端に少ない仲裁件数。ロンドンの海事仲裁は年3,000件位あるらしい。

　仲裁法が制定されて2004年3月1日に施行される前は，1890年制定の民事訴訟法第8編「仲裁手続」が，新民事訴訟法の制定に伴って，「公示催告手続及び仲裁手続に関する法」（略して公催仲裁法）という名称でがわが国の「仲裁法」であったので，日本の「仲裁法」が世界の標準からほど遠いから，外国人が日本における仲裁手続に不安を感じ，そのことが日本で仲裁が増えない理由の一つであると言う声があった。果たしてそうであろうか。

　件数が少ない理由はいろいろ考えられるであろうが，当事者双方が日本法人の場合はもちろん，一方の当事者が外国法人であっても，仲裁地が日本と合意されていればその外国法人は日本人弁護士を代理人にして交渉することが多く，いずれの場合も当事者間の示談解決に全力を尽くすという傾向が強い。

　国際取引，国際仲裁（international and cross-border arbitration）について言えば，日本の仲裁というよりも日本の情報，殊に法律関係の情報，判例などが海外に英語で紹介されていないため，日本人のものの考え方がわからないということがあると思う。TOMACでは，1964年から英語で仲裁判断や海事関係の判例などを掲載した小冊子Bulletinを発行し，主として海外の法律事務所や海運会社，シップブローカー，国内の大使館などに配布している。しばしばカネは出すが，顔が見えない日本人などと言われるが，法律に関しては，顔が見えるようになってほしい。

V　TOMAC仲裁規則

1．仲裁合意（法13条）

(1)　仲裁法13条2項末尾「その他の書面」に注目

　仲裁合意は，当事者の全部が署名した文書，当事者が交換した書簡又は電報（ファクシミリ装置その他の隔地者間の通信手段で文字による通信内容の記録

が受信者に提供されるものを用いて送信されたものを含む。）その他の書面によってしなければならない。

　JSE は傭船契約書や船荷証券などの標準書式を作成しており，いずれの書式にも仲裁条項を規定している。性質上一方の当事者のみが署名して発行する船荷証券は「その他の書面」に該当する。

　海事関係の契約に関する限り，主たる取引契約中に仲裁条項が印刷されている場合が多く，争いを仲裁で解決することが定着していると思われる。

(2)　同条3項の実例

　書面によってされた契約において，仲裁合意を内容とする条項が記載された文書が当該契約の一部を構成するものとして引用されているときは，その仲裁合意は，書面によってなされたものとする。

　同類の契約，例えば傭船契約締結の度毎に印刷された契約書式を使用せず，Fixture Note（覚書）を作成するだけにとどめ，その中に "Other terms and conditions including arbitration clause to be as per NIPPONGRAIN Charter Party"，或いは "Other terms, conditions and exceptions as per Charter Party dated..."，といった文言を記載することがある。

(3)　集会所制定書式の仲裁条項は次のとおりである。

（参照：NIPPONGRAIN Cl. 28, B/L Cl. 3）

（英文）

　　Any dispute arising from or in connection with this Charter Party shall be submitted to arbitration held in Tokyo by the Tokyo Maritime Arbitration Commission (TOMAC) of The Japan Shiping Exchange, Inc. in accordance with the Rules of TOMAC and any amendment thereto, and the award given by the arbitrators shall be final and binding on both parties.

（和文）

　　1．本契約に関して当事者間に争いを生じたときは，各当事者は，社団法人日本海運集会所（東京又は神戸）に仲裁判断を依頼し，その選定に係る仲裁人の判断を最終のものとしてこれに従う。

2．仲裁人の選定，仲裁手続その他仲裁に関する一切の事項は，社団法人日本海運集会所海事仲裁委員会の仲裁規則による。

(4) 紛争発生後締結される TOMAC 仲裁契約は次のとおりである。

（英文，船舶の衝突に関するもの）

It is hereby mutually agreed between and for the settlement by arbitration of all disputes arising from or in connection with the collision between　　　　and　　　　on the date of　　　　that :

1. The dispute shall be submitted to the Tokyo Maritime Arbitration Commission of The Japan Shippng Exchange, Inc. ("TOMAC") for arbitration in Tokyo.

2. The arbitration proceedings and all other related matters shall be conducted in accordance with the Rules of Arbitration (the "TOMAC RULES").

3. The award given by the arbitrators appointed in accordance with the TOMAC RULES shall be final and binding on both prties.

（和文）

　　　　と　　　　との間で　　　　に関する紛議を解決するため，下記のとおり仲裁契約を締結した。

記

1．社団法人日本海運集会所海事仲裁委員会に本件紛議に関する仲裁を申請する。

2．仲裁判断に関する手続その他これに関連する一切の事項は社団法人日本海運集会所の仲裁規則（以下「仲裁規則」という）による。

3．当事者は仲裁規則によって選任された仲裁人の判断を最終のものとして，これに従う。

4．本件紛議事項について当事者間に別段の仲裁合意があったときは，本契約締結と同時に効力を失う。

5．本件の仲裁地は東京とする。

上記契約を証するため，本書を作成し記名捺印する。

(5) 典型的な外国の書式中の仲裁条項は次のとおりである。
（ロンドン仲裁）

This Contract shall be governed by and construed in accordance with English law and any dispute arising out of or in connection with this Contract shall be referred to arbitration in London in accordance with the Arbitration Act 1996 or any statutory modification or re- enactment thereof save to the extent necessary to give effect to the provisions of this Clause.

The arbitration shall be conducted in accordance with the London Maritime Arbitraors Association (LMAA) . . .

(BIMCO STANDARD LAW & ARBITRATION CLAUSES 1998)

（ニューヨーク仲裁）

All disputes out of this contract shall be arbitrated at New York in the following manner, and subject to U. S. law :

One Arbitrator to be nominated by each of the parties hereto and a third by the two so chosen. Their decision or that of any two of them shall be final, and for the purpose of enforcing any award, this agreement may be made a rule of the court. The Arbitrators shall be commercial men, conversant with shipping matters.

Such Arbitration is to be conducted in accordance with the rules of the Society of Maritime Arbitrators Inc. . . . (NYPE 93)

2．仲裁人の選任（法17条）

仲裁人は，委員会が管理する仲裁人名簿に記載され，かつ，当事者及び当該事件に利害関係がないと見られる者のうちから選任される。二当事者間の仲裁では，各当事者が1名ずつ仲裁人を指名し，指名された2名が第三仲裁人を指名する。当事者双方が名簿記載外の仲裁人を指名したときは，その仲裁人による（規則15条）。

多数当事者仲裁の場合，当事者間に別段の合意がある場合を除き，委員会が

当事者の意向を聞いた上，選任する（規則16条）。

3．仲裁人の開示義務・倫理規程と忌避（法18，19条）

　仲裁人が海運業者や仲立業者のように業界人である場合に，厳格にその独立性を追求すると，仲裁人の所属する会社と当事者との間に何らかの取引関係が存在することがあるため，微妙にその仲裁人の独立性を疑われるおそれがあり得るので，そのような場合に対処できるよう，規則は，「仲裁人は，……当事者及び当該事件に利害関係がないとみられる者のうちから選任され」（規則14条），「任後7日以内に，自己の不偏性及び独立性を疑われるおそれのある事情を開示する書面を事務局に提出し」（規則19条1項），その書面には，「仲裁の当事者，当事者の子会社等の関係会社，当事者の代理人，選任された他の仲裁人と密接な個人的取引上その他の関係があるか否か」についても開示され（同条3項），仲裁人の中立公正を求め，これに対して開示書面を見た当事者は，7日以内に仲裁人の忌避の申立てをすることができる。この期間内に忌避の申立てがなければ開示事項については，異議なく認めたものとみなす（同条4項）。弁護士が仲裁人に指名されたときも，その弁護士が所属する法律事務所について，今述べた業界人の場合と同じようなことを考慮しなければならない。

　このように仲裁人選任の段階で，当事者に忌避の意向があれば，仲裁人の忌避問題を早期に解決できるようにしている。仲裁手続が迅速かつ円滑に行われるためには，当事者が，仲裁人にある事情が存することを知っていたならば，その仲裁人を忌避したであろうという状況は，できる限り早く知らされるべきである。

　さらに仲裁人は，仲裁手続の進行中においても不偏性，独立性を疑われるおそれのある事由が生じたときは，その事由を開示しなければならない（同条2項）。

　次に，仲裁人の忌避に関する審理について，仲裁法19条は，まず仲裁廷が行い，仲裁廷が忌避理由がないと判断したときは，忌避をした当事者は，裁判所に忌避の申立てをすることができる旨定めているが，TOMACは，内部の第

三者が審査する。

　忌避審査期間中は仲裁手続は中断する。実務的に迅速な解決方法として，当該仲裁人が自ら辞任することによって解決する場合もある。ただし，そのことをもって，忌避の申立てに理由があるものとは解されない（以上規則 20 条）。

　実際にどのようなことが忌避の問題となったかについて見ると，

　　(a)　仲裁人 A が相談役をしている B 社の顧問弁護士 C が被申立人の代理人であることは，仲裁の公正を妨げる事情に当るか否か。この場合，B 社は P 社と Q 社の合併会社で，A は P 社の元社長，C は Q 社の顧問で，会社合併後も B 社の顧問になっていた。

　　(b)　A 仲裁人の審尋における発言が予断を抱いた不適切な発言であって，仲裁の公正・中立に対する疑念を起こさせるか。

　　(c)　当事者の一方の顧問 A について証人申請書が提出されたが，仲裁人がこの証人申請を採用しないと決定したことが，仲裁人の忌避理由に当るか否か。

といったものがある。

　これらの忌避申請は，いずれも理由なしとして退けられた。「公催仲裁法」の下で忌避申立人はさらに裁判所の判断を求めることなく，仲裁人忌避審査委員会の判断に従っている。

4．仲裁人の義務・罰則，免責

　仲裁人の義務として，公正かつ誠実にその任務を行い，当事者を公平に扱うべきことのほか，当事者，その代理人その他の関係者と当該事件に関して，個人的に接触してはならず，秘密保持のため仲裁の内容，当事者名その他当該事件に関連した事項を第三者に漏らしてはならないという義務を課するのみならず，それらのいずれかに違反したときは，その仲裁人は直ちに辞任しなければならず，さらに TOMAC は，その仲裁人を名簿から除名することができることを定める（規則 18 条）。

　さらに仲裁人は，TOMAC 及び事務局と共に，仲裁手続と仲裁判断について，

一切の民事上の責任を免除される（規則29条）。

なお，仲裁規則とは別に「仲裁人倫理規程」があり，同規程には次のとおり定められている。

　1．仲裁人は，予め仲裁規則に精通し，同規則に従って誠実にその任務を行う。

　2．仲裁人は，仲裁の内容，当事者名の他当該事件に関連した事項を第三者（部下等を含む）に漏らしてはならない。

　3．口頭審理は，事案の内容を明らかにするために行うものであるから，仲裁人は，当事者に対する質問に徹し，当事者，その代理人等に対して，判断内容を予見させるようなことを述べてはならない。

　4．仲裁人は，当事者その他の関係者と当該事件に関して個人的に接触してはならず，自己の公正を疑われるようなことをしてはならない。

5．当事者の義務

　近年は，世界的に仲裁手続に時間がかかり過ぎると言われ，TOMACの手続についても一部そのような事実も見られた。TOMACに関する限り，当事者又はその代理人に遅れの原因がある場合があるので，当事者は，仲裁手続を迅速に進行させるため仲裁廷の指示に従わなければならないと定め，故意又は重大な過失により，時機に後れて新たな主張若しくは証拠を提出することなどにより仲裁の完結を遅延させると仲裁廷が認めたときは，仲裁廷はこれらを却下できることを定めている（規則21条1，2項）。

　仲裁人の義務と同様に秘密保持の観点から，当事者，その代理人その他の関係者に進行中の当該事件に関連した事項を漏らしてはならないことを求めている（同条3項）。

6．和解による解決（法38条）

　仲裁廷は，当該紛争の全部又は一部を和解によって解決することができる。仲裁手続と調停や和解の試みを厳格に区別し，和解の試みが不調に終わったと

きは，仲裁廷は，和解を勧める際に知り得た情報を仲裁判断の材料としてはならないことを定めている（規則32条）。

7．調停前置仲裁

2001年6月の仲裁規則改正の際に，仲裁申立てを受理した後，事務局が調停を行うよう当事者双方に勧めることができることとした（規則8条）。いわゆる調停前置仲裁である。当事者双方が調停に同意したときは，海事仲裁委員長が選任する1名の調停人が調停規則に基づき，同意の日から60日間に限り調停を行う。調停が不調に終わったときは，仲裁手続を再開する。この場合，調停人が再開される仲裁の仲裁人となることができるのは，そのことについて当事者が合意した場合に限られる。調停手続と仲裁手続が別個のものであることを明らかにしている。

しかしながら，既に述べたとおり，紛争の当事者は，まず当事者間の示談解決に全力を投入するので，一旦仲裁を申し立てたならば，あえて調停を望むということがないようである。むしろ，仲裁人の面前で自己の主張すべきことを述べ，書面を提出し，相手の主張も明らかになった段階で和解解決を望む場合の方が多いのが実情である。

8．判断基準，準拠法（法36条）

仲裁判断の基準，実体法の準拠法について見ると次のとおりである。

最近のBIMCO（The Baltic and International Maritime Council）制定書式には英国法によるロンドンの仲裁，米国法によるニューヨークの仲裁又は当事者が合意した仲裁地の法と仲裁によって争いを解決する旨の規定を設け，準拠法を定めるものが多いが，一般的には必ずしも準拠法を指定するわけではない。

TOMAC仲裁の場合準拠法が指定されておらず，かつ当事者が特に準拠法に関する主張をせず，自明のこととして英国の判例に基づいて主張することが多い。わが国の民商法に細かい取引実務に関連する規定がないため，また判例も少ないため，主として英国の判例或いは米国の判例を慣習法ないし慣行

(commercial usage) として採り入れることが多い。仲裁人の判断理由から一部を紹介すると以下のとおりである。

(1) 本傭船契約書には準拠法に関する明示の規定はないが，両当事者は本件仲裁手続の過程で本傭船契約は基本的に日本法に従って解釈されるべきであることに同意した。また，準拠法について明示の規定がない場合，当事者の黙示の意思により，その準拠法の指定を判断するのがわが国法例7条の趣旨であり，東京において締結され，日本海運集会所による東京仲裁が指定された本傭船契約について，当仲裁人会は，わが国法例7条により，準拠法を基本的に日本法とするのが妥当であると判断した。ただし，日本法において制定法による規定，判例などが不備又は不足する場合には，日本海運集会所仲裁の伝統に基づき，英米の判例，仲裁例を判断の参考とした。もとより，海事仲裁は，純粋に法律判断を行う訴訟と異なり，実務慣行に重点を置いた現実的紛争解決を目指すものであり，本件仲裁人会もその理念に従った。

(2) 定期傭船契約における船主の堪航能力担保義務について，わが国の海運取引において慣習法として取り入れられている英国法によれば，傭船期間中に生じた当該船舶の不堪航は，契約の目的を達成できないほどのものでない限り，傭船者が解約できないことは，確立している。したがって，被申立人の言う債務不履行は解約事由とはならない。

(3) 申立人は，日本法上は損害拡大防止義務の規定はなく，過失相殺の問題として考えるべきであるとした上で，損害拡大防止義務は尽くされたと主張している。本件仲裁人会は，慣習法としてわが海運業界に取り入れられている，英国法の損害拡大防止義務が尽くされたか否かを検討する。

周知のとおり，損害拡大防止義務（duty to mitigate damages）は，契約違反又は不法行為の被害者は自己の損害をできる限り軽減するため合理的な注意を払って，損害の拡大を防止すべき義務を負うということであり，損害の拡大を防止しなかった場合，その拡大部分について損害賠償を請求し得ない。したがって，傭船者が船積みを拒否した場合の船主の損害額は，船主がその傭船契約で得べかりし収益から，当該船舶の代替利用によって取得する収益を控除した

ものであり，代替利用についても船主の合理的な判断が求められる。

9．仲裁判断の公表

仲裁判断は，予め当事者双方の反対の意思表示がない限り，公表することができ（41条），TOMACはこれまでに213件公表した。1972年10月以降のものについては当事者名，特定の会社名，個人名など，船名以外の固有名詞を伏せ，2004年から船名も伏せている。一般的に仲裁の利点として秘密保持を重視し，仲裁判断を公表すべきではないという意見があり，事実先端技術や知的財産権関係については，公表に馴染まないかもしれない。しかし，海事仲裁に関する限り，各種の標準契約書式が使用されることが多く，また，類似の条項或いは類似の争いが多く見られるため，当事者以外にも一つの手引として参考となる。

公表することによって第三者の批判を受けるとともに，どのような仲裁が行われているかという点で，仲裁に関する広報の役目を果たしていると思われる。

なお，仲裁手続の公表，書類の閲覧，仲裁人会の傍聴などは一切認めていない。

ニューヨークのSociety of Maritime Arbitratorsは，仲裁判断の全文を公表している。反対意見又は少数意見があれば，それも載せているので，どの仲裁人がそのような意見をもっているかということまでわかる。

ロンドンの海事仲裁は，Lloyd's Maritime Law News Letter（2週に1度）に船名，当事者名等を載せずに詳しい内容を紹介している。

10．仲 裁 費 用

仲裁廷は，仲裁に要する費用，即ち仲裁人の謝礼（報酬），事務経費等に充てるため，当事者に請求金額に基づいて算出した納付金の支払いを求めている。審尋の回数が4回を超える場合や仲裁人会が要請した証人又は鑑定人のための費用以外に追加納付を求めることはないので，当事者は手続開始の段階で，ほ

ぼ所用費用について予測することができる（規則43条）。

さらに，諸外国において，仲裁の勝者が敗者から弁護士費用を回収できるため，当事者が，弁護士費用その他の手続費用を相手方に請求する申立てをしたときは，仲裁廷は，仲裁判断の内容に鑑み，合理的な範囲内において，仲裁判断とともに又は独立の決定をもって，これを認めることができるという規定を新たに設けた（規則44条）。

VI 将来展望

今日までTOMACが仲裁を行い，ある程度の実績を残せたのは，集会所の書式制定委員会が制定した各種標準契約書式にTOMACの仲裁条項が印刷されていて，それらの書式が業界で使用され，或いは外国の標準書式を使用する場合にロンドンやニューヨークの仲裁を定めた仲裁条項をTOMACに改めたからであると考えられる。

しかし，実務に直結した判例の多い英国における仲裁に対する信頼は非常に大きく，一方の当事者が実質的に日本人である場合，日本法を全く或いは十分理解していない他方当事者たる外国人が，TOMAC仲裁を無条件に受け入れることは難しいと思われる。

例えば，日本造船工業会が1974年1月に制定した輸出船用の造船契約書式には，TOMAC仲裁条項が印刷されているにも拘らず，船舶の建造がいわゆる買手市場であることが多いことも手伝って，契約締結前の交渉においてTOMACは抹消され，ロンドンにおける仲裁に改められる場合が多いのが実情である。

わが国では仲裁判断の事例がロンドンやニューヨークに比べて極端に少なく，日本の法律や判例が，外国人に理解されるよう十分紹介されていない状況下では，日本を仲裁地とすると外国人が自分の知らない日本法が適用されると考えて，ロンドン仲裁を主張すると言っても過言ではない。

TOMACとしては，今後外国人同士，特に日本と地理的に近いアジアの国々の争いを慣習法に基づいて解決することにも活路を見出す必要があると考え

る。

付 記

(1) 最初の船舶衝突事件と調停

司馬遼太郎「竜馬が行く」によれば，日本近代海運史上最初の事件として次のようなことが書かれている。慶応3年4月23日蒸気船いろは丸（160トン，45馬力）の右舷に明光丸（887トン，150馬力）が衝突し，いろは丸が沈没した事件で，竜馬側は英国人キング艦隊司令官を参考人として問題を公論に訴えようとした。「参考人」と書かれているが，国際的に通用している万国公法に従って解決することを考えているから，キング艦隊司令官には仲裁人の立場で判断してもらうという意図があったと思われる。実際には紆余曲折があって，薩摩藩の五代才助が調停人となって，いろは丸の竜馬側は，ほぼ満額の損害賠償を勝ち取ったと書かれている。

(2) 日本の仲裁はいつごろから？

古くより私人間の民事上の争の如きは和輿・内済と称し今日の所謂示談を以て解決し，又相当仲裁が行はれたもので，明治9年以降明治23年まで司法省布達を以て行はれた勧解の制度の如きは非常な好成績を挙げ，当時巷間では「上手な裁判より下手な仲裁」と言はれた程であった。……最近調査したところに依れば，昭和13年12月までに全国裁判所に保管を託された仲裁判断の原本総数は合計209件となって居る（村本一男・我國仲裁制度の五十年を回顧して「海運」1940年2月号46頁）。

資　料

社団法人日本海運集会所　海事仲裁委員会　仲裁規則

1962年9月13日制定
2003年11月25日最終改正
2004年3月1日施行

第1条（本規則の目的）
　本規則は，社団法人日本海運集会所（以下「集会所」という）において行われる仲裁に適用する。

第2条（仲裁廷）
　(1)　前条の仲裁は，第15条又は第16条によって選任される仲裁人からなる仲裁廷（単独仲裁人の場合を含む。以下同じ）を設けて行う。
　(2)　仲裁廷は，集会所及び海事仲裁委員会（以下「委員会」という）から独立してその任務を遂行する。
　(3)　仲裁廷は，仲裁合意の無効又は不存在の主張があっても，仲裁合意が有効であると判断するときは，仲裁手続を続行することができる。この場合，仲裁廷は仲裁合意が有効である旨，仲裁判断前に決定することもできる。

第3条（仲裁合意と本規則の関連）
　当事者が仲裁合意書又は他の契約書中の仲裁条項に，紛争を集会所の仲裁又はその規則による仲裁に付託する旨を定めたときは，本規則（仲裁申立て受理時に改正されていたときはその改正規則）を仲裁合意の一部とみなす。

第4条（事務局）
　集会所の事務局は，委員会又は仲裁廷のため，本規則に定める事務その他委員会又は仲裁廷の命ずる事務を行う。

第5条（仲裁の申立てのための提出書類）
　(1)　仲裁を申し立てようとする当事者（以下「申立人」という）は，次の書類を事務局に提出しなければならない。
　　1．仲裁申立書
　　2．紛争を集会所の仲裁又はその規則による仲裁に付託する旨の合意を証明する書面
　　3．申立人の申立てを基礎づける証拠書類があるときは，その証拠書類
　　4．申立人が法人であるときは，その代表者の資格を証明する書面
　　5．代理人を選任したときは，その者に代理権を授与した旨の書面

(2) 前項第1号ないし第5号の書類の提出通数は，事務局の指示による。

第6条（仲裁申立書の記載事項）

仲裁申立書には，次の事項を記載しなければならない。

　1．当事者の住所及び氏名（法人の場合は本店又は主たる事務所の所在地，名称，代表者の資格及び氏名）

　2．請求の趣旨及び原因

第7条（仲裁申立ての受理）

(1) 仲裁申立てが前2条に適合することを確認したときは，事務局はこれを受理する。ただし，特別の事情があると認められるときは，第5条第3号ないし第5号の書類を後日提出することを条件として，仲裁の申立てを受理することができる。

(2) 前項の規定により仲裁の申立てを受理したときは，仲裁申立書が集会所に到達した日をもって時効中断の効力を生ずる。ただし，仲裁手続が仲裁判断によらずに終了したときは，この限りでない。

第8条（調停の試み）

(1) 事務局は，仲裁申立てを受理した後，当事者間における簡便，迅速，かつ円満な紛争の解決のため，調停を行うよう当事者双方に勧めることができる。

(2) 前項の規定により当事者双方が調停を行うことに同意したときは，委員会は，調停手続が終了するまで仲裁手続を中断する。

(3) 調停は，海事仲裁委員長が選任する1名の調停人により，前項の同意があった日から原則として60日間に限り行う。

(4) 調停手続は，本条に規定する事項を除き，集会所調停規則（以下調停規則という）を適用する。

(5) 調停により紛争が解決した場合，仲裁受理料は調停規則第1条に定める予備調査費用及び調停費用の一部に充当する。

(6) 調停人は，当事者双方が合意した場合に限り，調停不調の場合に再開される仲裁の仲裁人となることができる。

(7) 調停不調の場合に再開される仲裁手続の仲裁費用納付金は，調停費用が予納されているときはこれを控除した額とする。

第9条（答弁書及び主張書面の提出指示）

(1) 事務局は，仲裁の申立てを受理したときは，仲裁申立書及び証拠書類の写を相手方当事者（以下「被申立人」という）に送付し，その受信日から21日以内に到着するよう，答弁書及びこれを基礎づける証拠書類があればその書類並びに被申立人が法人であるときは，その代表者の資格を証明する書面を事務局及び申立人に送付すべきことを指示する。ただし，被申立人の住所又は本店若しくは主たる事務所の所在地が外国にあ

るときその他特別の事情があるときは，相当の期間の猶予が認められる。

(2) 被申立人が代理人を選任したときは，答弁書提出の際，その者に代理権を授与した旨の書面を提出しなければならない。

(3) 答弁書及び証拠書類の送付を受けた申立人は，それに対して異議があるときは，その受信日から 14 日以内に到着するよう，主張書面及び証拠書類を事務局及び被申立人に送付しなければならない。

(4) 前項に規定する手続は，その後に当事者が主張書面及び証拠書類を提出した場合にも繰り返して行う。

(5) 答弁書その他の主張書面及び証拠書類の提出は，電子郵便（E メール），ファクシミリ等によることができる。それらの書面が原本と相違ないこと及び相手方に送付したことの挙証責任は，発信者が負う。

(6) 書類の提出通数は，事務局の指示による。

第 10 条（書類の送付）

仲裁に関する書類は，当事者又はその代理人の受領書と引換えに交付する場合を除き，仲裁申立書に記載された当事者の住所，常居所，営業所，事務所，その代理人の住所又は当事者の指定した場所に送付する。

第 11 条（被申立人の反対請求）

(1) 被申立人は，同一の事件から生ずる反対請求の仲裁を申し立てるときは，原則として第 9 条第 1 項の期間内に申し立てなければならない。

(2) 前項の期間内に申し立てられた反対請求の申立ては，原則として申立人の申立てに係る仲裁事件と併合して審理する。

第 12 条（申立ての変更）

仲裁申立ての変更又は追加は，仲裁人の選任前にしなければならない。ただし，仲裁人の選任後においても，仲裁廷の承認を得たときはこの限りでない。

第 13 条（仲裁地）

(1) 仲裁は東京都又は神戸市において行う。

(2) 仲裁合意書又は仲裁条項に仲裁地を指定していないときは，東京都を仲裁地とする。

(3) 仲裁合意書又は仲裁条項に仲裁地として東京都又は神戸市のいずれを選定したか明らかでない場合において当事者間の合意が得られないときは，東京都を仲裁地とする。

第 14 条（仲裁人の資格）

仲裁人は，委員会が管理する「仲裁人名簿」に記載され，かつ，当事者及び当該事件に利害関係がないとみられる者のうちから選任される。ただし，委員会が特に必要と認

めたときは，委員会は「仲裁人名簿」に記載されていない者を選任することができる。

第15条（二当事者間の仲裁における仲裁人の選任）

(1) 当事者は，第14条の要件を充たす者の中から，それぞれ1名の仲裁人候補者を指名し，指名された2名の仲裁人候補者は，第三の仲裁人候補者（以下「第三仲裁人候補者」という）を指名する。第三仲裁人候補者は原則として第14条の要件を充たす者の中から，指名される。ただし，指名された2名の仲裁人候補者が適切と認めるときは「仲裁人名簿」に記載されていない者を指名することができる。

(2) 申立人は申立ての日から，被申立人は申立書が送付された日から，15日以内にそれぞれ仲裁人候補者を指名し，相手方及び事務局にその仲裁人候補者名を通知する。第三仲裁人候補者については，2名の仲裁人候補者が指名された日から30日以内に指名し，当事者及び事務局にその第三仲裁人候補者名を通知する。

(3) 委員会は，第1項の候補者を仲裁人及び第三仲裁人として選任する。当事者が同一の仲裁人候補者を指名したときは，委員会は，指名された当該仲裁人候補者を単独仲裁人に選任することができる。

(4) 第1項及び第2項の規定に従って当事者が仲裁人候補者を指名しないとき，仲裁人候補者が第三仲裁人候補者を指名しないとき，又は当事者が仲裁人の選任を委員会に委ねたときは，委員会が当事者の意向を聞いた上，仲裁人又は第三仲裁人を選任する。

(5) 委員会による仲裁人の選任は，正副仲裁委員長の協議によって行う。

第16条（多数当事者仲裁における仲裁人の選任）

仲裁手続に多数の当事者が関与する場合において，当事者間に別段の合意がある場合を除き，委員会は，当事者の意向を聞いた上，仲裁人を選任する。

第17条（仲裁人の補充選任）

死亡，辞任その他の事由により，仲裁人に欠員が生じたときは，前2条の規定に準じて仲裁人を補充選任する。

第18条（仲裁人の義務及び罰則）

(1) 仲裁人は，公正かつ誠実にその任務を行い，当事者を公平に扱わなければならない。

(2) 仲裁人は，当事者，その代理人その他の関係者と当該事件に関して，個人的に接触してはならない。

(3) 仲裁人は，仲裁の内容，当事者名その他当該事件に関連した事項を第三者に漏らしてはならない。

(4) 仲裁人が前3項のいずれかに違反したときは，その仲裁人は直ちに辞任しなければならない。

(5) 委員会は，前項の仲裁人を「仲裁人名簿」から除名することができる。

第19条（仲裁人による開示）

(1) 第14条ないし第16条に基づいて選任された仲裁人は，選任後7日以内に，自己の不偏性及び独立性を疑われるおそれのある事情を開示する書面を事務局に提出し，事務局はその書面の写を全当事者及び他の仲裁人に送付する。

(2) 仲裁人は，仲裁手続の進行中に前項に定めた事由が生じたときは，速やかにその事情を記載した書面を事務局に提出し，事務局はその書面を全当事者及び他の仲裁人に送付する。

(3) 前2項の開示には，次の者と密接な個人的取引上その他の関係があるか否かを含む。

1．仲裁の当事者
2．当事者の子会社等の関係会社
3．当事者の代理人
4．選任された他の仲裁人

(4) 当事者が第1項，第2項の書面の受信日から7日以内に，仲裁人の忌避の申立てをしないときは第1項，第2項の開示事項については，異議なく認めたものとみなす。

第20条（仲裁人の忌避）

(1) 当事者が仲裁人を忌避しようとするときは，忌避する仲裁人の氏名及び忌避の理由を明記した書面を事務局に提出しなければならない。

(2) 前項の書面が提出されたときは，第4項の通知があるまでの間，仲裁手続を中断する。委員会は忌避理由の有無につき審査するため，正副仲裁委員長の協議により「仲裁人名簿」に記載された者のうちから3名の委員を指名して，忌避審査委員会を設けなければならない。

(3) 忌避審査委員会は，委員会設立から原則として30日以内に忌避を認めるか否かの結論を出さなければならない。

(4) 忌避審査委員会が仲裁人忌避の理由があるとの結論に達したときは，第17条の規定により仲裁人を補充選任する。

(5) 前項により仲裁人が補充選任されたとき又は忌避審査委員会が仲裁人忌避の理由がないとの結論に達したときは，事務局はその結果を当事者に通知する。

(6) 仲裁人は，忌避の申立てがあった場合，自ら辞任することができる。ただし，それによって忌避の申立てに理由があるものと解されてはならない。

第21条（当事者の義務）

(1) 当事者は，仲裁手続を迅速に進行させるため仲裁廷の指示に従わなければならない。

(2) 当事者が故意又は重大な過失により，時機に後れて新たな主張若しくは証拠を提

出し，又は新たな証人若しくは鑑定人を申請し，これにより仲裁の完結を遅延させることとなると認めたときは，仲裁廷は，これらを却下することができる。

(3) 仲裁手続及びその記録は非公開とし，仲裁の当事者，その代理人その他の関係者は，仲裁の内容，当事者名その他進行中の当該事件に関連した事項を第三者に漏らしてはならない。

第22条（口頭審理）

(1) 仲裁廷は，当事者に出席の機会を与え，口頭審理を実施する。ただし，仲裁廷は，必要と認めるときは書面審理のみを行うことができる。

(2) 仲裁廷は，前項の口頭審理を行うときは，その日時（以下「期日」という）と場所を指定し，特別の事情がない限り，遅くともその7日前にこれを当事者に通知する。

第23条（当事者，証人等の出席）

(1) 当事者（法人の場合は代表者）又は代理人は，口頭審理を受けるため期日に出席しなければならない。

(2) 当事者は，事案の担当者を口頭審理に出席させ，事案について陳述させることができる。相手方から事案の担当者の代理権限について，疑義があるときは，当事者は当該担当者の代理権限を証明しなければならない。

(3) 当事者は期日の前日までに，出席する当事者若しくはその代理人，証人又は鑑定人の氏名，証人又は鑑定人については証言事項又は鑑定事項を事務局に書面，電子郵便（Eメール）又はファクシミリで通知しなければならない。

(4) 当事者若しくは事案の担当者又は代理人が正当な理由なく期日に出席しないため口頭審理を行えないときは，仲裁廷は当事者の提出書類その他の証拠資料によって判断することができる。

(5) 仲裁廷は，相当と認めるときは，当事者の意見を聞いた上，その者と口頭審理期日の他の出席者全員との間の通話が，スピーカー等を介して，双方向に，かつ，全員に聞こえる方法により，その者の口頭審理を行うことができる。この場合，口頭審理期日に出席しないで上記の方法により口頭審理した者は，その期日に出席したものとみなす。

第24条（争点整理と手続日程）

(1) 仲裁廷は，第22条に基づく第1回口頭審理において争点，提出予定の証拠，手続の日程等につき，当事者の確認を求めなければならない。ただし，口頭審理を行わないときは，提出された申立書，答弁書及び主張書面に基づいて，上記の確認を行う。

(2) 仲裁廷及び当事者は，原則として，前項で確認された事項に従って速やかに手続を進行するよう努めなければならない。

第25条（仲裁廷の証人尋問等）

仲裁廷は，事案の内容を明らかにするため，当事者の申立ての有無にかかわらず，証人に出席を求め，鑑定人を選任し，必要な事項について鑑定させることができる。

第26条（手続参加）

(1) 仲裁手続外の第三者は，仲裁事件における当事者全員の同意を得て，仲裁廷に対し，当事者として参加するよう申し立てることができる。

(2) 仲裁手続の当事者は，他の当事者，仲裁手続外の第三者の同意を得て，仲裁廷に対し，当該第三者を当事者として仲裁手続に参加させる申立てを行うことができる。

(3) 当該第三者が，仲裁手続の当事者に対し，独立して自己の権利を主張するときは，仲裁廷は，これを独立した仲裁申立とみなし，従前の仲裁手続と併合して審理する。

(4) 仲裁の目的物の権利又は義務の移転に伴い，第三者が，前各項の規定により，第三者として，仲裁手続に参加した場合，当該参加した当事者を含め，全当事者の同意があるときは，当事者は，仲裁手続から脱退することができる。

第27条（仲裁手続の併合）

(1) 法律上又は事実上の争点が共通である複数の仲裁手続が開始されたときは，委員会は，何れかの当事者が特に反対しない限り，これら複数の仲裁手続を併合し，一つの仲裁手続で審理を行うよう決定することができる。

(2) 前項の場合に全当事者の合意が得られない場合であっても，委員会が，適切と認めるときは，これら複数の仲裁手続を同時併行して行うよう決定することができる。

第28条（審理終結の宣言）

仲裁廷は，審理終結を相当と認めるときは審理の終結を宣言する。ただし，仲裁廷が必要と認めたときは，仲裁判断前に限り審理を再開することができる。

第29条（委員会及び仲裁人の免責）

委員会，仲裁人及び事務局は，仲裁手続及び仲裁判断につき，一切の民事責任を免除される。

第30条（用語）

申立書，答弁書，その他の主張書面，口頭審理及び仲裁判断書に使用する用語は，国内案件については日本語，国際案件については原則として英語とし，証拠書類については，仲裁廷が特に命じた場合を除き，翻訳を要しない。

第31条（通訳）

口頭審理において通訳を必要とする当事者は，自己の費用で通訳を同席させることができる。

第32条（和解）

(1) 当事者は，仲裁手続の進行中に和解によって紛争を解決することができる。

(2) 仲裁廷は，仲裁手続の進行の程度を問わず，当該紛争の全部又は一部について，

和解を試みることができる。

(3) 前項に基づく和解の試みが不調に終わったときは，仲裁廷は，仲裁手続を続行する。ただし，仲裁廷は，和解を勧める際に知り得た情報を仲裁判断の材料としてはならない。

第33条（仲裁の申立ての却下その他の決定）

仲裁廷は，次の場合には本案を判断することなく，仲裁の申立ての却下その他必要な決定をすることができる。

1．仲裁合意の不成立若しくは無効が判明し，又は合意により仲裁合意が取り消された場合
2．当事者が適法に代理又は代表されていないことが判明した場合
3．口頭審理期日に当事者双方が理由なく出席しない場合
4．手続上必要と認めた仲裁廷の指揮要求に当事者双方が従わない場合
5．申立人が仲裁手続の迅速な進行を不当に遅らせたものと仲裁廷が認めた場合
（被申立人が反対請求を行ったときは，被申立人の請求についても同様とする。）

第34条（損害額の認定）

損害が生じたことが認められる場合において，損害の性質上その額を立証することが極めて困難であるときは，仲裁廷は，審理の結果に基づき，相当な損害額を認定することができる。

第35条（仲裁判断をなすべき期間）

仲裁廷は，第28条により審理の終結を宣言したときは，その宣言の日から原則として30日以内に本案につき判断をしなければならない。

第36条（仲裁判断等の決定方法）

複数の仲裁人による仲裁判断その他の決定は，仲裁人の過半数による。

第37条（判断書の作成と記載事項）

(1) 仲裁廷が仲裁判断の裁決をしたときは，次の事項を記載した仲裁判断書を作成し，仲裁人全員が署名捺印する。ただし，やむを得ず署名捺印できない仲裁人がいるときは，その旨を記載して，その仲裁人の署名捺印を省略する。

1．当事者の住所及び氏名（法人の場合は事務所の所在地，名称，代表者の資格及び氏名），代理人を選任したときはその氏名
2．判断の主文
3．事実及び争点の要領
4．判断の理由
5．判断書作成の年月日及び仲裁地
6．仲裁費用及びその負担の割合

(2) 仲裁廷は，当事者間に別段の合意があるときは，前項第4号の記載を省略することができる。

第 38 条（和解による解決の取扱い）
当事者が仲裁の手続中に和解によって当該紛争の全部又は一部を解決したときは，仲裁廷は，当事者双方から要請があるときに限り，その和解の内容を仲裁判断の主文に記載することができる。

第 39 条（判断書の送付）
事務局は，仲裁人が署名した仲裁判断書を，当事者数に一部加えた通数作成し，各当事者に一通ずつ送付し，一通を事務局が保管する。

第 40 条（判断書の訂正）
仲裁判断書を送付した後，30日以内に違算，書損じその他これに類する明白な誤記があることを発見したときは，仲裁廷において訂正することができる。

第 41 条（仲裁判断の公表）
仲裁判断は，予め当事者双方の反対の意思表示がない限り，公表することができる。

第 42 条（提出書類の不返還）
当事者の提出した書類は，原則として返還しない。その返還を受けようとするときは，提出の際返還を要する書類である旨を明記し，その写を添えておかなければならない。

第 43 条（仲裁費用の納付）
(1) 申立人は仲裁を申し立てる時に受理料10万円を事務局に納付しなければならない。反対請求の仲裁申立ての場合もこれに準ずる。

(2) 各当事者は，仲裁に要する費用の一部として，仲裁納付金規定に定める基準により仲裁廷の決定する金員（以下「納付金」という）を，納付の通知を受けた日から7日以内に事務局に納付しなければならない。仲裁申立時に請求金額が明示されていないときは，仲裁廷が請求の内容を勘案して概算納付金を決定する。ただし，請求金額が明らかになり次第，仲裁納付金規定により精算する。請求金額が算定困難な場合は概算納付金をもって確定納付金とする。

(3) 請求金額が外国の通貨で表示されたときは，申立てを受理した日の午後5時における東京外国為替市場の円相場の仲値によって，前項の納付金のための請求金額を算定する。

(4) 被申立人が反対請求の仲裁を申し立て，申立人の申立てに係る仲裁事件と併合して審理されるときは，双方の請求金額を合算した金額を仲裁納付金規定の請求金額とする。

(5) 仲裁廷は，申立人に対して被申立人が納付すべき納付金の立替納付を命ずることができる。

(6) 口頭審理回数が4回を超えた場合，5回目より各当事者は1回毎に5万円を事務局に納付しなければならない。ただし，同一暦日内の口頭審理は，その回数に関係なく1回とみなす。

(7) 事件の性質内容により特に要した費用，仲裁廷が要請した証人又は鑑定人のために要した費用は，当事者において追加して納付しなければならない。

(8) 受理料は，仲裁申立て受理後は，返還しない。納付金は，申立ての取下げ，和解による解決等があったことを理由として仲裁廷がその一部を返還すべきことを決定した場合に限り，その決定金額を返還する。

(9) 当事者は，第1項ないし第7項に基づく金員に課される消費税相当額を各金員に加算して納付しなければならない。

第44条（仲裁費用と代理人費用）

(1) 仲裁費用は，前条の受理料及び納付金をこれに充当し，その負担の割合は仲裁廷が決定する。

(2) 当事者が，弁護士費用その他の手続費用を相手方に請求する申立てをしたときは，仲裁廷は，仲裁判断の内容に鑑み，合理的な範囲内において，仲裁判断とともに又は独立の決定をもって，これを認めることができる。

第45条（仲裁人に対する謝礼）

仲裁人に対する謝礼は第43条の納付金の中から支払う。その金額については，事件の難易その他の事情を勘案して正副仲裁委員長協議の上これを定める。

第46条（委員会）

委員会に関する事項については海事仲裁委員会規則による。

第47条（本規則の解釈）

本規則の解釈及び本規則に規定のない事項は仲裁廷が決定する。

第48条（本規則の改正）

本規則の改正は，仲裁委員長の発議により，委員会において行う。

第49条（細則）

この規則の施行上必要な事項については別に細則を定める。

附則（2003年11月25日）

第1条

この規則は2004年3月1日から施行する。

第2条

この規則の施行前に仲裁を申し立てた事件には，この規則施行後もなお改正前の規則による。

仲裁納付金規定

　各当事者の納付する仲裁納付金の基準は次のとおりとする。

　　請求金額2,000万円まで45万円

　　請求金額2,000万円を超えるものは2,000万円を超え1億2,000万円までの部分については，100万円に達するまでごとに1万円

　1億2,000万円を超える部分については，1,000万円に達するまでごとに2万円を加える。

〔㈳日本海運集会所専務理事〕

第 5 章

アドホク仲裁とケース・マネージメント

川 村　明

I　アドホク仲裁

　仲裁には，仲裁機関による機関仲裁と，仲裁機関によらないアドホク仲裁の二つの形態がある。これはあらゆる仲裁法の教科書の冒頭に述べられているところだ。ところが，教科書は機関仲裁を当然の前提として仲裁を説き，もう一方のアドホク仲裁に言及することは少ない。「アドホク仲裁というものがある」と言ったきりで，何の解説もない。教科書や研究論文を見る限り，アドホク仲裁というものは仲裁の世界で無視されている。「継子扱い」だ。

　アドホク仲裁が，教科書においてあまり取り上げられていないことには理由がある。第一に，アドホク仲裁は，当事者間で秘密裡に行われることが多く，公開の議論や研究の対象となることが少ない。第二に，仲裁機関が関与しないので前例として報告されることもなく，事件数などの統計の対象にもならない。第三に，仲裁の世界の大スポンサーである仲裁機関にあまり好意をもたれる存在ではない。第四に，機関仲裁にもアドホク仲裁にも同じ仲裁法理が適用されるので，アドホク仲裁だけを取り上げる理論的必要がないと思われている。

　実際に何件くらいのアドホク仲裁がどこで何のために実施されているか，残念ながら単なる実務家である筆者には確かめる術がないが，実務家としての個人的経験から言う限り，相当の件数があるのではないかと思われる[1]。

　訴訟代替紛争解決方法（ADR）として，アドホク仲裁の実務的必要性は高い。特に，英米では，退職した上級裁判所の判事など，高度な仲裁技術を身に

つけた信用ある法律家が,秘密裡に重要な紛争の解決を委ねられる例が多く見られる。国家間の民事紛争をアドホク仲裁で解決した古典的な例に,1870年代英米両国間の「アラバマ号事件」仲裁がある[2]。日本でも,アドホク仲裁がもっと研究され,紛争解決に利用されるようになっても良いのではないかと思われる。

　国家機関と外国政府或いは外国投資家の間の投資紛争には,関係国の裁判所による裁判に馴染まないものが多い。元来,このような国家を当事者とする私法的紛争にはアドホク仲裁が用いられることが多かったのであるが,1965年ワシントン条約 (Convention on the Settlement of Investment Disputes between States and Nationals of Other States) によって設立された「投資紛争解決のための国際センター」(the International Center for Settlement of Investment Disputes—「ICSID」) が機関仲裁サービスを提供するようになった。ワシントン条約加盟国国家を当事者とする仲裁には機関仲裁を求める途が開かれたのである。それでも,尚,当事者はアドホク仲裁を選ぶこともあるし,当事国がワシントン条約の加盟国でなければ従来どおりのアドホク仲裁を選ぶことが多いのである。

II　機関仲裁,機関補助型アドホク仲裁とアドホク仲裁

　仲裁機関としては,日本には長い歴史と実績を有する日本商事仲裁協会 (JCAA),日本海運集会所,日本建設工事紛争審査会があり,比較的歴史は短いが多数の仲裁・調停案件を扱う全国の弁護士会による仲裁センターがあり,日弁連と弁理士会が共同で設立運営する工業所有権仲裁センターがある[3]。

　国際的には,トリプルAと略称されるアメリカ仲裁協会 (AAA),パリにある国際商議所国際法廷 (ICC),ロンドン国際仲裁法廷 (LCIA),中国の中華国際貿易促進委員会仲裁委員会 (CIETAC),ストックホルム商業会議所 (SCC) 等が世界的に有力な仲裁機関である。これ以外にも,スイス,香港,シンガポール,クアラルンプール,シドニー等に有力仲裁センターがある。

　これらの仲裁機関は,何れも長い歴史をもち,よく練られた仲裁規則,整っ

た設備，熟練したスタッフを備えている。仲裁を申し立てると，仲裁機関が規則に従い申立書の送達，仲裁人の選任，仲裁廷の準備と開催，仲裁手続の進行，通訳や記録録取等一切の手続を管理してくれる。これを仲裁のアドミニストレーションという（それで，機関仲裁のことを administered arbitration ということもある）。

先に触れた ICSID も国家機関（Sovereign）を当事者とする国際投資案件に関する特殊な国際仲裁機関である。

しかし，仲裁手続における仲裁機関は言わば仲裁の事務局であって，訴訟における裁判所にあたるものではない。機関仲裁においても裁判所に該当するものは仲裁廷で，仲裁廷とは仲裁人のことである。

アドホク仲裁における裁判所にあたるものも仲裁廷たる仲裁人で，その点では機関仲裁と変るところが無い。しかし，アドホク仲裁では事務局がなく，事前に定められた仲裁の施設も規則もない。従って，アドホク仲裁に入るためには，先ず紛争当事者間で紛争をアドホク仲裁で解決する旨の仲裁合意が成立しなければならないのみならず，仲裁の場所，仲裁人の選任，仲裁の手続，仲裁規則，仲裁人の報酬・費用等の全ての条件を当事者間で合意しなければならない。

アドホク仲裁において最も重要なことは仲裁人の選定である。両当事者が信頼し，権威があり，当事者間で合意された条件によって仲裁することを引き受けてくれる仲裁人がなければアドホク仲裁は成り立たない。仲裁機関仲裁では，仲裁機関による仲裁人に対する事実上の監督とか，後見というものがあって，これが仲裁人の信頼性を補強している。この信頼性の担保がないアドホク仲裁では，仲裁の諸条件を当事者に仲裁人を加えた三者で契約することにより，互いに拘束しあって補強するのである。

選任された仲裁人は，本来仲裁機関がやるべきアドミニストレーションを自分でやることになるので，その手続的負担は甚大であるが，そのかわり手作りで極秘の紛争解決が可能となるわけである。言わばオーダー・メイドの紛争解決方法である。

もっとも，このアドミニストレーションの物理的負担が過大であるという事情から，アドホク仲裁においても，このアドミニストレーションのみ引き受けるという仲裁機関も見られる。「機関補助型アドホク仲裁」とでも呼ぶべき形態である。私の知る限り，ICC もこれを引き受ける。JCAA も引き受けるはずである。インターネットで ad hoc arbitration を検索すると，必ずヒットするサイトに「ブルガリア商工業会議所仲裁法廷のアドホク仲裁サービス」がある[4]。このサイトは，東欧の風光明媚な都市ソフィアにおける，親切で完備したアドホク仲裁に対するアドミニストレーション・サービスをアピールしている。仲裁場所の提供から，通訳サービス，宿泊施設の手配まで，全部引き受けてくれるという。東欧諸国での紛争解決には地の利を得ているし，ひと目にも触れず，費用も安く済みそうな感じがする。筆者にブルガリアでの仲裁の経験はないので何とも言えないが，案外便利なアドホク仲裁かもしれない。

この「機関補助型アドホク仲裁」になると，機関仲裁との違いはかなり希薄になるのである。このような機関補助型を含めると，アドホク仲裁の件数は相当の数に昇るのではないかと推測される。

III 機関仲裁条項とアドホク仲裁条項

1. 機関仲裁条項

実務において広く見られる仲裁合意は，契約中の紛争解決条項で特定の仲裁機関とその仲裁規則を指定するものである。多くの国際商事取引契約書に仲裁条項が見られる。その典型的なものは，次のようなものである。

「本契約当事者間の本契約の解釈や履行に関する一切の紛争や相違は，××仲裁センターにおける同センターの仲裁規則による3人の仲裁人の仲裁によって解決するものとする。この仲裁による仲裁裁定は当該紛争の最終的な解決となり，これを裁判所に上訴することはできない。」

日本で最も広く利用されている日本商事仲裁協会（JCAA）の標準条項はネット上で見ることができる。

「この契約から，またはこの契約に関連して，当事者の間に生ずること

がある全ての紛争，論争または意見の相違は，㈳日本商事仲裁協会の商事仲裁規則に従って，（都市名）において仲裁により最終的に解決されるものとする。」

英文で作成される国際的な契約には次のような条項が推奨されている。

「All disputes, controversies or differences which may arise between the parties hereto, out of, in connection with, or in relation to this Agreement shall be finally settled by arbitration in (the name of city), in accordance with the Commercial Arbitration Rules of the Japan Commercial Arbitration Association.」[5]

将来起こるかもしれない紛争とはどんなものであるか知るべくも無いから，予めその解決のための仕組みを詳しく合意しておくことは難しい。その結果，契約書の仲裁合意条項は，仲裁の場所や規則或いは仲裁人の選定方法などについて予測可能性が高く，従って信頼性も高い仲裁機関とその規則を指定することが多いのである。

2．アドホク仲裁条項

契約の仲裁条項にアドホク仲裁が指定されてもおかしくはないが，そういう例はあまり見られない。私自身は実務上見たことがない。アドホク仲裁は，紛争が発生してからその紛争の当事者間の新たな合意によって始められることが多いのである。機関仲裁は事前の仲裁合意に適しているが，アドホク仲裁は紛争後の合意（仲裁契約）に適していると言える。

契約書中の紛争解決条項として，単に「本契約に関連する全ての紛争を仲裁で解決する」と規定されているだけで，仲裁機関や仲裁地が全く指定されていないことがある。これも「アドホク仲裁条項」と呼ばれる。このようなアドホク仲裁条項のある契約について裁判所に訴えを起こしても，仲裁条項があるために却下されることになる[6]。従って，当事者としては仲裁を求める他はないわけだが，ではどこで，誰により，どのような法律，どのような規則で仲裁をするのかはっきりしないことになる。こういう規定は，紛争が起こってから仲

裁の諸条件を当事者間で協議し，合意しなければならないという意味で「アドホク仲裁の合意」或いは「アドホク仲裁の予約」であると呼ぶことができるが，実際上紛争状態になってから当事者間で仲裁の諸条件を合意することは難しいから，こういうアドホク仲裁規定は事実上紛争解決の途を閉ざしかねない。このような曖昧な事前の仲裁予約は避けなければならない。

　もっとも，このようなアドホク仲裁条項でも，全く渉外的要素のない契約，つまり完全な国内契約であれば日本の仲裁法が適用されることになるであろう。当事者の一が外国にあるとか，案件が外国にあるものに関わる渉外的契約案件であっても，「日本の仲裁法による」というように仲裁の準拠法が指定されているか，「日本」とか，「東京」というように仲裁地が指定されていると日本の仲裁法に定める仲裁条件が適用されることになる[7]。日本の仲裁法が適用されることになれば，仲裁合意で明らかにされていない仲裁の諸条件も仲裁法の規定によることになる。仲裁人の選任がなされない場合に裁判所に選定を求めることもできる[8]。他方，外国が仲裁地に指定されていたり，外国の仲裁法が準拠法として指定されていれば，その外国の仲裁法が適用されることになるだろう。これは仲裁法の衝突問題，或いは国際私法問題である。

　実際問題としては，このように仲裁の準拠法が指定されていたり，適用仲裁法が推定される場合であっても，尚，仲裁が実施されるまでには当事者間での相当の駆け引きが必要である。曖昧なアドホク仲裁条項では，紛争解決に取り掛かる前に別の紛争が起こるということになりかねない。

3．UNCITRAL 規則と仲裁条項

　主として国際的取引契約に適用されるものであるが，国連商取引法委員会の定める仲裁規則（UNCITRAL 仲裁規則）はアドホク仲裁規則として最も網羅的，普遍的で，信頼性の高いものである[9]。日本の新仲裁法も UNCITRAL モデル法に準拠して制定されているので，条文上の整合性も高いと推測される。そこで，アドホク仲裁条項をおく場合には，UNCITRAL 仲裁規則を指定することは広く推薦されているところである[10]。そういう場合でも，UNCITRAL

仲裁規則を指定するだけでは足らず，仲裁人指名機関（Appointing Authority），仲裁人の数，仲裁地，仲裁言語の4点は別個指定しておくべきだと推奨されることが多い[11]。

4．アドホク仲裁の利点とケース・マネージメント

このように，アドホク仲裁は，契約書中の仲裁条項によって開始されることは少なく，紛争が起こってから，関係当事者間で，或いはそれに仲裁人を加えた三者間で新たな仲裁契約を締結することによって開始されるのが普通である。この種の事後型アドホク仲裁には，既に争いを起こしている紛争の当事者間の合意が必要というところに困難性があるが，一度合意が成立するならば，争点を絞り，手続を限定するなど，紛争の実態にあった合理的な解決が可能になるという利点がある。言わば，「オーダー・メイド紛争解決」の利点である。

アドホク仲裁が単に仲裁機関を指定しない仲裁であるというだけでは機関仲裁との比較優位性は明らかではない。先に述べたように，アドホク仲裁を指定する仲裁条項は，その内容が明確でないと却って新たな紛争の種になりかねない。むしろ，それだけなら，比較劣位と言わなければならない。仲裁機関が関与しないというだけで費用が安くて済むかどうかも疑問である。その上，両当事者から信頼される仲裁人を選定することが非常に難しい。

アドホク仲裁の優位性は，紛争後に，当事者間で，その紛争の個別事情に応じた法的紛争解決の手続を設計できるという「オーダー・メイド」性にある。争点（Issue）や立証方法を限定し，裁定に期限を設け，しかも，単独仲裁人の指名に合意することができるなら，全体としてのコストや期間をドラマティックに節約することが可能である。これを仲裁のケース・マネージメントという。アドホク仲裁においては，権威ある適切な仲裁人を選定できれば，合理的なケース・マネージメントの下で，完全な秘密のうちに公平な紛争解決を得ることができるのである。

Ⅳ　アドホク仲裁の法律問題

1．アドホク仲裁契約

　企業の存続にも関わる巨額債務に関する紛争や，高度な専門技術性を孕む紛争を，秘密裡に，しかも，法律的な効力をもつ方法で解決する必要のあることは多い。そういう場合には，アドホク仲裁は最適の紛争解決手段になりえる。訴訟はあらゆる問題点を争う全面戦争に似ている。当事者は疑心暗鬼となり，感情的になり，面子がからんで泥沼状態となりがちである。しかし，経験の深い弁護士が冷静でプロフェッショナルな交渉を通じて問題点を絞り，問題に最も適した効率的で効果的な解決方法を設計するアドホク仲裁は，理性的で透明性の高い紛争解決手段である。真の争点に限定して客観的で専門的な仲裁人の判断を求めることができる。

　そのようなアドホク仲裁の長所を生かすためには，仲裁手続においてのみならず，仲裁以前の仲裁契約交渉の段階で，弁護士の力量が問われる。アドホク仲裁の設計は，仲裁契約という形で描きあげられるが，そのためのポイントを挙げてみよう。

　(1)　仲裁の対象・争点の特定

　争点が限定されるとき，アドホク仲裁はとりわけ真価を発揮する。

　1970年代の有名な半導体基本特許に関する紛争の際には，アメリカでの峻烈な特許訴訟を勝ち抜いて基本特許を確立したアメリカの企業が，特許違反の疑いのある多数の半導体製造日本企業に対して，特許違反認諾を条件に損害賠償額とローヤリティの金額だけについてアドホク仲裁をする作戦に出たことがあった。そのアドホク仲裁に応じない場合には，アメリカで特許違反訴訟を提起するというのである。日本側の半導体製造企業には，自社特許の独自性を主張して違反を争うことも，損害賠償義務の有無を争って訴訟を受けてたつこともできるが，それらの争点を全部諦めて，賠償額やローヤリティだけを仲裁人の判定に委ねるという解決を選ぶこともできるのである。

　アメリカ企業側は所定の様式のアドホク仲裁契約書を用意していて，日本側

の企業はそれにサインすることによって訴訟を回避することができた。その契約書の別表には数人の仲裁人候補者が記載されていて，当事者は仲裁契約後にその候補者の中から1人の仲裁人を選ぶこととされていた。仲裁場所や仲裁規則も指定されていた。

「イエスか，ノーか？」という高圧的なアプローチであるが，現実的には殆どの日本企業がこの方法を選択し，迅速に且つ人知れず，しかも仲裁という公平性の保障された客観的方法で，多数の事件が解決したのであった。別表の仲裁人リストにあげられていたアドホク仲裁人候補の信頼性がこの解決方法の極め手であっただろうと推測される。

(2) 仲　裁　人

アドホク仲裁成功不成功は仲裁人の個人的資質や経験にかかっている。仲裁人をサポートし，或いは事実上仲裁人を牽制して適切な仲裁追行の保障になる仲裁機関がないので，仲裁人を仲裁契約で拘束する以外にその結果を保証する方法がない。仲裁人の側からしても，理解の齟齬から責任問題に発展することを避けなければならない。仲裁の争点や方法，証拠の範囲，裁定を出す期限といったものについての当事者間の合意と，仲裁人の理解を明確にするためには，仲裁人自身を仲裁契約の当事者とする3者間アドホク仲裁契約を締結するのが実際的である。

仲裁人自身の立場から見ると，アドホク仲裁は，機関仲裁とはかなり要領が違う。ケース・マネージメントの負担が大きい。多数証人の尋問や長引く期日を単独の責任で管理することは難しい。アドホク仲裁の仲裁人は，自分の力量で問題を解決できる条件を認識していなければならない。そういう意味で，アドホク仲裁の仲裁人は，アドホク仲裁の経験者であることが必要条件だと言ってもいい。

アドホク仲裁で一般的に最も合意の困難な事項は仲裁人の選任であろう。仲裁人選任ができない場合には，仲裁人選任機関（Arbitrator Appointing Authority）の合意をして，その選任機関に委ねる方法もある。殆どの仲裁機関は，この選任機関の職務を引き受けることを明らかにしている。各地の商工

会議所やその会頭もよくその職務を引き受けるものであることが知られている。社団法人日本仲裁人協会はベテランの仲裁人を多数会員に擁している[12]。ヨーロッパの仲裁先進国には，それぞれ有力な仲裁人協会がある[13]。多様な仲裁人供給源から，当該紛争に適していて両当事者の納得を得られる仲裁人を選び出すところに弁護士の力量が問われるであろう。

それでも選任できない場合には，日本法が準拠法であれば裁判所に選任を求めることができる[14]。しかし，そもそも仲裁人の選任について合意できないようではアドホク仲裁の実現は難しいと言わなければならない。

(3) 仲裁の方法

日本の仲裁では仲裁人が和解のための調停をすることはよく見られるが[15]，英米の仲裁では仲裁人が調停や和解をする建前にはなっていない。仲裁人の中立性に反すると考えられているのである。そこで，当事者と単独仲裁人の三者によるアドホク仲裁契約によって調停の前置を条件づけ，調停で合意の成立した争点を仲裁からはずすか，その調停を仲裁人が尊重することを条件としておく。これを「メダブ」と呼ぶこともある。

主張できる問題点や引用できる証拠を限定しておくと，仲裁は相当程度予想の範囲の争いによって結論に到達することができる。例えば，証人喚問を一切放棄すると弁論の期間は相当短縮する。このような仲裁手続の条件を，仲裁に前置する調停で合意に持ち込むという方法がある。これも，「メダブ」と呼べるであろう。

証拠調の手続について事前に合意できると，アドホク仲裁は特に便利な紛争解決方法となる。紛争によっては，一定の文書のみを証拠として審理することにすることができる。損害賠償額だけに限って仲裁するというように争点を絞れる場合には，そのための証拠方法についても限定的に合意することは容易になる。

そのような限定された仲裁によるものであっても，その結論の透明性，公平性は高い。それが公開会社の場合，コーポレート・ガバナンスの要件を満たすことになる場合が多い。後から取締役の責任を追及される余地を残さないもの

2. アドホク仲裁の準拠法

　純粋に国内的な仲裁，即ち，当事者にも，問題にも，そして仲裁人にも外国的要素の全くないアドホク仲裁には国際私法的問題は起こらない。仲裁契約にも仲裁手続にも日本法が適用され，裁判所の管轄は日本の裁判所にある。仲裁地が日本国内にある場合には，特に明らかである[16]。

　しかし，紛争に何らかの国際性がある場合には，仲裁の準拠法が何かは重要な法律問題になりうる。新仲裁法の下での「仲裁地」とは何処を指すかという点も必ずしも一義的に明らかとは言えないようである[17]。このような法律問題について仲裁人の判断に誤りがあれば，「日本の法令に違反する」ものであるとして，仲裁判断の取り消し事由になりえる[18]。仲裁判断後に紛争の種を残しやすい問題であると言わなければならない。

　アドホク仲裁契約においては，このような国際私法問題に充分な分析をし，準拠法を明示的に合意しておくことが特に望ましい[19]。仲裁契約，仲裁地，仲裁手続，仲裁判断等の諸点についての準拠法の明示は特に必要である。それぞれについて同一の法律を指定するのが一般的に合理的であろう。特別な理由がない限り，選任されたアドホク仲裁人の精通する法律を準拠法に指定するのが一般的に合理的と言える。仲裁人の本国法が準拠法になることが多いのは当然である。

3. アドホク仲裁裁定の執行・暫定措置保全措置（仮処分命令）

　アドホク仲裁人によって出された仲裁裁定も，仲裁機関の仲裁人による仲裁裁定同様の執行力をもつことは疑いない[20]。

　新仲裁法では，仲裁における仮処分命令とも言える暫定措置或いは保全措置が認められている[21]。これは各国の仲裁法で広く認められる傾向がある。アドホク仲裁人にも当然この権限がある。これは「措置」であって「仲裁判断」ではないから執行力をもつことはないが，このような措置が出されると仲裁に

かかる紛争の行く方には決定的な影響力がある。

アドホク仲裁契約においては，このような仲裁人の仮処分命令を認めるかどうか，認めるとすればどのような場合か，を明示しておくことは欠かせないと思われる。特に理由がない限り，このような措置は取らない旨合意しておく方が安全である。もっとも，日本の新仲裁法の下では，仲裁契約によって管轄裁判所のする保全処分を禁止することはできないので，この点は注意を要する[22]。著者の個人的見解としては，仲裁契約によって当事者に事前に保全処分申請権を放棄させておくことは可能だと考える。

4．アドホク仲裁人の責任

仲裁人の権限は大きい。機関仲裁の仲裁人権限に加えて，機関の事務局的権限も併有することになり，そのケース・マネージメントに対してもつ権限は殆ど絶対的である。その結果，アドホク仲裁人が両当事者の信頼に応えて公平で説得力のあるケース・マネージメントを行うならば，その効果は高い。しかし，仲裁人が恣意的，或いは不公平な仲裁手続を行い，不合理なケース・マネージメントを実行する場合には，当事者の受ける被害には計り知れないものがある。

当事者としては，仲裁人に不公平な措置があったり，思わぬ違法，不当な行為があった場合に仲裁人の責任を追及する方法がなければならない。仲裁人としても，仲裁人を引き受けたことによって思わぬ損害賠償責任を負うことがないように責任の範囲が明確でなければならない。

アドホク仲裁人の責任の根拠として次の3点を挙げることができる。

(1) 準拠仲裁法上の責任：日本の新仲裁法の下では，第十章の贈収賄罪の刑事罰が規定されている。
(2) 仲裁人との契約上の民事責任：仲裁契約に合意されているところによる。
(3) 仲裁の準拠法上の民事責任：日本の場合は，民法上の責任である。

仲裁法上の刑事責任以外に，仲裁人は準拠法上の一般的な義務を負っている。

日本法では，仲裁人は民法の委任に関する責任を負っていると見るべきであろう[23]。それ以外に，仲裁人は，選任契約或いは仲裁人を交えた三者アドホク仲裁契約において合意された仲裁人の義務を負っている。委任の一般条項以上の守秘義務，合意された期間内に仲裁を終える義務等を仲裁契約ないし仲裁人選任契約に定めておくことが考えられる。

他方，仲裁人の立場からは，逆に「悪意または重過失」の場合を除く免責規定を明示しておくことも考えられるのである。

V 私の珍しい「アドホク仲裁人体験」

アドホク仲裁では，私は変った経験をもっている。一つは「ベスト・セラー本モデル」事件とでも言えるもの，他の一つは「男性セクハラ」事件とでも言える事件である。

1．モデル事件

私の世代の人なら誰でも知っているある極めて有名なノン・フィクション小説のモデルになったアメリカ人が，そのノン・フィクション作家を訴えてくれと依頼してきたことがあった。その作家は，そのノン・フィクションの取材・制作の過程でそのモデルに散々協力させ，その作品で大成功したにも関わらず「1ドルのモデル報酬も払わない」と言うのである。私は，偶々，そのアメリカ人もその作家も共に個人的な付き合いがあったので，まず大変困惑したが，第二に大変悲しい思いをした。なぜなら，2人とも大変善良で優秀な立派な人であったし，何よりもそのノン・フィクション小説が当時日本中を感動させた美談であって，私自身大層愛読していたからである。

こういう関係を弁護士倫理に反する利害衝突（Conflict of Interests）と呼ぶべきかどうか自信はなかったが，いずれにしてもこれを私が引き受けて訴訟を起こすことには何か倫理的な問題があるという気がした。少なくとも「友人のために友人を訴える」というようなことは，人間的には到底なしえることでないことは明らかだった。

他方，私が訴訟代理人にならないとしても，これが訴訟になれば疑いなくマスコミの興味半分の報道にさらされ，せっかくの美談が台無しになるだろうことも明らかだった。それもまた個人的に「見たくない」事態だった。

私はそこでそのアメリカ人の友人に，「あなたもご存知のように，私はその著者の知己でもある。その私が訴訟を引き受けるというのは，潜在的な利害の衝突があるようなもので，適当ではないと思う。」と書いて訴訟の引き受けを断わると共に，必要だったら私の代わりの弁護士を紹介すると手紙を書いた。そして，ホンの思い付きだったが，「もし，双方が希望するなら，私がアドホク仲裁を引き受けてもいい」と付け加えておいた。すると，そのアメリカ人は私の提案に飛びついてきたのである。相手である著者に伝えると，その著者も同意するという。

そこで，私は次のような条件でアドホク仲裁を引き受けることにした。

(1) 双方，それぞれ弁護士の代理人を依頼する。
(2) 書面による弁論と，文書の証拠だけで仲裁を進める。
(3) 仲裁を調停に切り替えることもできる。
(4) 仲裁裁定に双方が署名しない限り，何時でも仲裁を中止し，訴訟をすることができる。
(5) 故意または重大な過失がない限り，仲裁人を免責する。

この条件で仲裁を開始し，何度か文書をやりとりし双方の主張が出揃ったときには，申立人本人の気持ちも落ち着き，争点も明らかになった。もとより心ある人達で，強欲が原因の紛争ではなかった。裁定にかえて，私が調停案を出すとこれに双方が同意して決着することになった。メディアへの露出度も高い，名のある人達の紛争を円満に解決できて私も満足だったし，当事者双方からも喜ばれたのであった。

2．セクハラ事件

「セクハラ」事件は，バブル景気の時代，有名な外資系インベストメント・バンクで起こった事件であった。トレーダー達はバブルにまみれて大もうけを

すると，毎夜のように夜遅くまで六本木のナイトクラブでドンチャン騒ぎをしていたものである。そのあげく，そのような席で若いトレーダーが上司でやり手のマネージャーから衆人環視の中で性的辱めを受けたというのである。

この上司は，そのインベストメント・バンクのカリスマ・トレーダーで誰も手が出せない。ところが，その若手のトレーダーも有力な実業家の息子であって一歩も退かないという難しい状況になった。

私はその実業家の父君から訴訟を依頼されたのであったが，私の所属する事務所がそのインベストメント・バンクの顧問をしていたので，この事件を引き受けることには完全なコンフリクトがあった。事件としてはお断りする他はなかったが，この時も行きがかりでアドホク仲裁を引き受けることになってしまった。私は上記「モデル事件」の経験があったので，モデル事件の場合と同じような条件で仲裁を引き受けた。そして，比較的に短い時間で，和解金の支払いと希望する外国への転勤という条件で和解が成立したのであった。

3．「横丁の隠居さん」スタイルのアドホク仲裁

この2件の「私の珍しいアドホク仲裁人体験」は，いずれも「横丁の隠居さんによる長屋の揉め事の仲裁」的なものであった。実際的和解的な解決であって，「ノンフィクション作品のモデルの権利」とか，「同性間セクハラの法理（?）」といった重要な理論問題の発展確立に資するところはなかった。しかし，アドホク仲裁がある種の紛争の平和的で効率的な解決には極めて有効であるという確信を齎してくれたのであった。アドホク仲裁人の選任というものが自然発生的に起こることがあることも知ったのである。

1) ICC仲裁や実務家の取り扱い例を検索するとad hocと注記されている多数の例を見かける。British Petroleum v. Libya, 10 Oct. 1973, 53ILR (1979) 297-388；Libyan American Oil Company (Liamco) v. Libya, 12 Apr. 1977, 20ILM1-87 (1981)；Texaco Overseas Petroleum Company, California Asiatic (Calasiatic) Oil Company v. Libya, 19 Jan. 1977, 17ILM1-37, 1978.
2) The US National Archives & Records Administration, Fall 2001, Vol. 33, No. 3, Part

2, "The Diplomats who sank a Fleet" by Kevin J. Foster.
3) ADR ジャパン。
4) http://www.jurisint.org/en/ctr/61.html
5) http://www.jcaa.or.jp/index.html
6) 仲裁法平成 15 年法第 138 号第 14 条。
7) 新仲裁法 1 条，3 条。
8) 新仲裁法 13 条 2，3 項。
9) UNCITRAL Arbitration Rules. General Assembly Resolution 31/89.
10) http://www.jcaa.or.jp/arbitration-j/jyoukou/clause.html
11) http://www.jus.uio.no/lm/un.arbitration.rules/3
12) http://arbitrators.jp
13) Chartered Institute of Arbitrators. http://www.arbitrators.org。
14) 新仲裁法 17 条 3 項。
15) 新仲裁法 38 条 4 項。
16) 新仲裁法 3 条。
17) ジュリスト増刊（2006 月 4 月）「新仲裁法の理論と実務」87 頁中野発言，有斐閣。
18) 新仲裁法 44 条 1 項 6 号。
19) 新仲裁法 36 条。
20) 新仲裁法 39，45 条。
21) 新仲裁法 24 条。
22) 新仲裁法 15 条。
23) 小島武司・高桑昭編『注解仲裁法』注解民事手続法 96 頁，青林書院，昭和 63 年刊。

〔弁護士・元京都大学法学研究科客員教授〕

第 6 章

ICC 仲裁と調停の帰趨
［補訂増補］

澤 田 壽 夫

　国際商業会議所国際仲裁裁判所の仲裁手続につき中央大学大学院で 2000 年と 2001 年に行った講義の概要（旧稿）は，小島武司教授編纂にかかる『ADR の実践と理論 I』(2003 年) に収められた。その 2 年前の 2001 年には，ADR は仲裁ではないとの理解が世界的に定着してきたのを承けて ADR 規則が採択され，仲裁裁判所から独立してもっぱら調停などを扱う ADR 事務局が誕生した。

　その後二つの新しい規則，すなわち専門家鑑定規則（2003 年)，紛争処理委員会規則（2004 年）が制定され（本書に収められた「国際紛争解決の手段としての調停と他の仲裁代替方法」のなかで説明），これら二つの ADR 規則は仲裁と深く関係するが，その運用には，それぞれ独立のセンターがあたっている。他方仲裁前判定手続規則（1990 年）のもとでの保全・暫定措置に関する手続の事務は仲裁裁判所事務局が担当する。この規則は制定後 10 年を経た 2000 年代に入ってようやく利用されるようになり，次回の仲裁規則改訂にあたって仲裁規則の一部とされる可能性もあるので，本稿を以て旧稿を置き換え，2005 年現在の状況を伝えるにあたって，これに関する一項を追加することとした。

　第一次世界大戦後，企業活動を通じての平和実現を目的として発足した国際商業会議所（International Chamber of Commerce (ICC)）が，紛争の平和的解

決を標榜して国際仲裁裁判所を設立したのは 1923 年であるが，その後約 80 年間に取扱った事件は 1 万 3,000 件にのぼった。

世界の常設仲裁機関は，国内機関と国際機関に分けられる。国内機関には，米国のアメリカ仲裁協会，日本の商事仲裁協会，中国の国際経済貿易仲裁委員会などがある。これらに対して，国際復興開発銀行投資紛争国際センター，ICC 国際仲裁裁判所等は国際機関であり，これらをアメリカ仲裁協会等とともに海外の機関として括ることは，国際連合をニューヨークにあるがために海外機関とするのに似て適切でない。常設国際機関としては，知的財産を主たる対象とする OMPI（WIPO）など，特定分野で重要な貢献をしている機関があるが，対象に制限のない常設国際紛争解決機関としては，長い歴史と取扱い事件数から，ICC 国際仲裁裁判所が，世界で最も経験を蓄積した常設仲裁機関といえよう。

I　ICC 仲裁手続

1．対象となる紛争——当事者

国際仲裁裁判所（International Court of Arbitration ; Cour internationale d'arbitrage. 以下 ICA）は，「ビジネス紛争の解決」にあたることとされており[1]，実際に処理している事件はほとんど国境を越える（cross-border）要素のある事件だが，それに限らない。

当事者は，国，政府機関，各種の会社，自然人等であり，政府が当事者である契約に ICC 仲裁条項が含まれていれば，それは主権免除の放棄と解される（国際仲裁裁判所の概要と現規則の主要点を解明した文献として，澤田壽夫「仲裁の課題と ICC 規則の改訂」『NBL』639 号 6-16 頁（1998）を参照願いたい）。

2．裁判所と仲裁廷

「裁判所は自ら紛争を処理しない」（La Cour ne tranche pas elle-même les différends）との規定がある[2]。これは ICA が行政機関であり，事件の処理と

仲裁判断の作成は，規則に従って組成される1人又は3人の仲裁人から成る仲裁廷（tribunal）が行うことを意味する。しかし裁判所が全く純粋の行政機関であるかというと，後に述べるように，世界各地でICC規則に従って組成され活動する仲裁廷の作成する仲裁判断草稿は，すべてパリ所在の裁判所つまりICAの審査を受けなければならず，この点でICAも仲裁判断に関与しているといえる。

3．裁判所の構成とその国際機関性

　ICAは，所長，若干名の副所長，数十名の委員，事務総長，事務次長，主席法律顧問，若干名の法務主事と法務副主事，秘書から成る。狭義のICAは所長，副所長，委員で構成され，事務局はこれを補佐する。所長，副所長はICC理事会によって任命され[3]，委員はICC加盟国の国内委員会の推薦に基づき，理事会が任命する[4]。慣行として，所長は法律，特に仲裁に関して学識経験ある者が，副所長には，世界の各地域（北米，南米，ヨーロッパ，オセアニア，東アジア等）につき，最高裁判所裁判官，国務大臣，弁護士会長経験者，それらと同程度の知識・経験があると理事会が判断する弁護士，学者が就任してきた。ICAが国際機関であることは，扱う事件が国境を越える事件であること，公式用語が英仏2カ国語で，仲裁をそれ以外の国語で行っても，中間判断，終局判断等は英仏いずれかの言語に翻訳せねばならないほか，役員，職員が多数の国の出身者であることにも反映されている。

　2005年現在，所長はスイス，副所長はエジプト，日本，豪州，フランス，英国，アメリカなどから，124人の委員は86カ国から出ており（1998年に57カ国から76名の委員が在任したのと比べ，大幅の増員である），事務総長はアメリカ人，7名の法務主事の出身国は，ドイツ，イタリア，チリ，オランダなどと多彩である。

　所長，副所長はビューロ（Bureau）を構成する。ビューロ会議には事務総長，主席法律顧問が陪席し，裁判所の基本的方針，世界各地域の訴訟および裁判外手法による紛争解決の状況，裁判所の活動に関して生じた重要な法律問題

を検討し，具体案件の審理とは別に裁判所全体会議が検討すべき基本的事項の準備を行う。副所長は，所長不在の場合等に緊急決定を行ったり[5]，裁判所委員会の議長を務める[6]ことのあるほか，それぞれの常居地域で状況に応じて裁判所を代表する。ICA 全体会議では，英仏語の優れた同時通訳が審議を助けるが，ビューロ会議では通訳は用いられず，各員自由に，英語又はフランス語で発言する。

　事務局を除く狭義の裁判所は奉仕で成り立っており，副所長は一等航空料金と宿泊費，国内交通費，通信料金の実費支払いを受けるが，報酬，日当等の支払いはなく，委員に対しては，少額の日当のほか，裁判所会議での仲裁判断審査のために草案を分析評価する報告書を作成したときに，文字通りの薄謝が支払われるが，会議参加の交通費も自己負担である。副所長が当事者指名の仲裁人となれば（裁判所は副所長を仲裁人に指名できない），仲裁人としての報酬を受けるが，それは当事者からの収入である。委員については，仲裁人又は代理人となって収入を得ることに制限はないが，関与した事件の仲裁判断審査に加われない回避義務がある。

　なお所長には，フランスの国際仲裁の権威，ミシェル・ゴデの後任として，国際公法の著書もある学士院会員，国務評定官，アラン・プランテーが在任，1997 年に，ヘーグのイラン-米国請求仲裁廷の長，スイスの法律事務所のパートナーを務めたロベール・ブリナーが就任した（2006 年 3 月以降，同じくスイス出身でフリブール大学の債権法の教授で仲裁人も務めてきたピエール・テルシエが就任することが決定している）。副所長には，最高裁判所裁判官を務めた者として英国のマスティル卿，法務の素養ある国務大臣，大使経験者としてはフランスのオーリヤック氏，豪州のドナヴァン氏などがある。

4．裁判所全体会議と委員会

　後に述べるように，ICA の重要な特徴は，ICA による付託事項書（本節 6 節参照）の承認と仲裁判断の審査であるが，事務局の補佐を得てこれを円滑に進行させる合議機関は，月 1 回の全体会議と原則として毎週開かれる委員会であ

る。付託事項書承認，仲裁判断審査のほか，裁判所会議の取扱う事項は，仲裁契約の存在確認[7]，当事者による選任ができない場合の仲裁人の任命[8]，当事者が合意しないときの仲裁地の決定[9]，仲裁人忌避，交替の決定[10]，手続の諸期間の延長[11]，予納金，仲裁人報酬，経費の決定などである。1980年代の仲裁事件の急速な増加に伴い，すべての事件を全体会議で検討することは現実的でなくなり，「裁判所は一つ又は複数の委員会を設け，委員会の機能と組織を定めることができる」との規程5条と，「裁判所は，委員会のなし得る決定を規定することができる」との内部規則4条5aによって，1998年の規則改正前までは全体会議で行っていた決定の多くが所長又は副所長と2名以上の委員から成る委員会で行えるようになった。しかし重要，複雑な判断草案審査（国が当事者である事件，傾聴すべき点があると考えられる少数意見のある事件の審査はしばしばこれに含まれる），仲裁人の忌避と交替，議長又は事務局が，全体会議の検討を必要と考える事項は全体会議に送られ，またすべての委員会決定は全体会議に報告されねばならない[12]。事務局スタッフ会議が，すべての事件をA事件（全体会議で議論されるべき重要複雑な問題があり，全体会議での審査のため，事務局覚書のほか担当委員が任命されて，分析報告を書面と口頭で行う）と，B事件（委員会で議論，合意に達すれば，全体会議には報告するだけとする）に振り分ける。

5．仲裁人の選任

先に，裁判所すなわちICAは行政機関であって，実際の仲裁はICC規則に従って組成される仲裁廷が行うと述べたが，ICAには，当事者の便に供する仲裁人候補者名簿は備えられていないので（もっとも諸国のICC国内委員会には，その国で仲裁人に適任と思われる人を選んで登載した名簿を備えていることがあり，日本委員会にも常備されている），当事者が適当と考える人を選ぶ。その人は自然人である限り，どのような人であっても差し支えないが，仲裁の成功は，仲裁人の適不適によるといえるほど重要であり，選任は慎重を要する。法律を適用し，手続を能率的に進行させる実力，良識の程度（professional capabilities) を探るのは勿論，適当と思われる人があまりにも多忙に過ぎないかは直接訊ねても差し支えない。仲裁手続では大量の書証を検討し，審問でのやりとりの細部を消化してゆかねばならないから，仲裁で用いられる言語につき，それを母国語とする裁判官とほぼ同等の読み，書き，話し，聴く力をもちあわせていなければならない。調停の可能性もあるならば，それに加えて当事国の経済，商慣習，歴史等の理解，交渉の雰囲気づくりと交渉に必要な忍耐や人柄（human qualities）を有することが望ましい[13]。

仲裁人は3人又は1人であって[14]，3人の場合，仲裁人間の十分な論議は期待できるけれども，3人の優れた仲裁人が合議その他の日をあわせるために手続が遅延しうるし，仲裁人は結局当事者の費用で依頼するのだから，3人の報酬が当事者にとって相当な負担になることもある。

当事者が仲裁人の数に合意できない場合，原則として，ICAが単独仲裁人を選任する[15]。もしもICAが仲裁人3人を要すると決定した場合，申立人は15日以内にその適当と考える仲裁人を指名し，被申立人は申立人による指名通告後，15日以内にその適当とする仲裁人を指名する[16]。仲裁人が1人の場合の手順など，選任にいたる細則は8条に規定されている。

6．付託事項書

ICC仲裁の一大特徴は，1955年以来の伝統となった付託事項書（Terms of Reference ; Acte de mission）の作成である。仲裁廷は，事務局からファイルが回付されてから2カ月以内に，仲裁人と当事者が署名した付託事項書を作成しなければならない。それには当事者の名，住所のほか当事者それぞれの主張と，求める救済，仲裁地，仲裁に適用される手続規範等を記す[17]。この文書は，仲裁廷が求められた判断を余すところなく行い，逆に，求められていない判断をする事態を避けるために重要である。審問の開催不開催，陳述書面と物証人証の許容限度，当事者，仲裁人をはじめ審問に出席する人々の範囲と員数，当初から仲裁手続中に調停等を試みる希望が全当事者にあれば，それに関する合意のほか，平文あるいは暗号をかけてe-mailを用いられるかというような

技術的細則もできるだけもりこむべきだが，手続の進展に伴う調整の余地もなければならず，付託事項書の作成に，仲裁人の能力や練達度が現れる[18]。

1998年改正で付託事項書に争点を列挙しなくてよくなった結果がどのようになるか関心がもたれたが，今日まで旧規則のもとでの慣行に変化がみられない。むしろ付託事項書に秘密保持義務を明らかに記す慣行が望ましいように思われる。多くの当事者は秘密の保持にきわめて敏感であり，それが尊重されるのは当然だが，旧規則では内部規定II-4条で文書が秘密であると述べているだけであった。現規則では20-7条で，仲裁廷が，企業秘密と機密情報保護に必要な措置を取れると定めるが，付託事項書に守秘義務に関してより具体的な規定を置くことは考慮に値する。

付託事項書は通常仲裁廷長（第三仲裁人）か単独仲裁人が起草して，他の仲裁人（仲裁人が3人であれば）と当事者の同意を求めるが，場合によっては作成のための会議開催も検討に値する。仲裁手続は，付託事項書の仲裁人，当事者による署名又はICAの承認によって，はじめて始動する[19]。仲裁廷は，付託事項書作成の際，またその後まもなく，進行予定表（provisional timetable）を作らねばならない[20]（規則の用語ではないがprocedural calendarと呼ぶ人もある）。仲裁人のなかにはこれを手続命令と呼ぶ人もあるが，進行表は当事者と協議しながら作る文書で，一方的な命令でないことが望ましい。この文書を作成中に，たとえばあまり多数の証人を認めると，審理全体に異常な費用と時間がかかることがわかると，付託事項書と進行予定表両方で無駄を省く調整が行われうる。

7. 審　　問

いずれかの当事者が請求するか仲裁廷が必要と判断した場合に，審問が開かれる[21]。審問が始まってから通訳，書記，録音等の細かい手筈に時間を費やすのは綺麗な取り運び方といえず，これらのことは，できるだけ付託事項書に定めておくと便利である。審問は1日か2日で終了する場合もあるが，2週間以上にわたることもある。当事者は十分な，しかし多きに過ぎない証拠を以て

説得力ある主張を展開すべきであり，弁論の修練もここで生きてくる。審問の手際よい展開は仲裁人にとっても，代理人にとっても一つの芸術であるが，当事者にとって高価な演出であることに思いを致して，効率的，経済的で美しい展開を心がけねばならない。

8．証人，鑑定人，ICC 鑑定手続

仲裁廷は，当事者が任命した証人，専門家に陳述させることができ，さらに仲裁廷として専門家の意見を徴し，当事者に尋問の機会を与えることができる[22]。また当事者も仲裁廷も，事案に応じて ICC の機関である鑑定国際センター（International Centre for Expertise）が利用できる[23]。

9．適用規範

「当事者は，仲裁廷が適用すべき法規範（rules of law；règles de droit）に自由に合意できる」[24]とされており，そのような合意がないならば，仲裁廷が適当とする法規範を適用する。ここで二つの点に留意しなければならない。一つは古典的抵触法が，フランス法，カリフォルニア法など，国家法，地域法を指定していたのと異なり，当事者のいずれの国でも批准されていない条約を適用する合意も差支えないという点である[25]。いまひとつは，仲裁廷が妥当と考える抵触法を通じて適用法規範を決定するという無意味な迂回方式を採らなかったことである。また仲裁廷は，当事者が望めば友誼的仲裁人として，又は衡平と善によって決することを認めている[26]。「友誼的」仲裁と「衡平と善による」仲裁に差はなく，いずれにせよ仲裁人が条理に叶うと考える判断をすることが認められているのであるが，理由は示さねばならず，それは準拠法が適用される場合と同様に，仲裁裁判所の審査の対象となる[27]。

10．仲裁判断の審査

複数の仲裁人から成る仲裁廷では当然最終合議があるが，複雑な事件では，仲裁人がさらにテープを聞いて熟考したい場合もある。その段階を経て，多く

の場合仲裁廷長（第三仲裁人）が仲裁判断（Awards; sentence）を起案し，複数の仲裁人があれば，それらの人々と協議して最終案を作成，ICA による審査（Scrutiny; Examen préalable）のため，パリの ICA 事務局に送付する。Préalable とは，署名に先立ってということで，ICA では，審査の結果，判断草案をそのまま承認してよいが，仲裁廷に対して形式について（誤字脱字を正す）補正命令を出し，また内容について変更の示唆をすることができる。内容変更の示唆は複数回行えるが，仲裁廷の独立を重んじねばならないため，補正を命じうるのは形式についてだけである。この審査の制度は長年維持されてきた ICC 仲裁の特色である。

1980 年代に，仲裁人の独立と一審性は国内法が認める仲裁制度の特徴であり，仲裁人の判断草案を審査するのは，仲裁制度を認める国の公序に反するという批判が中東の有識者の論文に現れて，話題になったことがあった[28]。この批判は，そういう批判もあったという過去の一話題として数年後には忘却の彼方に消え，判断草案審査制度が仲裁判断の質を高める優れた制度であるとの評価を傷つけるにいたらなかった。

仲裁手続は当事者の自由形成によるべしとの立場にたって詳細な手続規則を定めない ICC 規則のもとでの仲裁は，手続があまりにも単純で，また中間と終局の判断草案を複数の人（仲裁裁判所所長，副所長，委員，事務局員）の目に触れさせる仲裁判断審査制度と事務局の懇切な指導のため，ICC 仲裁はあまりにも透明で，秘密性に欠けるとの批判が聞かれることもある。しかし判断草案審査等を通じて仲裁の秘密漏洩が起こったとの苦情はなく，利用者の近年の反応は草案審査制度を高く評価し，そのための費用と時間の負担は当然として，かえってこれが ICC 仲裁事件増加の一因になったように見受けられる。

仲裁判断が出されると，ほとんどの場合それに従って履行されているようであるが[29]，国家機関である裁判所の手助けを得て仲裁判断の執行を求めねばならないという事態も生じうる。そこで ICC 規則では，ICA と仲裁廷が仲裁判断が執行可能であるよう（soit susceptible de sanction légale）常に努力することを求めている[30]。この規定の定めるところは，ICA が仲裁判断草稿を審

査する際,「裁判所［ICA］は,格別に困難でない限り仲裁地の強行法規の要請を考慮する」としているところに通じる[31]。完全脱地の仲裁が行われない限り,こうした要請が必要となる。

11. 仲裁に関する統計

新受事件数の変遷と,近年の不継続事件,仲裁判断数は,次のようである。

表1　新受事件

	1930	1940	1950	1960	1970	1980	1990	1995	2000	2004
新受事件	93	7	29	56	152	251	365	427	541	561
不継続										
仲裁廷への回付前								140	156	140
回付後,付託事項書の裁判所への提出前								36	43	67
付託事項書　裁判所への提出後								40	87	99
同意判断								20	30	31
終局判断								140	186	220

新受事件の1990年までの古い年度の数は,10-1 International Court of Arbitration Bulletin 4 (1999)による。
上の2004年561件のうち,当事者数3～5が1421件,6～10が21件,11以上が10件である。

2000年と2004年について,さらに次の統計を示しておく。

表2　日本の当事者があった事件

	2000	2004
総　　数	7	23
うち申立人であった事件	4	16
うち被申立人であった事件	3	7

2004年度の主たる仲裁地（件数）は,パリ74,ロンドン62,ジュネーブ36,

チューリッヒ 23，シンガポール 16，ニューヨーク 12，ウィーン 10，ブエノスアイレス 11。同年，そこで ICC 仲裁を行うことに決定を見た国の総数は 49。

2004 年の新受事件中実体準拠法規範として最も多かった法が英国法，スイス法，ついでフランス法，ドイツ法，ニューヨーク州法，スペイン法であり，契約準拠法を国際物品売買契約国連条約としたもの 4，国際商事法 2，法の一般原則 1 であった。

表 3　受付事件の争いの額（米ドル）（2004 年）

100 万～ 1,000 万	37 %
1,000 万～ 5,000 万	15 %
1 億以上	3 %

II　仲裁前判定規則による保全・暫定措置

終局的仲裁判断を求める当事者が，それを待つことによって対象物の価値が減じるのをおそれたり，いずれ下される仲裁判断によって満足が得られることを確実にするために，中間的措置を求める場合がある。国際連合仲裁模範法は，当事者の申立により仲裁廷が暫定保全措置（interim measure of protection）を命じ得るとした。

ICA は，1990 年の ICC 仲裁前判定手続規則（ICC Rules for a Pre-Arbitral Referee Procedure ; Règlement de Référé pré-arbitral de la CCI）によって，判定人が保全措置（conservatory measures ; mesure conservatoire）又は回復措置（measures of restoration ; remise en état），支払い（payment ; paiement），その他契約に従う履行，証拠の保全を命じ得ると定めた[32]。この規定は，判定人が広く保全措置，暫定措置を命じ得るとする規定と解されているが，いずれにしても判定人の権限は，当事者の合意によって拡張されうる[33]。

ICC 仲裁規則のもとで，仲裁廷は一件書類受領後，保全措置，暫定措置を命じることができるとされている[34]。仲裁前判定手続規則も，事件が仲裁廷に

託されて後は，保全・暫定措置は，もっぱら仲裁廷事項になるとしていて，その時期は仲裁廷の一件書類受領時点と解する[35]。ただし先に判定人が任命されていれば，判定人はその権能を行使できる[36]。当事者が仲裁前判定手続を契約で選んでいた場合，保全措置，暫定措置命令を得べく裁判所に赴くことができるかについては，規則は規定せず，解釈としては，当事者は契約で裁判所への依存を排除できると考えられる。2003年4月，パリ控訴裁判所は，仲裁前判定手続は契約によると判示したが，当事者の合意によって，判定人は不履行に対して罰金を課すこともできると解する。

仲裁前判定手続は柔軟で，主として書面に依存したり，当事者の出頭を求めたり，現地調査を要求するなど，判定人は妥当と信じる方法で自由に手続を進められ[37]，当事者が手続を無視しても，続行して命令を発してよい[38]。命令には理由を付さなければならない[39]。当事者は，有効な放棄が認められる限り，上訴等で命令を争う権利は放棄したものとされる[40]。

仲裁前判定規則は，制定後約10年間全く利用されることなく，ICCは無用の規則を作ったとの評まできかれたが，2001年になって，多数国，多数会社の関係する複雑な事件で仲裁前判定合戦が繰り広げられ，ICC仲裁裁判所所長の任命した判定人が約3ヵ月で3回命令を発するという事件があり，それから2年のあいだに数件の事件が相次ぎ，それによって仲裁前判定手続がにわかに脚光を浴びるようになった[41]。この時期ににわかに仲裁前判定が用いられ始めたのは，仲裁の訴訟化の傾向のなかで，当事者があらゆる手法を使おうとする傾向を見せたためともいえるが，外部の権威者が判定人としてどのような決定をするかによって，あたかもADRの一種である中立評価が行われたかのような効果が期待できることを教えられたということもあろう。そのほかに仲裁前判定の利点がいくつもの点から気付かれるようになった。たとえば仲裁前手続で判定人となる者が，内国裁判所で申立を処置する裁判官よりも争いの対象事項に関して知識・経験が豊かだったり，イタリアの民事訴訟法のように仲裁人の保全・暫定措置を認めない立場をとり続ける法制に対して，仲裁前判定が有効に機能する場合があり得るなどである。

Ⅲ　ICC 調停 (ADR)

1．ICC ADR 規則

　ICC ADR 規則の広汎な定義により，専門家鑑定も，その一種として専門鑑定国際センターが扱っていてドクデックス（DOCDEX）として広く親しまれている Documentary Credit Dispute Resolution Expertise 判断も，紛争処理委員会（DB）の紛争解決も，すべて ADR である。しかし本節の範囲は仲裁と ADR 中の調停であるので，これらには触れない。専門家鑑定と紛争処理委員会（DB）については，本書の「国際紛争解決の手段としての調停と他の仲裁代替手法」のなかで，言及している。

　ICC 仲裁では，多くの事件が仲裁判断にいたらず，和解，調停で終結するといわれてきた。紛争が平和に終結することが最も望ましく，仲裁判断にいたらずに処理できる件数が多ければ喜ばしい。ICC の仲裁の不継続統計には，仲裁事件として始まっても，早くも付託事項書作成の協議のなかで，和解，調停に進んで不継続となる事件，また審問後にそのような機会のおとずれた事件も含まれている。

　本来調停と仲裁は本質的に異なる手続である。仲裁には通常何らかの準拠法規範が適用され，仲裁人のくだす仲裁判断は国家の裁判所による執行が可能であるが，調停は法に準拠する必要がなく，調停人は当事者が合意に達するように助けるのであって，国の力をかりて強制することはない。

　1920 年代に ICC 国際仲裁裁判所ができた頃，仲裁事件よりも調停事件が多かった[42]。年を経るにしたがって，仲裁事件は著しい増加をみたが，仲裁として始まった事件が調停で終る場合を別にして，はじめから調停が行われてそれが成功するのは稀有となった。ICC 規則を収めた小冊子には，長年仲裁規則とともに調停規則が収録されていたが[43]，調停申立が数件に過ぎず，しかもそのうちの何件かはまもなく取下げられるという年が続いた。しかし調停の特性，すなわち対決でなく協力による解決は評価され続けていたし，米国などでは，本来訴訟と比べて迅速，廉価といわれてきた仲裁の訴訟化への嫌悪感が拡

がった。その結果，英米を含むいくつかの国や仲裁機関で調停規則を見直す動きが拡がり，国連でも調停模範法を作成することになり，ICC は 2001 年に新規則作成に踏み切ったのである。

　この規則は裁判と仲裁でない一切の紛争解決手法も対象にするので，厳密にはこれを新調停規則と呼ぶのは正しくなく，ADR 規則（ADR Rules；Règlement ADR）と呼ばれている（新規則のもとでの手続のほとんどが調停である限り，俗に新規則を調停規則といってもよかろうというに過ぎない）。ICC は，それまで裁判以外の紛争解決手段は，仲裁を含めてすべて「裁判外」の「代替的紛争解決」（Alternative Dispute Resolution）（ADR）としてきたのを改め，裁判と仲裁という国家権力で強行（enforce）されうる方法をひと括りにして，それ以外の紛争解決方法が「友誼的紛争解決」（Amicable Dispute Resolution；résolution amiable des différends）（ADR）であると定義した。つまり仲裁は ADR ではないことをはっきりさせたのである。この用語法は，速やかに WTO や UNCTAD 等，他の国際機関の刊行物にも採択されていった[44]。

　ICC ADR 規則のもとでの ADR の例として中立評価やミニトライアルがあげられ[45]，調停は ADR の一方法にすぎないため，調停を含めて ADR を行う人を調停人でなく，中立第三者（neutral；Tiers）という[46]。中立者は ADR 手続を始めると，速やかにどの ADR を行うかを当事者と協議し，特に格別の合意がなければ，調停（mediation；médiation）が行われる[47]。ガイドによると，調停とは「中立者が紛争当事者を話合いによる解決にいたるよう助ける解決技法」とされ，中立者の意見を表明する必要はない[48]。紛争とは，その言葉から想像されうるような「争い」でなくて見解の相違でよいし[49]，国際的か否かを問わない[50]が，家事，労働問題は含まない[51]。中立者が積極的に解決案を提示するならば調停人（conciliator），そうでなく，当事者相互の意思疎通への助力が主ならば斡旋人（mediator）という区分けがかなり広く行われてきたが，ICC ADR 規則のもとでの中立者はいずれでもありうる。

　ICC 仲裁規則は仲裁手続を詳細に定めないが，ADR は仲裁よりも当事者の

手続選択の範囲が広く，仲裁よりもさらに柔軟な手続であるため，「ADR 手続の実行」，「総則」という二条の規定も，きわめて基本的，概括的である[52]。そのうえ，ICC の了解を必要とはしているが，調停人を含む中立者は，規則を変更して使える[53]。次に全体 7 条から成る ADR 規則のあらましを見てみると，当事者がこの規則による ADR に合意している場合は，紛争の概要などを記した申立書を提出して，ADR 手続が始まる[54]。当事者がこの規則による ADR に合意していない場合，ADR を活用したい者の申立を受けた ICC は被申立人に訊ね，15 日以内に応じなければ，ADR は行われない[55]。中立者は当事者が共同して (conjointement) 任命するが，それができなければ，ICC が任命する[56]。中立者は，仲裁規則のもとでの仲裁人のように，独立供述書を提出しなければならないが[57]，それは独立を疑い得るどのような状況があるかを知らせるためであって，不偏が期待できるならば，あるいは独立でなくともよいとするならばあえて独立を求めない点，仲裁と同じである[58]。中立者は 2 人以上のこともありうる[59]。

当事者は ADR 手続の登録料として，当初 1,500 ドルを納付する[60]。このほか管理料金，調停人報酬等を等分に負担[61]，一方が支払わない場合に他の当事者が立替えて手続を進行できるのは，仲裁の場合と同じである[62]。それらのほかに各当事者が支出する費用はそれぞれの負担とする。中立者の報酬は，ICC が事案の困難度，通常の金額等を勘案しつつ中立者と協議して，時間単位で計算する[63]。ADR で基本原則とされている原則は仲裁手続のそれと同じである。それは公平，不偏，当事者の意向の尊重[64]，当事者が中立者と協力する義務[65]，当事者の格別の合意あるいは法の要請がある場合を除き，手続とその結果が秘密で，ADR 手続に提出された書類やそこでの陳述は司法手続，仲裁手続で用いられず，中立者は ADR 手続について証言しない[66]などである。このように国際取引手続法の基本規範ともされている基本原則は別として，新規則は柔軟な変更を認めているために使いやすい。

ICC は ADR 規則実施に伴って，もっぱら ADR を担当する職員を任命した。しかし近い将来に仲裁事件が激減して ADR 事件が取って代るといった状況は

予想できない。ADR規則のもとでは，ICCが1993年規則のもとで提供してきた鑑定国際センターの手続もADRといえるし，新規則の制定によって，いくつかのADRが紛争解決のメニューに加えられたということである。

2．ICCにおけるADR取扱い例

ICCへのADR申立は，2003年から2005年までの3年間（ただし2005年は11月末まで）で，19件に達し（2003年8件，2004年6件，2005年5件）3件では調停によって和解に達するという実績をあげた[67]。当事者の属した国，問題となっていた物，契約等の種類，付託の根拠条項，争いの額，ADR付託の結末は次のとおりである。

1．白・スイス　株式買取　ICC仲裁条項　3,000万ユーロ　取下げ
2．米・英　無体財産使用許諾　ICC調停条項　3,000万ドル　仲裁中中断のち取下げ
3．ギリシア・独　工場設備　ICCガイドライン　4.5万ユーロ　被申立人不応
4．日・米　無体財産使用許諾　ICC調停規則　6,000万ドル　調停不調
5．日・スウェーデン　タービン設置　ICC ADR規則―初会後不進展
6．ウガンダ・独　武器売買　ICC仲裁規則　68万ドル　調停不調
7．西・墨　株主間契約　ICC調停　3,600万ドル　調停不調
8．伊・セルビアモンテネグロ　鉱内機器　友好的解決　29万ドル　中立者評価―調停成立
9．仏・イラン　医療機器販売　80万ドル　調停不調
10．日・米　売買契約　ICC仲裁　調停規則―被申立人不応
11．仏・アルジェリア　売買契約　調停不調
12．ウガンダ・独　建設機械　ICC 88年仲裁規則仲裁中断　400万ドル　調停成立
13．印・米　化学工業　ICC ADR規則　中断
14．蘭・仏　株式売買　ICC ADR規則　8,100万ユーロ　調停成立

15. 仏・モロッコ　売買　ICC ADR 規則，不調ならば仲裁　33 万ユーロ　被申立人不応
16. 仏・仏　株主間契約— ICC ADR 規則，不調ならば仲裁　休止
17. 独・独　売買— 3.5 万ユーロ　休止
18. 仏・仏　建設—協議不調ならば ICC 仲裁　休止
19. 英・西　継続

IV　ICC 手続と調仲・仲調

　調停と仲裁を併用する手続の合意を混合（Hybrid）手続の合意ということがある。まず調停を試みて，不調であれば仲裁に移行する合意をアメリカではつとに Med-arb（メドアーブ）の合意といい，筆者はこれを日本語で調仲と呼んだ。このほか仲裁を行いながら，1 回又は複数回調停を試みることがある。筆者は，不正確にこれをも調仲と呼んだことがあるが，調仲とすると，字の順序から，まず調停を試みて，不調ならば仲裁をする調停前置と理解されるおそれがある。調停中に仲裁も試みることはありえないが，仲裁中に幾度も調停を試みることはありうる。これが真の混合手続で，それを仲調（Arb-med）と呼ぶように改めた。これについては，本書中の「国際紛争解決の手段としての調停と他の仲裁代替方法」のなかで説明したので，ここでは ICC 仲裁規則と ADR 規則が，仲調にどのような態度をとっているか，それが許容されているのかを考える。

　まず結論を述べれば，ICC の両規則は仲調を奨励するように作られていない。それが許容されてはいる。しかし規則が仲調を奨励する構成でなく仲調に消極的であるため，規則を検討する人々に仲調は認められていないのではないかという印象を与えてしまう。

　ICC ADR 標準付託条項 4 は，「……当事者は…… ICC ADR 規則のもとでの和解手続に付することに同意する……。もしも紛争が 45 日以内に同規則に従って解決されなければ，紛争は国際商業会議所の仲裁規則に従って解決され……」として，ADR 規則の調停前置性を明らかにしている。ICC における

ADR 取扱い例」としてあげた 19 例中の 15, 16 の契約は, これに従っている。ADR 規則の調停手続終結に関する規定は, 決定的に和解成立を望みなしとして仲裁に移行する場合を考えているのであって, 仲裁から調停へ, 調停から仲裁へ, そして翌日にはまた調停を試みるという自由な往復を予想する規定になっていない。

そもそも複数の中立者 (neutral) が仲裁と調停を同時, しかし別々に併行して行うことは認められるが, 同一の中立者が一つの手続のなかで仲裁と調停を実施すると, 調停人として当事者の本心を聞いた者が, それを聞かなかったことにして妥当な仲裁を全うするのは不可能だというのが, 仲裁中の調停に反対する基本的理由のようである。しかし冷静で公正な仲裁人は, 仮に当事者の本心を聞いても, また聞いたうえでこそ, 良い仲裁ができるといえる。仲調は中国の仲裁規則の顕著な特徴であり[68], 新しい仲裁法には仲調を許容するものが多い。ICC の ADR 規則は, 当事者の合意がない限り, 調停人は同じ事件で仲裁人になれないとするが[69], 仲調は当事者の諒承を前提とするもので, 手続の始めに当事者の諒承を確認しておきさえすれば, 仲裁人が調停人になりまた仲裁人になることに支障はない。ADR 規則前文は, その冒頭で, ADR は「訴訟又は仲裁の前又はあいだに起こりうる」としていて, これを公式手引でも繰返している。ICC で ADR 規則作成に深くかかわった主席法律顧問も,「手引に述べられているとおり, ADR は仲裁と併用できるが, それを ADR 規則で一般原則として述べるのは適当でないと思われた。規則は, 秘密保持の観点から, 当事者と合意するのでない限り, 中立者は仲裁人として行為してはならないと述べており, 中立者が仲裁人として行為する可能性は, それ故推奨はされていないが開かれている (The possibility for the Neutral to act as an arbitrator is therefore left open although it is not recommended)」と考えるのである[70]。ICC 仲裁規則のほうから眺めれば, そこにも調停作業との往復を禁じる規定はなく, 明文規定が無くともそれが行われてきたことは, 長年にわたって旧調停規則が特に利用されなかった理由の一つである。本稿に示した ICC 統計で, 仲裁事件の多くが付託事項書の裁判所への提出後に不継続になっているのは,

仲調の少なくない事実を反映している。主席法律顧問の口頭意見でも，仲裁廷（1人又は3人）が調停を試みることは，ヨーロッパでもドイツ，オーストリアで普通に行われているところであり，事件が仲裁事件として始まれば，付託事項書作成までの調停的作業は預託金でカバーするし，仲裁人報酬については，仲裁進行中に調停を試みる時間は仲裁が継続していたと看做すとされる[71]。

ICCには，シンクタンクとしての仲裁委員会があり，国際仲裁裁判所とともに，常に将来に向けて，いかなる問題を研究すべきか，いかなる事柄について新しい規則，ガイドライン等の作成が望ましいかを検討し，種々の草案作成に成果をあげている。仲裁人ガイド（手引）については，十数年にわたって複数の案が作られ，長時間をかけて多くの意見を検討したが，委員会あるいは仲裁裁判所としての公式ガイド作成は甚だ困難であり，ある程度意見をまとめたものを個人名で発表する方向をとること，少額仲裁について格別の規則は作らないなどと決定された。検討を進めてゆく事柄としては，「仲裁の危機」をもたらす問題の一つである複雑な仲裁事件をいかにより迅速・低価格で処理できるか，友誼的仲裁の実態とあるべきかたちの検討，秘密保持原則との関係を含む刑事事件と仲裁の関係，損害賠償請求など仲裁を通じての競争法のより活発な執行，欧州委員会が民商事調停に関し採るべき規制の性格，増加を続ける事件に対処すべく，事務総長の決定できる事項を増やすように仲裁規則を改正すべきか，仲裁前判定規則を仲裁規則に合体させるべきか，イントラネットの試験結果をどう生かすべきかといった事柄がある。このように，種々の問題について決定と前向きの検討が活発に進んでいる。

1) 仲裁規則1条1。以下特記しない限り，条文はICA仲裁規則の条文である。
2) 1条2。
3) 規程3条。仲裁規則には3点の付属書（Appendix ; Appendice）があり，第一付属書が規程（Statutes ; Statuts），第二付属書が内部規則（Internal Rules ; Règlement Intérieur），第三付属書が仲裁費用および報酬（Arbitration Costs and Fees ; Frais et Honoraires de l'Arbitrage）である。規程は主として裁判所（ICA）の目的，

構成を，内部規則は裁判所（ICA）構成員，事務局員の権限，規律，全体会議以外で仲裁判断審査の権限を持つ「委員会」に関する細則を含む。付属書というと，規則ほど重要でないもののような感じを与えるかもしれないが，規程は委員会を置く根拠規程であり，秘密保持の原則もここに定められている。委員会運用の細則のほか，仲裁判断の審査にあたって仲裁地強行法規の考慮を求める規程等は内部規則にあり，これら付属書の規程は，規則のそれと同等に重要である。

4) 規程3条3。
5) 1条3。
6) 内部規則4条2。
7) 6条2。
8) 9条。
9) 14条1。
10) 7条4。
11) 18条2，24条2。
12) 1条4，内部規則4条5が，慣行の根拠条文である。
13) 仲裁人の権利義務については，澤田壽夫　国際仲裁の指揮—仲裁人の権利義務—(1)-(5)，JCAジャーナル　44. 10—45. 2（1997-1998）。澤田壽夫　仲裁人の条件と倫理（2004）。
14) 8条1。
15) 8条2。
16) 8条2。
17) 18条1。
18) UNCITRAL, Notes on Organizing Arbitral Proceedings（1996）は，仲裁手続を進行させる前に決定しておくと便利な事項を解説した覚書で，チェックリストとして有用である。Trilateral Perspectives on International Legal Issues（1996）所収のSawada, T., Supplemental Procedural Rules of International Non-Judicial Proceedingsは，Notesに若干の批判を加えている。
19) 18条3。
20) 18条4。
21) 20条。
22) 20条3，4。
23) センターは，技術，法，金融等の諸分野での専門意見が求められる場合，専門家の名の提供，専門家の任命，専門家鑑定手続の実施という3種のサービスを提供する。
24) 17条。
25) 適用法規範の決定にあたり，国際私法すなわち抵触法の利用は不要となり，当事

者の指定がない場合の仲裁廷による規範選定の対象が法律から規範へと拡がり，商事慣習法であれ，法規範と認められるものを適用できるが，それは衡平と善による仲裁とは理念的に区別されている。
26) 17条3。
27) 25条2；27条。
28) Kassis, A., the Questionable Validity of Arbitration and Awards under the Rules of the International Chamber of Commerce, 6 J Int. Arb. 79 (1989).
29) ICAでは，仲裁判断が執行を要さずに履行されたか否かを正確に把握はしていないが，諸情報から，約9割の判断は執行を要さずに履行されるとの感触を得ている。
30) 35条。
31) 内部規則6条。
32) Conservatory measure 又は保全措置は，後日の仲裁判断による満足を確保しておくために現状，係争物の価値，証拠等を維持する命令であり，Provisional measure 又は暫定措置は，とりあえず当事者に生じる不利益を軽くするため，何らかの行為，何らかの仮の法律関係を命じる臨時措置であるが，これらはしばしば互換的に用いられるし，Interim measure 又は中間措置が，双方を含む概念として用いられることもある。
33) 仲裁前判定規則　2-1-1条。
34) 23条2。
35) 仲裁前判定規則　2-4-1条。
36) 仲裁前判定規則　2-4条。
37) 仲裁前判定規則　5-3条　5-4条。
38) 仲裁前判定規則　5-6条。
39) 仲裁前判定規則　6-1条。
40) 仲裁前判定規則　6-6条。
41) Geraud, J-Y., Taffin, C-H., The ICC Rules for a Pre-Arbitral Referee Procedure, 16-1 ICC ICArb. Bull 33 (2005).
42) 1926年6月19日までに，126件の紛争が付託され，そのうち47件は解決した。6件は仲裁により，7件は conciliation により，32件は mediation を通じての当事者合意により，2件は ICC が関与した後，他機関によって解決された。International Chamber of Commerce Arbitration Report No. 6 (Supplement to Journal No. 10) (June, 1926).
43) Règlement d'Arbitrage de la CCI 1998 Règlement de Conciliation de la CCI 1998 (1997).
44) International Trade Centre, Arbitration and Alternative Dispute Resolution (2001).

本講義から一年の間に，仲裁を ADR としたのは過去のことであるとの理解はさらに広まり，国際法曹協会もそのような用語法を採る。例えば IBA Section of Business Law Committee D News（October 2002）所収 Results of the Survey regarding Arbitration and ADR.

45) 公式手引である Guide to ICC ADR；Guide de l'ADR de la CCI（以下ガイドとして引用）5。
46) 同前文。
47) 5条1-2。以下 ADR 規則の関係で条文のみ示す場合は ADR 規則の条文である。
48) ガイド5。
49) ガイド前文。
50) 1条。
51) ガイド1。
52) 5条；7条。
53) 1条。
54) 2条1。
55) 2B条。
56) 3条1。
57) 3条2。
58) ガイド3。
59) 3条4。
60) 4条1；付属書。
61) 4条5。
62) 同。
63) 付属書C。
64) 5条3。
65) 5条5。
66) 7条1-4。
67) La Médiation gagne les entreprises, La Tribune, 23 novembre, 2005；Des entreprises s'engagent à recourir à la médiation, économie, 23 novembre, 2005 など参照。
68) Chang, Wang Shen, Combination of Arbitration with Conciliation（名古屋国際商事仲裁シンポジウム 2000 年）．
69) 7条3。
70) 2001 年 4 月 12 日付主席法律顧問 E. Jolivet の著者宛て覚書。
71) 2005 年 11 月 24 日，同上人の口頭意見。

〔上智大学名誉教授，弁護士，ICC 国際仲裁裁判所副所長〕

第Ⅲ部
調停法制の動向

第 1 章

ADR の規格化・標準化の試みについて

山 本 和 彦

I ADR 拡充の意義

　本章は，現在様々な所で進められている ADR の規格化・標準化の試みについて，その意義及び将来の方向性を検討することを目的とするが，その前提として，まず ADR の拡充活性化それ自体の意義について簡単に確認しておく[1]。

　現在，日本においては，ADR は必ずしも十分に発展しているとは言い難い状況にある[2]。確かに裁判所の調停（司法型 ADR）は相当数の事件を処理しているし，民間型 ADR も様々な運営主体が様々な類型の ADR 業務を実施している。しかし，後者の多くは，処理事件数が極めて少なく，実効的に機能しているとは言い難い状況にある。しかし，それでは，ADR を拡充・活性化する必要性がないかというと，そうではない。そもそも日本では，それが国民性の問題であるかどうかは議論のあるところであるが，紛争を当事者間の話合いで解決したいという需要は相当に大きなものがあると予想される。また，訴訟に比べれば，ADR に多様なメリットがあることも間違いのないところである。例えば，簡易・迅速性，廉価性，秘密性，専門性，宥和性などの利点であり，そのような利点が特に有用な紛争類型として，例えば，少額紛争，知的財産紛争，建築紛争，医療紛争，プライバシー関連紛争，家族間紛争，隣人紛争，中小企業間紛争などでは，ADR による解決の利点はやはり大きいと考えられる。他方で，裁判所の調停が発達していることは事実としても，やはり「裁判所」ということで，一般の人からすると相当に敷居が高いことも否定できず，結局，

現状では行き場がなくて泣き寝入りになっているような事件・紛争が現在の日本にはなお相当数あるように思われる。そのような意味で，民間型を中心にADRを拡充・活性化することができれば，そのような紛争解決のニーズがかなり顕在化してくるのではないかと思われる。

　また，民事手続法の理論から見ても，ADRの拡充・活性化の必要性は肯定できると思われる。筆者は，民事司法は国民の法的な利益を保護する公的サービスであると理解している[3]。つまり，教育・医療等と同様に，税金を使って国が国民に公的なサービスを提供しているものである。ただ，このようなサービスは，その性質上，相当の範囲で民間も提供することができる。確かに当事者間に合意が成立せず最終的には権力を用いて紛争の解決を図らなければならないような場合には，その権限は国が独占する必要がある。しかし，そこに至る前に何らかの合意が当事者間に成立するような可能性のある場合には，権力的契機は必然的なものではなく，民間事業者の参入を認める余地は多分にある。私立の大学や病院があるように，私立の紛争解決事業があることは何ら怪しむべきものではない。むしろ近時の一般的潮流において，民間で可能なものはなるべく民間に任せていくという方向があるとすれば，法的利益保護・紛争解決のサービスについても，民間ADRの拡充・活性化は一般論として望ましいものと考えられよう。また，国の提供している裁判や調停も，民間ADRの発展に対応して，それとの競争の中でサービスの向上が期待できよう。それによって，利用者である国民にとって，紛争解決のための多様な選択肢が提供され，サービスの幅が拡大し，その質が向上し，結果として，社会全体の正義の総量が増大するものと思われるからである[4]。

　以上のように，ADRの拡充・活性化は，現在顕在化した需要に直接対応するものというよりは，むしろ潜在化した需要又は将来の需要に対応した試みである。その意味では，ADRの充実・活性化に向けた様々な規格化・標準化の試みはそれ自体，時代を先取りする意義を有する面を持つ事業であると考えられる。

Ⅱ　ADRの規格化・標準化の意義と必要

　現在，様々な場面・次元で，ADRについてのルール化の作業が行われている。このような状況は，以下のような理由に基づくと思われる。ADRはそもそも両当事者の合意，すなわちその意思をその正統化の根拠としている。その点において，裁判との決定的な相違があり，意思を正統性の基礎とできない裁判では，その解決手続・解決内容について法により規律することで初めて正統性を取得できる。他方，ADRでは，その解決手続・解決内容は挙げて当事者の意思に委ねられており，そのルール化は不要とも考えられる。しかし，事はそれほど単純ではない。

　まず，そのADRの解決手続や解決内容に一定の法的効力を付与するに際しては，一定のルールが必要になる。ADRは極めて多様なものであり，そのすべてのものに同等に法的な効果を付与することは実際上不可能であり，適当でもないとすれば，効果が付与されるADRを選別・識別するために，一定のルールを立て，そのルールに適合しているようなADRについてのみ法的な効果を付与する制度とせざるを得ない。その結果，ADRに法的効力を認める前提としてのルールが必要となる。

　また，紛争解決の手続全般について当事者が事細かく合意するということは実際にはほとんど考えられない。紛争解決手続というものはその事柄の性質上，流動的かつ多様なものであり，将来生じうるあらゆる事態に応じた合意を予めしておくことはそもそも不可能に近い。そこで，当事者の合意を補完するようなルールが必要となる。このようなルールは，当事者が明示的に反対の合意をすれば適用されないものであり，いわゆるデフォルト・ルールということになる。

　さらに，特にB to Cなど当事者間に力の格差のあるような紛争を取り扱うADRにおいて，力の弱い側の当事者を保護するためのルールが必要となる場面がある。社会的・経済的な力の違いが紛争解決の場面における合意にも影響する可能性があり，その場合にはその合意は法的には有効なものとされるとし

ても，実質的に見て弱者の当事者の真意を反映しているとは言い難いこともあろう。そのような場合に，なおそのような合意を正統性の根拠とすることは疑問であり，合意の真意性を確保するための最小限の規制（ミニマム・ルール）が必要となる。このようなルールは，当事者が仮に反対の合意をしてもなお適用されるものであり，いわゆる強行規定ということになる。

　以上のような様々な理由で，現在，ADRの規格化・標準化が進められていると考えられる。具体的には，第一に，法的効果付与の前提となるルールの例として，2004年に制定され，2007年4月から施行される「裁判外紛争解決手続の利用の促進に関する法律（以下「ADR法」という。）」を取り上げる（Ⅲ参照）。第二に，デフォルト・ルールとして，各ADR機関の規則があるが，それをハーモナイズしていく動きがある。ここではその代表的なものとして，金融機関のADRのモデル・ルールを取り上げる（Ⅳ参照）。第三に，消費者保護を一つの目的としたルールとして，現在ISOで制定に向けた議論がされているEDRの国際規格を取り上げる（Ⅴ参照）。

Ⅲ　ADR法（裁判外紛争解決手続利用促進法）

1．ADR法制定の経緯

　ADR法は，2001年6月の司法制度改革審議会意見書をその淵源としている。そこでは，ADRに関する関係機関等の連携とともに，「総合的なADRの制度基盤を整備する見地から，ADRの利用促進，裁判手続との連携強化のための基本的な枠組みを規定する法律（いわゆる「ADR基本法」など）の制定をも視野に入れ，必要な方策を検討すべき」ことが提言された。それを受けて，内閣の司法制度改革推進本部ADR検討会（座長：青山善充教授）において，ADR機関や利用者の要望をも把握しながら審議が進められた（意見照会のための資料として，司法制度改革推進本部事務局「総合的なADRの制度基盤の整備について」(2003年)参照）。認証制度の導入や法的効果としての執行力の付与など意見の分かれる問題点も多くあったが，2004年6月の検討会の最終とりまとめを受けて，同年11月に成立したのがADR法である[5]。

2．ADR法の概要

　ADR法（以下単に「法」ともいう。）は，大きく二つの部分に分かれる。法律の目的，ADRの基本理念，国等の責務を明らかにした総則規定（第１章）と，ADR業務の認証の要件・手続・効果等について規定した認証関係規定（第２章以下）である。なお，法の施行は，公布の日から２年６月を超えない範囲内において政令で定めるものとされたが（法附則１条），2007年４月から施行されている[6]。

　まず，総則規定としては，ADR法の目的として，「紛争の当事者がその解決を図るのにふさわしい手続を選択することを容易にし，もって国民の権利利益の適切な実現に資すること」が挙げられ（法１条），ADRが当事者の紛争解決の選択肢を増やし，その権利実現に資するものとして，初めて制度上位置づけられている。また，ADRの基本理念として，「紛争の当事者の自主的な紛争解決の努力を尊重しつつ，公正かつ適正に実施され，かつ，専門的な知見を反映して紛争の実情に即した迅速な解決を図るものでなければならない」とされ（法３条１項），従来ADRの特徴とされてきた自主性，公正性，適正性，専門性，柔軟性，迅速性といった要素がADRの共通の基本理念として，公認されたことが重要である。また，このような基本理念を受け，ADRを行う者の間で相互に連携を図りながら協力する努力義務を課す（同条２項）とともに，国は，ADRの利用促進を図るため，調査・分析・情報提供等必要な措置を講じ，ADRについての国民の理解を増進させる責務を負う（法４条１項）。ADR利用促進のための国の責務を正面から定める画期的な規定である。

　次に，認証制度についてであるが，まず確認されるべきは，この認証を受けるか否かは完全に事業者の自由に委ねられている点である（法５条は「法務大臣の認証を受けることが<u>できる</u>」とする）。その意味で，認証を受けずにADR業務を行うことは，従来どおり，全く自由であり，従前に比べて何らの不利益も課されない。認証の対象となるのは，ADRの「業務」である（法５条）。複数の業務を行っている事業者の場合には，その一部の業務についてのみ認証を取得することもできる。また，認証を受ける主体は「民間紛争解決手続」（法

2条1号）を業として行う者である。したがって，①行政・司法型ADR，②法律に基づきADRを行う者[7]，③仲裁等「和解の仲介」以外のADRを行う者は，認証の対象外である。

　認証の要件・適格について，詳細な定めがされている。その中でも特に，手続実施者が弁護士でない場合の規律として，ADRの実施に当たり法令の解釈適用に関し専門的知識を必要とするときに弁護士の助言を受けることができるようにするための措置を定めていることが認証要件とされる（法6条5号）。このような措置を定めることで，事件の解決に必要な法的知見の補充を担保し，その限りで報酬を取得しても（法28条），弁護士法72条に反しないとする趣旨である。このほか，利用者保護の観点から，守秘義務（法6条11号・14号），報酬の正当性（同条15号）や苦情取扱いの定め（同条16号）等が求められる。また，認証事業者に対して，利用者に対する手続実施者選任・報酬・手続進行等に関する説明（法14条），暴力団員等の使用禁止（法15条），手続実施記録の作成・保存（法16条）の義務を課し，監督庁（法務大臣）による報告・検査（法21条），勧告（法22条），認証取消し（法23条）等の監督規定を定めている。ただ，監督に際しては，ADRにおける当事者・事業者間の信頼関係や自主性の重要性に鑑み，ADRの業務の特性に配慮すべきものとされる（法24条）。

　最後に，以上のような形で認証を受けたADRの業務については，特別の法的効果が定められている。前述の弁護士法72条の適用除外のほか，認証に係る名称の独占権が認められる（法11条）。また，裁判手続との連携という観点から，ADR手続継続中に両当事者の申立てによる訴訟手続の中止を認め（法26条），また調停前置が定められている場合（離婚や賃料改定等）も認証ADRの実施によるその適用除外が認められる（法27条）。そして，最も重要な効果としては，時効中断に関する規定がある（法25条）。これによれば，ADR交渉が失敗に終わったとしてもそれから1月以内に訴えを提起すれば，ADRにおける請求時に提訴があったものとみなされ，時効期間経過間近でも安心してADRの交渉ができるように配慮されている。

3. ADR 法の意義

(1) 法律制定の意義——総論

Ⅰで述べたように，ADRの拡充・活性化が一般に必要であるとしても，日本においては，国が関与せずにそれらが当然に発展していくと予想することは楽観的に過ぎるように思われる。ADRの発展している米国と日本とでは，司法・紛争解決を取り巻く事情が大きく異なる。既に述べたように，日本には司法型ADRとしての裁判所調停が大きなウエイトをもって既に存在しているし，さらに民事裁判の状況も大きく異なる。特にそのコストの面又は解決結果の予測可能性の面などをとってみれば，日本の司法制度の現状では，アメリカとは異なり，紛争当事者があえて司法による解決を避けてADRによる解決を志向する契機に欠けているように見える。そして，近時の司法制度改革は，その点をさらに助長する方向を内在している。

しかし，このように，日本において司法・裁判所の得ている信頼は，司法の容量が従来小さなものに止まっていたことに由来する側面の大きい点に注意を要する。今後，司法制度改革の中で前提とされたように，司法がより活発に使われるようになってきたときにも，従来と同じように，すべての紛争解決を裁判所が行うということでよいかは相当に疑問である。むしろルーティンな紛争，軽微な紛争や専門的紛争等をある程度ADRに委ねながら，重要な，まさに裁判所でなければ解決できないような紛争の解決に裁判所が特化していくことも考えなければならない時代が遠からず来るのではなかろうか。そして，そのときには，国が紛争解決に係る政策として，ADRにてこ入れする必要が切実なものとして生じてくると思われる。そこで，現段階から将来を見据えて可能な施策を執っておく必要があると考えられるのである。

以上のような国の将来に向けた施策の一環として，ADRの制度基盤を整備するために，ADR全般を射程に入れた法律を制定することには大きな意味があったと考えられる。これによって，ADR一般の基本理念やその充実のための国の責務，また民間ADRの認証等最低限の法的枠組みが定められた。その内容についてはもちろん賛否様々な意見があるところと思われるが，少なくと

も議論の土俵ができたことは間違いなく，ADRの充実・活性化という目的のために，今後より適切な方策についてコンセンサスができていけば，法律を改正して対応する基盤が形成された。無から有を創り出すエネルギーの巨大さに比較すれば，より迅速かつ実効的な対応を可能とする基礎が構築できたと言ってよいであろう。

(2) 総則規定の意義

ADR法は，その総則（第1章）として，目的規定（1条）及び定義規定（2条）のほか，基本理念等（3条），国等の責務（4条）について定めている。このような規律はいずれも具体的な法的効果を伴うものではなく，努力義務・責務規定を中心としたものである。しかし，このような規定群が制定されたことは様々な意味で大きな意義があると考えられる。まず一般的に言えば，ADR全体に対する信頼の向上という点で，計り知れない意義を持つ。従来，例えば，企業がADRの利用に踏み切れない理由として，仮にADRを利用してよい結果が出ればそれでよいが，悪い結果に終わった場合に，企業の担当者等は「どうして裁判を利用しなかったか」として責任を追及されるおそれがある点が指摘されていた。裁判を利用して負けたのであれば，経営陣・株主にも納得してもらえるが，ADRのような訳の分からないものを使って負けたときには，担当者個人の責任問題になりかねないとされる。これは日本における裁判に対する信頼感の裏返しの話であるが，これでは実際の担当者や顧問弁護士などは，その紛争についていかに優れたADRがあると分かっていても，よほどの成算がない限り，その利用には踏み切れないことになってしまおう。著者がいわゆるADR基本法の制定を必要と考えた一つの理由はそのような点にあった[8]。ADR法ではまさに，その総則規定で，ADRに関する基本理念を明らかにし，さらに国がADRの利用の促進を図るために必要な措置を講じ，国民の理解を増進する責務があるということが明らかにされたわけで，このような規定がADR一般に対する国民の信頼を醸成する意義には大きなものがあると考える。いわばADR全体に対する国のお墨付きとも言えるものである。

(3) 認証関係規定の意義

ADR法のもう一つの大きな部分として，民間紛争解決手続の業務の認証に関する規定群がある。これにより，一定の要件の下に民間紛争解決業務が認証され，認証紛争解決手続について一定の具体的な法的効果が認められた。このような制度が構成された一般的意義としては，個別ADR機関に対する信頼の形成という点があると考えられる。個別ADR機関に対する信頼の不十分さという点も，従来ADRの利用が低調であったことの大きな理由である。もちろん各ADR機関はそれぞれ様々な方法で広報を行い，解決内容の情報を公開するなど利用者の信頼を得るための努力をしてきたが，利用者の目から見ると，なかなかそのような努力が見えてこなかったようにも思われる。今後もそのような地道な努力が必要であることは間違いないが，やはりもう少し目に見える分かりやすい形で，信頼できるADRというものを国民に示していく必要があるように思われる。この認証制度は，そのような需要に適合するものではないかと考えられる。

　もちろんそのような認証，つまり一種の適格認定などがそもそも必要であるのか，また仮に必要であるとしてもそれを国が行うのが適当か，という問題はある。ADRの選択・淘汰は，本来は市場に委ねるべき性質のものであり，各ADR機関がそれぞれのサービスを競い合い，公正な市場の中で消費者がそれを選択し，消費者に受容されなかったサービスは淘汰されていくという在り方が確かに基本であろう。しかし，現段階で，それを完全な形で市場に委ねることには疑問がある。紛争解決サービスというものは，その結果がなかなか目に見えにくく，サービスの質の判定が困難な性格のものであり，国民がADRの提供する紛争解決サービスに十分慣れていない現段階では，やはり専門的観点からの認証が不可欠なものと思われる。また，将来的には，そのような認証を国が行うのではなく，民間が一般に承認された基準に基づいて行うということも不可能ではない。例えば，現在，国際的平面で顧客満足のためにISOで国際的なADRの規格作りが進んでいるが（Ⅴ参照），将来的には，そのような国際規格等も活用して，民間ベースでADR機関の認証・格付けがされるということも十分ありえよう。しかし，制度を立ち上げ，ADRの充実・活性化を

図っていこうとする現段階では，国が責任をもってそのような機能を担っていくという発想も十分正当化でき，現実的には望ましい方向ではないかと思われる。

Ⅳ　金融 ADR モデル

1．金融 ADR モデル制定の経緯

「金融分野の業界団体・自主規制機関における苦情・紛争解決支援のモデル」（以下「モデル」という。）は，金融審議会の答申に基づいて設置された「金融トラブル連絡調整協議会（座長：岩原紳作教授）」において策定されたものである。その趣旨は，金融関係 ADR の整備の指針ないしベンチマークとなる性格のものであり，何らかの拘束力を持つものではないが，業界団体等が ADR 手続を整備する際にモデルを踏まえた取り組みが期待されるとされる。前記協議会では，そのような機関ルールの整備につきフォローアップの作業が現在も行われている。モデルは，前文のほか，理念的事項（2項目），通則的事項（10項目），苦情解決支援規則（18項目），紛争解決支援規則（28項目）から成るものである[9]。

2．金融 ADR モデルの概要

まず，理念的事項・通則的事項であるが，ここでは ADR の基本理念として，①公正中立性，②透明性，③簡易・迅速・低廉，④実効性の確保，⑤金融市場の健全な発展が列挙されている。特に，⑤として，ADR の整備が消費者の信頼を高め，市場・業界全体の発展に繋がる点が強調されている点は注目される。また，通則的事項としては，情報の開示や手続の透明化に関する事項が多く規定されている点が重要であろう。金融商品の販売時に苦情相談窓口を交付書類に記載すること，紛争解決委員の名簿を公開すること，苦情の受付・対応結果や主たる事案の概要を定期的に公表すること，苦情を定義して相談との境界を明確にしていること，利用者アンケートの実施等外部評価を実施することなどが重要な規定内容となっている。

次に，苦情解決について，従来必ずしも透明な形になっていなかったが，実際にはADRの活動の大半を占める苦情解決支援について明確にルールを整備した点がこのモデルの大きな意義と言える。苦情解決支援の態様は柔軟なものであり，斡旋のほか相対交渉への支援も認められているが，その手続を明確にし，対応結果をADR機関が把握し，原則として申立人にその結果を報告すべきものとされている。また，利用者の予測可能性を確保するために，2～3月の標準処理期間を設け，その期間内において未解決の案件については，ADR機関は取扱状況を申立人に示し，紛争解決への移行等を申立人に説明すべきものとされる。さらに，業界型ADRの一つの特長は会員企業に対する責務を定めうる点にある。モデルでは，ADRの実効性確保のため，会員企業の手続応諾義務，誠実迅速交渉義務，解決努力義務，対応結果報告義務等を定めるとともに，より具体的に，事実調査に対する協力義務，苦情解決機関による解決案の尊重義務が定められている。

最後に，最もフォーマルな手続として，紛争解決支援の手続がある。これは，中立的な第三者の介入するADR手続として構想されており，紛争解決支援委員の選任や欠格事由・除斥事由など中立性を確保するための規定が設けられ，さらに委員名・所属機関の原則公開も定められて，利用者の選択権の確保が意図されている。また，その手続については，詳細な規定が設けられ，やはり標準処理期間（3～4月）の規定が設けられる。さらに，紛争解決支援業務を公平・円滑に運営するため，中立・公正な外部者により構成される運営委員会の設置も定められている。そして，紛争解決の実効性についても配慮がされており，紛争解決支援委員会の求める証拠提出に会員企業が応じる義務や委員会の示した斡旋調停案を会員企業が尊重する義務が定められている。そして，会員企業がそのような求めや解決案に応じない場合には，その理由を説明しなければならず，その理由が正当とは認められないときは，紛争解決支援委員会は企業名や拒否理由を公開できるものとされる。手続の実効性を担保するための一種の制裁を可能とするものである。

3．金融ADRモデルの特色と意義

(1) モデルの特色

　以上のような金融関係ADRモデルについては，一方では，業界型ADRないしBtoC型のADRに特徴的な規定を有するが，他方では，より一般化・普遍化することができ，ADR一般の機関ルールのモデルとなりうるような事項をも含んでいるように思われる。後者のような事項で特徴的なものとして，まず目的規定において，公正中立性，透明性，簡易・迅速・廉価性，実効性の確保を挙げる点が指摘できよう。また，具体的な規律としては，手続の透明化を図るため，苦情の定義の明確化，外部評価の実施（運営委員会の設置等），申立人や代理人等の範囲の明確化，具体的な手続態様の明確化等を定める諸規定がある。さらに，利用者の予測可能性を高める趣旨の規定として，標準処理期間を定める条項や受付時の教示義務を定める条項などがある。また，当事者の選択権の保障を図る規定として，委員名簿の公開等に関する規律等がある。そのほかにも，守秘義務に関する規定，人材育成に関する規定，機関間連携に関する規定などは，ADR一般において普遍的にモデルとなりうる規律ではないかと思われる。

　他方，業界型ADRにおいて特徴的と考えられる規定群としては，まず目的規定において，業界（金融市場）の健全な発展が挙げられている点が指摘できよう。業界としてADRを設ける以上，それが業界全体の健全な発展に資する目的を有することは必要不可欠な事柄であろう。換言すれば，ADRの設置により消費者が安心して当該業界の商品やサービスを購入できることで業界全体のパイが拡大し，またADRに加入していないアウトサイダーを市場から排除する有力な材料になりうることが期待される[10]。また，本モデルの随所に見られる会員企業の責務を定める諸規定も業界型ADRに特徴的なものと言えよう。例えば，会員企業の手続応諾義務・誠実迅速交渉義務・解決努力義務等を定める規定，さらにADR機関の事実調査に対する協力義務及びADR機関の提示する解決案の尊重義務の規定である。このような一方当事者の義務を規定することができる点は，業界型ADRの大きな利点であると同時に，その正統

化の根拠ともなるものであろう[11]。

さらに，B to C 型 ADR としての特徴的な部分としては，情報提供による被害の拡大・再発の防止等情報提供の充実がある。対消費者の ADR では，個別の紛争解決と並んで，将来の紛争の発生・拡大の防止も ADR の重要な機能となると考えられるからである。また，ユーザーフレンドリーな手続を目指すべき点も B to C 型に共通する重要な規律であろう。本モデルに定められたアクセスポイントの拡充やフリーダイヤルの採用等は，対消費者 ADR のモデルとなりうる点と言えよう。

(2) モデルの意義

ADR 機関は，その多くが機関の構成・手続に関する固有の規則を持っており，ADR がその自主性・多様性を生命線とする以上，自主的な機関ルールの重要性は言うまでもない。また，その組織・手続の内容について，細部にわたって統一的に規律することには限界がある。これらの点について法律で統一的な規定を設けることは不可能であり，また望ましくもない。実際に ADR 法は，認証要件として最低限の規律を置くものの，原則としてこれを各 ADR 機関の自主性に委ねている。しかし，それでは，ADR 機関のルールが機関ごとに全くバラバラであればよいのか，はまた別の問題である。ADR 利用者の保護のために必要不可欠な規律や ADR である以上は当然に求められる規律はやはり存在するであろう。そのような部分については，法律による権力的な規律が望ましくないとしても，個々の ADR 機関の自助努力・連携によって自主的にハーモナイズされていくという方向性が ADR の発展にとってむしろ望ましいのではないかと思われる。その意味で，あるべき ADR 機関ルールの像としては，一定の基本的な共通規律の上に，各機関が独自に創意工夫した多様な「売り」の部分が乗っかっているというイメージがありえよう。

そして，ハーモナイゼイションの方法としては，取り扱う対象が類似する機関間でまず調整作業が進められることが期待されるように思われる。扱う紛争が類似していれば，それに対処するルールも一般に類似する部分が大きいと考えられるからである。例えば，金融機関 ADR，PL 関係 ADR，弁護士会関係

ADR 等の間で，相互のルールをチェックしながら，共通する規律部分を拡大していく作業が進められることが期待されよう。そして，その次の段階として，民間 ADR 全般について，共通する部分をルール化していく作業が有用ではないかと思われる。このようなハーモナイズの作業によって，①各 ADR 機関が相互に有用な規律を学びあうことができること，②整備が相対的に遅れている ADR 機関の底上げが可能になること，③各機関が独自性を発揮できる部分を見極めることができることなどの利点があろう。その意味で，ADR 法が求めている ADR 機関間の連携協力（同法3条2項）の一つの方策としても，ADR 機関ルールのモデル化が展開されるべきものと考えられよう。ここで紹介した金融関係 ADR のモデル化は，上記の第1段階として位置づけられる，取扱い対象事項の類似する ADR 機関間のハーモナイゼイションの試みの一例として注目すべきものと言えよう。

V　ISO の EDR 規格（ISO10003）

1．ISO 規格制定の経緯

　ISO（国際標準化機構）は，各国の標準化機構による国際的な連盟であり，様々な分野で国際規格を策定している。有名なものとして，品質マネジメントシステムに関する ISO9000 シリーズや環境マネジメントシステムに関する ISO14000 シリーズなどがある。そのような活動を行っていた ISO が何故 ADR についての規格を策定しようとしているのか。これは，ISO の活動が従来の品質（第1世代）・環境（第2世代）から，企業の社会的責任（CSR）や苦情・紛争解決など消費者保護の分野（第3世代）に大きく傾斜してきたことがある[12]。そこでの基本的な考え方は，企業がその製品・サービスの品質を真に管理していくためには，顧客の苦情に適切に対応する必要があり，企業内に行動規範（code of conduct）を浸透させるとともに，苦情が生じた場合もまず社内で解決するシステム（IDR：Internal Dispute Resolution）を確立し，それが失敗した場合にも直ちに裁判によるのではなく，適切な外部紛争解決手続（EDR：External Dispute Resolution）を顧客に提供する責任がある，というも

のである。そのような発想に基づき，企業の行動規範の規格（ISO10001），社内苦情処理の規格（ISO10002）と並び，ADRの規格（ISO10003）が構想されているものである。ADR規格は，2007年中に発行の予定である。

　このような議論が最初にISOで提起されたのは，1998年5月のチュニスにおけるISOの消費者政策委員会（COPOLCO）の総会においてであった[13]。このCOPOLCO総会では，グローバル市場における消費者保護を目的として，苦情処理，市場ベースの行動規範及び外部顧客紛争解決システムについて具体的な提案を準備するように決議がされた。その後の議論の中では，まず苦情処理について先行して議題とすることが承認され，TC176（品質システム及び品質管理関係）のSC3（支援技術関係）に付託された[14]。なお，ISOの場で日本案を提案するために，先行してJIS規格の制定が進められ，2000年10月にJIS Z9920（苦情対応マネジメントシステム）が制定されていた[15]。その結果，ISOの議論においても日本の主張が多く取り入れられたとされ，ISOの検討作業は順調に推移し，最終的に，FDISが賛成39，反対4，棄権4の投票結果により承認され，2004年7月，ISO10002が発行した[16]。他方，COPOLCO総会において提案された問題のうち，行動規範と外部紛争解決（ADR）については規格化自体に対する反対の意見もあり，しばらく具体的な作業が進展しなかったが，2003年になって議題とすることが承認され，やはりTC176のSC3に付託されることとなった。その後は順調に検討作業が進められ，2006年5月には実質的な規格策定作業がほぼ終了し，2007年中にはISO10001及びISO10003として発行する予定である。

2．ADR規格の概要

　この規格は，上述のような基本的な発想から，企業が外部ADR機関を選定して紛争を解決する場合に基準となるべき規格とされている。その意味で，ADR機関を直接にその対象とするものではない。また，この規格は認証（certification）を目的とするものではないとされ，あくまで各企業が自らのADRに対する姿勢をチェックする目的で利用されることが想定されている。具体

な内容としては，まずADRの選択に係る指導原則が定められており，任意参加，アクセスの容易性，紛争解決方法の適切性，公正さ，能力，迅速性，秘密保持，透明性，合法性，十分な資源の投入，継続的な改善といった事項が挙げられている[17]。そして，基本的な枠組みとして，効果的・効率的な紛争解決に対する組織のコミットメントが示され，明確な紛争解決の方針が確立され，トップマネジメントがそれに責任を持つことが重要であるとされる。そして，具体的な紛争解決プロセスに対応して，苦情の付託・通知時の対応，苦情に対する回答の際の評価，紛争解決方法の選択，解決案の受け入れ，解決案の実行などの段階に応じた適切な対応方法が定められる。そして，最後に，このようなシステムの維持改善の方法についても規定されている。

以上のように，この国際規格が仮に発行したとしても，それは何らかの意味で拘束力を持つものではない。しかし，これが企業によるADR選別の基準として一定の機能を果たしていくとすれば，ADR機関側もこれに応じた手続を整備していく対応を事実上強いられる可能性がある。あるいは任意団体が将来このような規格を基準にして既存のADR機関の評価・格付けをする可能性もある（この点については，Ⅲ3③も参照）。その意味で，ADR機関もこの規格（とりわけADRに関する指導原則に示された指標）に対応して業務内容を再検討していく必要があると思われる。

3．ADR規格の意義

(1) 規制緩和の潮流と消費者保護の重要性

以上のように，苦情・紛争解決システムという，従来のISOの活動領域から見ればやや異質とも思われる分野において，あえて国際規格策定の作業が進められていることには，いくつかの理由があると考えられる。まず，20世紀の末頃から世界全体において進行している規制緩和の潮流，公的セクターから民間セクターへの重点の移行という流れの中で，国際的に見て消費者保護の重要性という統一的な視点が形成されてきたという点が挙げられよう。従来は，各国とも，行政が企業等の活動を直接規制することによって消費者保護を図っ

ていたのが，行政の役割が徐々に（あるいは急速に）後退し，企業活動の自由化が進展する中で，より緩やかな形で間接的に企業活動の規律を図っていく必要性が増大してきている。すなわち，従来のように，国が一定の規律を定め，権力（許認可等）によりそれを強制するという手法に代わり，民間で企業活動に関する規格を定め，企業の格付け等様々な形でそれを民間が活用することにより，市場の内部で間接的に企業に対してその遵守を迫るという手法は，21世紀の消費者保護の在り方においては重要な意義を有するものであろう。

そして，以上のような消費者保護の動きは，製品やサービスの中身自体に加えて，その周辺領域にも及んできている。顧客満足の最大化という ISO9000 シリーズ以来目指されている方向性からすれば，顧客が不満を抱かないようにするための事前の対処や不満を抱いた場合の事後的な対応・解決の在り方は，一つの重要なポイントとなっていると言えよう。また，そのような苦情・紛争の内容を企業活動にフィードバックしていくことも，競争の激しいグローバル市場において企業が生き残りを図っていくためには不可欠の作業と言える。苦情・紛争という形で市場から発せられるシグナルを見落とすことは，企業活動にとってそれ自体大きなミスとなり，場合によっては企業の存続を危うくしてしまうことは，近時の日本社会に生じた様々な実例がよく示すところであろう。そのような観点からは，企業内で行動規範を作成し，苦情対応・紛争解決の手続を形成するための規格が策定されることは，消費者保護にとって大きな意義を有することはもちろん，企業活動の健全な発展それ自体にとっても重要な意義を有することであり，企業及び経営者は積極的に取り組む必要がある問題と言えよう。

(2) グローバル経済における国際規格の必要性

以上のような消費者保護の必要性が単なる各国国内の規格を超えて国際規格の策定に向けた潮流を作っていることについては，いわゆるグローバル経済，すなわち企業活動のグローバル化が重要な契機となっていることは言うまでもない。やはり 20 世紀の末頃から，世界市場はその一体性を急激に強めているが，その一方で，様々な分野において法律を中心とした各国の公的規制は依然

として大きな差異を有している。もちろん各国の規制について，条約やモデル法等を通じて統一し，ハーモナイズしていく動きも進展しているが（例えば，UNCITRAL（国連国際商取引法委員会）の活動など），なおその限界は大きい。そのような中で，実態として企業活動のグローバル化のみが進展すると，それは野放図なものとなりかねない。けだし，ある国がある企業活動を規制すると，その企業活動が他の国に移転するなどして当該国の経済全体を悪化させかねず，各国が本来必要なはずの規制についても（企業誘致＝経済発展のために）消極的な態度を誘発するおそれが生じかねないからである。その意味で，国際的な平面で，必要な規制の在り方を議論し，国際的に適用させていく必要が大きいと言える。そして，条約等による強いハーモナイズが困難であるとすれば，民間レベルで企業の側から自主規制を迫る国際規格の策定は重要な規制ツールとなりえよう。

　以上のような考え方は，苦情対応・紛争処理の分野においても妥当するものと考えられる。この分野においては裁判という方法が歴史的に重要なものとなっているが，その中身は各国によって区々であり，最も統一が困難な法制度の分野とされている。しかし，国際的に活動する企業において，その活動から生じる苦情・紛争についてどのような対応・解決を図るかという問題については，苦情・紛争の発生した国がどこであれ，その内容が同様のものであれば，同様の対処がされることが本来望ましい。もちろん国ごとに文化や国民性の相違などもあるが，少なくとも苦情・紛争解決システムに求められる最低限の共通の水準というものは想定できると考えられる。そこで，苦情・紛争解決システムについて国際規格を設定し，企業等がその水準を維持することになれば，最終的に解決が困難で，裁判に行かざるを得ない紛争が相対的に少数であることを考えると，大多数の場面において国際的に見て満足のいく共通の対応が確保されることになろう。そして，そのことは結果として消費者の安心をもたらし，長期的な視野に立てば，グローバル経済の発展を支えるインフラストラクチャーを構成するものと評価することができよう。

　(3)　日本国内の議論との関係

以上のような国際的な潮流が決して日本と無関係なものでないことは言うまでもない。規制緩和による消費者保護の必要性の高まりやグローバル経済の進展に伴う国際的な規制の必要性という問題は，まさに現下の日本経済・日本社会の直面している問題といってよい。また，苦情・紛争解決システムという場面についても，最近の様々な社会的事件（食肉偽装事件，耐震強度偽装事件，保険金不払い事件等々）は，消費者の保護という面からも，企業活動の健全な発展という面からも，重要な示唆を与えているように見受けられる。これらの事象は，今後の社会においては，個々の苦情や紛争に表れているその企業の問題点を企業の経営トップが十分に認識し，迅速に対応できるような仕組みが設けられていなければ，企業の存続それ自体が一瞬の内に危うくなってしまうことをよく示している。すなわち，苦情や紛争の存在を市場が発する警告として受け止め，それに対して迅速かつ丁寧に反応しながら，企業としての適切な行動規範を維持し，恒常的に改善していくことが，グローバル市場の中で日本企業が生き残っていく唯一の途であるともいうことができよう。

　しかし，翻ってみれば，このような活動は本来日本企業の最も得意とするところではなかったか，とも思われる。訴訟社会といわれる諸外国と比較して，日本においては，企業活動においても裁判は常に最後の手段であり，社内における苦情対応に重点が置かれ，それが日本企業の信頼性を高めていた部分があったように思われる[18]。また，ADRの分野でも，様々な評価はあるものの，調停制度は古くから日本の紛争解決を支える一翼となり，日本社会に根付いてきたものである。そして，新たな動向として，ADR（特に民間ADR）の充実・活性化を図るために，ADR全体について包括的な規定を有する，世界的にも稀なADR法が制定されている。奇しくも，ADRについて，国内における新たな法制と国際的な新たな規格とが同じ年にスタートする結果となった。ADR法による認証制度とISO10003による国際規格は，その目的や効果を異にしていることは当然であるが，大きな意味では共通の目的を有し，相互に密接な関連性を持つものであり，それに加えて各ADR機関のハーモナイズを含む自助努力が相伴って，21世紀を通して日本のADRが発展していくことが望ま

れよう。

1) 本章については，著者の関連する論稿として，山本和彦「ADR 法制と ADR 機関ルールの在り方」ジュリ 1230 号 74 頁以下・1231 号 161 頁以下（2002 年），同「裁判外紛争解決手続の利用の促進に関する法律の意義と今後の課題」ひろば 58 巻 4 号 16 頁以下（2005 年），同「苦情対応・紛争解決システムの国際規格」JCA ジャーナル 53 巻 8 号 2 頁以下（2006 年）なども併せてご参照いただければ幸いである。
2) 日本の ADR の現状と課題に関する筆者の認識については，山本和彦「日本における ADR の現状と課題」JCA ジャーナル 49 巻 9 号（2002 年）10 頁以下参照。
3) この点については，山本和彦『民事訴訟法の基本問題』（判例タイムズ社，2002 年）9 頁以下参照。
4) 正義の総合システムのパラダイムに関する最近の検討として，小島武司『裁判外紛争処理と法の支配』（有斐閣，2000 年）3 頁以下参照。
5) 同法の詳細については，内堀宏達『ADR 法　概説と Q&A』（商事法務，2005 年）参照。また，その後の政省令・ガイドラインについては，内堀宏達「裁判外紛争解決手続の利用の促進に関する法律—政省令およびガイドラインの概要」NBL 838 号（2006 年）23 頁以下参照。
6) また，いわゆる見直し条項も設けられ，法施行後 5 年経過後に検討を加え，必要と認められる所要の措置を講ずるものとされている（法附則 2 条）。
7) 施行令 1 条によれば，自動車損害賠償保障法 23 条の 5 第 2 項の指定紛争処理機関の調停の手続や住宅の品質確保の促進等に関する法律 66 条 2 項の指定住宅紛争処理機関のあっせん・調停の手続がこれに該当するとされている。
8) この点については，山本和彦「裁判外紛争解決手段（ADR）の拡充・活性化に向けて」NBL 706 号（2001 年）8 頁以下参照。
9) モデルの詳細については，山本和彦「ADR 法制と ADR 機関ルールの在り方（上）」ジュリ 1230 号（2002 年）76 頁以下参照。
10) このモデルでも，マーク等により会員企業を表示することを提言しているが，これは，そのようなマークの存否により消費者が取引業者を選別することで，市場の力により紛争解決に熱心でないアウトサイダーを排除することを目指す趣旨と言えよう。
11) 業界型 ADR についてはその中立性に疑念が呈されることは避け難いところであるが，このような業者の義務による実効性の確保はいわばその見返りとしての面をも有しよう。
12) 詳しくは，矢野友三郎＝平林良人『新世界標準 ISO マネジメント』（日科技連，2003 年）参照。

13) COPOLCO とは，ISO 理事会の下の政策委員会の1つであり，消費者の視点から理事会に勧告を行うことをその役割とするが，自ら規格を策定する機能は有していない。
14) ISO の審議手続の詳細については，山本・前掲注1) JCA ジャーナル53巻8号3頁以下参照。
15) 同 JIS 規格については，社団法人消費者関連専門家会議編『苦情対応マネジメントシステムの指針　解説とマニュアル作成のためのガイド』（日本規格協会，2001年）参照。
16) なお，この規格は当初，ISO10018 という番号が付されていたが，後に，行動規範及び ADR の規格とグループのものと位置づけられることにより，このような番号に変更されている。
17) それぞれの項目について，附属書（annex）の中でより詳細なガイダンスが提供されている。例えば，透明性については，手続等の情報開示，年次報告書の作成，決定の公開等が定められる。
18) この点が ISO10002 の策定においても日本が主導的な役割を果たしえた実質的な背景であったと考えられる。

〔一橋大学法学研究科教授〕

第 2 章

ADR・調停に関するやや反時代的な一考察

萩 原 金 美

I　はじめに——なぜ,そして何を論ずるのか?

　与えられた課題における 2010 年という限定はある程度のふくらみをもったもの,いわば直近の未来を象徴的に表現したものと理解してよいのであろう。著者は現在轟音を立てて進行しつつある司法制度改革のおおよその帰趨はおそらく今後 10 年内に決するのではないかと憶測している (2009 年から発足予定の裁判員制度を含めて)。そこで,調停ないしそれを含む ADR 一般[1]についてもこのような立場から検討することになる。実は 2004 年 3 月法学教育の現場から引退した時点で,司法制度改革に関連する問題については発言を禁欲することに決めた[2]。改革のために現場で必死に戦っている人たちに無責任な傍観者的批判を行うことは非礼であるし,意識的・無意識的な悲観的予測によって「予言の自己実現」に寄与するような愚は慎むべきだと考えたからである[3]。しかるに,君子でもないのに豹変して今本章を書こうとする理由は二つある。一つは編者小島武司教授の慫慂というよりも「おだて」であり,おだてに乗りやすい著者はついその気にさせられてしまったのである。もう一つは,これもおだてに乗せられた結果であるが,2006 年度の日本法哲学会の「法哲学と法学教育―ロースクール時代の中で―」という司法制度改革を取り扱うシンポジウムにおける報告者の一人の役割を引き受けてしまったことである。司法制度改革の問題を調停ないし ADR という視座から改めて考えてみることは,この報告の準備作業的意味でも自分自身にとってすこぶる有益だと思うのであ

る[4),5)]。

　ところで，執筆中に図らずもウプサラ大学のリンドブローム（P. H. Lindblom）教授から ADR に関する極めてチャレンジングな論文の恵贈を受けた[6)]。これは私見によれば ADR をめぐる学問的論議に決定的な影響を与えることになるであろう重要な論考である。（2005 年 12 月 24 日に届いた。現在の著者にとって天佑ともいうべき最上のクリスマス・プレゼントになった。）本章ではこの論文の内容の紹介とこれに触発された私見の展開も若干試みることにしたい。与えられた課題との関係では，Ⅱが総論，Ⅲが各論という位置付けになろうか[7)]。

Ⅱ　ADR と法の支配との矛盾・相剋

1．司法制度改革審議会意見書と ADR

　司法制度改革のグランド・デザインを描いた『司法制度改革審議会意見書』は，「司法制度改革の根本的課題を，『法の精神，法の支配がこの国の血肉と化し，『この国のかたち』となるために，いったい何をなさなければならないのか』……を明らかにすることにあると設定した。」と宣言している（3 頁）。つまり法の支配の確立・強化が意見書の根本的課題ということである。「裁判外の紛争解決手段（ADR）の拡充・活性化」（35 頁以下）はこのこととどのような関係にあるのか。また，意見書の核の一つである法曹養成制度の改革＝法科大学院制度の創設すなわち法曹人口の飛躍的増大と果たして矛盾しないのか（奇妙なことに，訴訟機能の強化は叫ばれても裁判官の大幅増員は問題とされることなく，他方 ADR の人材の養成は力説強調されている。）。意見書を読んだ限りでは不敏な著者にはどうもよく理解できない。納得のゆく説明を与える論者も知らない[8)]。ADR は紛争解決手段としての有用性は別として，必ずしも法の支配の確立・強化と密接に関連するわけではない[9)]。それどころか，訴訟機能の強化を伴わない ADR は法の支配の確立・強化にとって負の要因となる危険があることはかねて著者が指摘してきたところである[10)]。

　ADR は今や各国（EU なども含む）の法政策としても学界の潮流としても世

界の流行現象になっている。だが，それぞれの国の特有の司法文化ないし紛争処理文化，司法事情を無視して流行に飛びつくのは極めて危険であり，法の支配の空洞化ないし破壊につながりかねない[11]。著者はもとよりADRの反対論者ではない。研究者としての著者にとって当初の主要な研究課題の一つは調停すなわちADRであった。訴訟とADRとは車の両輪であり，前者を無視，軽視したまま後者を過度に強調するのはおかしい，という常識的バランス論を主張しているだけである。訴訟の実像とADRの理想像（それは一種の虚像である）との是非・優劣を比較するのは比較の方法が間違っているか，作為的である。

2．法曹人口の増加と職域の拡大

新たな法曹養成制度＝法科大学院制度の創設は飛躍的に増加した法曹人口とくに弁護士人口を生み出す。だが，その職域の拡大に関する現実的な議論はみられない[12]。裁判官および検察官の定員は限られているのみならず，法曹資格を要しない簡裁判事，副検事の制度は依然として存在し続ける（有能な一般職員の士気を鼓舞する人事政策の見地からも廃止は至難だろう）。中央省庁，地方自治体や企業における法曹の大規模な雇用の方策など寡聞にして知らない。そうなると，新たな法曹の大部分は開業弁護士（その事務所で雇用される者を含む）にならざるを得なくなる。だが，弁護士の専売特許といえる訴訟事件数の増大はどの程度まで生じうるのか。この国の紛争処理文化[13]にかんがみると，あまり楽観的予測はできまい。一方で準法曹（意見書の表現では「隣接法律専門職種」）に対する訴訟代理資格の付与[14]，他方でADRの盛行というダブル・パンチの中で，果たして激増する弁護士のための法的需要は存在しうるのか。

米国のみならずドイツでも若い弁護士の中には法律業務だけでは生活できず，内職にタクシー運転手をしている者も存在するといわれる（もちろんタクシー運転手も立派な職業であるが）。そうなっては困るという一部の弁護士層の本音の危惧に対して，二，三のオピニオン・リーダー的立場にあるジャーナ

リストは著者との雑談中でそうなっても一向に構わない，弁護士数の増大がもたらす自由競争により市民に対する法的サービスは向上するはずだ，と語っている。実はこういう意見は法学者や一般市民の中にも根強い。たしかに司法試験に合格しただけで一生生活の安泰が保障されるようなこれまでの制度に問題があることは否定できない。そもそもことは市民に対する法的サービスの見地から考えるべきで，弁護士の既得権益の擁護を主張するのは逆立ちした発想だと批判されよう。全くの正論であるが，正論だけにいささか現実から遊離している面がある（潜在する法的需要の掘起しをいう法社会学者などの言説も同様である）。競争原理は基本的に正しいにせよ，悪貨が良貨を駆逐するというグレシャムの法則が厳然と作用することも事実なのである。弁護士業務は単なるサービス業務にとどまらず一国の法の支配，法文化と密接不可分のものであるから能天気な予定調和的自由競争論に安住していることは許されない[15]。領域は異なるが，われわれはこのことを気付かせる恐るべき実例として建築士による設計書偽装問題（偽装というのも変なマスコミの造語だと思うが）を現前に見ているのである[16]。弁護士業務の経済的側面は，実に一国の法の支配を揺るがしかねない影響を有する問題であることを銘記すべきである[17]。

3．法科大学院卒業生数と司法試験合格者数

司法試験合格者数に関する一般的予想によれば，法科大学院卒業生には大量の不合格者が発生するはずである（初回は約半数が合格できるけれど，その後は2-3割程度といわれる）。彼らは多大の時間と費用を投じた後に，準法曹の道を選ぶか，あるいは法学部卒業生と同様の職域を探さなければなるまい。この冷厳な事実は法科大学院の魅力を著しく減少させ，有為の人材を法曹界に誘引するのが困難になる——とくに法学部が依然として存在し続ける限りは。法科大学院関係者によればその兆候はすでに現れているという。制度の可否は結局その担い手で決するから，このことは訴訟・司法の質的低下という憂慮すべき結果をもたらすことになろう。これはいうまでもなく法の支配に対する重大な脅威である。（自棄的になった落伍者の一部が法科大学院で学んだ法知識・

技術を悪用する危険の存在も否定し切れない。このことは全く意識されていないようであるが，先進諸国中この国において法の悪用がとくに顕著な現象であることは経験上明らかな事実であるから，看過し得ない問題だというべきである。）

4．ADRの担い手としての準法曹

　意見書はADRの担い手としてとりわけ準法曹の活用をいう。準法曹の職業集団も職域の拡大，職業的地位の向上などの理由からADRに強烈な関心を寄せている[18]。だが，果たして法曹や準法曹（以下，便宜「法律家」と総称することがある）はADRの担い手として当然にふさわしいのかという基本的問題についてすこぶる無反省である。工学者で作家の森博嗣氏は「人間に求められる能力は，きちんと気配りができる，次にどんなトラブルが起こるか予想できる，というような」能力ではないかという[19]。ところが，法律家の中にもそういう能力が欠如している人物は少なくない（そもそもそんなことの試験はできない）[20]。こういう能力はADRの担い手ないし調停者のスキル以前の問題である。ちなみに，調停は両当事者に対する双方向カウンセリングともいわれるが，畏友波多野二三彦弁護士によればカウンセラーの適格者としての「資質をそなえた人は，……恐らくは，人口百人に一人か二人位の比率しか占めていないと思われる。」とのことである[21]。われわれは安易にADRの担い手としての適格を有すると即断，自負すべきではあるまい（これは自戒の言葉でもある）。実は法律家がADRの担い手として当然視されるところに「日本型紛争管理システム」としてのADRの特徴，特異性がはしなくも露呈しているといえよう[22]。

5．法科大学院とADR教育

　ADRの担い手としての法律家の適格性が自明でないことはすでに述べた。しかるに，教育期間が法学の既習者は2年，未習者は3年と極めて制約されている法科大学院において（しかもそこでは米国のロースクールなどとは異なり，

厳しい選抜試験である司法試験に対する合格対策も要求される）ADR教育に力を入れる理由は何か。またそれは，高額の授業料を支払う利用者である学生の切実なニーズに十分に応えるものなのか。著者はかねてこのような疑問を抱いていたので，2005年10月29日に行われた日弁連主催の「法科大学院におけるADR教育」と題するシンポジウムに参加してみたが，残念ながら満足すべき答えを得ることはできなかった[23]。

　紛争解決手段としてADRが重要なことは自明であり，そして法曹の主要な職務は紛争の法的解決（ないしは法的紛争の解決）にあるから，ADRについて一応の知識を与えること，さらにはその技法のトレーニングを行うことは法律家およびその志望者にとってたしかに必要，有益である。しかしそれは法学部やその他の教育・訓練の場でもできるはずである。法科大学院におけるADR教育の重視は，法の支配とADRとの（少なくとも表見的）矛盾・相剋にかんがみ，法の支配の担い手という法曹の基本的職務に疑問を抱かせるおそれがあり，ひいて法科大学院教育の意義を減殺してしまうかも知れない（訴訟よりもADRが重要で，そのADRの担い手として法律家が必ずしも適格者とは限らないということであれば，厖大な時間と多額の出費の犠牲を払って法曹になろうとする意欲は大きく減退してしまうのが当然ではあるまいか）。

　また，ADRにおける紛争の事実関係の把握は法律家の要件事実的思考とは基本的に異なるから，学生が要件事実的思考に習熟するためにADR教育が負の影響を与えたり，少なくとも学生の頭脳に無用の混乱を与えたりするような危険性はないのであろうか。要件事実教育が法科大学院教育における最重要の課題の一つとされているだけに深く憂慮せざるを得ないのである[24]。

　もっとも，日本型紛争管理システムによるADR，例えば「垂直的説得」型調停[25]を前提とするならば，ADRとくに裁判所調停などは訴訟との連続線上にあり（「調停に代わる決定・審判」はその典型である），要件事実的思考はかなりの程度までADRにおいて有効なはずである[26]。法科大学院におけるADR教育は無意識的に日本型紛争管理システムによるADRを前提として考えているのかも知れない（著者の知る限り，法科大学院においてADR教育を担当し

ている教員はこのようなADRにむしろ反情を抱いているように見受けられるのだが。)[27]

　念のために附言する。著者は法科大学院におけるADR教育に反対しているわけではない。法科大学院教育全体の中におけるその価値と位置付けについて，利用者である学生の立場から納得できるような答えが欲しいだけである。(著者は法科大学院教育に全く関与していない。しかし多大の犠牲を払って現に法科大学院で学んでいる，そしてこれから学ぼうとする人びと(その中には定年後の人生を賭けている人もいる)のために，あえてこの質問を提起する次第である)。

　以上，ADRがとりわけ特殊日本的状況のもとでは法の支配にとって直接・間接に負の影響をもたらす，すなわちADRと法の支配との間には矛盾・相剋が存在する，と著者が考えるところをやや雑然と書き連ねた[28]。最近，次のような文章を読んだ。「理想を掲げるのは容易い。……しかし真に現実に屈服せず，空想を弄せずに，より良き社会を実現しようというのなら，そこには『冷たい計算』と『狡いほどの賢明さ』が不可欠である。」[29]わが国のADR論(者)の実に多くがあまりにもナィーヴなように見える。あるいはそう装っているのかも知れない。ADR促進法に対する各方面からの対応などを見ながら，わが国の現在の活発なADR論議に対して上記の引用文と同様の感想を禁じえないというのが著者の率直な心情である[30]。(逆に，私見に対しても同様の批判的感想が向けられるのかも知れないが。)

Ⅲ　調停の今日的問題点

　実定法制度ないし公式法機構としての調停はわが国のADRにおいて量的にも質的にも最重要部を占めており，それはほぼ裁判所の民事・家事調停と同意語である。また，弁護士会の「ADR(裁判外紛争処理機関)センター」(これは日弁連の命名であり，各地の弁護士会における名称は「仲裁センター」その他多様である)の行う「和解あっせん」などもその実質は一種の調停である。

そこで，本章ではこれを「弁護士会調停」とよぶことにする。Ⅲでは裁判所調停と弁護士会調停に焦点をあてて論ずることにしたい。著者は，各種の行政調停の盛行は日本型紛争管理システムを象徴する現象であり，弁護士会調停または市民型調停のいずれかに近づけて考えるべきだという立場なので（後述参照），行政調停自体に関する言及は割愛する。

1．裁判所調停について

(1)　裁判所調停の在り方は家事調停と民事調停とでかなり違うところがある。ADR 論者は家事調停を視野に入れて議論することをあまりしないようである[31]。両者の関係はおそらく二つの焦点を持った楕円とみる高野耕一氏の見解が正当だと思われる[32]。家事調停ではしばしば当事者間の対立が民事よりも先鋭な形で現れ，調停者のスキルが格段に要求される面がある。したがって，この面で民事調停が家事調停から学ぶべきものも多いであろう。家事調停における同席方式と個別（面接・聴取）方式の使い方についても民事とは異なった配慮が必要といわれている[33]。以下では，便宜上両者を一括して論ずるが，両者の差異を否定するわけではない。いずれにせよ，民事・家事に共通して頑強な個別方式の慣行の存在，その原因を成す「調停は調停委員が解決するものだ」というパターナリズムが指摘されていることに留意する必要がある[34]。

(2)　最近における調停制度における最大の改革は「民事調停官」・「家事調停官」制度の導入である[35]。民事調停官・家事調停官は「非常勤裁判官」ともよばれる。これは法律上の名称ではないが，最高裁と日弁連との合意文書（平成 14 年 8 月 23 日付け）によって認められている。平成 16 年 1 月 1 日付けで第 1 期の調停官合計 30 名が任命された[36]。

非常勤裁判官を調停官の別称として用いることに最高裁も日弁連もなんら躊躇を感じていないことが，裁判所調停が日本的紛争管理システムとしての ADR の典型であることを象徴している。つまり最高裁も日弁連も無意識的に調停を ADR よりも訴訟に引き寄せて考えているから，こういう別称への発想

が抵抗なく出てくるのである（「調停主任」という立派な実定法上の名称があるにもかかわらず）。調停官は「調停に代わる決定・審判」という裁判的権限を有する点に着目すれば一種の裁判官という見方もできようが、調停に代わる決定・審判は合意を本質とする調停の在り方からすればまさに例外中の例外であるべきものである（「特定調停」はやや別論として）[37]。調停合意の相当性の審査についても当事者の合意がその基礎にあるわけだから、調停官の最大の職務は調停委員とともに（適正妥当な）合意の成立に努めることだというべきではないのか。それなのに、なぜ「裁判官」という権威的名称に愛着を感ずるのだろうか（このことは裁判官が誇りある地位であることとは別問題である）[38]。

(3) 実は不敏にして最近知ったのであるが、調停委員（会）が調停の取下げを強引に勧めることが珍しくないという[39]。これは調停委員個人としてはもちろん調停委員会としても越権行為である。法的に調停に親しまないと判断したのかも知れないが、ここに訴訟と連続的な日本的調停の特色が顕著に現れている。訴訟の場合に比べれば低額とはいえ調停申立ての手数料を徴しているのだから一種の怠業行為でもある。

調停委員についてみると、一部の者にとどまるにせよ、あまりにも言語道断の言動が多いようである[40]。裁判所の調停委員になったことで一種の小さな権力者意識を増長させてしまっているのだろう。これは調停者のスキルの訓練以前の問題である[41]。例えば、調停は調停委員だけで行うものと確信しており、家事調停官の立会いを嫌う調停委員が存在することが報じられている（全国の家裁のモデルともいうべき東京家裁での話である）[42]。

(4) このような憂うべき裁判所調停の現状が調停官制度の導入によって大きく変貌してゆくことが強く期待される[43]。しかし、そのためにもあまり非常勤裁判官という面にこだわるべきではない。「2010年の調停」という見地からは、調停官制度の導入がどれだけ裁判所調停を真に市民のための調停に変貌させられるかに大きな期待が寄せられるといえよう。

裁判所調停は判決に類する強大な法的効力を有する。それゆえに一方におい

て本来の ADR としての性格，魅力に欠ける点があるが，他方この法的効力が強味でもある。つまり裁判所調停は「両刃の剣」なのである。どちらの側の切れ味を選好するかは，市民の意識・志向が決する。それは常に変化しつつあるものであるが，近年人びとの間に公権力機関に対する受動的な受益者的姿勢が強くなってきているように思われるという重要な指摘もある[44]。そうだとすれば，伝統的な裁判所調停は近未来においても隆盛を続けるのかも知れない。そのような基本的潮流の中で，いかに適切に市民，利用者のニーズに応えてゆくか，その鍵を握っているのはおそらく弁護士「調停官」であろうかと思う[45]。

2．弁護士会調停について

(1)　弁護士会調停の事件数は伸び悩んでいる[46]。そのこともあってか弁護士会調停には二つの路線の対立がみられるようである。すなわち，その制度設計を裁判所調停に引き寄せて考える路線と，NPO，NGO などの「市民型調停」（米国の mediation に類する民間レベルの調停の意味で用いる）に近づけて構想する路線との対立である。それは ADR 促進法制定過程における意見の相違，その制定・施行後における認証を受けることの是非の態度決定に反映している。いずれにせよ，その背後には ADR に関する基本的理念の相違があると認められる。今ここでこの問題に深入りするつもりはない。すこぶるイージー・ゴーイングな立場のようだが，どちらも正当性を有するのではないかと思うからである。

(2)　弁護士は法律家として裁判官と基本的に同質の思考をすることは事理の当然だろうから，弁護士会調停が意識的には裁判所調停に対するアンチテーゼを志向しながらも無意識的にこれに類似する運用に傾くのは容易に理解できるところである。このことは一方において弁護士会調停に対する利用者の表見的信頼度を高めるとともに，他方においてその利用を敬遠させるという逆説的効果を伴うであろう。言い換えれば二流の裁判所調停という評価である。認証は基本的にはこの傾向を助長するだけであろう。したがって，市民型調停路線は

弁護士会調停が裁判所調停とは別個独立のものとして成長してゆくために必然的な選択と評すべきかも知れない。(念のために断っておくが，上記の「二流の裁判所調停」というのは，今なお根強い官尊民卑意識に基づく表見的評価であって，弁護士会調停の普及につれて変わってゆくことが予想される。)

(3)　しかし，弁護士会調停は弁護士が担い手であるところに一般の市民型調停とは異なる利用者にとってのメリットがある（少なくとも利用者はそう思うだろう）のであって，それを無理に否定，抹殺してしまう必要はあるまい。むしろ弁護士会調停の中にこの二つの路線を共存させ，利用者のニーズや紛争類型に応じて二つの調停を使い分けてゆくべきではないかと考える。前述した受動的な受益者層化した利用者の存在を考慮するならば，こういう方策のほうが現実的対応であろう。

事件数の増加についていえば，最大の問題は弁護士自身の意識変革にあるのではないか。かりに全国の弁護士が自分の受任事件のうち年間10件以上を弁護士会調停に持ち込めば，弁護士会調停の事件数は直ちに裁判所調停の事件数に匹敵いやこれを凌駕するするものになるはずである（もっとも，弁護士会調停を運営する弁護士会のADRセンターはまだ合計19にとどまる）。弁護士会調停の最大最強の敵は実は弁護士だともいえるのである。

(4)　弁護士会調停を運営する弁護士会のADRセンターは，市民型調停を運営するNPO，NGOなどのサポート機関としても機能すべきであろう[47]。このことによって弁護士会調停は裁判所調停に近い面を有しながら市民からの親近感を保持することができよう。つまり，わが国の調停は裁判所調停，弁護士会調停および市民型調停の三層構造から成り，弁護士会調停は他の二つの間に介在し，両者のリエゾン的機能を果たすわけである（行政調停の在りようは多様であり，弁護士会調停か市民型調停の周辺に位置づけられよう）。その結果として，上述した裁判所調停におけるパターナリスティックな要素なども次第に除去され，それぞれの調停が利用者のニーズに最適のものとして機能してゆくようになるであろう。これこそ2010年の調停に対する著者の期待と願望である。

Ⅳ　ADR・調停の行方——結びに代えて

　最近，小島教授が「ADRの現状は裁判所調停を含めて惨憺たるものである」という激語を発するのを聞いた。ADR促進法が制定されてもADRの件数が一向に伸びそうになく，裁判所の民事調停も微増を示しているものの，その内実は特定調停の増加に過ぎないことがその理由のようである[48]。だが，惨憺たる状況はある意味では歓迎すべきことなのではあるまいか。それは日本型紛争管理システム[49]の限界の表現いや終焉の前兆かも知れない。日本型紛争管理システムが破綻すれば「小さな司法」は「大きな司法」に脱皮することを強いられよう。訴訟が紛争解決の主役にならざるを得まい。新しい法曹養成制度＝法科大学院制度のもとで激増した法曹とくに弁護士がその担い手になる。訴訟爆発現象が生じよう。そのとき改めて，裁判所の破産を防ぐためにも，訴訟機能のみでは賄えない市民の紛争解決のニーズに応えるためにも，ADRの必要性・有用性が再認識されよう[50]。すなわち，国・社会の側からも市民サイドからも真のADRが切実に求められることになる。この場合のADRは現在のそれとは同名異物（？）になるはずである[51]。春の訪れに先行して厳しい冬がある。それが自然の運行だ。日本のADRが真のADRの春を迎えるために今，冬の季節にあるのだとすれば，それを悲観する必要はないのではないか。夢想かも知れぬが著者はそう思うのである[52]。

　最後に，法の支配とADRとの関係について再言して稿を終わりたい。
　法の支配の意義は必ずしも一義的ではないが[53]，それは「法による自由」と「法からの自由」[54]の微妙なバランスの上に成り立つ面があることに注目すべきである。本章の主題に即していえば，前者は訴訟，後者はADRによって保障されるといえよう。
　ノルウェーの平和学者ヨハン・ガルトゥング（Johan Galtung）は「間接的・構造的暴力」という画期的概念を提唱した。この概念の外延は実に広範である[55]。その中には形式的合法性の衣装をまとった暴力も含まれる。独裁国

家における刑事裁判はその典型例であるが，先進諸国においても実体法・訴訟法が硬直化して，市民の権利保護に十全の機能を発揮しえない場合には民事訴訟（行政訴訟を含む）もその範疇に属することになろう[56]。このような場合にはADRによる「法からの自由」の役割が大きく期待される。

　この意味ではADRは決して法の支配と対立し，それを空洞化するものでない。いや，むしろ法の支配を別の面から補強するのである。ADR推進論者は無意識的にせよ，このようなADRの役割＝「法からの自由」が「間接的・構造的暴力」からの自由であることに想到しているのかも知れない。この国の近未来のADR・調停が法の支配の補強のために発展してくれることを著者は心から念願する次第である。

1) 調停やADRの概念規定についても議論がありうるが，ここではとくに言及しない。調停についてはさしあたり拙稿「調停（あっせん・相談）」拙著『続・裁判法の考え方―司法改革を考える―』（2000，判例タイムズ社）179頁以下参照。後述のリンドブローム論文注6)は，強制的なADRについてはalternativeでないことを理由に原則としてADRとして取り扱わない。Lindblom, p. 4.
2) この決意は，拙稿「自著を語る『法の支配と司法制度改革』」神奈川大学法学研究所ニュースレター1号（2004）8頁で表明した。
3) 「良いことはカタツムリの速度で進む」という。年をとると先が短いのでつい性急になりやすい。その愚を犯してはなるまいと自戒しているのだが，結果的に本章はその愚の例証を成すことになるかも知れない。
4) 元国際司法裁判所判事の小田滋氏は「裁判官と学者の間」という講演の冒頭に「欧米人の講演は『ジョーク』から始まり，日本人のそれは『弁解』から始まると言われます。今日の私はその日本人の例であります。云々」と述べている（同「裁判官と学者の間―国際法の場合―（その1)」『法の支配』137号（2005）12頁。典型的日本人である著者の書くものがまず弁解から始まるのは当然といえよう（かつて自分の著作を「弁解法学」と命名したこともある（拙著『訴訟における主張・証明の法理』（2002，信山社）504頁）。
5) 最近の小島教授との雑談の中で，氏は「古稀の特権」なるものがあり，古稀を過ぎた人間は物笑いの種になるようなことでも大胆・自由に発言できる特権を有しており，自分も近く古稀に達するので，そうしたら大いにこの特権を活用するつもりだという。よく聞いてみるとこれは氏の造語に過ぎないとのことであるが，古稀をとうに超えている著者にはすこぶるわが意を得た発想，造語なので，本章において

早速この特権を行使させてもらうことにした。もっとも著者は，古稀に達するはるか前から無意識的にこの特権を濫用して顰蹙を買っていたのかも知れない。

（本章を一応書き上げた時，ジャパンタイムズ紙上で"SHIGEAKI HINOHARA Doctor of reforms" Interview by TOMOKO OTAKE という記事に接した。Januuary 8, 2006, at 15-16. それによって，今回の文化勲章の受章者である日野原重明博士が，医学教育（研修医制度を含む）および看護師の権限の拡大に関する改革の長年の実践者で，今なおそれに情熱とエネルギーを傾けている事実を知った。氏は，旧態依然たる医療関係法規を厳しく批判し，「法律は破らなければならない，そうしなければ法律は何時までも変わらない。私は94歳でもうあまり残された時間がないので，これからは多くの法律を破ろうと思う。」とまで語っている。法律家である著者は法律を破ることなど絶対にできないし，またその勇気も持ち合わせていないが，氏の圧倒的な改革の情熱とエネルギーにほんの少しでも学ばなければ，と痛感する次第である。たとい「西施のひそみに倣う」愚挙に終わるにしても。なお，この記事は医師と法曹との類similarityにかんがみ，多くの面で法曹養成教育にも示唆的である（司法修習制度への言及もある）。ご一読をお勧めしたい。）

6) Per Henrik Lindblom, ADR – the opiate of the legal system？ Perspectives on alternative dispute resolution generally and in Sweden. （未公刊。2006年中に刊行予定。）本論文は2005年11月にフィレンツェで行われたセミナーで討議されたが，リンドブロームは少なくとも出席者の若干名は彼と同意見のような印象を受けたという。p. 6. なお，本論文のスウェーデン語版はすでに刊行されている。Lindblom, ADR-opium för rättsväsendet？ Synpunker på alternativ tvistelösning och valfri civilprocess, SvJT 2006, s. 101. ff.

7) 本章は拙稿「民事・家事調停の現状と課題」および「調停とその可能性」（いずれも小島武司編『ADRの実際と理論 I』(2003, 中央大学出版部）に所収）の続稿というべきものである。だが，本章にはある程度の路線の変更（偏向？）が感じられるかも知れない。

8) もっとも本文に関連する注目すべき論考として，濱野亮「日本型紛争管理システムとADR論議」早川吉尚・山田文・濱野亮編『ADRの基本的視座』(2004, 不磨書房) 41頁以下，垣内秀介「国によるADRの促進」同書 90頁以下がある。とくに前者は意見書および司法制度改革推進本部の「ADR検討会」の問題点を総合的かつ根本的に検討する。ただし，いずれも法曹養成制度との関係については言及していない。（なお，同書末尾の「座談会」はすこぶる面白い。発言者ら（編者と和田仁孝）の基本的立場とその異同がよく分かる。）

9) いうまでもなく訴訟＝裁判の機能は紛争解決に尽きるものではない。リンドブロームは，①紛争解決，②市民の行動制御（behavior modification），③先例形成および司法的法形成，④立法および行政に対する司法的審査，⑤当事者とのコミュニケ

ーション機能の五つを挙げて，ADRにおけるその機能・程度との比較検討を行っている。Lindblom, p. 7 et esq. ③に関連して，大澤恒夫「『法へのアクセス』と民間の自立的関与」判例タイムズ1187号（2005）82頁は「ADRにおけるルール・メイキング」に注目するが，公表の程度を問題とする。

10) 拙著『法の支配と司法制度改革』（2002，商事法務）58頁以下，141頁以下，など。この危険は「ADR検討会」の審議経過，ADR促進法の制定さらに準法曹（意見書の表現では「隣接法律専門職種」）の権限拡大等によって現実化しつつある。「ADR検討会」の問題点については注8)の濱野論文および同書「座談会」における濱野発言（288, 293頁）参照。濱野教授は，同検討会の「討論の進み方全体が眼に見えない壁のようなもので取り囲まれ，検討があるところ以上に深まっていかない。」とし，ADRに関する基本的な法制の整備は「このまま進めば，『法の支配』を促進するよりは，妨げる結果になるのではないか」と危惧している（同書41頁）。現時点から見ればこの危惧はまさに的中したというべきであろう。なお，「目に見えない壁のようなもの」の具体的内容については，注22)参照。

　比較法的関連では，リンドブロームがEUおよびヨーロッパ審議会（the Council of Europe）のADR政策について，法の支配の保障の重要性とADRの拡大的利用をともに強調する矛盾を鋭く指摘していることが注目に値する。Lindblom, p. 23.

11) ADRは「正義へのアクセス」の第三の波といわれる。しかし，実はそれは第一，第二の波からの後退（retreat）ではないかという重大な疑問が提起されている。Lindblom, pp. 5-6. なお，第四，第五の波については小島武司「正義へのアクセス，その新たな波」判例タイムズ1183号（2005）120頁以下参照。

12) かねて著者は，法曹人口の増加とその職域の拡大とはワン・セットで議論する必要があることを指摘・強調してきた。拙稿「法曹人口増加論のために」拙著『裁判法の考え方』（1996，信山社）92頁以下。そこでの著者の提案は現在でも有効性を失っていないと思う。例えば，行政訴訟等における指定代理人制度の廃止など1964年に提出された「臨時司法制度調査会意見書」以来の経緯にかんがみ，今回の司法制度改革において真っ先に実現されるべきものであった。しかし，司法制度改革推進本部の「行政訴訟検討会」では「指定代理人制度そのものを廃止することについて更に検討」することは，「今後の残された行政訴訟等の改革の主な課題」の中に含まれているに過ぎない。唖然とするのみである。橋本博之・水野武夫「改正行政事件訴訟法と今後の改革」『自由と正義』55巻12号（2004）75, 77頁参照。

13) 谷口安平「和解・国際商事仲裁におけるディレンマ」前掲『ADRの基本的視座』204頁参照。

14) 例えば，司法書士に対する訴訟代理権の授与に加えてその資格要件の緩和など，法科大学院制度と果たして平仄が合うのか。注12)の指定代理人制度に関する態度などとあわせ考えるとき，法務省（およびその他の関係省庁）は意見書の内容の全

面的実現を真剣に志向しているではなく，つまみ食い的に意見書を利用しているのではないかという疑念をぬぐえない。関連して「ADR検討会」に関する注8)の濱野論文および発言を参照。

　ちなみに，法務省の事務次官や検事総長を歴任した原田昭夫氏は，日本法律家協会の機関誌『法の支配』の「巻頭言」において「民主社会での紛争解決のあるべき目標は，洋の東西を問わず，迅速・的確な司法制度の確立を大前提に，訓練された法律家による当事者が納得できる解決への努力であるべきこと」を強調している（同「紛争解決と『法の支配』の今日的意義」『法の支配』139号（2005）3頁）。法務省当局は原田氏のこの言葉を嚙みしめて欲しいと思う。

15)　法曹人口の増加とその職域の拡大とは「鶏が先か，卵が先か」の関係に近いとしても，現在は一方だけを偏重した楽観論しか聞こえてこないことが問題なのである。かつてはその逆の極論が法曹界を支配していたことの反動か。注12)の拙稿参照。

16)　真偽は別として，姉歯秀次元建築士は耐震強度偽装の動機について，建築主の側から鉄筋を違法な程度にまで減らせ，できないなら事務所を変えると強要され，家族の生活もありやむなくこれに応じた旨説明している。東京新聞2005年12月15日3面など。

17)　『自由と正義』誌上には毎号のように弁護士の倫理と経済的問題との密接な関係を窺わせる懲戒事例が掲載されている。（ただ，これを弁護士倫理の低下現象とのみ捉えるのは短絡的で，その一面も否定できないにせよ，懲戒事案の公表がそういう印象を強く与える面もあろう。主として所轄官庁の監督に依存する他の専門職分野にはより多くの職業倫理違反行為が横行している可能性があるのである。著者も一応弁護士登録をしているので顧みて他をいうわけではないが，注16)の事件などはこの推測の合理性を裏付ける。）

18)　司法書士会などは特に熱心であるが，やや特異なADRの試みとして土地家屋調査士会によるものがある。土屋明広「土地境界紛争ADRにおける自立的/法的解決の実践的架橋」九大法学91号（2005）544頁以下参照。準法曹の職域拡大型ADRについては，これに対する悲観的見通しを述べる中村芳彦「ADR立法論議と自律的紛争処理志向」前掲注8)『ADRの基本的視座』255頁以下の指摘が特に重要である。

19)　同『大学の話をしましょうか　最高学府のデヴァイスとポテンシャル』(2005，中公新書クラレ) 29頁。

20)　例えば，高橋治『名もなき道を』(1988，講談社) の主人公というべき万年司法試験受験生が法曹になった場合のことを想像してみよ。これは極端な事例だがそれにやや近い人には著者自身何度も出会っている。ちなみに，この小説については上記人物のモデルの遺族から同書の著者と出版社に対して損害賠償および出版差止めの訴訟が提起され，一審では請求棄却の判決がなされた（東京地裁平成7年5月

19日判決，判例タイムズ883号（1995）103頁）。最終的には控訴審において和解で解決したと聞く。
21) 同『映画で学ぶケースワークの心』（非売品）101頁。中村芳彦弁護士も「ADRに関しては，弁護士自身も専門家ではありえないという自覚を十分に持つこと」の必要性を指摘する（注18）の中村論文248頁）。
22) 濱野氏はいう。日本型紛争管理システムの「メカニズムの構築と運用の背後には，国家の官僚が紛争それ自体を『管理』し，それを通じて，私人の集合体としての社会を『管理』するという発想が潜んでいる。それは，わが国では，少なくとも今日，あまりに当然視されていて，言語化して論じられない暗黙の前提となっている。これがADR論議を目に見えないところで制約しているのである。」（注8）の濱野論文49頁）。同感の念を禁じえない。ちなみに「日本型紛争管理システム」とは濱野教授の造語であるが，それは棚瀬孝雄教授の説を発展的に継承したもので，すこぶる説得力に富む。例えば，法律相談の件数と訴訟や調停の件数との異常なまでの格差をみると，「法律相談は法的争論への芽を摘」んでしまう（48頁）という指摘は，事態の説明にすこぶる適合的なように思われる。
23) 以下の記述は主として，日弁連主催のシンポジウム「法科大学院におけるADR教育」（2005年10月29日）において配布された資料集および口頭報告による。
24) 著者は現在の支配的な要件事実論に与するものではない。ただ，要件事実的思考は法律家にとって必要不可欠だというだけである。私見については拙稿「法曹養成と法の解釈」拙著『裁判法の考え方』（1996，信山社）210頁，ペーター・ヴェストベリー，拙訳「処分主義的民事訴訟における訴訟戦術と証明責任」判例タイムズ1170号（2005）74頁（訳者後記），など参照。
25) 山田文教授の用語。早川吉尚「紛争処理システムの権力性とADRにおける手続の柔軟化」前掲注8)『ADRの基本的視座』16頁による。
26) 河村浩「家事調停事件における『説得』の基礎―要件事実論・事実認定論を手掛かりに」判例タイムズ1151号（2004）26頁以下。
27) 後述するるように，最高裁はもちろん日弁連も「調停官」を「非常勤裁判官」と称して怪しまないところに，司法部，法曹界全体が日本型紛争管理システムで骨絡みになっている状況が窺われるといってよい。このシステムは意識の深層レベルでADR論者をも強く呪縛しているのではあるまいか。なお，中村芳彦「弁護士業務としてのADR」『二弁フロンティア』2005年9月号は，相談業務をしない弁護士はいないはずで，すでにこの段階でADRは弁護士業務の中に自動的に組み込まれているとする（32頁）。同論文は法科大学院におけるADR教育の価値・重要性の探求の試みとして評価に値する。
28) Arudou Debitou, Lawsuit-free land a myth, The Japan Times, January 2, 2006, at 15 は，一般市民（主として外国人）の立場から訴訟の価値を強調する。ADRはこの

論説で問題にされているような問題について果たしてどれほど役立つのであろうか。もっとも，それが訴訟と連動するとき大きな有用性を発揮しうることを否定するわけではない。この点については波多野二三彦「ADRによる被害児の生涯救済・森永砒素ミルク事件の教訓」判例タイムズ1031号（2000）22頁以下，など参照。訴訟における和解・調停の活用もこれに含まれる。

　なお，注18）の中村論文265頁は，「司法の総量そのものが少ない日本の場合においては，ADRの拡充・活性化においては，むしろ裁判所の利用促進という副次的効果も狙ってゆく必要がある。」とし，そこに日米のADRの存在理由の実際上の違いがあるという。注目すべき指摘であり，基本的私見との距離はかなり近いように思う。

29)　宮崎哲弥「論壇時評」東京新聞2005年12月28日夕刊9面。
30)　注22）参照。なお，最近のわが国における一連の制度改革に対する一般的私見については拙稿「創刊50号を迎えて――一法律家の憂いと祈り：法の支配の行方――」神奈川大評論50号（2005）に述べた。その一部を再録すれば以下のとおりである。「大雑把な比喩を許していただければ，司法改革を含むこの国の全ての改革について，沈没しかかった日本丸という巨船の中で，差し迫る危難に気づかぬ惚呆け，権力呆けの乗客たちが既得権益の奪い合いのゲームに熱中しているのではないかという素朴・率直な感想が湧いてくるのである。」
31)　このことは家族法が原則として強行法秩序であることと関係していよう。民事・家事両調停にまたがり旺盛な著作活動を続けているのは梶村太市教授（元裁判官）で，主に家事調停に特化した研究者としては高野耕一氏（元裁判官，大学教授），棚村政行教授などが注目される。なかんずく高野氏は家事調停に関する情熱的論客である（同『家事調停論』（2002，信山社），など参照）。
32)　「日弁連家庭裁判所シンポジウム・家事調停を考える（下）」判例タイムズ1177号（2005）52頁における高野氏の発言，など参照。
33)　棚村氏はわが国で同席調停があまり利用されない理由について興味ある説明をしている。すなわち，同席方式は調停者のスキルを要求するのに対して，個別方式だとそれがなくても調停がまとまりやすい，わが国の調停委員は概してスキルを持たないので個別方式に傾くのだという（前掲注32）判例タイムズ1177号41頁における同氏の発言）。家事調停の標準的解説書は別席調停が主流であることを認めつつ，同席調停を原則化すべきことを説く（梶村太市・徳田和幸編『家事事件手続法』（2005，有斐閣）51-52頁（梶村執筆））。
34)　最近のものとして，坂元和夫「調停の進め方へのへの疑問」『かもがわ』37号（2005）4頁）。坂元氏は裁判官出身の弁護士。この論考に対しては，地元の京都だけでなく，全国各地の調停委員や裁判官，弁護士から「同感だ」とか，「考えさせられた」とかいう感想が寄せられたとのことである（同「よりよい調停のために」

同誌38号（2006）3頁）。同様の問題点が現在でも裁判所調停に瀰漫していることの証左であろう。

35) 著者は30年前の調停制度大改革に際し、「弁護士調停主任官」制度の採用を提案した（拙稿「民事調停の基本問題（3・完）」判例タイムズ306号（1974）20頁）。この提案は今の「調停官」と全く同様の内容のものである。ところがこの提案は、裁判官不在の調停に対する批判に熱狂的な日弁連からは一顧だに与えられず、有力な民訴学者からは違憲の疑いがありうると批判された。今回の「調停官」制度の発足にあたっては、日弁連はこれを弁護士任官の一環として大歓迎し、違憲論の声はついに理論、実務の双方から全く聞かれなかった。まさに隔世の感を覚える。法政策、法解釈も時代とともに変化することを否定するつもりはないけれど、いささか変身が安易に過ぎるように思われてならない（調停の実態そのものはあまり変化しているわけではない。注34)の二つの坂元論文参照）。反時代的考察にこだわるゆえんである。ちなみに、裁判員制度について違憲問題を精密に検討するものとして、西野喜一「日本国憲法と裁判員制度（上）、（下）」判例時報1874、1875号（2005）が参照に値する。（ただし、著者は裁判員制度に全面的に反対するものではない。拙著『続・裁判法の考え方―司法改革を考える―』（2002、判例タイムズ社）97頁以下、など参照。）

36) 民事調停官・家事調停官とくにその実態については、『自由と正義』56巻4号（2005）の「特集1 非常勤裁判官」の諸論文、および石井誠一郎「家事調停官を経験して」判例タイムズ1185号（2005）80頁以下、など参照。とりわけ石井「家事調停官を経験して」は家事調停官のみならず、家事調停および家事調停委員の実態について有益な情報を与える。

37) 実はこの点に違憲の疑いという批判の根拠があると考えて、著者はその後「弁護士調停主任官」の権限を純粋の調停作用に限定するよう私見を修正した（拙稿「パートタイム裁判官是非論」前掲注12)『裁判法の考え方』135頁）。なお、異議申立制度の導入の結果、かつて「伝家の宝刀」であった調停に代わる決定はいまや「日常の包丁」に等しいとされるが（石川明・梶村太市編『注解民事調停法〔改訂〕』（1993、青林書院）238頁（梶村執筆），調停に代わる審判について前掲注33)『家事事件手続法』88頁（梶村執筆）は同旨，危険な刃物であることに違いはない。むしろ包丁のほうが危険だともいえるのである。

38) 調停官制度の目的の一つに「弁護士任官」の促進が掲げられている。かねて日弁連はそのために非常勤裁判官制度を強く主張してきており、調停官は年来の主張の実現といえるが（注35)参照），非常勤裁判官制度の問題点について、前掲「パートタイム裁判官是非論」128頁以下，拙稿「司法に対する国民参加とパートタイム裁判官」前掲注12)『裁判法の考え方』291頁以下参照。

39) 注36)の石井「家事調停官を経験して」、注34)の坂元『調停の勧め方への疑問』。

石井氏は「当事者の代理人として一番不愉快なのは，調停の取下げを迫られることである。」と書いている（85頁）。ちなみに，調停の取下げは申立人にとってなんら特典がないので実務上好ましくないと解されている（前掲注37）『注解民事調停法』101頁（石渡哲執筆））。家事調停の標準的解説書も「明文の規定は欠くが，申立人は調停申立ての維持を望まないときは，……その申立てを取り下げて調停手続を終了させることができる。」（前掲注33）『家事事件手続法』72頁（梶村執筆））というのみである。取下げの強要があることなどは想定されていない。

40) 注34)の二つの坂元論文参照。
41) 著者はかつて「調停における当事者権」として調停委員に対する選択権，除斥・忌避権を認めるべきことを提唱した（拙稿「調停における当事者権の保障」『民事調停の諸問題』別冊判例タイムズ4号（1977）39頁以下。こういう言語道断な調停委員の言動を知らされ，改めて当事者権の必要性を痛感する。「調停の相手方は許せるが，あの調停委員だけは許せない」という当事者まで存在するとのことであるが（注36)の石井「家事調停官を経験して」85頁），これでは何のための調停か分からない。家事調停は「家庭に関する事件」について調停前置主義を採用しているから（家事審判法18条）問題は深刻である。このような調停委員は少数だとしても，利用者の裁判所調停に対する信頼度に与える悪影響は計り知れないものがあろう。ちなみに，リンドブロームは強制的ADRをADRの範疇から原則的に除外している。注1)参照。
42) 注36)の石井「家事調停官を経験して」84頁。
43) 注36)の石井「家事調停官を経験して」からは調停制度改革の意欲がひしひしと感じられる。ただ，その石井氏すら当事者の理解の便宜上「担当裁判官の石井です」と名乗っているという（85頁）。ここに裁判所調停の内蔵する問題点が露呈しているようである。関連して注44)も参照。
44) 田中成明『法への視座転換をめざして』（2005，有斐閣学術センター）236，238頁。
45) 石井氏は，調停の運営については裁判官よりも弁護士のほうが適任だとして，調停はすべて調停官が行い，裁判官は訴訟・審判に専従するという案を検討課題として提示する。注36)の石井「家事調停官を経験して」86頁。これは注37)の私見と同じである。
46) 2003年度における弁護士会調停および仲裁の全国の受理件数は合計1118件に過ぎない。それでも前年度に比して68件（6.4％）増加という。日弁連の「仲裁統計年報」（インターネット）による。
47) 将来的には，ADRセンターのサポートが市民型ADRに対して事実上認証に代わる信頼度を付与できるようになることが期待される（ADRセンターが怪しげな僭称市民型ADRをサポートするはずはないから）。そうなれば，ADR促進法による

認証など有名無実に化する可能性もある。これは認証を日本的紛争管理システムの発現の新たな一形態と捉える著者の願望でもある。なお、イングランドのADRの実情をもとに、わが国の民間型ADRの課題を検討する長谷部由紀子「民間型ADRの可能性」前掲注8)『ADRの基本的視座』151頁以下も参照。

48) 注23)のシンポジウムにおける小島武司教授の発言。ちなみに、最近の「仲裁ADR学会」や「日本仲裁人協会」の設立にみられるADRの理論的隆盛は、皮肉にもADRの惨憺たる現状を象徴しているのかも知れない。諸子百家が出現したのは天下麻のごとく乱れた春秋戦国の世であった。

49) 注8)の濱野論文参照。

50) 脱稿後に接した和田仁孝「ADR手続における専門性と法情報」『仲裁とADR』1号(2006)所収は、訴訟事件数、弁護士数など司法インフラの国際比較におけるわが国の例外的な貧弱さが、日本のADRの論議、在り方に与える影響について的確に指摘している(10-11頁)。この指摘は同教授がADRの代表的論客であるだけに注目に値しよう。ちなみに、同論文を含めて同誌掲載の論考、記事からは多大の教示を得たが、それらを参酌しても本章における私見を変更する必要はないと考える。

51) 注27)の中村論文35頁は調停民営化を提唱する。新たな調停がそういう姿を示すものになることも十分に予想される。

52) 峯崎淳「横浜物語〔その1〕」『CE建設業界』54巻10号(2005)34頁はいう。直接に大老井伊直弼の命運を決したのは「将軍継嗣問題である。その後の歴史の推移を知っているわれわれら見れば、将軍の継嗣などコップのなかの嵐に過ぎなかった。何時の世でもそうだが、当代の者には当代が見えない。」夢想というゆえんである。

53) 注8)の垣内論文83頁以下、など参照。

54) 罪刑法定主義は「法からの自由」の保障として捉えることができる。

55) 岡本三夫「平和学—過去・現在・未来—私の自伝的『平和学』論—」修道法学27巻2号(2005)14頁以下、など参照。なお、ガルトゥングについては、井上孝代『あの人と和解する—仲直りの心理学』(2005、集英社新書)など参照。

56) 例えば、佐藤友之『「法治国家」幻想』(1999、学文社)は、市民の立場からの法・裁判に対するそのような批判として読むことができよう。

補論・その1　法科大学院におけるADR教育の独自性に関する一試論—「紛争抑止力としての訴訟」仮説に基づく要件事実教育とADR教育との統合の提唱

上述したように、著者には法科大学院における現在のADR教育の独自性についてよく理解できない。しかし自分なりに思案の挙句、現在のところ以下のように考えてい

る。

　まず，法科大学院におけるADR教育は常に要件事実教育を意識して行われるべきである。その意味で，法学部等におけるADR教育とは基本的に異なる面があり，その応用編ともいうべきものである。ADR教育においては要件事実の基本的認識を前提として要件事実の解体・変容，それへの附加等が要件事実の再認識を兼ねて行われる。つまり要件事実といわゆる「生の事実」（必ずしもそれに尽きるわけではない）との間の絶えざるフィードバックが必要になる。こうすることによって，ADR教育が要件事実教育の阻害要因として働かず，むしろそれを補強する効果を生むことができる。その具体的事例の説明までは十分に考えていないが，これは法科大学院のADR教育の現場におられる諸氏にお願いしたいところである。（誤解のないよう断っておくが，著者は「垂直的説得」型調停―注25)参照）に賛成するものではなく，当事者主導の調停・ADRを中心にして要件事実教育との関連を考えているのである。もっとも，垂直的説得型調停が要件事実的思考と直接的親和性を有することは否定しがたいといえよう。注26)参照。）

　次に，ADR教育は訴訟との利害得失を個別具体的な紛争事案に関連して考量させることによって，訴訟機能の重要性の再認識に役立つべきである。

　法学部等におけるADR教育は意識的・無意識的に訴訟に対する否定的立場を前提として行われている。しかし断言するが，充実した訴訟機能を欠いたADRは片肺飛行のようなもので，健全な紛争解決制度として機能することは絶対にできない。法科大学院におけるADR教育はそうであってはならない。ある紛争事案において訴訟とADRの一般的ないし段階的利害得失を精細・的確に考量することを教えるべきである。

　このように考えると，法科大学院におけるADR教育は独自の意義を有しうるといえよう。しかし管見の限りでは，法科大学院におけるADR教育と法学部等とくに法学部におけるADR教育との差異について意識的に区別した取扱いはなされていないようである。また，立法者を含めてADR論者のほとんど全てがこのような問題意識を持っていないと見受けられる。例えばいわゆるADR促進法や準法曹団体によるADRへの参加の動きをみればこのことは瞭然である。

　わが国のADR論議に決定的に欠けているのは，「紛争抑止力としての訴訟」ないし「訴訟の紛争抑止的機能」という視点である。これは従前から指摘されてきた予防法学とか予防法務というものとは異別の発想である。いうまでもなく核兵器は絶対に使うことができない。昔からの表現を使えば「伝家の宝刀」は抜いてはならないのである。しかし，核兵器を保有することが事実として国際紛争＝戦争の抑止力として絶大な効果を有することは明らかである（その是非は別論）。いささか不適切・不穏当な類比である

ことを承知の上であえていうのだが、ADR に比べてはるかに重装備で硬直的な訴訟に
も、似た紛争抑止効があることを否定できない。ADR に代えて何時でも容易に訴訟が
現実的に利用可能な選択肢として存在する（この点は核兵器とは異なる）からこそ
ADR は十分に機能しうるのである。本当は訴訟をしたいのだが、それが現実的に利用
できないから、仕方なくセカンド・ベスト＝二流の正義として ADR で我慢せざるをえ
ないという状況が一般化している社会では、合意を基本的前提とする ADR はそれ自体
としても紛争抑止力としても働かないのである。この意味での訴訟の重要性は必ずしも
訴訟事件の統計的数値に関わらない。その数値が低くても訴訟の紛争抑止効が十全に働
いている場合もありうるのである（もっともそういう社会も、一度は訴訟爆発を経験し
ているのだろうが）。

　以上が、法科大学院における ADR 教育の正当化に関する著者の試論である。これを
局外者の無権代理行為と考えられる諸氏からの反論を期待したい。（偶然にも数日前、
弁護士会 ADR センターの中心的存在の一人であり、ADR について豊富な実務経験を有
する某弁護士から、訴訟と全く無関係な ADR は実に無力だという話を聞かされた。上
記の私見を裏付ける貴重な証言ではあるまいか。）

　ちなみに、ADR 自体における要件事実論の効用を説く議論が出始めている。前掲注
26) の河村論文はその嚆矢的論考といえよう。最近のものとして千野直邦「『裁判外紛争
解決手続利用促進法』（ADR 法）の整備と要件事実」[1]がある。しかし、ADR における
要件事実論の持込みは ADR の認証制度の問題とともに、ADR の生命自体を枯渇させて
しまう危険をはらんでいることに注意しなければならない（ADR の概念規定ないしは
その類型にもよるが）。著者は法科大学院における ADR 教育の在り方を問題としている
だけであり、このような議論の方向には警戒的である。ADR における事実認定（？）も
過去の歴史的事実の認定（評価的認定）に尽きるものでないことはもちろんである。

補論・その2　　一つの比喩　子どものまま老人化する日本の紛争解決制度

　子どもは、成長して青年期、さらに壮年期を経てやがて老人になる。子どもからいき
なり老人になるようなことがあるとすれば、それは異常・病的な現象というほかない。
紛争解決制度における訴訟と ADR の関係も全く同断であろう。訴訟が未成熟のまま
ADR が強調される日本の状況は、あたかも子どものままで老人になる異常・病的現象
を歓迎するようなものだと思わざるを得ない。この素朴な常識論は間違っているのか。
だとすれば、ADR 論者に是非著者の蒙を啓いてもらいたいと切に願う次第である。（余
談をすれば、荒俣宏『レックス・ムンディ』(2000、集英社文庫) には子どもでありな
がら心は老人のように朽ちているかにみえる某教団の教主（の分身）が登場するが、こ

ういう話はフィクションの世界にとどめたいものである。──と書いた後で、構造改革派の経済学者・加藤寛氏（千葉商科大学学長）の「時代を読む　小泉政策を超えよ」という論説を読んだ（東京新聞 2006 年 7 月 30 日（日）3 面）。氏は「小泉内閣は形の上では、官僚天国にメスを入れたものの、結局は日本の構造改革に変化がおきない以上、何も変わらなかったことになるだろう。」という。これを信ずるならば、日本型紛争管理システムにも基本的変化は生じないわけで、日本の紛争解決制度が子どものまま老人化するという不吉なシナリオが現実化するおそれは決して杞憂ではあるまい。そうならないことをひたすら祈るのみである。）

補論・その 3　　ADR と修復的司法（Restorative Justice, RJ）

　近年、刑事司法における修復的司法は理論的にも実際的にも ADR と同様に世界的盛行を示しつつある[2]。ADR と RJ との関係をどのように理解すべきかは難しい問題であるが、両者の類似性は否定できないところである[3]。その意味で本章の課題にとって、RJ が刑事司法機能の外注化・下請け、すなわちコストが安く効率が良いという主張が政界、行政部にアピールしている現実があるという指摘、ピュアリストによる RJ 理解は、従来の刑事司法システムを否定し凌駕する方向に進んでいるという指摘は、ADR の問題点を考える上でもすこぶる示唆に富む[4]。前原助教授は、ADR もその代替性の意味によっては「裁判を超えた司法システム全体の再検討を迫るものであるということになる。」と指摘しており[5]、高橋教授は法哲学者としてこれに賛同する[6]。RJ との対比という問題は、ADR 論者が従来ほとんど考えてこなかった論点だと思う。著者自身も RJ を視野に入れた ADR に関するもっと根源的な考察の必要性を痛感している次第である。

1)　伊藤滋夫・企画委員代表『要件事実の現在を考える』（2006、商事法務）196 頁以下。
2)　細井洋子・西原春夫ら編著『修復的司法の総合的研究─刑罰を超え新たな正義を求めて─』（2006、風間書房）など参照。
3)　前原宏一「修復的司法と裁判外紛争解決（ADR）」前掲注 2)58 頁以下は、この問題に取り組んだ好論文である。
4)　前者は西原春夫教授（注 2)の序 v 頁）、後者は前原宏一助教授による（注 3)65 頁)。
5)　前掲注 2)61-62 頁。
6)　高橋文彦「矯正的正義と修復的司法に関する一試論─東ティモールの CAVR 調

査を契機に──」明治学院大学法律科学研究所年報 22 号（2006）57 頁。本論文は RJ についてアリストテレスの正義論に遡って考察する知的刺激に富む論考であり，ADR についても根源的な問題を指摘する（56-57 頁）。

後記

送稿直後に締切日が本年 7 月末日に延期された旨の通知を受けた。本稿は昨年末が締切りという条件下で泥縄式に書き上げたものでいわば半製品に近い。大幅な手直しをしたい誘惑に駆られるが，1 月以降ずっと他の仕事に忙殺されており時間的余裕に乏しく，かつは正月休みを犠牲にして書いた本稿にはそれなりの愛着もある。そこで，基本的には無修正のままとし，その後における貧しい思索の結果の断片を補論として書き加えるにとどめた。（2006 年 7 月末日）

〔神奈川大学名誉教授〕

第 3 章

消 費 者 相 談
――その実際と役割についての一考察――

島 野 康

I はじめに

　のっけから個人的な事柄で恐縮だが，国民生活センターに奉職してから今年(2006年)で30年を経た。30年前，友人たちに「消費者問題を扱う特殊法人に就職した」と説明しても，殆ど理解の外であった。「消費者問題って何？」「特殊法人と言うのは公団みたいなものか？」といった反応。少し分かった奴がシタリ顔で，「消費者問題ってのは，鍋や釜を扱うものだろう」という程度であった。私の友人たちのレベルが，高からず，深からず，かもしれないが，一般的にもこれに毛の生えた程度だった。

　もちろん一部の有識者や運動家は問題意識を持ちながら活動を重ねていた。個人は避けて団体を挙げれば，相手を召し取る，とおしゃもじをシンボル（実際におしゃもじが登場したのは1951年9月）にした主婦連は1948年(昭和23年)10月に設立，日生協は賀川豊彦を会長に推戴して1951年に結成された。

　その後，森永ヒ素ミルク事件，サリドマイド事件などの安全性に関する大事件や，うそつき表示事件などが頻発した。うそつき表示に関しては，今も本質的には変わっていないような気がするが，その頃の有名な事件を紹介しておこう。1960年(昭和35年)9月のことだ。「牛缶」に蠅が入っていたという消費者の申し出に東京都衛生局で調べたところ，中身は牛肉ではなく鯨の肉であることが判明した。さらに調査してみると「牛肉の大和煮」や「コンビーフ」と

して売られている缶詰の殆どは，中身のすべてまたは大部分が牛肉らしく味付けした馬肉や鯨肉で，牛肉100％の牛缶を製造したのは2社しかないことが明らかになったという事件である。笑い話としては，『Made in USA』との表示なので米国製と思ったら『Made in 宇佐』だったなどというものもあったようだ。

　これらは，"紀元前（BC）"の出来事である。ここでいうBCとは，消費者を護る憲法と言われた「消費者保護基本法」の制定・公布・施行された1968年以前のことを指す。消費者保護基本法は，消費者行政の在り方や消費者法の基本的骨組みを規定した法律である。この中で，国の消費者行政の体制整備や消費者からの苦情の申し出に対する国，地方公共団体の責務が定められた。国民生活センターも，特殊法人として「国民生活センター法」に基づき1970年に設置された。

　本章のテーマは，「消費者相談」である。その実際・実態と役割について紹介することにしたい（ここでは，2005年7月30日に中央大学で行った講義を再現するような形で執筆している）。なお，主張や見解にわたる部分については，断るまでもないが島野の個人的見解である。

II　消費者基本法と独立行政法人国民生活センター法

1．消費者保護基本法と消費者基本法

　「消費者を護る憲法と言われた」消費者保護基本法と紹介したが，これは，内閣（政府）が提出した閣法ではなく，議員が提案した議員立法である。ドイツの法学者であるイェリングは，「罰則のない法律は，燃えない火のようだ」（火は燃えるものだ。燃えない火はこの世にない。自己矛盾である，といった意）と言ったようだ。故竹内昭夫東大教授は，『ジュリスト―日本の立法』（805号）で，「私はかつて雑談の折に基本法というのは法律とは言っているけれども，政策の羅列なのだから，あんな法律は『六法全書』から削除すべきだということを申したことがあります。私は消費者保護基本法を例にとって申したのです……」と発言されていた。

このように同法は，罰則がないことから（嚙み付く）歯のない法律とか政党のスローガンを超えるものではない，などという批判がなされたのだが，消費者行政の発展，各種消費者法の制定・改正，事業者の消費者対応窓口の充実，などに極めて大きな影響を与えた。その消費者保護基本法が，36年の時を経て消費者基本法と名を変えて2004年6月2日に公布施行された。主な改正ポイントは，消費者の権利が基本理念として明記，事業者団体・消費者団体の役割と努力義務を謳ったこと，消費者基本計画の策定，消費者保護基本法には規定がなかった契約の適正化を掲げた，苦情処理・紛争解決について都道府県の義務とした。そして，当センターの役割が25条に規定された。同条の中で，「苦情処理」に関し，自民党PT案にも与党案にも触れてなかったが，野党とのすり合わせを行う中で，「……事業者と消費者との間に生じた苦情の処理のあっせん及び当該苦情に係る相談，……」とあっせんが明確に謳われた。国民生活センター法には「あっせん」について明文の規定がなく事実上のあっせんを行っているとか法10条の附帯業務で読む，といった説明を行ってきたが，国民生活センターのあっせん業務がきちんと位置付けられたことになる。

消費者保護基本法制定の中心的な役割を果たした故砂田重民氏は，『国民生活センター20年史』に「消費者保護基本法が内包していたセンター構想」とのテーマで寄稿している。同氏の"思い"がここに至って実ったと言えるかも知れない。先人がどのような考えで消費者保護基本法制定活動を行ったのか。興味あるのでその全文を引用する。曰く，

「第55国会の1967年2月，衆議院に『物価問題特別委員会』を作り，委員長は社会党の戸叶里子さんが務めた。与野党理事の間で懇談会を始めた頃に，高度成長で企業が大型になり，大量生産・大量販売の傾向が非常に強くなってくると，従来の消費生活を守ると銘打った法律も本当には役に立たなくなってきているという議論が出た。当時の状況は例えば，食品衛生法は衛生の観点からだけで出来ていて中身の素材を偽っても違反にならない，自動車の広告はスピードを競うばかりで消費者の安全という観点を企業の側から働きかけようとは少しもしない，というものだった。そこ

からやがて，多くの法律を見直すための基本法が必要だ，その中に消費者の権利を謳おうではないか，企業も行政も消費者の権利を守る義務があるという性格の立法を考えようとの方向が出てきた。

　勉強の過程で神戸の生活科学センターを訪ねたが，地に足のついた仕事ぶりに皆が敬服した。その折に神戸大学新野教授の意見を伺い，また卸売市場や小売市場の視察，業者や消費者運動をしておられる方々との話し合い等を重ね，それらの材料を持ち帰って消費者保護基本法のまとめに掛かった。そこで私は次のように考えた。地方に消費生活センターのような機関がこれからも次々と出来るだろう，それなら国も経済企画庁が中心になってセンターを作り，それらのネットワークを組むべきではないか。実際には基本法の中にセンター設立条項を書き込むまでにはいたらず，2年後の国民生活センター法まで時間が必要だったが，構想はすでにあったと言ってよい。現在の国民生活センターの役割をわれわれは念頭に描きながら，基本法を作り上げたのである。

　消費者保護基本法に基づいて，多くの法改正が行われ現に実施されている。その際に私が強く配慮したのは，消費者と企業の間に溝を作ってはならないという点だった。各地に消費生活センターがあり，国に国民生活センターがあって，それらのネットワークがうまく機能すれば，溝が出来ても浅いうちに埋めることができるはずだ。各省庁の行う消費者行政を，センターのネットワークがバックアップして国民一人ひとりの消費生活の場に降ろしていく，この構想はまさしく図に当たった評価をしている。率直に言えば，基本法は特に自民党の中で相当な抵抗にあった。産業発展の足を引っ張るのではないかという意見が随分出たのだ。私は，消費者と企業の摩擦を解消しなければ産業の発展もないことを繰り返し説得して，党内手続きを順次クリアーしていった。現在，全国に300か所も消費生活センターがあると聞き，水や空気のように大事な存在であると痛感している。消費者保護基本法と国民生活センター法の制定に寄与したことは，長い議員生活の中でも本当に良い仕事をしたと自負している。（前北海道開発庁

長官・前沖縄開発庁長官，衆議院議員・自由民主党)」。

消費者基本法は，重要な法律なので全文を挙げておく。

　　第1章　総則
（目的）
第1条　この法律は，消費者と事業者との間の情報の質及び量並びに交渉力等の格差にかんがみ，消費者の利益の擁護及び増進に関し，消費者の権利の尊重及びその自立の支援その他の基本理念を定め，国，地方公共団体及び事業者の責務等を明らかにするとともに，その施策の基本となる事項を定めることにより，消費者の利益の擁護及び増進に関する総合的な施策の推進を図り，もって国民の消費生活の安定及び向上を確保することを目的とする。
（基本理念）
第2条　消費者の利益の擁護及び増進に関する総合的な施策（以下「消費者政策」という。）の推進は，国民の消費生活における基本的な需要が満たされ，その健全な生活環境が確保される中で，消費者の安全が確保され，商品及び役務について消費者の自主的かつ合理的な選択の機会が確保され，消費者に対し必要な情報及び教育の機会が提供され，消費者の意見が消費者政策に反映され，並びに消費者に被害が生じた場合には適切かつ迅速に救済されることが消費者の権利であることを尊重するとともに，消費者が自らの利益の擁護及び増進のため自主的かつ合理的に行動することができるよう消費者の自立を支援することを基本として行われなければならない。
2　消費者の自立の支援に当たつては，消費者の安全の確保等に関して事業者による適正な事業活動の確保が図られるとともに，消費者の年齢その他の特性に配慮されなければならない。
3　消費者政策の推進は，高度情報通信社会の進展に的確に対応することに配慮して行われなければならない。
4　消費者政策の推進は，消費生活における国際化の進展にかんがみ，国際的な連携を確保しつつ行われなければならない。
5　消費者政策の推進は，環境の保全に配慮して行われなければならない。
（国の責務）
第3条　国は，経済社会の発展に即応して，前条の消費者の権利の尊重及びその自立の支援その他の基本理念にのつとり，消費者政策を推進する責務を有する。
（地方公共団体の責務）
第4条　地方公共団体は，第二条の消費者の権利の尊重及びその自立の支援その他の基

本理念にのつとり，国の施策に準じて施策を講ずるとともに，当該地域の社会的，経済的状況に応じた消費者政策を推進する責務を有する。
（事業者の責務等）
第5条　事業者は，第二条の消費者の権利の尊重及びその自立の支援その他の基本理念にかんがみ，その供給する商品及び役務について，次に掲げる責務を有する。
　一　消費者の安全及び消費者との取引における公正を確保すること。
　二　消費者に対し必要な情報を明確かつ平易に提供すること。
　三　消費者との取引に際して，消費者の知識，経験及び財産の状況等に配慮すること。
　四　消費者との間に生じた苦情を適切かつ迅速に処理するために必要な体制の整備等に努め，当該苦情を適切に処理すること。
　五　国又は地方公共団体が実施する消費者政策に協力すること。
2　事業者は，その供給する商品及び役務に関し環境の保全に配慮するとともに，当該商品及び役務について品質等を向上させ，その事業活動に関し自らが遵守すべき基準を作成すること等により消費者の信頼を確保するよう努めなければならない。
第6条　事業者団体は，事業者の自主的な取組を尊重しつつ，事業者と消費者との間に生じた苦情の処理の体制の整備，事業者自らがその事業活動に関し遵守すべき基準の作成の支援その他の消費者の信頼を確保するための自主的な活動に努めるものとする。
第7条　消費者は，自ら進んで，その消費生活に関して，必要な知識を修得し，及び必要な情報を収集する等自主的かつ合理的に行動するよう努めなければならない。
2　消費者は，消費生活に関し，環境の保全及び知的財産権等の適正な保護に配慮するよう努めなければならない。
第8条　消費者団体は，消費生活に関する情報の収集及び提供並びに意見の表明，消費者に対する啓発及び教育，消費者の被害の防止及び救済のための活動その他の消費者の消費生活の安定及び向上を図るための健全かつ自主的な活動に努めるものとする。
（消費者基本計画）
第9条　政府は，消費者政策の計画的な推進を図るため，消費者政策の推進に関する基本的な計画（以下「消費者基本計画」という。）を定めなければならない。
2　消費者基本計画は，次に掲げる事項について定めるものとする。
　一　長期的に講ずべき消費者政策の大綱
　二　前号に掲げるもののほか，消費者政策の計画的な推進を図るために必要な事項
3　内閣総理大臣は，消費者基本計画の案につき閣議の決定を求めなければならない。
4　内閣総理大臣は，前項の規定による閣議の決定があつたときは，遅滞なく，消費者

基本計画を公表しなければならない。
5　前二項の規定は，消費者基本計画の変更について準用する。
（法制上の措置等）
第10条　国は，この法律の目的を達成するため，必要な関係法令の制定又は改正を行なわなければならない。
2　政府は，この法律の目的を達成するため，必要な財政上の措置を講じなければならない。

　　第2章　基本的施策
（安全の確保）
第11条　国は，国民の消費生活における安全を確保するため，商品及び役務についての必要な基準の整備及び確保，安全を害するおそれがある商品の事業者による回収の促進，安全を害するおそれがある商品及び役務に関する情報の収集及び提供等必要な施策を講ずるものとする。
（消費者契約の適正化等）
第12条　国は，消費者と事業者との間の適正な取引を確保するため，消費者との間の契約の締結に際しての事業者による情報提供及び勧誘の適正化，公正な契約条項の確保等必要な施策を講ずるものとする。
（計量の適正化）
第13条　国は，消費者が事業者との間の取引に際し計量につき不利益をこうむることがないようにするため，商品及び役務について適正な計量の実施の確保を図るために必要な施策を講ずるものとする。
（規格の適正化）
第14条　国は，商品の品質の改善及び国民の消費生活の合理化に寄与するため，商品及び役務について，適正な規格を整備し，その普及を図る等必要な施策を講ずるものとする。
2　前項の規定による規格の整備は，技術の進歩，消費生活の向上等に応じて行なうものとする。
（広告その他の表示の適正化等）
第15条　国は，消費者が商品の購入若しくは使用又は役務の利用に際しその選択等を誤ることがないようにするため，商品及び役務について，品質等に関する広告その他の表示に関する制度を整備し，虚偽又は誇大な広告その他の表示を規制する等必要な施策を講ずるものとする。
　（公正自由な競争の促進等）
第16条　国は，商品及び役務について消費者の自主的かつ合理的な選択の機会の拡大

を図るため，公正かつ自由な競争を促進するために必要な施策を講ずるものとする。
2　国は，国民の消費生活において重要度の高い商品及び役務の価格等であつてその形成につき決定，認可その他の国の措置が必要とされるものについては，これらの措置を講ずるに当たり，消費者に与える影響を十分に考慮するよう努めるものとする。

（啓発活動及び教育の推進）

第17条　国は，消費者の自立を支援するため，消費生活に関する知識の普及及び情報の提供等消費者に対する啓発活動を推進するとともに，消費者が生涯にわたつて消費生活について学習する機会があまねく求められている状況にかんがみ，学校，地域，家庭，職域その他の様々な場を通じて消費生活に関する教育を充実する等必要な施策を講ずるものとする。
2　地方公共団体は，前項の国の施策に準じて，当該地域の社会的，経済的状況に応じた施策を講ずるよう努めなければならない。

（意見の反映及び透明性の確保）

第18条　国は，適正な消費者政策の推進に資するため，消費生活に関する消費者等の意見を施策に反映し，当該施策の策定の過程の透明性を確保するための制度を整備する等必要な施策を講ずるものとする。

（苦情処理及び紛争解決の促進）

第19条　地方公共団体は，商品及び役務に関し事業者と消費者との間に生じた苦情が専門的知見に基づいて適切かつ迅速に処理されるようにするため，苦情の処理のあつせん等に努めなければならない。この場合において，都道府県は，市町村（特別区を含む。）との連携を図りつつ，主として高度の専門性又は広域の見地への配慮を必要とする苦情の処理のあつせん等を行うものとするとともに，多様な苦情に柔軟かつ弾力的に対応するよう努めなければならない。
2　国及び都道府県は，商品及び役務に関し事業者と消費者との間に生じた苦情が専門的知見に基づいて適切かつ迅速に処理されるようにするため，人材の確保及び資質の向上その他の必要な施策（都道府県にあつては，前項に規定するものを除く。）を講ずるよう努めなければならない。
3　国及び都道府県は，商品及び役務に関し事業者と消費者との間に生じた紛争が専門的知見に基づいて適切かつ迅速に解決されるようにするために必要な施策を講ずるよう努めなければならない。

（高度情報通信社会の進展への的確な対応）

第20条　国は，消費者の年齢その他の特性に配慮しつつ，消費者と事業者との間の適正な取引の確保，消費者に対する啓発活動及び教育の推進，苦情処理及び紛争解決の促進等に当たつて高度情報通信社会の進展に的確に対応するために必要な施策を講ず

るものとする。
（国際的な連携の確保）
第21条　国は，消費生活における国際化の進展に的確に対応するため，国民の消費生活における安全及び消費者と事業者との間の適正な取引の確保，苦情処理及び紛争解決の促進等に当たつて国際的な連携を確保する等必要な施策を講ずるものとする。
（環境の保全への配慮）
第22条　国は，商品又は役務の品質等に関する広告その他の表示の適正化等，消費者に対する啓発活動及び教育の推進等に当たつて環境の保全に配慮するために必要な施策を講ずるものとする。
（試験，検査等の施設の整備等）
第23条　国は，消費者政策の実効を確保するため，商品の試験，検査等を行う施設を整備し，役務についての調査研究等を行うとともに，必要に応じて試験，検査，調査研究等の結果を公表する等必要な施策を講ずるものとする。

　　　第3章　行政機関等
（行政組織の整備及び行政運営の改善）
第24条　国及び地方公共団体は，消費者政策の推進につき，総合的見地に立つた行政組織の整備及び行政運営の改善に努めなければならない。
（国民生活センターの役割）
第25条　独立行政法人国民生活センターは，国及び地方公共団体の関係機関，消費者団体等と連携し，国民の消費生活に関する情報の収集及び提供，事業者と消費者との間に生じた苦情の処理のあつせん及び当該苦情に係る相談，消費者からの苦情等に関する商品についての試験，検査等及び役務についての調査研究等，消費者に対する啓発及び教育等における中核的な機関として積極的な役割を果たすものとする。
（消費者団体の自主的な活動の促進）
第26条　国は，国民の消費生活の安定及び向上を図るため，消費者団体の健全かつ自主的な活動が促進されるよう必要な施策を講ずるものとする。

　　　第4章　消費者政策会議等
（消費者政策会議）
第27条　内閣府に，消費者政策会議（以下「会議」という。）を置く。
2　会議は，次に掲げる事務をつかさどる。
　一　消費者基本計画の案を作成すること。
　二　前号に掲げるもののほか，消費者政策の推進に関する基本的事項の企画に関して審議するとともに，消費者政策の実施を推進し，並びにその実施の状況を検証し，評価し，及び監視すること。

3　会議は，消費者基本計画の案を作成しようとするときは，国民生活審議会の意見を聴かなければならない。
第28条　会議は，会長及び委員をもつて組織する。
2　会長は，内閣総理大臣をもつて充てる。
3　委員は，内閣官房長官，関係行政機関の長及び内閣府設置法（平成十一年法律第八十九号）第九条第一項　に規定する特命担当大臣のうちから，内閣総理大臣が任命する。
4　会議に，幹事を置く。
5　幹事は，関係行政機関の職員のうちから，内閣総理大臣が任命する。
6　幹事は，会議の所掌事務について，会長及び委員を助ける。
7　前各項に定めるもののほか，会議の組織及び運営に関し必要な事項は，政令で定める。
（国民生活審議会）
第29条　消費者政策の推進に関する基本的事項の調査審議については，この法律によるほか，内閣府設置法第三十八条の定めるところにより，国民生活審議会において行うものとする。
　　消費者保護基本法の一部を改正する法律（平成16年法律第70号）
　　附則
（施行期日）
1　この法律は，公布の日から施行する。
（検討）
2　消費者政策の在り方については，この法律の施行後五年を目途として検討が加えられ，その結果に基づいて必要な措置が講ぜられるものとする。

2．独立行政法人国民生活センター法

　国民生活センターは，1970年(昭和45年)10月1日，国民生活センター法に基づき設立された。独立行政法人化（2003年(平成15年)10月1日）に伴い，設立根拠法が独立行政法人国民生活センター法と変わっただけで，中身・内容に変化はない。個別法律に特殊法人や独立行政法人が規定されることはないと思っていたが，消費者基本法第25条に「独立行政法人国民生活センター」が謳われた。きちんと位置付けされたことは，我々から見ると歓迎したいが，設立根拠法である独立行政法人国民生活センター法自体は放って置かれている。

現在，国民生活センターの実際の活動から見れば，消費者情報の中核機関となっている。インプットは，各地消費生活センター（地方公共団体が付置する消費者苦情相談を担当する機関）の協力のもとに国民生活センターに一元化されている。しかし，「連携・協力」の上に設けられたシステムは確固たるものではない。消費生活センターが送付した「情報」の所有権は国民生活センターにあるのではなく，どちらかと言えば，「情報」を提供した消費生活センターに属するような格好となっている。「情報」の活用については，多くの場合，事前に当該消費生活センターの了承を得てからでないと，情報提供ができないなどの制約があるのである。国民生活センターからの迅速な情報提供には，「連携・協力」ではなく各地消費生活センターの「義務」とすべきだろう。消費者基本法の改正時に，情報の収集提供について議論すべきであった。

「裁判外紛争解決手続の利用の促進に関する法律」（裁判外紛争解決促進法）の施行が2007年4月1日からと決定した。総合法律支援法も制定された。ADRや相談窓口が整備されてきた。総合法律支援法に基づき「日本司法支援センター（法テラス）」の活動が2006年10月2日から本格化する。法テラスは，国民各層から万般にわたる相談を受ける総合的窓口である。国民生活センターは，国民生活に関する総合窓口ではなく，消費者問題に特化した消費者苦情処理機関であることを明確化すべきである。独立行政法人国民生活センター法は，第10条において，国民からの苦情，問合せ等に対して必要な情報を提供すること，と規定しているに過ぎない。せっかく消費者基本法に苦情の「あっせん」が明記されたのであるから，本体である独立行政法人国民生活センター法も改正されるべきであろう。また，諸外国の公的機関との連携を図れるようよりグローバルな視点での改正も望まれるところである。

独立行政法人国民生活センター法については，センターの目的と業務の範囲についてのみ条文を示すこととする。また，国民生活センターにおける相談処理の流れとともに，国民生活センターや消費生活センターが我が国の消費者行政の中でどのような位置にあるのかも理解を深めるために図示しておこう（図1）。

図1　消費者行政機構図

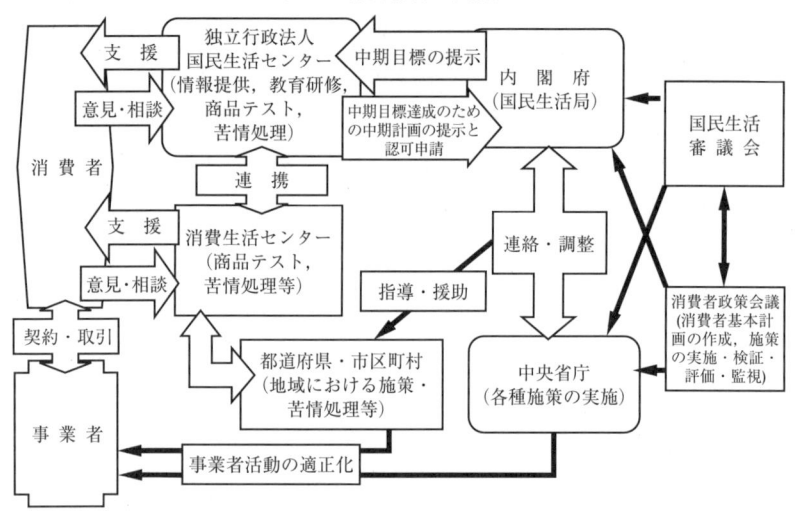

　国民生活センターへの苦情相談方法としては，「電話」によるものが93-95％，相談者が直接相談窓口に来る「来訪」が4-5％といったところである。最初のアクセスは「電話」であっても，あっせん処理を行う事案では必ず来訪を要請しており，可能な限り，当事者が一同に会する「同席」での話合いを奨めている。「高度専門相談」とは，裁判所における専門部といった大がかりなものではないが，建築や自動車などは専門家でなければなかなか問題点の把握もできないので，これに対応するために，一級建築士や自動車全般に通暁する専門家の助言を得ながらトラブルの解決を図っている。さらに，解決困難事案や法的判断に迷うような事案に関しては，「消費者苦情処理専門委員会」に諮問して回答を得るようにしている。各自治体については，これに類する委員会を「被害救済委員会」とか「苦情処理委員会」といった名称で，当該事案の処理を「付託」する形式を採っている。メンバー構成も，学識経験者，事業者代表，消費者代表という3者構成が一般的だが，国民生活センターのそれは，別掲の通り全員法律家であることに違いがある。法学研究科の講義であることから，皆さんの参考に資すため取り扱った事例のうち2事案を「別掲」として

第 3 章　消費者相談　295

図 2　国民生活センターにおける相談処理の流れ

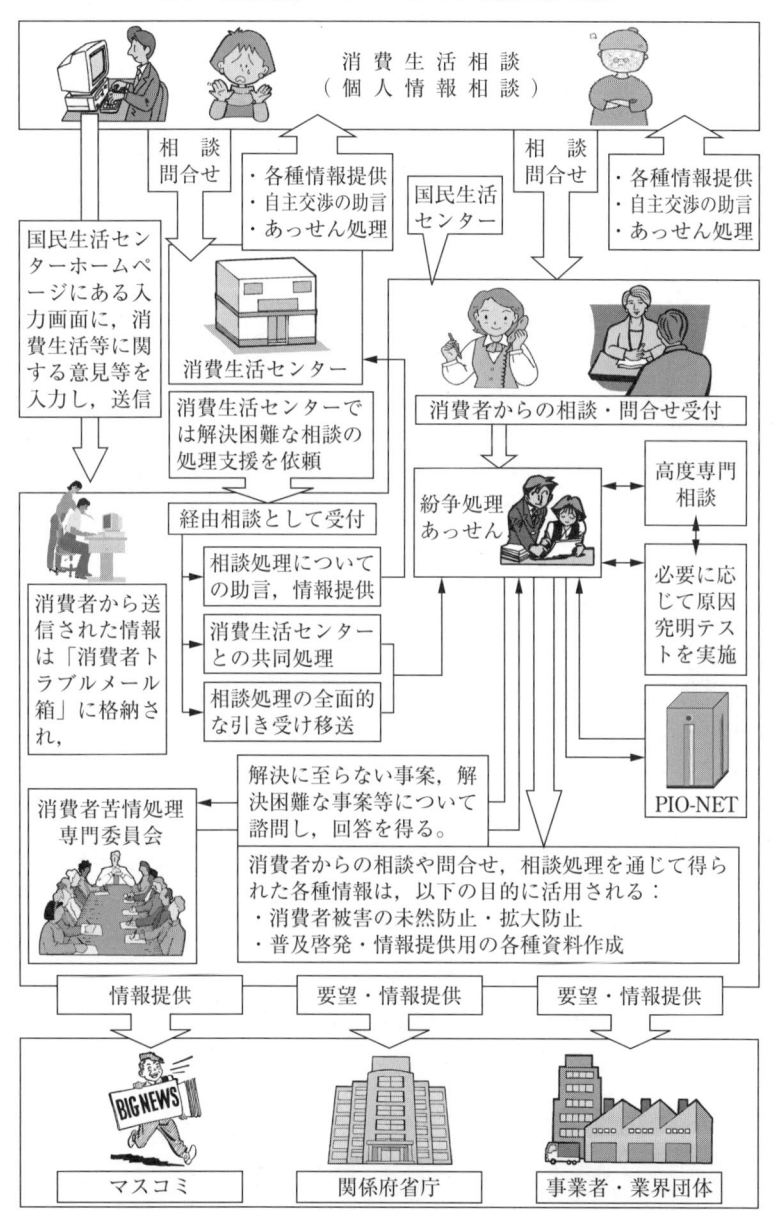

消費生活相談
（個人情報相談）

相談問合せ　・各種情報提供　・自主交渉の助言　・あっせん処理

国民生活センター

相談問合せ　・各種情報提供　・自主交渉の助言　・あっせん処理

国民生活センターホームページにある入力画面に，消費生活等に関する意見等を入力し，送信

消費生活センター

消費生活センターでは解決困難な相談の処理支援を依頼

消費者からの相談・問合せ受付

経由相談として受付

相談処理についての助言，情報提供

消費生活センターとの共同処理

相談処理の全面的な引き受け移送

紛争処理あっせん

高度専門相談

必要に応じて原因究明テストを実施

消費者から送信された情報は「消費者トラブルメール箱」に格納され，

消費者苦情処理専門委員会

解決に至らない事案，解決困難な事案等について諮問し，回答を得る。

消費者からの相談や問合せ，相談処理を通じて得られた各種情報は，以下の目的に活用される：
・消費者被害の未然防止・拡大防止
・普及啓発・情報提供用の各種資料作成

PIO-NET

情報提供　　要望・情報提供　　要望・情報提供

マスコミ　　関係府省庁　　事業者・業界団体

添付しておく。

独立行政法人国民生活センター法（平成14年法律第123号）

第1章　総則

（センターの目的）

第3条　独立行政法人国民生活センター（以下「センター」という。）は，国民生活の安定と向上に寄与するため，総合的見地から，国民生活に関する情報の提供及び調査研究を行うことを目的とする。

（略）

第3章　業務等

（業務の範囲）

第10条　センターは，第3条の目的を達成するため，次の業務を行う。
 (1)　国民に対して国民生活の改善に関する情報を提供すること。
 (2)　国民生活に関する国民からの苦情，問合せ等に対して必要な情報を提供すること。
 (3)　前二号に掲げる業務に類する業務を行う行政庁，団体等の依頼に応じて国民生活に関する情報を提供すること。
 (4)　国民生活の実情及び動向に関する総合的な調査研究を行うこと。
 (5)　国民生活に関する情報を収集すること。
 (6)　前各号の業務に附帯する業務を行うこと。

Ⅲ　苦情相談件数と具体的相談

1．相談件数の推移

(1)　PIO-NETに寄せられた相談件数の推移等

以下記者公表資料から抜粋して実態を見て頂きたい。2004年度までは我が国では死語になったと言われる"右肩上り"である。2005年度は猖獗を極めている架空請求に関する件数が減少した（とは言っても高水準のままである）ことにより，初めて前年度を下回った。

2005 年度の PIO-NET にみる消費生活相談，危害・危険情報

平成 18 年 8 月 4 日
国民生活センター

1．2005 年度の PIO-NET にみる消費生活相談

　この概要は，2005 年度に国民生活センターと消費生活センターを結ぶ「全国消費生活情報ネットワーク・システム（PIO-NET）」によって収集した消費生活相談情報と，国民生活センターが全国の消費生活センターから収集した危害・危険情報と協力病院等から収集した危害情報の概要をまとめたものである（対象データは，2006 年 5 月末日までに国民生活センターのホストコンピューターに登録された情報）。

　当該情報の詳細については，「2006 消費生活年報」（平成 18 年 10 月発行）に掲載。

Ⅰ．2005 年度の PIO-NET にみる消費生活相談

主な特徴

①2005 年度の消費生活相談情報の総件数は 1,275,180 件で，前年度より 644,083 件（33.6％）減少した。

②「電話情報サービス」「オンライン関連サービス全般」[注1]の件数減少が著しい。

　注1）通信機器を使ってインターネットなどから情報を得るサービスのうち，携帯電話や電話機，ファクシミリによるものを「電話情報サービス」，パソコンを利用したものを「オンライン情報サービス」，これらのどちらに該当するかが分からない場合には，「オンライン等関連サービス全般」と分類。

③2005 年度は「商品全体」の相談件数が前年度に比べて 151,630 件の増加，「役務全体」が 797,739 件減少で，「役務全体」が全相談の 57.9％を占めた。

④相談内容別分類では，「契約・解約」に関する相談がもっとも多く 2005 年度は全相談の 83.3％であった。次に多い「販売方法」は全相談の 44.9％であった。

1．相談件数等

(1) 相談件数が対前年度比約 64 万件減，総件数は約 128 万件

　2005 年度に全国の消費生活センターが受け付け，PIO-NET に登録された消費生活相談情報の総件数は 1,275,180 件で，前年度と比較すると 644,083 件の減少（33.6％減）であった。

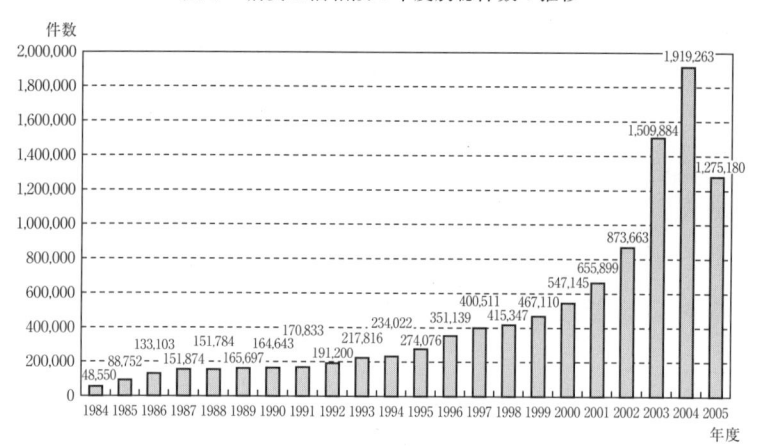

図1　消費生活相談の年度別総件数の推移

件数別（1984–2005年度）：
- 1984: 48,550
- 1985: 88,752
- 1986: 133,103
- 1987: 151,784
- 1988: 151,874
- 1989: 164,643
- 1990: 165,697
- 1991: 170,833
- 1992: 191,200
- 1993: 217,816
- 1994: 234,022
- 1995: 274,076
- 1996: 351,139
- 1997: 400,511
- 1998: 415,347
- 1999: 467,110
- 2000: 547,145
- 2001: 655,899
- 2002: 873,663
- 2003: 1,509,884
- 2004: 1,919,263
- 2005: 1,275,180

(2) 相談件数が大幅に減少した主な要因は，「電話情報サービス」関係の架空請求などの減少

　2005年度で最も件数の減少が大きかったのは「電話情報サービス」で，2004年度の相談件数は約84万件だったが，2005年には約17万件まで減少した。次に減少件数が多かったのは「オンライン等関連サービス全般」で，2004年度の約17万件から約2万件に減少した。一方，件数の増加が目立ったものは「商品一般」に分類された相談で約7万件から約22万件に増加した。

　PIO-NETでは，二重請求や不当な取立て，業者の不当な請求を「不当請求」と分類している。この「不当請求」のなかには，まったく身に覚えがないにもかかわらずアダルト番組などの情報料を請求されるトラブルも内包されており，これを「架空請求」と呼んでいる。

　上記の3種類の相談の増減には，ここ数年急増していた「架空請求」に関連する相談において，アダルトサイト上などで消費者には契約の意思がないにもかかわらず，何らかの項目をクリックしたことによって登録（契約）したことになってしまい料金を請求されたという「電話情報サービス」や「オンライン等関連サービス全般」に分類された不当請求のトラブルは減少し，請求される債務の内容が具体的に明示されていない不当請求のトラブルが増加したことが背景にあるものと思われる。

　なお，2005年度の「架空請求」の件数は260,811件（対前年度比38.6％）であった。

　したがって，「架空請求」を除いた相談件数は1,014,369件（対前年度比81.6％）であった。

(3) 年代によっては契約当事者と相談者の年代別構成の傾向が異なる

契約当事者を年代別にみると30歳代が最も多く，次いで20歳代となっている。前年度と比べると，40歳代以下各年代の割合は減少し，50歳代以上の各年代は増加した。

契約当事者と相談者の年代別構成比を比較すると，20歳代以下と70歳以上で契約当事者の割合が相談者のそれを上回っていた。これは，契約の当事者が年齢的な要因等により，自ら相談窓口を利用するより，その家族や知人など周囲の人が本人に代わって相談するケースが比較的多いことが一因とみられる。

2．商品・役務等別分類ごとにみた相談の状況
(1) 「役務全体」の相談の割合が大幅に減少

2000年度に「役務全体」の割合が「商品全体」を上回ってから，ここ数年は「商品全体」と「役務全体」の割合の差が年々拡大していたが，2005年度には「役務全体」の相談件数が大幅に減少したことにより割合の差が大幅に近づく結果となり，2004年度に80.0％であった「役務全体」の割合は，2005年度は57.9％となった。

図2　年度別にみた商品全体・役務全体・他の相談の構成比の推移

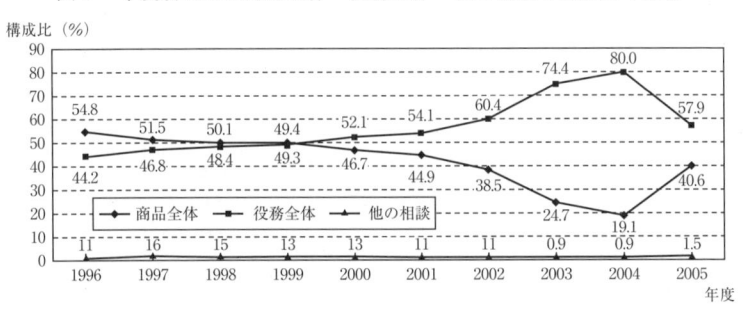

注：「商品全体」には，「不当請求」の中で，請求される債務の内容が具体的に明示されていないため「商品一般」に分類された相談が含まれている。

(2) 「運輸・通信サービス」の大幅な減少の一方，「商品一般」が増加

最も多かった「運輸・通信サービス」の件数は326,588件で，全相談に占める割合は25.6％であった。前年度に比べて813,632件減少した。これは，前述した2005年度に件数が大幅に減少した「電話情報サービス」と「オンライン等関連サービス全般」が「運輸・通信サービス」に分類されるためである。

2位の「商品一般」の全相談に占める割合は17.4％であった。件数は222,053件で，前年度に比べて149,045件増加した。この「商品一般」に関する相談の大多数が「不当請求」に関係する相談である。

3位の「金融・保険サービス」の全相談に占める割合は12.5％であった。件数は159,576件で，前年度の159,978件とほぼ同様であった。「金融・保険サービス」に関する相談の中では，「サラ金・フリーローン」に分類される相談の占める割合が多い。

3．商品・役務ごとにみた相談の状況──「商品一般」「電話情報サービス」が上位──

表1は商品・役務等別相談件数上位5位について件数ならびにその割合の年度別推移を表したものである。

表1　年度別にみた上位商品・役務等別相談件数（2003〜2005年度）

順位	2003年度　1,509,884件		
	商品・役務等	件　数	割　合(％)
1	電話情報サービス	527,107	34.9
2	サラ金・フリーローン	214,410	14.2
3	商品一般	63,324	4.2
4	教養娯楽教材	31,027	2.1
5	賃貸アパート・マンション	30,232	2.0

順位	2004年度　1,919,163件		
	商品・役務等	件　数	割　合(％)
1	電話情報サービス	837,386	43.6
2	オンライン等関連サービス全般	174,412	9.1
3	サラ金・フリーローン	121,293	6.3
4	オンライン情報サービス	87,818	4.6
5	商品一般	73,008	3.8

順位	2005年度　1,275,180件		
	商品・役務等	件　数	割　合(％)
1	商品一般	222,053	17.4
2	電話情報サービス	173,100	13.6
3	サラ金・フリーローン	113,825	8.9
4	オンライン情報サービス	84,766	6.6
5	賃貸アパート・マンション	32,263	2.5

表2は，2005年度の相談件数の上位10位までの商品・役務について，契約当事者の特徴や主な相談内容などを表したものである。

表2　2005年度の商品・役務別にみた相談の特徴

順位	商品・役務等	男女別の傾向 性別	件数	平均年齢	契約当事者の特徴	主な相談内容等（相談内容は複数回答項目である）	その他の特徴等
1	商品一般	男性	57,577	55.5	30～60歳代，女性中心　家事従事者，給与生活者，無職	①不当請求，②債権回収業者，③無断契約，④強引，⑤プライバシー，⑥虚偽説明，⑦訴訟，⑧身分詐称，⑨法律違反，⑩信用性	身に覚えがなく債権の内容も不明な請求に関する相談が増加。
		女性	158,993	50.2			
2	電話情報サービス	男性	123,743	32.3	10～40歳代，男性中心　給与生活者，学生，家事従事者	①不当請求，②ポルノ・風俗，③インターネット，④無断契約，⑤高価格・料金，⑥債権回収業者，⑦強引，⑧無料商法，⑨雑誌広告，⑩未成年者契約	身に覚えのない有料情報サービスの代金請求に関する相談が多い。
		女性	45,482	31.8			
3	サラ金・フリーローン	男性	67,459	42.0	20～50歳代　給与生活者，無職，家事従事者	①多重債務，②不当請求，③金利・利息，④DM広告，⑤自己破産，⑥法律違反，⑦信用性，⑧強引，⑨電話勧誘，⑩保証人	多重債務に関する相談が多い。身に覚えのない債権の請求やDM広告で融資を勧誘された相談も目立つ。
		女性	42,720	44.4			
4	オンライン情報サービス	男性	68,285	35.8	20～40歳代，男性中心　給与生活者，学生	①不当請求，②インターネット，③ポルノ・風俗，④電子商取引，⑤電子広告，⑥高価格・料金，⑦電子広告，⑧強引，⑨未成年者契約，⑩プライバシー	身に覚えのない有料情報サービスの代金請求に関する相談が多い。
		女性	14,784	30.6			
5	賃貸アパート・マンション	男性	14,772	37.1	20～40歳代　給与生活者	①保証金等，②修理代，③解約，④返金，⑤不当請求，⑥高価格・料金，⑦契約書・書面，⑧クレーム処理，⑨補償，⑩説明不足	敷金の返還や原状回復等，退去時のトラブルが目立つ。
		女性	16,173	37.5			

6	オンライン等関連サービス全般	男性	18,576	42.0	30〜50歳代，男性中心 給与生活者	①不当請求，②債権回収業者，③インターネット，④無断契約，⑤ポルノ・風俗，⑥電子商取引，⑦強引，⑧プライバシー，⑨高価格・料金，⑩電子広告	身に覚えのない有料情報サービスの代金請求に関する相談が多い。
		女性	4,797	39.1			
7	健康食品	男性	4,391	53.4	20歳以上の各年代，女性中心 無職，家事従事者，給与生活者	①解約，②高価格・料金，③家庭訪販，④クーリングオフ，⑤サイドビジネス商法，⑥効能・効果，⑦電話勧誘，⑧信用性，⑨薬効うたう，⑩強引	訪問販売やマルチ商法等の販売方法に関するトラブルや，効能や効果をうたっていた相談が目立つ。
		女性	12,638	56.2			
8	自動車	男性	10,300	37.4	20〜40歳代，男性中心 給与生活者	①解約，②クレーム処理，③早期故障，④解約料，⑤新車，⑥約束不履行，⑦返金，⑧説明不足，⑨故障頻発，⑩高価格・料金	他の商品に比べて品質・機能に関する相談が多い。
		女性	4,515	37.9			
9	電話関連サービス	男性	6,417	59.7	60〜70歳代 無職，家事従事者	①電話勧誘，②解約，③家庭訪販，④説明不足，⑤強引，⑥無断契約，⑦不当請求，⑧信用性，⑨クレーム処理，⑩虚偽説明	電話連絡や家庭訪販による執拗な勧誘や，説明不足，無断契約などに関する相談が目立つ。
		女性	7,213	60.2			
10	ふとん類	男性	2,958	49.2	20歳代及び60〜70歳代，女性中心 無職，家事従事者，給与生活者	①家庭訪販，②高価格・料金，③クーリングオフ，④解約，⑤強引，⑥販売目的隠匿，⑦SF商法，⑧次々販売，⑨虚偽説明，⑩点検商法	家庭訪販やSF商法などにより高価格なふとんを売りつけられたという相談が多い。
		女性	11,039	62.4			

4．「契約・解約」に関する相談が8割以上

　表3は相談内容別構成比の年度別推移を表したものである。

表3　相談内容別構成比の年度別推移　　　　　（%）

相談内容別分類	2003年度	2004年度	2005年度
契約・解約	82.4	85.8	83.3
販売方法	43.1	45.5	44.9
品質・機能・役務品質	5.5	4.1	6.8
価格・料金	10.5	6.9	11.1
接客対応	4.3	3.3	6.3
表示・広告	2.1	2.5	3.5
安全・衛生	1.1	0.9	1.9
法規・基準	2.5	2.0	3.4

5．主な問題商法

表4は，2005年度の相談件数の上位10位までの販売方法・手口について，契約当事者の特徴や主な商品・役務などを表したものである．

表4　2005年度の販売方法・手口別にみた相談の特徴

順位	販売方法手口	男女別の傾向 性別	件数	平均年齢	契約当事者の特徴	主な商品，役務等（括弧内の数値は各項目計に占める割合）	その他の特徴等
1	家庭訪問[*1]	男性	25,757	58.9	20歳以上の各年代，女性中心 無職，家事従事者，給与生活者	①ふとん類（8.3%），②新聞（6.8%），③浄水器（6.8%），④補習用教材（4.6%），⑤他の工事・建築サービス（3.2%）	販売業者が消費者宅を訪問し，商品やサービスを販売する販売方法。強引な勧誘や長時間に及ぶ勧誘など，問題も多い。
		女性	53,109	59.3			
2	電話勧誘販売	男性	31,574	46.3	20歳以上の各年代 給与生活者，家事従事者，無職	①教養娯楽教材（13.4%），②資格講座（9.0%），③サラ金フリーローン（8.8%），④電話関連サービス（7.8%），⑤商品一般（5.5%）	不意打ち性や交渉過程が書面に残らないという特質により，強引な勧誘や明らかな虚偽説明が横行。法規制されており指定商品であればクーリングオフできるが，拒否されるケースもある。
		女性	34,311	47.5			

3	無料商法	男性	20,924	35.5	20〜40歳代 給与生活者	①電話情報サービス（47.7％），②オンライン情報サービス（10.9％），③エステティックサービス（4.2％），④役務その他サービス（2.8％），⑤化粧品類（2.0％）	「無料サービス」「無料招待」「無料体験」など「無料」であることを強調して勧誘し，最終的に商品やサービスを購入させる商法。
		女性	14,826	40.5			
4	被害にあった人を勧誘（二次被害）	男性	15,399	37.7	20〜40歳代 給与生活者	①教養娯楽教材（20.3％），②資格講座（14.4％），③電話情報サービス（13.1％），④複合サービス会員（11.8％），⑤役務その他サービス（4.6％）	一度被害に遭った人を再び勧誘して，二次的な被害を与えること。「以前契約した資格講座を解約してあげる」など，従前の被害の救済を装い，再度金銭を支払わせるケースが多い。
		女性	11,749	41.2			
5	電子商取引[*1]	男性	18,535	33.4	10〜40歳代，男性中心 給与生活者	①電話情報サービス（37.9％），②オンライン情報サービス（36.1％），③オンライン等関連サービス全般（5.2％），④商品一般（1.0％），⑤パソコン（1.0％）	オンラインショッピングなど，インターネット等のネットワーク上で行われる取引のこと。意図せず有料サイトに登録となり請求された相談や，利用した覚えのない請求に関する相談などがある。
		女性	6,417	30.2			
6	販売目的隠匿[*2]	男性	7,683	43.6	20〜30歳代及び60〜70歳代，女性中心 給与生活者，家事従事者，無職	①ふとん類（9.1％），②浄水器（6.8％），③アクセサリー（6.1％），④商品一般（5.7％），⑤電話情報サービス（4.0％）	商品やサービスの販売であることを意図的に隠して消費者に近づき，不意打ち的に契約させようとする販売方法。
		女性	15,551	48.7			
7	マルチ・マルチまがい取引	男性	7,817	34.2	20歳代 給与生活者	①健康食品（19.5％），②化粧品類（11.3％），③浄水器（8.3％），④商品一般（7.6％），⑤電話機ファックス（3.9％）	販売組織の加入者が消費者を当該販売組織に加入させることによってマージンが得られる仕組みの取引。これを繰り返すことにより，販売組織がピラミッド式に拡大していく。
		女性	12,680	41.7			

		性別	件数	平均年齢	主な被害者層	主な商品・役務	特徴
8	サイドビジネス商法	男性	7,071	34.5	20〜30歳代,女性中心 給与生活者,家事従事者	①健康食品（12.5％），②教養娯楽教材（7.4％），③他の内職・副業（7.4％），④化粧品類（7.2％），⑤ワープロ・パソコン内職（5.9％）	「内職・副業（サイドビジネス）になる」「脱サラできる」などをセールストークに何らかの契約をさせる商法。
		女性	13,051	37.9			
9	次々販売	男性	5,867	53.0	20歳代及び60歳以上,女性中心 無職,給与生活者,家事従事者	①ふとん類（10.5％），②アクセサリー（6.6％），③エステティックサービス（5.9％），④和服（5.1％）⑤工事・建築サービス（5.0％）	一人の消費者に次から次へと契約させる商法。同じ商品又は異なる複数の商品を次々に契約させるケースや，複数の業者が次々に契約させるケースなどがある。
		女性	11,889	59.0			
10	かたり商法（身分詐称）	男性	4,607	51.9	20歳以上の各年代,女性中心 給与生活者,家事従事者,無職	①商品一般（58.4％），②サラ金フリーローン（5.0％），③電話関連サービス（3.5％），④リースサービス（2.2％），⑤電話情報サービス（2.1％）	セールスマンが有名企業や公的機関の職員，又はその関係者であるかのように思わせて商品やサービスを契約させる商法。
		女性	11,082	50.9			

* 1 販売方法に問題がある相談のみを対象に集計した
* 2 アポイントセールスは含まれていない

6．契約金額等

表5は，2004年度，2005年度における契約・購入金額，既支払金額の総合計および既支払金額である。

表5　契約・購入金額，既支払金額

年度	契約・購入金額		既支払金額	
	総合計（億円）	平均（万円）	総合計（億円）	平均（万円）
2004	5,757	72	1,384	74
2005	6,427	111	1,805	92

II．2005年度の危害情報システムにみる危害・危険情報

主な特徴

①消費生活センター情報の「危害情報」上位3商品は,「健康食品」「エステティックサービス」「化粧品類」である。
②消費生活センター情報の「危険情報」上位3商品は,「自動車」「染毛剤」,「修理サービス」である。
③病院情報の上位3商品は,「階段」「自転車」「遊具」である。

2005年度は消費生活センターから9,330件の情報を収集した。その内訳は「危害情報[注2]」が6,511件,「危険情報[注3]」が2,819件であった。協力病院からは,9,208件の危害情報を収集した。2005年度に消費生活センターと協力病院から収集した件数の合計は18,538件で,対前年度比でみると8.3％増であった。

注2：生命や身体に危害を受けた情報

注3：危害には至っていないが,そのおそれがある情報

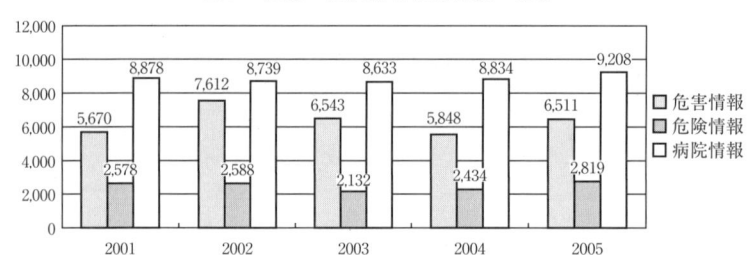

図3　危害・危険情報収集件数の推移

年	危害情報	危険情報	病院情報
2001	5,670	2,578	8,878
2002	7,612	2,588	8,739
2003	6,543	2,132	8,633
2004	5,848	2,434	8,834
2005	6,511	2,819	9,208

「危害情報」の概要

2005年度に消費生活センターから収集した危害情報は6,511件で,前年度（5,848件）と比べると663件の増であった（前年度比111.3％）。

(1)　商品等分類別件数

商品等分類別にみると,エステティックサービス,医療サービス,美容院等の「保健・福祉サービス」が最も多く,1,615件（24.8％）であった。次いで,健康食品,飲料,調理食品等の「食料品」1,393件（21.4％）,化粧品類,家庭用電気治療器具,磁気マットレス・磁気用品等の「保健衛生品」1,229件（18.9％）で,以下,ふとん類,椅子類,机・テーブル類等の「住居品」598件（9.2％）,外食,食事・食材宅配,他の行政サービス等の「他のサービス」292件（4.5％）と続く。

前年度と比較すると,1位の「保健・福祉サービス」から4位の「住居品」までは順位に変化はなかった。

(2)　商品・役務別件数

商品・役務別にみると,「健康食品」が735件(11.3%)で最も多く,次いで「エステティックサービス」584件(9.0%),「化粧品類」556件(8.5%)の順であった。その割合を前年度と比べてみると,1位の「健康食品」は0.5ポイント増,2位の「エステティックサービス」は0.2ポイント増,3位「化粧品類」は0.8ポイント減少している。4位は「医療サービス」451件(6.9%)であり,昨年度と同順位,5位は「外食」で232件(3.6%)であった。

表6 危害発生件数上位5商品・役務の推移(消費生活センター)

順位	2003年度 (6,543件)		
	商品・役務	件数	割合(%)
1	健康食品	799	12.2
2	化粧品類	637	9.7
3	エステティックサービス	524	8.0
4	飲料	456	7.0
5	医療サービス	386	5.9

順位	2004年度 (5,848件)		
	商品・役務	件数	割合(%)
1	健康食品	630	10.8
2	化粧品類	544	9.3
3	エステティックサービス	514	8.8
4	医療サービス	353	6.0
5	美容院	189	3.2

順位	2005年度 (6,511件)		
	商品・役務	件数	割合(%)
1	健康食品	735	11.3
2	エステティックサービス	584	9.0
3	化粧品類	556	8.5
4	医療サービス	451	6.9
5	外食	232	3.6

(3) 危害の内容

危害の内容では、前年度同様、「化粧品類」「エステティックサービス」「健康食品」を中心に「皮膚障害」が1,814件（27.9％）と最も多く、件数は前年度と比べ、106.7％と増加している。しかし、危害全体に占める割合については1.2ポイントの減となった。

次いで多かったのは、前年度同様、「その他の傷病及び諸症状」が1,730件（26.6％）で、「健康食品」「医療サービス」「歯科治療」等によって体調がすぐれない、気分が悪い、痛みがあるなどという症状が起きたものが含まれる。

3位も前年度と同様「消化器障害」で、753件（11.6％）である。「健康食品」「外食」「飲料」によるものが多い。

表7　危害内容別上位10位（消費生活センター）

年度 順位	2005年度		
	危害内容	件数	割合(％)
1	皮膚障害	1,814	27.9
2	その他の傷病及び諸症状	1,730	26.6
3	消化器障害	753	11.6
4	熱傷	535	8.2
5	刺傷・切傷	429	6.6

(4) 上位3商品・役務の「危害」の概要

① 健康食品（735件）

健康食品は735件（11.3％）で、全体に占める割合は0.5ポイント増加しており、前年度同様1位である。

性別をみると、女性が620件（84.4％）と多かった。年代別では、70歳代以上が272件（37.0％）で一番多く、次いで60歳代145件（19.7％）、50歳代109件（14.8％）の順であった。危害内容は「消化器障害」が289件（39.3％）で最も多く、次いで「その他の傷病及び諸症状」275件（37.4％）、「皮膚障害」154件（21.0％）の順であった。

② エステティックサービス（584件）

エステティックサービスは584件で、全体に占める割合は9.0％であり、前年度より0.2ポイント増となった。

性別では、殆どが女性で575件（98.5％）であった。年代は20歳代が236件（40.4％）、次いで30歳代が191件（32.7％）で、両者で全体のおよそ4分の3を占める。以下、40歳代、50歳代、60歳代と続くが、比率は低い。

「エステティックサービス」の内訳をみると「脱毛エステ」228件（39.0％）が最も多く，次いで，「美顔エステ」198件（33.9％）「痩身エステ」84件（14.4％）であった。前年度と比べ「脱毛エステ」の割合が高まり，一方で「美顔エステ」の割合は小さくなっている。危害内容は，「皮膚障害」305件（52.2％）が最も多く，次いで「熱傷」148件（25.3％）であった。

③ 化粧品類（556件）

化粧品類は556件で，全体に占める割合は8.5％であり，前年度より0.8ポイント減少となり，前年度より順位を下げ，3位である。

性別では，女性が圧倒的に多く513件，92.2％を占める。年代別では，20歳代が114件（20.5％）で最も多く，次いで40歳代104件（18.7％），50歳代102件（18.3％）と続く。危害内容は，「皮膚障害」が493件（88.7％）と圧倒的に多かった。

「危険情報」の概要

2005年度に収集した危険情報は2,819件で前年度の2,434件と比べると385件の増（前年度比115.8％）であった。

(1) 商品等分類別件数

自動車，自動二輪車，自転車等の「車両・乗り物」が最も多く1,113件（39.5％），以下，ストーブ，石油ファンヒーター，電子レンジ類等の「住居品」661件（23.4％），染毛剤，化粧品類，頭髪用具等の「保健衛生品」194件（6.9％），テレビ，ライターなどのタバコ用品，パソコン等の「教養娯楽品」183件（6.5％）と続く。前年度と比べて「車両・乗り物」は20件増加，割合では5.4ポイント減少であった。「食料品」は3件減少，割合では1.1ポイント減であった。

(2) 商品・役務別件数

前年度に引き続き「自動車」が881件（31.3％）と最も多かった。件数をみると前年度に比べ31件の減少で，割合は6.2ポイント減少した。2004年度は自動車の欠陥隠しに関する報道が多数あり，「自動車」の件数が増加した要因と考えられた。2005年度についても，件数は減少したものの「自動車」の割合は31.3％と依然として高い水準にある。

2位は，「染毛剤」が101件（3.6％）で，前年度0件に比べ大きく上昇した。国民生活センターでは，「酢酸鉛配合の白髪染めクリーム等の安全性」（2005年10月6日公表）について情報提供しており，消費者の関心が高まったことも要因の一つとして考えられる。

3位は昨年度と同じ「修理サービス」で90件（3.2％）であった。このうち「自動車」の修理が64件と最も多く，その他「自動二輪車」などの修理が続く。

表8 危険発生件数上位5商品・役務の推移(消費生活センター)

順位	2003年度 (2,132件)		
	商品・役務	件　数	割　合(%)
1	自　動　車	681	31.9
2	自動二輪車	55	2.6
3	飲　　　料	50	2.3
4	ス　ト　ー　ブ	47	2.2
5	修理サービス	46	2.2

順位	2004年度 (2,434件)		
	商品・役務	件　数	割　合(%)
1	自　動　車	912	37.5
2	自動二輪車	66	2.7
3	修理サービス	54	2.2
4	ス　ト　ー　ブ	50	2.1
5	テ　レ　ビ	48	2.0

順位	2005年度 (2,819件)		
	商品・役務	件　数	割　合(%)
1	自　動　車	881	31.3
2	染　毛　剤	101	3.6
3	修理サービス	90	3.2
4	ス　ト　ー　ブ	84	3.0
5	自動二輪車	82	2.9

(3) 危険の内容

「機能故障」が最も多く716件(25.4%)であった。商品・役務を見ると,「自動車」「自動二輪車」「修理サービス」が多かった。次いで,2位は「その他」318件(11.3%)で,商品・役務を見ると「染毛剤」「化粧品類」「石油ファンヒーター」などが多かった。3位は「破損・折損」288件(10.2%)で,商品・役務は「自動車」が多い。4位は「発火・引火」228件(8.1%)で,「自動車」「ストーブ」「ライターなどのタバコ用品」の順に多い。

表9　危険内容別上位5位（消費生活センター）

年度 順位	2005年度		
	危険内容	件　数	割合(%)
1	機能故障	716	25.4
2	その他	318	11.3
3	破損・折損	288	10.2
4	発火・引火	228	8.1
5	過熱・こげる	226	8.0

(4)　上位3商品・役務の「危険」の概要
① 自動車（881件）
　「自動車」881件の危険内容をみると，最も多いのは「機能故障」の560件（63.6％）で圧倒的多数を占める。以下，「破損・折損」76件（8.6％），「燃料・液漏れ等」60件（6.8％），「発煙・火花」41件（4.7％），「過熱・こげる」37件（4.2％）と続く。
② 染毛剤（101件）
　「染毛剤」（101件）の危険内容をみると，「その他」101件（100.0％）であった。相談内容を見てみると，酢酸鉛配合の白髪染めの安全性に関する相談が大半を占めた。
③ 修理サービス（90件）
　「修理サービス」（90件）の危険内容は，「機能故障」35件（38.9％）が圧倒的に多く，次いで「破損・折損」15件（16.7％），「過熱・こげる」9件（1.0％）が続く。

2．病　院　編
　2005年度に危害情報収集協力病院（20病院）から収集した危害情報は，9,208件であり，前年度の8,834件と比べると374件増であった（前年度比104.2％）。
(1)　商品等分類別，商品・役務別危害件数
　事故の原因となったものを商品等分類別にみると，上位3位は，包丁，椅子類，机・テーブル類等の「住居品」2,516件（27.3％），階段，ドア，床等の「土地・建物・設備」2,483件（27.0％），遊具，タバコ，他の文具・事務用品等の「教養娯楽品」1,673件（18.2％）であった。
　商品・役務別にみると，上位3位は「階段」831件（9.0％），「自転車」605件（6.6％），「遊具」353件（3.8％）で過去5年以上順位は変わっていない。

表10　危害発生件数上位10商品・役務の推移（病院）

順位	2003年度（8,633件）		
	商品・役務	件　数	割　合(%)
1	階　　段	775	9.0
2	自 転 車	574	6.6
3	遊　　具	321	3.7
4	自 動 車	300	3.5
5	包　　丁	286	3.3

順位	2004年度（8,834件）		
	商品・役務	件　数	割　合(%)
1	階　　段	810	9.2
2	自 転 車	573	6.5
3	遊　　具	320	3.6
4	自 動 車	274	3.1
5	包　　丁	273	3.1

順位	2005年度（9,208件）		
	商品・役務	件　数	割　合(%)
1	階　　段	831	9.0
2	自 転 車	605	6.6
3	遊　　具	353	3.8
4	自 動 車	343	3.7
5	包　　丁	317	3.4

(2) 当事者の性別・年代

10歳未満が3,838件と全体の41.7％を占める。中でも0-2歳の乳幼児は2,059件（22.4％）で最も多い。10歳代の870件（9.4％）と合わせると、20歳未満で全体の半数強を占める。20歳代は888件（9.6％）である。

性別では、男性4,913件（53.4％）、女性4,295件（46.6％）で男性が多い。年代別にみると、30歳代までは男性が多く、40歳代以降は女性が多くなる傾向にあった。

(3) 危害の程度

軽傷（入院を要さない傷病）が8,119件（88.2％）と最も多い。以下，中等症（生命

に危険はないが，入院を要する状態）が 1,019 件（11.1％），重症（生命に危険が及ぶ可能性が高い状態）が 57 件（0.6％），重篤症（生命に危機が迫っている状態）が 6 件（0.1％）であった。なお，死亡は 7 件（0.1％）であった。

(4) 危害内容別商品

「打撲傷・挫傷」（3,590 件）では「階段」が 521 件（14.5％）で最も多く，「自転車」327 件（9.1％），「遊具」238 件（6.6％）などが続く。「刺傷・切傷」（2,076 件）では「包丁」307 件（14.8％）の他，「食器」129 件（6.2％）や，カッターナイフなどの「他の文具・事務用品」126 件（6.1％）などもある。「熱傷」（1,126 件）は「ストーブ」120 件（10.7％），「調理食品」85 件（7.5％）が多かった。「骨折」（735 件）は「階段」121 件（16.6％）に次いで，「自転車」93 件（12.7％），「遊具」43 件（5.9％）などが多かった。「異物の侵入」（645 件）は主に誤飲の事故であるが，「タバコ」が 181 件（28.1％）と突出して多く，「他の文具・事務用品」16 件（2.5％），「食器」11 件（1.7％）が続く。

(5) 上位 3 商品・役務の概要

① 階段（831 件）

年代は 10 歳未満が 291 件で最も多く，全体の 35.0％を占めた。中でも 0-2 歳が 168 件で突出して多かった。10 歳未満に次いで多いのは 20 歳代の 88 件（10.6％），60 歳代の 82 件（9.9％）であった。危害内容は「打撲傷・挫傷」が 493 件（59.3％）で最も多く，次いで「骨折」121 件（14.6％）で，この 2 つで全体の 73.9％を占めた。以降「刺傷・切傷」93 件（11.2％）が続く。

② 自転車（605 件）

10 歳未満 217 件（35.9％）が最も多く，次いで 10 歳代 134 件（22.1％）であり，20 歳未満が半数以上を占めた。危害内容は「打撲傷・挫傷」が 327 件（54.0％），次いで「骨折」93 件（15.4％），「刺傷・切傷」80 件（13.2％）であった。

③ 遊具（353 件）

ここでいう遊具とは，屋外または室内のすべり台やブランコ，ビニールプール等を指す。10 歳未満の 299 件（84.7％）が圧倒的に多い。年齢別にみると，6-9 歳 139 件，3-5 歳 106 件，0-2 歳 54 件であった。危害内容は「打撲傷・挫傷」が 238 件（67.4％），次いで「刺傷・切傷」53 件（15.0％），「骨折」43 件（12.2％）の順であった。

2．国民生活動向調査

苦情相談件数や相談内容，手口等を見てきたが，その件数等は日本国民の苦情のどの程度を把握していることになるのだろうか。国民生活センターでは，

1971年以降毎年，全国の主婦3,000人を対象として，消費生活における行動や意識を調査し，その動向と現状の把握に努めている。

その中の項目に，「苦情の持ち込み先や持ち込み率」がある。これは，この1年間に購入した「商品」や利用した「サービス」について，何か不満を持ったり，経済的または身体的な被害を受けたことがあるか，を質問し，「不満・被害があった」と回答した人にその後どういう行動をとったかを尋ねたものである。消費生活センターへの持ち込み率は4.6％であることからすれば，統計的有意性は低いにしても潜在化したいわゆる暗数としての苦情は極めて膨大な件数となっていると推測できるだろう。

(1) 苦情の持ち込み率，持ち込み先の推移

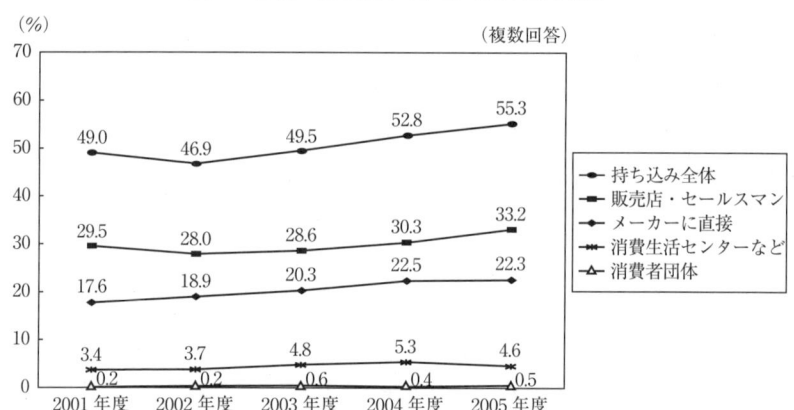

図3　苦情の持ち込み率，持ち込み先の推移

注：持ち込み率＝（苦情を持ち込んだ人数÷不満・被害のあった人数）×100（％）
出典：『第37回国民生活動向調査』（国民生活センター2006年3月）

(2) クーリング・オフ，製造物責任法，消費者契約法，個人情報保護法の周知度

クーリング・オフの「内容についてよく知っている」＋「内容をある程度知っている」（以下，周知度という）は78.6％であり，前回は82.1％である。製造物責任（PL）法の周知度は20.6％，前回は15.3％。消費者契約法の周知度は9.4％，前回は7.3％であり大差はみられない。消費者基本法の周知度は今

回初めて調査したが，5.3％である。

個人情報の保護に関する法律の周知度は34.7％で，前回の14.7％より20.0ポイント上回っている。

図4　クーリング・オフ，製造物責任法，消費者契約法，
個人情報の保護に関する法律の周知度

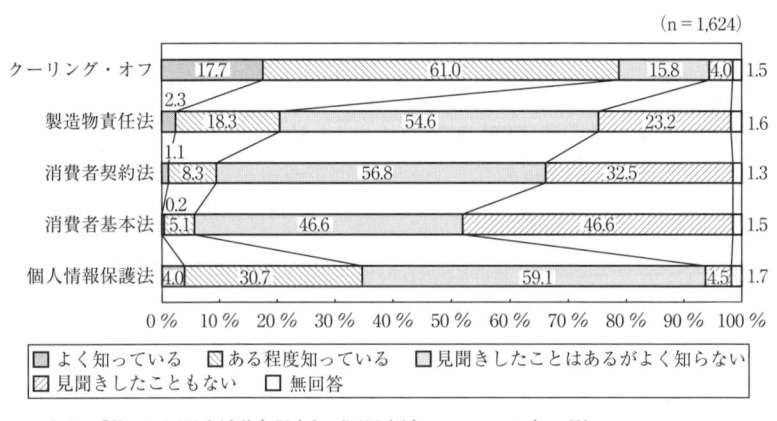

(n＝1,624)

	よく知っている	ある程度知っている	見聞きしたことはあるがよく知らない	見聞きしたこともない	無回答
クーリング・オフ	17.7	61.0	15.8	4.0	1.5
製造物責任法	2.3 / 18.3	54.6	23.2		1.6
消費者契約法	1.1 / 8.3	56.8	32.5		1.3
消費者基本法	0.2 / 5.1	46.6	46.6		1.5
個人情報保護法	4.0	30.7	59.1	4.5	1.7

出典：『第37回国民生活動向調査』（国民生活センター2006年3月）

3．最近の苦情相談の特徴

　苦情相談が，複雑化し，専門的で新規性，時代反映型となっている。しかしこれは，いつの時代でも指摘されていたことだ。しかし絶対的に異なるのは，新たなツールであるインターネットを利用しての様々なトラブルだ。匿名性に内在する人間性の負の部分に起因する問題であろう。

　従来型でさらに悪質化している商法に，高齢者に狙いをつける訪販業者である。代表的なものとしては，社会問題化した悪質訪販リフォーム事件などがある。また，金融（主にデリバティブ商品）の苦情相談が目立つ。政府も，金融商品取引法を成立させるなど対策を講じているところだが，まだまだ法の適用のない隙間商法が存在する。

　苦情相談窓口の現場感覚から最近の苦情相談の特徴を表すとすれば，「業法犯から刑法犯へ（企業⇒事業者⇒業者⇒虚業者⇒塀の上業者）」がうまい言い

方と思う。かつては，訪販法に規定される書面交付義務やクーリングオフ回避などの業法違反だったが，現在は詐欺，恐喝などの刑法犯に移行しているのである。

　これらの業者を元から断つには，そうした行為は割に合わないことを見せしめることだ。病気などに悩む人に「悪霊が憑いている。取り除いてやる」と持ちかけて，祈禱料を詐取していた霊視商法があった。横浜地裁は，03年11月，その"霊能師"に組織犯罪処罰法により詐欺罪で懲役7年の判決を下した。ところが，被害者の1人は，「刑務所に入っても数年で出てくる。騙した数千万円はアイツの懐にそのままだ。こんな不条理が許されるか！」という怒りである。

　もっともな怒りである。現行法の下では，被害者が不法行為により損害賠償を求めて勝訴したとしても，必ず被害者側の過失が強く問われる。違法な行為を詐取した金員がまだ業者の手元に残る。公法と私法は峻別されていることは理解するものの，非道な行為により得た不当利益はすべて吐き出させる仕組み・制度の導入が必要と強く思う。今般，五菱会事件を契機に，組織犯罪処罰法の改正がなされ，充分とは言えないものの吐き出し制度が導入された。これを多くの法律に組み込みたいものである。

　他方，苦情相談を申立てる側にも変化が見られる。

　良い面では，消費者の権利を理解しての適正な行動をとる人たちが増加している。自分だけが救済されるのではなく，苦情を社会の公共財として活かして頂きたい，と公的機関へ申出る消費者も見られる。反面，損害賠償に名を借りた損失補塡請求に他ならない申し出やその主張が社会通念上相当と認められない，いわゆるクレーマーと呼ばれる人々も増えている。国民生活センターは言わば"ラストリゾート（最後の拠りどころ）"的な機関のためか特に著増傾向が見られる。裁判所の本人訴訟も同様らしい。瀬木比呂志判事の執筆された『民事訴訟実務と制度の焦点　第八章　本人訴訟と特別訴訟手続』（判タ1202号80頁以下）を読むと，「まことにその通り」と裁判所に親近感を覚えるほどである。

Ⅳ　あっせん・助言・自主交渉

1．苦情相談処理の現状

　国民生活センター及び各地消費生活センターにおける苦情処理の核は「あっせん」である。消費者保護基本法が1968年に制定され，翌年3月には地方自治法（第2条第3項第17号）に，「消費者の保護及び貯蓄の奨励並びに計量器，各種生産物，家畜等の検査に関する事務を行うこと。」と，消費者保護が地方自治体の固有事務として明記された（現在は改正されている）。こうした状況の中，各知事宛に経済企画庁国民生活局長から以下の通達が送付され，苦情のあっせんについて積極的な対応をすべきとする内容になっているのである。

　　　　地方公共団体における苦情処理体制の整備について
　　　　　　（昭和45年5月4日国民生活局長通達）
　　〈苦情のあっせん〉
　　窓口で受けつけた苦情については，単に相手方に苦情を取りつぐだけなく，解決に必要な情報を提供し，当事者の希望があればあっせん案を提示するなど積極的に取り組み，その苦情が最終的に解決されるまで責任をもって見届けることが必要である。この場合においては，当該ケースについて一般的な知識を有する者のほかに場合によっては，深い専門知識を有する者を委嘱して処理させることを考慮すべきである。

「あっせん」というより「調停」に近い内容である。国民生活センターでは，「あっせん」「調停」「仲裁」を次のように理解している。
　　「あっせん」
　　ある人とその相手方との間の交渉が円滑に行われるように第三者が世話することをいうが，これは一般に手続にこだわらず，当事者間で自主的な解決が行われるように，助言・援助・調整などをすることに焦点が置かれているものである。

「調停」

「紛争の当事者間に立って第三者が事件の解決に努力すること」をいうが，これは紛争の当事者の互譲によって事件の円滑な解決を図ろうとするものである。

「仲裁」

「当事者双方が第三者をいわば私設の裁判官（仲裁人）として選ぶことにより裁判所において裁判を受ける権利を放棄して，紛争の解決を仲裁人の判断（仲裁判断）に委ね，その判断を最終的なものとして，これに従うことを拘束（仲裁契約）すること」をいう。

なお，2004年3月1日に施行された「仲裁法」では，附則の第3条に，消費者と事業者との間に成立した仲裁合意に関する特則を設けている。一読されたい。

「あっせん」とは法律用語なのだろうか。大変軽い感じだが，我々としては弁護士法第72条の「非弁護士の法律事務の取扱い等の禁止」に触れないよう細心の注意を払いながら日常の業務を遂行している。

その「あっせん」の率の低下が問題視され始めている。数年前までは10％を超えていたが，現在は2-3％くらいではなかろうか。低下の理由は大きく3点挙げられる。

① 苦情相談件数の圧倒的増加＝20年前はともかく，10年前の1995年度と2005年度の件数を比較すると約5倍である。相談に追われて消費生活相談員があっせんを行っている時間が取れない状況にある。

② あっせん不能事案の占有率が高い＝架空請求や確信犯的詐欺事案といった刑法犯事案が多くを占めるようになって，あっせんしようにも業者の姿・形が確認できない，また，確認できても国民生活センター・消費生活センターの来訪要請を拒絶する。

③ 政策の転換＝2003年5月に公表された国民生活審議会消費者政策部会報告『21世紀型の消費者政策の在り方』の中で，消費者の位置付けを「保護」から「自立」へ転換を図った。本報告の多くが消費者基本法に取

り入られた。

　但し，あまり知られていないがこれよりも早く，1997年11月28日の第30回消費者保護会議において，「我が国経済社会の活力を維持・向上する観点から市場メカニズムを活用した規制緩和等を積極的に推進する一方で，こうした問題に対応するためには消費者と事業者が自己責任に基づいて行動できる環境整備が必要不可欠である。すなわち，消費者政策の重心を消費者の保護から消費者の自立に対する支援へと移行し，消費者と事業者の間の市場ルールの整備・活用によって，消費者トラブルの防止及び円滑な処理を図ることが重要となっている」との指摘がされている。

　弱い消費者を保護するのではなく，自立への支援を行政は行うべきである，と方向転換したのである。いきおい，消費者苦情相談窓口においても，助言や情報提供，他機関の紹介が主になっている。

2．ADRとしての消費生活センター

　司法制度改革審議会意見（2001年6月12日）では，ADRを「裁判と並ぶ魅力的な選択肢」となることが期待されていた。その後，2004年11月19日に「裁判外紛争解決手続の利用の促進に関する法律」が制定され，2007年4月1日から施行されることになった。ADRの最大メリットは，簡易・迅速・低廉と言われる。広い意味では行政型ADRと呼ばれる国民生活センターや消費生活センターは，裁判所とはかなりかけ離れたものだ。裁判所は，「具体的事実に，法律を適用して，結論を出す」というか，少し格好つけて民事裁判を定義すれば，「民事裁判は，法規を大前提として，事実を小前提として，訴訟物たる権利義務について裁判所が判断を行う手続」とされるのに対して，センターは，「消費者からの申出の真実性を確認しつつ，総合的に判断して，あっせんする」機関と言えよう。

　この「総合的に判断して」と言って，ひどく抽象的であるところがミソである。消費者保護機関であることから，実質的中立性を担保しながら公正で公平な判断をすることが必要とされている。あまり消費者寄り過ぎても社会的評価

は低いものになろう。まさに，総合的判断の適正さが求められているのである。

V　むすびに代えて

　苦情処理の現場ではどういう法律や判例をどう使っているのか。また，どう使うべきなのかについて所見を述べたい。国民生活センターや消費生活センターの草創期には，安全に係る苦情相談が多くを占めていたが，現在は，契約トラブルが8割方を占める。相談者の多くが発する言葉に「契約をさせられた」がある。法律家にはとても不思議な言葉であろう。そもそも契約とは，当事者間の意思の一致の筈である。ところが，苦情相談の現場では聞き慣れた表現である。

　そこで，民法の出番が多くなる。星野英一先生が，最大の消費者保護法は民法である，とどこかに書かれていたように記憶するが，詐欺，錯誤，公序良俗，信義則，債務不履行，不法行為などなど駆使してトラブル解決に当たる。我が国においてどの位の法律が制定されているかといえば，2006年6月末日現在，憲法を含め1,798本である。そのうち，消費者保護法（本来的消費者保護法＋機能的消費者保護法）は何本程度だろうか。相当の数に上るであろう。民法，特定商取引法，割賦販売法，消費者契約法，消費者基本法が使用頻度ベスト5といったところ。

　そうした個別の法律に依拠するとともに，と言うかむしろ参考にするのが裁判例（判例）である。国民生活センター内に学者や実務家からなる「消費者判例情報評価委員会」を設置し多くの判例を審議検討している。その結果をコンピュータにインプットして各地の消費生活センター等の参考に資している。国民生活センターや消費生活センターの苦情相談現場では，裁判所の判断と異なることも少なくない。しかしながら，裁判所はどんな判断をしているのかということをある程度知っておくべきであるからである。それは，公正で適切な苦情処理に不可欠だからなのである。

資料 1

平成 17 年 3 月 8 日

携帯電話端末の交換等に伴う有料コンテンツ引継ぎのトラブルについて
(国民生活センター消費者苦情処理専門委員会小委員会助言)

　独立行政法人国民生活センター消費者苦情処理専門委員会は，平成 16 年 11 月 1 日付で，国民生活センター理事長から，「携帯電話端末の交換等に伴う有料コンテンツ引継ぎのトラブルについて」の苦情処理事案の検討を諮問された。

　本小委員会は，消費者苦情処理専門委員会委員長の指名によって，平成 16 年 12 月 3 日以降 3 回にわたって審議を重ね，上記事案についての苦情処理にあたっての考え方として，以下のように助言を取りまとめたので報告する。

　　　　　　　　　　　　　　　　独立行政法人国民生活センター
　　　　　　　　　　　　　　　　消費者苦情処理専門委員会小委員会
　　　　　　　　　　　　　　　　　委員長　山本　　豊
　　　　　　　　　　　　　　　　　委　員　齋藤　雅弘
　　　　　　　　　　　　　　　　　委　員　平野　裕之

1．事案の概要
(1) 苦情の概要
　携帯電話端末に不具合が発生したため，無償で交換されたが，交換前にダウンロードした有料コンテンツは著作権上の問題から新しい携帯電話端末に移すことができないと言われた。交換の原因は携帯電話会社にあるにもかかわらず，有料で取得したコンテンツを失うのは合理性がなく，納得できない。支払った情報料を返還してほしい。
　　　　　　　　　　　　　　　　　　　　　　　　（40 歳代，男性，給与生活者）

　その他，PIO-NET[1]には「携帯電話端末に欠陥があり，交換されることになったが，すでに取得した有料コンテンツについての補償はできないと言われた。商品の欠陥による交換である以上，納得できない」「購入した携帯電話端末に不具合があったため，交換する旨の通知が携帯電話会社から届いたが，新しい携帯電話端末にコンテンツを引継ぐことはできず，その取得に要した金銭も賠償できないと言われた」など，同種の相談が約 40 件寄せられている。

また，特定の携帯電話端末に不具合が見つかり，携帯電話会社が当該携帯電話端末を自主的に回収，交換する場合，本件のようなコンテンツ[2]の引継ぎに関する相談が短期間の間に寄せられる傾向が見受けられる。

　なお，これらの相談の背景には，消費者が携帯電話端末にダウンロード[3]した着信メロディ[4]等のコンテンツは著作権法上，他の携帯電話端末に移すことができないため，何らかの不具合[5]があり，無償で交換される場合であっても消費者がダウンロードしたコンテンツは新しい携帯電話端末に引継がれず，取得に要した金銭（情報料[6]やパケット通信料[7]）は契約約款に基づき返金しないとする携帯電話会社が多いことが挙げられる。

1) PIO-NET…全国消費生活情報ネットワーク・システムの略称。国民生活センターと全国の消費生活センターをオンラインネットワークで結び，消費生活に関する情報を蓄積・活用しているデータベースのこと。
2) コンテンツ…Webサイト（注8参照）で提供される文書や音声，動画等のこと。
3) ダウンロード…ネットワークを介してデータやファイルを自分のコンピュータや携帯電話端末等に持ってくること。
4) 着信メロディ…携帯電話の着信音として音楽が鳴る機能のこと。
5) 携帯電話端末の不具合には，着信音が聞き取りにくい，通話が途切れる，一部のWebサイトにアクセスすると電源が切れ，電源を入れ直すと保存されている電子メールやデータが削除される，一部のWebサイトで特定の機能を実行すると，データの一部が読み出されるなど，さまざまな事象がある。
6) 情報料…コンテンツを取得する際に発生する料金のこと。料金体系は月額課金型や従量課金型などがあり，各コンテンツによって異なる。なお，情報料が不要のコンテンツもある。
7) パケット通信料…携帯電話端末からインターネット接続機能を利用する場合，パケット通信と呼ばれる通信方式（情報（データ）を小分けにしてやりとりする方式）が採用されている。送受信したデータの情報量で料金が決まる仕組みとなっており，その料金のことをパケット通信料と呼ぶ。

(2) 携帯電話会社が提供するインターネット接続機能について
　ア　サービス開始の経緯
　1999年，㈱NTTドコモがインターネット接続機能（「iモード」）を開発し，携帯電話端末からインターネットに接続してWebサイト[8]の閲覧や電子メールの送受信が可能となった。その後，KDDI㈱（「Ezweb」）やボーダフォン㈱（「ボーダフォンライブ！」）等も同様のサービスを提供することとなった。

現在ではインターネット接続機能を利用してWebサイトから着信メロディやゲーム，待受画面などのコンテンツを携帯電話端末にダウンロードすることができるようになっている（図1参照）。

なお，インターネット接続機能は携帯電話サービス契約に含まれていないため，利用を希望する場合は別途申し込まなければならず，有料となっている（概ね月額基本料金として300円前後）。

8) Webサイト…インターネット上の文書等をWebページと呼ぶが，これらWebページのデータを記録しておくインターネット上の場所（サーバー）のことをWebサイトという。

図1　携帯電話会社が提供するインターネット接続機能（概念図）

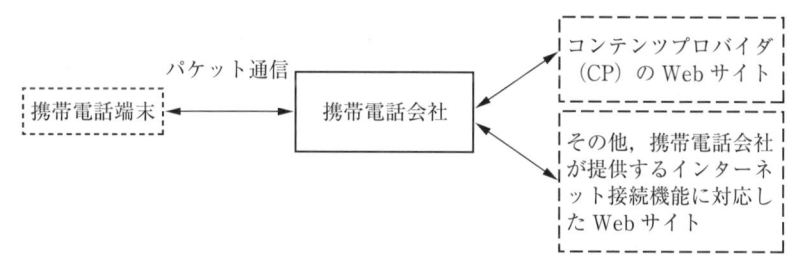

```
                パケット通信              ┌─────────────┐
                                   ┌──→ │コンテンツプロバイダ│
┌─────────┐      ┌─────────┐     │    │（CP）のWebサイト │
│携帯電話端末│ ←→ │携帯電話会社│ ←──┤    └─────────────┘
└─────────┘      └─────────┘     │    ┌─────────────┐
                                   └──→ │その他，携帯電話会社│
                                        │が提供するインターネ│
                                        │ット接続機能に対応し│
                                        │たWebサイト        │
                                        └─────────────┘
```

イ）「公式サイト」と「非公式サイト」について

携帯電話会社が提供するインターネット接続機能は，技術的な基準を満たしていればどのようなWebサイトでも掲載できるため，多くのコンテンツが提供されている[9]。

これらのWebサイトは，携帯電話会社がコンテンツの内容を事前に審査し，コンテンツプロバイダとの間で契約締結しているサイト（いわゆる「公式サイト」）と，携帯電話会社はコンテンツの内容に全く関与しないサイト（いわゆる「非公式サイト」。「勝手サイト」や「一般サイト」と呼ぶこともある）の2種類に分類することができる。

公式サイトに採用されるメリットとして，①携帯電話会社の提供する料金収納代行サービスが利用できるため，消費者から情報料の徴収が容易なこと，②目にしやすい携帯電話会社のポータルサイト[10]にリンク[11]されるので消費者のアクセスが増加しやすいこと，③コンテンツの信用性が向上すること，などが挙げられる。ただし，コンテンツの情報料の設定や仕様の変更などを行う場合，携帯電話会社の承認が必要なこともあり，ある程度，携帯電話会社の監視下に置かれることになる。

これら公式サイト以外のWebサイトが非公式サイトであるが，携帯電話会社は関与しないことから，携帯電話会社はその数や内容を把握していない。

9) 着信メロディやゲーム等のコンテンツを提供する会社のことをコンテンツプロバイダ（Contents Provider）と呼ぶ。
10) ポータルサイト…ポータルとは玄関の意味で，インターネットの入り口となるWebサイトのこと。
11) リンク…ページを移動する手段。リンクのある場所をクリックすると，関連づけられたリンク先へ移動できるようになっている。

ウ　情報料の徴収方法

　多くのコンテンツでは利用する際に情報料が必要となっている（概ね月額300円前後）が，その徴収方法は公式サイトと非公式サイトで大きく異なる。
　公式サイトにおいては，携帯電話会社が料金収納代行サービスを提供しているため，情報料は携帯電話会社が通話料等と併せて消費者から徴収する（図2参照）。
　一方，非公式サイトの場合には料金収納代行サービスを利用できない[12]ため，情報料の徴収にあたってはクレジットカードを用いた決済や銀行振込などの方法がある（図3参照）。

12) ボーダフォン㈱では，非公式サイトであっても，同社が提示する一定の条件を承認した法人に対して料金収納代行サービスを提供している。

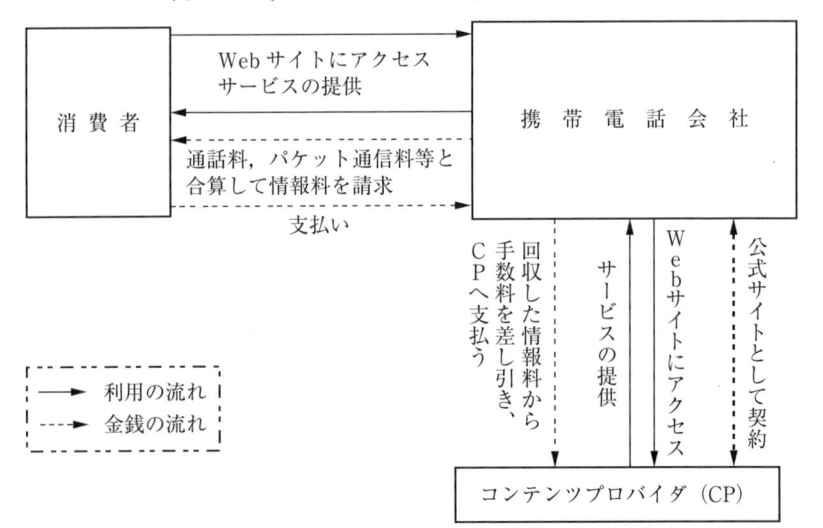

図2　公式サイトにおける料金等の流れ（概念図）

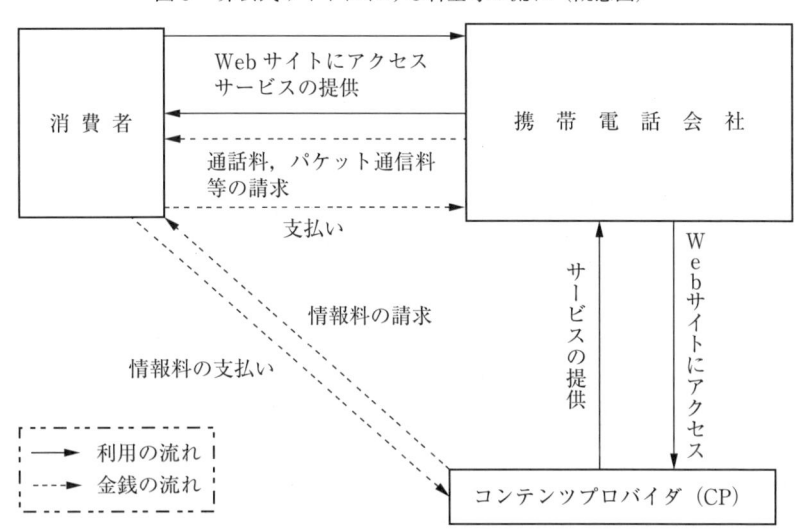

図3　非公式サイトにおける料金等の流れ（概念図）

```
消費者 ──Webサイトにアクセス／サービスの提供── 携帯電話会社
       ←──通話料，パケット通信料等の請求──
       ──支払い──→
       ←──情報料の請求────────────── コンテンツプロバイダ（CP）
       ──情報料の支払い──→
                        携帯電話会社 ←─サービスの提供─ コンテンツプロバイダ
                                   ─Webサイトにアクセス→

  ──→　利用の流れ
  ---→　金銭の流れ
```

(3) 携帯電話会社の契約約款

　携帯電話会社の契約約款では，「携帯電話端末の修理や復旧等で，携帯電話端末に記憶されている内容等が変化又は消失することにより損害を与えた場合に，同社の故意又は重大な過失により生じたものであるときを除き，その損害を賠償しない」旨を定めており[13]，携帯電話会社は携帯電話端末の不具合に起因する交換の際に情報料やパケット通信料を補償しない理由として，この条項を挙げている。

13) 携帯電話会社はそれぞれ通信サービス契約約款を定めているが，当該免責条項は各社ともほぼ同様の表現となっている。

(4) 携帯電話会社の対応

　携帯電話端末に不具合があり，無償で交換する場合，消費者がダウンロードしたコンテンツは引継がないとする携帯電話会社と，コンテンツを引継ぐとする携帯電話会社があり，携帯電話会社によって対応が異なっている。
　コンテンツは引継がないとする携帯電話会社の場合，携帯電話会社がコンテンツプロバイダに無断でコンテンツの引継ぎを行った場合，著作権法第21条[14]の侵害になるため，引継ぎはできないとしている。
　一方，コンテンツを引継ぐとする携帯電話会社の場合も，携帯電話会社がコンテンツ

プロバイダからコンテンツの引継ぎに関する承諾を得ているわけではないが，著作権法の解釈上不確定な部分もあることから，消費者対応としてコンテンツを引継ぐ方針を取っている。

このように，コンテンツの引継ぎに関して著作権法上必ずしも明確ではないため，携帯電話会社は，日本知的財産協会[15]や情報通信ネットワーク産業協会[16]という業界団体を通じて同法の改正を要望している[17]。

14) 著作権法第21条　著作者は，その著作物を複製する権利を専有する。
15) 知的財産に関する諸制度の適正な活用及び改善を図り，もって会員の経営に資するとともに，技術の進歩及び産業の発展に寄与することを目的とした協会。2004年11月10日現在，1041社・団体が会員となっており，複数の携帯電話会社も参加している。
16) 情報通信技術活用の一層の促進により，情報通信ネットワークに関わる産業の健全な発展を図るとともに，社会・経済・文化における情報利用の拡大・高度化に寄与することによって，豊かな国民生活の実現及び国際社会への貢献に資することを目的とした協会。2004年9月22日現在，301社・団体が会員となっており，複数の携帯電話会社も参加している。
17) 2004年8月，文化庁長官官房著作権課は，著作権が特に関係する団体に対し，著作権制度の改善に向けた検討の参考とするため，著作権法に係る改正について要望を募集した。

2．諮問内容

携帯電話端末の交換の原因が携帯電話会社にある場合，交換前に端末に保存されていた有料情報が引継がれないことによる消費者の損失についての考え方

3．小委員会の結論

携帯電話端末に不具合がある場合，携帯電話会社は携帯電話端末の売買契約上の売主の義務として，瑕疵のない携帯電話端末と交換しなければならない。

他方，携帯電話会社は販売した携帯電話端末に不具合があったとしても，消費者がダウンロードしたコンテンツを新しい携帯電話端末に引継ぐ作業を行う義務までは原則として負わないと解される。著作権法上，携帯電話会社がコンテンツを引継ぐことは許容されないと考えざるを得ず，同法上許されないと考えられる行為を携帯電話会社が債務内容として負っているとはいい難いからである。しかし，このことはコンテンツが失われてしまうことについての携帯電話会社の金銭賠償の責任を免れしめるものではない。このような結果は，瑕疵ある携帯電話端末を供給した携帯電話会社の債務不履行によって引き起こされたものであるし，消費者が携帯電話端末に取得したコンテンツを失わせ

ることについて不法行為責任が成立するともいえるからである。従って，携帯電話会社は，消費者が取得したコンテンツが引継がれないことによる損害を賠償する責任がある。

なお，携帯電話会社は契約約款により，この責任を否定しているが，消費者契約法に抵触し，当該免責条項は無効と考えられる。

4．法的考察
(1) 著作権法

一般に，消費者がコンテンツをダウンロードする際，消費者とコンテンツプロバイダとの間で使用許諾契約が締結され，当該使用許諾契約には「コンテンツの無断複製，転送等を禁じる」旨が盛り込まれていることが多い。

携帯電話会社は，消費者とコンテンツプロバイダとの間で締結される使用許諾契約に関与せず，また，携帯電話会社とコンテンツプロバイダとの間で携帯電話端末の不具合に起因する交換を想定した契約（コンテンツの引継ぎに関する承諾等）を締結していない。

このような関係において，携帯電話会社がコンテンツの引継ぎを行った場合，コンテンツプロバイダの有する著作権を侵害することになる（著作権法第21条：注14参照）。

また，消費者自身がコンテンツを新しい携帯電話端末に移すことは著作権法に違反しないと考えられるが，現在のコンテンツの大半は複製できないようコントロールされており[18]，消費者自らコンテンツを移すことができない。また，携帯電話会社が，消費者自身がコンテンツを引継ぐことができるように協力するサービスを提供することは同法に抵触すると考えられる。

しかし，すでに取得したコンテンツを新しい携帯電話端末に引継ぐだけであれば，コンテンツプロバイダに何ら損害が発生しないと思われるので，携帯電話会社がコンテンツの引継ぎができるよう，同法が改正されることが望ましい。

18) 一部の携帯電話会社が販売している機種では，ダウンロードしたコンテンツを外部メモリに保存することが可能となっている。

(2) 携帯電話会社の債務内容

ア) 瑕疵修補請求権ないし代物請求権

消費者が購入した携帯電話端末に不具合があった場合には，給付された目的物に瑕疵があるため，携帯電話会社の債務不履行（不完全履行）となる（民法第415条[19]前段）。携帯電話会社は消費者に対し，瑕疵を修補したり，瑕疵のない携帯電話端末と交換する義務を負う。本件では，携帯電話会社が代物との交換を行うケースが問題となってい

る。

　イ）コンテンツを代替の携帯電話端末に引継ぐ義務

　では，携帯電話端末の交換がなされる場合，携帯電話会社は消費者に対して，ダウンロードしていたコンテンツを引継ぐ義務も負うことになるのだろうか。

　携帯電話会社の売買契約上の義務は，瑕疵のない代物を給付する義務であり，ここからは，コンテンツを新しい携帯電話端末に引継ぐ義務が導かれるわけではない。

　また，携帯電話会社と消費者との間の契約において，携帯電話端末の不具合の場合にコンテンツの引継ぎをする義務が合意されているという事情も窺えない。携帯電話会社は，コンテンツプロバイダの同意がないかぎり，著作権法上，代替の携帯電話端末にコンテンツの引継ぎをすることができないのであり，著作権法上許されない行為を，携帯電話会社が消費者に対する債務として引き受けているとは解し難いところである。また，携帯電話会社の定める契約約款には，携帯電話端末の故障による交換の場合にはコンテンツが引継がれないことにつき予め消費者の了承を求める旨の条項が盛り込まれている。

　このように考えると，携帯電話会社のコンテンツ引継ぎ義務を肯定することは困難といわざるをえない。

19）民法第415条
　　債務者カ其債務ノ本旨ニ従ヒタル履行ヲ為ササルトキハ債権者ハ其損害ノ賠償ヲ請求スルコトヲ得債務者ノ責ニ帰スヘキ事由ニ因リテ履行ヲ為スコト能ハサルニ至リタルトキ亦同シ

(3)　携帯電話会社の消費者に対する損害賠償責任

　ア）債務不履行による損害賠償義務

　まず，不完全履行による損害賠償責任を問題にすることができる。売主が瑕疵ある物を引き渡した場合，それは債務不履行（不完全履行）であり，民法第416条[20]により相当因果関係にある損害であれば，その賠償を義務づけられることになる。

　もし消費者が自分でコンテンツの保存・引継ぎをすべきであるとすれば，保存をしなかった消費者の行為によって生じた損害についてまで，携帯電話会社の損害賠償義務は認められないことになるが，本件では，消費者自ら保存・引継ぎができないため，そのような議論は当てはまらない。

　結局，携帯電話端末を取得すれば，消費者がコンテンツをダウンロードすることは，債務者である携帯電話会社が予見できる通常の事情であり，また，著作権法により引継ぎができない以上，コンテンツを失うという損害が生ずることも当然予見すべき事実である。従って，著作権法は携帯電話会社の引継ぎ義務を否定するために援用はできるが，

引継ぎができないことにより生じた損害を免責するものではない。
　消費者が取得したコンテンツが失われることは，いわゆる拡大損害の一種であるが，携帯電話会社はコンテンツの利用に関して消費者に損害を与え得るとの予見が当然に可能であるため，消費者は携帯電話会社に対して損害賠償請求が可能である。
　イ）　不法行為による損害賠償義務
　一方，コンテンツをダウンロードすることにより，消費者は当該コンテンツを利用できる権利を有することになるが，携帯電話会社の給付した携帯電話端末の不具合に起因する交換がなされた場合，当該コンテンツが滅失されることになり，コンテンツの利用が不可能となる。携帯電話会社には，コンテンツを失わせることに故意・過失があり，携帯電話会社の不法行為（民法第709条[21]）が成立することとなる。著作権法上できないということについては，携帯電話会社自らが原因を作り出しているのであり，これをもって違法性阻却事由として援用することは許されない。従って，不法行為法上も，消費者は携帯電話会社に対してコンテンツの喪失について損害賠償請求が可能である。
　よって，債務不履行あるいは不法行為のいずれにしても，携帯電話会社は消費者に対する損害賠償責任を負うこととなる。

20)　民法第416条
　　損害賠償ノ請求ハ債務ノ不履行ニ因リテ通常生スヘキ損害ノ賠償ヲ為サシムルヲ以テ其目的トス
　　2　特別ノ事情ニ因リテ生シタル損害ト雖モ当事者カ其事情ヲ予見シ又ハ予見スルコトヲ得ヘカリシトキハ債権者ハ其賠償ヲ請求スルコトヲ得
21)　民法第709条
　　故意又ハ過失ニ因リテ他人ノ権利ヲ侵害シタル者ハ之ニ因リテ生シタル損害ヲ賠償スル責ニ任ス

(4)　消費者契約法
　上述のとおり，携帯電話会社は消費者に対して損害賠償責任を負うが，携帯電話会社の契約約款には，「携帯電話端末の修理や復旧等で，携帯電話端末に記憶されている内容等が変化又は消失することにより損害を与えた場合に，当社の故意又は重大な過失により生じたものであるときを除き，その損害を賠償しない」旨が明記されており，当該条項に基づいて携帯電話会社の損害賠償責任を否定している。
　しかし，当該条項は消費者契約法第8条[22]第1項第1号（債務不履行を根拠にする場合）または第4号（不法行為を根拠とする場合）に照らし，無効であると判断される。
　なお，同条第1項第5号は，消費者契約の目的物に隠れた瑕疵があるときに，当該瑕疵により消費者に生じた損害を賠償する事業者の責任の全部を免除する条項を無効とす

るが，同条については，同条第2項第1号の特則があり，交換・修理を認めている場合には，第5号は適用されないこととされている。第2項は，交換・修理によって損失がカバーされる場合には，損害賠償責任を全部免責しても不当とはいえないという考慮に基づくものである。つまり，第2項第1号の規定は，交換・修理によってカバーされない本件のような損害についての免責条項を，第1項第1号または第4号に基づいて無効と判断することの妨げとなるものではない。

22) 消費者契約法第8条

次に掲げる消費者契約の条項は，無効とする。

一　事業者の債務不履行により消費者に生じた損害を賠償する責任の全部を免除する条項

二　事業者の債務不履行（当該事業者，その代表者又はその使用する者の故意又は重大な過失によるものに限る。）により消費者に生じた損害を賠償する責任の一部を免除する条項

三　消費者契約における事業者の債務の履行に際してされた当該事業者の不法行為により消費者に生じた損害を賠償する民法の規定による責任の全部を免除する条項

四　消費者契約における事業者の債務の履行に際してされた当該事業者の不法行為（当該事業者，その代表者又はその使用する者の故意又は重大な過失によるものに限る。）により消費者に生じた損害を賠償する民法の規定による責任の一部を免除する条項

五　消費者契約が有償契約である場合において，当該消費者契約の目的物に隠れた瑕疵があるとき（当該消費者契約が請負契約である場合には，当該消費者契約の仕事の目的物に瑕疵があるとき。次項において同じ。）に，当該瑕疵により消費者に生じた損害を賠償する事業者の責任の全部を免除する条項

2　前項第五号に掲げる条項については，次に掲げる場合に該当するときは，同項の規定は，適用しない。

一　当該消費者契約において，当該消費者契約の目的物に隠れた瑕疵があるときに，当該事業者が瑕疵のない物をもってこれに代える責任又は当該瑕疵を修補する責任を負うこととされている場合

二　当該消費者と当該事業者の委託を受けた他の事業者との間の契約又は当該事業者と他の事業者との間の当該消費者のためにする契約で，当該消費者契約の締結に先立って又はこれと同時に締結されたものにおいて，当該消費者契約の目的物に隠れた瑕疵があるときに，当該他の事業者が，当該瑕疵により当該消費者に生じた損害を賠償する責任の全部若しくは一部を負い，瑕疵のない物をもってこれに代える責任を負い，又は当該瑕疵を修補

する責任を負うこととされている場合

(5) 損害賠償額の算定

(3)に記載のとおり，携帯電話端末の不具合に起因する交換がなされた場合，消費者は取得したコンテンツを失うことになるが，この場合の損害はコンテンツ取得に費やした金銭ということになる。従って，携帯電話会社は，消費者がコンテンツの取得に要した金銭の損害賠償義務を負う。

コンテンツを取得するためには，情報料及びパケット通信料（注7参照）が必要であるため，民法第416条（注20参照）により，これらの金銭を賠償しなければならない。なお，パケット通信料は，同じコンテンツをダウンロードした場合であっても，消費者が契約している料金プラン等により異なるため，正確に損害額を算定することは実務上難しいと思われる。携帯電話会社には，コンテンツのバイト数[23]を基準にした計算方式を作成するなどの対応策が求められる。

23) バイト…情報量を表す単位のこと。

(6) コンテンツの引継ぎを行っている携帯電話会社の責任

すでに指摘したとおり，現状でも一部の携帯電話会社では，携帯電話端末の不具合により販売した携帯電話端末の交換等を行う場合に，携帯電話端末の所有者がダウンロードした着信メロディーや待ち受け画面のデータ（コンテンツ）の引継ぎを行っている。

消費者に対する対応としては，このような場合に携帯電話会社がコンテンツを引継ぐことが消費者の利益に叶うことは明らかであり，消費者保護の観点からはむしろ積極的に引継ぎがなされるべきであるが，前述のとおり，携帯電話会社が消費者に代わってこれを行うことは著作権法違反とされることも指摘したとおりである。

携帯電話会社によるコンテンツの引継行為が著作権法に違反するとすると，携帯電話会社は著作権者に対し損害賠償責任を負うことになるし，引継行為の差し止めを受けることになる。

しかし，著作権法に違反して複製行為（コンテンツの引継ぎ）を行った場合に行為者が負う損害賠償責任の性質は，民法上の不法行為責任であるから，実際に複製行為を行った携帯電話会社が責任を負うには，不法行為一般の要件を満たしている必要がある。

不法行為責任が認められるためには，①故意・過失，②権利または法律上保護される利益の侵害（違法性），③行為と損害との間の因果関係，④損害の発生が必要とされるほか，被害者の承諾がある場合はもとより，加害者の行為が社会通念上許される範囲内の行為とみられる場合や自力救済として許容されるような場合には，不法行為の要件の一つである違法性が阻却される（否定される）場合がある。

本件で問題とされているような携帯電話端末のコンテンツの引継ぎでは，携帯電話会社がコンテンツの引継ぎを行っていることについて，コンテンツプロバイダ側が特段の異議を述べていない場合には，消費者に代わって携帯電話会社がコンテンツの引継ぎを行うことについてコンテンツプロバイダの推定的承諾が認められ，違法性が阻却されると考えることも可能であろう。

また，コンテンツプロバイダの承諾があるなしにかかわらず，次のような理由から，コンテンツの引継ぎを行った携帯電話会社が損害賠償責任を負わないという考え方もあろう。

すなわち，対価を支払ってコンテンツの使用許諾を受けた携帯電話端末の所有者（消費者）が，自らバックアップを作成して，携帯電話端末の交換をしてもらい，新しい携帯電話端末にバックアップしたコンテンツを移し替える場合には，著作権法上許容された私的複製とみられるところ（著作権法第30条第1項[24]），現状では消費者自らがコンテンツのバックアップを取って，交換した携帯電話端末に自分でコンテンツを移し替えることは技術的に不可能とされているので，これを行うには消費者の代わりに携帯電話会社に移し替えをしてもらう以外に方法がない。このことからすれば，携帯電話会社のコンテンツの引継ぎは，消費者に認められた権利行使を代行しているとみられる。携帯電話会社によってこのような消費者自らが行える行為を代行しているとみられる範囲に止まっているのであれば，コンテンツプロバイダに損害が発生しているとはいえないと考えられる。この場合，不法行為の要件のうち，損害の発生の要件に欠けるので，携帯電話会社が損害賠償責任を負うことはないことになる。

また，消費者自らがコンテンツの引継ぎを行う術がないという事情からすると，携帯電話会社による引継ぎは，著作権法上消費者に認められている私的複製の一つの態様とみることも不可能ではないし，このような事情を考慮に入れて，携帯電話会社によるコンテンツの引継ぎ行為は，社会通念上許される範囲内の行為として違法性が阻却されると考える余地もあるであろう。

上記のように損害賠償との関係で違法性が阻却されると考えることができるとすれば，著作権法の定める差止請求も否定されることになる。なぜなら違法性がないと判断される行為の差し止めを請求できるとは考えられないからである。

現行の著作権法の下で，携帯電話会社が消費者対応のために携帯電話端末の修理や交換に伴って，コンテンツの引継ぎを行った場合に，著作権法の定める侵害行為に該当するとしても，このように損害の発生や違法性の側面で責任が否定される場合もあり得るといえようが，このような結論は，様々な考え方の中から，一つの方法を示したものであり，これによって携帯電話端末の修理や交換に伴うコンテンツの引継ぎを携帯電話会社が行うことが著作権法上全く問題ないということにはならない。また，このような考

え方をとったとしても，携帯電話会社がコンテンツの引継ぎができる要件やその方法が明確とはなっておらず，いずれにしても著作権法上の疑義もある以上は，本件のような携帯電話端末の修理や交換の場合に伴うコンテンツの引継ぎ行為については，著作権侵害の例外とするような立法的な解決をはかる必要がある。

24) 著作権法第30条第1項
　　著作権の目的となつている著作物（以下この款において単に「著作物」という。）は，個人的に又は家庭内その他これに準ずる限られた範囲内において使用すること（以下「私的使用」という。）を目的とするときは，次に掲げる場合を除き，その使用する者が複製することができる。

5．消費者救済のための方策

(1) 携帯電話会社の努力義務

携帯電話会社の給付した携帯電話端末に不具合があった以上，本来的には携帯電話会社がコンテンツを引継げるように諸種の手続き（コンテンツプロバイダからコンテンツの引継ぎに関する承諾を得るなど）を実施すべきである。特に公式サイトの場合，携帯電話会社は事前審査を行っており，携帯電話会社とコンテンツプロバイダとの間に牽連性が認められるため，消費者が取得したコンテンツの引継ぎができるよう，携帯電話会社とコンテンツプロバイダ双方が消費者に負担を強いることのない方策を講じることが求められる。

(2) 著作権法改正の必要性

インターネット接続機能を用いたコンテンツの提供サービスは，コンテンツが複製できないようコントロールされていることや，情報料の徴収システムなどの仕組みが構築され，非常に効率的なビジネスモデルとなっているが，一方で，本件のようなトラブルの際に，著作権法上コンテンツの引継ぎができず，結果として消費者が不利益を被る状況が生じている。

他方，このような引継ぎだけが行われるのであれば，コンテンツプロバイダには不利益はないのであるから，消費者の不利益を解消するためにも，携帯電話端末の不具合による修理や交換の場合には，修理，交換に当たる事業者がその携帯電話端末に収納されているコンテンツの引継ぎ行為を行うことができるように著作権法を改正することが求められる。

今後，携帯電話を用いたコンテンツの提供サービスにより，一層普及するであろうことが予測されていることからしても，著作権法の改正を含め，消費者に不利益が生じない方策の早急な導入が望まれる。

なお，この点については，すでに日本知的財産協会（注15参照）及び情報通信ネットワーク産業協会（注16参照）が著作権法第47条の2[25]に関する改正要望を提出しており，今後の動向が注目されるところである。

(3) 契約約款の改訂

さらに，すでに述べた通り，携帯電話会社の契約約款における責任を全部否定する条項は，消費者契約法に抵触すると考えられるため，速やかに改訂すべきである。なお，当該免責条項は，瑕疵修補の責任についての規定なのか，有償の修補についての規定なのかについても明確でなく，この点も含め，消費者に分かりやすい表現での約款改訂が望まれる。

25) 著作権法第47条の2

プログラムの著作物の複製物の所有者は，自ら当該著作物を電子計算機において利用するために必要と認められる限度において，当該著作物の複製又は翻案（これにより創作した二次的著作物の複製を含む。）をすることができる。ただし，当該利用に係る複製物の使用につき，第百十三条第二項の規定が適用される場合は，この限りでない。

2 前項の複製物の所有者が当該複製物（同項の規定により作成された複製物を含む。）のいずれかについて滅失以外の事由により所有権を有しなくなつた後には，その者は，当該著作権者の別段の意思表示がない限り，その他の複製物を保存してはならない。

資料2

平成18年8月31日

外国の航空会社の指示によって預けた手荷物の紛失に関するトラブル
(国民生活センター消費者苦情処理専門委員会小委員会助言)

　独立行政法人国民生活センター消費者苦情処理専門委員会は，平成18年5月17日付で，国民生活センター理事長から，「外国の航空会社の指示によって預けた機内持込み手荷物紛失による被害救済の考え方について」の検討を諮問された。
　本小委員会は，消費者苦情処理専門委員会委員長の指名によって，平成18年6月2日以降2回に渡って審議を行い，苦情処理にあたっての考え方として，以下のように助言を取りまとめたので報告する。

　　　　　　　　　　　　　　　　独立行政法人国民生活センター
　　　　　　　　　　　　　　　　消費者苦情処理専門委員会小委員会
　　　　　　　　　　　　　　　　　　委員長　篠田　省二
　　　　　　　　　　　　　　　　　　委　員　松本　恒雄
　　　　　　　　　　　　　　　　　　委　員　村　千鶴子

1．諮問案件
　外国の航空会社の指示によって預けた機内持込み手荷物紛失による被害救済の考え方について

2．消費者苦情事案
　外国の航空会社の指示によって預けた手荷物の紛失に関するトラブル

(1) 事案の概要
　アメリカから日本に帰国する際，ボストンからワシントンDCへ米国の航空会社（以下，「A航空」という）の便で向かい，ワシントンDCから日本へは日本の航空会社（以下，「B航空」という）の便に搭乗することになっていた。ボストンの空港でチェックインの際，スーツケースを預け，パソコンなどが入った鞄は，機内持込みをするつもりで搭乗口に向かった。搭乗口において，機内持込み用の鞄にA航空の係員からタグを付けられ，搭乗機の付近で預けるよう指示されたが，理由の説明やワシントンDCで

の受け取り方法については特に指示がなかった。搭乗口を通過後，そのまま搭乗しようとしたところ，搭乗機の客室乗務員より，当該鞄を搭乗機入り口付近の通路に置いて行くよう指示を受け，指示された場所に置いて搭乗した。ワシントンDCに到着後，手荷物受取所のターンテーブルで鞄が出てくるのを待っていたが，鞄が出てこないため，出国手続きのためにB航空のカウンターへ行った際，係員に鞄が出てこないことを告げた。そこで，B航空の係員がA航空の係員に連絡を取り，鞄の捜索が始められた。

搭乗時間ぎりぎりまで待って，鞄が見つかったかどうか聞いたところ，B航空の係員から，「見つかったので，成田に送っておく」と言われたため，B航空の便に搭乗した。

日本到着後，B航空の係員から，当該鞄は機内になく，引き続き捜索すると言われたため，A航空のタグ番号，鞄の特徴，鞄の中身などを申告し，帰宅した。

その後，B航空とは，捜索状況などを確認するため何度かやりとりをしたが，結局，モントリオール条約[1]の規定に基づいた約款により，1,000SDR[2]の賠償しか支払えないと言われた。しかし，機内に持ち込める大きさの鞄であったので，自己管理をするつもりでパソコンなどの高額品を入れていたのであり，突然鞄を預けるように言われたため，保険をかけたり，荷物を入れ替えるなどの対策は取れなかった。そのような対策をする機会もなかったのに，約款に基づいた金額しか支払われないというのは納得がいかない。モントリオール条約の適用とならないケースではないだろうか。1,000SDRは賠償金の一部であると考えているとB航空に明示した上，とりあえず当時のレートで1,000SDRに相当する額である167,700円は受け取っている。

(40歳代　男性　給与生活者)

(2) 事案の経緯

相談者の申し出によれば，鞄の大きさは，機内に持込みが可能なサイズ（55cm×35cm×22cm）以内で，鞄の中には，パソコンやデジタルカメラ，高級万年筆など購入価格で約80万円相当のものが入っていたが，現在に至るまで鞄は見つかっていない。手荷物を預けた際の航空会社はA航空であるが，現在相談者の苦情への対応を行っているのはB航空となっており（条約・約款上では旅客は，①最初の運送人　②最後の運送人　③実際に紛失を発生させた運送人，の誰に対しても請求することが可能），B航空がA航空と連絡を取りながら回答をしている。

相談者は，B航空より，一旦1,000SDRを受け取っているが，その際にも，賠償金の一部として受け取るのであり，今後も話し合いを継続する旨をB航空に伝えている。また，B航空からは，100日間手荷物の捜索をしたが，見つからなかったので，捜索は打ち切りたいと連絡があり，相談者もそれについては了承している。

まず，相談者からB航空に見解を問い合わせたところ，次のような回答があった。

・手荷物を預かった理由とB航空の対応

　相談者も確認しておらず，A航空からも説明がなかったので，推測であるが，客室乗務員は所定の収納場所に機内持込み手荷物が納めきれないと判断した場合，地上職員と連絡を取り，手荷物を預けるように依頼することがあり，今回も機内に安全に収納できるスペースがないと判断したのではないか。また，手荷物搭載情報が残っていないため，米国内便に未搭載，到着空港での取り下ろし漏れ，他空港への誤搭載・盗難等の可能性が考えられるが，どの段階で荷物がなくなったのかは確定できない。モントリオール条約第22条5項に「運送人又はその使用人若しくは代理人が損害をもたらす意図をもって又は無謀にかつ損害が生ずるおそれがあることを知りながら行った行為（不作為を含む。）により損害が生じたことが証明される場合には，適用しない。ただし，当該使用人又は代理人の行為（不作為を含む。）の場合には，当該使用人又は代理人がそれぞれの職務を遂行中であったことも証明されなければならない。」と規定されており，今回は，責任限度額が適用されないような状況にあったとは認識していない。また，紛失した手荷物の内容品については，品目・金額のすべてを認めているわけではないので，これ以上の請求には応じられない。

・ワシントンDCで「手荷物が見つかったので，成田に送る」と告げたが，手荷物はその時点で見つかっていたのか

　ワシントンDCの空港で，手荷物を捜索したが，出発までに発見できず，その旨を相談者に伝えるようにラウンジに連絡した。しかし，ラウンジ係員は，チェックインカウンターで預けた手荷物（スーツケース）のタグ番号を当該鞄に付いていたタグ番号と勘違いをして，そのような案内をした。捜索を依頼された係員とラウンジ係員のミスコミュニケーションが原因であり，申し訳ない。

　しかし，手荷物を預けた理由については，相談者は早めに搭乗しており，相談者が搭乗した後にも，手荷物を持ち込んできた他の乗客がいたなど，B航空の説明に納得していないため，再度B航空に対して，A航空に問い合わせをするよう求めた。

B航空の最終回答

　A航空に再度照会した結果，まず，なぜ搭乗機付近で当該鞄を預ける必要があったのかという点については，「安全に収納できないと係員が判断したから」というこれまでの回答にとどまった。また，搭乗用のブリッジ（搭乗口から飛行機へ渡るための橋脚）での保管体制については，①客室乗務員がドアのところで出迎えをしながら監視する②TSA（米国運輸保安局）のガイドラインに沿った運用を行う，とされているとのことだが，相談者が搭乗した便でルールどおりに実行されていたかの確認は困難であった。

なお，搭乗用のブリッジに一時的に置かれた手荷物は，搭載担当者が取りに来て搭載するはずだが，この点も相談者が搭乗した便ではどうであったかの確認は困難とのことだった。

賠償に関して，B航空から更なる条件の提示はなかった。

1) 正式名称は「国際航空運送についてのある規則の統一に関する条約」。国際航空運送における航空運送人の責任や損害賠償の範囲等について定めている。近年の国際航空運送をめぐる情勢に合わせ，従来の条約（「1955年にヘーグで改正されたワルソー条約（改正ワルソー条約）」）の内容を全面的に見直したもので，03年11月4日に条約が発効した。日本国及びアメリカ合衆国ともに条約締結国である。

2) 特別引出権。国際間の為替変動を避けるために国際通貨基金（IMF）により，主要通貨の加重平均から算出される。算出は，通貨バスケットを使って行われる。2006年10月6日では1 SDR＝約174円。

3．小委員会の結論

相談者Xが，A航空の航空券とB航空の航空券を別々に購入していたのであれば，紛争はアメリカ国内法によって解決される。一方，Xが航空券を「通し」で購入していたのであれば，本件にはモントリオール条約（以下，「条約」という）の適用があることとなり，A航空の国際運送約款及びその前提としての条約に基づいて，紛争解決が図られることとなる。そこで，1,000SDRを上限とする同条約の適用の有無が論点となる。

仮に，A航空又はその使用人若しくは代理人の（後二者については，職務遂行中の）「損害をもたらす意図をもって又は無謀にかつ損害が生ずるおそれがあることを知りながら行った」ことが立証されれば，責任制限規定が適用されない（22条5項）。また，旅客にまったく落ち度がなく，一方，航空会社側に，「無謀に（略）」とまではいえないとしても，かなり大きな落ち度があったことが具体的かつ詳細に立証された場合，手荷物の価額を申告して責任上限額を申告価額まで引き上げる（以下「価額申告」という）機会が与えられなかったことも考慮して，航空会社が1,000SDRの責任制限額を主張することが，信義則違反とされる可能性も否定できない。ただし，こうした事情が立証できない限り，条約の責任制限規定の適用により，1,000SDRを超える損害については，賠償請求ができないこととなる。

消費生活センター等においてあっせんを行うにあたっては，旅客にまったく落ち度がないと認められる場合，B社の国際運送約款における申告価額の上限額である2,500米ドル（29万2,500円／1ドル＝117円で換算）又はA航空の国内運送約款に基づく2,800米ドル（32万7,600円）を目安としたあっせん案の提示が妥当な場合も考えられる。

今後の消費者トラブルを防止するためには，まず，航空会社・旅行業者において，消費者への説明義務を尽くすことが求められる。
　また，消費者も，保険をかけることの重要性を理解し，自衛策を講じることが必要である。高額品は，万が一，紛失した場合には損害塡補されない可能性もあるということを理解して，必要品以外は携行しないことを心がけるべきであろう。

4．理由（法的考察）

(1) モントリオール条約の適用の有無

　本件は，相談者Xが，アメリカ国内の運送はA航空，アメリカ・日本間の運送はB航空を利用して，ボストンから成田へと移動する際に生じた，手荷物の紛失に関する事案である。ただし，手荷物の紛失は，A航空を利用したボストン・ワシントンDC間において生じており，仮に，A航空による運送と，B航空による運送を別個に把握することができるとすれば，本件は，アメリカ国内における国内運送上のトラブルであることとなる。

　もっとも，モントリオール条約1条3項は，二つの航空会社を利用した本件のような運送も，「当事者が単一の取扱いとした場合」には，不可分の運送とみなされることを規定する。すなわち，「当事者が単一の取扱いとした場合」，アメリカ国内におけるA航空の運送と，アメリカ・日本間のB航空の運送は，不可分の運送とみなされることとなる。ここで，出発地（ボストン）のアメリカと，到着地（成田）の日本は，共に，モントリオール条約の締結国であり，出発地及び到着地が，二つの締結国の領域内にある運送は，条約1条1項の「国際運送」に該当する。同条1項は，条約が，「航空機により有償で行う旅客，手荷物又は貨物のすべての国際運送について適用」されることを定めるから，二つの運送を「当事者が単一の取扱いとした場合」，本事案には条約が適用されることとなる。

　ところで，「当事者が単一の取扱いとした場合」とは，国土交通省航空局国際航空課によれば，「旅程のすべてに渡って一つの行程として，いわゆる『通し』で航空券を購入する場合」をいう。本件において，Xに対し，「通し」の航空券が交付されている場合には，不可分の運送とみなされることとなり，ボストン・成田間の運送は，一体として条約の適用を受ける。B社の国際運送約款は，約款に定める場合を除き，条約上認められる全ての抗弁権を留保すると規定するので，条約の適用がある国際運送については，国際運送約款及びその前提としての条約に基づいて，紛争解決が図られることとなる。一方，A航空のチケットとB航空のチケットを別々に購入している場合には，二つの運送は，「単一の取扱い」とされず，A航空の運送において生じた手荷物の紛失という問題は，A航空の約款に基づいて，アメリカ国内法に基づき，解決されることとなる。

(2) モントリオール条約の適用を受けない場合

本件において，Xが，どのような経緯で航空券を購入したかは明らかとされていない。仮に，A航空の航空券とB航空の航空券を別々に購入したのであるとすれば，Xは，A航空の国内運送約款に基づき，手荷物の紛失について上限2,800米ドルの損害賠償を請求することが可能となる。（なお，A航空の国際運送約款が定める上限額は，条約の適用がある場合，1,000SDRである。）さらに，悪質な事案については，当該責任制限約款の適用が排除されることも考えられるほか，懲罰的賠償が認められる可能性も否定できない[3]。（なお，塡補的損害賠償における損害額の算定について(5)の考察を参照。）

3) 不法行為法における損害賠償の原則は，被害者に生じた現実の損害を金銭的に評価し，加害者にこれを賠償させることにより，被害者が被った不利益を補塡（塡補）して，問題の行為がなかったならば存在したであろう状態に回復させることである。これを「塡補的損害賠償」という。しかし，英米法系諸国においては，加害者の行為が強い非難に値すると認められる場合，裁判所の裁量により，将来の同様の行為を抑止する目的で，制裁的に，実際の損害額以上の賠償が命じられることがあり，特にアメリカでは，州によってかなり異なるが，賠償額の高額化傾向などの問題が指摘されている。

(3) 裁判管轄等

条約の適用がある場合，すなわち，Xがチケットを「通し」で購入しており，二つの運送が「単一の取扱いとされる場合」については，どのように考えるべきであろうか。まずは，手荷物を紛失した旅客が，誰に対して，どこの国のどこの裁判所に損害賠償訴訟を提起することができるか，という問題から考察することとしよう。

条約33条1項は，損害賠償についての訴えにつき，「原告の選択により，いずれか一の締約国の領域において，運送人の住所地，運送人の主たる営業所若しくはその契約を締結した営業所の所在地の裁判所又は到達地の裁判所のいずれかに提起しなければならない」と定める。本件において，運送人は，A航空とB航空が考えられるが，条約36条1項は，「二以上の運送人が相次いで行う運送であって第一条3に定める運送に該当するものの場合には，旅客，手荷物又は貨物を引き受ける各運送人は，この条約の規定の適用を受けるものとし，また，運送契約が当該各運送人の管理の下に行われる運送を取り扱う限度において，当該運送契約の当事者の一人とみなされる」と規定し，さらに同条3項は，「手荷物又は貨物については，旅客又は荷送人にあっては最初の運送人に対し，引渡しを受ける権利を有する旅客又は荷受人にあっては最後の運送人に対して，損害賠償を請求する権利を有する。さらに，当該旅客，荷送人及び荷受人は，破壊，滅失，き損又は延着が発生した運送を行った運送人に対して損害賠償の請求を行うことが

できる。これらの運送人は，旅客又は荷送人若しくは荷受人に対して連帯して責任を負う」と規定する。

本件においてXは，手荷物の最初の運送人であり手荷物の滅失が発生した運送を行った運送人であるA航空，最後の運送人であるB航空のいずれに対しても，損害賠償を請求することができることとなる。この際，訴えは，これらの運送人のいずれか若しくは双方に対して，Xの選択により，日本かアメリカの，運送人の住所地，運送人の主たる営業所若しくはその契約を締結した営業所の所在地の裁判所又は到達地の裁判所のいずれかに提起されなければならない。

(4) モントリオール条約22条

前項に検討したように，Xは，A航空・B航空のいずれか若しくは双方に対して，損害賠償訴訟を提起することができる。もっとも，条約22条2項は，手荷物の運送についての，破壊，滅失，き損又は延着の場合における運送人の責任を，1,000SDRに制限しており，この条項が適用除外となるのは，「運送人又はその使用人若しくは代理人が損害をもたらす意図をもって又は無謀にかつ損害が生ずるおそれがあることを知りながら行った行為（不作為を含む。）により損害が生じたことが証明される場合」で，しかも「当該使用人又は代理人の行為（不作為を含む。）の場合には，当該使用人又は代理人がそれぞれの職務を遂行中であったことも証明」された場合に限られる（同条5項）。条約29条は，条約の適用事案について，請求の根拠（債務不履行責任・不法行為責任など）を問わず，条約に定める条件及び責任の限度に従う場合にしか，訴えを提起できないことを規定するので，条約22条5項の上限規定についての適用除外の要件を満たさない限り，原則として，1,000SDRを超える額の損害賠償を請求することはできないこととなる。懲罰的損害賠償その他の非塡補的損害賠償を求めることも認められていない（条約29条）。

条約が定める適用除外要件は，上述の通り，故意又は重過失ではなく，「損害をもたらす意図をもって又は無謀にかつ損害が生ずるおそれがあることを知りながら行った」行為と規定されており（条約22条5項），この概念は，「故意又は故意に極めて近い重過失」に類似するものと解釈できよう[4]。すなわち，条約は，運送人又はその使用人の，故意又は故意に極めて近い重過失が認められる場合にしか，責任制限条項の適用除外を認めない旨を明らかにしているのであり，この条約の趣旨に鑑みて，責任制限条項の例外判断は，きわめて慎重に行われることが予想されるのである。

無論，故意又は「無謀に（略）」と評すべき事実が立証されるならば，条約解釈上も，責任制限規定が適用されないことは当然である。また，旅客にまったく落ち度がなく，一方，航空会社側に，故意又は「無謀に（略）」とまではいえないとしても，かなり大

きな落ち度があったことが具体的かつ詳細に立証された場合，価額申告の機会が与えられれば，約款上，2,500米ドルまで責任上限額を引き上げることも可能であったことを考慮して，航空会社が1,000SDRの責任制限額を主張することが，信義則違反とされる可能性は否定できない。ただし，こうした事情が立証できない限り，条約の責任制限規定の適用により，1,000SDRを超える損害については，賠償請求ができないこととなる。

消費生活センター等においてあっせんを行うにあたっては，旅客にまったく落ち度がないと認められる場合，B社の国際運送約款における申告価額の上限額である2,500米ドル又はA航空の国内運送約款に基づく2,800米ドルを目安としたあっせん案の提示が妥当な場合も考えられる。

4) なお，落合教授は，日本法において，この「無謀にかつ損害が生ずるおそれがあることを知りながら行った」行為という概念と完全に一致する法概念がないことを指摘する（落合誠一「運送法の課題と展開」（弘文堂，1994) 89頁以下）。曰く，「無謀に」とは，「不注意の程度がはなはだしい」こと，「損害が生ずるおそれがあることを知りながら」とは，「損害発生の蓋然性の認識」があること，すなわち，「損害の発生の可能性が50％を超えて存在すること」の認識があることを意味すると考えられるところ，既存の「重過失」概念は，損害発生の蓋然性の認識を要件としていない。一方，結果発生の認容まで求めてはいないという点において，既存の「未必の故意」概念とも異なる。本委員会は，この落合教授の見解を踏まえ，本概念を「故意又は故意に極めて近い重過失」に類似するものと解釈した。

(5) 損害額の算定

条約の適用の有無にかかわらず，填補的損害賠償において，実損害を超える額の賠償請求は認められない（前注3参照）。そして，損害額として算定される金額は，取得価額とは異なることに注意しなければならない。

本件において，Xは，損害額が80万円であることを主張している。しかし，この金額は，購入価格の総計として算出された額であって，この金額がそのまま，損害額として認められるわけではない。たとえば，26万円余が計上されているノートパソコンは，紛失時において，既に1年半以上に渡り使用されたものであった。ノートパソコンが紛失した場合，損害として認められるのは，購入価額ではなく，中古での再取得価格や使用年数及び使用状況を考慮して減価償却した時価価額である[5]。損害額の算定は，個々の事案に応じて，具体的に行われるが，交通事故の場合に，事故の前年か前々年に購入したジャンパーコート（7万円）の損傷による損害について，事故当時の時価はその半額と認めた判決（大阪地裁平成4年11月16日判決・交通事故民事裁判例集21巻5号1010頁）等が参考となろう。

なお，航空会社等の消費者対応が不法行為と認定されるほどに悪質である場合，物損の塡補とは別に，慰謝料請求が認められる可能性も否定できない。ただし，本件において，こうした事実は確認されていない。

5) なお，パソコンが紛失した場合，失われたデータの価値が損害として主張されることも考えられる。ただし，こうしたデータの価値を評価することは非常に困難であり，実務においても統一的な基準が形成されているとはいえないのが現状である。

5．消費者トラブル防止のための方策

法務省出入国管理統計調査によれば，平成17年の日本人海外渡航者数は，1,740万人を超える。このように海外への渡航が一般化したにもかかわらず，モントリオール条約の適用がある海外運送における手荷物等の扱いにつき，国内運送と，本助言に考察したような違いがあることについて，消費者の理解は十分とは到底いえない現状にある。

今後の消費者トラブルを防止するため，まず，航空会社・旅行業者においては，国内運送と海外運送で，手荷物紛失時の責任上限額に違いがあることなどの点について，消費者への説明義務を尽くすことが求められる。

また，消費者も，保険をかけることの重要性を理解し，また，本当に重要なもので身につけられるものは，手荷物にしないで身につけておくなど，自衛手段を講じることが必要である。なお，国内主要航空会社の約款によれば，価額申告を行った場合でも，その上限額は，旅客一人あたり2,500米ドルとされている。クレジットカードに付帯する旅行傷害保険や，一般の海外旅行傷害保険における，航空機寄託手荷物不着時の補償上限額も，多いところで30万円が限度であり，高額品は，万が一，紛失した場合には損害塡補されない可能性もあるということを理解して，必要品以外は携行しないことを心がけるべきであろう。

（付論）日本の国内法が適用される場合

本件は，アメリカ国内において手荷物が紛失した事案であるが，付論として，紛失が日本国内において生じ，日本法の適用を受ける場合について考察する。札幌在住の消費者が，成田からワシントンDCへ飛ぶという例を考えるならば，札幌・成田間の航空券，成田・ワシントンDC間の航空券を，「通し」で手配する場合もあれば，別々に手配する場合もある。前者であれば，仮に，札幌・成田間において手荷物の紛失があったとしても，国際運送として，条約の適用を受けることとなる。一方，後者であれば，これは，国内法上の問題である。

日本国内において就航する航空会社の国内旅客運送約款によれば，手荷物運送におけ

る責任上限額は、原則として旅客1名につき15万円であるが、手荷物等の価額が15万円を超える場合には、旅客はその価額を申告し、従価料金を払うことによって、責任上限額を申告価額まで引き上げることができると規定している。国際運送約款と比較するならば、国際運送の場合の責任上限額は1,000SDRであり、現在の為替レートでは、若干、国内運送を上回る水準であるといえるが、一方、価額申告した場合であっても、一旅客の手荷物の申告価額は、2,500米ドルを上限とすることが定められている点などで、国内運送と国際運送は、異なる扱いとなっている。

　国内運送において、本件のような手荷物紛失が発生した場合、15万円までの損害については、航空会社及びその使用人が、当該損害を防止するため必要な措置をとったこと又はその措置をとることができなかったことを証明したときを除き、航空会社の管理下に生じたものであることを要件として、賠償が認められることとなる。

　一方、15万円を超える損害分について、約款は、航空会社が原則として免責されることを規定する。同規定の適用除外要件は、航空会社又はその使用人の故意又は重過失によって生じたことが証明されること（ただし、使用人の故意又は重過失の場合には、さらにその者が自己の職務を遂行中であったことが証明されること）である。

　また、本件のように、旅客の落ち度がないにもかかわらず、何らかの理由で約款において認められた価額申告ができなかった場合にまで、責任制限を定める約款条項を適用することには、信義則上の問題が生じうる。

　価額申告の機会を与えられなかった旅客に対して、責任制限条項を適用することが信義則に反するものと判断された場合、航空会社の賠償責任は、民法・商法等に則り、判断されることとなる。この場合、まずは、航空会社が、契約上、旅客に価額申告の機会を与えるべき義務を負っていることを前提として、同義務違反に基づいた損害賠償請求を行うことが考えられる。約款は、旅客が価額申告できる旨を定めている。契約によって旅客に認められた機会が提供されなかった以上、この機会が提供されなかったことについて、航空会社側から正当な理由が示されない限りは、この義務違反によって生じた損害について賠償責任が認められるべきこととなろう。

　もちろん、航空会社が、安全上の判断として、約款上は機内持ち込みが認められている荷物であっても、持ち込みを認めないケースが考えられ、これは、価額申告の機会が提供されなかったことを正当化する事情となることが明らかである。しかし、その場合であっても、航空会社は、安全な運行の確保という目的の為に、旅客にリスクを負担させることになるのであるから、信義則上、通常の手荷物管理における以上の加重された注意義務を負うと考えることが相当であろう[6]。

　また、以上の事情に加え、旅客には係員に手荷物を預けた後の管理について知る術がないことを考慮すれば、手荷物の紛失が航空会社の管理下において生じたことの立証を

もって，過失が推認されるべきであろう[7]）。
　なお，結果として，航空会社又はその使用人の重過失が認定されるとすれば，約款上も，責任制限条項が適用されないこととなる。

6）　手荷物管理における注意義務については，神戸地裁平成 12 年 9 月 5 日判決（判例時報 1753 号 145 頁）が参考となる。同判決は，客の荷物を預かったホテルのベルボーイが，ホテルロビーに一時荷物を放置し，この隙に荷物を盗まれてしまったという事案について，「どのような人物がいるかも知れないホテルのロビーで，わずかな時間であろうと，宿泊客から預かった荷物を監視人をおかずに放置するなどしてこれから目を離したりすれば盗難に遭う危険性があることは，ホテルの従業員であればごくわずかの注意をもってたやすく認識・予見し得ることというべきであり，したがって，同ボーイの注意義務の欠如は著しく，重大な過失と評価すべきものというべきである」と判示する。旅客の手荷物を預かった航空会社係員にも同様の注意義務が課せられているというべきであり，上述のように旅客に不相当なリスクを負担させた場合には，さらにこの義務が加重されることとなると考えられる。（なお，本判決は，控訴審（大阪高裁平成 13 年 4 月 11 日判決）において，商法 578 条（運送営業の責任の高価品に関する特則），595 条（場屋営業者の責任の高価品に関する特則）と同趣旨の約款上の責任制限特則の適用があるとして一部変更されたが，上告審（最高裁平成 15 年 2 月 28 日判決）は，故意又は重過失がある場合には，本件特則の適用がないことを理由に，重過失の有無等を判断させるため，大阪高裁に差し戻している。）

7）　岡山地裁平成 14 年 11 月 12 日判決（判例集未登載）は，引越しにあたり，パソコン等の紛失・破損の損害を被ったという事案について，当該紛失・破損は，引越し業者の支配下で生じていることを理由として，紛失に至る原因関係が判明しない以上，業者に重過失があったものと推認するのが相当であると判示して参考となる。

【参照条文】
国際航空運送についてのある規則の統一に関する条約（モントリオール条約）
第 1 条　適用範囲
1　この条約は，航空機により有償で行う旅客，手荷物又は貨物のすべての国際運送について適用し，航空運送企業が航空機により無償で行う国際運送についても同様に適用する。
2　この条約の適用上，「国際運送」とは，当事者間の約定により，運送の中断又は積替えがあるかないかを問わず，出発地及び到着地が，二の締結国の領域内にある運送又は一の締結国の領域内にあり，かつ，予定寄航地が他の国（この条約の締結国であるかないかを問わない。）の領域内にある運送をいう。一の締結国の領域内の二地点

間の運送であって他の国の領域内に予定寄航地がないものは，この条約の適用上，国際運送とは認めない。
3 二以上の運送人が相次いで行う運送は，当事者が単一の取扱いとした場合には，単一の契約の形式によるか一連の契約の形式によるかを問わず，この条約の適用上，不可分の運送とみなす。その運送は，一又は一連の契約が同一の国の領域内ですべて履行されるものであるという理由のみによってその国際的な性質を失うものではない。
4 略

第22条 延着，手荷物及び貨物に関する責任の限度
1 旅客の運送における第19条に規定する延着から生ずる損害の場合には，各旅客についての運送人の責任は，450特別引出権の額を限度とする。
2 手荷物の運送については，破壊，滅失，き損又は延着の場合における運送人の責任は，各旅客につき1,000特別引出権の額を限度とする。ただし，旅客が託送手荷物を運送人に引き渡すに当たって到達地における引渡しの時の価額として特定の価額を申告し，かつ，必要とされる追加の料金を支払った場合は，この限りでない。この場合には，運送人は，申告された価額が到達地における旅客にとっての実際の価値を超えることを証明しない限り，申告された価額を限度とする額を支払う責任を負う。
3 略
4 略
5 1及び2の規定は，運送人又はその使用人若しくは代理人が損害をもたらす意図をもって又は無謀にかつ損害が生ずるおそれがあることを知りながら行った行為（不作為を含む。）により損害が生じたことが証明される場合には，適用しない。ただし，当該使用人又は代理人の行為（不作為を含む。）の場合には，当該使用人又は代理人がそれぞれの職務を遂行中であったことも証明されなければならない。
6 略

第29条 請求の根拠
旅客，手荷物及び貨物の運送については，損害賠償についての訴えは，その訴えがこの条約に基づくものであるか，また，契約，不法行為その他の事由を理由とするものであるかを問わず，この条約に定める条件及び責任の限度に従うことによってのみ，かつ，訴えを提起する権利を有する者がいずれであるか及びこれらの者それぞれがいかなる権利を有するかという問題に影響を及ぼすことなく，提起することができる。このような訴えにおいては，懲罰的損害賠償その他の非補償的損害賠償を求めることはできない。

第33条 管轄
1 損害賠償についての訴えは，原告の選択により，いずれか一の締結国の領域において，運送人住所地，運送人の主たる営業所若しくはその契約を締結した営業所の所在

地の裁判所又は到着地の裁判所のいずれかに提起しなければならない。
2 略
3 略
4 訴訟手続については，訴えが係属する裁判所に適用される法令によって規律される。

第36条　相次運送
1 二以上の運送人が相次いで行う運送であって第一条3に定める運送に該当するものの場合には，旅客，手荷物又は貨物を引き受ける各運送人は，この条約の規定の適用を受けるものとし，また，運送契約が当該各運送人の管理の下に行われる運送を取り扱う限度において，当該運送契約の当事者の一人とみなされる。
2 略
3 手荷物又は貨物については，旅客又は荷送人にあっては最初の運送人に対し，引渡しを受ける権利を有する旅客又は荷受人にあっては最後の運送人に対して，損害賠償を請求する権利を有する。さらに，当該旅客，荷送人及び荷受人は，破壊，滅失，き損又は延着が発生した運送を行った運送人に対して損害賠償の請求を行うことができる。これらの運送人は，旅客又は荷送人若しくは荷受人に対し連帯して責任を負う。

国際運送約款（B航空）
第10条（手荷物）
　(H)　(責任限度額を超える手荷物の申告及び従価料金)
　　(1)　手荷物の価額が第17条(B)項(4)号及び(5)号所定の責任限度額を超える場合には，旅客は，当該手荷物の価額を申告することができます。当該申告がなされた場合には，会社は，会社の行う運送に対し，従価料金として，超過価額の100米国ドル又はその端数につき50米国セントの割合で料金を申し受けます。ただし，一旅客の手荷物の申告価額は，2,500米国ドルを限度とします。
　　(2)　会社規則に別段の定めのある場合を除き，旅客は，従価料金を，出発地において到達地までの旅程につき支払うことができます。ただし，運送の一部区間が会社と従価料金制度の異なる他の運送人によって行われる場合，会社は，当該区間につき前号の申告を拒否することがあります。
第17条（運送人の責任）
　(B)　責任の限度
　　(4)　(a)　モントリオール条約が適用となる運送の場合，会社の手荷物責任限度は，旅客1人当たり1,000SDRを限度とします。
　　　　(b)　上記(a)で定められた場合を除き，受託手荷物の場合には，会社の責任限度

は，1キログラム当り17SDR（250フランス金フラン）とし，持込手荷物の場合には，会社の責任限度は，旅客1人当り332SDR（5,000フランス金フラン）を限度とします。

(c) 上記(a)及び(b)に定められた限度額は，旅客が事前により高い価額を申告し，かつ，第10条(H)項に従って従価料金を支払った場合は適用されません。この場合，会社の責任は，当該高額の申告価額を限度とします。いかなる場合にも会社の責任は，旅客が受けた実損額を超えることはありません。損害賠償請求にあたっては，旅客が損害額を証明しなければなりません。

(10) 他の運送人によって運送が行われる区間のために会社が航空券を発行し又は手荷物を受託する場合には，会社は，当該運送人の代理人としてのみこれらの行為を行います。会社は，会社によって運送が行われる区間以外で生じた損害について責任を負いません。また会社は，会社によって運送が行われる区間以外で生じた受託手荷物に対する損害について責任を負いませんが，会社が運送契約上の最初の運送人又は最後の運送人である場合に，当該損害につき，条約の定めにより，旅客が会社に対し請求することができるときはこの限りではありません。

国内旅客運送約款（B航空）

第40条　従価料金

　手荷物および旅客が装着する物品の価額の合計が15万円を超える場合には，旅客はその価額を申告することができます。この場合には会社は従価料金として申告価額の15万円を超える部分について1万円毎に10円を申し受けます。

第46条　会社の責任限度額

1．手荷物運送における会社の責任は，旅客1名につき総額金150,000円の額を限度とします。ただし，旅客が運送の開始前に当該手荷物につきそれ以上の価額を申告し，かつ，第40条の規定に従って従価料金を支払った場合は，当該申告価額を会社の責任限度としますが，この場合においても，会社の責任は，当該手荷物の実際の価額をこえることはありません。

2．前項において「手荷物」とは，受託手荷物その他の会社が保管を受託した旅客のものおよび持込手荷物その他の旅客が携行し又は装着するもののすべてを含みます。

第48条　責任限度額の不適用

　第46条に定める責任の限度は，損害が，会社又はその使用人の故意又は重過失によって生じたことが証明されたときは適用されません。ただし，使用人の故意又は重過失の場合には，更にその者が自己の職務を遂行中であったことが証明されなければなりません。

第51条　使用人の行為に対する約款の適用

　会社の使用人が，自己の職務を遂行中であったことを証明したときは，この運送約款に定める損害につき，その使用人は，この運送約款および同約款に基づく規定に定められた会社の責任の排除または制限に関する一切の規定を援用することができます。

〔(独)国民生活センター相談調査部長・明治学院大学法学部非常勤講師〕

第 4 章

国際紛争解決の手段としての調停と他の仲裁代替手法

［補訂*］

澤 田 壽 夫

　まず代替的紛争解決あるいは ADR（Alternative Dispute Resolution）という言葉について，手短かに説明しておきたい。かつて ADR とは裁判官または陪審の決定以外の紛争解決方法を意味すると定義されたことがあり[1]，特にアメリカでは，それらの代表的手法としての仲裁がさかんになっただけでなく，ミニトライアルほかさまざまな ADR 手法が開発された。他方昨今ヨーロッパでは，判決と仲裁判断がともに国家権力による執行を可能にするため，この二つを同種の解決法として一括りにして，それ以外の解決方法を ADR とする分類が普通になった。つまり ADR とは，裁判以外の，仲裁を含む紛争解決手法を意味する場合と，裁判および仲裁以外の，仲裁を除いた手法を意味する場合があることになった[2]。このことは，「訴訟の仲裁化」（judicialization）という現象と関係する。本来仲裁は，訴訟と比べて迅速な解決方法だといわれてきたが，それは仲裁が擬似訴訟手続として訴訟を簡易化したからではなく，国が管理する訴訟に対して，民が管理する手続として，訴訟とは質的に異なる手続として発達した結果であった。ところが訴訟に熟達しながら仲裁の知識経験が必ずしも深くない専門家によって，時間と費用を要する開示手続や訴訟と同様の細かい規則や慣行が仲裁に導入された。これによって，仲裁が必ずしも速くなく高価な手続となることに対する反感が生まれたのは当然であろう。

21世紀に入るとWTO，UNCTAD，ICCなどの国際機関や，紛争解決に携わる者のあいだでは，仲裁が裁判と同種の紛争処理手段であり，ADRは仲裁を除く裁判外紛争解決手法を指すという理解が一般的になった。仲裁と調停の混合手続である調仲（メドアーブ）(med-arb)，仲調（アーブメド）(arb-med) は，どう扱うか。調停を主にして，万一調停不調の場合は仲裁に付するという手続はADRであるし，仲裁手続のなかで，調停を一度または複数回試みる手続は仲裁の一種と考えて良いであろう。仲調を行うには，調停の理解実践が不可欠ということになる。

　なおここでADRによる解決を考える国際紛争とは，政治的あるいは国際公法上の紛争ではなく，ビジネスに関して国境を越えて起る紛争である。しかし国際公法上の紛争解決の歴史，そこで開発された概念や手法と，ビジネス紛争解決のそれとのあいだには多くの共通点があり，それぞれで蓄積された知見や開発された手法は相互に有用である。このため，国際公法上の先例や規範にも言及し，ビジネス紛争解決にあたってのそれらの有用性も示唆する。

　国際公法の分野で，国連憲章は，紛争当事者が紛争を交渉（negotiation），査問（inquiry），斡旋（mediation），調停（conciliation），仲裁（arbitration），司法的解決（judicial settlement）等の平和的方法で解決するように求める[3]。司法的解決と，それに似る手法とされる仲裁は，ここでの検討の対象ではなく，特に調停が重要な手法として浮上する。

　「両当事者」とあっても，特に文脈から別の解釈が妥当でない限り，多数当事者の場合は，全当事者と読み替えていただく。

I　交　渉

　交渉は上に列挙された諸方法のうち，第三者の介在しない唯一の方法である。

　公的国際関係で，たとえば領土を占有する者は，多くの場合容易にその引渡しのための交渉要求に応じない。交渉に応じないと何らかの好ましくない状況が生じるとの畏迫か，顕著な事情の変更がなければ，交渉を避ける。商取引の

分野でも，強い者は交渉を望まないといわれる。交渉を成功させるためには，両当事者にこれを成功させようとする意志がなければならない。

そこで，畏迫を加えなくとも，相手を交渉に導入し，交渉開始後その望ましい展開を図る技術が交渉術といわれる。調停，仲調では，交渉の巧拙が調停の成否を決定するため，国際紛争の調停あるいは仲調による解決を志す者にとって，交渉の研究，実践が必須である。

著者はそれゆえ機会が与えられれば国際交渉に携わり，またヨーロッパ，アジアでの交渉研究と模擬交渉に積極的に参加してきたが，交渉術という言葉は，本来あまり好ましくない。相手を騙す意図はなくとも，もっぱら弁舌さわやかに自分の望むところを実現する術のような印象を与えるからである。もっぱら勝つことが交渉の目的だと考えたり，勝つ目的の何パーセントが達成できたかを評価するような交渉は望ましくない。交渉者の素質として掲げた誠実ほか7項目の交渉者の基本[4]は，今もこれを変える必要を感じない。

交渉は，協議（consultation）と呼ばれもするが，実態は変らない。自由貿易協定（FTA）には，いずれかの当事者の要請があれば，何らかの措置，協定の運用に影響する事項につき，相互に満足できる解決に到達すべく協議をするとの規定がみられる。同じプロジェクト，同じ協定につき問題が随時生じうる場合には，合同委員会（joint commission），混合委員会（mixed commission）といった交渉の場が常設されることがある[5]。

II　事実調査・査問

ニューヨーク，セントラル・パーク西南角に戦艦メインの堂々たる慰霊碑があるが，ハヴァナ港での，アメリカ・スペイン戦争を前にしてのこの艦沈没の原因は何であったか。アメリカの調査委員会の結論はスペインのそれと鋭く対立し，1899年ロシアのニコライ2世のよびかけで実現したヘーグ平和会議では，将来の紛争を避けるべく，国境を越えた中立な調査の道を開く必要性が合意された。そこに起ったのが，つとに日本にも誤ってドッガー銀行事件として紹介されたドッガー漁場事件であった。1904年日露開戦後はるばる日本に向

い始めたロシアのバルチック艦隊は，英国の漁船を日本の水雷艇と誤認して，10分間にわたりこれに対して猛烈な砲撃を加えた。「日本の同盟国イギリス［の］輿論はこの艦隊を「狂犬艦隊」「公海の海賊隊」と呼び……政府は露国に対し……賠償と……溺死者放棄に対する……処罰を要求」するにいたった[6]。ロシアと親しむ伝統を持つフランスの努力によって成立した国際査問委員会は，露，英，仏，墺洪，米の代表から成り，事件の状況，責任の所在と割合を調査，報告することになった。これが代替的紛争解決の一手法として事実調査とも呼ばれる手法の先行形態である[7]。主張の評価や勧告を報告に加えれば，より鮮明に査問が代替的紛争解決につながる。

　1911年のイタリア―トルコ戦争中，イタリアはフランス船が戦時禁制品を運搬したとして停船命令，攻撃を繰り返したが，タヴィニャノ事件では，仏伊英軍人から成る委員の一致した見解で，攻撃が仏領チュニジア領海内だったと認定されたところ，この事実認定の後に予定されていた仲裁手続に入るのを待たず，イタリアは賠償支払いに同意したのである。

　1961年の英国，デンマーク間のレッドクルセーダ事件では委員会が当事国の人を除く法律家，非法律家で構成され，発砲が妥当な武器の使用程度を逸脱していたなど，法的判断をもくだしており，査問でありながら仲裁判断の性格を帯びている。1990年代に入ってからの，米日の作業が思惑どおりに進まなかった件での事実調査委員会は，そのような法的判断はくださなかったものの，理由の分析作業によって，当事者は容易に自らの責任を悟るという成り行きをたどった。

　Inquiryなる語は，上に紹介した海上の事件や，その他たとえば外国軍艦の艦長の過失によって，日本の民間人の生命や財産が損なわれるといった事件がもし起ると，海軍によるその事件の事実解明は査問といえようし，関係者が全く民間人であるような場合には，事実調査という呼称が妥当であろう。

　査問（または事実調査）はなぜ代替的紛争解決となるか。それは事実調査が中立の委員会による重みを持った事実と過失の認定であるために，かりに評価ないしは勧告を伴わなくとも，各紛争当事者の自己評価を促すからである。国

際商業会議所仲裁手続では，仲裁手続を始める前に，事実や各当事者の請求の概要等を記した付託事項書という書面を作成しなければならず[8]，国際商業会議所の仲裁ではない他の規則のもとでの仲裁でも，この意義を認めて同様の作業を行うと，紛争にいたった事実関係を振りかえることによって，紛争が解決することが少なくない。査問，事実調査とともに客観評価（objective assessment）が行われると[9]，判決，判断，命令等によることなく，客観評価を受入れて，互譲互助ともいえるかたちで紛争の終了することがあり，事実調査，客観評価はきわめて洗練された手法と感じられる。調停と併用しての効果も期待できる。

III　斡旋・調停

1．斡旋・調停の特徴

　斡旋，調停に共通するのは，紛争解決のために，斡旋人あるいは調停人という第三者が介在すること，そしてそのいずれの結論も，仲裁と異なり，伝統的・基本的には当事者に強制できない点である。異なる点として，斡旋の場合，斡旋人の役割は受動的で，当事者ABのあいだに介在してAの主張をBに伝達し，Bの主張をAに伝えるのが，その主たる役割とされてきた。これに対し，調停の場合，調停人ははるかに積極的に行為する。すなわち主張の伝達に止まらず，それを整理咀嚼して，ABが和解できるような工作を重ね，また屢々より積極的にAB双方に受入れられるような案を作成して，当事者を和解に導くのである。ただ，このように分類すると，斡旋人の役割がきわめて機械的なものとなるため，実際上斡旋といっても調停であり，調停といっても斡旋を含むとの理解も広く行われている。英語のmediationとconciliationは混用される場合が多い。米国でmediationというと，普通それは上で説明した積極的調停を指す。ここでは調停をそのような意味で用いる。

　調停は仲裁以上に自由，すなわち手続規則に縛られるところが少ないので，その指揮方法は調停人の経験，人柄，信念によって，きわめて多様である。当事者の信任を得て何とか当事者の満足できる解決と平和を生み出せば，そこに

いたる手続のスタイルは問わない。

　また訴訟では常に，仲裁では多くの場合に，準拠法として選ばれた法律が適用されるが，調停では調停人はもちろん，当事者も法の適用を求めることなく，法，商人の倫理，取引の常識を参考にしながら，調停人とともに，当事者が自ら納得できる結論を模索してゆく。

　調停人は基本的に当事者が選任し，それが困難なときに仲裁機関等が選定に当るのは仲裁と同じであるが，仲裁と異なり，必ずしも多数決は必要でなく，調停人は1名のことも2名のこともある[10]。3名でもよい。調停手続のあいだに開示された事柄が秘密であり，他の法的あるいは代替的手続に用いられないとの慣行は，国際調停でも広く認められている。

2．調停人，代理人の役割

　調停人はまず当事者に安心感，信頼感を与えなければならない。また問題を整理し，問題がなぜ生じたかを当事者とともに考え，状況によって同時に全員と，あるいは各当事者と個別に接触して，当事者の交渉を助ける。常に当事者を問題解決の方向に誘導し，当事者が直接協議できるように努める。ある問題で行きづまったならばそれを暫時棚上げして他の問題の解決を試みるなど柔軟に対応する。適宜調停案を用意して当事者と協議する。幸い当事者の合意が形成されたらば，それを書面にする作業を手伝う。事後の履行を見守り，必要あれば当事者を手伝う。代理人が置かれている場合，代理人は上に述べた調停の特徴と調停人の職務を理解して，調停人の指揮の波長にあわせた手助けをする。

　ビジネスの事件で訴訟や仲裁に比して調停が過去必ずしも頻繁に用いられなかった理由は，代理人，会社の法務担当者が，調停で必要となる即決を嫌ったためといわれる。そこで後にアメリカ仲裁協会（AAA）ミニトライアル規則が要求したように[11]，重大な決定にあたっては，即決する権限を持つ役員の出席か，積極的な関与が必要で，代理人は，状況次第で，そのような役員の関与を実現するよう努めることが望ましい。

3．調停成功の基本条件と初回会合

　調停の成功のために必須の条件は，調停による解決の意志と希望である。そこで調停人は，就任交渉時にできるだけこの点を確認しなければならない。初回会合で，もしも一方に全く熱意がなく，熱意を持たせる可能性が希薄な場合には，調停作業に進むべきか再考することになろう。他方調停人には，熱意はもちろん，事案が複雑であればあるほど，交渉が暗礁に乗り上げたかに見えても諦めない執着力と忍耐力，寛容と明るさ，角度を変えて提案をする創造力（resourcefulness）が求められる。国際調停では，当事者それぞれの国の歴史，伝統，商慣習の理解が大きな助けになる。

　初回会合では，まず調停人がゆっくりと自らの経験，当事者のいずれかに偏るのではないかと疑われるような利害関係がないことを説明して，当事者に安心感信頼感を与えねばならない。自らの報酬，諸経費について説明し，透明感を増すのも有効である。そして調停人は本来補助者であるという性格を説明，当事者の積極的参加を促す。その後普通は両当事者からそれぞれの事実認識と主張を聴く。両者の関係がきわめて険悪な場合に，この段階でさえ，調停人と当事者が個別に会する例もあるが，第一回の会合では，手順の打合わせなどもあり，原則として両当事者から遠慮なく述べたいところをすべて陳述してもらうのがよい。ここで若干の整理と事後の手続の打合わせをする。もしも当事者の主張を簡単に整理できるならば，初回会合で整理をしてもよく，調停人と当事者がともに案を作って整理する旨合意してもよい。調停人は，問題の性質と手続の局面に応じて，両当事者臨席で話し合うか，個別に話し合うかを決める。調停人が一方の当事者の話を聴き，発言ないし提案するには，透明を期すために，必ず両当事者の臨席が必要との説もあるが，それは実際的でない。一方の当事者のみとの話合い（これをコーカス（caucus）という）は，調停の核心となる特徴である。但しコーカスの概況を他当事者に伝えて，猜疑心を起させない配慮は必要である。

4．調停にかかわる若干の法律問題

　拘束力のない調停に付する合意は，仲裁に付する合意と同様に有効であろうか。代替的手法を奨励する傾向は各国共通であり，多くの国の裁判所は，紛争が生じたとき一定期間調停を試みる旨の契約を有効として尊重すると思われる。それでは調停成功の結果作成される合意書（settlement agreement；protocol など）は強制力があるか。仲裁は歴史的に裁判に代る方法として認識され，諸国の法律も仲裁判断に判決と同じ執行力を認めてきた。それと比べて調停の結果作成される合意書は，契約書であって，直ちに執行は求められず，不履行に対しては訴訟が提起されることになるというのがほとんどの国で伝統的に認められてきたところである。調停の結果としての合意書の履行は信義の問題で契約法の埒外であるとの考えもありえよう。しかし調停成立による合意は，それが形成されるまでの状況や内容が多様である。両当事者に，相補って協力する意志があって，単に争いを収束させるだけでなく，将来の協力態勢に合意する場合があり，そのような場合には，前向きの合意書が明るい雰囲気のなかで始動し，法律上合意書が有効か否かは問題にならない。他方漸く争いに終止符を打っただけで，さらに当事者が顔を合わせるとも思われず，むしろ役員等の交代で和解の条件が守られるか心もとないという状況があると，和解内容を仲裁判断としておきたいと望むのも無理ないであろう。

　仲裁と同じく調停も秘密に行われるとの慣行は広く認められているものの，調停人の証言義務免除，当事者の守秘義務など，いずれの国でも既に確立しているとはいい難い。たとえばアメリカでは，労働調停制度を維持するのは公序の要請であるとの見地から，労働事件調停人の証言義務免除はかなり明確なようである[12]。しかし調停人，当事者それぞれの守秘義務は，それぞれ契約で規定しておくことが望ましい。

5．調停の成功例　使用頻度

　調停の成功例は数多いが，シンガポール調停センター，シンガポール国際仲裁センターによると，同センターが，訴額数百万ドルの高等法院事件で 25 日

間にわたる裁判と 61,000 ドルの審問費が予定されていた事件の調停に当ったところ，1日で決着し，高等法院事件は取下げられたとのことである[13]。他の国でも驚くほど短期間で解決を見る事件が散見されて注目に値する。

　ビジネスの世界で調停はどの程度使われているであろうか。アメリカ，コーネル大学の研究グループによる ADR の調査結果が 1998 年に公にされた。この調査では，仲裁を ADR に加え，オムバズマンも加えた 8 種類の ADR の使用度を，フォーチュンに掲載された 1,000 社に尋ねたところ，最も使用される ADR が調停で 87 ％，次が仲裁で 80 ％という数字が得られた。そしてこの調査で国内事件に調停，仲裁を使うと答えた会社の多くは，国際紛争解決にも調停または仲裁を使用すると答えている[14]。

6．調停の利点と不利な点

　調停の利点は三つあげられる。一つは仲裁のような対立的な手法と比べて手続も簡単で，比較的迅速に結論が出されることが多い。第二は，仲裁が仲裁人の仲裁指揮によるところが大であるのに比し，成功する見込みの高い調停の場合，結論が当事者の手で導かれる度合いが高い。そのため調停の結果の不履行は稀となる。第三に，当事者が積極的に新たな協力関係を築く見込みが，訴訟や仲裁の場合よりもはるかに大である。当事者が積極的に短期間に解決できるならば，なぜ調停人を煩わすのかという疑問が生じるかもしれないが，先に第 3 節で列挙したような資質を持つ調停人の存在が，当事者だけではなし得ないことを可能にする。

　不利な点としては，伝統的には仲裁と比べて結論を強行する方法がないことがあげられよう。

7．Rights based と interest based の調停

　調停には rights based と interest based の二種があるといわれる。たとえば会社 A が薬 X を売ってきて，何らかの効きめがあった。そこに外国の会社 B が参入してきて，薬 X は実は効かない，B の造る薬 Y を買いなさいと宣伝す

る。Aの営業成績は下降してゆく。この場合BをしてAにその損害を償う1億円を払わせるのは，権利に関するつまり rights based の救済であり，Bに謝らせて爾後Aと協力する態勢を取らせるならば，それは利害に関するつまり interest based な調停だという。これを抽象化すると，前者つまり rights based 調停は，裁判ならば法が認めるであろう金銭賠償といった次元の調停で（これを positional mediation ともいう），interest based 調停は，金銭賠償といった当座の救済でなく，より深く紛争の根源を考え，将来の関係の形成も扱うものである。ここに調停の興味をそそる点があり，interest based 調停が国際商事調停で生かされる実績つくりが国際調停の課題であるとされる。

Ⅳ　調仲と仲調

調停と仲裁を関係付ける混合手続（Hybrid）に三つの態様がある。一つは仲裁前置で，仲裁人が仲裁判断を用意したところでこれを封じ，調停を試みる（これは行われることも成功することもきわめて稀なようである）。次は，調停前置で，調停が不調に終れば仲裁を行う。いま一つは，仲裁人が仲裁手続中に一回でも複数回でも調停を試みるもので，この第三の態様の ADR が純粋の混合手続である。

ADRの，そして仲裁の究極目的は紛争を終らせ，なるべく両当事者に受容れられるかたちで平和をもたらすにあり，それゆえ仲裁人は，事情が許す限り積極的に調停（conciliation）（あるいは mediation）の努力を傾けるべきである。

本書には仲裁に関する稿も収められるので，分類上仲裁の一形態とすべき仲調についてはそこで説明すべきだろうが，その稿の対象は ICC 仲裁に限られており，ICC 仲裁は仲調を排除しないが消極的であるため，ここで仲調について触れることにする。

仲裁手続中に調停を試みるのは好ましくないとの指摘がある。仲裁と調停は全く異なる手続であり，仲裁人として選任された者は仲裁に，調停人として選任された者は調停に専念すべきであり，調停では当事者が本心を打明けるので，

そののちに再び仲裁人として行為すると，調停人として得た情報，心証がいずれ仲裁判断に用いられるうるので望ましくないというのがその理由である。たしかに仲裁と調停は全く異なる手続であり，Nolan-Haley は，調停人が当事者の真意を聴いたあとで仲裁人として行為する場合，次のような不都合が起りうるという。申立人が 100 万ドルを要求していて，客観的には 65 万ドルが妥当かと考えられる事件で，仲裁人が調停を試みることになって，調停人として個別面接（caucus）をしたところ，申立人は 35 万ドルで和解してもよいと思っていると知ったとする。調停が不調で調停人が再び仲裁人となって，申立人は被申立人に 35 万ドルを払えとの仲裁判断をくだす[15]。そういうことが起り得ないとはいえないし，そういう状態を懸念する当事者から，調停に向けても，仲裁判断に向けても，半端な協力しか得られないこともありえよう。だが，おおらかな仲調によって好結果がもたらされる事件の方がはるかに多いと見受けられる。すぐれた仲裁人が Nolan-Haley のおそれるように行為することは考え難く，当事者が積極的に望むか了承しさえすれば，同じ第三者に仲裁と調停を依頼しても何ら問題ない。著者が仲裁人あるいは代理人として関与した事件はそれほど多数ではないが，単独仲裁人に就任するにあたり，何回であっても調停を試み，調停不調の場合には仲裁人として行為し続けることを両当事者から義務付けられたこともある。

　仲裁と調停の併用は，調停が不調の場合に全く新しい仲裁手続を始めるといった無駄がなく効率的であるとともに，両当事者に喜ばれる結果を得ることが多い。1980 年代の IBM－富士通仲裁事件は仲裁事件であったけれども，実際は仲裁と調停が織りなされて望ましい結果を得た。この事件は，1970 年代の富士通による，そのコンピュータのための IBM 互換 OS ソフト開発に始まるが，それによって直ちに紛争が生じたわけではない。後日米国法のもとでコンピュータソフトが明らかに保護されるようになった段階で，IBM は富士通のソフトが IBM の著作権を侵害するとして，数億ドルの損害賠償を請求した。そして 1983 年には一時払いや許諾料，富士通の免責等に関する基本的合意が作られたが，これが満足に機能しないとして，IBM は，1986 年に基本合意中

の仲裁約定に基づいて仲裁手続を開始した。この事件の特徴は，大量の数字，膨大な資料の検討が必要とされ，仲裁人は，紛争解決と二者間の将来の関係劃定のために，仲裁手続のなかで調停手法を有効に用いたことにある。両者選定仲裁人は，IBM の権利の範囲，交換さるべき情報の確定に向けて，両者の主張を調整する調停機能を果すことになった。複数の技術専門家が問題点の整理と解決案作成に貢献し，それに基づく仲裁人の決定が積み重ねられていった。ライセンス料の決定等について，原則の決定から具体的決定へと作業を進め，将来に向っての当事者間の規範作りにも携わった。主仲裁人が欠けると，必要に応じて第三仲裁人を招き入れるようにしながら[16]，当事者選定仲裁人だけで調停・仲裁作業を行い，柔軟な対応を見せた。このように，それぞれの当事者の主張を聴くだけでなく，当事者自身に考え，検討してもらい，その補助を努め，関係者と交渉し，仲裁人としての判断をするほか，将来の規範作りにも従事するという多様な活動を通じ，徐々に解決を積み上げてゆく手法が，後に広く評価されるにいたったのである。

一般に英米法国では仲裁と調停の併用に抵抗があり，大陸法国では問題なく受容れられているという。しかし英米法国でも，インドは 1996 年法に進歩的な規定を挿入した。それによると「仲裁廷による紛争の和解推奨は，仲裁契約に抵触せず，仲裁廷は当事者の合意を得て，仲裁手続中，和解促進のために，何時でも斡旋，調停またはその他の手続を用いることができる」[17]としているし，それは IBM 仲裁型の手続を奨める立法である。香港法も仲裁人が調停人として機能することを認めている[18]。逆に大陸法国の論者のなかに，仲裁中に集中的な調停を実施しようとすれば第二の中立者を起用しなければならないとする者もある[19]。だが集中的に調停努力を傾けることによって仲裁人に有益な知見が蓄積してゆくのであって，それはひとたび調停を始めた者が再び仲裁作業に戻るのを妨げるよりも，調停，仲裁いずれもの基礎になるといえよう。調停が有効であるとの感触を持ったうえでの和解関与ないし勧奨は，むしろ仲裁人の倫理的義務といってよいと考える。調停の併用に伝統的に抵抗してきた英国にすら，高名な仲裁専門家によって「仲裁人の最も主たる義務は，当事者

に和解を奨励することである」とする主張が現れ，それに賛同する見解が聴かれ，また当事者が仲裁人就任者に当初からそれを要求する複雑な国際事件も見られるようになった[20]。但し高度の技量，強い性格と当事者からの格別の信頼を要するとの指摘[21]は正しい。

調停から仲裁への移行は少ないが，これも可能ではある。しかし強制力，執行といった世界でなく，調停の世界で紛争を解決して将来の関係を築くのが，最も望ましい解決といえるではないか。

仲調を強く支持するアメリカの学者で，先に引用もしたNolan-Haleyの短いが力強い文章を引用しておく。「伝統的な仲調手続では，同一人が，一つの紛争で調停人と仲裁人の両方を務める。要するに中立の第三者は，和解手続で触媒の役目を果す。なぜならば，その事件で結局決定をすることになるかもしれない中立者の存在が，当事者の和解への動機付けになる。……仲調は，もしも調停手続が合意にいたらない場合に別人を仲裁人に起用することになる純粋な調停よりもはるかに効率的な手続と考えられている」[22]。

2004年施行の日本仲裁法では，仲裁廷は仲裁手続進行中，両当事者の承諾を得て，和解を試みることができるとの規定が設けられた[23]。

V　その他のADR

1．ミニトライアル

冒頭に掲げた国連憲章にはあがっていないミニトライアルという言葉は，「簡易迅速な裁判」を想わせるが，それは，当事者の契約に基づいて調停に若干の裁判技法（開示（discovery）など）を加えた混合手法である。アメリカ仲裁協会はそのための規則を開発し，そこでは，ミニトライアルは，情報交換（information exchange）と和解交渉（settlement negotiation）から成ると定義している[24]。1970年代後半にアメリカで開発されたこの手法は，先に引用したコーネル調査でも会社による利用が報告されているが，その頻度は調停の4分の1以下である。国際関係ではほとんど利用されていない。

2．中立評価（Neutral Evaluation NE）

アメリカの裁判所で使われた手法で，仲裁にも応用された。当事者は裁判官または仲裁人とは別人である評価人に対して，事案と求める救済とその理由を陳述する。それにつき当事者，評価人の間で議論が行われるが，それは訴訟法が定める段階を踏むことなく，証拠法の適用もなく，きわめて略式である。評価人は，当事者の主張を講評するが，金額も含めて，どのような決着が妥当かとの意見を述べることができる。この手法を裁判または仲裁で争われているいくつかの点の一部に用いることもできる。これが本章Ⅱの，事実調査・査問の延長のようにして行われたり，仲裁が始まっていても，仲裁人でなく，評価人が事実上調停人となって，紛争を終決させる場合もある[25]。

3．専門家鑑定

紛争の当事者，調停人，仲裁廷，裁判所等が技術，金融，法律等の専門的事項につき，権威有る者の意見を徴したいと望むことは少なくない。専門的事項は，たとえば売買契約に基づいて引渡された物の品質が契約に合致しているかの判断であったり，譲渡する事業の価値評価であったり，或る地方での慣習法によって解決する合意がある場合のその慣習法の内容だったり多岐にわたり，専門家鑑定が紛争を予防したり，解決したりしうる。

一例として国際商業会議所には，専門鑑定国際センターが置かれていて，そのような需要に応えている。日本からは長年にわたり副島勲氏が委員として貢献してきた。センターは，専門家鑑定規則（Rules for Expertise 2003）によって，依頼の内容に沿った専門家の名を提供し，または専門家を任命するほか，鑑定手続を実施する。専門家の選定にあたり，ICCが約130カ国の加盟国中約85カ国に国内委員会があることが強みになる。センターは，専門家の名の提供，専門家の任命につき手数料を徴求し（2005年現在一件2,500ドル），専門家の報酬は，複雑性その他の要素を勘案してセンターが専門家，依頼者と協議のうえ決定する。鑑定手続を実施することになると，センターは，専門家を任命し，当事者の承認を得，当事者と専門家の連携を助け，金銭の授受を円滑に

して鑑定手続を促進，専門家報告書を検討し，最終報告書確定のうえ，これを当事者に伝達する。

4．紛争処理委員会（Dispute Board；DB）すなわち紛争審査委員会（Dispute Review Board；DRB），紛争審判委員会（Dispute Adjudication Board；DAB），併合処理委員会（Combined Dispute Board；CDBs）

調停，仲裁のように紛争が生じてから紛争解決のために或る規則のもとで第三者が調停人，仲裁人として選任されるのでなく，一定期間継続するプロジェクト，工事に関して何らかの問題の生じることが予想されるため，問題が生じたらば速やかにその解決に当れるよう，プロジェクトの開始時に1名又は3名から成る委員会を組成して，委員に計画概要書，契約書等を交付し，定期的報告，プロジェクト進捗状況視察などについても定めておく制度である。

DBの機能は契約により異なり，利用者には利用に先立ってFIDEC，世界銀行その他どのような規則が適用されるか慎重な検討と理解が求められるが，基本的にはおよそ次のようである。

DRBは勧告するがそれに拘束力はない。当事者が勧告後の一定期間内に不満を表明しない場合に拘束力が生じる。契約により，仲裁または訴訟で争う権利も放棄される。期間内に不満を表明すれば，拘束力は生じない。仲裁または訴訟で争われうる。DABは決定を示し，当事者はDAB契約をしていたことにより決定に拘束される。不満の当事者は，一定期間内に不満を表明できるが，仲裁判断または判決まで拘束される。仲裁判断が決定を無効にするか変更することはあり得る。CDBは二者の機能を併せ持ち，委員会は，いずれかの当事者が望み，他の当事者に異議がなければ決定をすることができる。いずれにせよ当事者が拘束されるのは，契約上拘束されるのであって，DBの勧告はもちろん，決定であっても仲裁判断のような執行力は有しない。DABの決定を不満とする当事者は，これに拘束されている状態で，仲裁または訴訟によって強制力の有る判断を得るよう争うことはできる。DBはADRであって，仲裁ではないから，DB決定に不満な当事者が仲裁に赴く場合，それは同種の手続内

の上訴ではなく，性格の異なる救済を求めることを意味する。DBの扱った紛争で，仲裁または訴訟にいたった紛争の統計は存在しないが，その数はきわめて少ないと推定される。

DRBは，1975年，コロラドのアイゼンハウアー隧道計画で初めて用いられ，DABは，いささかあとに英国の建設業界で用いられ始めたといわれる。審問は簡易迅速を旨とする。委員は当然両当事者に対して公正でなければならず，複数の委員が受ける報酬は同額でなければならない。報酬は，その継続的地位にかんがみ，月額のほか特に役務を提供した場合の日当に分かれる。

国際商業会議所にはICC紛争処理委員会センターが置かれていて，紛争処理委員会規則（Dispute Board Rules）のもとでの委員任命，紛争処理委員会決定の形式審査などの事務に当るようになっている。DBは，その歴史から土木建築，エンジニアリング関連で多くもちいられてきたし，ICC規則には，現場視察の規定もみられるが，規則は相当期間の継続性のあるプロジェクトに広く使用されうるし，規則前文の「柔軟に」という言葉から，規則はプロジェクトに応じて適宜修正したうえでの使用を予想しているといえる。

VI　む　す　び

訴訟よりも速く，経済的にも負担の軽い紛争解決手法として，訴訟に代替する仲裁が脚光を浴び，次いで仲裁の訴訟化が嫌われて，調停とその他の「訴訟と仲裁に代替する手法」が注目されるようになってきた。本章ではその「訴訟と仲裁に代替する手法」のいくつかを見たが，一つの手法が他の手法をとる場合の補助になったり，複数のADR手法を組み合わせうることも理解願えたかと思う。

いくつかの手法のなかで，特に育てる意義の大きい手法は「仲調」である。著者は，国際商事調停を振興すべきであり，日本は長年にわたる調停の経験を国際紛争の解決に役立たせることができると主張してきた[26]。訴訟の遂行に秀でた人が，必ずしもよい仲裁人とはいえず，よい仲裁人がよい調停人とは限らないといわれる。しかし，日本には黒白を明確にせず，訴訟，仲裁にも調停

を織り込んで行く伝統のうえにたって，仲調を発展させる素地がある。仲裁と調停と両方の経験を積み，使用する外国語（多くの場合英語），事件に関係する国々の文化，ビジネスの運びかたを身に付けたうえ，当事者をなるべく深く理解する努力をいとわない neutral（中立の紛争解決補助者）を育ててゆくこと，これができれば，日本は国際社会に大きな貢献をすることになるといえよう。

1) 1993年アメリカ法曹協会における同会 Ide 会長講演での定義。
2) 本書所収「ICC 仲裁と調停の帰趨」の ICC 調停の項も参照願いたい。
3) 33条。
4) T. Sawada, Quality of Negotiators and Cross-Cultural Communication in CONFERENCE ON CROSS-CULTURAL NEGOTIATION AND COMMUNICATION (1987). 交渉者に必要な基本とは，1. 誠実さ，2. 交渉の対象になっている，または関連している事実についての十分な知識，3. 論理的な提示，4. ゆっくりした説明，5. 相手方にとって得ることのあるところを理解させる力，6. 明朗さ，7. 身だしなみの爽快さ，8. 柔らかに警告する能力を指す。
5) たとえば1989年米国－カナダ自由貿易協定1804条。協議不調となれば二国間貿易委員会に回付され，そこで解決しないと仲裁に付される（同協定1806条(1)(a)）。
6) 伊藤正徳 大海軍を想う 214（1956）。
7) Lipsky and Seeber, The Appropriate Resolution of Corporate Disputes 9 (1998).
8) ICC 仲裁規則18条。
9) Merrills, International Dispute Settlement 43 (2d ed. 1993).
10) 仲裁人は奇数でないと行い難いとの考えがある。わが国の民事訴訟法（第八編仲裁手続）のもとでは，当事者が各1名を選定すると，仲裁人は計2名ということにもなって，これでは2名の見解が異なる場合に仲裁が不可能になるとの批判があった。しかし，特に外国では，しばしば2名の仲裁人が円滑に手続を進める状況が見られる。純粋の仲裁でなく，仲調，そして調停の場合はなおさら，1名または2名が効果的な場合が多い。
11) 手続5は「Each party shall have in attendance throughout the information exchange and settlement negotiation a senior executive with settlement authority」とする。
12) Nolan-Haley, Alternative Dispute Resolution 94 (1992).
13) 1 Singapore Academy of Law Newsletter 3 (1999).
14) Cornell University, The Appropriate Resolution of Corporate Disputes (1998).

15) Nolan-Haley op. cit. supra at 201.
16) 仲裁手続のいまだ半分も進行しないぐらいの段階で，第三仲裁人が辞任，その後は手続終結まで仲裁人は2名であった。仲調では2名で手続が円滑に進む一つの例であろう。
17) The Arbitration and Conciliation Ordinance (1996) 30. 1.
18) Hong Kong Arbitration (Amendment) (No. 2) Ordinance 5 (1989).
19) Bühring-Uhle, C., Arbitration and Mediation in International Business 387 (1996).
20) Marriott, A., Arbitrators and Setttlement, 70 Arbitration 297 (2004).
21) Bühring-Uhle, C., supra 386.
22) Nolan-Haley, supra 200-01 (1992).
23) 仲裁法38条。
24) AAA Mini-Trial Procedures 3.
25) 本書所収「ICC 仲裁と調停の帰趨」I‐8で言及している専門家鑑定参照。
26) Sawada, T., Practice of Arbitral Institutions in Japan 4-2 Arbitration International 120 (1988).

＊2000年1月に中央大学大学院社会人講座で行った「国際紛争解決の手段としての調停と他の仲裁代替手法」と題する講義概要の未校正稿が小島武司編『ADRの実践と理論Ⅰ』(2003)に収められた。本章は，与えられた論題についての基本的な考え方が提示されるように未校正稿を補訂しているが，原講義後の内外の立法等を十分紹介論評するような改訂は施されていない。

〔上智大学名誉教授，弁護士，ICC 国際仲裁裁判所副所長〕

第 5 章

仲 調 の 展 開
―― 2010 年とそのあとを目指して――

澤 田 壽 夫

　仲裁手続中に仲裁人が一回または複数回調停を試み，調停不調であれば仲裁手続を続行することは認めるべきでないとの主張があるが，著者は調停という異質の手続の仲裁への組み込み（integration）を是認してそれを仲調と呼び，特に紛争の両当事者（あるいは全当事者）が何らかの協力関係に入る建設的仲調は推奨すべきであるとしてきた。

　本章では若干の外国法と日本法，英国の判例と近年比較的短期間に外国で現れたいくつかの論説を検討して，仲調はなぜ排除されることがあるのか，どういう法律や判例が仲調を困難にしてきたのかを見たあと，積極的な支持の背景と，仲調を支持する判例を展望し，普及のためにはどのような方策がとらるべきかを考える。詳細な比較法報告ではない。資料として特に英国の判例や論説を用いたのは，伝統的に仲調を躊躇する傾きの強かった英国で仲調を支持する事例や有力な見解も見られ始めており（仲裁手続中の調停を認める見解が必ずしも同一仲裁人による積極的調停参加を勧奨しているわけではないが），それが今後の諸国の法の展開にも反映されることを願ったからである。

　仲調では，多くの場合（特に建設的仲調の場合），仲裁人が精力的，積極的に動くので，それは積極仲裁（proactive arbitration）の一形態である。

I　仲調という概念

　他稿で両三度述べたが[1]，あらためて仲調という用語を説明しておきたい。仲調は同一事件について，同一人が随時仲裁人にも調停人にもなる手続で，米国で Med-Arb（あるいは Hybrid（混合））と呼ばれてきた手続の一つである。Med-Arb には三つの型があるとされた。一つは仲裁人が調停を試み，不調に終れば仲裁を行うという調停前置である。次に仲裁判断が用意できてもこれを封じて交付せず，調停を試みる手法である。当初からそのような手順に合意しておくよりも，稀に仲裁判断が書き上げられた後に調停に合意した場合があったようである。第三に仲裁手続中に 1 回または複数回調停を試みる手続がある（ほかに仲裁と平行して，仲裁人とは別の調停人が調停努力をする場合があるが，これは本章の対象ではない）。これら三つの型の手続のうち，特に第三を仲調（Arb-Med）と呼ぶ。漢字によって，仲すなわち「人と人の関係」を「調える（ととのえる）」とすると，それは特に建設的仲調を言い表すに適当といえるのではなかろうか。仲裁と調停は基本的に異質な手続であるから，仲裁人はいわば二重の人格を以て仲裁と調停の間を往復する。

II　仲調と仲調類似の参考例

　次の 3 例のうち，第一は外国の文献にも幾度か取り上げられて古典的ともいえる仲調の例[2]，第二は著者が 2 度ほど紹介する機会のあった仲調例である[3]。第三は，仲調ではないが類似した展開を示した例で，香港の国際仲裁の有力弁護士から 2005 年に教示を受けた[4]。

1．IBM—富士通事件

　紛争は 1970 年代の富士通による IBM 互換オペレーティングシステムソフト開発に始まる。当時米国ではコンピュータソフトの法的保護が明確でなかったため，IBM は著作権に基づく権利主張を差し控えていたが，やがて米国の法制がコンピュータソフトを保護する方向に動いた後，IBM は富士通のソフ

がIBMの著作権を侵害したとして，数億ドルの損害賠償を求めた。1983年に両社は和解し，富士通は一時金とIBMが富士通に対する賠償請求をせず富士通が一定のプログラムを使用してゆく権利をもつことに対する定期支払いが合意された。ただこの契約はすべての事項を解決してはおらず，それらに関する交渉が頓挫したため，IBMは1986年に至って，1983年合意中の仲裁条項に基づく仲裁を申し立てた。IBMは，富士通によると，鉄道会社役員を，富士通はカリフォルニア大学ロースクールバークレイ校教授として家族法を教えてきた人を仲裁人に選任，2人はカナダの議会議員を第三仲裁人に選んだ。

　第三仲裁人は仲裁手続の早い段階で辞任し，これを補充する可能性を残しながらも，2人の仲裁人が協力し，必要に応じて個別に当事者と協議しつつ，当事者がプログラムデータの交換を含む履行の詳細を決めてゆく枠組み作りを助けた。1995年を以て，当事者相互に行うべきことはすべて終了し，紛争は過去のこととなった。これは仲裁事件ではあったが，仲裁人と当事者が採った手法は事実上仲調であった。著者との面談に応じられた富士通法務・知的財産権本部長によると，仲裁によらなければ，複雑かつ多額の出費を要する訴訟が避けがたかったであろうし，仲裁人は，随時適切な示唆を与えながら，当事者が共通の問題意識を持って議論を進めるように導いた点できわめて有益な存在であったと回顧された[5]。

2．機械製造合弁事業

　1年以上続いた交渉を締めくくって「意向書」（Letter of Intent）が作られ，アメリカの会社Aの代表とアジアの会社Bの代表が調印した。そこではAとBそれぞれが相手方の製品を買い，Bはその機械のうちの2種の製造ライセンスをAに与えることになっている。意向書は数ページぐらいの短いものが多いところ，アメリカの弁護士が作成したこの意向書は35ページにわたっていた。しかしそもそも文書の性質についての記述が一貫していない。前文では，この文書は単なる意向書（merely a letter of intent）だといっているが，定義条項を見ると「"契約書"はこの文書と，添付された付属書をいう」とある。

「Aは随時製品を発注することを望む（hopes to place orders）」とか「契約書に次の瑕疵担保条項を含めることが話し合われた」などの条項からは，拘束力のある約束がなされたようではないが，他方「Bは船積みを受けてから10日以内に支払うものとする」とか「この契約から生じるいかなる紛争，見解の相違，争論も国連国際取引法委員会仲裁規則のもとで解決される」という規定からは，この文書が既に契約書であるように読める。Bは，AをBの製品K-11とK-13の長期的に安定した輸出先と位置づけていたが，Aの意図はこれらを暫くの間だけBから買い付け，やがてそれを自らライセンス生産することにあったようだ。「意向書」には，Aは「既に完全に合意したとおり，……製造し」という文言がある。

　第三者でありヨーロッパの金融機関であるCの代表者は，よく分らない何らかの理由で，AB取引に介入しようとしていた。意向書にも，CがAの利益とAがBから得ることのありうる損害賠償の一定部分を取得する権利に関する規定があり，Cは仲裁に異議はなかったものの，仲裁の結果としてCの権利に関して何らかの保障が与えられることを望んでいた。

　AとBの関係は，最初の数カ月は良好であったが，その後急速に悪化した。BはAの注文に合致するよう製造した特注K-11とK-13の引取りをAが拒絶したために損害を被ったと主張し，AはBに発注した事実はなく，Aの工場への立ち入りを認められたBの技術者がAの営業秘密と有用な技術を盗んだとして1,000万ドル（この額は仲裁人報酬額を低くするためか，後に大幅に減額された）を超える損害賠償をを要求した。

　経営の行き詰った企業の再生を専門とする米国弁護士がアジア人弁護士Sを単独仲裁人とするように勧め，Sは就任を承諾し，とりあえず10時間以上をかけて関係書類を検討した。郊外のクラブハウスの平和な環境に恵まれて開かれたA，B，Sの最初の会議で，Aの代理人弁護士は，Bがファックスで「われわれは大いに喜んでお約束いたします（We are very happy to commit ourself [sic]）」と述べたのは，BがAに製造ライセンスを与える約束だと言い，BはAがBへの書面で「お好きなように（Do as you please）」と述べたことか

らもBはAに対して何の債務も負っていないことが分ると述べた。このようにいずれも決め手にならない応酬があった。

　Sはいろいろの誤解，曲解があったにせよ，それぞれ相手と組んで商いを拡大しようと思っていたことはたぶん合理的で，取引の環境は当初からあまり変っていないと思った。若干の紆余曲折を経て，A, BはSが調停を試みることに同意し，その旨の短い書面が作られた。Sは旧知の公認会計士で国内・国際租税実務に詳しい者の来訪と協力を求め，二つの計画を練り上げた。SはA, Bそれぞれの執行役員との個別の協議でそれらの案を提示して2回調停を試みたが，不成功に終ったので仲裁作業を再開した。その冒頭でAの顧問ということで出席したCの代表が発言し，Sは仲裁人として偏っているとして忌避を申し立てた。ただSが調停人として行為したためにもはや不偏ではないから仲裁人に復帰できないとして忌避したのでなく，アジア会社を一方の当事者とする事件をアジア人が仲裁するのは不適当であるということだったため，Sはそれが時期に遅れかつ当事者の意向を無視した人種的理由の忌避であるとして却下した。このときまでAはSに対して冷たい態度をとっていたが，C代表の発言が強烈な攻撃であったためか，Aの態度はにわかに紳士的に変った。Aは依然Bの批判を続けたが，「雰囲気」は好転した。そこでSは3度目の調停を提案，従前より強力に和解を説き，ついに小規模な合弁会社設立に向かってSの起案したHeads of Agreement（合意概要書）（それにはA, Bがそれまで考えてもいなかった新構想も盛り込まれた）が両当事者の代表によって調印された。和解書も仲裁判断も作られることなく，紛争は握手とシャンパンの乾杯とともに過去のことになり，ただちに合弁契約の作成が始まり，やがて合弁企業もめでたく滑りだした。

3．鞄製作合弁事業

　著名なブランドを持って流行の品々をデザインし製作販売しているヨーロッパのファッションハウスが，国際関係で活躍している香港弁護士に連絡をとり，ハンドバッグの巧妙な模造品が台湾で作られ香港で売られているので，差止命

令を取ってほしいと依頼した。台湾の模造品製造者と接触すると，ヨーロッパの会社からライセンスを受けたいという展開になり，ヨーロッパ会社は台湾の模造品がきわめて優れたできばえであるため，ライセンス生産に依存無く，交渉は合弁会社設立へと発展し，合弁会社がライセンスを受けることで決着した[6]。

　第一の例では，仲裁人と当事者の協力で調停が進行したが，もしそれが成功しなければ仲裁によって黒白がつけられる仕組になっていたため，そのような硬い決着は避けたいという思いが，穏やかな解決を可能にしたといわれる。仲裁合意が良い圧力として機能する例といえる。第三の例では，当事者間に仲裁合意を含む契約関係があって仲裁が行われ始めたわけでなく，従って仲調の例でないが，結末は第二の例と類似している。ヨーロッパの会社としては，同品質の品を安く製作でき，台湾の会社としては訴訟を起される憂いなく利益を上げられ，アメリカの交渉術でいう win-win のケースとなり，建設的仲調に不可欠な誠意ある交渉の重要性を教えている。

Ⅲ　仲調排除の理由

　一般に内外で仲調が望ましくないとする理由は，衡平と善を適用する場合を除き[7]，仲裁は訴訟と同じく法律を適用する手続であり，調停は法律を適用することなく当事者間の利益を調整する手続であるから，二者は全く異質の手続であり，調停を仲裁に組み込んで仲裁人が当事者の本心を聞いてしまうと，その後再び仲裁人として中立公平な判断をするのが困難になるからだといわれる。

　単純な例としてあげられるのは，たとえば客観的に6万5,000ドルぐらいが妥当かと思われても10万ドルを請求している当事者が，仲裁人との個別協議で，ふと実は3万5,000ドルでも良いのだと口走ると，調停不調で再び仲裁人となった者が3万5,000ドルの仲裁判断をするかもしれないという仮想例である[8]。このようなことはまず起らないと思われる。いささかでも経験を積んだ

仲調人は，たとい調停の過程で3万5千ドルという数字を聞いても，再び仲裁人として行為し始めると，法律や慣行から考えてそれが妥当な額だと思わない限り，調停中に耳にした額を判断で与える額とすることはない筈である。

しかしそれではたとえば調停中に「実は申立人としての当方の立場は弱いと考える」といわれて申立人側の諸事情を聞いてしまう場合はどうかなど[9]，さまざまな例をあげて，仲調は，法の基本である適正手続（due process）遵守の要請に反し，あるいは自然正義（natural justice）に反するゆえ是認できないとする考えが消えてはいない。

このような考えを採ると，当事者が事実上調停で終った事件の仲裁判断取消しを求めたり，国境を越えて執行が求められる場合に，ニューヨーク条約（外国仲裁判断の承認及び執行に関する条約）のもとで，「仲裁手続が，当事者の合意に従っていなかったことまた，そのような合意がなかったときは，仲裁が行われた国の法令に従っていなかったこと」があった場合だとして，執行拒否を求めるかもしれない[10]。

Ⅳ　仲調を困難にする法律，判例，規則等

英法系の国のなかでも，ニュージーランドは明快に仲調反対の立場をとってきた国である。ニュージーランド法のもとでは，仲裁と調停の混合は自然正義（natural justice）に反し，自然正義に反するならば公序に反し，公序に反する仲裁判断はHigh Courtによって取消されうるとされた[11]。

しばしば英国法は仲調に反対であるといわれてきた。1996年英国仲裁法51条は仲裁手続中に和解が成立した場合，国連模範法30条の定めるように，和解の内容を仲裁判断とし得る旨の規定であって，積極的に仲裁手続中の1回または複数回の和解努力を勧奨する規定ではないが，それを排除もしていない。むしろ仲裁法冒頭の

　　当事者は紛争がいかに解決されるかを自由に合意すべきである。ただし公益を守るために必要な措置には従う

という規定は，多様な紛争解決措置の採用が可能であることを示唆する[12]。

33条のもとで仲裁廷の二つの義務のうちに一つは

　　不要な遅延と経費を避け，決着を要する問題の解決のため公正な手段を供
　　すべく，特定の事件の状況に適した手続を採ること

であるとして，手続決定上の柔軟さを求めている[13]。しかしいま一つの義務は，各当事者に妥当な主張の機会を与えると同時に

　　当事者間で公正不偏に行為すること

である[14]。公正・不偏は，多くの国で広く仲裁人に求められているところであるが，この要件をいかに厳格に適用するかによって，仲調が不可能になりうるという問題がある。

　この点を詳しく論じた英国の判例 Glencot Development and Design Co Limited v Ben Barrett & Son (Contractors) Limited[15]を取り上げて考えて見る（以下 Glencot を G，Barrett を B，英国建設業界の法定判定人（adjudicator）を務めた Talbot 氏を T と略し，括弧で囲んで示す番号は判決のパラグラフ番号を示す）。T は判定人でありながら調停人としても行為し，調停不調となったため，判定人の資格で判定をくだした。1. T の行動から T は不偏でないといえるか，2. B の不作為により，B は禁反言の原則によって T を忌避できなくなっていたかが争われた。

　T をめぐる動きは次のようであった。8月30日 T が判定人となることを承諾，9月28日 T は，翌9月29日の会合の議題表を送り出した。T は判定人が調停人となったうえで，不調の場合に再び判定人となるのは稀でないと説明し，この点参会者に異議が無かったので，それからの6時間 T は当事者と個別に面接した。当事者間にかなりな意見の隔たりがあって，白熱した議論の結果合意できない点がいくつか残った。10月2日，T は当事者に書状を送り，その中で次のように述べた。「7. もしいずれかの当事者が，和解協議に私が参加しましたために，偏らない判定をする私の資格が損なわれたと思われるならば，私が判定から退くことを可能にするため，直ちに私にご連絡ください」。10月6日，B は他件のため，T の書状に応答できなかったと説明，弁護士とも相談したが，その結果 T は判定人を辞任すべきだと考えると述べた。T も弁護士と

協議のうえ，10月11日当事者に書状を送り，そのなかで「私は私の判定が当事者の交渉の席にいましたことに影響されるとは思っておりません。ですから私は偏らない判定をする資格があると考えます」として，10月23日に判定をくだした。Tが偏っていたかどうかを長文で論じた判決は，次のように考えた。

判定人（adjudicator）は伝統的法廷（classical judicial tribunal）でないかもしれないが，本件判定は専門家鑑定（expert determination）よりはたぶん仲裁（arbitration）に近い(19)。不偏に（impartially）なされなかった決定に拘束力はない(16)。裁判所は偏見（bias）の影響を受けた（affected）決定は取り消す(35)。本件では偏見から生じる不正義の現実的（real）危険があるか(61)。「現実的」とは，実在しなくはないことで，「現実的危険」とはどのような危険かというと，それは極微小な（minimal）危険より大きい。なお偏見には実際の偏見（actual bias）と外見上の偏見（apparent bias）があって，外見上の偏見は無理もない懸念（reasonable apprehension）を生じさせる(38)。本件では実際の偏見はなく，「決定者が無意識の偏見を持った現実的危険があるかどうか（whether there is a real danger that the decision-maker was unconsciously biased）」が問われる(61)。

裁判の場合1. もし裁判官に実際の偏見があったなら，判決は取り消される。2. 実際の偏見が確定できないならば，不偏が推定される。そして3. 主要事実の客観的評価によって，裁判官が不偏でなかったかも知れないという合理的なおそれがあったかを考えねばならない。4. 主要事実とは裁判所の職権調査で明らかになる事実を含む。5. 客観的評価をする重要な理由は人民の司法への信頼が望ましいというにある(84)。裁判所が社会の理性ある通常人の反応を反映する基準を用いれば，司法への信頼が維持される(63)。このように見るとTは偏見をもっていたといえる(22)。

次に放棄（waiver）の問題，すなわちBはTが偏見を持ったため不偏でなかったという主張を適時になさず，そのためそのような主張をすることをestopされるに至ったかという問題であるが，10月2日のT書状の7にBが

応答しなかったのはBに不利な事実ではあるが(28)，そのために禁反言原則が機能する状態になった，或いはBの偏向を申し立てる権利を失ったとするのは極端に過ぎるとされた。

　国連国際取引法委員会（UNCITRAL）の国際商事調停模範法の保守的規定では，調停人となった者が，調停の対象となった紛争につき仲裁人として行為してはならず，当事者の合意がある場合は除かれているが[16]，仲裁手続中調停人となった者は，調停を試みている間に述べられたことや調停人の提案などに依拠してはならない[17]。国際商業会議所（ICC）のADR規則も，全当事者の書面による合意がない限り，同一事項について仲裁人であった者は中立者（調停人）になれず，後に仲裁人となることもできないとする[18]。全当事者の合意がないと，調停中に用いられた文書，認容された事柄などを仲裁で証拠として用いてはならないとする[19]。

　2000年の香港仲裁令は，全当事者の書面による合意があれば，仲裁人が調停人になることを認め[20]，「仲裁人又は審判人は，(a)付託された事件の当事者すべてと又は個別に連絡できるが，(b)当該当事者が合意するか第3項が適用されるのでなければ，その者が，付託された事件の当事者から得た情報を秘密にしなければならず」，［第3項］「もし秘密情報が仲裁人又は審判人によって当事者から調停手続中に得られたものであって，その手続が当事者の紛争の和解合意到達前に終了したならば，仲裁人又は審判人は，仲裁手続再開前に，仲裁手続上実質的と考える情報のできるだけ多くを全当事者に開示しなければならない」[21]と規定する。

　2002年シンガポール国際仲裁令も同じである[22]。調停に携わった仲裁人が調停に努めた間に見聞きしたところを再び仲裁人になった後に用いてはならないとする規定は仲裁人の機能をきわめて制限することになる。また2003年現在，シンガポール法17条を解釈した判例は知られていないようであるが，香港法，シンガポール法のいう「実質的と考える情報」は何かを仲裁人が恣意的に決定してよいのかという問題がある。そういう情報が全当事者に開示されるとなれば，調停中仲裁人が当事者から聞き出せることは不自然な限定を受け，

調停に当たる仲裁人を不安にするであろう[23]。

V　仲調を積極的に支持する法律，論説等

「(1)仲裁手続中当事者が紛争について和解したときは，仲裁廷は手続を終結し，かつ両当事者の申立があって仲裁廷に異議がなければ，その和解を合意に基づく仲裁判断の形式で記録しなければならない」との国連国際取引法委員会による国連模範法の規定と[24]，これをほぼそのまま取り入れた国の法律は，調停を加えた仲調よりも当事者の交渉で和解できた場合を想定した規定になっており，複数回の調停を念頭においていない。ドイツ民事訴訟法1053条はそのような規定であるが，同法29条は，裁判官が裁判手続のあいだ，常に和解に努めるものとしている。この考えを取り入れた1998年のドイツ仲裁協会 (Deutsche Institution für Schiedsgerichtsbarkeit e. V. (DIS) 仲裁規則は，仲裁人が，手続の各段階で友好的和解を奨励すべきであると規定する[25]。1986年オランダ仲裁法も「手続のいかなる段階であるかを問わず，仲裁廷は和解到達の試みのため……複数当事者に出頭を命じることができる」とする[26]。1995年の中国仲裁法は，「仲裁廷は判断をする前に調停ができ（仲裁廷在作出裁決前，可以先行調解），当事者が調停を希望するならば，仲裁廷は調停しなければならない。調停が成立しない場合には，速やかに仲裁判断をしなければならない」とし[27]，これを承けて国際経済貿易仲裁委員会規則は，「……仲裁廷は仲裁手続中に調停できる」，「仲裁廷は，その適当と考える方法によって調停できる」，「調停不調（調解不成功）の場合，仲裁廷は仲裁を進行（継続進行仲裁程序）させ，仲裁判断をくだす」という明快な規定をおいている[28]。

インドも，1996年の仲裁法で仲調を明確に認めた国として記憶されるべきであろう。その30条は「(1)仲裁廷が紛争の解決を促進（encourage settlement）することは，仲裁契約に矛盾せず，当事者の同意を得て，解決を促進すべく，仲裁手続の間何時であっても調停その他の手続（mediation, conciliation and other procedures）を用いることができる」と宣言した。香港法，シンガポール法が仲裁人による調停を認めていることは前述のとおりである[29]。

タイ国では当事者の承諾を得て、仲裁手続中に仲裁人が幾度なりと調停を試みるのは普通のことだという[30]。日本では、2003 年成立の仲裁法に「当事者双方の承諾がある場合には、仲裁廷又はその選任した1人若しくは2人以上の仲裁人は、仲裁手続に付された民事上の紛争について、和解を試みることができる」と定めることによって、仲調を明文で支持する国に加わった[31]。

インドの指導的法律家であり、ICC 国際仲裁裁判所で長年筆者の同僚であったファリ ナリマンは言った。「仲裁人は仲裁人であり、仲裁人であって、その職務は単に紛争を裁くだけでなく、当事者の協力を得て紛争の友好的解決を助けることである」と[32]。また仲調を支持しないといわれてきた英米法系の国のなかでもいわば母法国である英国の仲裁界で活躍してきたマリオットは、「仲裁人の最重要な義務は、当事者の和解を奨励することである」と言った[33]。コリンスも「それが義務であるか単に良き慣わしであるかはさておいて、国際仲裁人が適時に……和解を促進するようにしたほうがよいということにはほとんどの人に異議がなかろう」と考える[34]。

Ⅵ 仲調支持の背景

いくつもの法律や規則で仲裁廷による仲調誘導が容認され、また紛争解決の実務に携わってきた実務家によって仲裁の過程での調停・和解が強調されるようになったのはなぜか。それは次のような意識から生まれたといえるだろう。

(1) 紛争の「処理」よりも「解決」が望ましく、「解決」に至るには、訴訟よりも「伝統的」な仲裁か調停が好ましい。

仲裁では当事者の rights が、調停では当事者の interest が強調されるというが[35]、それはそれとして、紛争の「処理」も「解決」も同義に使われることが多い。しかし、紛争の「処理」が当事者に満足や平和をもたらさなくとも、紛争の始末をして紛争に終りを告げることを意味し、他方「解決」は、その度合いは異なっても、恨みや不満が残らず、満足や平和がもたらされるようにして紛争を終らせることと定義できるとすれば、一般に処理よりも解決が望ましいといえるであろう。訴訟によって、「勝訴」または「敗訴」という形で紛争

を処理しても解決にはならず，伝統的仲裁か調停が解決の途を開く。

(2) 仲裁が訴訟化すれば，それはもはや「伝統的」な仲裁ではなく，仲裁の存在意義が損なわれるところ，不幸にして訴訟化が起り，かつ進行している。

バーガーは言う。

「国内取引と国境を越えた取引の双方で，仲裁は常に特別な"合意に基づく"紛争解決制度を提供する手段と目されてきた。純粋な"妥協の文化"では，町人間の紛争は対決よりも当事者間の協力と尊敬を特徴とする雰囲気のなかで解決さるべきである。それによって経済的に手堅い，interest 志向型の解決がもたらされる。このような伝統的な仲裁の姿は二つの理由から変りつつある」[36]。

そして二つの理由として，1)「紛争」という言葉と，2)時効中断効及び民事手続的諸権利をあげる[37]。これはどういうことかというと，本来「紛争」とはいえない「見解の相違」も仲裁の対象であったところ，多くの法律で，仲裁は「紛争」を解決するものだとされてしまい[38]，伝統的に仲裁の対象であったものと訴訟の対象であったものの同化が起ったのだとする。また仲裁の開始によって時効中断が認められるといった形で，訴訟で認められた観念が仲裁に導入されて仲裁が司法化したというのである[39]。

仲裁の司法化は，訴訟における広汎な開示手続の仲裁への導入，主として英米の法律事務所の大規模化により，膨大な書類が作成されるという状況もその原因となった。マリオットは訴訟におけるような開示の濫用，「金銭を得て当事者の主張を代弁するにすぎない専門鑑定書の乱発，法律と事実の分析に的を絞ったと装う膨大な弁論趣意書と覚え書（abuse of expert testimony often no more than paid advocacy of a party's cause... massive written briefs and memoranda masquerading as focused legal and factual analysis）が仲裁で普通のことで，仲裁人はこれらと戦う権限を持つとはいえ，1970年代からの，もはや後戻りしない現象になってしまったと慨嘆する[40]。

(3) そうなると仲裁との対比で調停の意義が認識される

仲裁の訴訟化が進めば，仲裁が迅速で費用は低廉という特性も希薄になり，

英国での Centre for Dispute Resolution（CEDR）の歴史が示すように，紛争処理制度の利用者が，仲裁よりも当事者自治の色彩が濃く柔軟な手続である調停を好み，訴訟から仲裁に逃避した利用者が，次に調停へと逃避する。

(4) 調停に加えて保障の有る仲調又は建設的仲調が望まれる

仲裁の司法化，調停の多用という現象が無くとも，仲裁と調停の組み合わせである仲調は国内的にも国際的にも有効な紛争解決手法として勧奨に値し，それが多くの当事者に認められるようになる。

仲調には決着型仲調と建設的仲調がある。決着型仲調とは，AはBに5,000万円を支払う，あるいはABが合弁事業の果実を各々5,000万円ずつ得て，その後ABは特に関わり合いを持たないとしたり，解決後何年間か，たとえば10年間AがBに許諾料を払い続けるといった合意で紛争を決着させる仲調である。決着型仲調の場合，特に決定した履行が長期にわたる場合，当事者が万一に備えて執行力を欲することがあり，和解内容を合意に基づく仲裁判断として残すことになる。仲裁と調停という二つの異質な手続のいわば「よいところ取り」が行われる。この章のⅡに掲げた3例のうちのあとの2例は，当事者の爾後の関係を定める合弁契約あるいはライセンス契約が作られた建設的仲調の例で，永く続く友好的協力関係が生み出された。機械製造合弁事業の例にあっては，仲裁判断も和解調書も作られず，それらに代る合弁契約が円滑に履行されていったので，当然判断執行の問題など生起しなかった。

Ⅶ　仲調普及の方策

積極的仲調を勧める規則を持つドイツの論者が，1990年以降，紛争の解決の実務は大きく変貌し，仲調を推進する積極仲裁（proactive arbitration）が普通のことになったと指摘する[41]。また日本仲裁人協会での仲裁とADRの研究，研修への協力を求めるために持たれた企業の総務・法務指導者との懇談の締めくくりに，仲裁そのものよりもむしろ仲調の研究への興味が示された[42]。

仲調振興に理解を示す個人が，それぞれ思索と経験を積み重ねることが重要なことは言うまでもない。それに加えていささか組織的な努力をしようとする

と，次のような方策が重要と考える。

1．仲調例，建設的仲調例の収集

仲裁手続中に1度あるいは複数回試みた仲調が成立した例，そして単なる仲調でなく，心機一転当事者が協力する建設的仲調が成立した例は少なくない。国内，国外の例を収集し，動機と経過を記録しておくならば，仲調振興の基礎的資料となる。関係者の諒承を得たうえでの公開も視野に入れられる。

2．仲調不適当とする先入観の修正

個人間企業間の関係が冷たいものになりがちな現代社会において，妥当な紛争解決方法と評価されるようになった仲調，友好的協力関係を生み出す建設的仲調は好ましい手法であって，それが自然正義にもとったり，公序に反したりするはずがない。

ビューリンウーレが行った調査のなかに，仲裁人が調停を試みている間に紛争の核心に関することを聴くと，「それを忘れて審判者として偏らずに行為することは困難」という回答やそれと同趣旨の回答が紹介されている[43]。これが仲調反対の最も一般的理由と考えられるが，仲調例の収集によって，聴いたことを忘れなくとも偏らない例，仲裁人が調停中に入手し，あるいは知り得た資料，状況，当事者の陳述等の全趣旨を心証形成に用いても，偏ったことにならない例，むしろ両（全）当事者が満足した例が集められよう。訴訟中の調停が不穏当でないことを経験した裁判官や当事者の経験の聴取も助けになろう。心理学者の協力も有益である。

3．法律的憂慮の除去

医薬の世界に使い方に注意を要する強い薬があるように，仲調は，それが世界でより広く用いられるまで，或る程度の危険を伴うと認めなければならない。コリンスは安全な方法から危ない方法まで，仲調・和解促進の方法を三段階に分ける[44]。安全な方法は，仲裁人が当事者に和解を考慮してはどうかと可能

性を投げかけるにとどまる。次に仲裁人のほかに調停人を依頼してはどうかと提案する方法があるという。これも安全である。危ないのは仲裁人が積極的に調停人を務めることで，仲裁人が調停人として行為するのは問題である（problematic）[45]という。第一，第二の方法は，教唆にとどまったり仲裁と平行する調停の勧めであって，いずれも本章の勧める仲調ではない。第三の方法，つまりいくつかの国では法律や仲裁規則上，また実務上既に広く行われるようになってきた仲調，積極仲裁に「危険」があるのは事実であるため，その除去が必要となる。危険は，仲裁に偏りがあるとして忌避されたり，執行申立が阻まれて当事者の労力や資金が無駄になるといった危険であって，本章Ⅳ「仲調を困難にする法律，判例，規則等」で紹介したとおりである。その除去には2通りの努力が必要になる。

(1) 一つは国の法律，仲裁規則の多くと模範法の規定が，仲調を，そして建設的仲裁を是認，勧奨するように働きかけることである。またそれら規則は，調停を一回試みることを認めるだけでなく，複数回の試行を可能にしなければならない[46]。

(2) いま一つは，仲調を認める標準契約条項と当事者の意思確認書の作成である。標準契約条項は，いまだ何らの紛争も予想できない段階で各種契約のなかの紛争解決条項の一部として用いるもの，紛争が生じていよいよ仲裁等の手続が開始される段階で用いるものとを分けることができる。調停人として行動する仲裁人が，各当事者と個別に協議してよいこと，秘密情報として開示されたことをどのように仲裁判断に反映させるかを仲裁人に任せること，当事者の真意を聴いたことによって仲裁人が偏ったとの理由から仲裁再開後に仲裁人を忌避したり仲裁判断の無効を主張することなく，判断執行を止める動きもしないことなど，その主要な内容となるであろう。そもそも仲裁も調停も当事者の意思によるゆえ，二つの手続の組み合わせも当事者の意思さえ明らかであれば良い筈である。しかし標準契約条項に加えて，当事者の調停付託の意思を確認する同意書面がいよいよ初回の調停の開始前に作られることも重要である。またたとえば仲裁審理を3回行ってから3日間に限って調停を試み，その後仲裁

にもどったが一回の審理のあとでまた調停を試みる場合，調停に入るごとに同意書面への署名を求める必要があるだろうか。それは「卵の入れすぎ」(over-egging the pudding) のようであるが[47]，安全のために望ましいとの指摘がある[48]。仲調を含む紛争解決条項をどのように作っても，調停のたびに同意書に署名を求めても，第Ⅳ節で引いた英国判例のような分析によって，効果が否定される可能性がすべての国で全く除去されているわけではなく，各条項を効果について慎重に考えておくことは賢明といえる。

建設的仲調の場合には，手続終結後に否定的な動きが試みられた例は，耳にしたこともない。紛争当事者が新しい気持で新しい出発をするため，仮に合意を仲裁判断の形で記録しても，それがいかなる文書か意に介することはなく，ましてその執行の必要など生じないからである。

4．研　　修

当然ながら仲調の成功は仲調人と当事者のチームワークにかかり，訴訟に練達した人がすべて仲裁に適するといえないように，仲裁で優れた人が必ずしも調停に適するといえない。仲調人は仲裁人と調停人の双方で相当有能であることが求められ，それは当然個別に仲裁人，調停人を選任するよりも難しい。

筆者は日本仲裁人協会の調停人研修開講に当って，調停の基本と思われることのうち五つをあげた[49]。それは文化の理解，パワーポイント，平和を求める心，CEOの参加，信頼であって，これらは仲調にも妥当すると思う。重要度に従ってあげたのではない。文化の理解とは，当事者である会社の文化，個人の文化の理解であり，国境を越えた事件の場合は，それぞれの当事者の国の商慣習，一般的道徳観，歴史などの理解が決定的ともいえる助けになる場合が少なくない[50]。どうしても最も重要度の高いものをあげよといわれるならば，それは信頼であろう。

当事者の信頼を得ることは仲裁でも重要ながら，調停に当る仲裁人が，調停中に知り得た情報，状況，当事者の陳述すべてを，仲裁に復帰して仲裁判断をする場合でも妥当に用いてくれるとの信頼，仲裁人として行為する場合には準

拠規範を司法的に適用してくれるであろうという信頼など，きわめて高度な信頼を得なければならない。この点について，いくつかの研究書，論説に見事な総括の言葉が見られる。まず IBM―富士通事件の仲裁に参画した会社法律顧問が，仲調には「深刻な問題がありうるが，最善の方法でもあり得る。すべてが中立者［仲裁人や調停人］の人柄にかかっている。中立者はきわめて稀な技量，強い性格を持っていなければならず，両当事者からのきわめて高度な信頼を絶対に必要とする」という言葉を残されたという[51]。また「当事者の真の interest の探求は，調停人が当事者それぞれと個々に会うことによって最もよく機能するし，一般に，効果的調停のためには中立者が当事者と深い個人的関係を築かねばならない」[52]，「仲裁人，調停人には健全，強靱な常識（robust common sense）が求められる」[53]という指摘もある。これらは建設的仲調に当って特に留意すべき点である。

　信頼を得られるかどうかは，人柄と当事者との相性によるところが大であるが，調停，仲裁の各作業中，いかなる注意が信頼の維持に重要かといった点は研修で学びうる。仲調経験者はそれぞれ個人的に仲調の経験を反芻し反省する。しかし個人的研鑽だけで仲調を始めた仲調人にも，研修は能力を高める意義を持つ。

　コリンスは，申立人が調停を望み，被申立人が望まない場合は調停成功の確率が低いとするが[54]，それは必ずしも筆者が見聞きしてきたところではない。いつ調停を切り出すかなどは研修で扱える。調停では仲裁と較べて当事者が嘘を言うことがはなはだ多いという人がある。その真偽は別として，研修はそのようなことも扱う。

　仲調は科学でない。それだけにその研修プログラム，そして特に国境を越えた仲調プログラムの作成は長時間をかけて，多くの適当な講師と参加者を選び出す難しい作業である。仲調を経験した会社の関係者からの経験聴取，仲裁と調停の差異，認知（cognitive）心理学，社会（social）心理学等概論の聴講，特定の研修で取り上げる模擬例に関連する異文化，異なる商業慣行の知識，その模擬例の各当事者の主張の一応の法律的評価，当事者の初期目標，営業環境の変

化，紛争の経緯などの分析，会計，税務等関係分野専門家の応援を得ての調停モデル作成，仲調付託書作成，正確な事実の理解，そしていわゆる交渉術の習得もよいが，誠実を第一とするいくつかの交渉の基本原則を身につけることなどをいかに組み合わせて有機的プログラムを作るかに多くの時間をかけた準備が必要で，中心的模擬問題が知的財産であるか，生産ジョイントベンチャであるか，また当事者が多数であるかなどによって，計画の内容が慎重に検討されなければならない。

　日本は，裁判にも仲裁にも和解を組み込む伝統を持つ。そのような国でこそ，近隣の国の人々とも力を合わせて，優れた仲調人，代理人，良き当事者を目指す研鑽を積んで，幸せな仲調の成果を世界に発信するようにしたいものである。

1) 澤田壽夫　柏木昇　森下哲朗「マテリアルズ国際取引法」402-03頁（2004）；小島武司編『ADRの実際と理論Ⅰ』（2002）所収　澤田壽夫「国際紛争解決の手段としての調停と他の仲裁代替手法」のなかの調仲と仲調の項，及び「ICC仲裁と調停の帰趨」のなかのICC手続と調仲・仲調の項。これら2編は，題を変更することなく増補改訂して本書に収められた。
2) Bühring-Uhle, Christian, Arbitration and Mediation in International Business 381-88 (1998).
3) Sawada, Toshio, Hybrid Arb-Med : Will West and East Never Meet ?, 14-2 ICC ICArb. Bull 29-36 (2003) : Le processus hybride d'Arb-Med : l'occident et l'orient ne se recontreront-ils jamais ? 14-2 Bull CCI CIArb 31-39 (2003)；太田勝造・野村美明編「交渉ケースブック」236-43頁　澤田壽夫『国際ビジネス紛争解決手段としての建設的仲調と交渉』（2005）
4) 香港 Global Mediation Services Ltd. Colin J. Wall 氏 2005年1月12日書状。
5) 同本部長は，IBM―富士通仲裁を紹介するいくつもの文献があることを承知しているが，それらを検討したわけでなく，本章注2）の文献を含めてその正誤を評論する立場にないといわれた。
6) 注4）の書状。
7) 多くの国の法は，国連国際取引法委員会（UNCITRAL）国際商事仲裁模範法（以下「国連模範法」）第28条が定めるように，当事者が明示的に合意すれば仲裁廷が法の規範の代りに衡平と善によって判断することを認める。このような条項からも衡平と善は法でないことが分るがその内容の明確な定義は困難で，ICC仲裁委員会

は，2005 年にタスクフォースを設けて，その内容をより明確にすることとした。
8) Nolan-Haley, Jacqueline M., Alternative Dispute Resolution in a Nutshell 201 (1992).
9) Collins, Michael, Do International Arbitral Tribunals have any Obligations to Encourage Settlement of the Disputes Before Them, 19-3 Arb. Int. 333, 339 (2003).
10) 5 条(1)(d)。
11) New Zealand Arbitration Act (1996), Art. 34 (2)(b)(ii)； Art. 34 (6)(b)。
12) 1 条(b)。
13) 33 条(1)(b)。
14) 33 条(1)(a)。
15) [2001] BLR 207.
16) 12 条。
17) 10 条。
18) 7 条 3 。
19) 7 条 2 。
20) 2 B (1)。
21) 2 B (3)。
22) 17 条。
23) マリオットは，「このような安全手段がとられれば，妥当な手続がとられたか，自然正義に反しないかという懸念はなくなり，仲裁判断は攻撃されないはずである」というが（Marriott, Arthur, Arbitrator and Settlement, 70-4 Arbitration 297, 306 (2004))，その趣旨はよく分らない。コリンスはこのような規定はさまざまの問題を生じさせるとして疑問を呈する。注 9) 339。
24) 30 条。
25) 32 条 1 。
26) 1043 条。
27) 51 条。
28) 40 条。
29) 注 20) 22)。
30) 東京での 2003 年ローエイシア大会 ADR 部会でのブンナク（Bunnag, J.）氏の発言。
31) 38 条 4 , 5 　近藤ほか「仲裁法コンメンタール」204-07 頁（2003)。
32) Nariman, Fali, The Spirit of Arbitration, The Tenth Annual Goff Lecture, 16 Arb. Int. 261, 267 (2000).
33) 注 23) 297。
34) 注 9) 333。
35) Berger, Klaus P., Integration of Mediation Elements into Arbitration —'Hybrid'

Procedures and 'Intuitive' Mediation by International Arbitrators, 19-3 Arb. Int. 387, 391 (2003).
36) 注35) 388。
37) 注35) 388-390。
38) 1996年英国仲裁法82条(1)で，6条(1)のdisputeはdifferenceを含むことになる。
39) 1996年英国仲裁法13条参照。
40) 注23) 298。
41) Raeschke-Kessler, Hilmar, The Arbitrator as Settlement Facilitastor, 21-4 Arb. Int. 523 (2005).
42) 2004年9月14日に経営法友会例会で「国際商事仲裁の現状と展望」と題して講演の後，翌2005年3月10日同会幹事の方々と懇談，我が国では，相対の交渉で解決できなければ仲裁よりも訴訟が選ばれるであろうし，国際契約の仲裁条項のためにやむなく仲裁が始まれば，それを交渉で終らせたいと考えるのが普通であろうとの感想がもらされた。
43) 注2) 205脚注154の本文。
44) 注9) 336-37。
45) Ibid.
46) 著者は長年調停が仲裁よりもcivilizedな紛争処理手法であるとして (Sawada, Toshio, International Commercial Arbitration 30 Japan. Annual of Int Law 69, 88 (1988), Practice of Arbitration Institutions in Japan 4-2 Arb Int. 120, 139 (1988)ほか）世界知的財産権機構（OMPI；WIPO）などでも国際商事調停の振興を訴えたが (Sawada, Toshio, Mediation ([WIPO] Worldwide Forum on the Intellectual Property Disputes, 267, 275-76 (1994))，近年のヨーロッパで，純粋な調停に加え，しばしば国境を越えた仲調の需要が看取される。適用規則はしばしば仲調を認めながら，仲裁中の数次調停に対処する規定ぶりを採っていない。
47) ローストビーフなどとともに供されるヨークシァプディングの成分割合は，牛乳1パイント（約0.57リットル），卵2個，大さじ山盛り4杯の粉，塩，肉汁（ドゥリッピング）を，デザートのウインザープディングの場合はリンゴ6個，砂糖1オンス，米1オンス，小さじ1杯のレモンジュースなどに対し，卵白は4個分を標準とする。卵の入れすぎは味を損なう，つまり「やり過ぎ」となる。
48) 注9) 341。注35) 393のように，当事者の意思表示は明示でなくともよいとの見解もあるが，慎重でありたい。
49) 「日本仲裁人協会会報」3号　11頁 (2005)。
50) 注35) 399参照。
51) 注2) 386。
52) 注2) 366。

53) 注23) 301。
54) 注9) 337。

　この章は,『国際商事法務』34巻3号（2006）に「積極仲裁―複合手続の課題―」として発表された論文に僅かな修正を加えたものであり,国際商事法研究所の諒承を得て本巻に収める。
〔上智大学名誉教授,弁護士,ICC国際仲裁裁判所副所長,英国仲裁人協会フェロー〕

第 6 章

市民による市民のための紛争解決・支援
――総括的メディエーションにおけるメディエーターと
ケースマネージャーの役割――

田 中 圭 子

Ⅰ　はじめに

　2007年施行される「裁判外紛争解決手続の利用と促進に関する法律」(以降「ADR促進法」)では，ADRで最も重要な役割を果すであろう第三者を「手続実施者」としながら，機関を中心的スコープにおいた認証制度により，わが国「ADR」の質を維持しようとするものである。
　しかしながら，裁判所に付随する「民事調停」「家事調停」以外で，機関としての「民間型紛争解決」は弁護士会仲裁センター以外のものでは，歴史的に新しいものであると言っても過言ではない。
　そこで本章では　第一にわが国でイメージされるADRと欧米のイメージするADRの差異を明らかにし，第二に「ADR促進法」でイメージされるADRと，わが国の新たなADRの形について模索する。そして第三に現存するわが国の「ADR」と言われている「機関」の考察を通し，今後様々な課題を含みながらも発展していくことになるであろう民間型ADRの姿と「手続実施者」としてのメディエーターとケースマネージャーの役割を考察したい。

Ⅱ　ADRのプロセス

　「ADRはどこから始まるのか？」それはADRという概念を正確に定義する

と「利害関係にある両当事者が，その紛争を解決する手段として ADR の方法を利用することを両当事者が合意した所」というのが正解に近いのではないだろうか。「正解に近い」と言う所に大きな論点がある。本章での「ADR」「メディエーション」とは，特に記述しない限り両当事者が ADR それぞれのプロセスに合意した時点より開始するプロセスをイメージして考察を続けたい。しかし，はたして，わが国の ADR を考える場合，両当事者が ADR の利用契約合意時点がスタートとしてとらえられていたのだろうか。

1．わが国の ADR の状況

(1) 既存の ADR

消費者問題の ADR の代表として挙げられる，国民生活センターと消費生活センターによせられる「苦情」が最終的にどのような結果になっているのかを見てみよう[1]。件数的には最近 10 年で急激に件数は伸びていることになる。

しかしこれらの数値を全件数に占めるそれぞれの割合で示してみると次頁のグラフになる[2]。

2005 年度の終了データーが他年度と比較して極端に異なるのは，その年度内で案件が終了していないケースが多く見られることによる。しかしながら，国民生活センターとしては他年度と比較して端的な違いは見受けられないという見解である[3]。国民生活センターでは 2001 年度に「助言」と「その他の情報提供」が逆転したことを契機にそれぞれの終了件数とも割合は低下傾向にある。一方全国の消費生活センターもまた助言自主交渉は増加傾向にあるものの，その他情報提供は減少している。

ここで注目しなければならないのは「斡旋解決」の割合であろう。上述のように，従来 ADR として考えられていた「利害関係者の間に第三者が介入して解決を図る方法」として挙げられる「斡旋解決」は最近の国民生活センターでは 2％以下，全国の消費生活センターでも 3％に満たない。また国民生活センター，消費生活センターとも減少傾向にある。

(2) わが国の ADR の状況

表1　国民生活センター・全国

		全件数		他機関紹介		助言（自主交渉）		その他情報提供	
国セン	1995年	4,004		133	3.3 %	1,527	38.1 %	1,680	42.0 %
全体（除く国セン）	1995年	260,297		16,210	6.2 %	164,888	63.3 %	35,661	13.7 %
国セン	1996年	4,448		121	2.7 %	1,592	35.8 %	1,988	44.7 %
全体（除く国セン）	1996年	336,181		22,394	6.7 %	207,069	61.6 %	54,495	16.2 %
国セン	1997年	4,388		108	2.5 %	1,747	39.8 %	1,997	45.5 %
全体（除く国セン）	1997年	371,707		26,272	7.1 %	228,117	61.4 %	68,639	18.5 %
国セン	1998年	4,027		91	2.3 %	1,511	37.5 %	1,900	47.2 %
全体（除く国セン）	1998年	390,025		27,995	7.2 %	245,555	63.0 %	84,808	21.7 %
国セン	1999年	5,011		131	2.6 %	2,288	45.7 %	2,057	41.0 %
全体（除く国セン）	1999年	441,183		24,776	5.6 %	276,382	62.6 %	84,973	19.3 %
国セン	2000年	5,280		162	3.1 %	2,521	47.7 %	1,966	37.2 %
全体（除く国セン）	2000年	520,717		28,331	5.4 %	327,295	62.9 %	103,181	19.8 %
国セン	2001年	5,466		133	2.4 %	2,511	45.9 %	2,106	38.5 %
全体（除く国セン）	2001年	630,623		30,373	4.8 %	402,640	63.8 %	131,332	20.8 %
国セン	2002年	7,179		80	1.1 %	2,107	29.3 %	4,129	57.5 %
全体（除く国セン）	2002年	851,204		40,912	4.8 %	557,627	65.5 %	170,292	20.0 %
国セン	2003年	8,407		68	0.8 %	2,635	31.3 %	5,091	60.6 %
全体（除く国セン）	2003年	1,486,865		42,183	2.8 %	1,047,548	70.5 %	312,754	21.0 %
国セン	2004年	8,362		41	0.5 %	3,186	38.1 %	4,530	54.2 %
全体（除く国セン）	2004年	1,900,419		40,173	2.1 %	1,361,478	71.6 %	411,902	21.7 %
国セン	2005年	8,291		52	0.6 %	2,009	24.2 %	3,677	44.3 %
全体（除く国セン）	2005年	1,188,193		34,107	2.9 %	735,016	61.9 %	137,999	11.6 %

出典：国民生活センターからの提出データ

図1　国民生活センター「苦情」処理結果

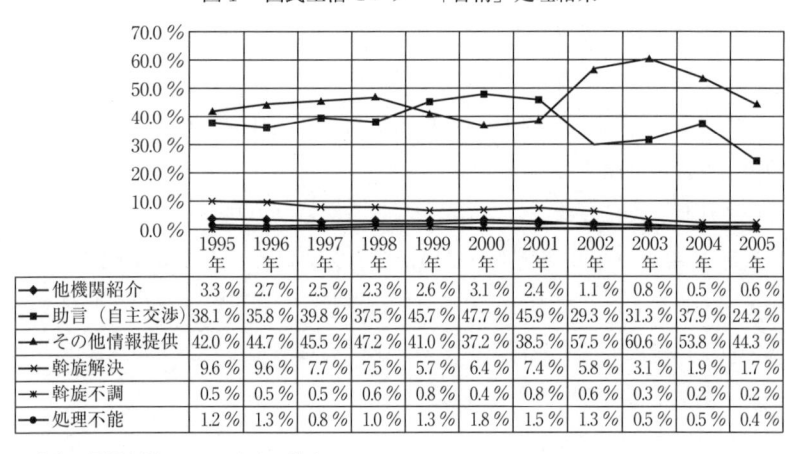

	1995年	1996年	1997年	1998年	1999年	2000年	2001年	2002年	2003年	2004年	2005年
他機関紹介	3.3 %	2.7 %	2.5 %	2.3 %	2.6 %	3.1 %	2.4 %	1.1 %	0.8 %	0.5 %	0.6 %
助言（自主交渉）	38.1 %	35.8 %	39.8 %	37.5 %	45.7 %	47.7 %	45.9 %	29.3 %	31.3 %	37.9 %	24.2 %
その他情報提供	42.0 %	44.7 %	45.5 %	47.2 %	41.0 %	37.2 %	38.5 %	57.5 %	60.6 %	53.8 %	44.3 %
斡旋解決	9.6 %	9.6 %	7.7 %	7.5 %	5.7 %	6.4 %	7.4 %	5.8 %	3.1 %	1.9 %	1.7 %
斡旋不調	0.5 %	0.5 %	0.5 %	0.6 %	0.8 %	0.4 %	0.8 %	0.6 %	0.3 %	0.2 %	0.2 %
処理不能	1.2 %	1.3 %	0.8 %	1.0 %	1.3 %	1.8 %	1.5 %	1.3 %	0.5 %	0.5 %	0.4 %

出典：国民生活センターからの提出データ

消費生活センター「苦情」処理結果

斡旋解決		斡旋不調		処理不能		処理不要		処理結果合計	全件数―処理結果	処理残/全件数
384	9.6 %	21	0.5 %	48	1.2 %	109	2.7 %	3,902	102	3 %
30,141	11.6 %	1,652	0.6 %	2,209	0.8 %	4,105	1.6 %	254,866	5,431	2 %
426	9.6 %	23	0.5 %	58	1.3 %	168	3.8 %	4,376	72	2 %
34,699	10.3 %	2,402	0.7 %	2,914	0.9 %	5,169	1.5 %	329,142	7,039	2 %
339	7.7 %	21	0.5 %	33	0.8 %	101	2.3 %	4,346	42	1 %
34,510	9.3 %	2,435	0.7 %	3,076	0.8 %	5,950	1.6 %	368,999	2,708	1 %
304	7.5 %	25	0.6 %	40	1.0 %	104	2.6 %	3,975	52	1 %
35,175	9.0 %	2,577	0.7 %	3,008	0.8 %	6,060	1.6 %	405,178	- 15,153	- 4 %
284	5.7 %	39	0.8 %	65	1.3 %	141	2.8 %	5,005	6	0 %
38,530	8.7 %	2,883	0.7 %	3,255	0.7 %	6,802	1.5 %	437,601	3,582	1 %
338	6.4 %	23	0.4 %	93	1.8 %	132	2.5 %	5,235	45	1 %
43,486	8.4 %	3,378	0.6 %	3,802	0.7 %	7,182	1.4 %	516,655	4,062	1 %
407	7.4 %	42	0.8 %	83	1.5 %	143	2.6 %	5,425	41	1 %
47,147	7.5 %	3,636	0.6 %	4,130	0.7 %	7,809	1.2 %	627,067	3,556	1 %
413	5.8 %	41	0.6 %	96	1.3 %	176	2.5 %	7,042	137	2 %
58,739	6.9 %	4,844	0.6 %	5,513	0.6 %	9,659	1.1 %	847,586	3,618	0 %
261	3.1 %	25	0.3 %	46	0.5 %	166	2.0 %	8,292	115	1 %
59,105	4.0 %	5,098	0.3 %	5,932	0.4 %	10,026	0.7 %	1,482,646	4,219	0 %
210	2.5 %	35	0.4 %	44	0.5 %	163	1.9 %	8,209	153	2 %
55,312	2.9 %	4,652	0.2 %	4,652	0.2 %	6,702	0.4 %	1,884,871	15,548	1 %
144	1.7 %	13	0.2 %	30	0.4 %	117	1.4 %	6,042	2,249	27 %
42,403	3.6 %	3,175	0.3 %	4,415	0.4 %	7,554	0.6 %	964,669	223,524	19 %

図2　全国消費生活センター「苦情」処理結果

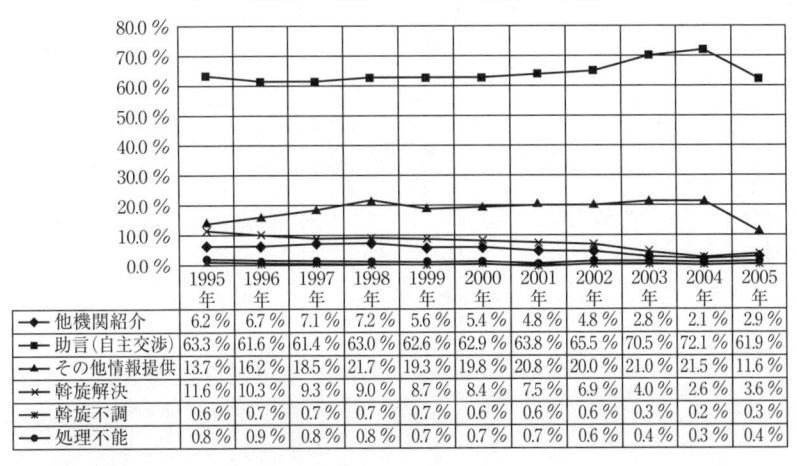

	1995年	1996年	1997年	1998年	1999年	2000年	2001年	2002年	2003年	2004年	2005年
他機関紹介	6.2 %	6.7 %	7.1 %	7.2 %	5.6 %	5.4 %	4.8 %	4.8 %	2.8 %	2.1 %	2.9 %
助言(自主交渉)	63.3 %	61.6 %	61.4 %	63.0 %	62.6 %	62.9 %	63.8 %	65.5 %	70.5 %	72.1 %	61.9 %
その他情報提供	13.7 %	16.2 %	18.5 %	21.7 %	19.3 %	19.8 %	20.8 %	20.0 %	21.0 %	21.5 %	11.6 %
斡旋解決	11.6 %	10.3 %	9.3 %	9.0 %	8.7 %	8.4 %	7.5 %	6.9 %	4.0 %	2.6 %	3.6 %
斡旋不調	0.6 %	0.7 %	0.7 %	0.7 %	0.7 %	0.6 %	0.6 %	0.6 %	0.3 %	0.2 %	0.3 %
処理不能	0.8 %	0.9 %	0.8 %	0.8 %	0.7 %	0.7 %	0.7 %	0.6 %	0.4 %	0.3 %	0.4 %

出典：国民生活センターからの提出データ

表2 各ADR機関による方法[4]

機関名（正式名称は略）	商品説明	助言・アドバイス	相談	他機関紹介	和解あっせん・調停	仲裁	当事者が同席して話し合う
医薬品	×	○	○	○	○	×	
インテリア	○	○	○	○	○	×	
化学製品	○	○	○	○	○	×	○
ガス石油機器	○	○	○	×	○	○	
家電製品	○	○	○	○	○	×	
自動車	×	○	○	○	○	×	
住宅部品	×	×	×	×	○	×	○
生活用品	○	○	○	○	○	×	
消費生活用製品	×	○	○	○	○	×	
塗料	○	○	○	○	×	×	
化粧品	×	○	○	○	×	×	
プレジャーボード	○	○	○	×	○	×	○
海外通販	×	○	○	○	×	×	
通販	×	○	○	○	×	×	
自動車輸入	×	○	○	○	×	×	
訪問販売	○	○	○	○	×	×	
銀行よろず相談所	○	○	○	○	×	×	
金融先物取引	○	○	○	○	×	×	
証券苦情相談室	×	○	○	○	○	×	
証券投資顧問業	○	○	○	○	×	×	
信託相談所	○	○	○	○	×	×	
生命保険相談所	○	○	○	×	○	×	
信販協会	×	○	○	○	×	×	
全国しんきん	○	○	○	○	×	×	
そんがいほけん	○	○	○	×	○	×	
東京都貸金業消費者相談課	×	○	○	○	×	×	
東京都貸金業務課	×	○	○	○	×	×	
日本クレジットカウンセリング協会	×	○	○	○	×	×	
前証協	×	○	○	×	×	×	

では他の分野で従来ADRと言われている機関はどのような結果を以て，「自称ADR」あるいは「日本流ADR」と言っているのであろうか。

　各弁護士会仲裁センターなどをのぞいては，わが国の現存するADRの多くは「相談機関」であることは間違いない。またPLセンターは「製造物責任法」が制定された当時から「原因究明機関」としてのADRの役割が期待されていた。つまり従来わが国のADRと考えられていたものの多くは，施行を目前に控えた「ADR促進法」の「和解の仲介」を行う業務と大きくイメージが異なるのである。つまり，従来のADRの第三者の役割は，消費生活センターや各種ADRの「相談」や「あっせん」というものを鑑みれば，どちらかというと片方当事者の「保護」のためのアドバイスや助言をするものであった。またPLセンターの「原因究明」的役割であれば，拡大損害の起こった製品の原因究明をすることで第三者は仲裁的な役割を求められていたことが多いことになる。

2．欧米のADR

(1)　ADRまでの流れ

(a)　米英コミュニティ型メディエーションの実態

　アメリカのコミュニティ型ADR（メディエーション）の場合，多くのケースが裁判所あるいは警察からのリファーラル[5]で成り立っており，直接当事者からコミュニティ機関に申し込まれる確立は極めて低い[6]。一方イギリスのコミュニティADR（メディエーション）の場合，コミュニティ，特に賃貸住宅の大家（大家が参画している組合など）などと契約している場合が多く見受けられる。しかしその場合，メディエーションにおける「両当事者による話し合い」の確立は10％〜20％と言われている[7]。

(b)　アメリカの業界型ADRの実態

　アメリカの業界型ADRの実態をもうすこし詳細に見てみよう。アメリカの証券業協会（NASD）[8]のADRの流れは以下の通りである。

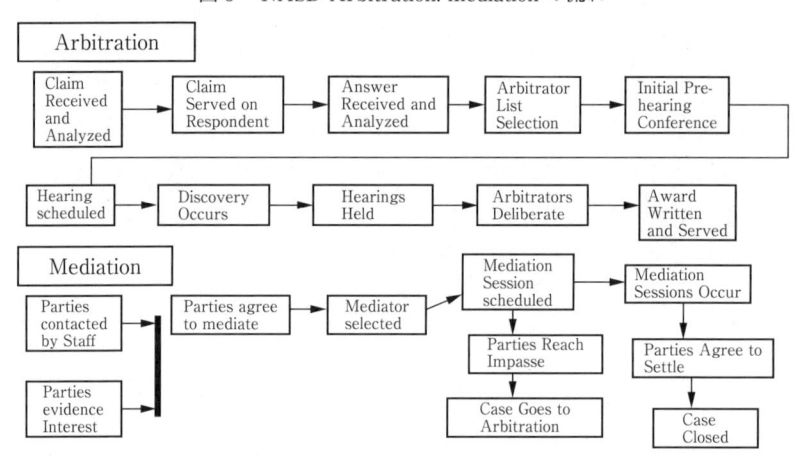

図3 NASD Arbitration. mediation の流れ

```
Arbitration
Claim Received and Analyzed → Claim Served on Respondent → Answer Received and Analyzed → Arbitrator List Selection → Initial Pre-hearing Conference
Hearing scheduled → Discovery Occurs → Hearings Held → Arbitrators Deliberate → Award Written and Served

Mediation
Parties contacted by Staff
Parties evidence Interest
→ Parties agree to mediate → Mediator selected → Mediation Session scheduled
  → Parties Reach Impasse → Case Goes to Arbitration
  → Mediation Sessions Occur → Parties Agree to Settle → Case Closed
```

出典：2002年8月現地調査の際 NASD より提出されたフローチャート

　NASD の流れでは，両当事者が当初から Arbitration（以降 仲裁）を希望していない限り，仲裁の前にメディエーションを設定しているケースが多い。2006年の統計によると2005年には仲裁案件として申し込まれたケースの10％のケースがメディエーションで終了している[9]。

　一方メディエーションとして申し込まれたケースで専門家による裁定が必要になった場合でもメディエーションとは明確に区別された手続として「仲裁」に入る。

　業界型の ADR はある意味それぞれの「専門性」がその ADR 機関の特徴になるわけだが，メディエーションでは，その専門性はどちらかいうと「黒子」になることになる。しかし，そこで解決でききれない部分がはっきりと違うプロセスであることを明確にされた上で「専門性」に委ねられることになるのである

(c) イギリスの業界型 ADR

　イギリスで金融関係の ADR の代表である FOS（Financial Ombudsman Service）を見てみよう。FOS は2000年英国金融サービス市場法によって法律

に定義づけられた ADR であり，前身は複数の業界型 ADR であった。流れは第一段階として FOS に受け付けられ，Adjudicator（以降 アジュディケーター）によりメディエーションやコンシリエーションが行われる[10]。その後第二段階として第一段階で解決できなかったものが書類調査などに当てられ，第三段階ではオンブズマンによる裁定が下されることになる。つまりイギリスの「法」に定められた ADR でさえ，話し合いの段階と第三者の調査段階，さらに評価裁定の段階は明確に区切られていることになる。

(2) プロセスにおける各種紛争解決方法の「形」

(a) ケース終了の形

上述のように，ADR は利害関係にある両当事者が同じプロセスをとることに同意して初めて開始するプロセスになる。つまりどちらか片方，特に相手方が同意しなければ ADR は成り立たない。

では海外の ADR では同意した以降どの時点でケースが終了しているのであろうか。

(b) アメリカ NASD の場合

上述 NASD のメディエーションの場合，2001 年にはメディエーションに両者が同意したうちの約 37 ％がメディエーション以前に解決している。

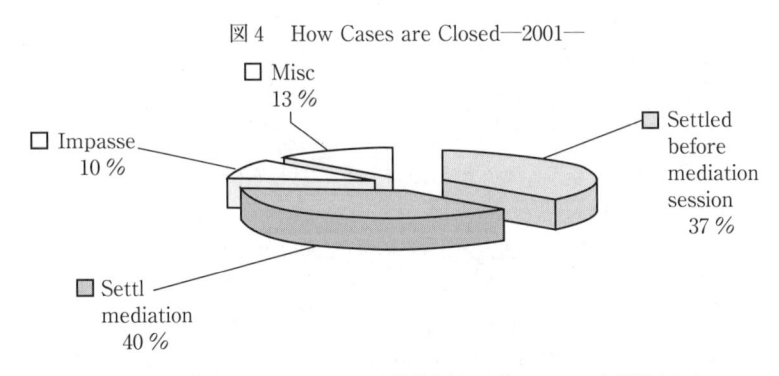

図4　How Cases are Closed—2001—

- Misc 13 %
- Impasse 10 %
- Settl mediation 40 %
- Settled before mediation session 37 %

出典：2002年8月著者がアメリカでの現地調査を行った際 NASD より提供されたデータ

(c) 英国 FOS の場合[11]

FOS の場合，従来オンブズマンサービスは片面的仲裁，つまり「金融機関

表3　FOS 各ステージの内容と内訳（2004年）

	%（件数）
第1ステージ　Adjudicator によるメディエーション（調停）やコンシリエーション（斡旋）	42% (32,136)
第2ステージ　Investigation by an Adjudicator（審査員による評価）	50% (38,263)
FOS の管轄外であると判明したもの	3%
利用者がその苦情を取り下げたもの	9%
審査員により「金融企業側はその苦情に対して正しく対応していない」と評価されたもの	26%
審査員により「金融企業側はその苦情に対して対応している」と評価されたもの	54%
審査員により「金融企業側はその苦情に対して概ねは対応し，企業側が善意ある支払いを同意している」と評価されたもの	3%
審査員により「金融企業側は利用者に申し出をしており，よりよい解決にむけて交渉をすすめている」と評価されたもの	5%
第3ステージ　Final decision by an ombudsman（オンブズマンの最終裁定）	8% (6,305)
FOS の管轄外であると判明したもの	6%
利用者がその苦情を取り下げたもの	1%
オンブズマンにより「金融企業側はその苦情に対して正しく対応していない」と裁定されたもの	37%
オンブズマンにより「金融企業側はその苦情に対して対応している」と裁定されたもの	47%
オンブズマンにより「金融企業側はその苦情に対して概ねは対応し，企業側が善意ある支払いを同意している」と裁定されたもの	2%
オンブズマンにより「金融企業側は利用者に申し出をしており，よりよい解決にむけて交渉をすすめている」と裁定されたもの	7%
総　合　計	76,704 件

出典：FOS annual review 1 April 2003-31 March 2004 Key facts and figure

側はオンブズマンの裁定に従わなければならないが，消費者側は裁判の道が残されている」といった仲裁のみに焦点があたりがちだったが，その実は2004年約42％がメディエーションやコンシリエーションで終了している。この確率は2005年には55％に増加している。つまり，英国における，ある意味「仲裁」を最終的な視野にいれている紛争解決プロセスにおいても，実質においては，多くはメディエーションやコンシリエーションで終了している事実がある。これはわが国において弁護士会の仲裁センターの多くが「仲裁センター」という名前の下で実質は「調停」が行われていることに非常に近い実態であると言える。

以上，欧米の「専門的ADR」を見ると，仲裁専門機関として「専門性」が掲げられる機関でも「仲裁」の割合は減少の傾向にある。また仲裁以前のメディエーションという方法を選択しても，その実は両者がそろう「話し合い」の場以前にケースが終了していることが分かる。

もちろん，欧米の相談機関の状況などわが国と一概に比較することはできない。しかし，専門性，あるいはADRのプロセスにおける利用者のニーズを把握しなければ，認証をとったADRでさえ利用されなくなってしまうのは目に見えている。

(3) ADRにおける専門家の役割

(a) 利用者・市民の専門家への印象

上述従来わが国のADRとして呼ばれる機関でいわゆる第三者として従事してきたのが「専門家」である。

従来，これら「いわゆるADR」における専門家が利用者からどのような目で見られてきたのかはあまり調査されなかった。「主宰者」側からの利用者アンケートも「終了」した当事者のみが対象となっていることなども多く，不調で終わったものあるいはこれからADRを利用しようとする者の印象が見えてこなかった。

2001年著者が行った調査によると[12]母数381名の回答者にADRに従来かかわっていた「専門家」で誰が中立性に感じられるかを調査した。その中ではた

図5　ADRに関わる可能性のある職種への印象

	企業の退職者や現役職員	学者	行政の退職者や現役職員	業界団体の人	弁護士	司法の退職者	専門資格保有者
□ わからない・無回答	8.4	8.9	9.7	9.7	6.3	8.1	6.8
□ 全く中立ではない	69.8	10.2	31.0	59.1	2.9	8.7	1.8
□ どちらかと言うと中立	21.3	63.3	50.9	29.1	42.0	45.7	40.9
□ 中立	0.5	17.6	8.4	2.1	48.8	37.5	50.4

出典：田中圭子「日本型ADRと英国式「Access to Justice」の対比―消費者のADR調査および訪英調査報告から―」（消費生活研究（社）日本消費生活アドバイザー・コンサルタント協会2001年）

図6　商品やサービスの専門的知識や判例や法律の知識が話し合いに必要になった場合，どのように利用されるべきか

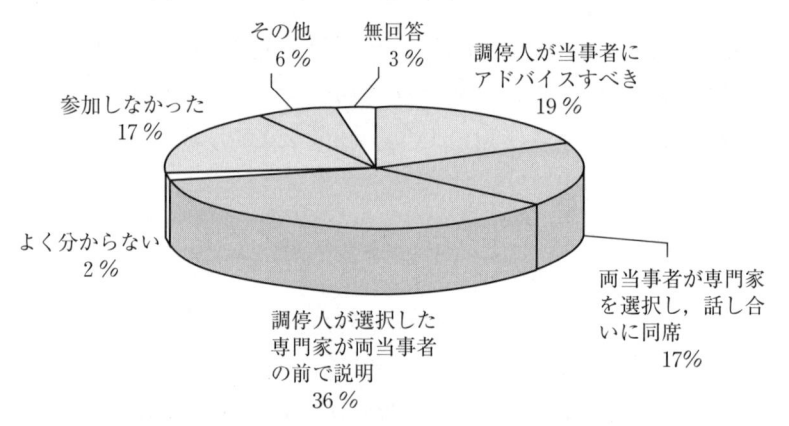

- その他 6％
- 無回答 3％
- 調停人が当事者にアドバイスすべき 19％
- 参加しなかった 17％
- よく分からない 2％
- 調停人が選択した専門家が両当事者の前で説明 36％
- 両当事者が専門家を選択し，話し合いに同席 17％

出典：平成13年11月に著者の実施したアンケート。田中圭子「話し合いによる解決とNPO型ADRの可能性―調停教室前後の認識調査結果報告」（消費生活研究（社）日本消費生活アドバイザー・コンサルタント協会2002年）

とえ弁護士でも「中立」であると答えた回答者は50％に満たない。一方PLセンターなど，業界団体が母体となるADRで関与している「企業の退職者や現役職員」は約70％の回答者が「全く中立でない」と回答しているのである。

これらの結果は逆に考えれば,「利用者のみ」「消費者の専門家のみ」も,逆の立場から考えれば「中立でない」と感じられることになり,ADRの本質である「中立性」が成り立たなくなってしまうのである。

ではその中で,専門性に求められる役割は何なのであろうか？

また著者が行った別調査[13]の中で,もし,「仮に商品やサービスの専門的知識や判例や法律の知識が必要になった場合,どのように利用されるべきか」との問いに対して「調停人が当事者にアドバイスをすべき」の回答者は19％に過ぎなかったのである。36％が「調停人が選択した専門家が両当事者の前で説明」を選択し,17％は「両当事者が専門家を選択し話し合いに同席」としている。同調査で第三者の選択方法を尋ねた設問で84％が「自分で選びたい」と回答している。つまり利用者は調停人も自分で選択したいとしており,さらに,専門家も「自分が選択したい」と選択しているのである。

専門家による情報の提供の前提には,利用者である当事者の選択といった主体性のプロセスがあってこそ,その情報提供が自分たちのための情報提供となりうるのである。

(b) 広義のオンブズマンと狭義のオンブズマン──ADRにおいて各プロセスが意味するところ

上述のように今まで変面的仲裁に注目が集まっていた「オンブズマン」にでさえ裁定を行うことは「狭義」のオンブズマン制度であり,「裁定」にいくまでには「広義」の「オンブズマンプロセス」においてメディエーションやコンシリエーションというプロセスを経過している。つまり,契約当初から仲裁契約が付随していない限り,通常のADRのプロセスでは「裁定」にいくまでには「当事者の主体性」を中心としたプロセスが存在しており,それはFOSのみならず,海外のADR共通のプロセスと言っても過言ではないのである。

例えば第三者が入るプロセス以前の,調停人など「第三者の選択」というのも当事者の主体性を担保するプロセスになるであろう。自らが,コミュニケーションの間に入る第三者を選択するというプロセスが当事者の主体性を信頼している証になり,当事者にとって第三者のみならず,その機関への信頼につな

がるのである。

　信頼の上で，それぞれの自分の主張をしっかりと受け止められる場があることが次のプロセスにコマをすすめる「力」となる。そしてその上で何かの情報提供を当事者自らが求めるというプロセスが来ることもあるというのが現実なのである。第三者の判断で良かれと思い「提供するもの」と当事者自らが求めた上での情報提供の意味合いは全く異なるのである。

　つまり，もし仮に専門情報が必要になった場合でも，自分が選択した専門家，あるいは自分が選択した専門家が選んだ専門家が両当事者の前で説明することがメディエーションなどの話し合いの場で求められており，第三者である手続実施者が専門家として意見を述べることは期待されていない。また特にFOSのように「力の格差」がある両当事者の力を出来るだけ縮めプロセス全体で公平性を維持するのが専門家の役割という事を忘れてはならない。

　また，オンブマンのように第三者である手続実施者の意見が表明される場合でも，しっかりと話を受け止める場のメディエーションのニーズはプロセスの中でしっかりと確立されており，その上での意見表明になるのである。

Ⅲ　ADRの中のメディエーションとは何か

1．メディエーション

(1) コミュニケーションのプロセスとコミュニケーションギャップ

　本章でメディエーションの理論を詳細に述べ得ないが，当事者にとってなぜメディエーションが有効的なのかを考察してみたい。

　人は自分が思い込んでいるものを信じている。それは時には先入観であったり，または自らの経験による考察だったりする。

　一方コミュニケーションの約80％は非言語の部分で成り立っていると言われる。例えば「分かっています」という言葉を想像してみよう。「分かっていますよ……」と「分かっていますよ!!」とでは必然的にニュアンスが異なる。それはなぜだろうか。

　コミュニケーションは発信者と受信者の双方向の伝達作業と言っても過言で

はない。つまり発信者が自分の伝えたい事柄や感情を，自らの内的世界（価値観，人間観，人生観，職業観，性格等）から「ある言葉」や「態度」に「記号化」し，それを送信する。受け取る相手はその「記号」を受信し，自らの内的世界（価値観，人間観，人生観，職業観，性格等）で解読する作業になる[14]。

しかしひとたび，紛争や葛藤が起こると，ここにコミュニケーションギャップが生じてしまう。

それは，①自らの発信の記号化が間違ってしまう場合（本意と違う言葉や態度をしてしまう），②送信の伝達手段を間違ってしまう場合（言葉で伝えるべきところをメールで伝えてしまうといった物理的なことや，語調が強くなってしまったり，語尾まではっきり発信できされなかったりという場合），③受信の仕方を間違ってしまう場合（聞き逃してしまったりする場合などと共に，相手の話が長い場合などには最後の言葉のみ記憶に残ってしまったり，話していないことまで聞いたつもりになってしまう場合），④解読の仕方を間違ってしまう場合（相手の発する「意味」と違う「意味」で解読してしまう場合）の四つのギャップ障害の可能性がある[15]。

また怒りという一つの感情のみを取り出して考えてみよう。例え「怒り」が表出している場合でも，それはまさしく「氷山」の表出部分に過ぎず，海面下には「ニーズ」が隠されている。そのニーズが人，ケース，時，場によって異なり，「正直な気持ちを伝えたい，あるいは聞きたい」「確認したい」など「怒り」とは全く異なる「記号」の場合が多いのである。

(2) 紛争ができるまでのプロセス

上述のようにコミュニケーションギャップが生じたまま紛争が激高するまでには以下の二つのプロセスがある。

(a) 人，問題，プロセスの三者が整理されていない場合

例えば「Aさんの犬がBさんの娘をかんだ」という事件[16]を考えてみよう。Aさんが謝罪をしようと思いながらも，諸事情や自分が謝るというプレッシャーなどもありすでに事件から半年が経過してしまっている。やっとBさんに電話をかけたが，頭ごなしに「半年も連絡をとらないなんて信じられない」と

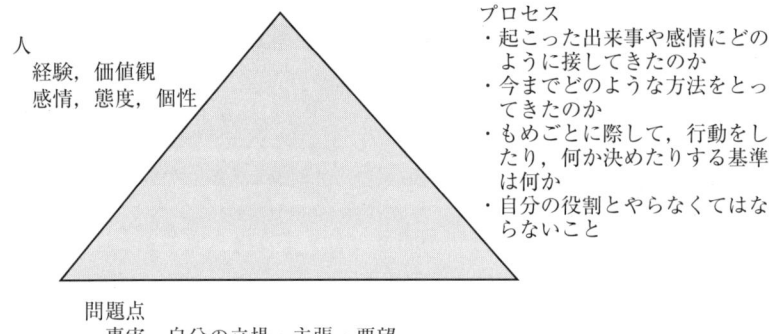

図7 17) もめごとのトライアングル

人
経験，価値観
感情，態度，個性

プロセス
・起こった出来事や感情にどのように接してきたのか
・今までどのような方法をとってきたのか
・もめごとに際して，行動をしたり，何か決めたりする基準は何か
・自分の役割とやらなくてはならないこと

問題点
・事実・自分の立場・主張・要望
・解決とは？　理解とは？

JMC 基礎講座資料
参考：Southwark mediation centre

怒りをかってしまう。「売り言葉に買い言葉的」な会話が続けられ，結局は2人の話は決裂してしまう。

　この問題を紐解くと，第一「犬がかんだ」という「事柄の問題」に，第二にAB両者にとってもどちらも「相手が悪い」という「人の問題」，第三に「半年も連絡をしてこない」というプロセスの問題が考えられる。

　それぞれのトライアングルが「人と人」「事柄と事柄」「プロセスとプロセス」がかみ合っていればまだ事は解きほぐしやすいのであるが，例えば「人と事柄」(Aさんの犬がわが娘をかんだ)，「人とプロセス」(Aさんは半年も連絡してこない)，「プロセスと事柄」(やっと電話をかけたのに怒鳴られた) というように，トライアングルがそれぞれ違う側面で交差しながら問題が激化・深化していくことになる。

(b)　エスカレーション，激高

　それぞれの真意が伝わらないままもめごとが一度生成されてしまうと，あとは当事者同士のあいだで激高していくことになる。

　お互いの真意が分からないまま，コミュニケーションギャップを繰り返すことで起こる現象がエスカレーションである。

図 8 [18]　コミュニケーション障害がある中でもめごとができるまで
■もめごとの段階

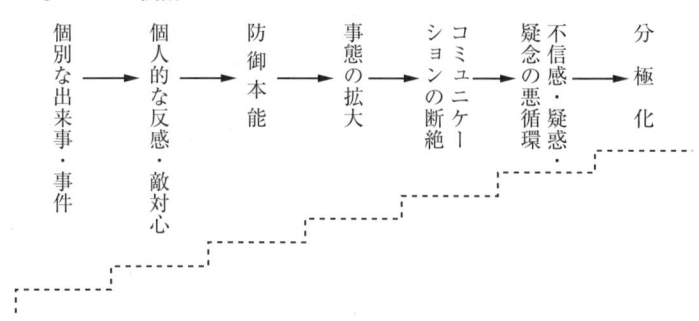

個別な出来事・事件 → 個人的な反感・敵対心 → 防御本能 → 事態の拡大 → コミュニケーションの断絶 → 不信感・疑惑・疑念の悪循環 → 分極化

参考：Mediation UK "Training Manual in Commumity Mediation Skills"
翻訳：田中圭子

　例えば上述の事例，①個別的な出来事（犬がかんだという事柄）が，②AB両者に反感と敵対心を生む。その結果，③お互いに防御本能を起こし，④事態は拡大することになる。上述事例のように，紛争の初期段階でどちらかの当事者がすぐに何らかのアプローチをとればコミュニケーションギャップが生じることは少ない。しかしそれが無いことによる，⑤コミュニケーションが断絶。そして，⑥AB両者の不信感・疑惑・疑念は悪循環を繰り返すことになる。その結果起こるのが，⑦分極化である。
　つまり，例えばどちらかが，「出るとこに出ます!!」と宣言する場合もあり，または近隣紛争の問題では「どちらかが引越しをする」といった状態のケースが，⑦の分極化にあたる。
　紛争は上述のように，例えば紛争の初期段階で，どちらか当事者のアプローチが違っていたら全く違った結果になっていたということが第三者として客観的に分析すると分かる。しかし，両当事者自らが見ているものが唯一無二の「真実」と信じているために，コミュニケーションが成り立たなくなってしまうのである。
　メディエーションや強いて言えばADRに「申込者」がやってくるのは多く

図9[19]　メディエーションのプロセスと工夫・道具と17のスキル

メディエーションのプロセス　　　工夫・スキル・道具

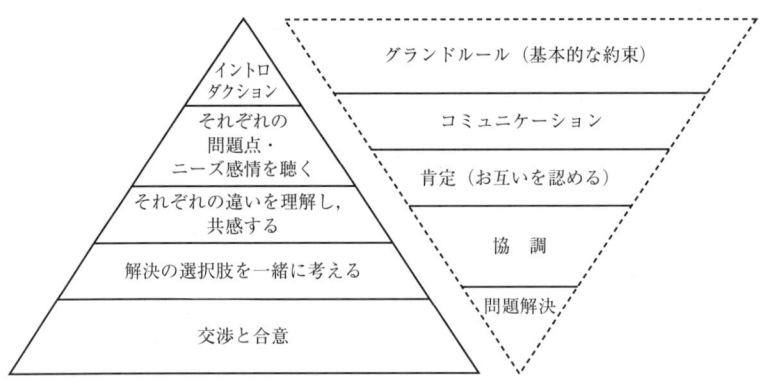

（ピラミッド図：左側＝メディエーションのプロセス、下から上へ）
- イントロダクション
- それぞれの問題点・ニーズ感情を聴く
- それぞれの違いを理解し、共感する
- 解決の選択肢を一緒に考える
- 交渉と合意

（逆ピラミッド：右側＝工夫・スキル・道具、上から下へ）
- グランドルール（基本的な約束）
- コミュニケーション
- 肯定（お互いを認める）
- 協調
- 問題解決

参考：Hilary Stacey & Pat Robinson "Let's Mediate"
翻訳：田中圭子

の場合この⑦の段階であるため，それまでに何が起こったのか，申し込みの時点では何も分からない。メディエーションでは，第三者を介してコミュニケーションをとることでこのエスカレーションの階段を下りていくことになる。そしてその役割を担うのが，メディエーターとケースマネージャーなのである。

(3)　メディエーションの流れ

(a)　メディエーションにおける気づきとメディエーターの役割

メディエーションではお互いの違いに，両者がお互いに気づき，その上で，次に何が必要なのかを自分自身で考える場を提供することに他ならない。

つまり，第三者であるメディエーターはお互いの気づきが出やすいよう，そして将来にむけてのブレーンストーミング的な柔軟な発想と考えが出やすいような「場」を作り出すことから始まる。

しばしば，メディエーションを展開していて「当事者を仲良くさせる」ことが目的であると誤解されることが多い。両当事者のニーズが完全に出された中には，「お互いに再度人間関係を構築したい」が出てくる可能性もあるが，それはメディエーターの当初から持っている「結論」ではなく，あくまでも当事

者が出す「結論」なのであることを忘れてはならないだろう。

　例えば「離婚」という考え方の場合を考えてみると分かりやすいのではないだろうか。ケースの中には例えば女性側が離婚をしたいと思っている一方で，

図 10[20]　メディエーションの流れ

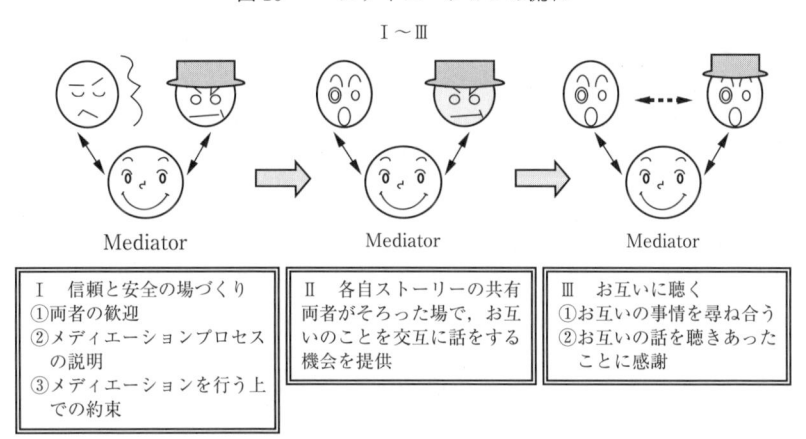

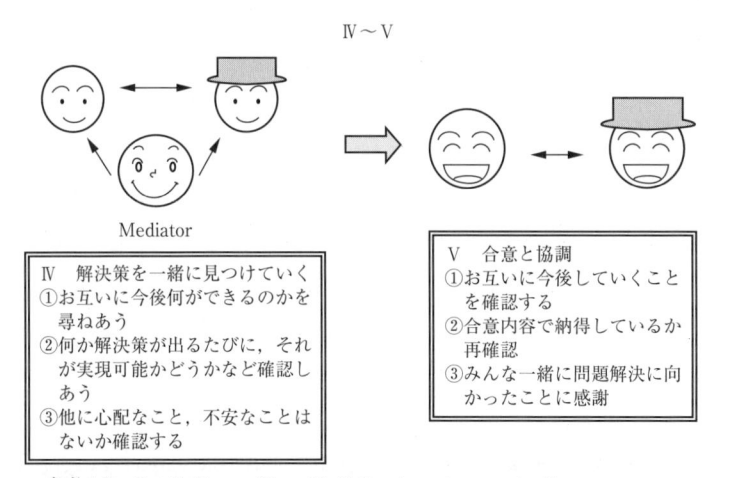

Ⅰ～Ⅲ

Mediator

| Ⅰ　信頼と安全の場づくり
①両者の歓迎
②メディエーションプロセスの説明
③メディエーションを行う上での約束 |

Mediator

| Ⅱ　各自ストーリーの共有
両者がそろった場で，お互いのことを交互に話をする機会を提供 |

Mediator

| Ⅲ　お互いに聴く
①お互いの事情を尋ね合う
②お互いの話を聴きあったことに感謝 |

Ⅳ～Ⅴ

Mediator

| Ⅳ　解決策を一緒に見つけていく
①お互いに今後何ができるのかを尋ねあう
②何か解決策が出るたびに，それが実現可能かどうかなど確認しあう
③他に心配なこと，不安なことはないか確認する |

| Ⅴ　合意と協調
①お互いに今後していくことを確認する
②合意内容で納得しているか再確認
③みんな一緒に問題解決に向かったことに感謝 |

参考：Conflict & Change "Peer Mediation for primary school"
翻訳：田中圭子

男性側が離婚を拒んでいるケースが多く見られる。第三者がどちらかのニーズのみを押し付ける形で，メディエーションの初期段階より「離婚すべき」「離婚すべきでない」とすでに結論を持っている場合，それは当事者のどちらかのニーズのみしか満たさないことになってしまう。

　結果的に例えば「離婚する」となった場合，両当事者が離婚する真意をしっかり受け止め，お互いがその後どうするのかを理解することがメディエーションになる。例えば離婚後お互いに音信を取らないというのが2人の出した結論であればそれはお互い納得のいく形でニーズを満たすことになるのである。

　本稿ではメディエーションのトレーニングについては述べ得ないが，スキルと呼ばれるものにはそれぞれ目的があることを，メディエーターである第三者がどれだけ理解し，自覚しながら使っているのかが重要なポイントとなる。つまり，メディエーションにはそれぞれの時点で流れがあり，そのたび，そこにいるメンバーによって状況はいつも違う。一つひとつが何のためにあるのかを理解することが必要になる。

(b) 各ステージの持つ意味，例えばグランドルール

　メディエーターを通してコミュニケーションを続けることにより，当事者がお互いの違いに気づき，その後自分のニーズを把握し，お互いに調整していくのがメディエーションになる。

　その際，例えば一番最初にとり行われる，信頼と安全の場の構築のために，「グランドルール」がある。グランドルールの一例を挙げるとすれば「お互いに中傷しない。相手が話しているとき自分は話さない。」などそのときにメディエーターと両当事者で話し合いをすすめるにあたり，そこにいる参加者全員がこれから「安心して話し合う場を一緒に作っていくのだ」という意識を持てることが意味することになる。もちろん，話し合いの中でお互いに感情が高まる中では，このグランドルールが守れないことがしばしばある。また，当事者の緊張を考えれば初期段階で言われ，このグランドルール自体が記憶に残らないことも十分に考えられる。そのとき，グランドルールを守らないことを規制するのでなく，グランドルールをその場にいる参加者全員で作ったことを確認

(c) 各ステージにおけるスキルの役割

　各プロセスの考え方と，それぞれのステージの考え方は理論や学説により異なるところが多いが，実務の現場では，確実に「空気が流れる瞬間」がある。その瞬間瞬間に敏感に対応することが，しかもメディエーター自身が自分が今行おうとする行動をどこかで客観視しながら，影響力をどこまで自覚できるかが，ポイントになる。

　例えば，繰り返し，要約，意味への応答[21]，質問の仕方などをとっても，たとえ同じスキルと呼ばれているものであっても各段階では全く意味するところが異なる。

　この違いをメディエーターははっきり見届けながら，空気のような存在で手助けしていくことが役割として求められ，その道具がスキルに過ぎない。

(d) メディエーターと当事者とのコミュニケーションギャップ

　当事者同士でコミュニケーションギャップが生じるのと同様，メディエーターと両当事者の間にもコミュニケーションギャップが生じえるのである。例えば，それはどんなにメディエーターが中立，公平だと思っていても，当事者が受信するときにそれを思い通りに感じていない場合が生じる。そのときに微妙な表情や空気感をいかに読みこなせるかが，話し合いの促進者であるメディエーターの力量であり，その力量があってはじめて「スキル」と呼ばれるものが生かされると言っても過言ではない。

　つまりスキルはメディエーターが両当事者のためだけに，大上段に構えて使うのではなく，その場にいる参加者全員のために使われる「道具である」ことをいかにメディエーターが自覚できるかがメディエーションの場では必要になる。

2．相談とメディエーション

　相談とメディエーション（両者がそろった話し合い）の違い

　相談とメディエーションで利用されるスキルと呼ばれるものには共通のもの

が多い。それはニーズを分かち合い,お互いにどうすればよいのか共に考えるという点で共通するのであろう。

それは例えば,弁護士等の法律専門職とクライアントとの関係にも同様のことが言える。

従来の「新しい相談スタイル」[22]では片方当事者の話を聴き,ニーズを探りながら,解決策を共に創っていく。そして,それを専門家としてある意味「ケア」の姿勢をもって臨んでいくことが求められる。

その際にはいかに,その相談者によりそい,受け止めながら本人の決定を援助していくかが求められるのであろう。もちろん,相談の際にも「見えない相手」を理解し,その上で,相談者の立場を支援することが求められる。

しかし,メディエーション（話し合い）の場では,よほどの事情がない限り相手がその場にいる。その際ではどちらかに共感した分,相手側も同様に,あるいはそれ以上に同情ではない「共感」を実感することができなければ「安心して信頼できる場」として成り立たなくなってしまう。

そのためには,例えばスキルという同じ手段でも全く意味が異なってくるのである。

例えば,非言語のコミュニケーションの最初の段階である「目を見て話す」ということを考えてみよう。相談ではクライアントの目を見て,あるいは状況によっては視線を少し下げて喉もとのあたりを見て話すことがクライアントの信頼感を得やすい。またクライアントのサインを見逃さないことが,相談員である専門家の役割であり,そのサインを見逃していては,次の展開を共に作り得ない。

しかしメディエーションで両者がそろっているときには,話している方の・み・を見て「聴く」のでなく,たとえAが話しているときでさえ,Bにも視線を配る必要があるのである。それは,「次にBさんの話を聴きますから安心してくださいね」というサインであると同時に,Aが発する様々なサインを受け止めるのと同様にBのサインをも受け止めなければ,その後Bの話をどのように聴くのかメディエーター自身自覚できないという意味も含まれることになる

のである。

Ⅳ　相談とケースマネジメント
——ADR(両当事者がそろうまで)の流れ

1．ADRの入り口の役割

(1)　ADRまでの流れ[23]

　上述では両者がそろった時点でメディエーションを考察してきた。しかし，海外の例を見ても分かるように，はたしてメディエーション，つまりADRはどこから始まっているのか考える場合，その場のみではないことはすでに述べてきたとおりである。

　言葉を換えれば，ADR，メディエーションを設定するところ，返して片方当事者がある出来事を「紛争」と認識したところから「紛争」は始まっており，その段階でADRやメディエーションは始まっているのである。

(a)　スタートからADRまで

　ADRはどこからスタートするのか，利用者にとって「手続実施者」とは誰

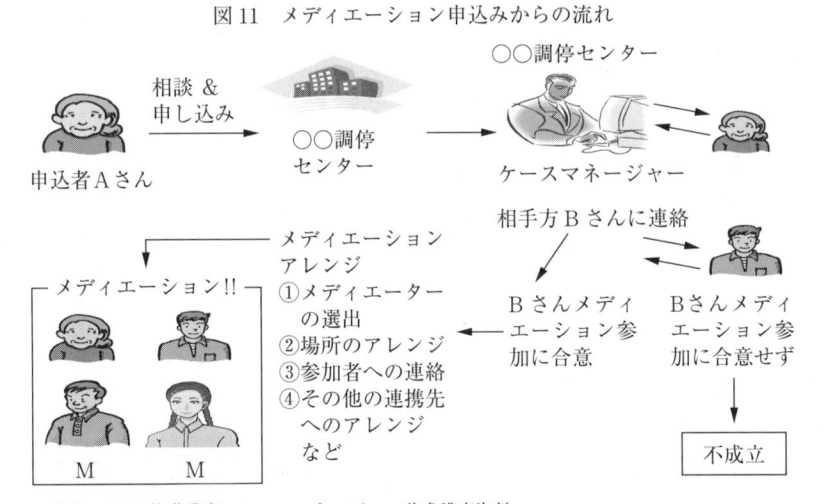

図11　メディエーション申込みからの流れ

出典：JMC基礎講座・ケースマネージャー養成講座資料

なのかを考えるために，申し込みからの流れを考えてみよう。なお，今回は機関 ADR のうちメディエーションをを想定し，アドホック ADR は除外して考えてみたい。

申込者 A は自分の抱える問題をどこに相談しようかまず悩み，何がしかの「きっかけ」があり，ある ADR 機関に申し込む。そこで，自分の抱える問題がその「機関」で解決可能なのかケースマネージャーを通してクライアント自身が判断することになる。次にケースマネージャーは「話し合い」を設定するために，A の情報，B との連絡方法の確認をした後，相手方 B に連絡を取る。B が解決方法として「話し合い」を合意すれば「話し合い」のアレンジのために，①メディエーターの選出，②場所のアレンジ，③参加者への連絡，④その他提携先とのアレンジなどをした上で，メディエーションの「話し合い」が行われる。ケースマネージャーが B に話し合いを持ち出した時点で，相手方 B が話し合いに合意しなければ，機関として「メディエーション」という ADR は成立しないことになり，その時点で終了となってしまう。

(b) プロセスの流れと当事者が受け取るもの

上述のように，ADR は広義の意味と狭義の各プロセスの複合系であり，それを当事者が主体的にどのようにすすめていくのかが重要な要素となる。しかし，プロセスの流れというものを考えるとき，そこまで明確にプロセスを分け，しかも当事者にとっては自然に次のプロセスについているか感じられるのかも重要になるであろう。

ある意味，プロセスを明確に分けることは「規定」を分けることで分かりやすいものになる。しかし，そのプロセスにのった当事者が流れをいったん分断されてしまい，「また一から始める」というのでは当事者の負担は大きなものになってしまいかねない。つまり，プロセスを分ける中で，いかに当事者にとって自然にルートを続けていくのかということを最大限に留意しなければならないのである。

例えばメディエーションというプロセスにおいて，どこかで専門家の評価が必要になった場合などという懸念が焦点になることが多い。しかし，「評価」

が全く入らない客観的な情報があり得る場合を除き評価を下すということは「話し合いを促進」するのとは別のフェーズに入ることになる。その時点で当事者はどのように感じるのであろうか。今まで話し合いを促進していた「調停者」がいきなり「自分の意見を表明し判断し始めたら」当事者はどのように感じるだろうか。

　調停人が仲裁人や評価者を兼ねれば良いという問題ではなく，いかにそれぞれの第三者が自分の役割や立場を理解しながら，そのフェーズに身をおくかという点が重要になる。そこで大切になるのが，当初の入り口に登場する「ケースマネージャー」の役割になる。

(2)　相談とケースマネジメントの違い

　上述のように相談では，いかに相談者と共に解決策を創っていくかが重要な点になるが，ケースマネジメントはメディエーションのニーズとデメリットをいかに初期段階で共に理解していくかが重要になる点が大きく異なる。

　申込者にとって「藁をもすがる」気持ちでメディエーションを申し込んでくる気持ちを受け止めながら，その反面例えば申込者が望む解決方法のニーズに合わないときには，合わない点を申込者自身が理解するまでには時間がかかることが多い。それは電話での申し込みだけでは終わらないときもある。そのときに必要なのが，ケースマネージャーと申込者，強いて言えば，相談者との信頼関係に他ならない。そしてその信頼関係を築くのが申込者が最初にアクセスしてきた際のケースマネージャーの役割なのである。

　相手方にとっても同様であろう。見ず知らずの機関や他人からいきなり電話や手紙，ましてや機関によっては「内容証明」や「配達証明郵便」で受け取ったときのインパクトは計り知れない。そのとき，当初はかたくなに断る相手方が，自分が意識もしていない解決方法としてのニーズがメディエーションにあるかもしれないと理解するまでには，まず見ず知らずの相手に信頼感を生まなければならない。そこにはいくら「話し合ったほうが良いですよ」とアドバイス的な発言をしても全く無意味にしかならない。ましてや申込者からの相談内容を相手に伝えることは守秘義務という点はもとより，伝えれば伝えるほど相

手方には反感を買うばかりになる。その際，相手方自身が感じている自分が直面している問題のニーズをいかに聴き，その後のメディエーションへの信頼へとつなげていくかがメディエーション全体における試金石となることは間違いない。その信頼こそ申込者であれ，相手方であれ，自分たちのニーズのために一緒にメディエーションの場を創っているという信頼感につながっていくのではないだろうか。

　(3)　申込者から見たADRまでの流れ：紹介とケースマネージャーの役割
　(a)　当事者（申込者）が相談機関（法テラスを含む）から紹介されるケース
　Aは自分の抱える問題をまず，自分で解決するためにはどうすればよいのか考え，Bという相談機関に「助言」を求めたとしよう。しかし，その場合A自身でも「自分がどうしたいのか」ということが明確になっていない場合がある。その際Aの相談を受け付けた相談員は，Aがどうしたいのかを聴き，その上で今後Aが採るべき行動について助言，アドバイスをすることになる。ここまでが従来の相談における「助言」「自主交渉への助言」になる。
　では，申込者からADRの入り口を考えてみよう。Aが上述同様に自分の抱える問題を「ADR機関」に相談する。
　この場合，その相談機関とADR機関の連携関係などにより，ADR機関の情報に差が出るケースがある。その連携具合に多少の差があるものの，連携先のADR機関が当事者にとってどんなメリットがあるのかというところが明確に出て申込者AがADR機関にコンタクトすることになる。この場合，相談機関の相談員がクライアントのニーズをどこまで把握でき，つなげられるかが重要となる。
　一方で法テラスなども含め，検索システムなどで検索され紹介された場合，「場所」「時間」「取り扱い紛争累計」などで絞り込まれ照会先が検索結果として出ることになる。その場合，本人のニーズがどこまで把握されるかということ事以外の部分，つまり上述の「場所」「時間」「取り扱い紛争累計」でケースが入ってくることになり，本人が「誰かに決めてもらいたい」「自分の代理になって相手方に要望を通して欲しい」などメディエーションの理念と反するも

のが機関に入ってくる可能性もある。法テラスなど「国」の取り組みで紹介された機関が，申込者本人のニーズと異なるものと判明するのが，その紹介された機関になるのである。その場合，機関はさらなる「たらいまわし」をするのでなく，いかにそこから短いスパンで当事者のニーズに応えられるかが問われる。また同時に法テラスもまた，いかに自分たちも「たらいまわし」せずにニーズにあった機関を紹介するかが必要になることになり，「場所」「時間」「取り扱い紛争累計」といった物理的な検索システムにいかにそのニーズを反映させていくかが課題となろう。そこでの相談者の不満は国の司法施策としての不満につながりかねないことを，そこにかかわる誰でもが認識できるシステムが必要になると言っても過言ではない。

(b) 相談機関とADR機関が同じ組織内で組まれているケース

例えば，一部の弁護士の相談機関と弁護士会の仲裁センターのケースがこれに当たるであろう。

この場合相談者自身が，ある相談機関に相談したものが，自然に同系列内のADRにつながっていくと感じることが多い。上述のように相談の受付段階で，申込者のニーズがしっかり把握される重要性は同様である。しかし，ここで異なるのは，同じ機関であるがゆえに，申込者にとって同じことを聴かれればよりいっそう「たらいまわし」と感じやすいという点であろう。

また逆にデメリットとして，「一度相談しているという信頼感の誕生」が「自分の味方になってくれる」との期待につながりやすい状況になる。

「○○士と同じ冠がついていながら，何度同じことを言えばよいのか」「私の話は，機関内でしっかり引き継がれていないのではないか」などという不信感がより生まれやすい状況になりやすいということであろうという反面，自分の悩みをきちんと受け止められれば止められるほど，自分の味方だという状況になりやすい。

ニーズをしっかり受け止める中で，同系列であればあるほど，当事者から見た相談部門とADR部門の連携や説明が大きなキーワードとなることは間違いない。

(c) 業界型 ADR などの場合

　業界型 ADR など，その業界に加入している会社は，自らの会社内で解決できなかった問題をその業界型 ADR に引き継ぐことが法的に定められているものや，「暗黙の了解」になっている場合の二つがある。

　第一に申込者が利用者（あえて言うとするのであれば，消費者サイド）であった場合を考えてみよう。その場合，当事者にとっては②の相談機関と ADR 機関が同じ組織内で組みこまれているケース同様，今まで相手方であった会社と同じ系列の「人種」が「中立な第三者」として名乗ってくることになる。ADR 機関がいくら「自らが中立である」と主張したとしても，紛争当事者である申込者にとっては当初はそれは感じられないことであろう。その場合は当事者を受け止めつつ機関に入ってきた場合の当初の説明をいかに客観的に示せるかが必要になる。

　その機関の「第三者」の人物像，機関の経理状態など，自分が「中立」であると主張する根拠が「相手」に強く感じられる説明が必要になってくるのである。

　第二に申込者が企業側である場合を考えてみよう。その場合，自分たちで解決できないものを，同じ仲間に開示しなければならない，いわば「自らの恥」を開示することにとらえられがちになってしまう。つまり「マイナスととらえがちな，ネガティブな状況」を仲間に開示しなければならないのである。

　ネガティブな状況である「負の遺産」を「今後への機会」としてとらえる土台を日頃から整えておく必要がある。また訴訟と異なる ADR のメリットとデメリットなどを会員企業に周知していく工夫も必要であろう。

　第三に相談機関（例えば消費生活センターや法テラス）から紹介されてくる場合。これは上記①と同じ状況になる。しかし全く異なる点は紹介される先が「自分は被害者である」と感じている会社が属する「業界」であるという点である。紹介元である各相談機関の段階で相手がどのような状況であるのかを当初から客観的に説明できることが必要である。また同時に，紹介されてきた申込者を受け入れる側もまた，自分がどのように感じられ，申込者のニーズは何

かを的確にしていくことが必要になる。

業界団体ADRにおいては，①の同系列の相談機関からの紹介プロセス以上に，申込者，機関側双方の信頼関係が求められているのである。

(d) 当事者本人が直接ADR機関に申し込んでくる場合

当事者本人がホームページ，電話帳，マスコミ報道により直接アクセスしてくる場合である。この場合，相談機関を経由していないためADR機関の入り口で当事者のニーズを汲み取ることから始める必要がある。

ここで問題になるのが，ADR機関に申し込んできたものの，相談員とニーズを探る中，本人のニーズがその機関のADRとそぐわないと判明した場合である。

例えばメディエーション機関の場合，申込者本人はその機関に来るまでに数々の機関を経験し，不調，不満に終わり，回ってくるケースがある。その場合，その機関への「最後の砦」としての期待が非常に大きい。しかし，その場で「自分の代理になって相手と交渉してほしい」ということがニーズである場合，あるいは「第三者から手紙や電話がいくことが相手に何らかのプレッシャーになるのでお願いしたい」と言われるケースが多々ある。しかし，これはメディエーションの概念やプロセスをもっては，申込者のニーズに応えられないことになる。

上記のような場合，以下のいくつかの場合が考えられる。第一に自分たちが連携しているその他の機関に紹介する。第二に法テラスなど公の紹介システムを紹介する。第三に連携はしていないが，独自のファイルの中で，ニーズに応えられる組織を紹介する。第四に「自分たちの組織ではできない。自分で他をあたってくれないかと断る」方法である。

申込者にとって期待が大きい分，他を紹介されることは当事者自身が持っているであろう申込者本人の「紛争解決能力」やモチベーションを削ぐことになりかねない。また自分で他機関をあたることを強制して終了することで申込者が抱える紛争を深刻化してしまうことは，一度相談を受けた機関の責任問題が生じ兼ねない。

当事者にとってのニーズとは「紛争のもつ本当に意味するところ」という意味と共に「解決方法のニーズ」でもあることを忘れてはならないだろう。ニーズにあった紹介先を整備しておくのは，ADR機関としてある意味必要不可欠であると共に，責任と「たらいまわし」のバランスを持った「機関としての整備」が必要なのである。

以上四つのパターンを見てきたが，機関としていかに連携先，連携相手を作っていっても，連携先を紹介するまでの「相談者のニーズ」をいかに把握するかにかかってくる。それが相談とADRの共通部分である「聴く技術」であり，また相談やADRで異なるケースマネージャーの「聴く技術」になるのである。

(4) 相手方から見たADRの流れ
(a) ADR機関からの呼び出し　業界団体の場合

企業・消費者間の紛争などの場合，企業側であれ，消費者側であれ，その業界に属しているということで何らかの「先入観」は否めない。また上述のようにこの業界団体のADRの場合も含め，相手方と接触がなにもなく，直接この業界型ADRに持ち込まれることは考えにくい。

まず消費者と企業間で接触があり，そこで何がしかの交渉や話し合いがあり，そこで終了できなかったものがその企業が所属する業界団体のADRに持ち込まれる。あるいは交渉結果が出ない場合，消費者側が消費生活センターなど，相談機関を経由して業界型ADRを紹介されるのが通常であろう。

まず相手側が消費者側だったことを考えてみよう。自分としては必死で企業側に自分の主張を伝えてきたつもりが，伝わらず，交渉が不調に終わってしまう。その結果相手側である「業者」から「自分が所属する業界団体のADR」に申し込みをされる。ADR申込者である企業側から自分に「業界団体ADRに申し込む」という事前の連絡やそのADRについての説明があるかどうかは，その企業の姿勢によるところになる。しかしながら時期や説明方法は種々考えられるとしても，消費者側にとっては「じぶんの相手である企業が属する業界」

から何がしかの連絡を受け，その機関でのプロセスに同意を求められることになるのである。業界団体というところに「まるめこまれて」しまうのではないか，という不安と共に，企業側がどこまで責任能力・あるいは決定権を持つ出席者がそのプロセスにのってくるのかが，プロセスに合意するインセンティブとしてはたらくことになる。

　次に相手側が企業側だったことを考えてみよう。自分（例えば担当者）も企業の利益のために交渉してきたつもりが，消費者側から業界団体にある意味「通報」された形になる。その時点で，担当者自身には非常なプレッシャーもかかることになり，また企業側としてはどこまでその業界型ADRのプロセスにのることのメリットがあるのかが理解されなければプロセスにのることさえもないであろう。つまりケースマネージャーはニーズとメリットを当事者が理解するのを助ける役割が大きく，特に相手方への対応にはその能力が求められる。

(b)　相談機関とADRが同じ組織内である場合（特に士業型ADR）

　申込者にとって相談からADRへと自然にコマをすすめていけることが，相手側にとっては「違和感」と感じることがこの場合，特筆すべきことなのではないだろうか。

　申込者にとっては自分の悩みや不安を一度吐露することでその「親機関」への信頼関係がある。しかし相手側にとってみれば，その信頼感が「自分の敵」である心情を生み出しやすい状況になるのである。

　ADR機関から相手方に連絡が行く際，ADR機関とは別の機関であることを説明しても例えば「○○士」と同じ冠がついていれば「同一組織」「相談を受けていること」と感じられることは当然であろう。

　その際，相手方には申込者と異なり「相談」のプロセスが「ADR機関」からの連絡時に起こることになる。その上「その相談」が自らのアプローチで相談するのでなく，紛争の相手方からのアプローチによってスタートするところが，従来の相談とは全く異なるアプローチになる。しかも連絡を取ってくる方法は「代理人ではない」と名乗りながら，「相手の話をすでに聴いている」立

場になる。この場合，第一に自らが「紛争に巻き込まれていない」という感覚であるケースと，第二に自分は自ら「紛争」の渦中におり，かつその相手がすでに相談している機関からのアプローチしているケースと感じているケースの二つが考えられる。前者後者とも，なぜ自分に連絡が入るのか不信感が募っていることはまちがいない。その不信感を払拭するものははたして「〇〇士」という肩書きなのかは大きな疑問が残る。たとえその職業にある程度の信頼と尊敬をいだいていたとしても，あるいは世間的な価値観があればあるほど相手にとってはプレッシャーになっているということを従来どこまで考え，相手方にアプローチされてきていただろうか。

(c) 申込者が直接申し込んでくるADRの場合

このケースは上述②の「相談機関とADRが同じ組織内である場合」とほぼ同様であり，見ず知らずの機関から相手方に連絡が行くことには違いない。異なる点は2点ある。第一に申込者がすでにADR機関としてその組織を十分に認識し，その組織でのADRとしての受付を済ませ「申込者のニーズのみ」は適合していると申込者本人が把握していること。第二に申込者から相手方へ「〇〇という第三者機関に申し込んだ」という情報が伝わっている可能性があるという点である。

前者の「申込者本人のニーズのみ」が上述二つのケースと異なる。つまり，ADRへの認識という点である。相談機関などを通してある意味「誰かから教えられて」ADR機関を選択するのと異なり，ADRに直接申し込んでいる申込者はそれなりに「ADR」に対して自ら調べるなど詳細な知識を持っていることが多い。それに反して，相手方はADRに対して十分な理解が当初は少ないのである。つまり機関として相手方にアプローチする際，その点に十分に配慮することが必要になる。

後者の申込者から相手方にすでに連絡がいっている場合も同様である。申込者にとっては自らが力をこめて選択したADRという方法が最良のものであるという自信がある。またすでに組織での対応も済ませているのでなおさらである。そこで組織を通さずに「すでに〇〇というところに連絡をとって，そのう

ち連絡がいくと思う」旨を連絡していることが多々あるのである。この場合機関から相手側に連絡がいく前に，すでに「防御体制」に入っていることは十分に理解できる。しかも公的な機関でなく，民間機関である場合,「不信感」は倍増していることが多いのが実状である。

2．ケースマネージャーの役割

(1) それぞれの立場からの申込者と相手側への第三者（ケースマネージャー）の対応とアプローチ

定義的にADRをとらえると，両当事者がADRのプロセスに合意した時点でADRのプロセスはスタートすることになる。

しかし実質上は，申込人も相手方も様々なプロセスを通ってADRに出会うことになる。

そこで最も重要なのが,「それぞれのニーズは」何なのかという点になるのである。

(a) 申込者にとってのニーズ

申込者にとって申し込み当初のニーズは何点か考えられる。第一に自分の味方をして欲しい。第二に話を聴いて欲しい。第三に自分自身で分からなくなっている自分自身の悩みをまとめて欲しい。第四にその自分自身の悩みに解答を出して欲しいという点になるだろう。

通常の相談については第三，第四についての目的が明確である。また従来の「代理」を目的とした相談であれば第一の点について第三，第四の点を聴き出していくことになるであろう。しかしADR強いて言えば，メディエーションという目的を考えた場合，第一の目的は果せない。あくまでも中立な立場を当初から築いていくことになるのである。

それは上述相談機関からの連携を除いて申込者にとっては，自分のニーズとその機関の適合点をADR機関ではじめて築いていくことになる。

その時点で，例えばメディエーションの場合，当事者の解決能力を信じ，当事者が何を望んでいるのかを引き出しながら解決を促進する方法を考えれば，

その時点で受付時点初期の段階で申込者自身が本当はどんな解決方法を望んでいるのか，また自分が選択しようとする方法のメリット・デメリットを「当事者本人の口」から語られることが必要になる。

著者自身の経験からも，当事者が勇んでメディエーションを申し込んでくる場合がある。しかし，よく話を聴くと「自分の代わりに相手に交渉して欲しい」あるいは「誰かに結論を決めて欲しい」という希望が出ることが多々ある。

その時点で，当該機関においてのプロセスを的確にニーズにあったものとして説明できるのかどうかは，その機関の理念やプロセスを十分に理解した上でないと担当できないことが多い。

欧米の，特にイギリスのコミュニティメディエーションセンターではこういった受付やその後ケースの管理を担当するケースマネージャーはメディエーターとして10年以上のキャリアを持った人材が当てられる。ケースマネージャーは自分が属する機関について熟知しているだけでなく，メディエーションで起こりえることを当事者のニーズに適合するかどうかの判断を，自分の考えを押し付けることなく，相手のニーズを聴き出すことにより，申込者本人が決定するというプロセスをとっていくことになるのである。

また逆に例えば仲裁のように，第三者が最終的に決定するというプロセスを通る場合，自分の主張が誰かに判断されるということを当初から申込者が理解した上で，申し込み，そしてその次のプロセスに入っていくことが必要になる。なぜならば，第三者が最終判断を下す材料を申込者として提供していくのは代理人が付かない限りまさしく申込者本人なのであるからである。

(b) 相手方にとってのニーズ

ADR機関から相手方に連絡をいれる多くの場合，それは相手方本人にとっては寝耳に水の状態から始まることが多い。上述のように申込者あるいはその他の家族などの関係者から，「近々ADR機関から連絡が入るかもしれない」と連絡がある場合も，あるいはADR機関からあらかじめ「手紙」などで電話をする旨の連絡が入っていたとしても，それは多かれ少なかれ似たような状況になる。

例えば筆者の経験からも,「NPO って何ですか？ 宗教団体ですか？」「なんでこんな時間に連絡をしてくるのですか？」「なんで他人のあなたに家族の話をしなければならないんですか」などと,自分にとっては全く未知の団体から連絡をしてきたことへの戸惑いは,連絡をするほうの側からも受け止めながら連絡をしなければならない。

(2) ケースマネージャーの役割

(a) 入り口でのケースマネージャーの役割

目の前にくるクライアントは両当事者のどちらが先に来るのか分からない。例えば上述の犬がかんだ事件では「自分の娘が犬にかまれ,相手は半年もきちんとした謝罪をしてくれない」とくるのか「せっかく謝罪の電話をしたのに,その場で罵倒され,想像できないほどの慰謝料などを請求された」と来るのか,その時々で全く異なるのである。

その際,どちらが来るにしても「見えない相手方」をいかに意識し,そこからお互いのニーズをお互いに見つけていくところから ADR は始まっている。

またそこでメディエーションが任意のしかもお互いの自分で解決する場であることを,入り口の地点でいかに両当事者と共に考えられるかは,その後のメディエーションつまり両者がそろった場面で大きな影響力を持つ。

いざ両者がそろった時点で,「メディエーターさん,私のいうことを相手に伝えて下さい」と当初から言われてしまうことがあれば,それはある意味,入り口のケースマネージャーの失敗とも言いかねない。もちろん,設定から話し合いの場まで日程などが空く場合は,当事者の気持ちも変化する。その際,メディエーターとしてもケースマネージャーと共に,その場を作っている一体感がなければ,その場の「安心できる信頼できる場」などできないのである。

(b) 入り口でケースマネージャーが当事者と共に考えなければならないメディエーションのリスク

各方法にもそれぞれのデメリットやリスクがあることも,両当事者が当初から理解する必要もあり,それを支援するのもケースマネージャーの役割になる。

例えば学校での子どもの問題，高齢者住宅における親の問題など，申込者が自分の子どもや家族にかかわる問題を申し込む場合がある。申込者のニーズがメディエーションに合致し，メディエーションをすすめていく上でのプロセスを共に考える中，第三者から相手方へ連絡することがその家族にどう影響を及ぼすかも考えなければならない。つまり，第三者である機関から相手方に連絡が行った際，その紛争の中にいる子どもや親に，相手方から何らかのプレッシャーがかからないかという点である。ケースマネージャーとしてはその点についての申込者の意思を確認し，メディエーションを設定していくことを考えなければ，相手方へのアプローチの仕方も全く異なる。また何よりも申込者（子どもを抱える親，親を抱える子ども）が気づかないあいだに当事者である子どもや親に何らかの事件が起こりかねない。そのときにはアレンジした機関そのものの信頼が失墜してしまうのである。

(c) ケース途中と終了までのケースマネージャーの役割

いざメディエーションが始まると，話し合いの場は１回で終わるとは限らない。次の話し合いの場まで両当事者の気持ちは揺れ動くことは決して稀有なケースではない。それはたとえ合意が行われてからも同様のことが起こる可能性は十分にある。

その際，例えば当事者がメディエーターに連絡をすることはどういう意味を持つのであろうか。例えばそれがまだ途中の段階であったなら，中立な立場であるメディエーターがどちらか片方のみの話を聴くのは理念に相反するものになる。

そのとき必要なのが両当事者にとって入り口から共にかかわっているケースマネージャーになる。メディエーターと違う役割としてそのケースにかかわっていることで，両当事者からも違う役割として認識されていて，次に何をすればいいのか共に考えることができる存在が両当事者にとっては必要になる場合も多いのである。

ケースマネージャーの役割として入り口としての場の設定のみならず，メディエーションの中での様々なアレンジが必要な場合も出てくるであろう。つま

り，ケースマネージャーがメディエーターとクライアントのメディエーターを行うことも多いのである。例えば，これが専門家の手配ということになるのではないだろうか。

話し合いの中で，専門家の意見が必要になった場合，メディエーターでもケースマネージャーでもない専門家が唐突に登場することへの心配を緩和させることが必要になるのである。それは今まで話し合いがすすめられた経緯や，なぜそこに専門家が必要で，どういう役割が求められるのかをマネジメントしてその場に登場することが必要になる。

V まとめにかえて——メディエーションで出来ることとメディエーターが出来ること

筆者が若輩ながら民間のしかも非法律家を中心とした民間型 ADR を立ち上げて分かったことは，従来の議論で「メディエーションで出来ること，あるいはすべきこと」と「メディエーターが出来ることあるいはすべきこと」が混乱されて議論されてきたということであった。

その点を考える中では，従来の議論で登場しなかったケースマネージャーの役割が深く関与することになる。

メディエーションである両当事者がそろった話し合いが設定ができれば，ある意味メディエーションは終了に向かっていると言っても過言ではないだろう。そこまでにはそこにかかわるすべての人，今まで議論になりえなかったケースマネージャーや多くの連携機関との連携方法の役割が非常に大きな意味を持つ。

そこにこそ，一つの資格にとらわれない NPO，市民団体としての ADR の意義があるのではないかと思うのである。

また筆者の少ない経験からも，NPO という市民団体でさえいざメディエーションの話し合いをケースマネージャとしてアレンジしようとしたとき，「やっぱりそんな大げさなことにはしたくない」という正直な市民の声が多く聴こえた。

そんなときの不安を受け止めるうちに，相手方にしろ，申込者にしろ自分たちと同じ立場も「一市民」として同じ仲間が行っているNPOのADR，そこに信頼を見出す両当事者も多い。ケースマネージャーとして著者のつたない経験から述べれば，申込者・相手方にとってもメディエーションという場を一緒に創り上げ，その場を設定し，メディエーションが行われるという一体感は大上段にかまえるいわゆる「先生」ではないからこそ，できるのかもしれない。そしてそれは本来であれば，「士業型」「業界型」または「法律家」「非法律家」という問題ではないのではないだろうか。

様々な「型」を超えた一つの資格や立場に拘らないからこそできる，それはわが国ではまだ稀有な存在であろう市民団体，NPOとしてのADRの役割はわが国の「紛争解決」全体のアプローチとプロセスを構成する上で重要な役割があるのではないかと思うのである。

メディエーションでできること，それはメディエーター一人の役割ではない。そしてその機関に所属するいわゆる「手続実施者」だけにできるものでは決してない。

そこにかかわるすべての人，しいて言えば国民全体の理解があってこそできるものだということを今改めて考える時期に来ているのではないだろうか。

1) 独立行政法人 国民生活センター 情報分析部による情報提供。1996年4月1日以降受付，2006年4月20日までにPIO-NETに登録された相談を対象。なお，2005年度分の他機関紹介，助言（自主交渉），その他の情報提供，斡旋解決，斡旋不調，処理不能，処理不要については，2005年4月1日以降2005年12月31日までに受付，2006年4月20日までにPIO-NETに登録された相談を対象に，回答されたデーター。
2) シンポジウムADR法の評価と課題 田中圭子発言 「仲裁とADR」Vol. 1（仲裁ADR法学会 商事法務2006）参照。
3) 2006年10月6日 国民生活センター 情報分析部確認。
4) 大川宏・田中圭子・本山信二郎『ADR活用ハンドブック』(2002年3月 三省堂) pp. 84-109のPL・消費生活・金融の分類機関を抜粋・表化したもの。2002年時点，各組織内部のシステム。現在では特に金融関係の機関で弁護士会との提携など外部

機関との連携が構築されている。
 5) 裁判所や警察等の判断で他機関に紹介されること。
 6) 田中圭子「銀行・消費者間紛争から見た ADR の問題点とその方向」消費生活研究（㈳日本消費生活アドバイザー・コンサルタント協会　2000 年）および「銀行・消費者間紛争から見た ADR の問題点とその方向性(2)」JCA ジャーナル NO. 521（㈳日本商事仲裁協会　2000 年）参照。
 7) 田中圭子「イギリスにおける ADR　コミュニティ型メディエーションの現状と課題」(上) JCA ジャーナル NO. 567（㈳日本商事仲裁協会　2004 年）参照。
 8) NASD：National Association of Security Dealers.
 9) NASD "Dispute Resolution Statistics-Summary Arbitration Statistics August 2006". http://www.nasd.com/ArbitrationMediation/NASDDisputeResolution/Statistics/index.htm
10) メディエーションとコンシリエーションについては組織により考え方が異なるところが大きい。しかしながら一般的にはメディエーションの第三者であるメディエーターが裁定や意見の提示をせずに話し合いをすすめるのに対し、コンシリエーションはある程度の意見の提示を行いながら話し合いをすすめると考えられている。
　　田中圭子「市民のための ADR と総合的金融オンブズマン制度構築の必要性」包括的・横断的市場法制のグランドデザイン　NIRA 研究報告書 0501-1　総合研究開発機構（2005 年）。
11) 田中圭子「市民のための ADR としての統合的金融オンブズマン制度構築の必要性」(「包括的・横断的市場法制のグランドデザイン　NIRA 研究報告書 0501-1　総合研究開発機構　2005 年」) および　第 7 回 NIRA 政策フォーラム　「裁判外紛争解決 (ADR) の現状と展望」―英国 FOS（金融オンブズマンサービス）に学ぶ―。http://www.nira.go.jp/newsj/seisakuf/07/seisakuf07.html
12) 田中圭子「日本型 ADR と英国式「Access to Justice」の対比―消費者の ADR 認識調査および訪英調査報告から―」消費生活研究（㈳日本消費生活アドバイザー・コンサルタント協会　2001 年）。
13) 平成 13 年 11 月調査。母数 56。田中圭子「「話し合いによる解決」と NPO 型 ADR の可能性―調停教室前後の認識調査結果報告―」(消費生活研究　㈳日本消費生活アドバイザー・コンサルタント協会　2002 年）。
14) 参考文献　津村俊充・山口真人編『コミュニケーションのプロセスと留意点』(「人間関係トレーニング―私を育てる教育への人間学的アプローチ―」ナカニシヤ出版、2003 年）および、田中圭子「当事者コミュニケーションにおける第三者としてのかかわり―自覚ある工夫の必要性―」(月報司法書士 No. 389　2004 年）。
15) 前掲注 14）参照。
16) NPO 法人日本メディエーションセンター各トレーニングにおいて利用されるビ

デオ教材。
17) NPO法人日本メディエーションセンター各トレーニングにおいて利用される教材。
18) NPO法人日本メディエーションセンター各トレーニングにおいて利用される教材。
19) NPO法人日本メディエーションセンター各トレーニングにおいて利用される教材。
20) NPO法人日本メディエーションセンター各トレーニングにおいて利用される教材。
21) 通常リフレイミングと呼ばれているスキルだが，著者が置き換えるとき「意味への応答」としている。これはカウンセリングなどで利用されている言葉であると共に，メディエーションにおけるリフレイミングの意味，つまり「相手の言葉の意味を考え第三者であるメディエーターが言い換える」ということからこのような日本語を用いている。
22) リーガルカウンセリングなどを想定した。
23) 前掲注2）参照。

〔㈵日本メディエーションセンター代表理事・㈶法律扶助協会理事〕

第Ⅳ部
法人組織に関する法制の動向

第 1 章

会社法について

相 澤 哲

I はじめに

　平成17年6月29日,第162回国会(常会)において成立し,同年7月26日に公布された「会社法」(平成17年法律第86号)が,平成18年5月1日から施行された。

　会社法は,我が国の会社法制の現代化を図るため,会社法制に関する様々な制度について体系的かつ抜本的な見直しを行うとともに,従来の商法第2編,有限会社法,株式会社の監査等に関する商法の特例に関する法律(以下「商法特例法」という。)等の各規定について,片仮名文語体で表記されているものの平仮名口語体化等を行い,一つの法典として再編成したものである。会社に係る実体的規定のほか,訴訟,罰則等の規定に加え,新たに会社非訟事件に関する規定等をも盛り込むなど,各法律に分かれて置かれていた会社に係る規定を統合した,新たな法典である。

　会社法においては,株式会社制度と有限会社制度との統合,最低資本金制度の見直し,組織再編行為に係る規制の見直し,株式・新株予約権・社債制度の改善,株主に対する利益の還元方法の見直し,取締役の責任に関する規定の見直し,株主代表訴訟制度の合理化,大会社における内部統制システムの構築の基本方針の決定の義務化,会計参与制度の創設,会計監査人の任意設置の範囲の拡大,合同会社制度の創設等,会社法制全体にわたり実質的な改正が加えられており,実務に与える影響も極めて大きいものと思われるが,本章において

は，このような会社法の制定への経緯等について紹介するとともに，主要改正点等について簡単に触れることとしたい。

II 制定への経緯

1. 背　　景

　従来の商法は明治32年に，有限会社法は昭和13年にそれぞれ制定された法律であり，いずれもいまだ片仮名文語体で表記され，また，現在ではほとんど使用されないような用語も多く用いられていた。そのため，これらの法律について，利用者に分かりやすい平仮名口語体による表記に改めるべきであるという指摘がかねてよりされていた。また，従来の商法にはその第2編において合名会社，合資会社及び株式会社の3種類の会社についての規定が設けられており，有限会社についてはそれらとは別に単行法である有限会社法が設けられ，商法の規定が大幅に準用されているほか，商法特例法において大規模・小規模の株式会社についての商法の特例規定が別途置かれており，会社に係るこれらの規定の在り方が利用者にとって分かりにくいものになっているという指摘もされていた。

　しかし，会社法制は，経済関係の基本法制であるとともに，我が国の法人法制における基本法的な役割を担っており，会社以外の各種法人に係る多くの法律において商法中の会社に係る規定が多数準用される等の事情があったため，単に片仮名文語体で表記された規定を平仮名口語体の表記に改め，各規定を分かりやすく並び替えるという，いわゆる現代語化の作業であっても，その作業量は，極めて膨大なものとなることが必然であった。そのため，会社法制に係る規定の現代語化の作業に関しては，かねてよりその必要性については認識がされつつも[1]，民事法制の企画及び立案を所管する法務省民事局の体制等，様々な制約の下では，民事法制に係る他の立法課題が山積する中にあって，優先的に取り組むべき課題とは位置付けられてこなかった。

　他方において，会社法制については，社会経済情勢の変化等を反映して，その時々の要請に対応するため，頻繁に実質改正が行われてきた[2]。特に，近年

は，短期間に議員立法によるものも含めて多数回にわたる改正が積み重ねられているが，それぞれの改正はいずれも特定の事項につき焦点を当てて行われ，必ずしも相互の調整が十分図られることなく実現されたものもあったため，会社法制の全体について，その内容の整合性を図るとともに，現代社会により一層対応したものに改善するために，改めて体系的に見直しを行う必要があるという指摘も強まっていた。また，近時の改正の多くが主として大規模な会社に関するものであったところ，我が国の株式会社・有限会社の圧倒的多数を占める中小規模の会社に係る会社法制について本格的な見直しを求める声も強まっていた。

　こうした中で，平成13年度から，経済関係の民事基本法制の整備について集中的な取組を行うべく，法務省民事局の体制が時限的に強化され，それにより，会社法制の形式・実質の両面にわたる体系的な見直しの作業に着手し得る環境がようやく整うこととなった。

2．法制審議会における検討等

　以上のような状況を背景として，平成14年2月13日の法制審議会第136回会議において，同審議会に対し，会社法制の現代化に関する諮問（「会社法制に関する商法，有限会社法等の現代化を図る上で留意すべき事項につき，御意見を承りたい。」（諮問第56号））がされ，その調査審議を行うための部会として，会社法（現代化関係）部会（部会長・江頭憲治郎東京大学教授）が設置された。

　同部会は，同年9月から，具体的な審議を開始し，まず，会社法制の現代化の基本方針として，現代語化（片仮名文語体で表記されている規定の平仮名口語体化，用語の整理・解釈の明確化，規定の再編成等）を行うとともに，この作業に合わせて会社法制に係る各規定を体系的に見直し，諸制度間の規律の不均衡の是正等，会社法制全体の整合性を図るほか，「会社法制の現代化」にふさわしい内容の改正事項を検討することを確認した。

　これを受けて，事務当局である法務省民事局参事官室の担当者において，商

法学者，実務家，関係省庁等の参加を得た準備的な会議の場を設け，主として実質改正に向けた検討項目の抽出，問題点の整理等の準備を行った。ちなみに，会議は，三つの分科会により構成され，第1分科会（分科会長・神田秀樹東京大学教授）では総則，株式会社の設立，計算，組織再編等について，第2分科会（分科会長・岩原紳作東京大学教授）では株式会社の機関等について，第3分科会（分科会長・山下友信東京大学教授）では株式，社債等についてそれぞれ検討が進められた。各分科会における検討の成果については，事務当局を通じて会社法（現代化関係）部会の審議に反映され，また，同部会の審議の過程において提起された様々な問題点について，各分科会においてさらに検討が深められるなど，それぞれの検討作業は，有機的な関連の下に進められた。

会社法（現代化関係）部会は，このような検討体制の下で，株式譲渡制限会社と有限会社の規律の統合調整，取締役の責任に係る委員会等設置会社とそれ以外の株式会社との規律の調整，合併等対価の柔軟化（吸収合併等の場合において消滅会社の株主等に対して存続会社等の株式以外の財産を交付すること）等の問題を始めとして，会社法制全体につき実質的な改正に係る検討のための審議を重ね，平成15年10月にはその中間的な成果を「会社法制の現代化に関する要綱試案」として取りまとめた。この要綱試案は，法務省民事局参事官室において公表され[3]，パブリック・コメントの手続の実施，関係各界への意見照会が行われ，これに対しては計1745件の意見が寄せられた[4]。同部会は，これらの意見をも踏まえ，さらに精力的な審議を行い，平成16年12月8日開催の第32回会議において「会社法制の現代化に関する要綱案」を取りまとめるに至った。

この要綱案の取りまとめに至る審議過程では，最低資本金制度の取扱い，株式譲渡制限会社と有限会社との規律の統合調整の在り方（取締役の任期，業務監査権限を有しない監査役，決算公告の取扱い等），株主代表訴訟制度の合理化等が主な論点となり，また，会計参与制度の創設等の事項が新たに取り上げられた。

そして，平成17年2月9日開催の法制審議会（会長・鳥居淳子成城大学教

授）第144回会議において，この要綱案につき審議がされ，その内容が原案どおり承認され，「会社法制の現代化に関する要綱」として法務大臣に答申された。これを受けて，法務省の事務当局において法案作成作業が進められた[5]。

3．法案の国会提出に至るまでの過程

　会社法制の現代化については，前記の要綱試案の取りまとめ以降，自由民主党においても，政務調査会の法務部会の下に設けられている「商法に関する小委員会」（委員長・塩崎恭久衆議院議員）において，法制審議会における調査審議と並行して，その検討が精力的に進められた[6]。

　同委員会における検討が終盤に差し掛かった平成17年2月以降，同委員会においては，専ら合併等対価の柔軟化の実現の是非が大きな争点となった。合併等対価の柔軟化に係る改正は，そもそも国内外からの強い実務上の要望が示されたことにより，会社法制の現代化における中心的な論点の一つとして検討が進められてきたものであるが，平成16年の後半ころから，我が国の経済界の一部において，合併等対価の柔軟化によりいわゆる三角合併が可能となることが主として外資による対日投資促進の意欲を高め，ひいては我が国市場における株式の敵対的買収を増加させるのではないかという懸念が強まりを見せ，さらにはたまたま持ち上がったライブドアによるニッポン放送株式取得問題の影響もあって，同委員会においても，当該改正自体についての慎重論を支持する意見が目立つようになった。その結果，同委員会における議論を踏まえ，自由民主党政務調査会法務部会は，合併等対価の柔軟化に係る改正に対する慎重論にも配慮し，各株式会社がその決算期のいかんにかかわらず会社法施行後の最初の定時株主総会において定款変更を要する企業買収防衛策を採用する機会を確保することができるようにするという理由から，当該改正部分の施行をそれ以外の部分の施行の1年後とすることを条件に，政府による会社法案の国会提出を了承した[7]。

　これを受けて，政府原案に修正が加えられて取りまとめられた「会社法案」が，「会社法の施行に伴う関係法律の整備等に関する法律案（以下「整備法案」

という。)」[8]とともに，平成17年3月18日の閣議決定を経て，同月22日に国会に提出された（閣法第81号，第82号）。

4．国会における審議の状況等
(1) 衆議院における審議

国会に提出された会社法案及び整備法案については，平成17年4月7日に衆議院本会議において趣旨説明・質疑がされた後，衆議院法務委員会に付託され，翌8日に同委員会において趣旨説明がされた。その後，同委員会において，4月15日，19日に質疑がされ，20日には6名の参考人（江頭憲治郎東京大学大学院法学政治学研究科教授，上村達男早稲田大学法学部・大学院法務研究科教授，内藤良祐日本弁護士連合会司法制度調査会商事経済部会副部会長，浜辺陽一郎早稲田大学大学院法務研究科教授・弁護士，久保利英明日比谷パーク法律事務所代表パートナー，村上世彰株式会社M＆Aコンサルティング代表取締役）からの意見聴取・質疑のほか，法務委員会，財務金融委員会及び経済産業委員会の連合審査会での質疑がされ，さらに，法務委員会において，4月26日，5月10日，13日に質疑が行われた。そして，5月17日に同委員会における最終の質疑が行われ，自由民主党，民主党・無所属クラブ及び公明党の共同提案による修正案による一部修正の上，全会一致で可決された後，同日の本会議に上程され，賛成多数で可決されて参議院に送られた。

衆議院における審議においては，類似商号規制，株式会社と有限会社との一体化，既存の有限会社の取扱い，最低資本金制度，現物出資・事後設立規制，自己株式の市場売却，株主総会の招集地，取締役の任期・欠格事由・責任，会計参与制度，合同会社，合併等対価の柔軟化，株主代表訴訟，敵対的買収に対する防衛策等を中心に，主要な論点が幅広く取り上げられ，質疑がされた。

なお，衆議院法務委員会においては，両法案の採決に当たり，計13項目の附帯決議が行われている[9]。

(2) 参議院における審議

参議院においては，両法案について，5月18日に本会議において趣旨説

明・質疑がされた後，法務委員会に付託され，翌19日から同委員会における質疑が開始された。その後，同委員会において，6月7日には5名の参考人（神田秀樹東京大学大学院法学政治学研究科教授，益田哲生日本弁護士連合会副会長・弁護士，太田洋弁護士，坂本孝司税理士・米国公認会計士，成宮治全国中小企業団体中央会専務理事）からの意見聴取・質疑がされ，さらに，同月9日午前には法務委員会，財政金融委員会及び経済産業委員会の連合審査会での質疑が行われ，同日午後には法務委員会での質疑が行われた。その後，同月14日，16日，23日に同委員会における質疑が行われ，さらに，6月28日には同委員会における最終の質疑が行われた後，両法案は，賛成多数で可決され，同月29日の本会議において賛成多数で可決され，成立した。

参議院における審議においては，主として擬似外国会社に係る問題について多くの審議時間が費やされた[10]。

なお，参議院法務委員会においては，両法案の採決に当たり，計16項目に及ぶ附帯決議が行われている[11]。

(3) 議院修正の内容

衆議院における一部修正の内容は，①責任追及等の訴え（株主代表訴訟）に係る会社法案847条1項2号を削る（併せて同602条2号も削る）[12]，②株主への利益供与に係る取締役等の責任に関して供与行為者に限っては無過失責任を維持する（同120条4項関係），③自己株式の市場売却の許容を見送る（同179条を削除する），という3点である。

①については，会社法では，責任追及等の訴えに関し，株主がこれを提起することができない場合についての規定を設けているところ，修正前の会社法案では，その場合として，847条1項各号に二つの場合を規定することとしていた。このうち，同項2号の「責任追及等の訴えにより当該株式会社の正当な利益が著しく害されること，当該株式会社が過大な費用を負担することとなることその他これに準ずる事態が生ずることが相当な確実さをもって予測される場合」については，その内容が不明確であり，責任追及等の訴えの制度に期待される，取締役の行動に対する事後的な制御という機能を不当に縮減させてしま

う懸念があるとして,削除することとされた。

②については,会社法においては,株式会社の取締役等の会社に対する責任について,当該会社の機関設計のいかんを問わず基本的に過失責任として整理されており,修正前の会社法案においては,株主への利益供与に係る取締役等の責任についても過失責任化を図ることとされていた。この責任については,反社会的勢力に対する利益供与が摘発されている現況にかんがみ,これを過失責任とすることは,取締役のコンプライアンス意識の低下を招き,モラルハザードが生じやすくなると考えられることから,直接の利益供与行為者に限りなお無過失責任を維持することが適当であるとされた。

③については,修正前の会社法案においては,会社は,定款に定めがあるときは,自己株式を,買取請求,事業全部の譲受け,合併及び会社分割等により取得した数を限度として,募集株式の発行等の手続を経ることなく,市場取引により売却することができるものとする規定を設けることとされていた。この規定については,平成13年の商法改正において,自己株式の処分は新株発行と本質を同じくするという理解の下に法整備が行われているところであり,これを見直して自己株式の処分に係る規制を緩和することは,会社法案における規律の内容を前提としてもインサイダー取引や株価操縦を助長するおそれがあるとして,削除することとされた。

III 会社法の特徴

会社法は,全8編からなる,会社に係る体系的な法典となっている。会社法の内容の特徴は,①起業の促進,②株式会社における定款自治の拡大,③会社制度に対する信頼性の一層の確保・充実という点に現われているといってよい。

1. 起業の促進

会社法においては,「起業の促進」という観点からの実質改正点が多く含まれている。設立時の出資規制としての最低資本金制度の撤廃,発起設立におけ

る払込金保管証明制度の廃止，現物出資規制の緩和等，株式会社の設立規制の緩和のほか，新たな事業形態として合同会社制度の創設，さらに，いわゆる類似商号制度の廃止等，会社の設立に係る規制につきその合理化を図るための見直しが行われており，これらにより，会社制度を用いた起業が一層進むことが期待されている。

2．株式会社における定款自治の拡大

　株式会社について大幅に「定款自治の拡大」が図られている点は，会社法の大きな特徴の一つである。中小企業に関しては，有限会社制度が株式会社制度に統合され，いわゆる株式譲渡制限会社について取締役の人数規制や取締役会の設置義務が課せられない従来の有限会社型の機関設計の採用が認められるなど，機関設計や譲渡制限株式制度等につき規律の多様化・柔軟化が図られている点が重要であり，また，大企業についても，種類株式・新株予約権・社債制度に関する様々な規律の合理化・多様化，株主に対する利益等の還元方法の多様化等により，各企業の経営に関わる選択肢が大幅に拡大されている。選択肢の拡大は，それぞれの会社におけるよりふさわしい規律の選択を可能とするものであり，中小企業においても大企業においても，いかなる定款の内容を企画するかが，各企業の運営の効率性を左右し，その経営戦略の重要な要素となり得る。それとともに，経営者にとっては選択についての責任の増加がもたらされるといえる。

3．会社制度に対する信頼性の一層の確保・充実

　会社法では，会社制度に対する信頼性の一層の確保・充実を図るという観点からも，様々な措置が講じられている。株式会社について，現実の計算の適正さの確保を重視する観点から，会計監査人の設置範囲の拡大，新たな会計参与制度の導入等の措置が講じられているほか，企業統治の充実に資するため，株主代表訴訟制度の改善，大企業におけるいわゆる内部統制システムの構築の基本方針の決定の義務化等が図られている。さらに，会社法に基づき策定されて

いる会社法施行規則においては，社外役員，会計監査人，買収防衛策等に係る事項を中心に，事業報告における開示事項の大幅な充実が図られており，それらを通じて，各株式会社の活動・運営の適正さが確保されることが期待されている。

Ⅳ　主要改正点

　会社法における旧法からの実質的な改正点も極めて多岐にわたるが，以下，規定の順序に従い，主なものについて，簡単に触れる[13]。

1．総則（第1編）

　第1編には，法律の趣旨及び用語の定義のほか，会社に関して従来の商法第1編（総則）及び第2編（会社）第1章（総則）に規定されていた事項に相当する事項等が規定されている。すなわち，第1章（通則）において法律の趣旨，用語の定義，会社の法人格，会社の住所及び会社の行為の商行為性に係る規定が設けられているほか，第2章（会社の商号）において会社の商号に関する規定が，第3章（会社の使用人等）において会社の支配人その他の使用人等に関する規定が設けられているなど，会社に関する総則的な規定が置かれている。

　総則に関しては，商号について，会社に係るいわゆる類似商号規制（旧商19条，旧商登27条）の廃止が行われ，それに伴い，旧商法20条に相当する規定は設けないこととされ，また，会社の目的のいかんにかかわらず同一住所・同一商号の登記はすることができない旨が明文化されている（新商登27条）。

　また，事業譲渡が行われる際の事業譲渡人の競業禁止義務について，当事者間の特約の効力に対して旧法が設けていた「同府県及隣接府県内且三十年ヲ超エザル範囲内」という制限（旧商25条）を見直し，30年という時間的制限を維持するにとどめ，場所的制限は設けないこととされている（会社法21条2項）。

2．株式会社（第2編）

　第2編には，従来の株式会社・有限会社の両会社類型を統合した新たな類型としての株式会社についての規定が設けられている。両会社類型を統合し，株式会社として従来の有限会社に類する簡素な機関設計等に係る規律の適用を受けるものも認め，規律の適用につき定款自治による柔軟性を大幅に許容することとした結果，第2編においては，例えば，機関設計の点については株主総会と取締役のみの会社が，株券の点についてはその発行を行わない会社がそれぞれ原則的な形態の会社と位置付けられ，規定が並べられている。また，第2編では，株式譲渡制限会社（その発行する株式の全部が譲渡制限株式である会社）とそれ以外の株式会社（その発行する株式の全部又は一部が譲渡制限株式ではない会社）とを区分して，後者を公開会社と定義し（会社法2条5号），いわば伝統的な株式会社の理念型と位置付け，その規律の内容を前者のものとは相当異なるものとしている。

　なお，有限会社法は廃止され，既存の有限会社は，会社法施行後は，特段の手続を要することなく，会社法の規定に基づく株式会社として存続することになるが，このような既存の有限会社については，特例有限会社（会社法の施行に伴う関係法律の整備等に関する法律（以下「整備法」という。）3条2項）として，整備法において，取締役の任期規制がないこと，決算公告義務がないこと等，旧有限会社法における特有の規律の実質が基本的に維持されることとするとともに，その商号についても「有限会社」の文字を用いるべきこととする等の措置が講じられている。

(1)　設立（第1章）

　株式会社の設立に関しては，最低資本金制度（旧商168条ノ4，旧有限会社法9条）の見直しが重要な改正点である。会社法では，当該制度が有していた各機能（設立時における払込価額規制としての機能，剰余金分配規制としての機能，表示規制としての機能）ごとに見直しが行われ，設立時における払込価額規制については，株式会社の設立時に払い込むべき金銭等の額に係る規制を設けないこととされている。また，株式会社の設立方法については，発起設立

と募集設立とを引き続き維持することとされており，第9節（募集による設立）において，募集設立に係る詳細な規定が設けられている。

その他，株式会社の設立に関しては，「設立時に発行する株式の総数」（旧商166条1項6号）に代えて「設立に際して出資される財産の価額又はその最低額」（会社法27条4号）を定款記載事項とし，募集設立につき払込みが行われずに失権した引受権が生じた場合であっても定款に定めた額以上の出資が行われていれば設立を行うことを可能とし，それに伴い発起人等の引受・払込担保責任を廃止するほか，発行可能株式総数については当初の定款作成時ではなく設立手続中にその定めを設けることも可能とし（会社法37条，98条），発起設立につき払込金保管証明制度を廃止し（新商登47条2項5号），会社設立時の現物出資等に係る少額特例の要件を「500万円以下の財産」に緩和し（会社法33条10項1号），検査役の調査を要しない有価証券の範囲を「市場価格のある有価証券」に拡大し（会社法33条10項2号），発起設立の場合における現物出資等に係る発起人等のてん補責任につき過失責任化を図る（会社法52条2項）等の改正が行われている。

(2) 株式（第2章）

株式に関しては，譲渡制限制度，種類株式等，株主名簿，基準日，自己株式，単元株・端株，募集株式の発行等，株券，少数株主権等，株式買取請求権等につき，改正が加えられている。

(a) 譲渡制限制度

株式の譲渡制限制度については，株式会社が発行する複数の種類株式のうちの一つについてのみ譲渡制限を付すことができるものとし（会社法108条1項4号），譲渡制限株式が相続等により一般承継された場合につき定款の定めにより株式会社が当該株式の売渡しを請求することができる制度を設ける（会社法174条から177条まで）など，定款自治による制度の柔軟化を図るとともに，譲渡制限種類株式の発行手続（会社法199条から202条まで）や種類株式に譲渡制限を付す手続（会社法111条2項，116条，118条，324条3項）につき規定を整備し，譲渡制限株式の取得者からの承認請求手続と名義書換手続とに

つき一括して規定を整理する（会社法133条，134条）等の改正が行われている。

　(b)　種類株式等

　種類株式に関しては，議決権制限株式の発行限度につき，公開会社においてはその発行限度（発行済株式総数の2分の1）を超えた場合における規定を整備し（会社法115条），株式譲渡制限会社においてはその発行限度はないものとし，旧法の下での転換株式・償還株式等に相当するものにつき取得請求権付株式・取得条項付株式として規定を整理する（会社法2条18号，19号）とともにその取得対価の柔軟化を図り（会社法107条2項2号，3号，108条2項5号，6号），普通株式に事後的に取得条項を付ける際の定款変更の要件（当該普通株式に係る株主全員の同意）を明らかにし（会社法110条，111条1項），全部取得条項付種類株式の制度を設け（会社法108条1項7号，171条），株式譲渡制限会社につき従来の有限会社の規律に準じて剰余金の配当等に係る株主ごとの異なる定めを認める（会社法109条2項）等の改正が行われている。

　(c)　株　主　名　簿

　株主名簿については，閲覧請求に係る拒絶事由についての明文の規定を設ける（会社法125条3項）等の改正が行われている。

　(d)　基　準　日

　基準日に関しては，議決権に係る基準日について，株式会社は，基準日後に株式を取得した者の全部又は一部を議決権を行使することができる者と定めることができるものとする（会社法124条4項）ほか，日割配当を廃し，配当に係る基準日における株主はその株式の発行時期のいかんにかかわらず同一の配当を受けるものとする（会社法454条3項）等の改正が行われている。

　(e)　自　己　株　式

　自己株式については，自益権が認められない旨を規定上明らかにし（会社法186条2項，202条2項，453条，454条3項，504条3項，749条3項等），株式の「消却」概念を整理してこれを株式の取得及び自己株式の消却という形でのみ認識することとして規定を整理し（会社法178条），市場取引等以外の方

法による自己株式の有償取得に係る規定を整備し（会社法156条等），また，子会社による親会社株式取得規制について，取得が許容される例外事由を拡大する（会社法135条2項，800条）とともに，外国子会社等による取得も規制の対象とする（会社法2条3号，135条1項）等の改正が行われている。

(f) 単元株・端株

単元株・端株に関しては，単元未満株式に係る株主の権利につき，旧法における単元未満株式に係る株主の有する権利を原則としつつ，定款の定めをもって，旧法の下で端株主に加えることができた制限（旧商220条ノ3）とほぼ同様の制限をこれに加えることができるものとして（会社法189条2項），単元未満株式に係る株主の権利につき旧法上の端株主の権利との調整を図った上，端株制度を廃止する（整備法86条，88条）等の改正が行われている。また，それに関連して，株式分割と同時に1単元の株式数を増加させ，又は新たに設定する場合における定款変更は，分割後に株主が有する単元の数が分割前の単元の数（1単元の株式数を新たに設定する場合は分割前の株式数）を下回らない場合には，株主総会の決議によらずに行うことができるものとする改正も行われている（会社法191条）。

(g) 募集株式の発行等

募集株式の発行等に関しては，株式譲渡制限会社における旧法下での第三者割当発行手続と有利発行手続に係る規定を統合し（会社法199条，200条），新株引受権制度を整理して，募集株式の発行等において株主に株式の割当てを受ける権利を与えることができるものとする（会社法202条）とともに，株主に無償で新株予約権を発行する制度を設け（会社法277条），失権株等の再募集に係る手続の特例（旧商280条ノ3ノ3第2項）を認めないこととし，株式申込証の制度を廃止し（会社法203条1項），有価証券届出書等により必要な開示が行われている場合には募集株式の発行等の際の公告等を要しないものとし（会社法201条5項），払込金保管証明の制度を廃止し（新商登56条2項），「株式の分割」の概念を整理して株式を無償で株主に割り当てる制度を新設する（会社法185条）等の改正が行われている。また，特に現物出資に関して，

金銭債権を出資する一定の場合（弁済期が到来している金銭債権を帳簿価格以下で出資する場合）には検査役の調査を要しないものとし（会社法207条9項5号），取締役等のてん補責任の過失責任化を図り（会社法213条2項），無過失の現物出資者が事後的に不足額に係る責任を問われる場合における出資の取消権の規定を設け（会社法212条2項），自己株式の処分及び新株予約権の行使につき新たな株式の発行の場合と同様の取扱いを行う（会社法207条，284条）等の改正が行われている。

(h) 株　　券

株券については，前記のとおり，原則として不発行とし，定款の定めにより発行することができるものとしている（会社法214条）。また，株券喪失登録制度について，期間満了時において生ずる効果を見直し，登録した株券が無効となり，その再発行を認める効果のみが生ずることとする改正が行われている（会社法228条）。

(i) 少数株主権等

少数株主権については，それぞれの権利の性質に照らして，議決権の有無にかかわらず株主であれば当然に認められるべきものとそうでないものに区分し，前者である帳簿閲覧請求権（会社法433条），業務財産調査のための検査役選任請求権（会社法358条），解散請求権（会社法833条），取締役等の解任請求権（会社法854条）については，行使要件の基準として議決権基準に加えて株式数基準を導入し，他方，株主総会に関連する少数株主権，単独株主権については，株主が議決権を行使することができる事項に係る権利につきその行使を保障し，株主が議決権を行使することができない事項に係る権利についてはその行使をすることができないものとする（会社法297条1項等）ほか，株式譲渡制限会社における少数株主権の行使要件について，保有期間に係る要件を課さないものとする（会社法297条2項等）等の改正が行われている。

(j) 株式買取請求権

株式買取請求権に関しては，株主総会で議決権を行使することができない株主もその行使ができるものとし，その買取価格を「公正な価格」とする（会社

法116条1項等）ほか，買取りに係る協議が調わない場合には会社も裁判所に対して価格決定の請求をすることができるものとし（会社法117条2項等），買取請求の撤回は会社の同意を得ることを要するものとする（会社法116条6項）等の改正が行われている。

(k) その他

その他，株式譲渡制限会社における取締役の責任の一部免除等に係る通知について，公告をもって各別の通知に代えることができないものとする旨の改正（会社法426条4項）が行われている。

(3) 新株予約権（第3章）

新株予約権に関しては，その発行手続につき新株発行手続と同様の整理がされている（会社法238条から248条まで）ほか，有償で発行する新株予約権につき払込期日前であっても割当時以降は新株予約権としての規制を受けるものとし（会社法245条，246条），自己新株予約権については行使ができないものとし（会社法280条6項），新株予約権の行使により端数が生ずる場合についての規定を整備し（会社法283条，236条1項9号），さらに，新株予約権付社債の発行価額についての従来の規制（旧商341条ノ3第1項）を廃止し，取得条項付新株予約権付社債の制度を設ける（会社法236条1項7号）等の改正が行われている。

(4) 機関（第4章）

株式会社の機関に関しては，従来の株式会社・有限会社の両会社類型の統合の前提として，旧法下での有限会社の機関設計に類する簡素な機関設計（株主総会と取締役のみ）の選択も可能とするなど，規律の大幅な柔軟化を図り，所定の原則の下で会社が自由に機関設計を行うことができるようにされている。その結果，公開会社である大会社については，選択し得る機関設計に変更はないが，その余の株式会社については，公開会社であるか否か，会社の規模（大会社か否か）に応じて，従来よりも選択することができる機関設計が増えることになる。

なお，株主総会及び取締役以外の機関の設置については，任意に設置する場

合も，法律によりその設置が義務付けられる場合も，いずれも定款の定めによる必要があるとともに（会社法326条2項），それらの設置はいずれも登記事項とされている（会社法911条3項15号から19号まで）。

その他，機関に関しては，株主総会等，取締役・取締役会等，監査役，会計監査人につきそれぞれ実質改正が行われているほか，新たに会計参与の制度が設けられている。

(a) 株主総会等

株主総会については，その権限の内容につき取締役会の設置の有無に応じて規定を整備し（会社法295条），株主提案権に係る「株主総会の日の8週間前まで」という行使期限の短縮を可能とし（会社法303条2項，305条1項），取締役会を設置しない会社における議題提案権の行使を常に許容し（会社法303条1項），株主総会の招集地に係る従来の規制（旧商233条）を廃止し，総会検査役の選任請求を会社も行うことができるものとし（会社法306条1項），総会検査役等の調査結果に基づき裁判所が採り得る措置として株主総会の招集命令に加えて当該調査結果の内容を総株主に対して通知することを命ずることを認め（会社法307条1項），議決権を有する株主が1,000人以上の会社であれば大会社でなくても書面投票が義務付けられるものとし（会社法298条2項），相互保有株式規制につき要件の見直し等を行い（会社法308条1項），種類株主総会の決議を要する定款変更の内容を限定し（会社法322条1項），組織再編行為等に関する種類株主総会については定款でその決議が不要である旨を定めることができるものとする（会社法322条2項・3項）等の改正が行われている。

(b) 取締役・取締役会等

取締役に関しては，まず，その資格について，株式譲渡制限会社に限り，定款によりその資格を株主に限定することができる旨の規定を設け（会社法331条2項），破産者に係る従来の欠格事由（破産手続開始の決定を受け復権していない者。旧商254条ノ2第2号）を廃止し，証券取引法及び各種倒産法制に定める罪に該当する者を会社法等に定める罪に該当する者と同様に取り扱うこ

ととする（会社法 331 条 1 項 3 号）等の改正が行われている。

　また，取締役の員数については，原則として 1 人で足り，取締役会を設置した会社にあっては 3 人以上を要するものとし（会社法 326 条 1 項，331 条 4 項），取締役の任期については，原則として 2 年（委員会設置会社については 1 年）とし，株式譲渡制限会社については定款で 10 年まで伸長することができるものとし（会社法 332 条），取締役の選解任決議に係る株主総会の定足数につき総株主の有する議決権の 3 分の 1 未満にはすることができない旨の規定を設けるとともに，解任要件を原則として株主総会の普通決議に緩和した上で定款の定めによる加重が可能である旨を明らかにする（会社法 339 条，341 条）等の改正が行われている。

　そのほか，補欠の取締役等の予選が可能であることを明らかにし（会社法 329 条 2 項），大会社につきいわゆる内部統制システムの整備に係る事項の決定を義務付け（会社法 348 条 3 項 4 号・4 項，362 条 4 項 6 号，5 項，416 条 1 項 1 号ホ，2 項），定款の定めにより一定の場合における取締役会の書面決議を許容し（会社法 370 条），取締役会への報告につき全取締役への通知をもって代えることができるものとし（会社法 372 条），違法配当に係る責任・利益供与に係る責任（直接供与者の責任を除く。）・利益相反取引等に係る責任（自己のために直接に利益相反取引をした者の責任を除く。）の過失責任化を図り（会社法 462 条，120 条 4 項，423 条，428 条），重要財産委員会についてはその法的構成を見直して特別取締役制度とし，その設置要件を緩和する（会社法 373 条）等の改正が行われている。さらに，委員会設置会社につき，取締役が使用人を兼務することができない旨を明らかにし（会社法 331 条 3 項），使用人兼務執行役の使用人分の給与等についても報酬委員会において決定すべきものとする（会社法 409 条 3 項）等の改正が行われている。

　(c)　監　査　役

　監査役に関しては，その権限について，業務監査をも行うことを原則とし（会社法 381 条 1 項），大会社以外の株式譲渡制限会社にあっては定款でこれを会計監査権限のみに限定することもできることとする（会社法 389 条 1 項）等

の改正が行われている。

　なお，業務監査権限を有する監査機関が置かれていない会社については，株主による取締役に対する監督是正権限の大幅な強化が図られている。

　(d)　会　計　参　与

　主として中小規模の株式会社における計算の正確さの確保に資するための制度として，新たに会計参与の制度が設けられている。

　会計参与はすべての株式会社において任意に設置することが可能な新たな機関であり（会社法 326 条 2 項，329 条），その資格者は公認会計士・税理士等に限られ（会社法 333 条 1 項），取締役と共同して計算書類を作成するとともに，当該計算書類を会社とは別に保存し，株主・会社債権者に対して開示すること等をその職務とし（会社法 374 条 1 項，378 条 1 項），その選任，任期，報酬等については取締役等と同様の規律に従うものとし（会社法 329 条，334 条 1 項，332 条，379 条），責任については社外取締役と同様の規律が適用される（会社法 425 条 1 項 1 号ハ，427 条 1 項）等の規定の整備が行われている。

　(e)　会計監査人

　会計監査人に関しては，その設置に係る規定を整備し，大会社・委員会設置会社についてはその設置を義務付け（会社法 327 条 5 項，328 条），みなし大会社制度は廃止して，大会社・委員会設置会社以外の会社にあっては（旧法上の小会社に相当する会社であっても）定款によりその設置を行うことができるものとし（会社法 326 条 2 項），その報酬につき監査役・監査役会に同意権限を付与し（会社法 399 条），また，その会社に対する責任については，株主代表訴訟の対象とし（会社法 847 条 1 項，423 条 1 項），その免除につき一部免除制度の導入も含めて規定を整備する（会社法 424 条等）等の改正が行われている。

　(5)　計算等（第 5 章）

　株式会社の計算等に関しては，定時総会の開催時期に係る従来の規制（旧商 281 条ノ 2，旧商特例法 12 条，21 条の 27，23 条等）を廃し，役員賞与については株主総会において定めるべき旨の規定を設け（会社法 361 条），決算公告

については有価証券報告書提出会社を除く全株式会社に義務付け（会社法440条），臨時決算制度を設け（会社法441条），資本の部の計数変動に係る規定を整備し（会社法447条，448条，450条から452条まで），株主総会の普通決議をもって準備金・剰余金の資本組入れを行うことができるものとし（会社法450条2項），定時総会における欠損てん補に係る資本金の減少の決議要件の普通決議化を図り（会社法447条1項，309条2項9号），準備金の減少に係る従来の規制を廃止し（旧商289条2項），剰余金の分配については原則として株主総会の決議によりいつでも可能とし（会社法454条，156条），現物配当に係る規定を整備し（会社法454条1項1号），委員会設置会社以外の会社であって一定の要件を満たすものにおける取締役会限りでの剰余金の分配の決定を許容し（会社法459条，460条），株主に対する会社財産の払戻し行為（旧法下での利益の配当，中間配当，資本又は準備金の減少に伴う払戻し，自己株式の有償取得等）につき統一的な財源規制をかけるものとし（会社法461条），建設利息（旧商291条）を廃止し，違法配当に係る取締役等の責任の過失責任化を図り（会社法462条），期末のてん補責任につき規定を整備する（会社法465条）等の改正が行われている。

(6) 定款の変更（第6章）・事業の譲渡等（第7章）・解散（第8章）

株式会社の定款の変更，事業の譲渡等，解散に関する規定が設けられている。

事業の譲渡等に関しては，いわゆる事後設立に係る検査役の調査制度（旧商246条2項）の廃止等の改正が行われている。

また，解散に関しては，取締役等の任期に係る規制の見直しに伴い，休眠会社の整理に係る期間を5年から12年に延長する旨の改正が行われている（会社法472条）。

(7) 清算（第9章）

株式会社の清算に関しては，通常の清算手続への裁判所の関与につき，清算手続は裁判所の監督に服する旨の規定（旧非訟136条ノ2）が削除されたほか，清算中の会社の機関につき，清算人会の任意機関化（会社法477条2項），監

査役の設置の要否及びその任期に係る規定の整備（会社法477条4項，480条）を行う等，清算中の株式会社における機関の在り方の合理化・明確化を図り，また，清算中の会社がすべき公告の必要回数の見直し（会社法499条1項），清算中の会社の決算公告義務（旧商430条2項，283条4項）の廃止，弁済期未到来債権の中間利息の控除の制度（旧商125条）の廃止，残余財産の現物分配に係る規定の整備（会社法505条），清算中の会社における組織再編に係る規定の整備（会社法509条1項3号），清算結了登記後の資料保存者に係る規定の整備（会社法508条）等の改正が行われている。

また，第2節（特別清算）には，特別清算に係る実体規定が設けられている。その内容について，親子会社等の管轄の特例の創設（会社法879条），協定の可決要件の緩和（会社法567条1項2号）等，「特別清算等の見直しに関する要綱」に従った改正が行われている。

3．持分会社（第3編）

第3編には，持分会社（合名会社，合資会社及び新たに創設される会社類型である合同会社の総称）に関する事項が規定されている。

持分会社に関しては，合名会社，合資会社及び合同会社に係る各規定につき，共通する規定を整理し，1人会社の設立・存続を認め（会社法641条4号），法人無限責任社員を許容する（会社法576条1項4号，598条）等の改正を行うとともに，合同会社につき，出資者の有限責任が確保され，会社の内部関係については組合的規律が適用されるというような特徴を確保する規律として，債権者による計算書類の閲覧，資本金の減少，利益の配当，出資の払戻し，社員の退社に伴う持分の払戻し等の，計算の特則規定が設けられている（会社法625条から636条まで）。その他，定款変更による持分会社の種類の変更等に係る規定（会社法638条から640条まで）が設けられている。

4．社債（第4編）

第4編には，社債に関する事項が規定されている。旧法では，社債に関する

規定は商法第2編第4章（株式会社）の中の第5節に置かれていたが，会社法では，株式会社のほか，持分会社においても社債を発行することができることが明確化される結果，社債については第2編や第3編とは独立の編が設けられ，すべての会社類型に適用されるものとして整理されている（会社法676条）。

社債に関しては，社債券の不発行制度を創設し（会社法676条6号），打切発行を原則とし（会社法676条11号），社債の銘柄統合を可能とする規定を整備し（会社法681条1号，715条），社債の譲渡の効力要件や対抗要件等に係る規定の整備を行い（会社法687条から689条まで），社債管理者に係る責任・辞任・権限等につき規定の整備を行う（会社法740条2項，704条，706条1項，710条，711条）等の改正が行われているほか，社債権者集会につき法定決議事項以外の事項を決議しようとする場合における裁判所による事前の許可の制度の廃止（会社法716条），社債権者集会の特別決議の成立要件の緩和（会社法724条2項），無記名式社債券の供託の制度に代わる提示の制度の創設（会社法723条3項）等の改正が行われている。

5．組織変更，合併，会社分割，株式交換及び株式移転（第5編）

第5編には，組織再編行為等に関する事項が規定されている。異なる会社類型間の組織再編行為等に関する規定も含まれており，各組織再編行為に共通する規定と固有の規定とに整理された上，第2編や第3編とは独立の編が設けられている。

組織再編行為等に関しては，合併等対価の柔軟化，すなわち，吸収合併等の場合において，消滅会社の株主等に対して存続会社等の株式ではなく金銭その他の財産を交付することを許容すること（会社法749条1項2号，751条1項3号，758条4号，760条5号，768条1項2号，770条1項3号）が重要な改正点である。また，簡易組織再編行為に係る要件の緩和（会社法796条3項，468条2項，784条3項，805条，467条1項2号）及び反対株主による異議の要件の見直し（会社法796条4項，468条3項），略式組織再編行為の創設（会社法784条，796条，468条），組織再編行為に伴い新株予約権を承継する

手続等の規定の整備（会社法749条1項4号，5号，753条10号，11号，758条5号，6号，763条1項10号，11号，768条1項4号，5号，773条1項9号，10号），株式交換・株式移転における債権者保護手続に関する規定の整備（会社法789条1項3号，799条1項3号，810条1項3号），存続会社等に差損が生ずる合併についての規定の整備（会社法795条2項，796条3項）等の改正が行われているほか，吸収合併・吸収分割の効力発生日を当事会社間で定めた一定の日とする旨の改正も行われている（会社法750条1項，752条1項，759条1項，761条1項）。

6．外国会社（第6編）

第6編には，外国会社（外国の法令に準拠して設立された法人その他の外国の団体であって，会社と同種のもの又は会社に類似するもの）に関する事項が規定されている。

擬似外国会社に関する規制の明確化・合理化が図られている（会社法821条）ほか，外国会社の日本における代表者につき少なくとも1人が日本に住所を有すれば足りるものとする（会社法817条1項）等の改正が行われている。

7．雑則（第7編）

第7編には，雑則として，会社の解散命令等，訴訟，非訟，登記，公告に関する規定が設けられている。

第2章（訴訟）においては，会社法上の訴訟に係る規定がまとめて整理されており，新株発行無効の訴え等につき，株式譲渡制限会社においてはその提訴期間を1年に延長し（会社法828条1項2号），提訴期間中は口頭弁論を開始することができないものとする従来の規制（旧商280条ノ16，105条2項）を廃止し，吸収合併を無効とする判決が確定した場合についての規定を整備し（会社法839条），各種訴えの原告適格に係る規定を整備し（会社法828条2項），株式交換無効の訴えの管轄を完全子会社となる会社の本店所在地の地方裁判所にも認める（会社法835条1項，834条11号）等の改正が行われている。ま

た，株主代表訴訟について，株主が提訴することができない場合についての明文の規定を設け（会社法847条1項），提訴請求を受けた会社が提訴を行わない場合における不提訴理由の通知制度を設け（会社法847条4項），訴訟継続中に株式交換・株式移転が行われた場合においても一定の場合には原告がその適格を失わないこととする（会社法851条）等の合理化が図られ，第2節（株式会社における責任追及等の訴え）に規定がまとめられている。

また，第3章（非訟）においては，旧法では非訟事件手続法に設けられていた，会社に関する非訟事件手続に係る規定がまとめて整理されている。

さらに，第4章（登記）では，会社の登記義務，登記事項等に係る規定が設けられており，共同代表取締役等の登記（旧商188条2項9号等）を廃止し，社外取締役等についてはその社外性が法的意義を有する一定の場合にのみ登記すべきこととする（会社法911条3項21号・22号・25号）等の改正が行われているほか，支店の所在地における登記の位置付けが見直され，その登記事項の限定等（会社法918条，930条2項）が行われている。

第5章（公告）においては，公告の方法が任意的記載事項とされ，定めがないときには官報がその方法となる旨の改正（会社法939条1項，4項）が行われている。

8．罰則（第8編）

第8編（罰則）には，罰則が規定されている。特別背任罪等につき国外犯処罰規定が新設され（会社法971条），株主の権利行使に係る利益供与の罪につき任意的自主減免規定が設けられ（会社法970条6項），株式払込責任免脱罪（旧商496条）が廃止される等の改正が行われている。

V　関連政省令

会社法においては，規律の詳細についての明確化や機動的な見直しへの対応等を図るため，多数の技術的・細目的事項について，政省令に委ねる規定が設けられている。これらの委任規定においては，同種の規定における委任の状況

との平仄等を考慮の上，委任の趣旨・範囲，規定すべき事項の例示等が個別的に行われている。これらの委任規定に基づく政令を含む会社法関係の政令は平成 17 年 12 月 14 日に，また，会社法関係の法務省令は平成 18 年 2 月 7 日にそれぞれ公布されている。

1．政　　令

　会社法関係の政令として，平成 17 年 12 月 14 日，「会社法施行令」（平成 17 年政令第 364 号），「会社法及び会社法の施行に伴う関係法律の整備等に関する法律の施行に伴う法務省関係政令の整備等に関する政令」（平成 17 年政令第 366 号）及び「会社法の施行に伴う関係法律の整備等に関する法律の施行に伴う経過措置を定める政令」（同第 367 号）が公布されている。

　これらの会社法関係の政令は，基本的に既存の法令の実質的な規律を維持し，規定を整備するものである。

2．法務省令

　会社法関係の法務省令として，平成 18 年 2 月 7 日，「会社法施行規則」（平成 18 年法務省令第 12 号），「会社計算規則」（同第 13 号）及び「電子公告規則」（同第 14 号）が公布されている。

　会社法施行規則は，株主総会に関する事項，株式会社の業務の適正を確保するための体制に関する事項等，会社法における省令委任事項のうち，会社計算規則又は電子公告規則において規定される事項を除くものについて定めるものである。

　会社計算規則は，会社の計算書類の作成に関する事項等，会社の計算に関する事項について定めるものである。

　電子公告規則は，電子公告調査に関する事項について定めるものである。

Ⅵ　おわりに

　会社法の施行については，その公布の日から起算して 1 年 6 月を超えない範

囲内において政令で定める日から施行することとされていたところ（附則1項），平成18年3月29日に公布された「会社法の施行期日を定める政令」（平成18年政令第77号）により，その施行期日が同年5月1日と定められ，前述のとおり，同日からその施行がされている。なお，合併対価の柔軟化に係る改正部分は，実質的に，その1年後の平成19年5月1日から施行されている（附則4項）。

　会社法制の現代化に係る検討作業の過程においては，いわゆる企業結合法制の整備等，今後の課題として結論が見送られたものもある。それらも含め，会社法については，その性質上，今後とも不断の見直しが欠かせない。常に変動する社会経済情勢に適切に対応した会社法制の整備に向けた各方面からの期待と要請は，ますます強まっていくことが予想されるところである。

1) 平成5年の商法改正の際の衆議院法務委員会における附帯決議には，「商法等の現代語化を図ること」という事項が掲げられていた。また，平成14年の商法改正の際の衆参両院の各法務委員会における附帯決議には，それぞれ「会社法制の現代語化に際しては，会社の実態及び制度に応じた，分かりやすい法文の表現及び構成について，特に留意すること」という事項が盛り込まれていた。
2) 我が国の会社法制の改正の経過については，別表「会社法制の改正の経過」を参照されたい。
3) 「会社法制の現代化に関する要綱試案」の公表に当たっては，法務省民事局参事官室により，詳細な補足説明が用意された。それらの内容については，旬刊商事法務1678号を参照されたい。
4) 「会社法制の現代化に関する要綱試案」に対する関係各界の意見の概要については，別冊商事法務273号「会社法制の現代化に関する要綱試案に対する各界意見の分析」を参照されたい。
5) 会社法案は，法制審議会第144回会議において「会社法制の現代化に関する要綱」とともに採択された「特別清算等の見直しに関する要綱」の内容をも盛り込んで取りまとめられた。特別清算等の見直しは，平成8年10月から倒産法制全体の調査審議を進めていた法制審議会の倒産法部会（部会長・竹下守夫駿河台大学長）において，会社法制の現代化と同時期に成案を得るべく，平成15年12月からその検討作業が進められていたものである。
6) 自由民主党の「商法に関する小委員会」は，平成16年6月に「会社法制の現代

化に関する中間とりまとめ」を取りまとめた。内部統制システム構築の基本方針の決定の義務化は，この中間とりまとめにおいて提言され，それが法制審議会の会社法（現代化関係）部会の審議にも反映された結果，会社法において導入されることとなったものである。
7) 自由民主党政務調査会法務部会は，平成17年3月11日，次のような決定を行っている。
　「当部会は，会社法案及び会社法の施行に伴う関係法律の整備等に関する法律案の提出を了承するに当たり，次のとおり決議する。
　会社法の施行について，政府は，各株式会社が定時株主総会において定款変更を要する企業防衛策を採用する機会を確保するため，合併対価の柔軟化に関する部分をそれ以外の部分の施行の1年後とすること。」
8) 整備法では，会社法の施行に伴い必要となる関連法律の廃止又は一部改正が行われている。廃止された法律は，商法中署名すべき場合に関する法律，商法中改正法律施行法，有限会社法，会社の配当する利益又は利息の支払に関する法律，法務局及び地方法務局設置に伴う関係法律の整理等に関する法律，商法特例法等の計9本である。また，一部改正された法律は，民法，民法施行法，非訟事件手続法，商法，担保附社債信託法，公証人法，弁護士法，司法書士法，土地家屋調査士法，建物の区分所有等に関する法律，商業登記法，民事再生法，中間法人法，会社更生法，破産法等の計326本に及んでいる。これらの多数の関係法律の廃止又は一部改正に伴う所要の経過措置についても，整備法において規定が設けられている。ちなみに，商法については，第1編（総則）につき個人商人に係る規定として内容を整理し，会社法総則に係る見直しに合わせて，類似商号規制（現商19条）の廃止，事業譲渡の際の競業禁止に係る特約の効力の場所的制限（旧商25条2項）の見直し（新商16条2項），共同支配人登記制度（旧商39条1項）の廃止，支配人による競業取引に対する介入権の規定（旧商41条2項・3項）の削除等の実質改正をも行った上で，規定を現代的な表記に改めるとともに，従来の第2編（会社）を全部削り，従来の第3編（商行為）の一部（501条から542条まで）につき規定を現代的な表記に改めるなどの規定の整備が行われている。
9) 衆議院法務委員会における附帯決議の内容は，次のとおりである。
　「　　会社法案に対する附帯決議
　政府は，本法の施行に当たり，次の事項について格段の配慮をすべきである。
一　本法が，我が国の経済社会において会社が果たす役割の重要性にかんがみ，その利用者の視点に立った規律の見直し，経営の機動性及び柔軟性の向上，経営の健全性の確保等の観点から，会社に係る様々な制度を抜本的かつ体系的に見直し，企業の多様なニーズへの対応を可能とした趣旨を踏まえ，各会社において，それぞれの実情に即した適切な管理運営の在り方を選択することができるよう，本法の内容

の周知徹底を図ることをはじめとして，適切な措置を講ずること。
　二　株主総会の招集地に関する規定の変更については，株主総会が株主の権利行使の重要な一局面であることにかんがみ，その招集に当たって，株主の利便性を損なう恣意的な招集地の決定がされることがないよう，株主総会の招集通知の記載事項の在り方等について適切な措置を講ずること。
　三　会社に対する取締役の責任を原則として過失責任に再編成することに伴い，会社財産の流出を防止し，株主や会社債権者を保護するという観点から，会社内部で適正なコーポレートガバナンスが確保されるよう，周知徹底に努めるとともに，今後の状況を見ながら，必要に応じ，会社に対する取締役の責任の在り方について見直しを行うこと。
　四　破産手続開始の決定を受け復権していない者を取締役として選任することを許容することについては，そのような者に再度の経済的再生の機会を与えるという目的について十分な理解が得られるよう，その趣旨の周知徹底に努めること。
　五　株主による取締役の直接の監視機能として，定期的に取締役の改選手続を行うことが重要であることにかんがみ，取締役の任期の在り方については，今後の実務の運用状況を踏まえ，必要に応じ，その見直しを検討すること。
　六　拒否権付株式等，経営者の保身に濫用される可能性のある種類株式の発行については，その実態を見ながら，必要に応じ，これを制限するなどの法的措置を含め，検討を行うこと。
　七　敵対的企業買収防衛策の導入又は発動に当たり，防衛策が経営者の保身を目的とする過剰な内容とならないよう，その過程で株主を関与させる仕組みなど，早急に具体的な指針を策定し提案すること。
　八　企業再編の自由化及び規制緩和に伴い，企業グループや親子会社など企業結合を利用した事業展開が広く利用される中で，それぞれの会社の株主その他の利害関係者の利益が損なわれることのないよう，情報開示制度の一層の充実を図るほか，親子会社関係に係る取締役等の責任のあり方等，いわゆる企業結合法制について，検討を行うこと。
　九　株主代表訴訟の制度が，株主全体の利益の確保及び会社のコンプライアンスの維持に資するものであることにかんがみ，今回の見直しにより，この趣旨がより一層実効的に実現されるよう，制度の運用状況を注視し，必要があれば，当事者適格の見直しなど，更なる制度の改善について，検討を行うこと。
　十　類似商号規制の廃止については，その運用状況を注視し，必要があれば，既存の商号に対する簡易な救済制度の創設を含め，対応措置を検討すること。
　十一　会社設立時の出資額規制の撤廃については，企業家のモラル低下，会社形態を悪用したペーパーカンパニーの濫立，会社設立後の活動資金不足などの問題が生じることのないよう注視し，必要があれば，対応措置を検討すること。

十二　会計参与制度の創設については，会計参与が主として中小会社における計算の適正の確保に資する任意設置の機関として設けられた趣旨を踏まえて，制度の周知徹底に努めること。

十三　合同会社制度については，今後の利用状況を観察し，株式会社の計算等に係る規制を逃れるために株式会社から合同会社への組織変更等が顕在化した場合は，必要に応じ，その計算に関する制度のあり方について，見直しを検討すること。」

10）　参議院における審議においては，衆議院における審議ではほとんど取り上げられなかった擬似外国会社に係る問題がにわかに集中的に取り上げられた。これは，会社法案の衆議院通過の前後から，日本に進出する一部の外国企業が，会社法案821条の規定について，擬似外国会社に対する新たな規制を設けるものであるとの誤解の下に，会社法施行後の日本における活動に大いに支障が生ずるのではないかとの懸念を抱き，その懸念が日本に進出する他の多くの外国企業や関係団体・機関にも広まったことによる。旧法においても，我が国の会社法制の潜脱防止を目的として擬似外国会社に係る旧商法482条の規定が設けられていたところ，擬似外国会社につき「日本ニ於テ設立スル会社ト同一ノ規定ニ従フコト」を要する旨を定める同条の意義について，判例・多数説は，「同一ノ規定」には会社の設立に関する規定も含むものとしていた。それに従えば，擬似外国会社は我が国の会社法制が求める会社設立の要件を具備しない限り，その成立が認められず，我が国において法人として取引を行うことはできず，結果として擬似外国会社が我が国において取引をした場合にはその代表者が個人責任を負うこととなる。法制審議会の会社法（現代化関係）部会における検討の過程では，旧商法482条につき削除する案も検討されたが，我が国の会社法制の潜脱防止を目的とした何らかの擬似外国会社に係る規定は維持すべきであるという意見が有力に主張され，他方，旧商法482条については，擬似外国会社の法人格を否認してしまうことが法的安定性の観点から問題であるとして，その点については見直しを行うことが適当であるとされた。その結果，同部会が平成16年12月に取りまとめた「会社法制の現代化に関する要綱案」においては，「擬似外国会社は，日本において取引を継続して行うことができないものとし，これに違反して取引を行った者は，その取引について当該擬似外国会社と連帯して責任を負うものとする」とされるに至り，法制審議会が平成17年2月に採択した「会社法制の現代化に関する要綱」においても，これが維持されている。

　会社法821条の規定は，これを忠実に条文化したものにすぎず，擬似外国会社の意義を変更するものでも，擬似外国会社に対する規制の実質を強化するものでもない。この点については，参議院における審議の中で政府側からの答弁により繰り返し明らかにされている。なお，参議院法務委員会における両法案の採決に当たっては，民主党・新緑風会から会社法案821条の削除等を内容とする修正案が提案されたが，採決の結果，否決されている。

11) 参議院法務委員会における附帯決議の内容は，次のとおりである。なお，一～十一及び十三の項目の内容は，衆議院法務委員会における附帯決議の一～六及び八～十三の項目の内容と同旨である。

「　　　　会社法案に対する附帯決議

政府は，本法の施行に当たり，次の事項について格段の配慮をすべきである。

一～十一　（略）

十二　有限会社制度が廃止されることに伴い，既存の有限会社が新しい株式会社や新たに創設される合同会社等に移行するに当たり，不利益を被らないよう配慮し，必要に応じ，適切な措置を講ずること。

十三　（略）

十四　合同会社に対する課税については，会社の利用状況，運用実態等を踏まえ，必要があれば，対応措置を検討すること。

十五　外国会社による我が国への投資が，我が国経済に対してこれまで果たしてきた役割の重要性及び当該役割が今後も引き続き不可欠なものとして期待される点にかんがみ，会社法第八百二十一条に関して，その法的確実性を担保するために，次の諸点について，適切な措置を講ずること。

　1　同条は，外国会社を利用した日本の会社法制の脱法行為を禁止する趣旨の規定であり，既存の外国会社及び今後の我が国に対する外国会社を通じた投資に何ら悪影響を与えるものではないことについて，周知徹底を図ること。

　2　同条は，外国の事業体に対し，特定の形態を制限し又は要求する趣旨のものではないことについて，周知徹底を図ること。

十六　会社法第八百二十一条については，本法施行後における外国会社に与える影響を踏まえ，必要に応じ，見直しを検討すること。

右決議する。」

12) 会社法602条は，持分会社と社員との間の訴えにおける会社の代表に関する規定であり，責任追及等の訴えとはその性質を異にし，実質に照らせば必ずしも責任追及等の訴えに関する規定の在り方と連動すべきものでもないが，修正前の会社法案847条1項の規定振りと同602条の規定振りとがほぼ同様であったため，単に平仄を合わせるという観点から，同847条1項2号の削除の機会に同602条2号についても削除が行われた。

13) 会社法の内容の詳細については，相澤編「一問一答　新・会社法」，相澤＝葉玉＝郡谷編「論点解説　新・会社法」，相澤編「立案担当者による新・会社法の解説」等を参照されたい。

別　表

会社法制の改正の経過

1　明治 32 年

　　現行商法（明 32 法 48）制定・施行

2　昭和 13 年
  (1)　商法の全面改正（株式会社に関する規定を全面的に改正）
　　①　無議決権株式，転換株式制度の創設
　　②　社債受託会社，社債権者集会制度の整備，転換社債の創設
　　③　会社整理，特別清算制度の導入
  (2)　有限会社法の制定

3　昭和 23 年

　　株金分割払込制度の廃止，株金全額払込制度の採用

4　昭和 25 年
　　①　取締役会制度の導入
　　②　株主総会の権限の縮減（新株発行等を取締役会の権限とする「所有と経営の分離」）
　　③　株主代表訴訟制度の新設
　　④　監査役の監査範囲を会計監査のみに限定
　　⑤　授権資本制度，無額面株式制度の導入

5　昭和 30 年

　　新株発行の際の株主割当てに関する規定の整備

6　昭和 37 年

　　財産評価規定の新設等

7　昭和 41 年
　　①　株式の譲渡制限制度の創設
　　②　株式の譲渡方法の見直し（裏書譲渡の廃止）

③ 株券の不所持制度の導入
④ 議決権の不統一行使制度の新設

8　昭和49年
(1)　商法の改正
① 監査役に対する業務監査権限の付与，監査役の取締役会出席権，取締役の監査役に対する報告義務の法定化
② 中間配当，抱き合わせ増資制度の創設
(2)　商法特例法の制定
① 大会社に対する会計監査人による監査の義務付け
② 小会社については，監査役の監査権限を会計監査に限る特例

9　昭和56年
① 監査役の報告徴収権，監査役の報酬に関する規定の新設
② 大会社について複数監査役制度，常勤監査役制度を導入
③ 株主提案権の導入，取締役等の株主総会における説明義務の法定化，書面投票制度の導入，株主への利益供与の禁止
④ 株式の大きさに関する規制（1株5万円）の導入【→平成13年改正(1)において廃止】
⑤ 新株引受権付社債の新設【→平成13年改正(2)において廃止】

10　平成2年
① 発起人の人数規制（7人以上）の撤廃
② 最低資本金制度，事後設立における検査役制度の導入
③ 譲渡制限会社における株主への新株引受権等の付与の法定化
④ 社債の発行限度規制を緩和（資本及び準備金の額→純資産額）
⑤ 有限会社から株式会社への組織変更の簡素化（裁判所の許可の廃止）

11　平成5年
① 監査役の任期の伸長（2年→3年）
② 大会社について，監査役の員数の増加（2人→3人以上），監査役会の設置義務，社外監査役の導入等
③ 株主代表訴訟における訴訟の目的の価額を法定するとともに，費用負担に関する規定を整備（代表訴訟の提起手数料の明確化）

④ 社債制度の改正（発行限度規制の撤廃，社債管理会社の設置強制等）

12 平成 6 年
自己株式の取得制限の緩和（使用人に譲渡するため，株式消却をするため等の場合の自己株式の取得の許容）【→平成 13 年改正(1)において削除】

13 平成 9 年（下記の 4 改正）
(1) 消却特例法の制定〔**議員立法**〕【→平成 13 年改正(1)において廃止】
(2) ストック・オプション制度の導入〔**議員立法**〕【→平成 13 年改正(2)において廃止】
(3) 合併法制の改正
　① 報告総会及び創立総会等の廃止
　② 債権者保護手続の合理化（債権者に対する個別催告の廃止）
　③ 簡易合併制度の創設
(4) 総会屋に対する罰則の強化と利益供与要求罪の新設

14 平成 11 年
① 株式交換及び株式移転制度の新設
② 親会社の株主に対する子会社の業務内容に関する開示の充実等
③ 金銭債権等についての時価評価制度の導入

15 平成 12 年
① 会社分割制度の創設
② 簡易の全部営業譲受け制度の新設
③ 子会社による利益供与の禁止規定の新設

16 平成 13 年（下記の 3 改正）
(1) 金庫株関連の改正〔**議員立法**〕
　① 自己株式の取得の解禁，保有及び処分規制の合理化
　② 株式の大きさに関する規制，額面株式制度の廃止
　③ 消却特例法の廃止
(2) ストック・オプション及び IT 化関連の改正
　① 新株予約権制度の創設，種類株式制度の弾力化
　② 会社関係書類の電子化等

(3) 代表訴訟関連の改正〔**議員立法**〕
① 取締役の責任軽減に関する手続の緩和
② 株主代表訴訟の合理化
③ 監査役の機能強化等（社外監査役の増員等）

17 平成 14 年
① 委員会等設置会社制度の導入
② 重要財産委員会制度の導入
③ 株主総会の特別決議の定足数の緩和
④ 株券失効制度，所在不明株主の株式売却制度の新設
⑤ 連結計算書類制度の導入，計算関係規定の省令委任
⑥ 資本減少手続の合理化
⑦ 外国会社の営業所設置義務の撤廃

18 平成 15 年〔**議員立法**〕
① 定款授権に基づく取締役会決議による自己株式の取得制度の創設
② 中間配当限度額の計算方法の見直し

19 平成 16 年
① 株券の不発行
② 電子公告制度の創設

20 平成 17 年
会社法制の現代化（会社法の制定）

〔法務省大臣官房参事官〕

第 2 章

倒産法大改正とその社会的実体的影響

小 林 秀 之

I　はじめに

　最初に本章の由来と執筆の動機を簡単にふれておく。
　当初は講演録に手を入れれば良い，という話だったので，本章の執筆を引き受けたのだが，事務局に何回問い合わせても当時の講演原稿は紛失し見つからないということなので執筆をあきらめるつもりでいた。しかし，倒産法大改正が社会や民事実務に与える影響について横断的な視点から考察してみたいという気持ちに変わり[1]，今後の「日本の法制」を多角的に検討する本書の一角を少しでも担えれば，という発想から本書の執筆に参加することにした。
　倒産法というと，事業や社会生活の失敗から破綻した債務者の財産整理のためのマイナーな法で，普通の会社や個人とはあまりかかわりのない特殊な非常時のための法制というイメージが強い。しかし，実際的な機能としては，今回の倒産法大改正が，わが国が長い間抜け出すことのできなかったバブル崩壊後の不況からの脱出策の一つとして位置づけられていたように，社会的な「セーフティ・ネット（safty net）」として大きな役割を果たすことが期待される。非常時が安全になれば，いったん失敗しても再チャレンジすることが可能になってくるし，リターン・マッチできる敗者復活型の社会に日本も変わってくる。そこでは，バブル期のような右肩上がりの経済を前提にした発想を大きく転換し，また「フレッシュ・スタート（fresh start）」をきれるチャレンジ精神に富んだ生き方をサポートする法制が求められているのである。

倒産法大改正は，このようにわが国の経済全体や国民の社会生活に大きな影響を及ぼすものであるけれども，同時に民法をはじめとする実体法にも大きな影響を及ぼす。民法の中に存在した倒産関係の諸規定が改正され，賃貸借や請負などの法制度が変化しただけにとどまらず，倒産法の基本的な法思想の変化が民法などの実体法の根底にある基本的な法思想に大きなインパクトを与えるからである。本章では，Ⅶ以下でその一例として詐害行為取消権（民424条）を検証するが，詐害行為取消権は倒産法上の否認権，特に詐害行為否認と共通点を有し，従来から要件などは互換的に検討されてきた。そのため，否認権の要件が，今回の大改正で一元的構成から二元的構成に変化すれば，当然のこととして否認権と並んで責任法制を構成する詐害行為取消権の要件に影響を及ぼさずにはいられない。両者は整合的であるべきだし，倒産という非常時でさえ否認権によって取消せないのに，通常時に詐害行為取消権で取消せたのでは，アンバランスもはなはだしいし，取引の安全も保てないからである。たとえば，従来は，支払不能前の本旨弁済や担保の提供が否認されたのに，今回の改正で否認されなくなったならば，その基本的思想の変化を十分吟味し，詐害行為取消権でも同様の修正が必要になるのではないかを徹底的に検討することが求められよう。

　本章では，今回の倒産法大改正の全体像を鳥瞰し，その社会的影響を簡単に検討すると共に，否認権改正を例として民法などの実体法制（具体的には詐害行為取消権）への影響を検討していく[2]。

　倒産法改正の全体像を理解するためだけでも，説明は優に一冊の本になるだろうし，民法などの実体法への影響を検討していくだけでも別の一冊の本になるだろう。本章が目指しているのは，そのように突っ込んだ内容のものではなく，全体を鳥瞰することにより横断的な考察を行い，日本の法制の一翼を担う倒産法がその改正によりどのような社会的影響や実体的影響を持ちうるかを部分的に検証するだけであり，本格的な検討は次の機会を待ちたい。

　本章で指摘したいことは，従来考えられていた倒産法の意義や影響を考え直すきっかけを，今回の倒産法改正の検討が与えてくれている点である。従来は，

倒産法の意義としては、「債権者平等の原則」の実現と総債権者間の公平であった。あるいは、再建型倒産手続や免責制度については、債務者の更生が副次的に（場合によっては第一次的に）挙げられてきた。しかし、今回の倒産法改正の経緯をたどるならば、倒産法の意義は、社会全体の経済的な「セーフティ・ネット」の構築であり、経済現象と深く密接に結びついていることである。個々の倒産現象にとらわれて倒産法のあり方を考えるのではなく、社会やわが国の経済全体に与える影響を十分考慮しつつ、倒産法の意義やあり方を検討する必要がある。

これに対して、倒産法の位置づけや目的として、「倒産法が基本的には包括執行制度として位置付けられ、その目的が債権者の集団的満足を最大化されることにある」（山本和彦ほか『倒産法概説』〔弘文堂・2006〕22頁〔水元宏典〕）との見解が、新倒産法制についての代表的テキストでも提示されているが、これは倒産法のあり方や意義としては正しくないだろう。個別的執行制度とは別個に、倒産法制のあり方を考える必要はあるし（関連性はもちろん否定しないが）、債権者の集団的満足の最大化が倒産法の最大の意義ではないと思われるからである。むしろ、個別的執行とは異なる集団的債務処理であって、集団的ないし国民経済的視点からの要請への配慮の必要性は、個別的執行の場合よりもはるかに高い。

厳密には倒産法は、経済法的色彩を有する事業者倒産と、消費者法的色彩を有する消費者倒産の二つに大別されると思われる。しかし、いずれにしても、広義の民事訴訟法の分野に属し、民事執行法の補完ないし延長として倒産法をとらえることは、倒産法の本質を正しくとらえているとはいえないだろう。「包括的執行」という呼称はやめて、事業再生（事業倒産）や消費者再生（消費者倒産）といった新しい視点から倒産法をとらえ直すべきである（わが国の倒産制度のうち再建型倒産手続は、ほとんどがアメリカ法を範とするが、アメリカでは民事訴訟法の分野に倒産法が属するとか包括的執行制度という発想はない）。

II 民事再生法の成立

平成8年10月から倒産法制全体の全面的な見直し作業が始まり，平成9年12月には「倒産法制に関する改正検討事項」が発表され，関係団体や研究者・法曹への意見照会もなされるなど，倒産法全体の統一的な大改正の方向で進んでいた。

しかし，バブル経済崩壊後の不況の長期化と倒産事件の増加から，特に緊急性の高い中小企業等のための再建型倒産手続だけ切り離して，立法作業が進められることになり，中小企業等のための再建型倒産手続として「民事再生法」が平成11年12月の国会で成立し，平成12年4月から施行された。

「民事再生法」は，主に中小企業のための再建型倒産手続であるが，利用者を特に限定せず，大企業でも自然人でも利用可能である。大企業の民事再生法の利用もかなりあり，平成12年夏の「そごうグループ」の民事再生申立ては，その典型例である。

しかし，「民事再生法」は，債務者の事業または経済生活の再生を目的とし（民再1条），有機的複合体としての事業の収益力の回復を内容としており，場合によっては営業譲渡などの手法で債務者の人格から切り離した形で事業の再生を図ることも想定している（民再42条）。対象となる再生債務者は，「経済的に窮境にある債務者」（民再2条1号）であって，民事再生法の成立により廃止された和議法よりは開始原因が早められ（「債務者に破産の原因たる事実の生ずるおそれがあるとき」や「債務者が事業の継続に著しい支障を来すことなく弁済期にある債務を弁済することができないとき」（民再21条1項）が開始原因とされる），手続も利用しやすい形で整備される等の改善がなされている。ところが，民事再生手続は，基本的には事業の再生，主に法人の再生を念頭に置いており，消費者や零細個人事業者（農家や商店等）を対象とした手続としては必ずしも適切ではなかった。その理由としては，民事再生手続では個人債務者には機関として監督委員や調査委員が置かれ，債権調査も実体的に確定させるため債権確定訴訟も用意され，実際に債権者集会も開かれなければな

らないなど重装備すぎたためである。また，個人債務者にとって重要な問題となってきた住宅ローンについて，別除権（民再53条）として，民事再生手続外で実行されてしまうと，その生活の本拠まで失うことになってしまうからであった。事実，法人が民事再生を申し立てる際に，法人代表者が同時に申し立てるなどの例外的な場合を除けば，零細な個人事業者や給与所得者による民事再生の申立ては極めて少なかった。そのため，次項で述べるように民事再生法を改正して，零細個人事業者や消費者のための個人再生手続が創設された。

民事再生法は，和議法に代わる形で立法されたが，倒産法全面改正のフロント・ランナーと位置づけられたのは，次の理由によるだろう。当初は，倒産手続全体を統一的に改正する予定であったが，バブル崩壊後の長引く不況のために，中小企業のための再建型倒産手続として，他から切り離して真っ先に立法がなされることになった。しかし，立法されてみると，使い勝手の良い法律であったこともあり，そごう百貨店をはじめとする大企業の再建型倒産手続としても利用された。しかも，法律自体のできの良さも手伝ってと思われるが，その後の会社更生法の全面改正のモデルにもなり，破産法のような清算型倒産手続改正においても，改正作業の参考とされたからである[3]。

III　個人再生手続の創設

個人債務者，特に給与所得者などの非事業者には，民事再生手続は不向きであり，零細個人事業者にとっても負担が重すぎることから，個人債務者向けの個人再生手続の創設の必要性が痛感されるに至った。

なお，消費者倒産については，従来は，破産宣告（現在は破産手続開始決定）と同時に破産廃止を行い，破産免責を申し立てる同時破産廃止による免責手続がなされることが多かった。しかし，従来の債務から解放されるとしても，「破産者」という烙印がおされ，社会的に取締役や弁護士のような一定の資格を要する職業に就けないなど，不利益を受けた。また，「破産者」とされると職場に居づらくなり，勤務先を離職しなければならないことも多かった。さらに資産を有していても，持ち家も含む全財産の清算が行われるため，経済生活

の基盤が破壊されてしまう,といった不利益を当然伴った。担保権は別除権になるため,別除権が実行されて,住宅ローンを抱えている債務者は,いずれにしても住宅を保持することはできなかった。

民事再生手続が小規模な個人債務者には重厚すぎるため,より簡便な個人再生手続を別に創設し,給与所得者等については収入の把握も将来の分も含めてほぼ確実にできることから,債権者に提供できる収入原資が明らかであるためより手続を簡便化し,住宅ローンについても特別な処理を認め,住宅を保持しつつ債務処理が可能になるようにした。これが,個人再生手続であり,従来の民事再生手続の特則の形で制定されることになった[4]。

立法的には,アメリカ連邦倒産法第13章「定期収入ある個人債務者の債務整理手続」を参考にしながら,かつ破産免責において免責不許可事由がある場合や同時破産廃止できない場合(若干の資産があるため破産費用を償えるなど)に,その程度に応じて積立てを債務者に行わせ債務者への一定弁済を行わせる「免責積立て」の運用の経験に基づいていた。また,平成12年2月から施行された,特定債務等の調整の促進のための特定調停に関する法律により,多数債権者から一部免除ないしリスケジュールの合意を得るために調停を利用する特定調停が一定の成果をあげていた。それとは別に,個人再生手続は法的手続により個人債務者が一部分割弁済を債権者に行うことができる途を開いた。

その結果,債務者の経済状況に応じ,破産手続開始決定を受け全財産を失う代わりに従来の債務からすべて解放される(消費者)破産免責,債権者との合意による特定調停,法的手続により一定の要件を満たす必要はあるが強制的に一部分割弁済で全債務を消滅できる個人再生手続のいずれかを選択できる。これにより,バブル崩壊後に増加した多重個人債務者の救済手段も選択肢が豊富になってくる。平成11年以前のように,任意の相対交渉でらちがあかなければ,同時破産廃止による免責の途しかないのでは,破産を潔しとせず,なおできる範囲で弁済したいという誠実な債務者の望みは生かされない。また,破産による全債務免除では,モラル・ハザードの問題も生じていたからである。

Ⅳ　民事再生や個人再生を必要とした社会的背景

　民事再生手続や個人再生手続を必要とする社会的背景としては，日本の経済社会が成熟化し，右肩上がりの経済成長が常に続くようなバブル崩壊以前のような成長型経済社会ではなくなったことがある。これからは，好況と不況が交互に訪れ，経済も上昇するだけでなく下降するときも多く，その中で負の遺産を早く処理して新しい飛躍にチャレンジできる法的インフラ整備が求められてくる。わが国がバブル経済を謳歌していた頃，アメリカではそれ以前の大不況の処理に追われていたが，不良債権処理のための新しい法的テクニックを逆に武器として新たな経済成長を可能にした。このように，「新たな出発（フレッシュ・スタート）」を可能にする法的インフラの一環として，民事再生手続や個人再生手続をとらえる必要があるだろう。

　なお，わが国の社会構造の根本的な変化のほか，民事再生手続や個人再生手続の立法が緊急に必要と考えられた事情としては，次のような事情が挙げられる。

① 　従来の和議法では破産予防が目的とされていたにもかかわらず（旧和議1条），開始原因は破産原因とされていたため（旧和議12条1項本文），実際には破産予防の役には立たなかった。また，かつての和議法は和議の提供という債務者の申し込みに対して債権者団体が承諾することによって成立する特殊な和解と構成したため，再建型倒産手続にふさわしくなかった。

② 　かつての和議法は，条文数も少なく，債権者と債務者との間の権利関係も不明確であり，また，民事再生法にある否認の制度もなく（和議法上の否認は他の倒産法の否認とは別の制度），不明朗な取引を否定することも容易ではなかった。さらに，和議計画の実行を保障する制度的な手当てもなかったため，債権者からは「和議は詐欺」と揶揄されるようなことさえあった。中小企業のための再建型倒産手続として，民事再生手続は上記のような欠点を改善・克服した使いやすい再建型倒産手続となっている。

③　バブル期に「ステップ償還」とか「ゆとり償還」と呼ばれる最初の5年間の返済額を少なくして，その後返済額を増額していくタイプの住宅ローンが導入され，「持ち家」政策推進には役立ったが，収入が右肩上がりに常に上昇していくことを前提としていたため，バブル崩壊後返済に困難が生ずる住宅ローン債務者が増加した。

④　企業が不況の中にあって生き残りをかけて，リストラ策を強力に推進して人減らしを行ったところが多く，離職や転職を強いられ，収入が減少したサラリーマンが全国的に急増した。その消費支出の減少や企業の支出削減のあおりを個人商店や零細事業者ももろに受け，収入が減少した。

⑤　消費者金融やクレジットカードが社会の隅々にまで浸透し，見合う収入がないにもかかわらず支出を拡大してしまう消費者が増加した。複数の消費者金融やクレジットカードの利用により多重債務者となって，全体の債務総額が個人の収入では支払いきれないほど増えてしまうケースも多い。

⑥　以上のような理由から，統計的にも個人破産や住宅ローンの焦げつきが急増していることが裏付けられる。たとえば，個人再生手続の創設が決まった平成12年の前年（平成11年）の個人破産件数は12万件を超え，10年前の平成元年には1万件以下で平成2年には1万2,000件弱であったことに比較すると，10倍以上の急増ぶりである。また，住宅ローンの不履行も，統計が存在する住宅金融公庫の公庫住宅融資保証協会による代位弁済で，平成11年度には平成2年度と比較して，件数で3倍以上（4,820件→1万5,373件），金額でも6倍以上（368億円→2,287億円）の増加ぶりである。

　重要なことは，このようなわが国の社会状況の変化は，今後も当分存在し続けると思われ，バブル期以前の法政策の発想を180度転換させる必要があることである。今後のわが国の経済のあり方としては，人的資源を大切にし，いったん経済生活に失敗した法人や個人がふたたびリターン・マッチができるようにする法的インフラ整備が，絶対に必要なことである。わが国では，終身雇用的なライフ・スタイル観が経済生活の基本的な発想になっていたが，今後は敗

者復活型のチャレンジ精神を持ったライフ・スタイル観を持つことが必要である。そして，社会構造自体も流動性を高め，社会的需要と個人の生き方のミス・マッチをなるべく減らす柔構造の社会にしていく工夫が求められている。

V　民事再生手続の特徴

1．手続の迅速性

　東京地裁破産再生部では，これらの民事再生事件のうち，申請のあった全件につき，申立てから4日以内に保全処分を発令し，即日，監督委員を選任している。申立後約1週間前後で開始決定がなされる。和議事件について開始決定までに4から5か月を要していたのと比べると，迅速な進行ぶりである。手続が迅速であることの必要性は，日本の倒産手続の関係者からもかねてから指摘されていたところである。東京地裁では，再生手続標準スケジュールを作成して，債務者と監督委員に配布する方法により，外部に公表している。その標準スケジュールによれば，申立てから再生計画認可決定までの期間は約5か月である。再生債務者ないしその代理人の準備さえ遅れなければ，裁判所としては，全件について，このスケジュールのとおりに手続を進行させている。詳細は，後掲476頁の表1〔民事再生手続標準スケジュール〕を参照してほしい。また，同時に民事再生手続のイメージをつかむため，重要な民事再生手続開始決定などの書式も参考資料として添付してある。

2．管財人の選任の制限

　管財人の選任を厳格に制限するのが実務の傾向であり，債権者の申立てがある場合でも同様である。その結果，DIP型再建手続となり，債務者代理人（と監督委員）が管財人に代わる重要な役割を果たすことが期待されている。
　管財人を選任するには相当な社会的理由があることを要し，再生債務者に経営能力がないとか，再生債権者の申立てがあるとかの事由だけで管財人を選任することはない。

3．監督委員の選任

東京地裁では，原則として全件について監督委員を選任している。この点については，法制審議会での立案当初から議論の対象となっており，法制定後も，監督委員を選任しないで債務者自身により再建させるのを原則とすべきであるという意見も唱えられていたが，東京地裁はもとより，他の裁判所においても，ほぼ例外なく監督委員の選任を原則化する運用が採られている。

その理由として，裁判所が濫用的申立ての審査に無用な労力を用いることを防ぐことや，債権者その他の関係者に不正な情報を提供することの有用性がある。

4．担保権消滅請求制度の導入

バブル崩壊後の倒産企業では保有不動産に担保価値以上の担保権が設定されていたため，事業の継続に必要不可欠な主力工場等については担保価値を超えているにもかかわらず，すべての被担保債権を弁済しなければならないことが多かった。民事再生法が規定する担保権消滅請求制度は，この問題を解決するために導入された。会社更生の場合を除き，倒産手続では倒産手続外での担保権の実行が可能であり，担保権の「不可分の原則」（民296条）や「順位上昇の原則」から，すべての担保権を消滅させるためにはその被担保債権全額を支払わなければならなかった。つまり，一番抵当権を抹消するためには，担保権の「不可分の原則」からその被担保債権が担保目的物の現在価値を超えていてもその全額を支払わなければならなかったし，後順位抵当権が存在する場合には先順位抵当権を抹消しても「順位上昇の原則」のために順位が繰り上がるから，やはりその被担保債権全額を支払わなければならなかったからである。

「担保割れ」が生じているにもかかわらず，担保権者が事業の継続に必要不可欠な財産に対する担保権実行をテコに被担保債権全額の弁済を要求することを認めると，事業の再建が困難になるだけでなく債権者間での実質的公平に反する。特に，本来は全額の回収は不可能だったはずなだけに，一般債権者への配当原資の減少をもたらすことの不公平さは顕著である。

そもそも担保権者が優先的に把握しているのは目的物の現在価値にすぎないことを考えれば，事業の継続に欠くことのできない財産を目的物にしている場合には，優先弁済を受けられる範囲を担保目的物の価額に限定すると共に，債務者がその価額を納付すれば担保権を消滅させることを認めるべきである。これを具体的な制度としたのが担保権消滅請求制度が導入された理由であり，価額を超えた被担保債権部分はすべて一般債権になる。

　担保権消滅請求制度導入に対する最大の反対理由は，優先弁済権の中身を切り下げられる担保権者が，担保掛け目を厳しくすることにより，金融の逼迫（クレジット・クランチ）が生じてしまうという金融実務への負のインパクトへのおそれであった。ところが，実際には，担保権消滅請求制度導入後も，そのような動きは生じていない。その理由は，次のような点にあるものと推測される。

　第一に，民事再生実務において，かなりの裁判所において，担保目的物の評価をめぐって争いが継続することは民事再生手続を迅速に行おうとする趣旨に反し，また担保権者が再生手続に参加しないことも考慮すると，なるべく任意で解決し本制度によらないという運用がなされていることがある。もっとも，実務では，担保権消滅許可申立ての件数自体は少ないが，この制度を背景として再生債務者と担保権者との間で交渉がなされ，分割弁済と担保権不実行の別除権協定が締結されることも多い。

　第二に，初期の運用がどうであれ，平常時の担保権設定実務はいざという場合を想定して行うものだから，当然影響があってしかるべきなのであるが，平時の担保実務の運用も担保権消滅請求に近くなっていることがある。かなりの場合において，競売実行手続に時間が掛かることから，最低競売価格以上の任意売却であれば，先順位抵当権者（通常は金融機関）はその売却代金の取得で抵当権の抹消に応じ，売却代金で担保権をカバーされない後順位抵当権者（金融機関でも力関係が弱いことが多い。）は少額のハンコ代だけで抵当権の抹消に応じる実務も定着してきている。担保権消滅請求制度は，先順位抵当権者は売却代金だけで，後順位抵当権者は少額のハンコ代だけで抵当権の抹消に応じ

る実務を正当化し，ハンコ代も合理的必要性なしとして省略化する機能を営んでいる。

　むしろ，担保権消滅請求制度の実際的インパクトは，バブル崩壊後，極めて多くの住宅ローン債務者（住宅所有者）が「担保割れ」の状況を生じていたことから，住宅ローン債務者に適用されるかに懸かっていたが，個人再生手続では導入が否定されたため，実際的インパクトは制限された。住宅ローンについては，個人再生手続では債務のリスケジューリングを行う特別条項が認められた。

表1　民事再生手続標準スケジュール（H15.5.26 改訂）
東京地方裁判所民事第 20 部

手　　続	申立日からの日数
申立て・予納金納付	0 日
保全処分発令・監督委員選任	0 日
（債務者主催の債権者説明会）	（0 日～6 日）
第 1 回打合せ期日	1 週間
開始決定	1 週間
債権届出期限	1 月＋1 週間
財産評定書・報告書提出期限	2 月
計画案（草案）提出期限	2 月
第 2 回打合せ期日	2 月
認否書提出期限	2 月＋1 週間
一般調査機関	10 週間～11 週間
計画案提出期限	3 月
第 3 回打合せ期日	3 月
監督委員意見書提出期限	3 月＋1 週間
債権者集会招集決定	3 月＋1 週間
書面投票期間	集会の 8 日前まで
債権者集会・認否決定	5 月

平成 12 年 4 月 1 日施行・6 月 15 日，7 月 10 日，7 月 31 日，13 年 1 月 9 日，15 年 5 月 26 日改訂。

|参考資料|

平成○○年（再）第○号　民事再生手続開始申立事件

決　　　定

　　　　　　　　　東京都○○区○○１丁目○番○号
　　　　　　　　　再生債務者　○○○○
　　　　　　　　　代表者代表取締役　○○○○

主　　　文

　再生債務者は，下記の行為をしてはならない。
　再生債務者は，平成○○年○月○日以降毎月末日締切りにより，再生債務者の業務及び財産の管理状況についての報告書をその翌月10日までに当裁判所及び監督委員に提出しなければならない。

記

　平成○○年○月○日までの原因に基づいて生じた債務（次のものを除く）の弁済及び担保の提供
　　　租税その他国税徴収法の例により徴収される債務
　　　再生債務者とその従業員との雇用関係により生じた債務
　　　再生債務者の事業所の賃料，水道光熱費，通信に係る債務
　　　再生債務者の事業所の備品のリース料
　　　10万円以下の債務

　　平成○○年○月○日
　　　　　　　東京地方裁判所民事第20部
　　　　　　　　　　裁判所裁判官　○○○○
　　　　　　　　　　　　裁判官　○○○○
　　　　　　　　　　　　裁判官　○○○○
　上記は正本である。
　　　　　　　前同日同庁
　　　　　　　　　　裁判所書記官　○○○○

平成○○年（再）第○号　民事再生手続開始申立事件

決　　　定

東京都○○区○○○丁目○番○号　　　　
再生債務者　○○○○　　　　　　　　　　
代表者代表取締役　○○○○　　　　　　　

主　　　文

1　○○○○株式会社について監督委員による監督を命ずる。
2　監督委員として，次の者を選任する。
　　東京都○○区○○○丁目○番○号　○○法律事務所
　　弁護士　○○○○
3　監督委員は，再生債務者が，民事再生法120条1項に規定する行為によって生ずべき相手方の請求権を共益債権とする旨の裁判所の許可に代わる承認をすることができる。
4　再生債務者が次に掲げる行為をするには，監督委員の同意を得なければならない。ただし，再生計画認可決定があった後は，この限りでない。
(1)　再生債務者が所有する財産に係る権利の譲渡，担保権の設定，賃貸その他一切の処分（商品の処分その他常務に属する財産の処分を除く）
(2)　再生債務者の有する財産に係る権利の譲渡，担保権の設定その他一切の処分（再生債務者による取立てを除く）
(3)　財産の譲受け（商品の仕入れその他常務に属する財産の譲受けを除く）
(4)　貸付け
(5)　金銭の借入れ（手形割引を含む）及び保証
(6)　会社財産の無償譲渡（常務に属するものを除く），債務免除，無償の債務負担行為及び権利の放棄
(7)　再生手続開始後における取戻権，共益債権及び一般優先債権の承認
(8)　別除権の目的の受戻し

　　　平成○○年○月○日
　　　　　東京地方裁判所民事第20部
　　　　　　　裁判長裁判官　○○○○
　　　　　　　　　裁判官　○○○○
　　　　　　　　　裁判官　○○○○

上記は正本である。
　　　前同日同庁
　　　　　裁判所書記官　○○○○

平成○○年（再）第○号　民事再生手続開始申立事件

決　　　定

　　　　　　　　　　東京都○○区○○○丁目○番○号
　　　　　　　　　　再生債務者　○○○○
　　　　　　　　　　代表者代表取締役　○○○○

主　　　文

1　○○○○株式会社について再生手続を開始する。
2(1)　再生債権の届出期間　平成○○年○月○日まで
　(2)　認否書の提出期限　平成○○年○月○日
　(3)　再生債権の一般調査機関
　　　　平成○○年○月○日から平成○○年○月○日まで
　(4)　報告書等（民事再生法124条，125条）の提出期限
　　　　平成○○年○月○日
　(5)　再生計画案の提出期限　平成○○年○月○日

理　　　由

　証拠によれば，再生債務者は，事業の継続に著しい支障を来すことなく弁済期にある債務を弁済することができないことが認められ，また，本件においては，民事再生法25条各号に該当する事実は認められない。

　　　　　　　　　　平成○○年○月○日午前10時00分
　　　　　　　　　　東京地方裁判所民事第20部
　　　　　　　　　　　　裁判所裁判官　○○○○
　　　　　　　　　　　　　　裁判官　○○○○
　　　　　　　　　　　　　　裁判官　○○○○

上記は正本である。
　　　　　　前同日同庁
　　　　　　　　裁判所書記官　○○○○

Ⅵ 新会社更生法と破産法の全面改正

1. 新会社更生法の成立

平成11年末に和議法に代わって成立した民事再生法は，平成12年4月から施行されたが，平成14年12月に成立した新会社更生法も，平成15年4月から施行された。

新会社更生法は，同じ再建型の民事再生法の経験も踏まえ，次のような特徴を有している。

(1) 手続開始の条件を民事再生と同一にし，従来は「更生の見込み」(旧会更38条5号) の経営的判断のために開始決定が遅れていたのを改善する。具体的には，事業継続を内容とする更生計画案の作成・可決・認可の見込みがないことが「明らかである」ことを申立棄却事由に改めた (会更41条1項3号)。

(2) 保全段階における請求権 (DIPファイナンス等) の共益債権化。DIPファイナンスは，民事再生や会社更生のような再建型倒産手続に入った企業の運転資金などの融資のことである。企業再建のためには不可欠であるが，倒産手続開始前の債権よりも優先する取扱いを認めないと，融資する金融機関は現われないため，改正された。

(3) 更生計画によらない早期の営業譲渡

(4) 経営責任のない取締役の管財人としての選任

(5) 担保権消滅請求制度の創設。民事再生上の制度に類似するが，更正会社からの金銭納付により担保権は消滅するが，裁判所が預かり更正計画等に従って更正担保権者に配当される点が異なる。

(6) 財産評定の基準を従来不明確であると批判されてきた「継続企業価値」から「時価」に代える，等

2. 破産法全面改正

旧破産法を全面改正した新破産法も，平成17年1月1日から施行された。

この破産法全面改正は，破産実体法の大改正を含むため，同時に民事再生法や会社更生法などの実体法部分も大改正された。それだけでなく，民法などの基本的な実体法の改正も生じ，かつその解釈にも影響を及ぼすことになった。賃貸借，請負，資産流動化，相殺，担保をはじめとして，私法全体について平常時の取引にも大きな変更をもたらすはずである。本章でも詐害行為取消権への否認権改正の影響を例として倒産実体法の改正が民事取引や民法の解釈に及ぼす影響を検討している。

以下では，破産実体法の改正の中でも最も重要な部分である否認権の改正を一例として紹介して，私法全体に大きな影響を及ぼす新しい動きを検討しよう。否認権は，平時では有効な行為や契約を，債権者平等に反するという理由で後から無効にしてしまうため，影響が極めて大きい。

3．民事取引に大きな影響を及ぼす否認権の全面改正

旧破産法は，否認権について，大きく分けると故意否認と危機否認の二つの類型を認めていた。

しかし，かつては故意否認の対象は詐害行為（債務者の総財産の価値を減少させる行為），危機否認の対象は偏頗行為（本旨弁済のように債権者間の平等を害する行為）に分けて説明する考え方が学説でも有力だったが，その後の判例の発展により両者の区別はあいまいになっていた。判例は，故意否認の対象として本旨弁済のような偏頗行為も含まれるとし，しだいに学説もこれを支持する見解が多数説になっていった。また，危機否認の対象として詐害行為も含まれるとする考え方が，一般的であった。

こうなると，危機時期という時期的制限がある危機否認について主観的要件が緩和されていればまだバランスがとれるが，受益者の主観的要件について，故意否認では受益者の負担とされているにもかかわらず，危機否認では管財人の負担とされ，「逆転現象」が生じていた。

また，偏頗行為が否認の対象となるのは，危機時期（支払停止等）であったが，厳密には，支払不能になってその信用や労力・財力がすべてなくなり，債

務者が弁済期に債権者に弁済できなくなったことが明白になった時点であるべきだろう。

　このような視点から，新破産法は，詐害行為と偏頗行為のそれぞれの否認要件を区別して故意否認と危機否認を再構成し，判例理論で確立された適正価格による不動産の売却等についての否認要件を明確化し，救済融資のような同時交換的行為は偏頗行為にならないことにしようとしている。

　従来は，偏頗行為を漠然と債権者平等に反する行為と考え，本旨弁済も故意否認の対象になると考えていた。しかし，支払不能以前は，債務者が債権者の誰に弁済しようと自由なはずであり，それを制限するのは取引の安全を害する。

　現代の取引社会では，取引時に弁済可能でなくても，債務者の信用や労力により履行時には返済できるようになることは通常であり（ベンチャー・ビジネスは典型），債務者が履行時に債務の弁済ができないことが確実になった支払不能の時点で，債権者を保護する必要が高まるので，債務者の取引が制限されることが正当化される。

　支払不能の問題点は，債務者が履行時に弁済できないことが一般的継続的になった支払不能の時点が外部からは明白でないということがあるが，支払停止により支払不能を推定させればよい。倒産手続の申立ては，再建型では支払不能に陥るおそれだけで申立てできるが，債務者が再建型倒産手続を申立債権者への平等な弁済を選択した以上，危機否認の基準時になる。

　このため，新破産法は，支払不能前になされた本旨弁済などの義務的行為（偏頗行為）は，否認できないことを明確にした。

　経済的危機に瀕した債務者が担保供与して緊急融資を受けることがよくあるが，この緊急融資のような同時交換的行為を否認すると，経済的危機に瀕した債務者と取引する者がいなくなってしまう。同時交換的行為が経済的危機に瀕している時期になされると，一見すると債務者平等に反する偏頗行為のように見えるが，既存の債務の弁済等についてしか債務者平等に反する偏頗行為は生じない。担保提供と新規債務が同時交換の関係に立つ場合には，既存の債務に

表2 民事再生法，会社更生法，破産法の比較

	民事再生法	会社更生法	破産法
タイプ	再建型		清算型
主な対象	中小企業 （個人再生は個人）	大企業	個人と法人 （消費者破産が9割以上）
担保権の処遇	原則 手続外 （別除権，但し，中止や消滅請求あり）	手続内 （更生担保権）	手続外 （別除権）
管財人	原則なし （DIP型）	あり	あり

大づかみに倒産三制度を理解できるよう著者が作成。

ついては影響がないから偏頗行為にならないはずだからである。

　新破産法は，このような視点から，同時交換的行為を偏頗行為の否認の対象から除外した。

Ⅶ　否認権改正の詐害行為取消権への影響

　従来から，否認権の中でも故意否認（現行では詐害行為否認の中でも1号否認）と詐害行為取消権の要件については，互換的に論じられかつ検討されてきた。その意味では，故意否認の要件の改正は，当然に詐害行為取消権の要件の解釈に影響を及ぼさずにはいられないはずであった。両者は，債権者のために責任財産の回復を図る制度である点で，共通の機能を営んでいるからである。

　もちろん，両者が責任財産保全の制度として共通であるとしても，否認権全体と詐害行為取消権を比較すると，以下のような差異は存在する。第一に，行使主体が否認権では管財人（民事再生のDIP型の場合は監督委員）であるの

に対して，詐害行為取消権では債権者である。第二に，行使方法として否認権では訴えだけでなく抗弁でも行使できるのに対して，詐害行為取消権では抗弁では行使できず訴えだけであり，判決手続のみであって決定手続での行使はない。第三に，行使の結果として，否認権の場合は全債権者のために財産が回復されるのに対して，詐害行為取消権ではすべての債権者のために行使されるとする民法425条の文言にもかかわらず，全債権者に分配するための制度は欠けており，金銭的回復の場合には相殺により行使債権者に対して事実上優先弁済される。

　要件については，故意否認（詐害行為否認の1号否認）と詐害行為との間では共通性が見られるものの，他の否認類型とではかなりの差異がある。たとえば，無償否認では，債務者や受益者の主観的要件は不要であり，客観的な「無償性」だけで足りる。

　しかし，詐害行為取消訴訟係属中に倒産手続が開始されると中断され（破45条1項，民再40条の2第1項，会更52条の2第1項），原則として否認訴訟として管財人（監督委員）によって受継される（破45条2項，民再140条1項，会更52条の2第2項）ように，一定の要件の共通性は法も認めている。

　このような両者の要件の一定の共通性からすると，否認権改正は当然に一定範囲で詐害行為取消権の解釈にも影響を及ぼすはずである。

　否認権改正の趣旨を，ここでもう一度振り返っておこう。

　平成16年の倒産法大改正により，否認権は根本的な変更がなされた。条文の構造は，破産法（破160条以下），民事再生法（民再127条以下），会社更生法（会更86条以下）でほぼ共通であるが（民事再生だけDIP型の場合には監督委員が行使する点が異なる），二元的な構成になり，要件が明確化された。否認権の対象となる行為が，従来は債権者に対して有害性と不当性を有する行為という一般的な行為（一元的構成）だったのが，責任財産を減少させる財産減少行為（狭義の詐害行為）と債権者間の平等を実質的に害する偏頗行為に分け，前者の詐害行為否認は責任財産の回復を，後者の偏頗行為否認は債権者間の公平確保を目的とすることを明確化した。条文の規定上も，詐害行為否認に

は本旨弁済や担保供与のような義務的行為は含まれないことを明確化し，本旨弁済や担保供与は偏頗行為否認の対象とした。偏頗行為否認は，原則として支払不能後にのみ可能となる。

その結果，支払不能（ないし倒産手続開始申立て）以前の本旨弁済や相応な担保供与は，従来の判例・通説が故意否認を肯定していたのと異なり，原則として否認の対象にならない（例外も非義務的な場合に限定される）。これは，本旨弁済や担保供与が債権者間の平等を害するとして取消されることが必要になるのは，支払不能以後であり，支払不能以前は債務者の自由であり債権者は干渉すべきでないという考え方に基づく。これにより本旨弁済等が否認されるか否かが基準としては明確となり，取引の安全と法的安定性に資する。もっとも，支払不能は支払停止と異なり，外部的に一義的に定まらないという批判はありうるが，支払停止が支払不能を推定させる。

また，従来は否認できるか争いがあった同時交換的行為（新規融資のための担保提供が同時に行われる）について，否認できないことが明確化された（偏頗行為否認は，「既存の」債務に限定される）。これは，債権者間の平等が要請されるのは，既存の一般債権者間においてであり，同時交換的行為を行った債権者は含まれないからである。実際的にも，同時交換的行為に否認を認めると，経済的に窮境にある債務者に対する救済融資が困難になり，倒産を増大させて妥当でない。もちろん，担保提供が新規融資だけでなく既存の債務も担保する場合には，既存債務部分は否認の対象になるので，実務的には注意を要する。

過大な代物弁済は，財産減少行為と偏頗行為の混合形態であるため（過大な部分は財産減少行為だが，残りの部分は偏頗行為），過大な部分については，詐害行為否認が可能である（支払不能等以前でも否認できる）。

さらに，相当価格による財産処分行為が否認できるかについて，従来とは原則と例外を逆にし，否認できる場合を限定した。すなわち，従来の判例は，相当価格による不動産売却について，債権者の共同担保として確実性の高い不動産を費消・隠匿しやすい現金に代えることになるから原則として否認できるとしつつ，例外的に「有用な資」にあてた場合のみ否認できないとしていた。し

かし，原則として否認できるとすることは，経済的窮境にある債務者が財産を相当な価格で売却して資金調達を行うことを困難にするのみならず，売却行為の法的安定性・予測可能性を阻害する。そのため，不動産や重要財産の流動化・証券化にも，悪影響を及ぼす。

これに対して，今回の倒産法改正では，相当価格での財産売却は原則として否認できないとしつつ，例外的に隠匿等の処分をするおそれを現に生じさせる行為である場合のみ否認できるとして，否認できる場合を明確化した。

以上のような否認権の基本的な構造の変化は，詐害行為否認，特に1号の故意否認と要件等において共通性を有する詐害行為取消権（民424条・425条）にも，大きな影響を及ぼすものと予想される[5]。

以上のような否認権の大改革が，詐害行為取消権の解釈にどの程度影響を及ぼすものであるかを検討してみよう。否認権の立法的改正は，単に従来の判例・学説を立法的に整備したというものではなく，否認権の根底にある基本思想の変更を受けた立法と考えられるからである。そうであるならば，否認権と並んで責任法制を構成する詐害取消権も，同様にその根底にある基本思想の変更が生じてもおかしくないし，その結果として解釈論が大きく変化しても当然の結果と言えるからである。

否認権の本旨弁済や担保供与に対する行使が支払不能以後に限定される一元的構成から二元的構成への変化は，詐害行為取消権にも同様な解釈の限定の可能性を生み出すだろう。非常時である倒産時において否認されないという以上，平常時において詐害行為として取消されるべきでないというバランス論ないし整合性の観点からのみならず，実質的な基本思想の変化がそこに読み取られるからである。詐害行為取消権行使の要件である無資力時においても，信用や労力が債務者にある限り，有効になされた法律行為を取消さなければならない理由はなく，取消すほうがむしろ取引の安全を害し有害である。たとえば，現代社会では弁護士や医師をはじめとする高度技術サービス産業の比重が増加しているが，その職域では資産よりも信用や労力のほうがむしろ重要である（名声を有する医師や弁護士が開業した場合を考えよ）。そうであれば，資産だけで

なく信用や労力も要素とし，三要素を総合して債権者が債務者の取引行為に介入できるか否かを決める「支払不能」基準によって，詐害行為取消が本旨弁済や担保提供などの義務的行為に及ぶかを決定すべきであろう。債務者の資産の有無だけで債権の実質的価値が左右され，債務者の義務的な取引行為まで取消されるリスクまで生じるというのでは，債務者の事業計画を検討して融資することもできなくなるし（通常のあるべき事業への融資である），プロジェクト・ファイナンスなどもってのほかということになりかねない。

　ある債権が弁済期に来てその債権を弁済すれば無資力になるが，次の債権の弁済期前に必要な資金が入ってくる予定である，という債務者の姿は別に不健全ではなく，資金繰り表を作成するのはそのためである。また，ベンチャー・ビジネスは，そのような資金繰りを前提として，事業開始当初は存在せざるを得ず，それを否定すればベンチャー・ビジネス自体の否定にまでつながりかねない。

　以上の検討から明らかなように，本旨弁済や担保提供などの義務的行為が詐害行為として取消すことが可能になるのは，支払不能以後に限られることになるべきである。本旨弁済や担保提供は，本来的に義務的行為で法がむしろその効力を守るべき立場にあるのであり，過大な部分があればその部分だけを詐害行為として取消せば足りる。そもそも廉価売買のような責任財産を減少させる行為と，減少を生じさせない義務的行為とは質的に異なるのである。

　次に，不動産などの重要財産の相当価格による売却であるが，従来は債権者にとっては不動産と売却代金とでは実質的な担保価値は異なり，金銭は費消したり隠匿したりしやすいので原則的に詐害行為になり，例外的に金銭がそのまま残っている場合や「有益な資」に使用した場合にのみ詐害行為にならないとされていた。しかし，これでは不動産などの重要財産の売却は，相当価格でも取消されるリスクがあることになり，無資力に近い債務者から重要財産を買い受ける人がいなくなってしまう。しかも，資金繰りや事業計画の関係で重要財産の売却が必要になったにもかかわらず，その売却が困難になったのでは，債務者としては途方にくれ，倒産に追い込まれる状況も出てこよう。

また，近時は不動産などの重要財産の流動化・証券化が盛んになっているが，取消しリスクがあるとその根底が覆され，債務者にとっては流動化・証券化による資金調達の途が封じられるだけでなく，流動化・証券化ビジネスの安定に悪影響を及ぼしてくる。

　具体的に考えても，近時のサービス産業に到底あてはまるルールとは言い難い。たとえば，弁護士が開業して自宅兼事務所を持とうとするとき，現在所有している自宅が交通の便も良くなく事務所として不向きな場合に，自宅を売却してその売却資金をもとに交通の便の良いところに自宅兼事務所を賃借し，残額を当面の運転資金にあてることはよくある話であり，これが原則として詐害行為として取消されるというのは，誰もがおかしいと感じるだろう。これは，弁護士以外のサービス業を開業しようとするときに，すべてあてはまる話である。そして，製造業であっても，不動産の利用計画が売却して別の不動産を賃借したり買い換えたりしたほうが良いことは，いくらでもありえる。

　同時交換的行為についても，同様な分析があてはまる。重要財産の売却と異なるのは，重要財産の担保供与とそれの見返りとしての資金獲得であるだけに，重要財産の売却以上に対価の相当性は保障されていることである。被担保債権額と同額の担保設定であるから，利息や遅延損害金の設定が暴利的でない限り，対価の適正は間違いないし，対象財産の所有権は債務者に残るから，債権者としてその後の監視も容易である。そして，債務者に対する救済融資が否認されないならば，当然に詐害行為取消しがなされないとしないならば，一貫性を欠くし，否認権の対象から同時交換的行為を外した政策的意図も実現されない。

　さらに，同時交換的行為の場合，債権者平等の要請や責任財産の保全の枠外であるという否認権における理論的説明は，詐害行為取消権の場合も同様にあてはまろう。

　以上からすると，同時交換的行為も，否認権の場合と同様，詐害行為取消権の対象から外れると言ってよいと思われる。

VIII 否認権と詐害行為取消権の効果の異同

　否認権は，管財人（民事再生の場合 DIP 型では監督委員）が行使するのに対して，詐害行為取消権では債権者が行使する。そのため，行使できる上限が，否認権では総債権額になるのに対して，詐害行為取消権では当該債権者の債権額になる。しかし，行使される対象物が複数であったり，可分であった場合に，責任財産保全に必要な範囲に行使対象は限定されるのだろうか。

　この点について，興味深い最高裁判決（最判平成 17 年 11 月 8 日民集 59 巻 9 号 2333 頁）が近時現われたので，以下で検討してみよう。

　日東興業友情倶樂部事件とも呼ばれるが，事案は以下のとおりである。

　A（ゴルフ場運営会社）は，Aの親会社BがCに対して負担する債務の担保として，Aの所有する不動産 294 筆の土地及び 3 筆の建物の上に極度額を合計 200 億円とする根抵当権（以下「本件根抵当権」という。）を設定した。これに伴い，Bの経営する他のゴルフ場（福井県及び群馬県所在）に設定されていた根抵当権が解除されることになるというB企業グループについての担保の付け替えがなされた。Aの債権者（預託金返還請求権者）は，本件根抵当権設定行為が詐害行為に該当するとして詐害行為取消訴訟を提起した。その後，YがCから本件根抵当権を譲り受け，同訴訟の被告の地位を承継した。また，Aについて会社更生手続が開始し，Aの更生管財人Xが同訴訟を旧会社更生法上の否認訴訟として受継した。第 1 審（東京地裁）は，本件根抵当権設定により，Aの負担する債務及び責任（本件根抵当権設定直前のAの積極財産は約 326 億 442 万 4,000 円，消極財産は約 132 億 4,056 万 4,000 円と認定した）がAの有する積極財産を約 6 億 3614 万円超過することとなったと認定し，本件根抵当権設定行為に対する否認権行使を，この超過額約 6 億 3,614 万円を超えて最も評価額の小さい 1 筆の土地への根抵当権設定行為についてのみ認容した。控訴審（東京高裁）は，本件根抵当権設定行為により，Aの負担する債務及び責任（本件根抵当権設定直前の更生会社の積極財産は約 327 億 5,436 万 4,000 円，消極財産は約 132 億 4,056 万 4,000 円と認定した。）がAの有する積極財産を

約4億8,620万円超過することとなったと認定したうえ，この約4億8,620万円の債務及び責任の超過の発生を理由として，旧会社更生法78条1項1号及び90条1項1号に基づき，本件根抵当権設定行為の全部について否認権の行使を認容した。Y上告。最高裁は以下のように判示して，上告を棄却した。

〔判旨〕上告棄却。

「(1)　1号否認権は，更生手続が開始されたことを前提に，裁判所により選任され，更生会社の総財産についての管理権を有する管財人が，旧会社更生法78条1項1号に該当する行為により逸出した更生会社の一般財産を原状に回復させ，更生債権者等に対する弁済原資を確保するとともに，更生会社の事業の維持更生を図る目的の下に，その職責上行使するものであって，一般の債権者が民法424条に基づき個別的に自らの債権の確保を図るために詐害行為取消権を行使する場合の取消債権者の債権額のような限界は存在しないこと，(2)更生債権及び更生担保権については，届出，調査の期日における調査，確定の訴え等の旧会社更生法所定の手続によって確定すべきものとされている（旧会社更生法125条，126条，135条，147条等）し，届出期間内に届出をしなかった更生債権者及び更生担保権者であっても，更生手続に参加することが一切できなくなるわけではなく，期間後の届出が許される場合もある（同法127条，138条等）上，更生会社に属する一切の財産の価額等については，財産評定等の旧会社更生法所定の手続によって確定すべきものとされている（同法177条等）ので，管財人が1号否認権を行使する時点では，更生債権，更生担保権，更生会社に属する財産の価額等がすべて確定しているわけではないことに照らすと，管財人が1号否認権を行使する場合には，旧会社更生法78条1項1号に該当する行為の目的物が複数で可分であったとしても，目的物すべてに否認の効果が及ぶと解するのが相当である」。

1．詐害行為取消権と故意否認権の異同の観点から

　会社更生法上の故意否認権は，破産法上の故意否認権にならって規定されたものである。そのため，詐害行為取消権と破産法上あるいは会社更生法上の故

意否認権は，その趣旨，性質，要件が共通であると理解されている[6]。

判例も，「〔旧〕破産法72条1号所定の否認（中略）の制度が民法424条所定の詐害行為取消のそれと同趣旨のものであることは，所論のとおりである」と判示し，破産法上の故意否認権と詐害行為取消権を同趣旨のものと解している（最二小判昭和58年11月25日民集37巻9号1,430頁）。

破産法上の否認権と詐害行為取消権は，沿革的にはローマ法のパウルスの訴権に由来し，いずれも債務者の責任財産を不当に減少させる詐害行為の効力を否定して責任財産の回復を図るという共通の目的を有している。

また，詐害行為取消権は，債務者がすでに事実上破産しているが法的な倒産手続が行われない場合に利用されることが実際上は多い。従って，実際的な機能において簡易破産的な機能を果たしている[7]。

さらに，否認権と詐害行為取消権の親近性は，本件のように，詐害行為取消訴訟が係属中に債務者が倒産した場合，詐害行為取消請求訴訟は中断し，管財人が否認訴訟として受継できる点からもうかがえる。

本件で，詐害行為取消権と故意否認権の異同が問題となっているのは，約4億8,620万円の債務超過（積極財産と消極財産の評価の差）を理由に，297筆の不動産に対する200億円の根抵当権設定全体を否認できるか，つまり取消しの範囲が同一か（つまり，一部否認ができるか）である。

2．一部否認の可否の観点から

A所有の不動産の上に極度額200億円とする本件根抵当権が設定されたことにより，Aの負担する消極財産が，Aの有する積極財産を約4億8,620万円上回ることになった。そこで，Xが本件根抵当権設定行為の否認を求めた場合，本件根抵当権設定行為が1個の行為であることから，本件根抵当権設定行為の全部について否認を認める以外にないのか，それとも，会社更生法上の故意否認において当該行為のうち詐害性の存する一部のみについて否認を認めるべきなのかが問題となる。

詐害行為取消権の場合には，大審院は古くから一部取消しを認めている。例

えば，大判明治42年6月8日（民録15輯579頁）の事案は，債務者がその唯一の財産である不動産を受益者に譲渡したため，取消債権者が当該譲渡の取消しを求めたものである。当該不動産の価格は譲渡当時5,660円であり，被担保債権額3,369円41銭の抵当権が設定されていた。この事案で，大審院は一部取消しを認めた。

　詐害行為取消制度は，取引の安全を害するおそれが大きいのみならず，あまりに広くこれを適用することは，債務者の財産整理を妨げ，その経済的更生を困難にする弊害を生ずる。従って，詐害行為取消権の行使が許される範囲は，債権者の損害を救済するのに必要な限度，すなわち債務者の詐害行為により債権者が害された範囲（詐害性を帯びている範囲）に限られるべきであり，詐害行為の目的物が可分の場合には，一部取消が認められる。

　倒産法上の故意否認権についても，一部否認を認める戦後の裁判例は存在するが，担保権の対象があるため，残部に否認を認める事案の場合が多い[8]。

3．否認権の成立範囲の観点から

　詐害行為取消権が行使された場合の取消しの範囲について大判大正9年12月24日（民録26輯2024頁）は，債権者の損害を救済するために必要な限度での取消しを認めていた。

　奥田昌道教授も，詐害行為が部分的にのみ成立する場合について，「債務者の財産状態が，積極財産1,000万円，負債800万円であるとき，債務者が第三者に金500万円を贈与した場合には，右贈与契約を300万円の限度で取り消し，受贈者から300万円の返還を請求することになる」と説く[9]。

　本件では本件根抵当権設定行為によりAに生じた4億8,620万円の債務超過額の限度で，債権者は弁済を得られず，害されている。従って，本件が詐害行為取消訴訟であった場合には，4億8,620万円の限度で本件根抵当権設定行為を取消すことになろう。

　本判決は，①倒産法上の故意否認権は管財人が職責上総債権者のために行使するものであって，詐害行為取消権を行使する場合の取消債権者の債権額のよ

うな限界は存在しないこと，②故意否認権を行使する時点では倒産債権（更生担保権も含めて）や債務者財産の評価が確定していないことの二つを理由に，故意否認の目的物が複数であっても目的物すべてに否認の効果が及ぶとしている。

　本件で問題となっているのは，対象となる目的物が複数ある場合に詐害性のある範囲に取消しの対象をとどめるかであり，取消主体の債権額が取消しの範囲の上限を画するかではない。倒産債権が確定されていないことは，詐害行為取消権での取消債権者の債権が既判力によって確定されないこととあまり変わらない。その意味では，判旨の挙げる①と②の二つの理由は，必ずしも十分な理由付けにはなっていない。否認権の行使は，詐害行為取消権の行使と同様に，本来は有効な法律行為を取消すものであり，取引安全の観点からもその範囲は最小限にすべきなのである。そうしないと，経済的危機に瀕した債務者との取引を萎縮させかねない危険をはらむ。

　判旨自体は，会社更生法上の故意否認権の解釈として述べられているが，内容的には破産法上や民事再生法上の故意否認権にも及ぶものである。ただ，その射程距離は，本件のように個々の不動産が全体として1個のゴルフ場として有機的一体性を持ち，実質的な不可分性を有している場合に限定されると解すべきだろう。本件では，全部で297筆の不動産への根抵当権設定が否認権行使の対象となっているが，全体で1個のゴルフ場を構成しそれによって初めて経済的価値を有しているからである。実質的に不可能であれば，否認権の効果が全体に及ぶのもやむを得ないとも言える。

　仮に射程距離が限定されず，故意否認権の行使が全対象物に及び上限がないことになると，複数の不動産への担保権設定行為を分けて行うことも，金融取引におけるリスク対策としてあり得る[10]。しかし，それでは担保設定がやりにくくなる不都合が生じてこよう。

　なお，本最高裁判決の一般論を擁護する立場から，本件で問題となっているのは一部否認・一部取消しの問題とは別個の問題である故意否認の効果が債務超過相当部分に限定されるのか，目的物全体に及ぶのか，であるという指摘が

ある[11]。鋭い指摘ではあるが，本件で否認・取消しの対象となっているゴルフ場は多数筆の不動産で構成されており，目的物がゴルフ場全体と言えるかという点（密接不可分性を強調して初めて目的物がゴルフ場全体と言える），あるいは債務超過相当部分を相手方が返還すれば無資力状態は解消され，否認や詐害行為取消しができなくなる点をどう考えるのか，という反論は可能だろう。

IX　おわりに

　もはや，倒産法を集団的債務処理法として，「債権者平等の原則」を実現するための包括執行法ととらえるのは，誤りの時代になっているのではないだろうか。債権者が債務者に対する個別執行の延長として，債権者が集団的に債務者に包括的・集団的に執行する。従来はそれが倒産法の本質とされ，戦後は，債務者再建のための再建型倒産法や個人のための免責も入ってきたけれども，中心は債権者のための集団的・包括的執行制度であることは変わらなかった。

　このため，倒産法は，伝統的に民事執行を含む広義の民事訴訟法の領域とされ，民訴学者の守備範囲とされてきた。

　しかし，本章の鳥瞰的なスケッチだけでも明らかなように，わが国の倒産法制はわが国の経済と大きく関係しており，バブル崩壊後の長期に続いた不況脱出の一方策として今回の倒産法大改正は行われた。そして，民事再生法をはじめとする一連の改正法は，わが国の経済が構造改革を実現していくための，「セーフティ・ネット」として一定の役割を果たしたと思われる。いくら「自己責任」に基づく「起業家精神」や「チャレンジ精神」を説かれても，失敗した場合の法整備として倒産法がバック・アップ体制を作り上げてくれないと，一定のリスクをとったうえでのベンチャービジネスや中小企業，さらには大企業の新事業への進出もむずかしくなろう。

　倒産法は，今後は，ビジネス主体と消費者主体に対象を二分し，前者はビジネス再建法へ，後者は消費者保護法の一分野として考えていくのが良いだろう。いずれにしても，古色蒼然とした「包括執行法」といったコンセプトからは，

大きく離れていくことになろう。

　実体法との関係も，本章で検討した否認権と詐害行為取消権の関係以外にも広げて検討する必要が今後あろう。たとえば，相殺権や民法中に存在する倒産関係規定なのである。

　本章で指摘した倒産法の「包括執行」概念（個別執行の補完）からの離脱や実体法との整合性という視点は，今回の倒産法改正でも随所に現われている。

　一例を挙げるならば，倒産債務者の自由財産の範囲が 99 万円とされ，執行債務者の差押禁止財産の 66 万円とは離れその 1.5 倍とされたのみならず，裁判所の自由財産の拡張の裁判によりその範囲の拡大も可能になった（破 34 条 4 項）。

　また，当期及び次期の賃料の譲渡（流動化）のみ可能で，次々期以降の分の賃料については譲渡を禁止する旧破産法 63 条が廃止されたのも，平時の場合における民事実体法との整合性を配慮したものである[12]。

1) 小林秀之「司法改革の影と横断的考察雑感」『小島武司先生古稀記念』（商事法務・2007 予定）。なお，本書の性格上，講演がベースになっているような形で本章を執筆しており，注も最低限にとどめている。
2) 小林秀之編著『倒産法改正と民事法の実務』（新日本法規・2005）も，同様の考え方に基づいて執筆されており，一部は本章と重なり合う。そのほか，同様の考え方に基づく著者のものとしては，小林秀之＝沖野眞已『わかりやすい新破産法』（弘文堂・2005），小林秀之『新・破産から民法がみえる』（日本評論社・2006）。なお，倒産法全体を理解するための最新の文献としては，山本和彦ほか『倒産法概説』（弘文堂・2006）が優れている。
3) 民事再生法については多数のテキストや解説書が存在するため挙げきれないので，最も詳しいコンメンタールとして，園尾隆司＝小林秀之編著『条解民事再生法』（弘文堂，第 2 版・2007）を挙げておく。
4) 小林秀之ほか『個人再生手続』（弘文堂・2003）参照。
5) 平成 16 年改正による否認権の一元的構成から二元的構成への変化，相当価格による財産売却の原則的否認の非該当性，同時交換的行為の非該当性については，小林秀之＝沖野眞已『わかりやすい新破産法』（弘文堂・2005）169 頁，小林秀之編著『倒産法改正と民事法の実務』（新日本法規・2005）193 頁〔畑宏樹〕，山本克己「否認権（上）（下）」ジュリ 1273 号 77 頁，1274 号 124 頁（2004）参照。

6) 佐藤岩昭「更生手続における否認権とその行使」判タ 866 号 199 頁（1995）。高田裕成「更生手続における否認権とその行使」判タ 1132 号 159 頁（2003）は，否認制度の詐害行為と偏頗行為の性質の差異に着目することが有用であるが，何が詐害行為かは基本的に民法の詐害行為取消権と同様に考えて良いとする。
7) 小林秀之『新破産から民法がみえる』（日本評論社・2006）214 頁，奥田昌道『債権総論〔増補版〕』（悠々社・1993）274 頁，平井宜雄『債権総論第二版』（弘文堂・1994）275 頁。
8) 塩崎勤「破産手続きにおける一部否認の可否」金判 1060 号 158 頁。
9) 奥田昌道『債権総論〔増補版〕』318 頁（悠々社・1992）。すなわち，債務者の詐害行為により，一般債権者が弁済を受けられなくなった限度で，詐害行為の取消しが許されるべきである，とする（野沢正充「演習民法 2」法教 2003 年 3 月号 131 頁も同旨）。
10) 本最高裁判決や原審判決については，以下の文献参照。石毛和夫・銀法 658 号 65 頁（平 18），泉寿恵・銀法 655 号 32 頁（平 18），（原審につき）島田邦雄＝大久保由美＝富岡孝彦＝中山靖彦＝吉野彰・商事 1740 号 59 頁（平 17），小林秀之・判タ 1182 号 122 頁（平 17），（上告審につき）中西正・平成 17 年重要判例解説（ジュリ 1313 号）146 頁（平 18）。
11) 中田裕康・倒産判例百選〔第 4 版〕（有斐閣・2006）84 頁。
12) 平時の賃料前払いを有効とするのは，最判昭和 38 年 1 月 18 日（民集 17 巻 1 号 12 頁），差押えによる民事執行を有効とするのは，最判平成 10 年 3 月 24 日（民集 52 巻 2 号 397 頁）。

〔一橋大学大学院国際企業戦略研究科教授・弁護士〕

第 3 章

早期事業再生の現在と近未来

高 木 新 二 郎

本章記載中の見解は私見であって産業再生機構又は産業再生委員会の公式見解とは無縁である。

I 債権者銀行と債務者企業との利害衝突

産業再生機構は，2003年5月の業務開始以来，41の企業グループに対して再生支援の決定をした。関連会社を含む対象事業者数は195社である。そのうち三井鉱山，カネボウ，大京，ダイエー，ミサワホームなどを含む上場企業は15社である。足利銀行を含む地銀や第2地銀がメインバンクである中堅企業や中小企業だけでなく家業であった温泉旅館も支援した。設立当初は惨憺たるものであった。取り扱い案件が少ない上に小粒案件ばかりだとマスコミから批判された。また三井住友銀行を除くメガバンクは産業再生機構を利用することについて消極的であった。産業再生機構が創設された前後に，東京三菱を除くメガバンクが一斉に再生子会社を設立した。いずれもメリルリンチ，モルガンスタンレー，ゴールドマンサックスなど外資系のインベストメントバンクとの合弁であった。産業再生機構の代わりに再生子会社を使って不良債権を処理しようとしたものと思われる。

何故，銀行は産業再生機構に対して拒絶反応を起こしたのだろうか。機構設立準備室には約10人の銀行員がメガバンクから出向していたが，全員，発足に先立ち出身銀行に帰ってもらった。債権者である銀行と事業再生の対象とな

る債務者企業との利害衝突を避けるためである。それがきっかけになって銀行と機構との信頼関係に大きなひびが入った。メインバンクとして長年，与信先企業の再建の主導的役割を担ってきたという銀行の誇りを傷つけてしまったのである。機構のプロチームの主流を占めるコンサルタントに何ができるかという思いが，銀行にあったことは否定できない。再生子会社を作った理由の一つは機構を利用しないで銀行自身で解決することにあったものと推測された。

　銀行の役職員は債権者として債権回収の最大化を図らなければならない善良なる管理者の注意義務を負っているのに対し，対象事業者はできるだけ債務を削減して重荷を減らしたいという利益相反がある。かつてメインバンクは与信先企業の再建のために主導的役割を果たしてきたが，そのことも不良債権処理先送りの一因となったことも否定できない。問題企業に対して数年の間に巨額の債権放棄を複数回に繰り返し実施せざるを得なかったことによってもそれは実証されている。2001年にできた私的整理に関するガイドラインにも限界があった。ガイドラインによる私的整理は，ある程度のメイン寄せを避けることができなかった。

　メインバンクは債権放棄の額をできるだけ少なくしようとする。債権放棄の額を最小限に抑えて経費を節約して収益性を回復して欲しいというのが金融機関の願いである。しかし必要な投資も抑えて人件費を含む経費を節減することを続けていると企業は疲弊し，従業員もやる気をなくす。またメインバンクが主導すると，非メインはメインに皺寄せを求める。メインが役員まで派遣して経営に深く関わり融資を継続していたため，他行は安心して付き合っていたのだから，メイン行責任として多くの負担をして他行の債権放棄の負担割合は少なくすべきだというものである。メイン主導のガイドライン手続ではある程度メイン寄せも受け入れざるを得ない。「平等と衡平（equality and equity）」は倒産法の世界共通の大原則であるが，ガイドライン手続の最初の1年目の再建計画の多くは，準メイン行にはメイン行の半分の割合の債権放棄を求めるが，下位行には残高維持だけを求める他になかった。しかしメガバンクの体力には限界があったので，不良債権処理を促進するためには，それ以上のメイン寄せ

は回避しなければならなかった。私的整理ガイドラインの他に産業再生機構を必要とした理由の一つである。

Ⅱ 不良債権処理のための時限組織・産業再生機構

前述した再生子会社は，不良債権処理促進のために銀行を good bank と bad bank の二つに分け，bad bank の方に不良債権を集めて集中的に処理するための道具である。1980年代の後半にアメリカのメロンバンクがこの方法を開発した。融資に関わっていないために過去のしがらみにとらわれない人たちに不良債権を集中的に処理させることを制度的にも保障するために別会社にしたのである。日本の銀行が再生子会社の共同出資者を外資の投資顧問会社としたのも，銀行から独立しているという形を作るためであった。個別の銀行の子会社としないで更に大掛かりに不良債権を集めたのが資産管理会社（asset management company, AMC）である。アメリカの不動産ローン不良債権処理のための整理信託公社（Resolution and Trust Corporation），スウェーデンのセキュラムとレトリバ，韓国の KAMCO，マレーシアの DANAHARTA などが成功例として知られている。時限立法で作られるのが AMC の特徴である。不良債権処理のための劇薬であり，本来民間でやるべきビジネスを公的資金で続けていると副作用があり得る。整理回収機構（Resolution and Collection Corporation, RCC）や産業再生機構も AMC の一種である。産業再生機構の債権買取り期限は今年の3月までと限定されており，延長の話は出ていないし延長すべきものではない。民間のファンドは機関投資家からトラックレコード（実績）がないではないか等と嫌味を言われながら資金を集め，投資家の期待を裏切らないような結果を出そうとして努力している。ところが再生機構は政府保証のおかげで，TIBOR よりも安い金利で複数の競争入札者の中から選んだ銀行から調達したお金で債権を買取り，ニューマネーをエクィティーとして出資しているが，こんなことを長く続けていると感覚が麻痺してしまう可能性がある。

地銀以下の不良債権処理が未だ終わっていないではないかと言われている。

しかし既に民間のサービサーやファンドが債権買取り業務を行っており，その中で収益力を回復できるものは再建させている。安易な公的資金の投入による買取りを続けると，更に育成しようとしている貸出債権や非上場株式などの買取り市場（secondary market）や再生ビジネスの成長を妨げてしまうおそれがあるのではないかと懸念される。地銀以下の不良債権の中には，反社会的勢力が絡むものが少なくないが，そういう債権を民間業者は買ってくれていないし，外資系のファンドはバルクで債権を安く買って，そのうち回収できるところからは回収できるだけ回収し転売して利益を得ており，いつなったら終わるのか分からないという苦情を債務者事業者から聞くことがあるが，そうした債権を公的機関が買ってキャップを決めて再生させることが望ましいなどの反論が聞こえてくる。しかし前者の場合は破産や民事執行を含む民事刑事の司法手続などによって解決すべきものであるし（かつてRCCが隠匿財産等の発見に力を発揮したが，民間が様々な法的手段を駆使して責任財産に到達できるようにすることが望ましい），後者はファンドの助言で再建でき買取り債権の価値が上がったのであるから成功例と言ってよい。整理回収機構についての金融再生法53条による健全金融機関からの債権買取り期限も，産業再生機構のそれと同様に2005年3月末日を以って満了するが，延長論が散見されるようである。RCCの債権買取り期限は既に二度にわたって延長されているが，民間の貸出債権買取り市場の成長を妨げるおそれのある試みを繰り返すことには疑問がある。

Ⅲ 事業と財務の再構築計画

1．「事業」計画を立案

産業再生機構は「事業」再生計画を立案した。過剰債務を減らすだけでは，事業を活力あるものとして甦らせることはできない。かつて再生機構は，必要以上に厳格な資産査定に基づいて，銀行の債権を大幅に削ってしてしまうと誤解されていた。確かに不適切な会計処理を修正し減損会計も先取りして，財務内容についてデュー・デリジェンス（DD）を厳格に行ったのは事実である。

しかしそれだけでなく事業の DD も徹底して行い，活性化のための事業計画を作った。事業の DD を行ってその事業の強み・弱み・機会・脅威（strength, weak ness, opportunity, threat）を調べて分析し（いわゆる SWOT 分析），過去現在将来の市場の需要動向なども調査し，業界における競争力を維持強化するにはどうしたらよいかの事業リストラクチャリング計画を立て，必要な「追加投資」のためのニューマネー調達プランも立てる。なお実際の事業再生は当初のシナリオどおりに進むものではなく，当初の計画とは違う道をたどって再生するのが通常である。再生の途上の状況の変化に応じて果敢に適時に計画を修正しつつ turnaround をやり遂げる。しかし設計図がなければいつどこでどういう修正をすべきかを決められない。計画どおりにいかないことを前提としつつも計画（設計図）は必要である。

2．DCF 法，EDITDA 倍率法，純資産法

その上で DCF（Discounted Cash Flow）によって継続事業の企業価値（Enterprise Value, EV）を算出する。DCF 法による事業価値とは，事業 DD を経て作成された事業計画に基づく償却前営業利益から必要設備投資額，増減する運転資本，法人税額（繰越欠損金も考慮したタックスプランも作成）などを加減して修正した将来の FCF（Free Cash Flow）を，加重平均資本コスト（Weighted Costs of Capital, WACC）を使って割り引いて算出した事業（企業）の現在価値である。WACC は，①リスクフリーレート（10 年物の国債利回り等），②当該事業の β 値，③リスクプレミアムなどから算出される株主資本コストと負債コストを目標負債資本比率に応じて加重平均して算定する割引率である。DCF 法は収益還元法を更に精緻にしたものと言ってよかろう。加えて EBITDA 倍率法によっても EV 価値も計算する。同種類似業種の公開他社の例を集めて，それらの企業の有利子負債と発行済株式の時価総額が EBITDA（earning before interest, tax, depreciation and amortization）の何倍位かを参考にして EV 価値を求める。これら二つの方法で算定した事業価値と有利子負債の額を比べて，有利子負債の額が適正規模になるまで有利子負債を削減するた

めの債権放棄やデット・エクィティー・スワップ（DES）の案を作る。

3．ROA，ROI，IRRなど資産よりも収益性を重視

これまで一般に行われていた再建計画の財務リストラクチャリング・プランは，貸借対照表の左側の資産と右側の負債とを比較して実質的債務超過を解消するのに必要な有利子負債を圧縮することを主な課題としていた。財務内容を健全にするためには減損会計を実施して実質的な債務超過を解消することは大切であるが，資産負債の釣り合いがとれているだけでは収益力は回復しない。資産が大切なのではなく収益を生む資産が大切である。換言すれば収益を生まない資産は不要で，むしろ余分な資産は処分した後に残った資産に対する収益率（return of assets, ROA）や投下資本に対する収益率（return of investment, ROI）を上げる必要がある。更に活性化のためには，過剰債務の重圧の故に長い間抑制してきた必要な設備投資を再開できるように，ニューマネーを株式や社債の方法で調達して投入することも欠かせない。再生機構が作っている事業再生計画は，単なるバランスシート調整ではなく収益力回復のシナリオである。

不採算部門やノンコア部門を売却・清算・閉鎖しつつ，収益拡大を図るコア部門については，事業シナジーを求める他社やリターンを求めるファンドなどによる外部の投資も呼び込んで，積極的な追加設備投資や研究開発（research and development, R&D）をして持続的な競争力を付ける必要がある。M&Aは事業再生の有力な手段である。ニューマネーを投下する以上は，新事業計画に基づく何年か後の処分額を想定した内部資本収益率（internal rate of return, IRR）を計算して，将来の業績につきオプティミスティックおよびコンサバティブなシナリオも勘案しつつ，取得したエクィティーに対するアップサイドのリターンを取得できるかどうかを検証する。

なお産業再生機構は取得した債権やエクィティーを取得した日から3年以内に売却処分してイグジットしなければないが，債権の場合には，それまでに弁済が終わっていないとしても，市場金利でリファイナンスを受けられる程にキ

ャッシュフローを生み出せる体質になっているか，損をしない価額で債権を転売できるようになっているかどうかも支援決定前に試算している。再生機構が損をすることなくイグジットできるようにするためには，シンジケート・ローンがより多く利用されることや貸出債権の売買市場や非公開株式や種類株式のセカンダリーマーケットがある程度できていることが必要である。そのためにそれらを阻害する要因は除去しておく必要がある。

4．ターンアラウンド・マネジャー，アドバイザー，コンサルタントなど

　過去の在来型の会社再建では，10年かかっても20年かかっても，できるだけ多くの債務を弁済する計画が主流であった。機構が行っているのは早期迅速再生である。倒産の辛酸を舐めてから再起して立ち直った立派な経営者がいることを否定しないが，再建の早道は経営者を変えることである。アメリカ連邦倒産法がチャプター・イレブンの手続にDIP制度（債務者が経営権や財産処分権を失わないdebtor in possessionの制度）を採用したことは，世界中で知らない人はいないが，経営者が交替しない中小企業の再建は難しく90％以上の事件が実質的清算に終わっているのに対して，大企業の再建の成功率は高く，その殆どの場合にturnaround managerがリストラクチャリングを行った上で，新オーナーに引き継いでいることはあまり知られていない（なお中小企業の場合にはturnaroundが終わった後にオーナー経営者が復帰することもないではない）。

　機構は，外部コンサルタントやファイナンシャル・アドバイザリー・サービス，会計事務所，法律事務所，鑑定会社などに外注して行ったDDを土台に，内部のプロフェッショナル・チームが素案を作り，メインバンクや対象事業者と協議を重ねながら事業再生計画案を作る。チームのヘッドは16名のマネージング・ディレクターであるが，いずれも事業，財務，金融の専門家であるコンサルタント，ファイナンシャル・アドバイザー，アナリストなどで，事業会社，銀行，官庁，投資顧問会社，証券会社など複数の企業等に勤務した経験を持っており，そのうちの何人かがアメリカ留学によりMBAの資格を取得して

外国勤務の経験がある。これまで会社再建の分野での主役であった弁護士や公認会計士はスタッフの重要メンバーではあるが，中心的役割を担っていない。

Ⅳ　ワークアウトを助力する制度の必要性

1．早期迅速事業再生のためのワークアウト

　産業再生機構は out of court workout つまり私的整理で事業再生計画について関係金融機関の同意を取り付ける。私的整理ガイドラインはアウト・オブ・コート・ワークアウトのルールである。ガイドラインではメインバンクが対象金融機関に一時停止通知を発することによって手続が開始される。一時停止（standstill）通知によって，対象金融機関全員に対して個別的権利行使を差し控えることが求められるが，通知日から2週間以内に開催される第1回債権者会議において，一時停止について対象金融機関全員の追認を得られると，一時停止期間は3ヶ月間続けることができ，この期間内に債権者の同意を得て私的整理を成立させる。産業再生機構法の手続では，再生機構が支援決定とともに一時停止要請をするが，ガイドライン手続とは違って追認を得る必要はなく，最長3ヶ月の債権買取申出期間内に，関係金融機関から事業再生計画に定める金融支援について同意が得られるか又は債権買取りの申し出が得られると私的整理は成立する。いずれにしろ関係金融機関債権者全員の同意が必要である。少数の債権者が反対しても賛成した他の債権者だけで，不同意債権者を蚊帳の外に出して私的整理を成立させることは理論的には可能であるが，不同意債権者の権利は毀損されないという不平等取り扱いを認めるとなると，同意した債権者まで同意を撤回する可能性が高くなるので，実際には100％の同意が得られないと私的整理は失敗に終わる。私的整理が挫折したことが世間に知れ渡ると信用不安が起きるから，会社更生や民事再生などの法的再建手続に移行して混乱を収拾しなければならない。弁護士が申立代理人になって裁判所にこれらの手続の申立をすることになる。

2．会社更生など法的手続との連携の可能性

　早期事業再生のためには，金融債権者と債務者だけによるアウト・オブ・コート・ワークアウトによる必要がある。事業価値の毀損を最小限に抑えることができるからである。しかし私的整理によるには関係金融債権者の100％同意をとらなければならないが至難の業である。法的手続を使いやすくするためには，アメリカのチャプター・イレブンのような柔軟な制度にする必要があるが，アメリカではそれでも満足できずに，pre-packaged や pre-arranged Chapter 11 が使われている。東京地裁の裁判官は柔軟に運用するから会社更生手続を使うようにと勧めてくれている（鹿子木康「東京地裁における会社更生事件の実情と課題」NBL 800 号 139 頁（2005 年））。大変有難いことであるし，使いたいのは山々であるが難問が残る。

　まず商取引債権の問題がある。ワークアウトの協議中，商取引債権は通常どおりに支払われる。そのこともあって事業価値が毀損されない。ところが会社更生の申立をした途端に更生債権の弁済は禁止されてしまう。そうすると遡ってワークアウト期間中も安心して商取引を継続することができないことになりかねない。そこで改正会社更生法 47 条 5 項後段に定める「少額の更生債権等を早期に弁済しなければ更生会社の事業の継続に著しい支障をきたすとき」に裁判所の許可による早期弁済できるとする規定を柔軟に活用して，許可を取得することが考えられる。しかし大型案件では数十億円や百億円を超える商取引債権もあり，そのような場合にも「少額」という縛りから脱出できるだろうか。最近，開催された東京更生管財人協議会の席上，裁判所が柔軟な姿勢で対処する可能性があることに対して，むしろ管財人の側からそのような取り扱いが多くなると，商取引債権の支払を求められることによって，却って資金繰りが苦しくなりかねないことを理由に，批判的な発言があったとのことである。

　厄介なのはワークアウトの期間中の DIP ファイナンスである。私的整理ガイドラインは，一時停止期間中の追加融資による貸金債権は優先的に随時に弁済すると定めるが，ワークアウトの期間中の DIP ファイナンスは不可欠であるし，巨額に及ぶことも少なくない。しかも確実で十分な担保なしに実行され

ることも珍しくない。会社更生や民事再生では申立後開始前の借入れによって生じた請求権は共益債権となるか，又は共益債権として許可することができると定められているが，申立前の借入金については定めがない（会社更生法128条1項，民事再生法120条）。和解許可によって共益債権化できる可能性があることを示唆する裁判官の見解もあるが（前掲鹿子木論文），経済取引では不確実性は嫌われる。許可がとれるかどうか分からない状態の下で，数百億円又は数千億円のDIPファイナンスを求めるのは法的には格別としても経済的に不可能を強いるものである。

3．多数債権者が同意したワークアウトを裁判所が認可する法制度

こうした問題を解決するためには法改正が必要である。英国は2002年Enterprise法によって，倒産「前」のアウト・オブ・コート・ワークアウト開始の段階での個別的権利行使禁止（ring fence）を可能にし（法定資格者であるinsolvency practitionerを選任して裁判所に届け出て登記所に登録することを要する），ワークアウトで100％同意がとれなかった場合にも75％以上の同意があれば，裁判所が認可することによりワークアウト・プランを遂行できることにした（対象債権者を金融機関債権者だけに限ることも可能である）。フランスでも同種の法律が2004年に成立した。いずれもChapter 11化と言われている（拙稿「早期事業再生と再建法の課題」金融法務事情1723号11頁（2004年）参照）。これら英仏法は，いずれも倒産再建手続を定めたものではない。ワークアウトのための法であって倒産法ではなく，その枠を超えた法，つまり脱倒産法である。米国のチャプター・イレブンは，その前触れであったということができよう。

更に産業再生機構の実務を通じて国際的に調和のとれたアウト・オブ・コート・ワークアウトのスキームの必要性を痛感した。何年後かに大型事業早期再生案件がまた続発するようになったときには，他の国の債権者にも一時停止やワークアウトの効力を及ぼすことができる多国間条約が不可欠になる。EU域内では30年かけてそれを実現した。アジア太平洋地域（南北アメリカ大陸，

オセアニアを含む）でもできないことはない。それができればEUにブリッジをかけて世界を統一することが可能となる。2000年に外国倒産承認援助法を作ったおかげで，日本からそういう提案を堂々と発信できるようになったのである。

4．私的整理ガイドラインの改訂

　2005年度税制改正において，一定の要件を満たす私的整理において債務免除が行われた際に，資産評価損益の計上や期限切れ欠損金の優先利用を認める税制措置を認める税制措置が講じられることになった。その要件とは，①一般に公表された債務処理の準則に従って計画が策定されていること，②適切な資産評価が行われ，その評価に基づく貸借対照表が作成されていること，③②で作成した貸借対照表に基づき債務免除額が決定されていること，④二つ以上の金融機関による債権放棄が行われていること，⑤①～②については第三者機関等の認証を得ているものに限る，とされている。債務免除益について期限切れの青色繰越欠損金の利用などを認めるものであって画期的なものである。

　これを機会に私的整理ガイドラインを改訂することが望ましい。改訂にあたっては産業再生機構で培われた事業再生のノウハウを導入することが望ましい。次のような改訂に加えて，2003年の私的整理ガイドライン実務研究会で指摘された事項（窮境原因に責めがなく事業継続に必要なオーナー経営者の例外的残留を認めることなど）が考えられる（私的整理に関するガイドライン実務研究会「『私的整理に関するガイドライン』運用に関する検討結果」NBL749号51頁（2002））。

(1)　専門家アドバイザーには，弁護士や公認会計士の他に経営や事業の専門家であるコンサルタントなども加えること。

(2)　金融支援額の算出にあたっては，貸借対照表上の実質債務超過解消だけでなく，将来の事業計画に基づきDCF法やEDITDA倍率法に基づく有利子負債削減の方法も併用すること。

(3)　私的整理ガイドライン運営機関を設置して，公正中立で経験豊富な専門

家アドバイザーを推薦し，日常的に多発するガイドラインの運用解釈についての様々な質問に答え，手続の進行をモニタリングし，私的整理の内容および手続がガイドラインに則って適正に行われたことを認証すること。

　これまで専門家アドバイザー候補は事実上，メインバンクによって選任されて，再建計画策定に途中から参画したが望ましい姿ではない。再建計画は事業者がコンサルタントなどの専門家の関与の下でメインバンクと協議しながら立案し，第1回債権者会議で選出された専門家アドバイザー（事実上は運営機関が推薦することになろう）が調査し，債権者委員会（これまでは専門家アドバイザーが存在することを理由に設置されることがなかったが，むしろ設置を本則とすべきであろう）と協議しながら，利害関係人にとって公正衡平で実行可能な修正を求め，その上で完成された再建計画に対して関係債権者の同意を徴するのが相当である（法的手続においても債権者委員会制度の活用を促すのは，松下淳一「倒産法改正の理論的課題」法律時報77巻2号65頁（2005））。なお将来的にはメインバンクの役割を見直さなければならないことになる可能性がある。

　前述のアウト・オブ・コート・ワークアウトの法制化の道を選択するとしても，その中身であり前段階であるガイドラインによる私的整理の充実強化を図ることがその前提となろう。

　なお前述の新税制適用の要件⑤の認証第三者機関の一つとしては，既存の準公的な機関が挙げられているようであるが，民間に任せるべきであることは繰り返し述べたところである。

V　今後の展望

　長い間，日本の会社更生のsponsorshipについて外国の実務家に説明して正確な理解を得るのに苦労したものである。1970年代頃から会社更生の保全管理人の事実上の仕事は，保全管理期間中に更生申立による混乱を鎮静化するとともに事業を継続しつつ，更生会社を傘下に治めて経営を引き継ぐsponsorを探すことにあった。Sponsorを探すことは至難の業であり弁護士が得意とする

ところではなかったが，よい sponsor を早く見つけ出すことができるのが有能な保全管理人であるとされていた時代もあった。Sponsor が得られると更生の確実性が高まったものと認められて会社更生手続開始決定がなされ，内外の動揺は収まり不安定な保全管理期間は終わって，再建の道を歩み始めることができる。Sponsor という語感からは後援者という響きが伝わる。Buyer 又は new investor というよりは窮境を救う白馬の騎士である。

　既にこの状況は数年前から変化しつつある。複数の候補者が現われて入札（bid）により new owner となることを競い合うようになった。それでも sponsor を決めてから更生手続を開始し，保全管理人であった弁護士が法律管財人となり，sponsor が派遣した事業管財人とともに，更生計画案を作成するという構図は基本的には変わらずに続いている。産業再生機構のスキームでは事業再生計画ができて支援決定をするが，支援決定に先立ち既に sponsor が決まっているケースと支援決定後にそれを探すケースの両方がある。前者は予め sponsor それもできれば financial sponsor ではなく，既に営んでいる事業とシナジー効果のある事業 sponsor が決まっていることが，事業価値を維持するのに必須か望ましい場合である。New investor としては金融支援を内容とする財務再構築計画を含む事業再生計画が決まって，有利子負債が大幅に削減される見通しがついてから買い受け申し出をした方が安全であるし，売る立場（債権者等の stakeholder）としても計画案が固まってからの方が高く売れるので，後者の方法による方が望ましい筈である。

　窮境から脱出することを企図した債務者は，financial adviser や consultant などの専門家を retain して，あらためて事業と財務の DD を実施した上で，選択と集中を内容とする事業計画を立てる。新たな事業計画に基づき将来の cash flow や IRR も予測して必要追加投資額を算定しつつ，DCF 方式，EDITDA 倍率法，純資産法などを参酌しながら企業価値を算出する。その上で削減を要する有利子負債削減額を定め，望ましい負債資本率を勘案して，債権放棄額や DES 額などを決めて事業再生計画案を立案し，これまた専門家の助言を得た債権者委員会と協議を重ねて計画を確定させて実施する。臨時的な経営専

門家である turnaround manager を chief restructuring officer, CRO などとして投入して，事業経営を stabilize し事業価値を向上させる。しかる上で複数の候補者の中から bidding により new owners を決定し，債権者は DES によって取得した equity を売却して再建達成による事業価値の upside を取得するのが望ましい。今後は会社更生等による場合でも out of court workout による場合でも，このような方法が主流となるのではないかと推測される。倒産再建が例外的だった時代の残滓である後援者（sponsor）という消極的イメージは払拭されることとなろう。

(2005 年 9 月執筆)

〔㈱産業再生機構産業再生委員長・中央大学法科大学院特任教授〕

第 4 章

Public Private Partnership と NPO

臼　井　純　子
坂　野　成　俊

I　はじめに

　最近，Public Private Partnership（PPP）という言葉が，注釈無しで用いられるようになってきた。PPP は，日本では公共サービスの民間開放と定義されており，諸外国の経験を参考に，中央政府や地方自治体などの公共部門と，NPO（Non Profit Organization：非営利法人）や民間企業，個々人など多様な主体からなる民間部門が，対等なパートナーシップを構築し，公共サービスの質や効率性を高める手法の総称と位置付けられている。PPP は，1997 年に発足した労働党ブレア政権が提唱した概念であるが，フランスやアメリカ等においても PPP はそれ以前から多様な形態で取り組まれている。日本においても，財政状況の悪化を受けて，公共サービスの範囲の見直しが進み，これまで公共部門が提供してきた公共サービスを，NPO や民間企業など民間部門と連携して提供していく環境が整いつつあり，PPP の様々な手法が開発されている。また，日本の PPP ではパートナーは民間企業が多いが，今後は現場に根付いた NPO がパートナーとして活躍し，公共サービスの質を高めていくとともに，地域で需要を創り出し，地域経済の活性化につなげていくことが期待される。
　以上の背景を踏まえ，本章では，II において PPP がさかんなイギリスとフランス，アメリカを取り上げ，それぞれの PPP の発展の経緯と特徴を述べる。続いて，III では日本における PPP 導入の背景と発展の経緯を述べ，PPP のお

もな手法を紹介する。最後に，Ⅳにおいて，PPPのパートナーとして期待されるNPOの現況を述べ，NPOがPPPに参加する意義，問題点や課題を指摘する。

Ⅱ　諸外国におけるPPPの動向

　PPPとは，イギリスの労働党ブレア政権が提唱した概念であり，公共部門とNPOなどの多様な民間部門が，対等なパートナーシップを構築して公共サービスを提供しようというものである。PPPは世界的に注目され，現在ではイギリス以外のヨーロッパやアメリカ，日本を始めとするアジア，その他の発展途上国にまで広がっている。
　しかし，フランスやアメリカなどではイギリスの労働党ブレア政権がPPPを提唱する以前から，PPPに該当する取り組みを行っている。世界的に見ると，PPPはそれぞれの地域や公共サービスの性質に応じて，公共部門と民間部門のパートナーシップを重視しながら，多様な形態で実施されているのが実態であり，PPPの基本的な理解について若干の違いが見られる。
　本節では，PPPの基本的な理解を整理したうえで，PPPが提唱されたイギリスと，民間活力を活用した公共サービスの提供を古くから行っているフランス，各州の地域性に合わせたPPPを実施しているアメリカのPPPを概観する。

1．PPPの基本的な理解

　PPPはイギリスの労働党ブレア政権が提唱した，公共部門と民間部門の対等なパートナーシップによって公共サービスを提供しようする概念であるが，次節で述べるように，それまでの保守党の取り組みの見直しから生まれたものであり，まったく新しいものというわけではない。労働党ブレア政権のPPPと保守党の取り組みは，公共サービスの提供に民間活力を活用しようという点においては同じであるが，公共部門と民間部門がパートナーとして，適切な役割分担を柔軟に設定しようという点においては異なっている。

このPPPの柔軟さのため，PPPを公共部門と民間部門のパートナーシップによって公共サービスを提供する手法の総称と捉える考えと，PPPはあくまで一つの手法と捉える考えがあり，PPPの基本的な理解については混乱しやすい。

本項では，PPPの基本的な理解に関する議論を整理し，本章におけるPPPの基本的な理解について述べる。

(1) PPPの基本的な理解をめぐる議論

イギリスの労働党ブレア政権がPPPを提唱した「Public Private Partnership: the Government's approach」(The Stationery Office in London/2000年)では，PPPとは公共部門と民間部門がパートナーシップを構築して，適切な役割分担を行うことにより，質の高い公共サービスの効率的な提供をめざすとともに，民間部門にとって新しいビジネスチャンスを創出しようというものである（図1）。

ここで，PPPとは公共部門と民間部門の対等なパートナーシップによって，公共サービスを提供する「多様な手法の総称」として捉える考え方と，他の手法と並んで，民間活力を活用して公共サービスを提供する「一つの手法」として捉える考え方がある。

図1 イギリスの労働党ブレア政権が提唱したPPP

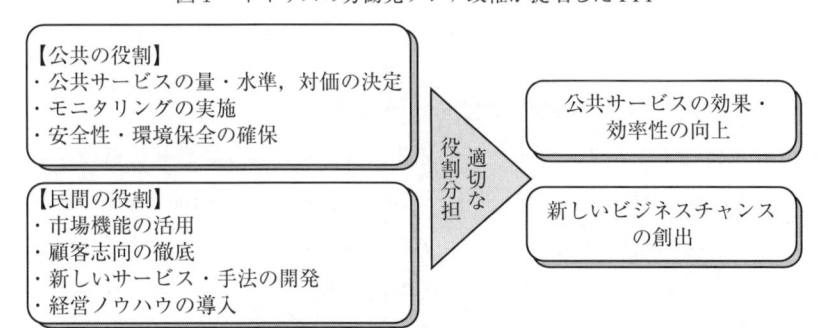

【公共の役割】
・公共サービスの量・水準，対価の決定
・モニタリングの実施
・安全性・環境保全の確保

【民間の役割】
・市場機能の活用
・顧客志向の徹底
・新しいサービス・手法の開発
・経営ノウハウの導入

適切な役割分担

公共サービスの効果・効率性の向上

新しいビジネスチャンスの創出

資料：『Public Private Partnership: the Government's approach』(The Stationery Office in London/2000年) より作成

PPPを「多様な手法の総称」として捉えると，PPPは公共部門と民間部門のパートナーシップによって公共サービスを提供する手法を包括する概念として分かりやすく，拡張性が高い。しかし，PPPとPPP以外の手法を分ける基準は公共部門と民間部門のパートナーシップの成熟度となり，客観的な基準を設定することは難しい。一方，PPPを「一つの手法」として捉えると，PPPを新しい手法として他の手法と切り離して捉えることが可能であり，位置付けが明確になる。しかし，実際にはPPPは他の手法と重複する場合が多く，運営上の切り分けは難しい。このため，HM Treasury（英国財務省）においても，PPPの基本的な理解については，上記のような議論が見受けられる。

(2)　本章におけるPPPの基本的な理解——「多様な手法の総称」

　英国財務省などではPPPは既存の手法が進化したものとして捉え，PPPを「一つの手法」とする考えがある。しかし，最近の日本では，PPPは「多様な手法の総称」とする考えに収束しつつある。これは，PPPの新しい手法が続々と開発されていることを受けて，分かりやすさと拡張性を考慮したことによるものと考えられる。

　本章においても，「PPPとは中央政府や地方政府などの公共部門と，企業やNPO，個々人など多様な主体からなる民間部門が，対等なパートナーシップを構築して，公共サービスを提供する手法の総称であり，公共サービスの効果・効率性の向上や，新しいビジネスチャンスの創出をめざすもの」として，以降の議論を進める。

2．イギリスにおけるPPPの動向 [1]

　1970年代にイギリスは財政状況の悪化に直面し，保守党政権は財政赤字と公共部門の縮小を図るために民営化・Private Finance Initiative（PFI）[2]を推進した。1997年に発足した労働党ブレア政権は，それまでの保守党政権による民営化・PFIを見直し，公共部門と民間部門の対等なパートナーシップによって公共サービスを提供していくPPPを提唱し，PPPを推進する体制を整備している。

第4章 Public Private Partnership と NPO　515

本項では，イギリスの保守党政権による民営化・PFIの取り組みから，労働党ブレア政権によるPPPの提唱・推進までの経緯について述べる。

(1) 公共サービスをドラスティックに縮小・見直す保守党政権による
    民営化・PFI

1970年代に深刻な財政赤字と公共部門の肥大化に苦しんでいたイギリスでは，保守党サッチャー政権（1979-90年）において，公共部門の業務範囲を見直し，不必要な分野を切り離す民営化を推進した。保守党サッチャー政権下では，British Petroleum（BP：英国石油）やBritish Telecom（BT：英国通信）などが民営化され，約3分の2の国有企業・公有企業が公共部門から切り離された（図2）。

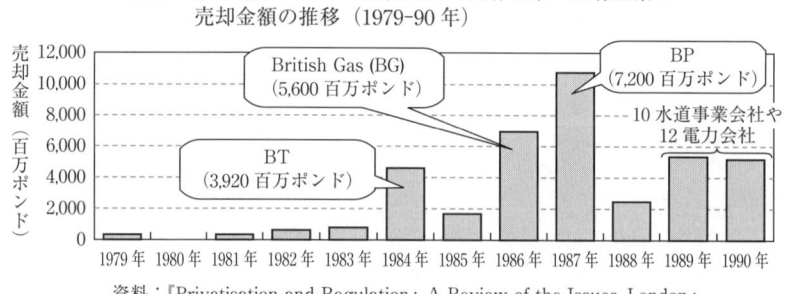

図2　保守党サッチャー政権による国有企業・公有企業の売却金額の推移（1979-90年）

British Gas (BG)（5,600百万ポンド）
BP（7,200百万ポンド）
BT（3,920百万ポンド）
10水道事業会社や12電力会社

資料：『Privatisation and Regulation: A Review of the Issues, London: Longman』(Jackson, P. and Price, C. (eds.)/1994年) より作成

1990年に発足した保守党メージャー政権は，民営化して公共部門から切り離せる国有企業・公有企業が少なくなると，公共部門自体の効率化を図るため，公共サービスの担い手を公共部門と民間部門の競争入札によって決めるCompulsory Competitive Tendering（CCT：強制競争入札）を拡大した。それまでCCTは地方政府の施設や道路の維持補修などの非中核業務について導入されていたが，1992年には財務管理などの中核業務にまで対象が広げられた。

続いて，保守党メージャー政権は，公共部門は公共サービスの企画立案・監視を行い，実施は可能な限り民間部門に委ねるPFIを1992年に導入した。さ

らに，1994年には「PFIを検討しない公共事業は予算化しない」というルールを設定して，すべての公共事業にPFIの検討を義務付けるユニバーサルテスティングを導入し，道路や刑務所の整備などでPFIが普及した。

(2) 保守党政権の民営化・PFIの見直しから生まれたPPP

1997年に発足した労働党ブレア政権は，保守党政権下において公共サービスの量と質が低下したとし，市場メカニズムを前面に押し出した保守党政権による民営化・PFIの見直しに取り組んだ。労働党ブレア政権はCCTとユニバーサルテスティングを廃止するとともに[3]，民間部門に過剰に負わせていた公共サービスのリスクの配分を見直し，公共部門と民間部門がリスクを適切に負担することによってパートナーシップを構築するPPPを提唱した。

労働党ブレア政権は，医療・教育分野を始めとしてPFIを推進するとともに，次項で述べるように，PPPの推進体制を整備した。図3に示すように，労働党ブレア政権におけるPFIの件数・契約金額は，全体（1992-04年）の約9割を占める。

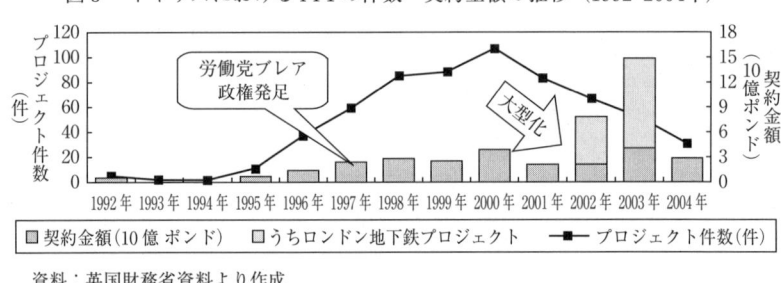

図3　イギリスにおけるPFIの件数・契約金額の推移（1992-2004年）

資料：英国財務省資料より作成

(3) PPPを多面的に推進する体制の整備

労働党ブレア政権は，PFIやPPPを推進する既存の組織を改編したり，新しい組織を設置するなど，公共部門と民間部門のPPPの取り組みを多面的に推進する体制を整備している（図4）。

PFIに関する情報提供がおもな業務だった英国財務省内のPFIタスクフォー

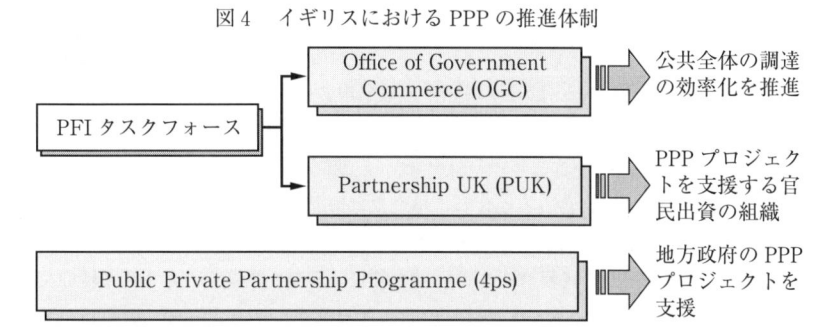

図4　イギリスにおける PPP の推進体制

```
                    ┌─ Office of Government ──→ 公共全体の調達
                    │   Commerce (OGC)          の効率化を推進
PFI タスクフォース ──┤
                    │                          PPP プロジェク
                    └─ Partnership UK (PUK) ──→ トを支援する官
                                                民出資の組織

                                                地方政府の PPP
  Public Private Partnership Programme (4ps) ──→ プロジェクトを
                                                支援
```

スが改編され，2000年に Office of Government Office（OGC：政府調達庁）が設立された。OGC は公共部門全体の調達の効率化を進めるために英国財務省の外局として設立され，公共部門と民間部門から調達の専門家を集めている。OGC では PPP プロジェクトを支援するとともに，調達に関する情報提供やベストプラクティスの普及などを公共部門だけではなく，民間部門に対しても行っている。

同じく PFI タスクフォースから官民出資の Partnership UK（PUK）が2000年に設立された。PUK には英国財務省などの公共部門が49％，銀行などの民間が51％出資しており，PPP プロジェクトのアドバイザリー業務を公共部門と民間部門が協力して行うとともに，必要に応じて，PPP プロジェクトに人材や資金も拠出している。

また，Public Private Partnership Programme（4ps）は1996年に The Local Government Association（地方政府協会）によって設立され，PPP に取り組む情報や人材が不足しがちな地方政府の PPP を支援している。

BOX-1：PPP における被雇用者の権利を保護する TUPE
　日本では PPP によって公共サービスが民間部門に委ねられ，それまで業務を行っていた公務員が民間部門に移る場合，公務員の権利をどのように保護するかが問題となっている。ここではイギリスの PPP で活用されている，被雇用者の権利を

保護する Transfer of Undertaking-Protection of Employment（TUPE）について述べる。

　TUPE とは，雇用が移転・譲渡する場合の被雇用者の権利を保護する法律であり，①雇用者が変わっても，業務内容・雇用条件は同じであること，②年金は移転・譲渡前と同水準を維持すること，③①と②は一定期間保護されることが決められている。ただし，①では業務内容が変わる場合には解雇も可能であり，③では保護される期間は，一般的に 3～6 ヶ月程度である。

　TUPE は民間部門から民間部門への雇用の移転・譲渡を想定して作られた法律であり，保守党政権下の PFI では TUPE は限定的な活用にとどまって，公務員の権利が適切に保護されずに，問題となっていた。そこで，労働党ブレア政権は TUPE のガイドラインの整備など TUPE の充実を図っている。PPP プロジェクトでは TUPE が活用されることによって，公務員の権利が保護されて移転・譲渡が円滑になるほか，公務員が持っている公共サービスのノウハウを民間部門に継承することが可能になる。

3．フランスにおける PPP の動向

　フランスには PPP という言葉は使っていないが，PPP に該当する手法として公共サービスの民間委託と公共調達契約の二つの手法がある。公共サービスの民間委託については，民間主導で上下水道などのインフラを整備し，公共部門はインフラの所有権を有したまま，民間部門はインフラの整備や公共サービスの提供などにかかる費用を利用料で賄うコンセッション方式が 16 世紀頃から導入されており，PPP の歴史は古いと言える。

　しかし，フランスのこれらの手法は法律で対象が厳しく制限されており，柔軟な活用が難しいことから，インフラ整備や公共サービスの提供に民間活力を幅広く活用するため，イギリスの PFI の経験を参考にして，2004 年に PPP が新しく導入された。

　本項では，フランスにおける既存の公共サービスの民間委託と公共調達契約の仕組みと問題点を整理したうえで，新しい PPP の手法について述べる。

(1) 公共サービスの民間委託と公共調達契約の仕組みと問題点

　フランスでは公共サービスの民間委託と公共調達契約という二つの仕組みに

よって，インフラ整備や公共サービスの提供に民間活力を活用してきた。

公共サービスの民間委託では，上下水道や配電，ガス配給など法律で規定されている公共サービスについて，おもに以下の二つの方式で民間に委託することができる（表1）。

(a) コンセッション方式：コンセッション方式とは，民間部門が施設等を整備して公共サービスを一定期間提供し，利用者から徴収する利用料で費用を賄う方式である。なお，施設等の所有権は公共部門にある。

(b) アフェルマージュ方式：公共部門が施設等を整備した後に，公共サービ

表1　公共サービスの民間委託と公共調達契約のおもな手法

手法		概　要	特　徴
公共サービスの民間委託	コンセッション方式	○民間部門が施設等を整備して公共サービスを一定期間提供し，利用者から得る利用料で費用を賄う ○施設等の所有権は公共部門	○対象は法律で規定 ○収入のリスクは民間が負う ○利用者から利用料を徴収できない分野には適用は困難
	アフェルマージュ方式	○公共部門が施設等を整備した後に，公共サービスの提供を民間部門に一定期間委託し，民間部門は利用者から徴収する利用料で費用を賄う ○施設等の所有権は公共部門	
公共調達契約	METP	○民間部門が施設等の整備から管理運営を行い，公共サービスを提供し，公共部門は民間部門に公共サービスの対価を支払う	○収入のリスクは公共が負う ○利用者から利用料を徴収できない分野にも適用可能 ○01年に廃止

資料：各種資料より作成

スの提供を民間部門に一定期間委託し，民間部門は利用者から徴収する利用料で費用を賄う方式である。なお，施設等の所有権は公共部門にある。

公共サービスの民間委託の特徴は，公共サービスの提供にあたって，民間部門が公共部門からではなく，利用者から徴収する利用料で費用を賄うことである。このため，刑務所や学校など利用者から利用料を徴収することが難しい公共サービスについては，公共サービスの民間委託の活用は困難である。

一方，公共部門が民間部門から物品やサービスを購入する公共調達契約にMETPという仕組みがある。METPとは民間部門が施設等の整備から管理運営を行い，公共サービスを提供し，公共部門は民間部門に公共サービスの対価を支払う仕組みである。METPでは公共サービスの民間委託のコンセッション方式やアフェルマージュ方式と異なり，民間部門は公共部門から公共サービスの対価を得るため，利用者から利用料を徴収することが難しい分野においても適用することができる。METPはイギリスのPFIと類似した仕組みとして期待されていたが，公共調達契約では費用の延べ払いが禁止されているため，01年にMETPは廃止されている。

公共サービスの民間委託では，対象となる公共サービスは法律で限定されているほか，民間部門は利用者から徴収する利用料で費用を賄うため，刑務所や学校など利用者から利用料を徴収することが難しい公共サービスに適用することは難しい。また，公共調達契約のMETPは公共部門が民間部門に公共サービスの対価を支払うため，利用者から利用料を徴収することが難しい公共サービスにも適用可能であるが，現在は廃止されてしまっている。

(2) フランス版PPPの導入

フランスでは既存の公共サービスの民間委託と公共調達契約の仕組みでは，幅広い公共サービスに民間活力を活用できないため，2004年6月にフランス版PPPとも言える新たな契約方式の枠組みを定める行政令を発布した。

この制度は，イギリスのPFIを幅広い公共サービスに適用することを想定しており，鉄道やインフラ，病院，刑務所などの整備から管理運営まで民間部門の参入を可能としている。このフランス版PPPは始まったばかりであるが，

病院や刑務所の整備等において取り組みが始まっている[4]。

4．アメリカにおけるPPPの動向

アメリカではOffice of Management and Budget（OMB：行政予算管理局）から「民間部門から調達できる物品やサービスについては公共部門は提供しない」との指示が出ており[5]，公共サービスの提供における民間活力の活用は古くから行われている。また，アメリカでは州政府の権限が強く，連邦政府によるPPPのガイドラインなどはなく，各州政府がそれぞれの地域特性に応じたPPPを展開している。

本項では，アメリカにおけるPPPの発展の経緯と，日本でも有名なアメリカの都市開発におけるPPPの取り組みについて述べる。

(1) 各州の地域特性に応じたPPPの発展

アメリカでは建国以来，公共部門よりも民間部門の活動を重視する伝統があり，インフラ整備や公共サービスの提供には民間活力が古くから活用されてきている。アメリカ独立戦争には州ごとに参加したことから，建国以来，州政府の権限が強く，PPPを進める連邦レベルでのガイドラインなどは作成されていない。

しかし，近年の財政赤字の増加や，多額の費用がかかる環境規制への対応，金額が重視され，新しい技術が適切に評価されにくい入札制度などにより，公共部門は民間部門が有するノウハウや技術を活かすため，各州の地域特性に応じて上下水道の提供や都市開発，交通インフラの整備などにおいてPPPを実施している。

(2) PPPによる都市開発

第二次世界大戦後，アメリカの都市開発は公共部門主導で行われてきたが，住民などの意見が十分に反映されず，失敗する場合が多かった。1980年代以降，公共部門は民間部門とパートナーシップを構築して都市開発を進めようとする機運が強まった。現在では都市開発は公共部門と民間部門のパートナーシップによるPPPプロジェクトとして進めることが一般的となっている。

PPPプロジェクトによる都市開発では，公共部門は都市開発の枠組みの検討や開発に関する規制を策定し，民間部門に直接的・間接的に経済的な支援を行う。一方，民間部門は都市開発や資金調達などのノウハウやネットワークを持ち寄り，公共部門とともに都市開発を進める。

　都市開発には多額の費用がかかることから，資金を確実に調達できるよう，アメリカの都市開発のPPPプロジェクトでは，駐車場整備の債券など特定目的債を発行したり，地方税などの減税措置を実施するほか，Tax Increment Financing（TIF：租税増収を財源とする債券）などが利用されている。

　TIFとは都市開発に伴う不動産価格の上昇による税収の増加を財源として，都市開発にかかる費用を賄うための債券を発行する仕組みである。TIFは1955年にカリフォルニア州で導入されて以降，現在では40州以上で導入されている[6]。

　TIFは都市開発にかかる費用を公共や住民に求めずに，市場から調達できる一方，都市開発が失敗してしまった場合，不動産価格は上昇せず，税収が増加しないため，債券を償還できなくなるおそれがある。しかし，TIFを導入した都市開発のPPPプロジェクトのうち，約8割で不動産価格は上昇しており[7]，TIFは公共の都市開発にかかる費用負担を減らすとともに，民間の投資の呼び水ともなっており，都市開発に有効な手段となっていると考えられる。

Ⅲ　日本におけるPPPの取り組み

　PPPとは，中央省庁（国）や地方公共団体などの公共部門と，企業やNPO，個々人など多様な主体からなる民間部門が，対等なパートナーシップを構築して，公共サービスを提供する手法の総称であり，質の高い公共サービスの効率的な提供や，新しいビジネスチャンスの創出をめざすものである。PPPはイギリスやフランス，アメリカなど諸外国において，公共サービスや地域の性質に応じて，多様な形態で展開している。イギリスでは1990年代前半までの保守党による市場メカニズムに大きく拠った民営化・PFIを見直し，労働党ブレア政権が中央政府や地方政府などの公共部門と，企業やNPO，個々人など

多様な主体からなる民間部門とのパートナーシップによる公共サービスの提供をめざしている。フランスでは，上下水道などにおいて民間活力を活用した公共サービスの提供の伝統があり，2004年からフランス版PPPとも言える新しい制度が始まっている。各州の権限が強いアメリカでは，上下水道や都市開発などにおいて，それぞれの地域特性に応じたPPPが実施されている。

日本では，1990年代に公共部門の財政状況が悪化し，国・地方公共団体ともに公共サービスの範囲の見直しが避けられない状況にある。このような状況において，日本においても，諸外国の取り組みを参考にし，公共サービスにかかる費用の削減と質の向上をめざして，PPPの取り組みが始まっており，新しい手法が続々と開発されている。本節では，日本のPPPの背景として公共部門の財政状況の悪化の様子を示した後に，PPPの発展の経緯を述べる。続いて，日本のPPPのおもな手法であるPFIと市場化テスト，指定管理者制度の概要について述べる。

1．悪化する公共部門の財政状況

公共部門の財政状況は，1990年代に連発した大型の経済対策と，近年では社会保障関係費の増加のため，急速に悪化した。公共部門は歳出の抑制を図るとともに，地方自治体が自立して住民ニーズに合った公共サービスを提供できるよう，国と地方の税財政制度の改革（三位一体の改革）に取り組んでいる。

本項では，公共部門の財政状況の悪化の経緯と，三位一体の改革について述べる。

(1) 公共部門の深刻な財政状況

1991年にバブル経済が崩壊してから，1990年代の日本経済は長期の経済不況に苦しんだ。公共部門は長引く不況を打開するため，1992年から2002年にかけて総事業費規模で145.4兆円にのぼる経済対策を実施した。しかし，景気は本格的に回復せず，公共部門の財政赤字が続いた結果，債務残高は大幅に増加した。さらに，高齢化の進展に伴って社会保障関係費が増えており，公共部門の債務残高の増加に拍車をかけている。

図5　先進国間の国と地方自治体の債務残高の対 GDP 比の推移（1992-2006年）

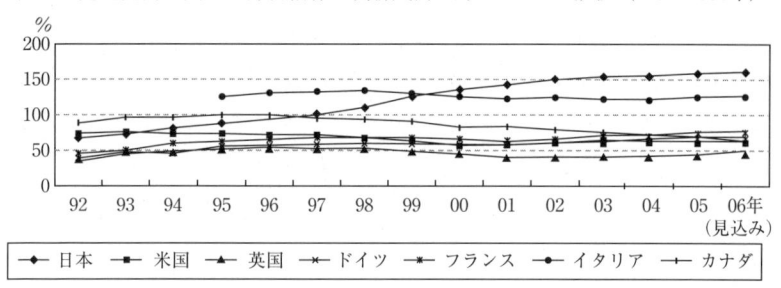

注：1.『Economic Outlook No. 78』（OECD/2005年）
　　2．計数は SNA ベース
資料：財務省資料より作成

　図5に示すように，先進国間の国と地方の債務残高の GDP に対する比率の推移を見ると，1992年には日本は68.6％であり，6ヶ国中4番目に低かった。しかし，2006年には日本の国と地方の債務残高の GDP に対する比率は160.5％にまで上昇する見込みであり，先進国間で最も高くなっている。1990年代以降，日本の公共部門の債務残高は急増し，財政状況は深刻であることが分かる。

　公共部門の債務残高が増加すると，国債の信認が低下して金利が上昇する結果，投資が抑制（クラウディング・アウト）されて経済活動が低迷するおそれがある。また，公共部門の債務の利払いや償還に費やす予算が増加するため，財政構造が硬直化し，政策に使える予算が減少するおそれがある。日本の公共部門の債務残高は極めて高い水準にあり，財政状況を改善するためには，公共部門をスリム化し，歳出の抑制を図ることが不可避である。

(2)　地方自治体の自立を促す三位一体の改革

　これまで地方自治体の財源が不足すると，国が地方交付税などによって補塡しており，地方自治体は国に経済的に依存していた。このため，地方自治体に対する国のコントロールが強く，住民ニーズに合った公共サービスを提供できなかったり，地方自治体にモラル・ハザードが発生し，予算が効率的に使われていないなどの批判があった。

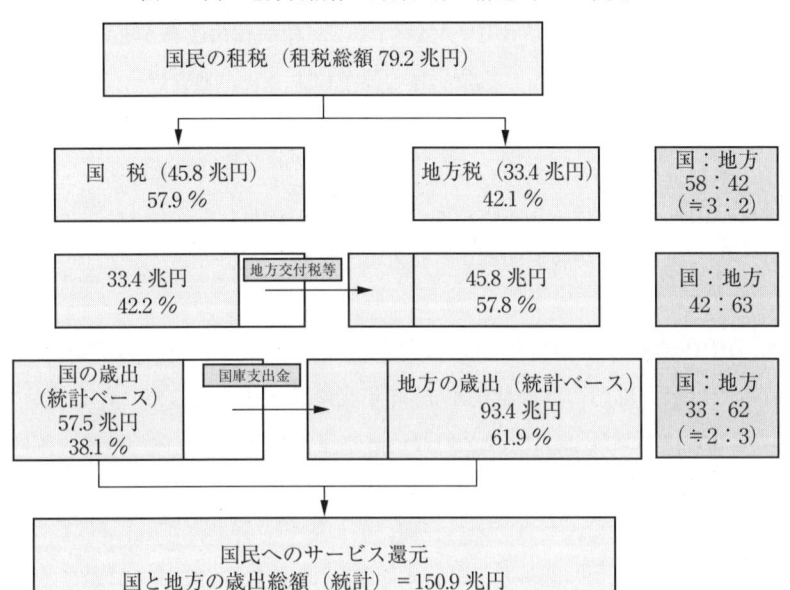

第 4 章 Public Private Partnership と NPO　525

図 6　国と地方自治体の財源配分の構造（2003 年度）

```
          国民の租税（租税総額 79.2 兆円）
           ┌──────────────┴──────────────┐
     国　税（45.8 兆円）          地方税（33.4 兆円）            国：地方
         57.9 %                      42.1 %                  58：42
                                                             (≒3：2)

     33.4 兆円      地方交付税等      45.8 兆円               国：地方
      42.2 %      ─────────→        57.8 %                 42：63

   国の歳出        国庫支出金    地方の歳出（統計ベース）       国：地方
  （統計ベース）  ─────────→        93.4 兆円                33：62
    57.5 兆円                        61.9 %                  (≒2：3)
     38.1 %
           └──────────────┬──────────────┘
              国民へのサービス還元
          国と地方の歳出総額（統計）= 150.9 兆円
```

資料：『平成 16 年版 地方財政白書ビジュアル版（平成 14 年度決算）』（総務省／2004 年）
　　　より作成

　ここで，2003 年度の国と地方自治体の財源配分の構造を見てみよう。図 6 に示すように，歳入では国税が 45.4 兆円，地方税が 32.7 兆円であり，国と地方自治体の比率は約 3 対 2 となっている。しかし，この後，国から地方自治体に地方交付税や国庫支出金などが交付され，歳出では国が 55.9 兆円，地方自治体が 93.4 兆円で約 2 対 3 となっており，歳入と歳出では国と地方の比率が逆転する。

　国は地方自治体の歳入と歳出のギャップを地方交付税や国庫支出金などで補塡しているため，地方自治体の業務に国が関与し，地域の実態に応じた公共サービスの自主的な実施が阻害されるという指摘がある。また，地方交付税や国庫支出金などによる国の補塡は，地方自治体にとっては自らの税源からの収入ではないため，歳出抑制のインセンティブが働きにくいという指摘もある。

そこで，国から地方自治体への国庫支出金を減らす代わりに，税源を移譲し，合わせて地方交付税を見直すことによって，三位一体の改革が2004年度から本格的に取り組まれている。三位一体の改革によって，地方自治体の財源を確保して，責任を持って公共サービスを提供していくとともに，公共部門のスリム化が進むことが期待される。2005年12月の政府・与党合意によって，2006年度には国庫支出金は約4兆円程度の削減などが行われる代わりに，国から地方自治体へ約3兆円の税源が移譲されることになった。

2．PPPの発展の経緯

日本では公共部門の財政状況が1990年代に急速に悪化したことを受けて，2001年6月に小泉政権は，「今後の経済財政運営及び経済社会の構造改革に関する基本方針」（骨太の方針2001）の中で，公共サービスの提供にあたって，「民間にできることは，できるだけ民間に委ねる」方針を打ち出した。

この方針のもと，2002年5月に日本版PPP研究会がイギリスにおけるPPPの導入の経験を参考にして，「日本版PPPの実現にむけて（中間とりまとめ）」を発表し，公共サービスの効率性を向上させてValue For Money（VFM：バリュー・フォー・マネー）の最大化を図る手段として日本版PPPを打ち出した。日本版PPPでは，これまでの公共が直営する公共サービスのあり方を見直し，公共サービスの性質に応じて民営化や民間委託，PFIなどの手法を活用

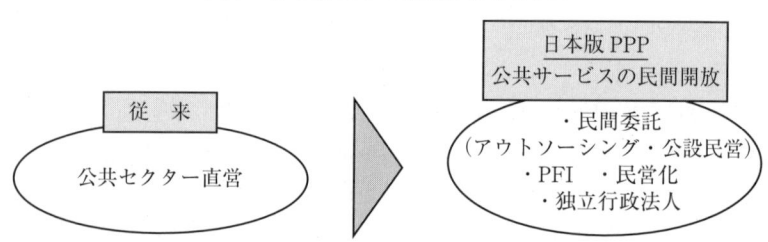

図7　日本版PPPの定義とおもな手法

従来　公共セクター直営　→　日本版PPP　公共サービスの民間開放
・民間委託（アウトソーシング・公設民営）
・PFI　・民営化
・独立行政法人

資料：「日本版PPPの実現にむけて（中間とりまとめ）」（日本版PPP研究会／2002年）より作成

するとともに，公共サービスの新たな担い手として Non Profit Organization（NPO：非営利法人）や民間企業，個々人など様々な主体の参加を促すことによって，効率性の高い公共サービスの提供をめざしている。さらに，公共サービスの民間開放を進めることによって，サービス産業を中心に，新たなビジネスチャンスが生まれるとしている（図7）。

3．公共施設等の整備で活用される PFI

日本では，民間活力を活用して施設等の整備・運営を行う PFI は，イギリスの PFI の経験を参考にして，1999 年に導入されており，PPP の手法の中でも歴史が古く，普及している。

本項では，日本における PFI の発展の経緯と，進め方と枠組み，実施状況，問題点と課題について述べる。

(1) イギリスの経験から生まれた日本の PFI

PFI は，Ⅱで述べたように，イギリスの保守党メージャー政権によって 1992 年に導入され，1997 年に発足した労働党ブレア政権において PPP の主要な手法として本格化している。

日本では公共部門の財政状況の悪化を受けて，公共施設等を効率的に整備・運営するため，イギリスの PFI を参考にして，1999 年に「民間資金等の活用による公共施設等の整備等の促進に関する法律」（PFI 法）が制定された。PFI によって，公共部門が民間部門のノウハウや資金などを活用し，公共部門が実施するよりも少ない費用でよりサービスを提供して，VFM を得るとともに，民間部門にとって新しいビジネスチャンスが生まれることが期待される。

(2) PFI の進め方と枠組み

PFI の実施には手間と時間がかかり，ある公共施設等の整備・運営の事業に PFI を導入すると決めてから実際に事業が始まるまでに，およそ 5～15 ヶ月程度かかる。最初に，公共部門は民間部門からの提案などに基づいて，PFI が導入できそうな公共施設等の整備・運営の事業を抽出する。続いて，公共部門はその事業が実際に PFI を導入できるかを調査して実施方針を策定・公表し

たうえで，民間部門から提案を募集して評価し，選定する。公共部門は選定した民間事業者と，およそ7〜30年間程度の契約を結び，事業を実施していく。

PFIでは民間部門は公共施設等の設計から整備，運営までを一括して長期間受注するため，リスクが大きい。このため，民間部門はPFI事業だけを実施するSPC（Special Purpose Company：特定目的会社）を設立して親会社からのリスクを遮断し，様々な事業者と連携しながら実施するなど，リスクを軽減するための取り組みを行っている（図8）。

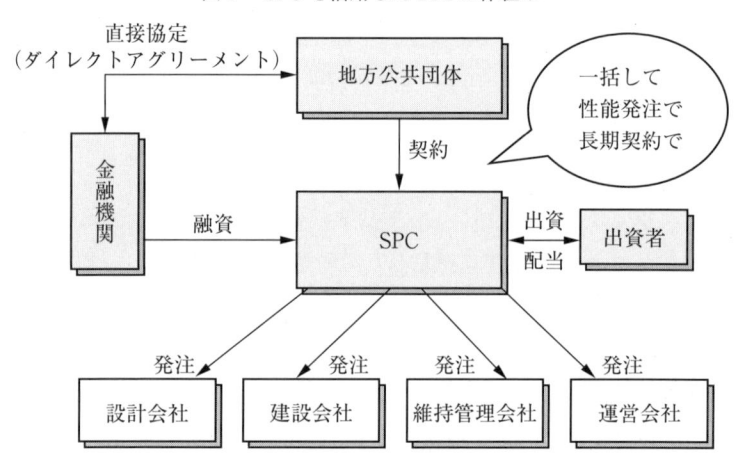

図8　SPCを活用したPFIの枠組み

資料：「地方公共団体におけるPFI導入の手引き」（内閣府／2005年）

(3)　PFIの実施状況

1999年にPFI法が制定されてから，PFIの事業件数は着実に増加しており，実施方針が策定・公表されたPFI事業は2005年12月には223件となっている（図9）。なお，PFI法の制定から7年を経て，近年では，高度なノウハウが必要で，運営・管理業務の比重が高い運営重視型PFI（病院・刑務所等）が増えている。

また，PFIの分野を見ると，図10に示すように，「教育と文化」が最も多く

第 4 章 Public Private Partnership と NPO

図 9 PFI の事業件数（累計）

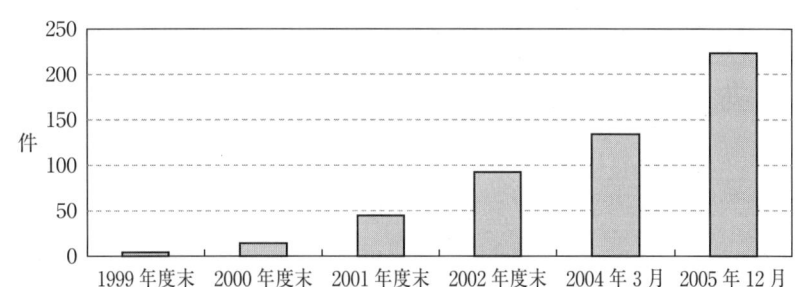

注：実施方針が策定・公表された PFI の事業件数
資料：内閣府資料より作成

図 10 PFI の分野（累計）

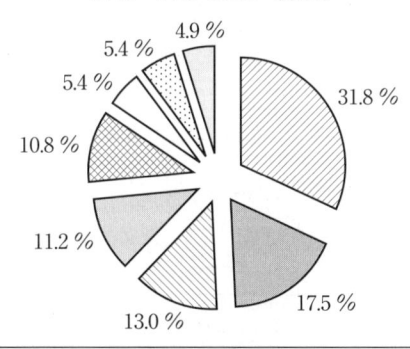

注：実施方針が策定・公表された PFI の事業件数
資料：内閣府資料より作成

(31.8％)，次いで「健康と環境」(17.5％)，「まちづくり」(13.0％) の順となっている。学校や給食センター，社会体育施設などの整備や運営に，PFI は多く導入されていることが分かる。

(4) PFI の問題点・課題

PFI を実施するためには多くのプロセスを経る必要があり，公共部門だけではなく，民間部門にとっても分かりづらい側面がある。このため内閣府は

VFMの評価やリスク分担，モニタリングなど各種ガイドラインを策定しており，PFIの事業件数が増えるのに伴って，公共部門と民間部門にPFIのノウハウが蓄積されつつある。

しかし，図11に示すように，地方自治体はPFIの認識が不足しているほか，推進体制・環境の整備が不十分と捉えている。

また，人口規模別のPFIの推進体制の整備状況を見ると，30万人以上の大

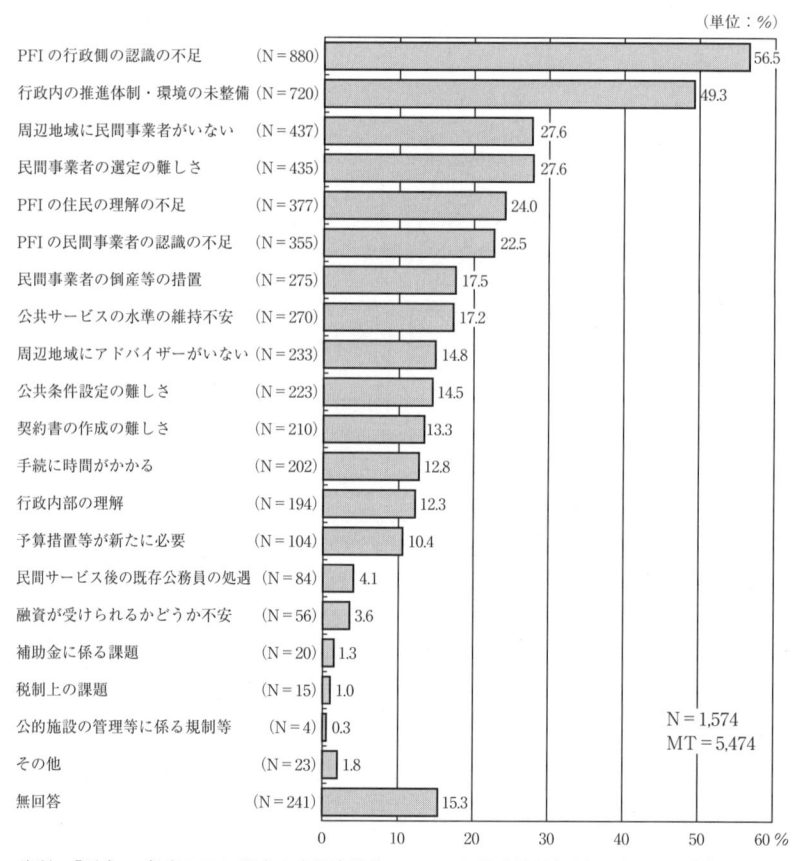

図11 PFIを導入する際の課題（複数回答）

(単位：％)

項目	N	%
PFIの行政側の認識の不足	N=880	56.5
行政内の推進体制・環境の未整備	N=720	49.3
周辺地域に民間事業者がいない	N=437	27.6
民間事業者の選定の難しさ	N=435	27.6
PFIの住民の理解の不足	N=377	24.0
PFIの民間事業者の認識の不足	N=355	22.5
民間事業者の倒産等の措置	N=275	17.5
公共サービスの水準の維持不安	N=270	17.2
周辺地域にアドバイザーがいない	N=233	14.8
公共条件設定の難しさ	N=223	14.5
契約書の作成の難しさ	N=210	13.3
手続に時間がかかる	N=202	12.8
行政内部の理解	N=194	12.3
予算措置等が新たに必要	N=104	10.4
民間サービス後の既存公務員の処遇	N=84	4.1
融資が受けられるかどうか不安	N=56	3.6
補助金に係る課題	N=20	1.3
税制上の課題	N=15	1.0
公的施設の管理等に係る規制等	N=4	0.3
その他	N=23	1.8
無回答	N=241	15.3

N=1,574
MT=5,474

資料：「平成15年度PFIに関する全国自治体アンケート調査結果」（内閣府／2004年）

規模な地方自治体の約8割がPFIの推進体制を整備しているが，10万人未満では半分以下にとどまっていることが分かる。人口規模が小さい地方自治体では，PFIの対象となる公共施設等の数が少ないほか，職員数が少ないため，PFIに取り組む余裕がなく，推進体制の整備に至らないと考えられる。とくに，職員数が少ない地方自治体では，PFIを導入したくても，マンパワーが不足しているため，取り組めない場合が多いと推察されるため，英国の取り組み等を参考に，小規模な地方自治体に対する支援が必要であろう（図12）。

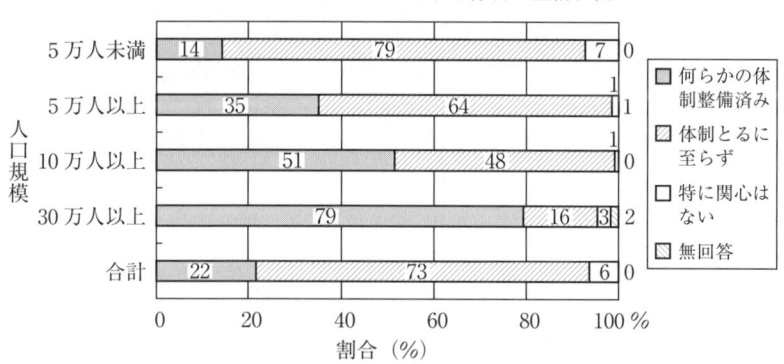

図12　人口規模別のPFIの推進体制の整備状況

人口規模	何らかの体制整備済み	体制とるに至らず	特に関心はない	無回答
5万人未満	14	79	7	0
5万人以上	35	64	1	1
10万人以上	51	48	1	0
30万人以上	79	16	3	2
合計	22	73	6	0

資料：「平成15年度PFIに関する全国自治体アンケート調査結果」
（内閣府／2004年）

BOX-2：VFMとその原動力

　VFMとは，公共部門が投入した費用に対する公共サービスの価値を表すものである。VFMを評価するためには，図13に示すように，公共部門が自ら公共サービスを提供する場合の費用（Public Sector Comparator）と，PPPによって提供する場合の費用（Life Cycle Cost = LCC）を比較する。公共サービスの質と量を一定として，LCCがPSCより少ないと，PPPの方が効率的となり，「VFMがある」と言い，LCCがPSCより多いと，PPPの方が非効率的となり，「VFMがない」と言う。LCCとPSCが同じ場合には，公共サービスの質や量が増えると，やはり「VFMがある」と言う。英国ではVFMは，一般的に10～20％とされている[8]。

図13 VFMの評価方法

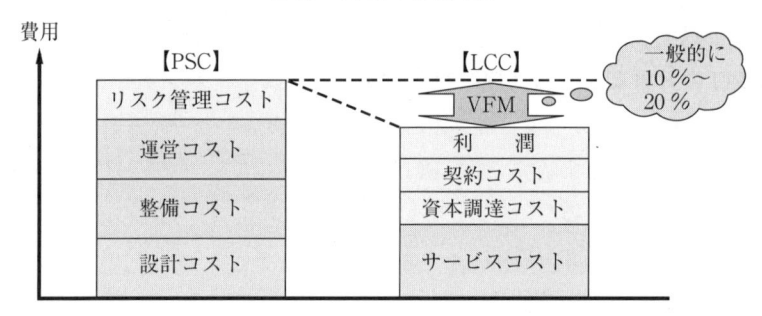

費用　【PSC】　　　　　【LCC】
　　　リスク管理コスト　　　　VFM　　　一般的に10％〜20％
　　　運営コスト　　　　　利　潤
　　　　　　　　　　　　契約コスト
　　　整備コスト　　　　資本調達コスト
　　　設計コスト　　　　サービスコスト

　VFMをもたらす原動力は，第一にプロジェクトを一括管理することである。設計や整備，運営など個別業務ごとに管理すると，費用削減の余地が少ないほか，部分最適を追求するあまり，プロジェクト全体での効率化を図るインセンティブは小さい。しかし，PPPでは設計から運営までプロジェクトを一括して管理し，全体を通じてプロセスの最適化や費用削減を図ることが可能であり，効率化につながる。第二は公共部門と民間部門のリスクの最適配分である。業務の実施では民間部門の方が専門的なノウハウを有していたり，資金調達では信用のある公共部門の方が金利が低いなど，公共部門・民間部門にはそれぞれ強みと弱みがある。PPPでは公共部門と民間部門がそれぞれ得意な分野のリスクを負担することにより，リスクを全体として軽減することが可能である（表2）。

表2　公共部門と民間部門のリスク配分（例）

		資産の所有のリスク	運転・維持管理のリスク	資本投資のリスク	事業リスク	契約期間
PPP	管　理	公共部門	民間部門	公共部門	公共部門	3〜5年
	リ　ー　ス	公共部門	民間部門	公共部門	公共部門・民間部門	8〜15年
	コンセッション	公共部門	民間部門	民間部門	民間部門	25〜30年
	ＰＦＩ	公共部門・民間部門	民間部門	民間部門	民間部門	20〜30年
	民　営　化	民間部門	民間部門	民間部門	民間部門	無期限

資料：『Toolkits for Private Participation in Water and Sanitation』（WorldBank／1997年）より作成

第三はアウトプットベースでの支払いである。PPPでは，一般的に公共部門は民間部門が投入した資源（人員・設備備品等＝インプット）に対して支払うのではなく，民間部門が提供する公共サービス（アウトプット）に対して支払う。公共部門が民間部門にアウトプットベースで支払うことにより，民間部門には公共サービスの質や量を確保するインセンティブが働く（図14）。

第四は市場メカニズムの活用である。公共部門はPPPプロジェクトに参加する民間部門を公平・公正に選定することによって，民間部門はお互いに競争して，より効率的・効果的な取り組みを提案するようになる。市場メカニズムが機能しない場合，民間部門の競争が停滞して規律が働かなくなり，上記の3つの原動力が機能しなくなるおそれがある。

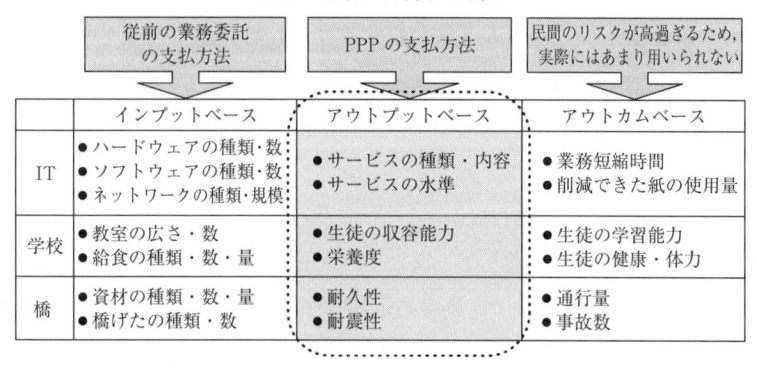

図14 支払い方法の比較

	インプットベース	アウトプットベース	アウトカムベース
IT	●ハードウェアの種類・数 ●ソフトウェアの種類・数 ●ネットワークの種類・規模	●サービスの種類・内容 ●サービスの水準	●業務短縮時間 ●削減できた紙の使用量
学校	●教室の広さ・数 ●給食の種類・数・量	●生徒の収容能力 ●栄養度	●生徒の学習能力 ●生徒の健康・体力
橋	●資材の種類・数・量 ●橋げたの種類・数	●耐久性 ●耐震性	●通行量 ●事故数

従前の業務委託の支払方法：インプットベース
PPPの支払方法：アウトプットベース
民間のリスクが高過ぎるため，実際にはあまり用いられない：アウトカムベース

4．官と民が競う市場化テスト

公共部門と民間部門が競争入札で公共サービスの担い手を決める市場化テストは，アメリカやイギリス，オーストラリアなどで導入されている。日本においても，諸外国の経験を参考にして，市場化テストの導入が始まっており，2005年には試行が実施された。

本項では，日本における市場化テストの枠組みと，試行の実施状況，今後の方向性について述べる。

(1) 市場化テストの枠組み

アメリカやイギリス，オーストラリアでは，日本に先駆けて，市場化テストを既に導入している。アメリカでは民間部門が提供できる公共サービスは，公共部門と民間部門が競争して担い手を決めており，1980年代以降，州レベルから導入されて連邦レベルまで拡大している。また，イギリスでは，1980年代以降，市場化テストの義務化がCCTとして実施されており，現在では強制的な側面は廃止されているが，公共部門と民間部門による競争入札は存続している。オーストラリアでは連邦政府と州政府が競争を促進するための国家競争政策改革が1995年に行われ，公共部門と民間部門の競争が多様な形態で実施されている。

日本においても，諸外国の経験を参考にして，規制改革・民間開放推進会議を中心に市場化テストの導入の検討が始まり，2005年にはモデル事業の試行が行われた。

(2) 市場化テストの試行と今後の方向性

2005年には，表3に示すように，民間部門からの提案が集中したハローワーク関連と社会保険庁関連のほか，行刑施設関係の三分野における八事業を対象に市場化テストの試行が実施された。民間部門から延べ127社が参加して，入札によってそれぞれのモデル事業の落札者が決まった。

モデル事業を対象とした市場化テストの試行を通じて，これまで公共部門が実施していた際の公共サービスの実施にかかった費用に関する情報提供が不十分であったことや，公共サービスの質・量の客観的な評価方法や，費用対効果の適切な評価方法の開発などの必要性が指摘された。このほか，公共部門から独立し，市場化テストを中立的に運営する第三者機関の設置が必要とされた。

規制改革・民間開放推進会議は，市場化テストを一時的な取り組みとせず，2006年度から本格的に実施するため，公共サービス効率化法（市場化テスト法）の成立をめざしている。市場化テスト法が成立すれば，民間部門からの提案に基づいて対象となる公共サービスが拡大されるとともに，市場化テストを運営する第三者機関が設置され，公共部門と民間部門の競争が公平・公正となり，透明性が増すと考えられる。

第4章 Public Private Partnership と NPO

表3 市場化テストの試行の実施状況

分野	モデル事業		場所	落札者
ハローワーク関連	キャリア交流プラザ事業		北海道	キャリアバンク㈱
			埼玉県	㈱ブライトキャリア
			東京都	㈱ジェイマムチェンジコンサルティング
			愛知県	㈱ブライトキャリア
			京都府	オムロンパーソネル㈱
	若年者版キャリア交流プラザ事業		大阪府	㈱学生援護会
	求人開拓事業		北海道	キャリアバンク㈱
			秋田県	㈱廣済堂
			福岡県	㈱ブライトキャリア
	アビリティーガーデンにおける職業訓練事業	離職者訓練	東京都	㈱東京リーガルマインド, ㈱日本医療事務センター
		在職者等のための訓練	東京都	TAC㈱, アカデミーテンプ㈱
社会保険庁関連	厚生年金等の未適用事業所に対する適用促進事業		東京地区	東京都社会保険労務士会
			福岡地区	㈱アイ・シー・アール
	国民年金保険料の収納事業		弘前社会保険事務所	㈱もしもしホットライン
			足立社会保険事務所	エー・シー・エス債権管理回収㈱
			熱田社会保険事務所	エー・シー・エス債権管理回収㈱
			大阪社会保険事務局平野社会保険事務所	エー・シー・エス債権管理回収㈱
			宮崎社会保険事務所	㈱もしもしホットライン
	年金電話相談センター事業		茨城年金電話相談センター	アシスト㈱
			広島年金電話相談センター	日本マルチメディアサービス㈱
行刑施設関連	施設の警備や被収容者の処遇にかかわる補助事務全般		宮城刑務所	日本総合サービス㈱
			福島刑務所	日本総合サービス㈱

資料：規制改革・民間開放推進会議資料より作成

5. 民間部門による公の施設の管理が可能な指定管理者制度

これまで公の施設の管理は，公共的な団体などに限られていたが，地方自治法の改正によって指定管理者制度が導入され，様々な民間部門にも対象が広がった。民間部門のノウハウを活かして公の施設を運営することにより，費用の削減やサービスの向上をめざすものである。地方自治体はすべての公の施設について，指定管理者制度を導入するか，直営によって運営するかの判断を迫られている。

本項では，指定管理者制度の導入プロセスと導入状況，問題点・課題について述べる。

(1) 指定管理者制度の導入プロセス

表4に示すような公の施設の管理は，これまでは地方自治体や地方自治体が半分以上出資する公共的な団体に限定されていた。しかし，2003年9月に地方自治法が改正され，株式会社やNPOなどの様々な民間部門も公の施設の管理ができる指定管理者制度が導入され，地方自治体は2006年9月までにすべての公の施設について，管理者を指定管理者に切り替えるか，直営に戻すかを決める必要がある。民間部門が公の施設を運営することにより，費用を引き下げて公共部門の財政負担を減らしたり，新しいサービスの提供や利便性の向上が期待される。

指定管理者制度の導入にあたっては，最初に，地方自治体は対象とする公の施設を決める。続いて，指定管理者の選定方法や業務範囲，経費の負担方法や利用料金の取り扱い，指定期間（3年間程度が最も多い），モニタリング方法

表4 公の施設（例）

民 生 施 設	保育所，児童館，福祉会館，養護老人ホーム等
体 育 施 設	プール，体育館，野球場，キャンプ場等
社会教育施設	公民館，青年の家・自然の家，図書館，博物館等
診 療 施 設	病院，診療所等

資料：「公の施設の指定管理者制度の導入状況に関する調査結果」（総務省／2004年）より作成

など指定管理者制度の枠組みを設定し，条例を改正して議会の承認を得る。その後，指定管理者を募集して選定し，議会の承認を得てから民間部門と協定を結び，事業を開始する。指定管理者制度の導入検討から実施までは，およそ6〜12ヶ月程度かかる。なお，指定管理者の選定方法は，必ずしも公募でなくても構わない。

(2) 指定管理者制度の導入状況

2004年6月時点の指定管理者制度の導入状況を見ると，1,550施設において指定管理者制度が導入されており，「医療・社会福祉施設」が549施設で最も多く，次いで「文教施設」（380施設），「レクリエーション・スポーツ施設」（270施設）の順となっている。利用者が公共サービスを直接利用し，利用料金を徴収しやすい公の施設において，指定管理者制度が多用されていることが伺える（図15）。

また，公の施設の管理を行う指定管理者を見ると，地方自治体である「公共的団体」が約6割を占め，期待されていた「株式会社」は約1割，「NPO」は

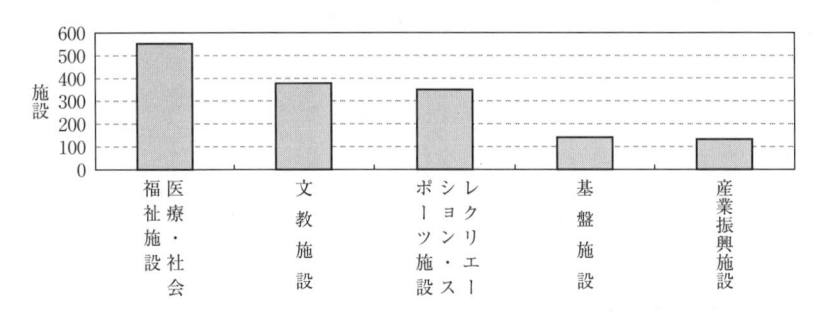

図15 指定管理者制度の導入施設数（2004年6月時点）

注：1．「医療・社会福祉施設」とは，病院，老人福祉センター。
　　2．「文教施設」とは，県・市民会館，文化会館，博物館，美術館，自然の家，海・山の家。
　　3．「レクリエーション・スポーツ施設」とは，競技場，野球場，体育館，テニスコート，スキー場等。
　　4．「基盤施設」とは，駐車場，大規模公園，水道施設，下水道終末処理場。
　　5．「産業振興基盤」とは，情報提供施設，展示場施設，見本市施設，開放型研究施設。
資料：「公の施設の指定管理者制度の導入状況に関する調査結果」（総務省／2004年）より作成

図16 指定管理者の属性（2004年6月時点）

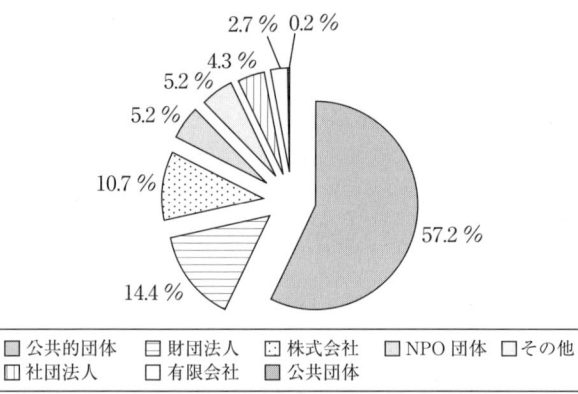

- 公共的団体 57.2%
- 財団法人 14.4%
- 株式会社 10.7%
- NPO団体 5.2%
- その他 5.2%
- 社団法人 4.3%
- 有限会社 2.7%
- 公共団体 0.2%

資料：「公の施設の指定管理者制度の導入状況に関する調査結果」
（総務省／2004年）より作成

図17 指定管理者の選定方法

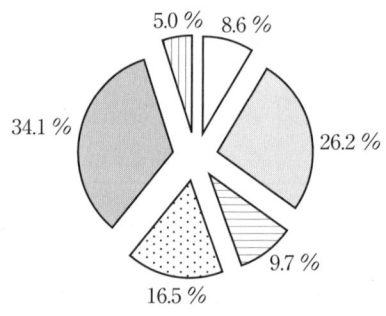

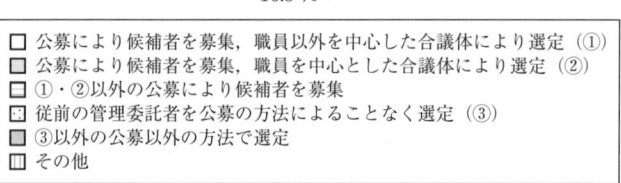

- 公募により候補者を募集，職員以外を中心した合議体により選定（①） 8.6%
- 公募により候補者を募集，職員を中心とした合議体により選定（②） 26.2%
- ①・②以外の公募により候補者を募集 9.7%
- 従前の管理委託者を公募の方法によることなく選定（③） 16.5%
- ③以外の公募以外の方法で選定 34.1%
- その他 5.0%

資料：「公の施設の指定管理者制度の導入状況に関する調査結果」
（総務省／2004年）より作成

約5％にとどまっている。指定管理者制度が導入されても，多くの公の施設の管理は地方自治体が引き続いて行っていることが分かる（図16）。

このように指定管理者の多くを地方自治体が占める理由として，図17に示すように，指定管理者を公募以外の方法で選定する場合が半分程度もあり，民間部門の参加が進んでいないことが挙げられる。これは，受け皿となる民間部門が地域に存在しなかったり，民間部門は利益が見込めない公の施設を運営したがらないことのほか，特別なノウハウが求められたり，緊急性が高い業務などを行う施設の指定管理者は，公募以外の方法で選定すると決めている地方自治体が多いことが原因と考えられる。

(3) 指定管理者制度の問題点・課題

地方自治体は2006年9月までにすべての公の施設について，指定管理者制度の導入か直営化を決める必要があり，国は地方自治体に対して指定管理者制度の推進を働きかけている。今後，地方自治体において指定管理者制度の導入はスピードアップすると見込まれるが，円滑な導入にあたっては問題点や課題も指摘されている。

第一はこれまでに管理運営を行っていた団体の雇用問題である。公の施設に指定管理者制度が導入されて，民間企業が運営するようになった場合，これまでに管理運営していた地方公共団体や公共的な団体の職員は働く場を失ってしまい，不満が高まるおそれがある。指定管理者制度を円滑に導入するためには，地方公共団体や公共的な団体の内部での配置転換や，イギリスのように，公共部門と民間部門で雇用が移転・譲渡する際に，被雇用者の権利を保護する制度を設けることが必要である[9]。第二は受け皿となる民間部門の確保である。公の施設に指定管理者制度を導入しようとしても，民間部門が参加しなければ，これまでと同様に地方公共団体や公共的な団体が運営することになり，公共サービスの効率化や効果の向上にはつながらない。公共部門は公の施設の運営に意欲を持ってくれる民間部門を地域内・外で探し，積極的に働きかけるとともに，参加しやすい契約の仕組みを検討することが必要である。第三は公共サービスの水準の確保である。公の施設を利用している住民は，指定管理者制度が

導入されて民間部門が運営するようになると，公共サービスの質の低下を心配することが多い。公の施設に指定管理者制度が導入されて，公共部門から民間部門に運営の担い手が変わっても，公共サービスの水準が落ちないよう，仕様の設定や選定方法，事業開始後のモニタリングなどを工夫することが必要である。

Ⅳ　PPPのパートナーとしてのNPOへの期待

　PPPでは，公共サービスの提供にあたって，公共部門とNPOなど民間部門とのパートナーシップが重視される。Ⅱで見たように，現在の日本のPPPにおける公共部門のパートナーには民間企業が多いが，現場での豊富な経験と新しい発想を持つNPOへの期待は大きい。1998年に「特定非営利活動促進法」(NPO法)によって，市民活動などを行う非営利団体は法人格を取得しやすくなっており，NPO法の認証を受けた法人は増加を続けている。地域に密着するNPOがPPPのパートナーとなって，公共サービスを提供することにより，ニーズを汲み取ったサービスが可能になるほか，地域に需要を創り出し，経済の活性化にも役立つことが期待される。

　本節では，NPOの現況を整理した後に，NPOがPPPのパートナーになることの意義を述べ，問題点や取り組むべき課題を指摘する。

1．NPOの現況

　NPO法の施行以降，NPOの数は急速に増加しており，活動する分野も多岐に渡っている。NPOは公共部門との連携を深め，PPPのパートナーとして活動しつつあるが，その一方で事業規模が小さく，財務基盤が確立されていないものが多い。

　本項では，NPOが活躍の場を広げている様子と，NPOの依然として弱い財務基盤について述べる。

(1)　台頭するNPO

　NPOとは，収入から費用を差し引いた利益を関係者に分配することが制度

上または事実上できないような民間組織のことである。日本のNPOは1995年の阪神・淡路大震災のときに，多くのNPOが災害救援や復旧作業に参加したことがきっかけとなって，広く知られるようになった。1998年にはNPO法が施行され，図18に示すように，認証を受けたNPO法人は年々増加して，2006年6月末には27,414法人まで増えている。

NPOには学校や病院，老人ホームなどで活動するNPOや，そうした活動に

図18 NPO法の認証を受けたNPO法人の推移（2000年末～06年6月末）

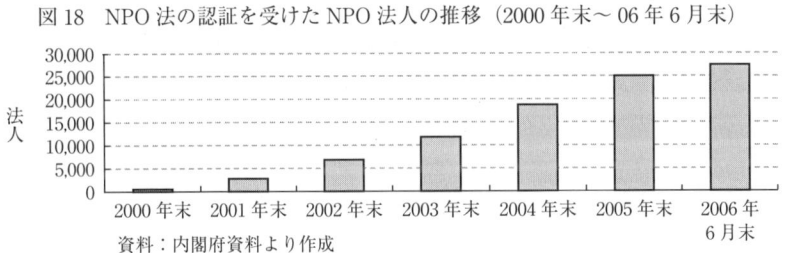

資料：内閣府資料より作成

図19 認証を受けたNPO法人の活動分野（2006年6月末）

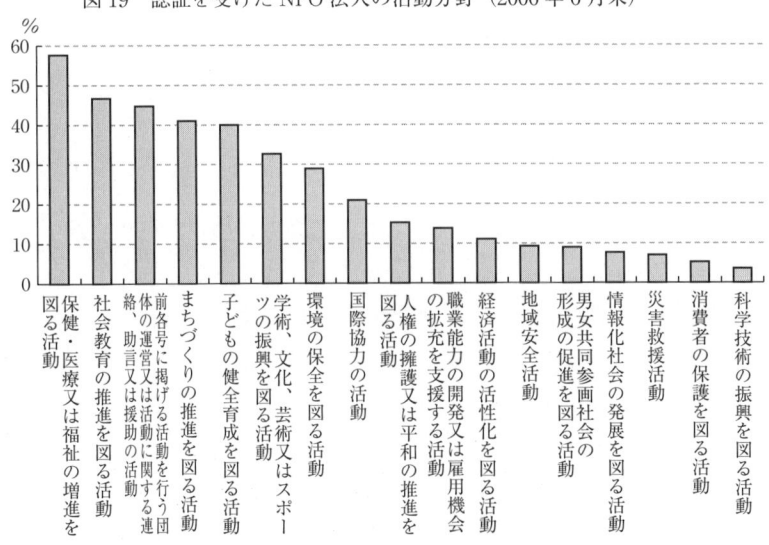

注：1つの法人が複数の活動を行う場合があるため，合計は100%にならない。
資料：内閣府資料より作成

図20 公共部門の NPO との交流の経験

行政との関係の有無と相手先機関

（過去2年以内の行政機関（外郭団体含む）との交流・連携・協働）

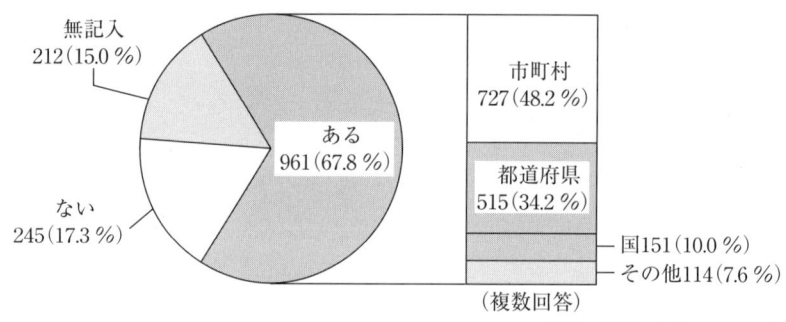

無記入 212(15.0％)
ある 961(67.8％)
ない 245(17.3％)

市町村 727(48.2％)
都道府県 515(34.2％)
国 151(10.0％)
その他 114(7.6％)
（複数回答）

（単位：団体（％），n＝1,418）

資料：「2002年NPO法人アンケート調査結果報告」（（独）経済産業研究所）

資金を援助する助成財団，社会問題に取り組む市民団体，国際交流などを行うNGO（Non Government Organization：非政府組織）などがある。認証を受けたNPO法人の活動分野を見ると，図19に示すように，公共サービスへの需要が大きい保健・医療・福祉分野が最も多く，NPO法人は公共部門を補完していることが伺える。

また，NPOと公共部門の交流を見ると（図20），約7割の公共部門においてNPOとの交流の経験があることが分かり，公共部門はNPOとの交流を積極的に進めていることが分かる。財政状況が悪化している公共部門では，費用削減を図るためにアウトソーシングを進めており，NPOも受け皿となっていることが伺える。

(2) 脆弱なNPOの財務基盤

NPOは活発に活動しており，活躍の場を増やしているように見えるが，財務基盤は依然として脆弱である。NPOの収入の規模（収入＋繰越金）の推移を見ると（図21），3,000万円未満の規模の小さい法人が全体の約8割を占めている。NPOの収入の規模は，年度によって若干の増減があるものの，横ば

第4章 Public Private Partnership と NPO　543

いを続けている。

　NPOの財務基盤が脆弱な理由として，寄付などの外部からの資金調達が少ないことが挙げられる。平成17年度のNPOの収入の内訳を見ると（図22），

図21　NPOの収入規模の推移

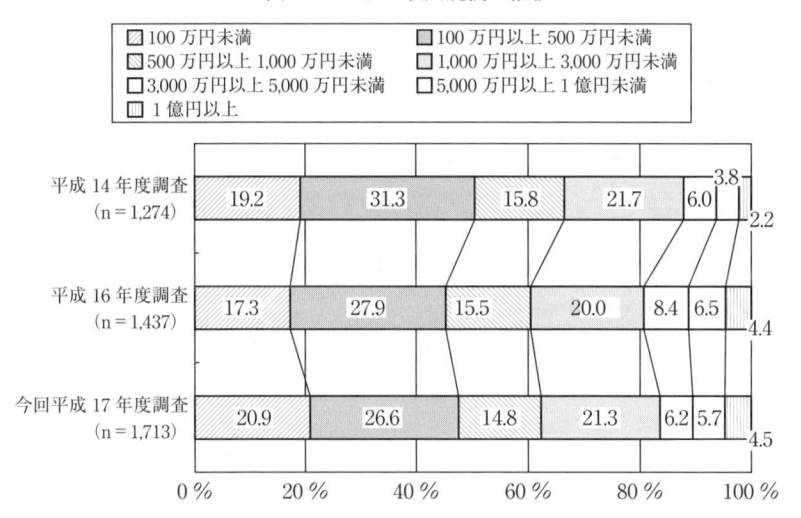

凡例
☑ 100万円未満　■ 100万円以上500万円未満
☐ 500万円以上1,000万円未満　☐ 1,000万円以上3,000万円未満
☐ 3,000万円以上5,000万円未満　☐ 5,000万円以上1億円未満
☐ 1億円以上

調査年度	100万円未満	100万円以上500万円未満	500万円以上1,000万円未満	1,000万円以上3,000万円未満	3,000万円以上5,000万円未満	5,000万円以上1億円未満	1億円以上
平成14年度調査（n=1,274）	19.2	31.3	15.8	21.7	6.0	3.8	2.2
平成16年度調査（n=1,437）	17.3	27.9	15.5	20.0	8.4	6.5	4.4
今回平成17年度調査（n=1,713）	20.9	26.6	14.8	21.3	6.2	5.7	4.5

資料：「2005年NPO法人アンケート調査結果報告」（(独)経済産業研究所）

図22　NPOの収入構造

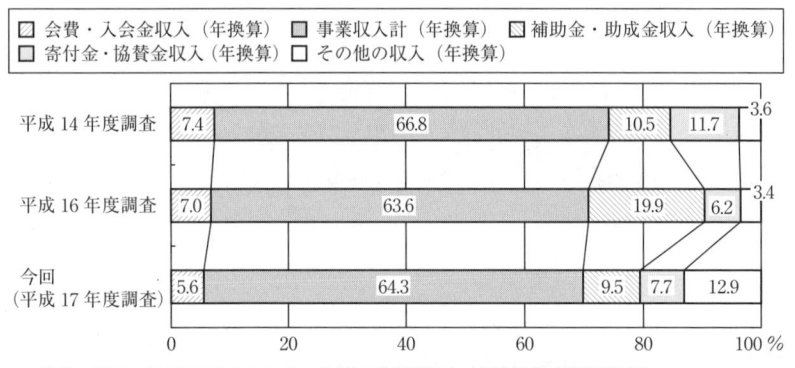

凡例
☐ 会費・入会金収入（年換算）　■ 事業収入計（年換算）　☐ 補助金・助成金収入（年換算）
☐ 寄付金・協賛金収入（年換算）　☐ その他の収入（年換算）

調査年度	会費・入会金	事業収入計	補助金・助成金	寄付金・協賛金	その他
平成14年度調査	7.4	66.8	10.5	11.7	3.6
平成16年度調査	7.0	63.6	19.9	6.2	3.4
今回（平成17年度調査）	5.6	64.3	9.5	7.7	12.9

資料：「2005年NPO法人アンケート調査結果報告」（(独)経済産業研究所）

6割以上を事業収入に依存しており，補助金・助成金，寄付金・協賛金といった外部資金はそれぞれ1割未満にとどまっている。NPOが公共部門や企業，個々人など多様な主体とパートナーシップを構築していくためには，外部から資金を信頼の証（パブリック・サポート）として得ていくことが重要である。

2．NPOがPPPのパートナーとなる意義と問題点・課題

　NPOは民間企業と比べて，技術や施設，資金等が乏しく，事業規模が小さいが，現場の経験を豊富に持ち，新しい発想を有している法人が多い。そのようなNPOがPPPのパートナーとして参加することにより，ニーズを汲み取った公共サービスが提供されることが期待される。また，地域に根ざしたNPOが公共部門と連携して公共サービスを提供することによって，地域に新しい需要が生まれ，経済の活性化も期待される。

　しかし，NPOの財務基盤は脆弱であり，事業規模も大きくないため，PPPのパートナーとして能力が不足することが懸念される。NPOには，活動内容だけではなく，法律や会計，組織運営に精通した人材を育成し，マネジメントを充実して事業の拡大を図るとともに，情報公開等を通じて自らの活動を理解してもらい，寄付などの外部資金を積極的に募ることが必要である。一方，公共部門は，公共サービスの範囲の見直しの一環として，住民参加型のまちづくりを推進しており，NPOを安易に重用していたり，あるいはNPOを安価なアウトソーシング先として捉えている場合がある。PPPでは公共部門とNPOなどの民間部門が対等なパートナーシップを構築することが重要であり，公共部門にはNPOの能力を正しく評価し，費用対効果を踏まえたうえで，パートナーとなるNPOを選んでいく姿勢が求められる。

BOX-3：公益法人制度改革の動向

　公益法人とは，NPO法も関連する民法34条に基づいて設立された財団法人や社団法人のことであり，活動内容を所管する官庁の許可を受けて，公益のために活動する非営利団体のことである。2004年10月1日時点で，公益法人の数は，25,541

にも及んでいる。

公益法人については，法律制定から100年以上が経過して制度疲労が生じていたり，設立に関与する官庁の強い裁量や，不透明な監督等の問題が指摘されている。民間部門に公共サービスの提供を任せるPPPが普及するにつれて，公益法人のあり方が見直され，2006年5月26日に公益法人制度改革関連3法が成立し，2008年11月までに施行される見込みである。公益法人制度改革関連3法では，現在の公益法人は登記のみで設立でき，公益性は必ずしも求められない一般法人と，内閣府や都道府県が公益性を認定する公益法人に分けられ，官庁ごとの許可制は廃止される。なお，公益法人制度改革関連3法に伴って，中間法人法は廃止され，業界団体や互助会などの中間法人は，一般法人に移行される。また，NPO法に基づくNPO法人は，現行どおり存続する（図23）。

NPOと公益法人は設立の背景や活動内容，社会的意義は異なるが，同じ民法34条に関連しており，非営利な組織として類似点もある。今回の公益法人制度改革では，NPOは公益法人から切り離されているが，将来的にはNPOを含めた新たな公益法人制度の検討も課題になると考えられる。

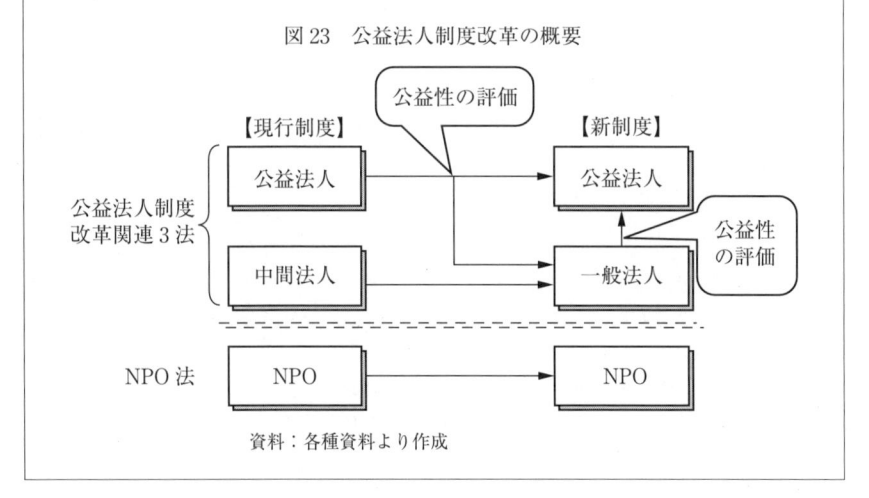

図23　公益法人制度改革の概要

資料：各種資料より作成

Ⅴ　おわりに

以上，公共部門と民間部門がパートナーシップを構築し，公共サービスの質や効率性を高める取り組みであるPPPは，イギリスやフランス，アメリカな

ど諸外国で普及している取り組みであり，日本においても普及が始まっている。財政状況が深刻な日本では，公共サービスの範囲の見直しが今後も続くと見込まれ，PFI や市場化テスト，指定管理者制度といった各種の PPP の手法の適用が進むと考えられる。

現在の日本の PPP のパートナーは民間企業が多いが，現場での豊富な経験と新しい発想を持つ NPO がパートナーとなっていくことが期待される。地域に密着した PPP は，細かなニーズを汲み取ることができ，公共サービスの質の向上が図られるとともに，新しい需要を生み出し，地域経済の活性化にも役立つと考えられる。NPO の法人数は着実に増加しており，活躍の場は広がっているが，財務基盤は依然として脆弱であり，事業規模も小さいものが多い。NPO が PPP のパートナーとなるためには，活動内容だけではなく，組織運営に精通した人材を育成し，マネジメントを強化することによって，事業規模の拡大を図るとともに，積極的な情報公開等を通じて自らの活動を理解してもらい，寄付などの外部資金を募っていくことが必要である。また，NPO とパートナーを組む公共団体については，NPO が持つ能力を評価し，費用対効果を検討しながら，連携する相手を見つけていくことが求められる。

1) なお，本稿は 2005 年に執筆されたものである。その後，英国財務省は「PFI: strengthening long-term partnerships」(2006 年 3 月) を策定し，多くの PFI 案件が施設の整備段階からソフトサービスの提供に移りつつあることを踏まえ，新しい課題を指摘するとともに OGC のあり方を見直すなど，英国の PPP の動向は刻々と変化している。
2) PFI とは，公共施設等の建設，維持管理，運営等を民間の資金，経営能力及び技術的能力を活用して行う新しい手法のこと。民間の資金やノウハウ等を活用することによって，公共部門よりも，少ないお金で質の高い公共サービスの提供をめざす。
3) CCT は公共サービスの質の低下を招いたこと，ユニバーサルテスティングは PFI の検討には時間と手間がかかり，公共と民間の負担が大きいことが廃止の理由とされている。しかし，すでに CCT と PFI の事例が豊富にあり，あらためて公共と民間が競争入札したり，PFI を検討しなくても，民間が実施した方が効率的な公共サービスや，PFI が可能な分野が明らかになってきたことが廃止の大きな理由である

と考えられる。
 4) 「自治体業務のアウトソーシング」（㈶自治体国際化協会／2005年）。
 5) 同上。
 6) 「サービス産業部門等における関西地域活性化方策に関する調査研究」（㈶関西社会経済研究所／2005年）。
 7) 「Tax Increment Financing：Equity, Effectiveness, and Efficiency」：The municipal Year Book, Washington, D. C., International City Manager Association（Forgey, Fred A.／1993年）。
 8) 英国財務省へのヒアリング調査。
 9) BOX：1を参照。

参考文献

「『新しい公益』の実現に向けて（中間とりまとめ(案)）」（産業構造審議会NPO部会／2002年）
NPOWEB大学経営学部特別講座「NPOと企業」
『NPO入門〈第2版〉』（山内直人，日本経済新聞社／2004年）
「2002年NPO法人アンケート調査結果報告」（㈬経済産業研究所）
「2005年NPO法人アンケート調査結果報告」（㈬経済産業研究所）
「公の施設の指定管理者制度の導入状況に関する調査結果」（総務省／2004年）
『「公共経営」の創造―地方政府の確立をめざして』（宮脇淳，PHP研究所／1999年）
『公共経営論』（宮脇淳，PHP研究所／2003年）
「国民生活選好度調査」（経済企画庁／2000年）
「サービス産業部門等における関西地域活性化方策に関する調査研究」（㈶関西社会経済研究所／2005年）
「自治体業務のアウトソーシング」（㈶自治体国際化協会／2005年）
『実践！地域再生の経営戦略：全国62のケースに学ぶ"地域経営"』（㈳金融財政事情研究会／2005年）
「地域経済動向」（内閣府／2006年）
「地方公共団体におけるPFI導入の手引き」（内閣府／2005年3月）
「日本版PPPの実現にむけて（中間とりまとめ）」（日本版PPP研究会／2002年）より作成
『PPPが地域を変える―アウトソーシングを超えて―官民協働の進化形』（宮脇淳・㈱富士通総研，ぎょうせい／2005年）
「平成15年度PFIに関する全国自治体アンケート調査結果」（内閣府／2004年）
『平成16年版 地方財政白書ビジュアル版（平成14年度決算）』（総務省／2004年）
『Economic Outlook No. 78』（OECD／2005年）

「National Savings and Investments' deal with Siemens Business Services, four years on」（National Audit Office／2003 年）

『Privatisation and Regulation：A Review of the Issues, London：Longman』（Jackson, P. and Price, C. (eds)／1994 年）

『Public Private Partnership：the Government's approach』（The Stationery Office in London／2000 年）

「Tax Increment Financing：Equity, Effectiveness, and Efficiency」：The municipal Year Book, Washington, D. C., International City Manager Association（Forgey, Fred A.／1993 年）

『Toolkits for Private Participation in Water and Sanitation』（World Bank／1997 年）より作成

［臼井純子　㈱富士通総研取締役　公共コンサルティング事業部長兼 PPP 推進室長
　坂野成俊　㈱富士通総研公共コンサルティング事業部シニアコンサルタント　　　］

第 5 章

特定非営利活動促進法と公益法人制度改革関連3法の立法過程
──特に立法への市民参加の視点から──

山 岡 義 典

I はじめに

　特定非営利活動促進法（平成10年法律第7号。以下，NPO法という）が成立したのは1998年3月19日，公布は同月25日で施行は同年12月1日であるから，2007年5月末で施行後8年半が過ぎたことになる。本章の再校時でデータの得られる2007年4月30日までの8年5ヵ月における特定非営利活動法人（以下，NPO法人という）の累積認証数は31,362，そのうち解散したのが1,262であるから，この時点では約30,000のNPO法人が存在していることになる[1]。110年近くの歴史をもつ公益法人（社団法人・財団法人）が2005年10月1日現在で25,000余となっており[2]，この数値は年々減少の傾向にあるから，数だけ見ればすでに公益法人を超えたことになる。最近でも毎月約400，年間では5,000近くの法人が増えているから，立法の社会的効果がいかに大きかったかが分かる。

　しかし法の成立から9年余り，施行からも8年半を経た現在，この法人制度を用いる人たちは，必ずしもその立法の経緯や趣旨，市民参加による条文の修正過程やその意味を問うことはなくなった。新しい公益法人制度改革関連3法が成立した現在[3]，その立法過程との比較も含め，改めて市民立法としての性格をもつNPO法の立法過程，とりわけその条文がどのような修正を経て成立

に至ったか，そしてその後の改正はいかに行われたか，その概要と意味について確認することが重要ではないかと思われる。

すでにNPO法に関しては多くの人によって多くのことが書かれ語られているが，本章では，公益法人制度の抜本改革が動き始めた現在という時点から，いかなる議論を通じて現在の法律が生まれ育ってきたかについて，再確認しておきたい。

II　NPO法立法過程に関する主な文献と立法過程の特徴

NPO法の立法過程については，すでに多くの文献が書かれている。それらは，立法に係わった当事者が執筆したものと第三者である研究者が執筆したものに分けられるが，ここでは，それら両者の主なものについて概観しておこう。

1．立法に係わった当事者による文献

立法の直接の当事者は国会議員であり，法案の作成と成立に中心的に係わった自民党NPOプロジェクト座長・熊代昭彦衆議院議員(当時)が法成立後の早い時期に執筆したのが熊代編著［1998］である[4]。阪神・淡路大震災直後の被災地での個人的な活動体験から始まり，法案の取りまとめから修正協議を経て成立に至る過程が多数の個人名とともに語られていて，表面には出てこない交渉を含めての立法過程が描き出されている。熊代議員の政治的立場を踏まえたものではあるが，自民・社会・さきがけという歴史的にも稀な連立政権の揺れ動く政治状況の中での，自民党内部の議論，与党3党間の議論，あるいは野党との議論，市民団体との議論の様子がよく理解できる。

同じく国会議員当事者によるものとしては，連合政権の一角にあって立法の一翼を担った新党さきがけの堂本暁子参議院議員(当時)の執筆になる堂本［2000］がある[5]。堂本議員は熊代議員の先の著作の中でも意見の対立した相手としてその議論の様子が紹介されているが，特に環境問題への関心を中心にした法案修正の努力のあとを知ることができる。なお堂本に代表される新党さ

きがけの考えは，立法過程初期に出された同党のブックレットにも示されているが，それは一貫して準則主義による設立を主張するものであった[6]。また国会への法案提出の最終段階において社民党の衆議員として与党案の取りまとめに奔走した辻元清美議員も，熊代議員に強く抵抗した立法過程の一断面を手記として刊行しており，議員立法の臨場感をよく伝えている[7]。

熊代・堂本・辻元いずれの文献も国会議員としての政治的な立場を踏まえたもので，個人の思いが強く出ていることもあって客観性を問う研究論文で用いられることは少ないが，議員立法ならではの生きた立法プロセスを感じさせるものとして貴重である。議員立法には，冷静な描写では伝えきれないパトスのようなものや，公式の記録には出てこないさまざまな裏場面での交渉が修正や成立の重要な要因になっており，その点で，これらの議員自身による記録の意味は大きい。

立法における陰の当事者が法制局で，内閣立法なら法務省の法制局が，議員立法なら衆参両院の法制局がその役割を担う。与党NPO法案の場合は衆議院法制局第一部第一課が担当したが，その担当者であった橘 幸信と正木寛也もNPO法の解説を出版しており，その中で立法過程を踏まえた平易な解説を行っている[8]。既存の法体系との整合性を確保しながら立法技術的な細部を詰めるという作業を行ってきた当事者が，その過程において何をどう考えてきたか，この解説を通じて間接的に読み取ることができる。

市民的立場から立法の必要性を訴え，国会への働きかけに中心的な役割を果たしてきたアドボカシー団体がまとめた記録として，シーズ（C's）＝市民活動を支える制度を創る会の各種の出版物がある。シーズは1994年11月に設立され震災前から本格的な立法活動に着手していたが，震災後の動きを記録したものとして最も重要なのが［1998b］であろう[9]。市民活動団体にとっての法人格の意味を踏まえ，政党・国会・政府・市民団体それぞれの動きを時系列的に詳細に記述・解説し，折々に提出され交換され採決された主要文書を，資料として再録している。国会でのロビー活動を通して見えてくる政局と立法過程の絡みが，議員とは異なる立場から描かれており，この記録の特徴となっている。

次項で見る研究論文をはじめとする多くの論考も，本書あるいはその前版にあたるシーズ［1998a］を基礎情報として活用している。この他にもシーズ［1997a］は国会に提出された当初案について解説するとともに，その問題点を指摘し，市民団体から出された要望書についても主要なものは資料として再録するなど，立法過程に対する市民サイドからの働きかけを知る貴重な文献となっている。シーズ［1997b］は衆議院を通過した段階での市民活動促進法案について解説したもので，採決直前に行われた東京と大阪での公聴会の意見陳述内容も抜粋再録しており，立法に対するその時点での市民団体側の考えをよく知ることができる。なお，これらの解説の多くもシーズ事務局長の松原 明が中心になって執筆したものと思われるが，松原が個人名で立法過程の大局的な流れを解説したものや[10]，コンメンタールの分担執筆で立法過程の議論を踏まえて解説したものがあり，成立の背景となる考えを知る上で参考になる[11]。さらにNPO法施行後の認定NPO法人制度の創設経過や改正NPO法の成立過程についても，松原［2005］には要点が記されており，併せて読むと理解が深まる。

著者(山岡)も1980年代後半から公益法人制度のもつ限界性について言及し，1990年代に入ってからは総合研究開発機構編［1994］［1995］の総括委員長として新しい非営利法人制度の必要性やそのあり方について調査研究し，提言してきた。震災後は，市民公益活動の基盤整備を考える会のメンバーとして，また日本NPOセンターが設立された2006年11月からはその常務理事・事務局長としてNPO法の成立過程に深く係わってきたが，山岡［2001］ではその体験を踏まえ，特に市民立法という視点から，1. 立法に至る前史（阪神・淡路大震災前），2. 立法のプロセス（震災後から法の成立まで），3. 法の成立以後の動向と課題，を描いている[12]。民法による公益法人制度の限界を感じた人たちが，同時多発的に調査や提案を行ってきた立法前史を概観し，その議論の上にNPO法の立法が可能であったという市民立法の視点から，立法過程を概観し，その過程での市民団体等の役割や成立後の運用の課題をまとめている。

この他にも，NPO法の立法には多くの議員・行政官・市民・研究者等が係

わっており，その人々による折々の新聞・雑誌記事や文献は多数にのぼる。立法に係わった当事者による文献がこれほど多いのも，NPO法の特徴と言えるだろう。これらの当事者による記録は当事者の主張や当事者にしか見えない事実を伝えることに意味があるが，同時に当事者から見えたことや当事者として評価したことしか記録に残さないという弱みもある。そこに客観的な事実を記録し分析する上での限界もあり，立法には直接係わることのなかった第三者による客観性を重んじた研究の重要性がある。

2．研究者による文献

第三者の目による立法過程の体系的な事例研究としては，谷 勝宏 [1998a] [1998b] が最初であろう。谷はNPO法を議員立法の有効性を示す典型事例として捉え，その立法過程を，第1章 議題設定段階，第2章 政策立案過程，第3章 政策決定過程の3段階に分けて詳述した。第1章は1994年12月までの各方面における提案等の登場，第2章は1995年1月の阪神・淡路大震災以後の各政党における法案準備過程，第3章は1996年12月以降の与党3党案を中心とした各政党案の国会審議が中心になる。これらの情報源はシーズ発行の各種文献やニュースレターを基本にしているが，各政党関連の出版物や報道記事を，また国会提出後の議論については国会議事録を参照し，自・社・さ与党体制という特異な政治状況の中でいかに法案がまとめられ，政党再編の大きな動きの中でそれがいかに取り扱われ，修正され，全会一致で成立するに至ったかを描いている。野党の対案についても十分な目配りをしており，他の法案との政治取引をはじめとする状況についても詳しく触れている。そのような事例の検討を踏まえた上で，議員立法の有効性と，議会法制局の役割を含む議員立法における制度・慣行の問題点をまとめている。ただし，論文の目的が政治過程の分析にあるため，政治状況の中での国会内の動きを中心とした記述は詳細を極めるものの，この過程に働きかけた市民団体や社会の動向については，必ずしも十分には語られていない。

NPO政策の観点から立法過程を分析したものとして，初谷 勇の著作論文が

ある[13]。初谷［2001］は，与党3党によるNPO法の成立に至る過程を，Ⅰ.震災直後から第一次与党合意（1995年12月）まで，Ⅱ.その後から第二次与党合意（1996年9月）まで，Ⅲ.民主党の修正を受け入れた与党3党案の合意（1997年5月）まで，Ⅳ.最終的な修正による与党3党案の成立（1998年3月）まで，Ⅴ.法の公布と施行（1998年12月）まで，の5段階として捉え，唱道連携モデル[14]を適用して各政党やNPO等の連携グループが各過程でいかなる政策志向的学習と政策変化をしてきたかを評価・分析している。初谷は同じ著書の中で，谷［1998a］の第1章にあたるNPO法の立法活動に先立つ1985年以降の各種政策提言を個々の報告書等にあたって検証しており[15]，NPO法立法前史と公益法人制度改革前史の法人制度や税制に関する議論を理解するための貴重な文献となっている。

　政治状況の動的な変遷を市民団体の働きかけを踏まえて理論的に分析したのが，小島廣光［2003］である。小島は谷・山岡・初谷による研究を「明確な概念と理論的枠組にもとづかない研究であったり，あるいは分析対象に必ずしも適合していない理論的枠組にもとづく研究であった」[16]と批判的に総括し，立法過程を第1期（議論の開始から阪神・淡路大震災の発生まで），第2期（阪神・淡路大震災から与党案の第1次合意まで），第3期（与党案の第1次合意の破棄から第2次合意まで），第4期（民主党との調整を経て市民活動促進法の衆院通過まで），第5期（参議院での修正を経て特定非営利活動促進法の成立まで），第6期（特定非営利活動促進法の公布から税制優遇の成立まで）に区分し，法施行後についても詳細な分析を加えている。方法論的には独自に導出した「改訂・政策の窓」モデル[17]を援用し，各期間における参加者の行動と相互関連の変化のパターンを分析している。情報源としては，シーズ発行の各種資料を基本としながらも他の関連情報を収集活用している点では谷・初谷とも同様であるが，それらに加え，関係者からの聴き取り調査を重用している点に特徴がある。そのため，市民団体や議員個人などの非公式の動きも含めた動態的な分析が，可能となっている。

　以上の他にも，NPO法の立法過程は海外の研究者にも興味深かったようで，

立法当時日本に滞在していた米国の政治学者ロバート・ペッカネンによる英文の論文や著作もある[18]。ペッカネンは東京の郊外住宅地に住み着いて町内会の研究を続けていたが，これらの文献は新聞等の報道記事と関係者への聴き取り調査を主な情報源にして，政治社会学的あるいは政治人類学とも言うべき方法で立法過程の特徴を描き出している。NPO法の立法過程を海外の人々が具体的に理解するための貴重な文献と言えよう。

3．立法過程の整理とその特徴

以上のように，NPO法の立法過程に関してはすでに多くのことが語られ，多くの優れた研究論文が蓄積されている。ここでは，これらをもとにして総括的な立法過程の整理をしておきたい。

(1) 立法過程の時期区分

NPO法の立法過程における時期区分を，谷，初谷，小島の論文と山岡の論考を比較して整理したのが表1である。

立法前史をいつから始まると考えるかは，何を重視するかによって異なる。公益法人制度自体の限界が市民活動の文脈から各方面で話題にのぼってきたのは1980年代の後半から，それが具体的な立法論として議論され始めたのは1990年代に入ってからで，特に1994年になってからは，市民団体や研究者の間だけでなく，政府や政党の間からも各種の提言や提案が出されるようになってきた。その点からすれば，立法前史としては1990年代に入ってからの5年を，あるいはより焦点を絞って見るなら1994年の1年間を見ておけばよいように思う。

1995年1月の阪神・淡路大震災後に始まる立法活動は，このような各方面における提言・提案活動の成熟を前提に可能であった。その立法期間は法の成立する1998年3月までの約3年余りの歳月で，この期間を大きく二つに分けると，法案を国会に提出する1996年12月以前の2年足らずと，それ以後の1年余りに区分されるが，さらにそれぞれは，与党3党における第一次合意の前後および国会での衆参両院の各審議時期に2分できる。具体的にどの時点を変

表1 既存文献に見る立法過程の時期区分

文献 時期	山岡[2001]	谷[1999a/b]	初谷[2001]	小島[2003]
1980年代後半〜 1994年12月	1．立法に至る前史（阪神・淡路大震災前）	第1章 議題設定段階	第2章7 NPO政策に係わる政策提言の系譜	第1期 議論の開始から阪神・淡路大震災の発生まで
1995年1月〜	2．立法のプロセス（震災直後から法の成立まで）	第2章 政策立案過程	Ⅰ．震災直後から与党案の第1次合意まで	第2期 震災直後から与党案の第1次合意まで
			Ⅱ．与党案の第2次合意まで	第3期 与党案の第1次合意破棄から第2次合意まで
（1996年12月）		第3章 政策決定過程	Ⅲ．民主党の修正を受け入れた与党3党案の合意まで	第4期 民主党との調整を経て市民活動促進法の衆議院通過まで
（1998年1月） 1998年3月			Ⅳ．最終的な修正による与党3党案の成立まで	第5期 参議院での修正を経て特定非営利活動促進法の成立まで
1998年3月〜	3．法の成立以後の動向と課題		Ⅴ．法の公布と施行まで	第6期 法の公布から税制優遇の成立まで

局点と見るかという細部の議論を別とすれば，この区分は基本的にはすべての論者に共通する．

　法の成立後をどの時点まで扱うかは各論文の執筆時期によっても異なるが，立法過程に連なる一連の考察としては，認定NPO法人制度の成立・実施とNPO法自体の改正・施行までを対象としておけばよいであろう．

　(2) NPO法立法過程の特徴

以上の各期の動きを包括的に考察して全体としての立法過程の特徴を描くと，次のように整理できる。(a)は前史に関すること，(b)〜(e)は立法期間に関すること，(f)(g)は立法後に関することである。

(a) 震災直後からの具体的な立法作業が始まる直前まで，市民団体・民間研究団体をはじめ政党・政府においても同時多発的に，新しい簡便な非営利法人制度の必要性に関する提言や提案がなされており，立法の機が熟していたこと。

(b) 具体的な立法作業の当初には政府立法の動きもあったが，与党のみならず野党も熱心に取り組んでそれぞれの法案を提出するなど，一貫して議員立法の努力が進められたこと。（従来の民法による公益法人制度に風穴をあけるという作業において，主務官庁の設立許可・監督という制約を乗り越えるには議員立法しかありえなかったと思われるが，その方法を各党が各党なりに工夫して議論を展開したことの意味は大きい。）

(c) 政権交代を経た後の自民・社会・新党さきがけの与党3党体制という，不安定ではあるが動態的な政策展開の可能な政治状況の中で，政略的・党略的な発想を抜きにした若手（政権の中枢にいない）議員が率直な議論を展開しながら修正を重ね，最終的には全会一致によって立法化したということ。

(d) 以上の各事項にも関係するが，市民団体の側に立法を専門的に推進する中核的な団体が存在し，全国的な幅広いネットワークを形成することで常に各政党議員とのオープンな意見交換が可能であり，市民団体の意見を伝える機会を頻繁にもてたこと。

(e) 市民団体とともに経済界もこの法律の制定の意義を認めてともに与党への説得に働きかけたこと。（このもつ意味は，その後のNPOと企業との協働を進める上でも大変大きい。）

(f) 所轄庁の業務を団体委任事務（現在の自治事務）として運用を条例に委ねたことにより，施行までに行政府だけでなく議会や市民団体の関心が全国各地において高まったこと。（このことは，その後の法の施行や協働政

策の立案においても大きな意味をもった。)

(g) 法は税制措置の議論とは切り離されたまま成立したが，附則と衆参両院での附帯決議に基づき，施行後において寄附税制の仕組みを実現したこと。(実現された寄附税制の仕組みは制約が多く，その有効な活用という点では極めて不十分であるが，議員連盟と市民団体の努力で一歩一歩改善が進められている点は評価できよう。)

Ⅲ 与党3党案成立過程における主な合意ステップとその背景

Ⅱで考察した各文献をもとに，ここでは立法過程を「合意ステップ」の進展過程として捉え，それらの合意の概要とその背景となる考え方について整理しておきたい。

1.「合意ステップ」の進展として見た立法過程

NPO法の立法過程と成立後の流れについて，与党3党案の「合意ステップ」を中心にフローチャートとして整理したのが図1である。左側にはシーズをはじめとする市民団体のアドボカシーネットワーク「市民活動の制度に関する連絡会」(以下，制度連絡会)[19]の働きかけを，また右側には野党による立法活動を示している。

このフローチャートは，与党案成立過程を主要な合意ステップの進展として示しているが，ここでいう合意ステップは，関係者で合意事項を公表可能な「合意文書」として確認した時点のことを言う。与党3党案がまとまり，その後の紆余曲折を経て成立するまでの主な合意ステップを再確認すると，①与党3党の意見の違いを乗り越えて「骨子試案」でほぼ合意した時点(与党第一次合意)，②再び3党で乖離する意見を乗り越えて国会提出の「要旨」がまとまった時点(与党第二次合意)，③その要旨を踏まえて法案を国会に提出した時点，④野党である民主党との修正協議を経て衆議院を通過した時点，⑤参議院での難航を経て法律名称と法人名称を変更して両院を通過・成立した時点，⑥施行後の見直しによって法改正が行われた時点，の6ステップを設定すること

第5章　特定非営利活動促進法と公益法人制度改革関連3法の立法過程　559

図1　NPO法成立過程の概念図（1995.01-2002.12）（作成：山岡）

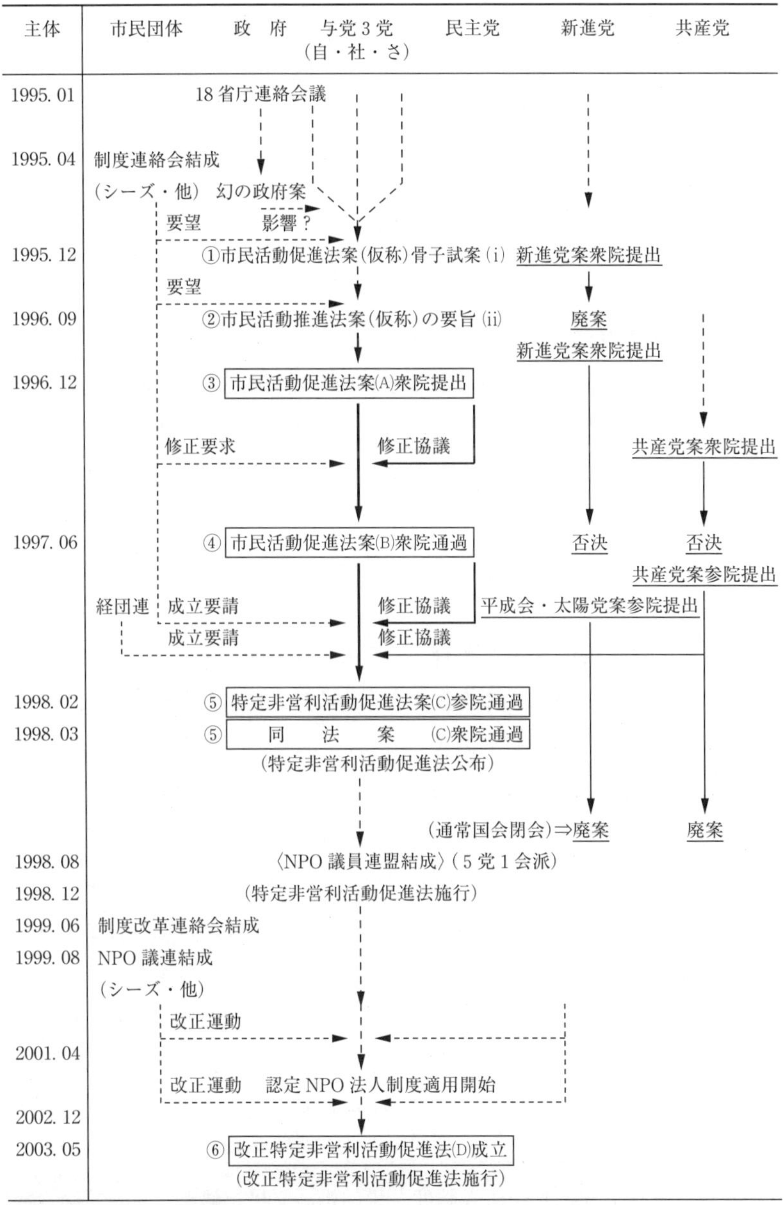

主体	市民団体	政府	与党3党 （自・社・さ）	民主党	新進党	共産党
1995.01		18省庁連絡会議				
1995.04	制度連絡会結成 （シーズ・他）　幻の政府案 　　要望　　　影響？					
1995.12	要望	①市民活動促進法案(仮称)骨子試案(i)		新進党案衆院提出		
1996.09		②市民活動推進法案(仮称)の要旨(ii)		廃案 新進党案衆院提出		
1996.12		③市民活動促進法案(A)衆院提出				
	修正要求	修正協議			共産党案衆院提出	
1997.06		④市民活動促進法案(B)衆院通過		否決	否決 共産党案参院提出	
	経団連　成立要請　修正協議　平成会・太陽党案参院提出 　　　　成立要請　修正協議					
1998.02		⑤特定非営利活動促進法案(C)参院通過				
1998.03		⑤　同　法　案　(C)衆院通過 （特定非営利活動促進法公布）				
				（通常国会閉会）⇒廃案	廃案	
1998.08		〈NPO議員連盟結成〉（5党1会派）				
1998.12		（特定非営利活動促進法施行）				
1999.06	制度改革連絡会結成					
1999.08	NPO議連結成 （シーズ・他）					
	改正運動					
2001.04	改正運動　認定NPO法人制度適用開始					
2002.12						
2003.05		⑥改正特定非営利活動促進法(D)成立 （改正特定非営利活動促進法施行）				

参考資料：シーズ［1998］，谷［1999a］［1999b］，初谷［2001］，小島［2003］，他

ができる。図1では①②を法案提出前の非公式の合意文書によるステップとして(i)(ii)、③④⑤⑥を国会提出後の公式の合意文書によるステップとして(A)(B)(C)(D)として示している。

これらの合意ステップを初谷［2001］と小島［2003］の時期区分との関連で見れば、(i)(ii)はそれぞれ初谷Ⅰ・Ⅱおよび小島第2・3期の期末、(A)(B)は初谷Ⅲおよび小島第4期の期首と期末、(C)は初谷Ⅳおよび小島第5期の期末、(D)は初谷での論述対象時期以後で小島の第6期末となる。

2．六つの合意ステップとその概要

各合意ステップの間には、さまざまな交渉過程や政治状況への対応あるいは関係者での議論の「期間」があったわけで、立法過程の分析とは実はその期間の経緯を指すとも言えるが、法を使用する立場からすれば、経緯そのものよりも現在の条文がどこでどう修正されながら形成されてきたかという「時点」における意味を理解するほうが重要になる。そこで次のⅣでは「期間」よりも「時点」を重視し、どのステップでどのような合意が確認され、どのような変更や修正が行われたかを改めて整理することにするが、その前に、ここではまず六つの各ステップを代表する合意文書を中心に、その位置づけと概要およびその後の扱われ方について見ておきたい[20]。

(1) 「市民活動促進法案(仮称)・骨子試案」[21] (i)

与党3党NPOプロジェクトチームは1995年2月には活動を開始したが、各党間の意見の相違は縮まらず、合意は難航し、翌年になっても一案にまとめることができなかった。しかし漸く1995年12月14日、一定の合意に達することができた。それがこの「骨子試案」で、「所轄庁による認証」という法人格付与手続きとともに市民活動の基本理念4項目を提示した。また税のあり方や助成等についても触れており、本来の意味での「促進法」としての性格をもたせていた。この解釈を巡っては、その後1996年2月1日に与党NPOプロジェクト内で「確認事項」が交わされた。また市民団体側では、制度連絡会が12月16日に東京で「新しい法人制度と税制に、立場を越えたオープンな議論

を」と呼びかけて緊急討論会を開催した。シーズも1996年1月9日に「NPO法に関する緊急会議」を開催, 2月6日には与党3党に「市民活動促進法案（仮称）についての要望書」を提出した。要望書では, 与党案の支持できる点を5項目あげるとともに, 7項目の修正を求めている。制度連絡会は3月2日には大阪で, 23日には東京で公開フォーラムを開催し, 新しい法人制度の必要性について活発に議論を展開した。しかし, その後は自民党内での反発もあって与党3党の隔たりは大きくなり, 再び法案の具体化は難航する。6月10日には制度連絡会有志の名で「市民活動団体等への法人格付与に関する法案（NPO法案）についての要望」を与党3党, 新進党, 共産党に提出, 3項目の意見を表明して立法措置への努力を訴えた。6月11日, 与党3党のプロジェクトチームは自らの調整の限界を認め, その調整を与党政策調整会議（与党政調）に預け, 一本化を図ることになった。

(2) 「市民活動促進法案（仮称）の要旨」[22](ii)

与党政調は1996年9月19日に「市民活動促進法案（NPO法案）に関する合意事項」を作成, ここに再び与党案がまとまることになるが, この「要旨」はその合意書に添付されたものである。「公益の増進」の文言は法の目的には入れるが,「市民活動」の定義には用いず, 定義としては「不特定かつ多数のものの利益の増進」とすることなどを合意した。税制については「人格なき社団」並み（原則非課税）とすることは合意事項に記載されているものの, 法案の「要旨」には触れられていない。この合意の直後, 9月27日には臨時国会開幕と同時に衆議院が解散, 選挙によって自民党が第1党になり連立与党体制の変化と政党の再編が進む。その中で新しいプロジェクト体制が組まれ, この要旨をもとに法案の内容調整と具体化が進行した。しかし直ぐには合意に至らず, 国会への提出は遅れ, 市民団体側は一刻も早く国会提出をと呼びかけた。

(3) 『市民活動促進法案』（国会提出原案）[23](A)

与党3党が, 1996年12月16日に第139臨時国会に提出したもの。臨時国会では衆議院において継続審議となり, その後1997年2月6日には民主党NPO問題プロジェクト・チームが「市民活動促進法案（与党案）に対する民

主党の考え方」を発表，以後，与党3党と民主党の政策協議を経て5月22日には9項目の修正合意について「確認書」を交換し，内閣委員会で審議を開始する。内閣委員会では，6月3日には大阪地方公聴会を，4日には東京中央公聴会を開催し（公述人は各6人），市民団体の意見を聴取した。

(4) 『市民活動促進法案』（衆議院修正可決案)[24](B)

与党3党と民主党が共同修正提案として提出し，内閣委員会で審議・採決の後，1997年6月6日の第140通常国会衆議院本会議を賛成多数で通過したもの。2項目の附帯決議を含む。ただし参議院に回付後は通常国会で継続審議，臨時国会でも自民党内において難航し継続審議となる。10月末には経団連がNPO法案の早期成立を求める声明を発表。その後，参議院自民党から名称変更を含む4項目の修正提案があり，与党3党が合意。1月22日から通常国会の参議院労働・社会委員会で審議入りし，1月27日には参考人質疑（参考人6名）を行う。

(5) 『特定非営利活動促進法』（成立法)[25](C)

自民・社民・さきがけ・民有連・公明の議員により，法案名称の変更を伴う修正協議を経て共同提案されたもの。参議院労働・社会委員会に提出され，全会一致で可決後に参議院本会議で賛成多数により可決。再び衆議院に回され内閣委員会で全会一致により可決の後，3月19日に第142通常国会の衆議院本会議を全会一致で通過・成立した。参議院では4項目の，衆議院では5項目の附帯決議がなされた。3月25日には平成10年法律第7号として公布，その後の政令によって1998年12月1日より施行されることになった。その後，附帯決議による見直しの中で2000年12月14日には寄附に関するNPO支援税制の導入が決まり，2001年4月1日から適用されることになった。

(6) 「特定非営利活動促進法」（改正法)[26](D)

NPO議員連盟の国会提案により2002年12月11日に成立したもの。(C)では附則2において施行後3年以内に検討を加え，その結果に基づいて必要な措置を講ずることを定めており，また衆参両院の附帯決議では税制等を含めた制度の見直しについて検討し，施行後2年以内に結論を得ることにしていた。これ

を受けて実現したのが，この改正 NPO 法で，特定非営利活動の 12 分野を 17 分野に増やし，設立にあたっての提出書類の簡素化を図る他，2001 年 4 月 1 日の支援税制適用開始を受けて，寄附税制に対する措置条項を追加した。

(7) 各合意ステップに関する主観的感想

以上が各合意ステップにおける合意概要であるが，ここで市民団体の立場から立法に係わり続けてきた者としての主観的な感想を述べれば，(D)以外の各ステップについては，そこに至るまでの数ヵ月はいつも「お先真っ暗」な危機的状況を迎え，立法を断念するかどうかの瀬戸際にあった。

市民活動の将来という視点からすると余りに問題の多い法律になるならば，立法に対して反対の大きな声をあげて断念したほうがよいし，ある程度の我慢できる範囲なら，この機会を逃さず実現すべきと立法促進を訴えなければならない。その分かれ目については，市民団体の側だけでなく政党間においても意見は揺れ動いた。各ステップの合意文書は，その中で何とか妥協の接点をみつけて苦肉の策で前進すべく作成されたものであった。

ここに，これらの合意文書の重みがある。

3．各合意ステップにおける基本的な論点

この各合意ステップにおける基本的な論点を理解するためには，1898 年（明治 30 年）施行の現行民法の法人制度の構造を理解しておくことが必要になる[27]。民法 33 条では，法人は法律の規定によらなければ成立しない，という法人法定主義について定め，34 条では，公益に関する（公益性を有すると解釈されてきた）社団または財団は主務官庁の許可を得て設立できる制度（公益法人制度）について定めている[28]。すなわち，公益性を有する法人にするなら 34 条の特別法による法人（例えば社会福祉法人や学校法人）になるが，営利を目的としないが必ずしも公益を目的とするわけでもない法人にするなら 33 条の特別法による法人（例えば消費生活協同組合法人や中間法人）になる，ということである。その場合，34 条に基づく公益法人なら原則非課税となって他の税制優遇も可能となるが，33 条に基づく法人の場合には原則非課税と

するのは難しいと考えられ，優遇措置も限られてくる可能性が大きい[29]，ということができる。

　新たに制定するNPO法人について言えば，必ずしも明示的に論じられたわけではないが，公益法人制度の枠内という制約はあっても原則非課税が保障される34条による特別法とするのか，税制措置に不安は残るが33条によって公益法人の枠を越えた自由度の高い法人制度をつくるのか，という議論であった。すなわち，税制優遇の可能性を優先するか法人としての自由度を優先するか，ということが暗黙の基本的な争点であった。前者なら設立は一般に所轄庁の「認可」になるし，後者なら「準則主義」による設立となり，所轄庁は必要としない。与党3党について言えば，自民党は終始前者の立場を貫き，社民・さきがけは後者を前提に議論に臨んだ。新進党は前者の立場から独自の法案を提出し，共産党は後者の立場から独自の法案を提出した。また民主党は極力後者に近づける立場から与党案に修正を求めていった。私も含め市民団体の多くは後者の立場を主張したが，事業性の高い団体では前者を主張するところもあった[30]。立法の初期段階で議論された幻の政府案も，基本は前者の立場に基づくものであった。

　以上のようなせめぎあいの過程を経て，ステップ①では「所轄庁の認証」という設立形式を前提に34条の特別法とすることで与党3党が合意し，その上でいかに現行の公益法人制度の呪縛をのがれた自由度の高い法人制度にするか，ということで以後の議論は進んだわけである。すなわち法体系としては民法34条の特別法としながら，現実の運用においてはできるだけ民法33条の特別法に近づけるという形で工夫を重ね，現実的な妥協点を捜し求めたのである。

　NPO法の立法過程，とりわけ与党3党の合意ステップの進行を理解するためには，複雑に見られる議論も基本的には以上の構造をもつものであったことを確認しておく必要がある。法体系としては民法34条による特別法とするわけであるから，それは現行の公益法人制度の一部に風穴をあけることになる。果たしてどのような風穴をあけることが可能か，その風穴の大きさをどうする

か，風穴の形をどうするか，また悪い風が入らないようにするには風の通りをどうするか，喩えで言えば，それが細部の調整問題であった。もっとも，細部とはいえ，根本的には民主主義に対する考え方，結社のあり方に対する基本的な考えの違いを反映するものでもあった。先に紹介した立法当事者や研究者の文献も，そのような論点から再整理して読みこなすことが重要と思われる。

Ⅳ 各合意ステップにおける主な修正点

最初の合意ステップである(ⅰ)の「骨子試案」では，①法人設立は所轄庁の認証制度でいくこと，②そのためには法人化の対象となる活動や団体を限定する意味で定義や要件を定めること，③所轄庁による一定の監督と認証取り消しまで含む行政処分を行えるようにすること，④情報公開の仕組みを導入すること，⑤税制上は原則非課税とすること，などの基本的な枠組みが合意された。これらの基本的な枠組みは改正法(D)に至るまで変わることなく引き継がれたが，その具体的な内容は，その後の与党間での議論，あるいは野党や市民団体との議論を通じて修正が重ねられてきた。

Ⅳでは，(ⅰ)以降の各合意ステップにおいて提出された法案等の合意文書をもとに，条文がどのような修正を重ねて形成されてきたかをテーマ別に確認することで，立法過程の特徴とともにそのもつ意味を明らかにしていきたい。なお，ここで言う修正には，具体化，変更，追加，削除が含まれる[31]。

1．名称および目的に関する修正点

(1) 法律・法人の名称

法律の名称については，(ⅰ)(ⅱ)では（仮称）がつくものの「市民活動促進法案」とされ，(A)では（仮称）がとれ，(B)で確定したかに思えたが，(C)に至り「特定非営利活動促進法案」に変更になった。これに伴い，新たに設けられる法人の名称も「市民活動法人」から「特定非営利活動法人」に変更された。

この変更は，参議院自民党において市民活動という言葉が特定のイデオロギーをもつものとして忌避され，より価値中立的な言葉として選ばれたものであ

る。「特定」がついているのは，民法34条の特別法として非営利活動のうちの特定の領域や特定の要件を満たすものだけを対象とするということを示したものである[32]。この名称変更にもかかわらず，(C)の他の条文については，後述の1条の目的と2条2項2号ハの選挙への関与に関する条項など一部を修正したのみで，実質的な内容はむしろ市民活動らしきものにより近づいたとも言える。

多くの市民活動関係者がこの名称変更に反発を表明しなかったのは，名称としてはNPO法という通称からも一定の理にかなったものであり，名称変更によって内容が悪い方向に修正されることはないと判断し，何よりもこの機会を逃さず成立にこぎつけることがまずは重要と考えたからである。私自身も多くの人に意見を求められたが，敢えて反対意見は表明しなかった。概念としては，市民活動法人より広がったと考えている。

(2) 法の目的

法の目的は，合意ステップが進むごとに少しずつ修正されてきた。(i)では「市民活動について，その基本理念を定め，国，地方公共団体等の責務等を明らかにするとともに市民活動団体に法人格を付与することにより，市民活動の健全な発展を促進し，もって公益の増進に寄与すること」とあって基本理念と行政の責務に関する規定が入っており，税制優遇などの国や地方公団体の行う措置も具体的に記されていた。これが(ii)になると，これらの規定は削除され「市民活動団体に法人格を付与することにより，市民活動の健全な発展を促進し，もって公益の増進に寄与すること」と法人格付与のみに単純化される。

なお「公益の増進に寄与すること」という目的は(i)から(D)までのすべてのステップに含まれているが，「公益の増進」は以前から議論のあった言葉である。長年の公益法人制度の運用の中で，公益とは主務官庁の裁量によって決められるものという通念（国家公益論）が定着し，市民活動には馴染みにくく，むしろ危険と考えられたからである。そのため，(i)の「基本理念」で記された「すべての市民活動は，公益の増進に資することを目的としなければならないこと」という文言には自民党以外からは強く反対され，後で見るように(ii)の市民活動

の定義の中では,「公益」は「不特定かつ多数の者の利益」に置き換えられた[33]。しかし個々の団体が公益を伴うものであるかどうかは別として,そのような活動が促進されることは公益にかなったことである,というのが法の目的に「公益の増進」を残した理由である。それはこの法律が,民法34条に定める公益法人制度の特別法であることの印でもあった。

(A)になると,その目的は「市民活動<u>を行う</u>団体に法人格を付与すること<u>等</u>により,<u>ボランティア活動をはじめとする市民に開かれた自由な社会貢献活動としての</u>市民活動の健全な発展を促進し,もって公益の増進に寄与すること」(1条)となる。下線で示した「を行う」や「等」が入るとともに「市民活動」にやや長い形容句が加えられたのである。

「を行う」の挿入は団体の限定性を緩める意味があったと思われ(市民活動団体を定義しなくて済む),「等」の挿入は税制措置等の促進策も入ることを示したもので,実際に45条には税制上の特例が明示された。「市民活動」に付加された形容句と同種の文言は,後に見るように(i)(ii)では「市民活動」の定義の中で用いられていたものであるが,それが(A)では目的の条文の中に移されたのである。このうちの「ボランティ活動をはじめとする」は市民活動の内容をその報酬の低廉性に限定するものとして市民団体や新党さきがけから危惧の念がもたれており,その使用については議論がたえなかった[34]。しかしボランティアが重要なことは間違いないし,また多くの人にもこの言葉は分かり易い。そこで個別の市民活動の要件とすることは避けるが,法の目的の中には書き記すことにしたのである。「公益の増進」と同じ扱いである。(A)では「ボランティア」も「公益」も2条以下の条文には存在しないが,1条の目的において残ることになったわけである。

(B)では目的条項が特に修正されるということはなかったが,(C)になると,「<u>特定非営利活動</u>を行う団体に法人格を付与すること等によりボランティア活動をはじめとする市民<u>が行う</u>自由な社会貢献活動としての<u>特定非営利活動</u>の健全な発展を促進し,もって公益の増進に寄与すること」(1条)となり,活動名称の変更とともに「開かれた」が「行う」に変更され「市民」は活動への参

加者というよりも活動の主体として積極的に位置づけられた。この合意ステップでは条文から一切の「市民活動」は消えたものの，「市民」という言葉は1箇所のみ，目的条項の中に生き延びたことになる。「ボランティア」も「市民」も「公益」も2条以下の条文には存在しないが，これらは「自由」という言葉とともに1条の目的の条文の中に生きている。「ボランティアをはじめとする市民が行う自由な社会貢献活動が公益の増進に寄与する」という基本概念は，国家公益に代わる「市民公益」という新しい概念の萌芽として，重要な意味をもつものと考えられる。

このような定義に関する議論で必ず出てくるのが，民法34条の公益法人制度との棲み分け論で，国会審議でもこの議論が長時間にわたって繰り返された。この解決なしにはこれ以上は進まないとの考えが，(B)の衆議院および(C)の衆参両院における附帯決議となった。(C)の附帯決議は，両院とも「三，民法第三十四条の公益法人制度を含め，営利を目的としない法人の制度については，今後，総合的に検討を加えるものとすること」となっている。この決議はVで紹介する公益法人制度改革関連3法の成立によって実現したかに見えたが，そのことを歓迎する声はNPO法の実現に係わった議員や市民団体からも，今のところは聞こえてこない。民法との棲み分け論は不要になったとの前提のもとに，改めてNPO法の見直しを行う時期にきているとも言えよう。

2．活動および法人の定義に関する修正点

民法という基本法に公益法人制度が定められている限り，その特別法として定められる新たな公益法人制度は，それが公益法人全体のどの部分を対象としたものかを明示する必要がある。すべての団体とはいかないのである。市民団体の側からはその範囲は広いほど望ましいが，次項で見るような所轄庁の認証（形式要件の審査）の対象とするからには，できるだけ明確な形で一定の基準を設ける必要がある。与野党案の相違や立法過程における修正の駆け引きの主な点は，この範囲の括り方にあった。

(1) 市民活動・特定非営利活動の定義

法人化の対象となるのは(i)(ii)(A)(B)では市民活動団体，(C)(D)では特定非営利活動団体であるが，これらを定義するには「市民活動」や「特定非営利活動」を定義しなければならない。

　これについては，(i)では「次のいずれかに該当する目的を持ったボランティア活動をはじめとする市民の自主的な社会参加活動であって，営利を目的とせず，地域社会，市町村，都道府県，国内又は海外で行うもの」として15項目の活動分野を示していた。(ii)でも基本的には同じだが「ボランティア活動をはじめとする次のいずれかに該当する市民に開かれた自由な社会貢献活動であって，不特定かつ多数のものの利益の増進に寄与することを目的とするもの」として活動分野を11の項目に再編した。「市民の自主的な社会参加活動」が「市民に開かれた自由な社会貢献活動」に変わり，「営利を目的にせず，……で行うもの」が「不特定かつ多数のものの利益の増進に寄与することを目的とするもの」に整理されるが，「ボランティア活動をはじめとする」という形容句は変わっていない。

　しかし(ii)を条文化した(A)では，「別表に掲げる活動に該当する活動であって，不特定かつ多数のものの利益の増進に寄与することを目的とするもの」（2条1項）と，二つの形容句を省いて簡潔に定めている。「ボランティをはじめとする……」と「市民に開かれた……」は活動の定義からは削除し，先にも見たように立法の目的条項に移したのである。しかし(A)の別表自体は，基本的に(ii)と同様であった。(B)では別表における一部の文言が変更され，別に1項目が追加された。(C)になると定義される言葉が「市民活動」から「特定非営利活動」に変わるとともに別表の一部が修正されるが，いずれも定義の内容そのものは変わっていない。(D)においては，別表に5項目が追加され17項目となるとともに文言も一部修正されるが，定義の文言は変えていない。

(2)　別表の内容の変化

　ここで別表の各合意ステップにおける修正過程を見ておくと，表2の通りとなる。

　まず(i)と(ii)を比べると，追加された項目は「まちづくりの推進」「男女共同

表2 NPO法人における17活動分野の成立過程

※太字は追加・削除・変更を示す

	市民活動促進法(仮称)骨子試案i [951214]	市民活動促進法案(仮称)の要旨ii [960919]	市民活動促進法案(A) 国会提出案 [061216]	市民活動促進法案(B)案 議院通過案 [970606]	特定非営利活動促進法(C)成立 [980319]	特定非営利活動促進法(D)改正 [021211]
1	社会福祉の増進	1 保健福祉の増進	1 保健福祉の増進	1 保健、医療又は福祉の増進	1～5は変更なし	1～3は変更なし
2	教育の増進	2 社会教育の推進	2 社会教育の推進	2～4は変更なし		
3	産業の振興	3 まちづくりの推進	3 まちづくりの推進			
4	文化の向上	4 文化・芸術・スポーツの振興	4 文化、芸術又はスポーツの振興			4 学術、文化、芸術又はスポーツの振興
5	芸術の振興					
6	スポーツの振興					
7	環境の保全	5 地球環境の保全	5 地球環境の保全	5 環境の保全(地球が消える)		5～11は変更なし
8	災害の救助	6 災害時の救援	6 災害時の救援	6 災害救援活動		
9	犯罪の防止	7 地域安全活動	7 地域安全活動	6～11は変更なし	7～12は変更なし	
10	人権の擁護	8 人権の擁護・平和の推進	8 人権の擁護又は平和の推進			
11	平和の推進					
12	国際交流	9 国際協力	9 国際協力			12 情報化社会の発展
13	国際協力					13 科学技術の振興
		10 男女共同参画社会の推進	10 男女共同参画社会の形成の促進			14 経済活動の活性化
14	その他の公益増進に資すること	11 子どもの健全育成、国際交流、産業の振興、その他の公益増進に資することが消える	11 子どもの健全育成			15 職業能力の開発又は雇用機会の拡充
				12 前号各号に掲げる活動を行う団体の運営又は活動に関する連絡、助言又は援助の活動		16 消費者の保護
						17 (改正前の12)

* A・B・Dにおける各項目の「を図る活動」「を支援する活動」(Dの15項のみ)「の活動」は省略

参画社会の推進」「子どもの健全育成」である。このうち「まちづくり」は関連団体の側からの「まちづくり・住まいづくり」に関する活動項目の追加要望を受け、「住まいづくり」は広い意味での「まちづくり」に含むものとして省略の上、追加されたものである。「男女共同……」は男女共同参画社会基本法の制定に向けた動きを受けたもの、「子ども……」は少子化が問題として浮上してきたことを反映したものである[35]。次に(ii)において削除された項目を見ると「産業の振興」「国際交流」「その他の公益増進に資すること」があげられる。「産業の振興」を削除したのは営利を目的とした活動が入り込むことを危惧したものと思われるが、これは後に(D)で「経済活動活性化」として再登場する。「国際交流」は広い意味で「国際協力」に含むものとしたことが、後に国会答弁で語られている。問題は「その他……」である。市民団体側は活動分野を項目として列挙すること自体に反対していたが、もし列挙するなら例示の扱いとし、「その他」を入れることを強く求めた。(i)はこのような要望を反映させたものと思われるが、「その他」を入れればすべての団体を含むことになるから民法34条の公益法人の範囲と同一になって特別法にはならない。恐らくは議会法制局の判断により、特別法としての限定性を示すために(ii)ではこれを削除することにしたのであろう。この他、(ii)ではいくつかの項目の統合や用語の変更があるが、中でも目につくのが「環境の保全」から「地球環境の保全」への変更である。この変更には「地域環境の保全」は対象にしないという明確なメッセージを読み取ることができる。原発反対や地域開発への反対、流域の自然の保護などの住民運動を忌避したものと思われるが、これには市民団体側は強く反発し、また自民党以外の与野党も反対した。

　(A)は(ii)をそのまま法案に取り入れたもので、字句も第10項に「形成の」の3文字を追加した点を除けば同一であるが、(B)においては第1項に「医療」の語を付加し、第5項の「地球環境」を再び「環境」に戻すとともに、新たに第12項として「……連絡、助言又は援助の活動」を追加した。第1項の付加は国会質疑の中での指摘を反映させたものであるが、第5項の変更と第12項の追加は市民団体側からの強い要望に応えたものである。特に第12項は、NPO

法の立法を NPO の立場で推進してきた人々や団体が，まさにこのような活動分野を超えた中間支援組織やそのネットワークであったことにもよる。施行後の NPO 法人制度の発展のためにも，この項目の追加が意味するところは大きい。

(C)では「災害時の救援」を「災害救援活動」に修正した。細かいことのようにも思えるが，国会質疑への答弁を通じ，災害時の一時的な救援活動だけでなく災害防止という事前の活動や災害後の復旧活動なども広く含むことを示す必要を感じて修正したものである。また(C)では，衆議院の附帯決議として「三，別表十二項目に関しては，多様な特定非営利活動を含むように広く運用するよう努めること」と記されているが，これは国会質疑で何度も繰り返し質問され応答してきたことを文書として再確認したもので，施行後の法の運用において大きな役割を果たした。

(D)では別表にさらに「情報化社会の発展」「科学技術の振興」「経済活動の活性化」「職業能力の開発又は雇用機会の拡充」「消費者の保護」の 5 項目が追加され，第 4 項に「学術」の言葉が付加される。市民団体からの 4 項目の追加要望を再整理したもので，社会的課題への対応を中心とする活動から，より積極的に新しい社会状況を創り出す活動へと広げたものとして，特定非営利活動のイメージをかなり広範なものにする効果があったと考えている。

(3) 法人の定義と要件

「市民活動法人」は，(i)では「市民活動を行うことを主な目的とする団体でこの法律により法人格を取得したもの」と定めており，ここで目的に「主な」がついていることは，従たる活動としてなら市民活動以外の活動をしてもよいという意味で重要である。「主な」は(ii)以降も「主として」に置き換えられて一貫して使用される。(ii)では「市民活動団体」を「主として市民活動を行う社団であって，営利を目的としないもの」と定め，その上で「市民活動法人」を「この法律の定めるところにより設立された法人」とし，団体と法人を 2 段階に定義している。

(A)では「市民活動を行うことを主たる目的とし，次の各号のいずれにも該当

する団体であって，この法律の定めるところにより設立された法人」（2条2項）として団体と法人の定義を統合し，(ii)を踏襲しながらも「次の各号」として下記の2号を具体的に条文化した。その後の修正の意義や全会一致で成立に至った理由を理解するために重要なので，そのまま引用しておこう（条文中のカッコ書きは省略した）。

1号　次のいずれにも該当するものであって，営利を目的としないものであること。
　　イ　社員及び会員の資格の得喪に関して，不当な条件を付さないこと。
　　ロ　役員のうち報酬を受ける者の数が，役員総数の三分の一以下であること。
　　ハ　社員のうち報酬を受ける者の数が，社員総数の三分の一以下であること
2号　その行う活動が次のいずれにも該当する団体であること。
　　イ　宗教の教義を広め，儀式行事を行い，及び信者を教化育成することを主たる目的とするものでないこと。
　　ロ　政治上の主義を推進し，支持し，又はこれに反対することを主たる目的とするものでないこと。
　　ハ　特定の公職の候補者若しくは公職にある者又は政党を推薦し，支持し，又はこれらに反対するものでないこと。

このうち1号については(i)(ii)には見られないもので議論も進んでなかったが，国会審議の過程で活発に議論され，(B)ではイの「及び会員」を削除するとともに，ハの社員の報酬要件については項目そのものを削除することになった。2号の政治・宗教・選挙活動に関する制約は，文言としては一部異なるが(i)(ii)の合意ステップから登場しており，市民活動団体にとっては重要な制約条件になるものとして懸念されていたから，衆議院でも参議院でも活発な議論がなされ，国会答弁によって，その解釈が何度も確認された。すなわち「主たる目的」でなく「従たる目的」としてならば宗教活動も政治活動も行ってよいこと，「政治上の主義」とは基本的な政治体制のあり方を主張するもので，各

団体の目的とする活動に関する「施策」の推進や支持や反対は禁止されるものではない，ということなどである。

さらに(C)の参議院通過段階では，2号ハの「反対するものでないこと」が「反対することを目的とするものでないこと」に変更され，この追加によって野党も納得し，全会一致の採択に至った経緯がある。選挙活動を組織そのものの目的とすることは許されないが，組織の目的とする活動（例えば環境の保全）を実現するために特定の候補者を応援しても，それによって改善命令を受けることも解散させられることもないということである。またさらに加えて，衆参両院において次の格調高い附帯決議もなされている（両院で文言が異なるが，より詳しい衆議院のものを記載する）。すなわち，「一，この法案の施行及び運用に当たっては，憲法に規定する信教，結社及び表現の自由が侵害されることがないように配慮し，特定非営利活動法人の自主性を十分尊重するとともに，法律の趣旨，国会における審議を踏まえ，公正かつ透明な行政運用に努めること」というものである。

3. 所轄庁とその設立認証に関する修正点

(1) 前提としての認証制度

立法過程の当初に与党3党の中で最も意見が分かれたのが，法人の設立方法である。当初，自民党は「認可制」を主張し，新党さきがけは「準則主義（届出制）」を，社会党は「登録制」を主張していた。市民団体は多くが準則主義にこだわった。それが(i)において「所轄庁による認証」として合意されたのである。準則主義や登録制による設立では何が入ってくるか分からないので原則非課税は困難だが，ある範囲を対象とした形で認証することにすれば原則非課税とすることができ，その後の税制優遇措置にもつなげられるということで妥協した結果と言える。

「認証」という行為は基本的には形式要件の審査を行うもので，株式会社のような準則主義による設立の場合にも，公証人という民間人が行う行為を示す言葉として用いられる。また認証は宗教法人の設立においても用いられるが，

この場合は定款を対象に所轄庁（文部科学省や都道府県）が形式要件の審査を行う行為を指し，認可の一種とされている。NPO法の認証は後者に相当するが，宗教法人の認証が定款のみの認証であるのに対して，事業計画等も含む設立行為そのものの認証である点が異なっている。

(2) 所轄庁に関する規定

上記のような認証を行うには所轄庁が必要になるが，立法過程では所轄庁を都道府県とすることは問題なく合意したものの，それを団体委任事務（現在の自治事務）とするか機関委任事務（現在の法定受託事務）とするか，また所轄庁に中央官庁も含めるかどうかで，何度も議論があった。

(i)では所轄庁は「主たる事務所の所在地を所管する都道府県」とし，「知事」との表記がないことから団体委任事務を想定していたことが分かる。また中央官庁は含んでいなかった。しかし(ii)では次の3項目が明記され，「知事」の文字が出てくるとともに，中央官庁として経済企画庁が加わった。すなわち，下記の通りである。

(1) 市民活動法人の所轄庁は，都道府県知事とすること。なお，この都道府県の事務は，団体委任事務とすること。
(2) 市民活動法人で2以上の都道府県の区域内に事務所を設置するものにあっては，その所轄庁は，(1)にかかわらず，経済企画庁とすること。なお，この事務は，国の事務とすること。
(3) (2)における市民活動法人の認証の際，所轄庁は，定款に定められる事業の所轄大臣に意見を求めることができるものとすること。

中央官庁を所轄庁に加えることに対しては地方分権の立場から反対意見もあったが，この規定は(1)(2)の「なお」書きを除いて，ほぼそのまま(A)の9条1，2項および10条2項として条文化された。

しかし(B)では，後に見るように(ii)の(3)にあたる(A)の10条2項が削除され，(C)においては「都道府県知事」（9条1項）が「都道府県の知事」となって「の」の1字が追加された。後者は非常に細かいことのようだが，(B)から(C)に至る期間に参議院自民党の間でこの所轄庁の事務を団体委任事務から機関委任

事務に変更すべきではないかとの論議が出た経緯も踏まえ，敢えて団体委任事務のままとすることを再確認するために 1 字を追加したのである．一般に政府の文書では団体委任事務の場合には「都道府県」を用い，機関委任事務の場合には「都道府県知事」を用いていたから，後者ではないことを明確にしたわけである．団体委任事務は地方公共団体に委任するもので，そこには議会も含まれるが，機関委任事務は通達によって機関としての知事に委任するもので，議会は関与しない．その意味で，「の」の 1 字は議会の関与を明確にしたものとして大きな意味をもっている．もっとも，所轄庁としての都道府県の業務が団体委任事務であることは，すでに(A)の 10 条において都道府県知事が所轄庁の場合には都道府県の条例の定めによって設立認証を行うことが定められており，それはそのまま(B)にも(C)にも引き継がれていたから明らかなことではあった．にもかかわらず敢えて「の」を付け加えて再確認した意味には，重いものがある．その後の地方分権改革によって団体委任事務は自治事務に，機関委任事務は法定受託事務に代わったが，もし所轄庁の業務が機関委任事務になっていたら，今のような各都道府県の自主性による NPO 政策・協働政策は展開されなかった可能性もある．

では(ii)以降で中央官庁として経済企画庁が所轄庁に選ばれたのはなぜか．それは 1994 年 11 月に国民生活審議会で新しい非営利法人制度の必要性を提起し[36]，1995 年 1 月の震災直後に始まった「ボランティア問題に関する省庁連絡会議」の事務局を担い[37]，ボランティア支援立法の政府案のとりまとめに中心的に係わってきたためである．この政府案自身は 1995 年 11 月のはじめに幻に終わって経企庁は表舞台から退出するが，(ii)で所轄庁として明記されることによって再び表に出ることになったわけである．しかし都道府県の事務は団体委任事務とすることで合意していたから，経企庁の立場は都道府県と同列で上下の関係にはない．

(3) 経企庁の設立審査に関する手続き

設立審査の手続きについては，まず経企庁が認証する場合の進め方に関して自民党以外の与野党と市民団体から大きな反発が起こった．先に所轄庁の決定

に関しては(ii)で3項目が明記されたことを述べたが，その(3)において，経企庁が認証を行う際には「定款に定められる事業の所轄大臣に意見を求めることができる」ことが記されていたからである。この文言は(A)で「経済企画庁長官は，前項の規定による認証を行おうとするときは，次条1項3号［筆者注：その行う市民活動の種類及び当該市民活動に係わる事業の種類］の事業の所管大臣に意見を求めることができる」（10条2項）と条文化されたが，これには3つの大きな問題があった。一つは，従来の公益法人制度による主務官庁制度の影響を残し活動内容をタテ割りの官庁組織の枠組みで制約しかねないこと，第二は，中央官庁でこれを行えば各都道府県でもその条例において同様の規定を入れる可能性が大きくタテ割りが全国に普及しかねないこと，そして第三は，実はこれが最も重要なことであるわけだが，「認証」という行為を形式要件の審査だけでなく活動内容や価値観までを問う行為にしてしまいかねないことで，NPO法人制度の根幹に係わるものとして市民団体は猛反発し，私自身も各地の講演でこの問題を集中的に訴え，国会議員にも削除するよう強く働きかけた。この声は野党である民主党や与党である社民党・さきがけを通じて自民党を動かすことになり，一時は「この項目の削除だけはとても無理」という声も聞こえたが，最終的には削除され，(B)の条文では見られなくなった。

(4) 認証手続きに必要な書類

所轄庁の認証にあたってどのような申請書類を提出すべきかについても，細かい議論が積み重ねられて少しずつ変化する。(i)では「申請書，設立趣旨書，定款，事業計画書，設立決議録等」が記されていたが，(ii)には何の記載もなく，(A)では申請書の添付資料として，定款，役員に係る四つの書類，社員に係る二つの書類，宗教・政治・選挙活動についての要件を満たす誓約書，設立趣意書，設立者名簿，設立の意向決定を証する議事録の謄本，設立当初の財産目録，設立当初の事業年度（を記載した書面），初年度と翌年度の事業計画書，同収支予算書と膨大な数の書類が定められ，法人化を目指すほとんどの市民団体が，正直のところ驚嘆した。

(B)においても基本は(A)と同じであるが，宗教・政治・選挙活動についての要

件を満たす誓約書に暴力団体とも関係がないことを含めることにし，役員と社員に係る書類を若干変更した。一つは「住民票」とあったものを外国人のことも考慮して「住所または居所を証する書面」としたこと，一つは全社員の名簿提出を「10人以上の社員」としたことである。

(C)においてさらに若干の修正が行われる。宗教・政治・選挙活動についての要件を満たし暴力団とも関係がないことを示す(B)における誓約書は，「誓約書」を「確認したことを示す書面」とした。また(A)(B)では役員に係る書類で欠格事由や親族要件に違反しないことを誓約する書面があったが，これも，「（そのことを）各役員が誓う旨の宣誓書の謄本」とした。市民活動団体が所轄庁に対して誓約するという上下関係の行為ではなく，仲間同士で確認し宣誓しあった証拠を示せばよいとしたものである。市民活動における官庁との係わりのあり方に，細心の注意を払ったわけである。

なお(D)において，提出書類はいくらか簡便になった。設立者名簿，設立当初の事業年度を記載した書面，設立当初の財産目録は不要として削除され，役員に係る書類は三つに整理された。

(5) 審査期間と設立申請時の情報公開

認証にあたっての審査期間は何度も変転した。(i)と(ii)では公告や縦覧の定めはなく審査のみで3月以内となっていたが，(A)では申請書類の情報公開が考慮されて「1月間公告後3月以内」と「公告」が加わって4月以内になり，(B)では「1月間縦覧後2月以内」と「公告」が「縦覧」に変更されて3月以内に短縮，(C)では「2月間縦覧後2月以内」と縦覧期間を延ばすことで再び4月以内になる。同じ4月以内でも，その内容は(A)とは異なってきた。まだ見ぬ認証という作業を想定しながらの，いかにも議員立法らしい揺れ動く気持ちを感じ取ることができる。なお(A)の「公告しなければならない」は，(B)では「その指定となった場所において公衆の縦覧に供しなければならない」と変更になった。1997年5月22日に与党3党と民主党で交わされた確認書では「公告」が用いられていることから，「縦覧」への変更は土壇場でのことと思われる。形式はともかく，公衆が見られるようにすることを重視したものであろう。

4．所轄庁による監督と情報公開に関する修正点

　法人に対する所轄庁の監督については，市民団体の側は情報公開によって市民が監視するから不要と主張していたが，準則主義ではなく認証によって設立するからには所轄庁による一定の監督義務は避けられない。この一定の監督を，市民活動法人の自由な活動を保障しながらどう行うか，合わせて市民に向けた情報公開をどう行うか，その方法が大きな論点となった。

(1) 所轄庁による監督

　(i)では「第十　所轄庁及び所轄庁による行政処分」において，①報告を3年間行わなかった場合の認証取り消し，②法令違反等の場合の改善命令，③改善命令に従わなかった場合の認証取り消し，④後2者(②③)に必要な監督，について定め，従たる事務所の設置届出を受けた都道府県も所轄庁の同意のもとで必要な報告を求め，調査を行うことができる旨を記していた。(ii)では「第5節　監督」において，①法令違反の疑いのあるときは報告を求め立ち入り検査ができること，②法令違反等と認める場合には期限を定めて改善命令を出せること，③改善命令に違反して監督が不可能なときや報告書を3年以上にわたり提出しなかったときおよび改善命令では改善を期待できない場合には認証取り消しができること，を記している。

　(A)では(ii)を具体化し，41条1，2，3，4項で「報告及び検査」について，42条で「改善命令」について，43条1，2，3，4項で「設立の認証取り消し」について詳細に規定した。国会ではこれらについても主として濫用の怖れに関して詳細な議論がなされ，慎重な運用が求められた。その結果，(B)では41条2項の立ち入り検査における書面提示の規定の末尾に，「この場合において，当該市民活動法人の役員等が当該書面の交付を要求したときは，これを交付させなければならない」ことを付け加え，42条の改善命令において(A)では「……のいずれかに適合していないと認めるとき」となっていたところを，より慎重な判断を求めるために「……に規定する要件を欠くに至ったと認めるとき」という表現に変更した。さらに(C)では41条2，3，4項に頻出する「立ち入り検査」を「検査」に改め，条文としての威圧感を和らげている。

監督をどのように行うかに関する表現については，市民団体の意識が敏感に出る。(ii)で登場し(A)で 44 条として条文化し，(B)で削除された項目があることを記憶に留めておくことも必要であろう。通称「チクリ条項」と呼んでいたもので，今後は目にする機会もないであろうから，その条文をそのまま以下に掲げておく。

> 何人も，第十条第一項の認証の申請が第十二条第一項第二号［筆者注：市民活動の定義における社員・役員要件と宗教・政治・選挙要件］若しくは第三号［筆者注：社員 10 人以上要件］のいずれかに適合していないと思料するとき又は市民活動法人が同項第二号若しくは第三号のいずれかに適合していないと思料するときその他法令，法令に基づいてする行政庁の処分若しくは定款に違反する疑いがあると思料するときは，所轄庁に対し，その旨を申し出て，適当な措置を採るべきことを求めることができる。
>
> 2 所轄庁は，前項の規定による申し出があった場合において，その申出に理由があると認めるときは，この法律に基づく措置その他適当な措置を採るものとする。

条文の文章表現が分かりにくいが，設立認証の縦覧または設立後の情報公開によって要件違反に気付いた場合や何か活動に怪しいと思うところがあれば所轄庁に申し出よ，という密告推奨の定めである。市民が監視するという趣旨からは，何か問題に気が付けば誰でも所轄庁に申し出ること自体，何の問題もない。それは当然の市民の権利でもある。問題は，そのことを敢えて条文に書き込み奨励することの「品のなさ」，あるいは NPO 法人に対して不信感をもたらすような表現に対して，市民団体側は反発したのである。さすがに「無くもがな」の条文で，大した議論もなく削除することになったが，法律の「品」や「信頼感」にまで気を配った立法過程があったことを，記録に残しておきたい。

(2) 情報公開規定

情報公開は NPO 法の生命でもある。これについては(i)のステップから，「第九　情報公開」において「市民活動法人(仮称)は，毎年，事業報告書，財務諸表等のディスクロージャー義務を負い，都道府県に届出るものとする。都

道府県は，これを受理したときは，これを公開するものとする」と，所轄庁における情報公開を明確に定めていた。(ii)になると「第3節　3　事業報告等の公開等」において，事務所への備え置きと利害関係者への閲覧を主とし，その写しを所轄庁に提出して閲覧できるようにしている。

これを受けた(A)では，28条で書類の備え置きと利害関係人への閲覧について定め，29条でその写しの所轄庁への提出と所轄庁における閲覧義務を定めている。この場合の備え置き書類は，前年度の事業報告書，財産目録，貸借対照表および収支計算書，役員名簿・報酬を受けた役員名，社員名簿・報酬を受けた社員名となっていたが，(B)ではこのうち社員名簿が全社員から10人以上の社員となり，報酬を受けた社員名については提出しなくてもよくなった。これは(C)(D)においても変わりない。

なお情報公開では会計書類が重要になるが，これについては(i)(ii)では特に触れられていなかったものが，(A)においては「会計の原則」として27条に次の2号が規定された。

　　一　収入及び支出は，予算に基づいて行うこと。
　　二　会計簿は，複式簿記の原則に従って正しく記帳すること。

このうち二の「複式簿記」は小規模団体のことも考慮して単式簿記でもよいこととし，(B)では「正規の簿記」に修正された。また一は(D)において削除された。もともと情報公開書類に事業計画書や予算書は含めていなかったから，この条文は精神規定に過ぎなかったわけだが，それも必要ないと判断して削除したことは，NPO法人の運営における公益法人（予算主義による監督がある）との対比という点でも重要な意味をもったと思われる。

5．税制上の措置に関する修正点

税制上の優遇措置がなければ法人化だけでは意味がない，との声は当初から市民団体の側でも政党の側でも暗黙の了解事項であった。それを法人化の仕組みと関連づけて法にどう定めるかは難しい問題であったが，(i)の骨子試案では3項目にわたり次の具体的な方向を示していた。

第十三　市民活動法人(仮称)に対する税制上の措置

　市民活動法人(仮称)の所得に対する課税は，原則非課税とし，収益事業に係るもののみ課税対象とするための措置を講ずる。

第十四　特定市民活動法人(仮称)

　市民活動法人(仮称)のうち，特に公益性の高い専ら公益目的のものについて，都道府県知事が一定期間の活動実績を踏まえて審査を行い，所要の基準を満たしたものに特別の名称を認め，民法法人と同様の優遇措置を付与すると共に民法法人と同じ監督の下におく。この認定については，一定の期間ごとに更新手続きをとる。

第十五　寄附金についての特別の優遇措置

　特定市民活動法人(仮称)のうち，公益の増進に著しく寄与するものとして認められるものに対して，これらの法人の主たる目的である業務に関する寄附金について特別の優遇措置を講ずる。

　最初の規定は，法人税法に基づく33業種の収益事業には課税するが他は原則非課税とするというもので任意団体と同じ扱い，次の規定は知事の認定したものは主務官庁の監督のもとに公益法人と同じ優遇措置(収益事業に対する軽減税率の適用，みなし寄附金の適用，金融資産収益非課税)を与えるというもので公益法人と同じ扱い，3番目の規定は寄附金控除制度を実現しようとしたもので，特定公益増進法人制度と同じ扱いを意味している。

　ところが(ii)では税制措置については何も触れておらず，次の(A)において税法上の特例として46条を設け，その1項に，(i)における十三項と実質同じ内容の原則非課税措置を規定，さらに2項で消費税の扱いを，3項で地価に関する法令の適用に関する規定を定めた。(B)ではそのまま(A)の条文を継承し，(C)でも市民活動法人を特定非営利活動法人に改めただけで内容としては継承した。(ii)における第十四・第十五の措置については，(A)(B)(C)のどのステップにも現れない。しかし(B)の採決時点で，第十五にあたる寄附金控除制度については「施行後2年以内に検討すべき」ことを附則に定めるべきとの議論が起こる。しかし税制措置に関することは附則にも書き込むことができず，附帯決議として書き

記すことになった。(C)においても，市民活動法人を特定非営利活動法人と置き換えた同様の附帯決議が，衆参両院でなされた。この時の衆議院における附帯決議を再掲すると「二　特定非営利活動法人に関し，その活動の実態等を踏まえつつ，特定非営利活動の推進及び支援のための税制等を含めた，制度の見直しについて，この法律の施行の日から起算して二年以内に検討し結論を得るものとすること」となっている。

NPO議連の熱心な活動もあって，この附帯決議はほぼその通り実行された。施行の日から起算して2年より2週間遅れることになるが，2000年12月14日には認定NPO法人制度の導入が決まり，翌年4月1日から適用されることになった。この事実を受け，2002年12月に改正された(D)では46条の2として寄附金控除等の特例項目が追加された。こうして(i)に記された第十五の措置は実現したわけだが，第十四の措置については特に必要とする大きな声もあがらず，立ち消えになっている。軽減税率は所得が800万円以下の団体なら必要はないし，金融資産収益非課税も多額の資産をもたない団体では，この超低金利の時代には意味がない。みなし寄附の適用はできれば欲しいが，それだけのために制度を複雑にするほどのインセンティブも，今のところは働かないということであろう。

6．附帯決議のもった意味

NPO法は，(C)のステップにおいて，参議院労働・社会委員会で4項目，衆議院内閣委員会で5項目の附帯決議がなされた。すでに個別のテーマのところで述べたことと重なるが，(C)における衆議院での附帯決議5項目の要旨を記すと，次の通りである。

1．施行・運用に当っては憲法の信教・結社・表現の自由が侵害されることのないよう配慮し，公正かつ透明な行政運営に努めること。
2．NPO法人の活動実態を踏まえ，税制を含めた見直しを施行から2年以内に検討し，結論を得ること。
3．民法34条の公益法人制度を含め，非営利の法人制度について総合的に

検討を加えること。
4．別表12項目については，多様なNPO活動を含むように広く運用するよう努めること。
5．中央官庁の再編に際しては，NPO法の所管及び施行について責任ある推進体制となるよう十分配慮すること。

これらは各委員会での審議過程で議論された内容を反映したもので，文言は一部異なるが，参議院の4項目は衆議院の1，2，3，5に該当し，衆議院の4は独自のものである。またこのうち2，3は，当初の衆議院通過時の(B)において附帯決議された内容と基本的に同じである。

1は，宗教・政治・選挙に関する法人化要件がNPO法人の活動を過剰規制することのないようにと注意を喚起したもの，2は主に税制支援の実現を約束したもの，3は特別法のもつ限界を乗り越えるための課題を指摘したもの，4は別表の限定列挙をできるだけ例示に近い形で運用するよう了解したもの，5は省庁再編で経済企画庁がなくなることへの懸念を示したもの，と言える。このうち5以外については，すでに本文中で触れた。1，4は今後とも常に所轄庁において思い起こされ，遵守すべきことであり，2は形式的にはすでに実現し，また5は経済企画庁を引き継いだ内閣府において，すでに責任ある推進体制が維持されているので約束は果たしている。

課題として残るのが3で，民法に基づく公益法人制度の改革を目指したものであるが，後にⅤで論じるように，2006年5月には公益法人制度改革関連3法が成立し，この課題は決着済みとも言える。しかしNPO法人側はNPO法人制度がこの公益法人制度改革に統合されることに反対し，民法準拠条項の改正はなされたものの，法人制度としては別体系として今のまま存置することになった。それをもってこの項目をすでに終わったこととするのか，さらに将来に向けて継続して検討を進めるべきこととするのか，一度は総括的な議論も必要であろう。

一般に附帯決議は，閣法や与党提案の法律において野党の問題提起を法案修正にかけることなく処理するための「ガス抜き」あるいは「アリバイづくり」

ともみなされていて，掛け声だけに終わることが多い。その点では，法律の一部である附則に定めることとは意味が異なり，責任が伴わないのである。今回の附帯決議においても掛け声だけに終わるのではないかとも懸念されたが，与野党を含めた熱心な議論を通じてなされた決議だけに尊重され，施行後の法の運用や法の改正に関して大きな意味をもちえたものと思う。

V　NPO法と比較した公益法人制度改革関連3法の立法過程

1．関連3法の要旨・背景・立法過程

　内閣官房行政改革推進事務局で進められてきた公益法人制度の抜本改革は，2006年5月26日の参議院における関連3法の成立で一つの段階を超えた。関連3法は6月2日には平成18年法律第48・49・50号として公布された。施行は3法とも「公布の日から起算して2年6月を超えない範囲において政令において定める日から」と附則に定められているから，2008年12月2日までということになる。1898年(明治33年)施行の民法に基づく主務官庁制度を土台とした公益法人制度は，110年を経て全く新しい仕組みに変換されることになった。

(1)　関連3法の要旨

　関連3法とは，「一般社団法人及び一般財団法人に関する法律」（以下，一般社団・財団法人法と略す），「公益社団法人及び公益財団法人の認定等に関する法律」（以下，公益法人認定法と略す），「一般社団法人及び一般財団法人に関する法律及び公益社団法人及び公益財団法人の認定等に関する法律の施行に伴う関係法律の整備等に関する法律」（以下，関係法整備法と略す）で各法律の要旨は以下の通りだが，それらの関係を概念的に示すと図2のようになる。

　一般社団・財団法人法は，いわゆる1階部分の構造を規定するもので，一般社団法人と一般財団法人の設立・組織・運営・管理等について定め，344条に及ぶ。社団・財団いずれの法人も準則主義（公証人の定款認証後に登記）によって設立が可能となる。

　公益法人認定法は，2階部分の構造を規定するもので，民間の団体が自発的

図 2　公益法人制度改革関連 3 法の趣旨と関係の概念図（作成：山岡）

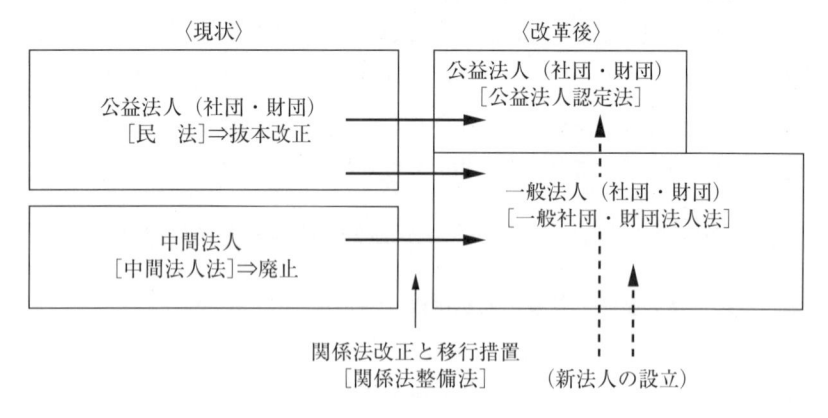

〈現状〉　　　　　　　　　　〈改革後〉

公益法人（社団・財団）　　　　公益法人（社団・財団）
［民　法］⇒抜本改正　　　　　［公益法人認定法］

　　　　　　　　　　　　　　　一般法人（社団・財団）
中間法人　　　　　　　　　　　［一般社団・財団法人法］
［中間法人法］⇒廃止

関係法改正と移行措置
［関係法整備法］　　（新法人の設立）

に行う公益を目的とする事業を適正に実施し得る公益法人を認定する制度を設け，公益法人による公益事業の適正な実施を確保するための措置等について定めたもので，66 条で構成される。公益認定をはじめ監督・情報公開は行政庁（内閣総理大臣または都道府県の知事）が行うが，その認定にあたっては内閣府に置く「公益認定等委員会」や都道府県に置く「合議制の機関」に諮問することになっている。公益認定を受けると公益社団法人や公益財団法人になり，税制優遇等が得られる。

　関係法整備法は，一般社団・財団法人法と公益法人認定法の施行に伴う現行制度から新制度への移行について規定したもので，中間法人法の廃止と一般法人への移行を定めるとともに，民法をはじめ特定非営利活動促進法・社会福祉法・私立学校法・宗教法人法・医療法・消費生活協同組合法・労働組合法など，民法を基本法としている公益～非営利法人関連の法律をはじめ 301 の法律について規定整備と経過措置を定めている。特に現存する約 2 万 5,000 の公益法人にとっては，特例民法法人としての存続規定と施行後 5 年までに行う一般法人および公益法人への移行措置が重要になる。

(2)　抜本改革の背景

　現在の民法 34 条に基づく公益法人制度の問題に関しては，すでに立法当初

から問題が提起されており，その改正についても長年にわたって各方面からその必要性が指摘され，また各種の調査や提言もなされてきた[38]。その必要性は，NPO法の成立時にも附帯決議として確認されたことでもあった[39]。しかし市民団体も政党も政府も，今回の公益法人制度改革にはNPO法の時のような立法運動を展開しなかった。基本法の改正という余りに大きな作業を伴う課題に現実性を感じられなかったとともに，当事者である公益法人自身にほとんど関心がなかったためと思われる。この状況は立法の起点でもある2002年3月の閣議決定以後についても同様で，与野党や市民団体を巻き込んだ活発な論議は展開されなかった。

現在の文脈で見るなら，現存の公益法人制度については大局的に以下の3点が問題であった。これらに対して，特別法の制定や設立指導監督基準の強化によって改革・改善が図られてきた経緯がある。

(a) 非営利非公益団体に関する一般法人制度の欠如（中間法人制度の実現により半分は解決）

民法34条は「公益に関する」法人について定めており，実質的には運用上も税制上も「公益を目的とした」法人として扱われてきた。しかし現実には特に公益を目的とするわけではないが営利を目的とするものでもないという団体，すなわち同業者団体や同窓会などの共益型の法人も多数存在するわけで，これらの一般法の定めがないところから，このような団体も公益法人として設立許可されてきた経緯がある。これは長年にわたり中間法人問題として議論されてきたが，2001年6月の中間法人法の制定（施行は2002年4月1日）によって，少なくとも半分は解決されることになった。半分というのは，今後設立するものについては新たな中間法人として設立することで解決できたが，すでに公益法人として長年の活動を行ってきた団体については財産非分配の観点から中間法人への移行措置をとることができず，未だに多くのものが公益法人の中に含まれているからである。これが残された半分の問題で，これらの非公益非営利(共益)型の法人をどのように措置するかということが，大きな課題として残されていたのである。

(b) 市民活動等を行う団体が活用できる自由度の高い非営利法人制度の欠如（NPO 法人制度によりほぼ解決）

　これは主に 1980 年代以降に顕著になってきた問題で，一定以上の活動規模を有するために法人格を必要としながらも，現行の公益法人設立許可基準の高いハードルを越えることができないため，また主務官庁制というタテ割りの監督に馴染みにくいために法人格を得られない団体が次第に増えてきたことによる。このような問題に対しては，II，III，IVでも見てきたように，特に 1990 年代に入ってから新しい非営利法人制度に関する提案が各方面から提出され，1995 年以降の具体的な立法過程を経て 1998 年の NPO 法の成立に至ったわけである。その点では，寄附税制の不十分さなどの問題はあるものの，ほぼ解決できたといってよい。しかし成立に至る国会論議の中で民法の特別法としての限界が明らかになり，先にも見たような衆参両院の附帯決議として課題は残されていたのである。

(c) 主務官庁の許可・監督制による官民癒着の問題とその問題解決（今回の中心的な解決課題）

　主務官庁制は，その設立許可と監督の権限によって天下り人事を可能とし，また補助金交付や事業委託を通じて行政と法人との関係を密接にする。こうして多くの不透明な公金が公益法人に流れるような仕組みをもたらした。この癒着問題は法人制度のみの改革によって解決できるものではないが，その根幹に主務官庁制度があることは間違いなく，根本的には主務官庁制の解体という抜本的な改革が必要であった。しかしその改革は，長年にわたり築かれてきた官庁の利権構造を守る立場からは生まれてくるはずはなく，繰り返し指摘はされても行動には至らなかったわけである。

　以上の背景のもと，今回は主に(c)の視点から制度改革に着手されたが，同時に(a)の残された半分の問題解決も視野に入れており，また(b)に対しても再編して統一的な制度とすることが意図された。

(3) 関連 3 法の立法過程

　公益法人制度改革は民法による法人制度に係わる改正であるから，内閣立法

で進めるなら法務省が法制審議会を通して行うのが通常であるが[40]，今回は行政改革の一環として特別の進め方がなされた。それも，もともとは行政委託型公益法人のみを対象に検討が始まったものが，KSD 事件[41]の発生などもあって抜本的改革に展開したという経緯がある。その抜本的改革の起点が 2002 年 3 月の閣議決定「公益法人制度の抜本的改革に向けての取り組みについて」で，4 月 1 日の施行日を直前にした中間法人法と施行後 4 年余を経過して順調に展開しつつある NPO 法をも巻き込む制度改革の宣言であった。以後 4 年にわたる検討を経て法制化に至り，国会では一切の修正なく成立する。

そこに至る主要な 4 年間の過程を示したのが図 3 である[42]。Ⅱで述べたように立法過程を「合意ステップ」の進展過程として捉えるなら，今回は図 3 に示すように一貫して閣議が合意の場となり，そこでの合意文書が立法過程を示す基本資料となる。最終ステップは国会での決議であるが，その合意文書（法律）も閣議で決定されたものと同一で変わりない。以下では，この間の合意ステップの進展を，特に民間の意見の反映という視点から考察しておきたい。

図 3 に示す合意ステップ①と②の間ではパブリックコメントの募集と「懇談会」の頻繁な開催があったが，大きな変更をもたらしたのは NPO 法人側からの統合反対の要望であろう。これについては，改めて後で検討する。

合意ステップ②と③の間では，「有識者会議」が大きな役割を果たす。有識者会議の「議論の中間整理」が公表されるとともに，財団法人公益法人協会を事務局として「公益法人制度改革問題連絡会」が結成され，各地で対話集会を開催するとともに，必要な場合には政府に要望書も提出する。③の合意は有識者会議の報告を受けたものだが，その精神や細部については曖昧にされたところもあった。

合意ステップ③と④の間では，③の法人制度構想を前提とした税制のあり方が政府税制調査会において検討され，中間報告として「考え方」が示された。④は，その税制の考えを前提に法人制度の具体化を図ったものである。

合意ステップ④と⑤の間には，④に基づく「新制度の概要」を提示しての 2 回目のパブリックコメントの募集があり，そのコメントを受けて一定の修正を

図3　公益法人制度改革関連3法成立過程の概念図（2001.04－2006.06）

（作成：山岡）

2001.04	「行政委託型公益法人等改革の視点と課題」（行革推進事務局）
2001.07	「公益法人制度についての問題意識―抜本的改革に向けて―」（行革推進事務局）
2002.03	① 「公益法人制度の抜本的改革に向けての取組みについて」閣議決定
	（有識者ヒヤリング）
2002.08	⇒「公益法人制度の抜本的改革に向けて」（論点整理）
	← パブリックコメント
2002.11～03.01	（公益法人制度の抜本改革に関する懇談会の開催）
2003.03	← 政府税制調査会基礎問題小委員会・非営利法人課税WGの検討
	← NPO法人側から統合への反対要望
2003.05	← 与党行財政改革推進協議会の申し入れ
2003.06	② 「公益法人制度の抜本的改革に関する基本方針」閣議決定
2003.08	「公益法人制度の抜本的改革に関する関係省庁連絡協議会」設置
2003.11～04.11	（公益法人制度改革に関する有識者会議の開催）
2004.03	⇒「公益法人制度改革に関する有識者会議による「議論の中間整理」」公表
	公益法人制度改革問題連絡会結成（公益法人協会・他）
	（連絡会：全国対話集会を各地で開催）
2004.11	⇒「公益法人制度改革に関する有識者会議　報告書」公表
2004.12	③ 「今後の行政改革の方針（公益法人制度改革の基本的枠組み）」閣議決定
2005.06	←「新たな非営利法人に関する課税及び寄附金税制についての基本的考え方」発表（政府税制調査会基礎問題小委員会・非営利法人課税WG）
2005.12	④ 「行政改革の重要方針」閣議決定
	⇒「公益法人制度改革（新制度の概要）」公表
	← パブリックコメント
	（法案作成作業）
2006.03	⑤ 公益法人制度改革関連3法案　閣議決定
	［同法　国会提出］
	↓（国会審議）
2006.05	⑥ 公益法人制度改革関連3法成立
2006.06	［同法　公布］

参考資料：横田［2006］，土肥［2006］，他

行いつつ法案確定の作業が行われた。この過程で，これまで「一般的な非営利法人（社団形態・財団形態）」と呼ばれていたものが「一般社団法人・一般財団法人」となり，「非営利法人」という言葉は用いられなくなった。それまで曖昧にしていた解散時の財産分配に関して，非営利性（非配分原則）を貫徹できなかったからである。⑤で閣議決定された法案は国会に提出され，行政改革特別委員会で審議の後，衆参両院において自民・公明・民主・他の賛成多数によって可決・成立した[43]。条文は修正されることはなかったが，衆議院で5項目の，参議院で7項目の附帯決議がなされた[44]。内閣立法としては，極めて順調な成立である。

　これらの各ステップにおける変更で特に顕著であったのが，NPO法人制度の扱いである。合意文書での扱いという視点でその変化の経緯を見ると，①では「公益法人制度について，関連制度（NPO，中間法人，公益信託，税制等）を含め抜本的かつ体系的な見直しを行う」となっていたが，②では「非営利法人制度の設計に当っては，現行の公益法人制度の問題点を踏まえた検討を行い，現行の中間法人制度・NPO法人制度との法制上の関係を整理することとする」となって公益信託は除かれ，NPO法人の扱いは中間法人と並行して曖昧にされている。①では従来の公益法人制度と中間法人制度とNPO法人制度を統合して新たな制度設計を進めることを前提にしていたが，懇談会での議論や政府税調におけるWGの議論の中で，新しい非営利法人は準則主義で設立されるものの原則課税とするという方向が明らかになり，認証制度ではあるが原則非課税を確保しているNPO法人側から，強い統合反対の声が出たのである。この反発には，市民参加による議員立法で作り上げてきた制度が，行政府の進める内閣立法の体系に吸収合併されることへの違和感・不信感もあった。②で扱いを曖昧にしていたのは，そのためであった。

　これが有識者会議の報告書では「特定非営利活動法人制度は引き続き存置されるものと考えられる」と控えめながら方針をはっきりとさせ，この報告を受けた③では「考えられる」が「する」に確定する。それ以後の文書では，NPO法人制度は対象としていない。

しかし⑥では附帯決議によって,「営利を目的としない法人の制度については,今後,総合的に検討を加えるものとする」ことが確認され,今後の統合の可能性に含みをもたせている。

2．関連3法に見るパブリックコメントへの対応

内閣立法の立法過程における市民参加・国民参加の手法としては,今後はパブリックコメントの募集（意見公募手続）が重要な課題になろう。2006年4月施行の改正行政手続法は,行政機関が「命令等」を定める場合の意見公募を義務づけているが,法律や条例などの「法令」については義務づけてはいない。それは行政府の行う「行政手続」ではなく国会の行う「立法手続」であるから当然とも言えるが,行政府が議会に提案する内閣立法であれば,その策定過程で意見公募を行うのは,むしろ推奨されることである。

今回の関連3法の立法過程においても, 2度のパブリックコメントの募集が行われた。①と②の間における2002年8月の「論点整理」に対する1回目のものと,④と⑤の間における2005年12月の法案の「概要」に対する2回目のものである。ここでは後者の内容と結果と意義について概観することで,今後の内閣立法における立法過程の課題を考察しておきたい。

行政改革推進事務局では2005年12月26日に「公益法人制度改革（新制度の概要）」（以下「概要」と略す）を発表するとともに,2006年1月20日までの期間に意見公募を行った。年末年始を挟んだ多忙な時期の25日間という限られた期間の募集で[45],果たしてどれだけの意見が寄せられたのか,しかも締め切りから2ヵ月もたたない3月10日に閣議決定された法案の中に,寄せられたコメントが果たして十分に反映されたのかどうか,大きな疑問もあった。

そのような中,行政改革推進事務局は3月15日に意見募集の結果を「公益法人制度（新制度の概要）に関する御意見等の概要及び御意見等に対する考え方について」（以下「考え方」と略す）として公表した。この「考え方」によると提出された意見総数は656件,意見項目数は計197に及ぶ。内容は一般社

団・財団法人法に関するものが52，公益法人認定法に関するものが53，関係法整備法に関するものが79，その他が13となっており，提出された意見の要旨とその意見に対する事務局の考え方については，A4で16頁にわたる表に整理されている[46]。寄せられたコメントの内容は幅広く多様で，一般的な意見の主張や表明に過ぎないものもあるが，「概要」をよく読み込んだ上での本質的な具体的意見も多数見られる。事務局では，これらの各項目に対して自らの考えや対応を簡潔に示している。事務局のこれまでの考えを再確認したに過ぎないものや法案具体化の上でどう対応したかを説明したに過ぎないものも多いが，「御意見を踏まえて……とすることにしました」とか「引き続き検討していきます」といったコメントもいくつか見え，その中には重要な意味をもつものもあった。

著者(山岡)自身も個人的立場でパブリックコメントを提出したが，提出にあたっては個別項目への意見の他，特に重要と思われる8項目については，総論として冒頭に指摘した[47]。ここではこれらの8項目が関連3法にどのように反映されたかを中心に見ることで，パブリックコメントの意味と今回の改革の特徴を私なりに確認することにしたい。

以下，(a)(b)は一般社団・財団法人法に関するもの，(c)(d)(e)は公益法人認定法に関するもの，(f)(g)は関係法整備法に関するもの，(h)は関連3法のいずれにも関する指摘事項である。

(a) 一般的な非営利法人においては非分配の原則を貫き，解散時における残余財産の関係者への配分は禁止すること。(分配可能な法人類型を別に定めることは可)

　この指摘に関しては従来曖昧なままになっていたが，今回の一般社団・財団法人法においては一定の枠組みが明示され，通常時（解散時以外）における非分配原則は貫かれたが，解散時における残余財産の帰属については貫かれなかった。すなわち，通常時に関しては，一般社団法人では「社員総会は，社員に剰余金を分配する旨の決議をすることができない」（一般法35条3号）こと，一般財団法人の最高議決機関である評議員会では

「この法律に規定する事項及び定款で定めた事項に限り，決議することができる」（一般法178条2項）とし，社員や設立者への年度毎の剰余金の分配は決議事項に含めていない。しかし解散時については，一般社団・財団法人が解散する場合の残余財産の帰属は「定款で定めるところによる」（一般法239条1項）か「清算法人の社員総会又は評議員会の決議によって決める」（同2項）か「国庫に帰属する」（同3項）のいずれかとすることになっており，このうち「定款」に関しては一般社団法人では「社員に剰余金又は残余財産の分配を受ける権利を与える旨の定款の定めは，効力を有しない」（一般法11条2項）とし，また一般財団法人についても「設立者に剰余金又は残余財産の分配を受ける権利を与える旨の定款の定め」は「その効力を有しない」（一般法153条3項）と明記しているから非営利性は明確であるものの，「社員総会又は評議員会の決議」によって自由に決めることもできるわけで，ここで非分配原則は崩れてしまい，問題を残すことになった。その意味で，「非営利法人」ということはできないが，「準非営利法人」として概念化することはできよう。

(b) 一般的な非営利法人における機関のありようなどは，任期等について詳細に規定することはせず，民間組織の自主性に委ねること。

この指摘に関しては，「考え方」の中で「御意見を踏まえ，法定の範囲内での定款自治としました」と記しているように，当初の「概要」に示された詳細なまでの規定は一定程度緩和された。ただ定款自治とは言うものの，なぜここまで細かく定めなければならないのかと思われる規定は随所に見られ，必ずしも定款自治の幅は広くない。自由な民間非営利活動の促進という点からは，不必要な規定も多いように思われる。

(c) 公益性を有する法人の認定は，行政から独立した民間人による第三者機関の判断によって行うこと。

この指摘に関しては，「考え方」を読む限り，この方向で前向きに取り組んだ姿勢はうかがえる。国の「公益認定等委員会」については，その委員は「独立してその職権を行う」（公益法33条）こと，また「（衆参）両

議院の同意を得て，内閣総理大臣が任命する」（公益法35条）ことを定めるなど，委員会のステータスは各省の審議会等よりは一段と高いものになっている。都道府県の場合は「審議会その他の合議制の機関」（公益法50条）を置くことにしており，その必要事項は「政令に定める基準に従い，都道府県の条例で定める」（公益法50条2項）ことになっているから，行政からどの程度独立した機能が果たせるかは，政令の内容とともに都道府県の条例制定の姿勢にかかっている。しかし国の委員会にしても都道府県の合議制の機関にしても，制度としてはともかく，実質的な独立性の保障は今後の事務局の構成や運営によるところが大きい。また委員会や合議制の機関の役割も，行政庁（内閣総理大臣や都道府県知事）の「諮問」に応じるというもので，決定そのものを任されたわけではない。その点では英国のチャリティ委員会とは異なり，「諮問」の実質的な意味も問われてくる。これらの委員会や合議制の機関に対しては，今後の市民的な監視が極めて重要になってくる。

(d) 公益性の認定手続きにおいて，関係行政機関の長からの意見聴取は行わないこと。

　この指摘に関しては，そのままでは受け入れられなかったものの，「次の各号に掲げる事由の区分に応じて，当該事由の有無について」許認可等行政機関・警察庁長官等・国税庁長官等の「意見を聴くものとする」（公益法8条1，2，3号）とその対象機関と聴取事由の範囲を明記した点は，一定の改善と見てよい。許認可に係わる事業を行わなければ，その事業分野を所掌する官庁の意見を聴くことはないわけで，従来の主務官庁がもっていたような行政裁量的な影響はないはずである。警察庁長官等は暴力団関係者の排除の視点から，また国税庁長官等は認定されると税制上の優遇措置を受けるという視点から定めた措置であるが，これらの意見聴取については，濫用されないための注意が求められる。認定等委員会や合議制の機関は，これらの関係行政機関の長からの意見に対して毅然たる姿勢で臨まないと，公益性の意味が行政の姿勢に流される危険があることも覚えて

おきたい。

(e) 公益性を有する法人の帳簿書類等の閲覧や謄写については，認定に係わる行政庁が責任をもって行うべきで，法人の事務所では一定の範囲に限定すべきこと。

　　この指摘に関しては，「概要」では触れてなかったが，行政庁（内閣府や都道府県）への提出書類は行政庁において閲覧や謄写を可能とした点（公益法22条2項）は評価できる。しかし法人の事務所に備え置いた書類の写しを依然として「何人も」閲覧請求することができる（公益法21条4項）としている点は，今後の問題を孕んでいる。事務所での閲覧はNPO法人のように利害関係者（社員とか取引先など）に限るべきである。また「概要」では曖昧だった公開すべき帳簿書類等については「財産目録等」として詳細に規定されているが，その内容は大規模な団体を想定しているためか，余りに過多にすぎることが懸念される。なお，法は公益法人のデータベース整備やそのインターネットでの情報提供など，さらに積極的な情報公開センターとしての役割を行政庁に期待している（公益法57条）。これは市民・国民の監視を促すという点からは望ましいことであるが，行政庁となる都道府県にとっては，重い宿題になるかもしれない。

(f) 現行の公益法人から新しい非営利法人に移行するにあたっては，主務官庁を経由させないこと。

　　この指摘に関しては，一般法人への移行についても公益法人への移行についても，完全に受け入れられた点を高く評価したい。「考え方」においても，「ご意見を踏まえ，申請は，新たな行政庁に対して直接行う仕組みとしました」と明記している。また新制度への移行に伴って必要になる定款変更（財団法人の場合は寄附行為から定款への変更）に関しても，「旧主務官庁の認可を必要としない」（関係法102条）と敢えて明記している。新たに行政庁となる部署の作業と責任は重くなるが，既存の公益法人は新しい制度に向けて既存の主務官庁にとらわれることなく自己変革を行うことができるわけで，この点で未来に禍根を残さなかった意味は大きい。

(g) 現行の公益法人については，新しい非営利法人への移行だけでなく，特定非営利活動法人や社会福祉法人などの非分配原則を貫く法人への移行も可能とすること。

　この指摘に関しては，完全に拒否されており，「考え方」では以下の理由を記している。「特別法に基づく公益的な法人は，民法法人とは異なる許認可の基準，監督等が適用される法人であり，その多くは当該制度の新設時に時限的に民法法人からの移行措置が設けられたものです。今般の制度改革は特別法に基づく公益的な法人制度の実質的な改正を伴うものではないことから，それらの法人制度への移行措置は設けないこととしたものです。」特別法の実質的な改正は行わなくても，現行のそれぞれの法の範囲でそれぞれの法人の要件を満たすならば，移行できるようにすることは可能ではなかったかと思われる。

(h) 現行の公益法人の新制度への移行が完了する施行後5年目を目途に，制度の見直しを行う規定を附則に定めること。

　この指摘に関しては，関連3法いずれも附則において「政府は，この法律の施行後適当な時期において，この法律の施行の状況を勘案し，必要があると認めるときは，この法律の規定について検討を加え，その結果に基づいて必要な措置を講ずるものとする」と定めており，ほぼ受け入れられている。さらに衆参両院も，その附帯決議において「この法律の（参議院では「本法の施行の」）状況に変化が生じたときは，広く国民の意見を聴き，直ちに見直しを行うこと」を明記した。政府に任せっぱなしではなく国会も見直しに責任をもつという姿勢が期待できる。しかし見直しの具体的な時期については，いずれも言及していない。「適当な時期」や「状況に変化が生じたとき」とは何をもって判断するのか，誰も言い出さなければそのままになりやすいし，今後の改正運動を進めるにも焦点を当てにくい。110年ぶりの制度改革であるから問題が頻出するのは当然のことで，その点ではNPO法の場合のように施行後3年くらいに見直すのが適切であるが，現実問題として移行期間中である施行5年以内の途中で見直しを

行う可能性を認めれば，多くの公益法人の移行が見直し待ちになって遅滞する恐れもある。そのことを考えると施行5年までは今回の法のもとに進め，5年後に見直すのが最適ではないかと考えられる。附則にしても附帯決議にしても，せめて「施行5年後速やかに」程度の規定を入れておくと，時期や責任が明確になってよかったと思われる。

少し長々と説明したが，緊急のパブリックコメントであったものの全く意味の無かったことではなかったことは確認できた。しかし提示された法案の内容が全くの「概要」に過ぎなかったために，意見を出しようのなかったことも多い。すでに決まっていて省略されていたのか，実際にまだ決まっていないから書かれていなかったのか，そこが読めないのである。例えば公益法人認定法の別表にある公益目的事業23分野などは，数行の例示しか示されず，検討の対象にもできなかった。この別表については，残念ながら国会においても議論や修正の対象にならなかった。表2にも示したように，NPO法における特定非営利活動の12分野は度重なる議論を経て一字一句修正され，また追加されてきた。このことを考えると，同じような事項を並べても，その意味の深さが異なってくる。内閣立法における過程で市民・国民や関係者の意見をどのように反映させるのか，パブリックコメントによる方法の限界も踏まえて，今後のあり方を検討していく必要があろう。

3．公益法人制度改革関連3法の立法過程の特徴

ここでは以上の検討を踏まえ，関連3法の立法過程の特徴を，特にⅡ-3で示したNPO法立法過程の特徴（pp. 556-558）と対比させながら整理しておきたい。ここでも(a)は前史に関すること，(b)〜(e)は立法期間に関すること，(f)(g)は立法後に関することである。

(a) 公益法人制度の改正についてはすでに長年にわたり各方面からその必要が指摘され，また各種の調査や提言もなされてきたが，市民団体も政党も政府も，NPO法の場合のように立法運動に積極的に取り組むには至らなかった。従って立法過程に入ってもNPO法の時のような与野党や市民団

体を巻き込んだ活発な論議は展開されなかった。特別法の制定という比較的限定された作業と基本法の改正という膨大な法体系の見直しを含む作業の違いもあるが，NPO法の立法が阪神・淡路大震災時におけるボランティア活動・市民活動によって触発された前向きな契機によるものであったのに対して，公益法人制度改革は，KSD事件に代表されるような負の側面の除去という後ろ向きの契機によるものであったことも一因であろう。

(b) 立法作業は行政改革推進本部の発意により，内閣立法を前提として一貫して行政改革の枠組みで進められた。法人制度に係わる改正であるから民法を所管する法務省が扱うのが一般的であるが，今回は超省庁的立場で内閣官房行政改革推進事務局が立法作業を進めたところに，一般的な内閣立法の過程とは異なる特徴があった。なおこの改革は，当初は行政委託型公益法人を主な対象としていたものが公益法人制度全体の抜本改革に展開した経緯があり，そのため行政改革としての意義は次第に見えにくくなったものの，あらゆる省庁や都道府県が長年にわたり裁量を発揮してきた主務官庁制を解体するという改革は，行政改革という御旗なくしては難しかったとも言える。

(c) NPO法立法時の不安定な政治状況とは対照的に，行政改革推進を旗印とする小泉政権下という安定した政治状況を背景として，事務局は5回にわたる閣議を着実に重ねながら立法化を進めてきた。各省庁の利権の再編成を伴う大きな改革を4年間で実施できたのは，その強権的安定政権のためとも言える。しかしその故もあって，与野党からの意見はほとんど表に出た議論に発展せず，また国会議員と民間団体との公開された対話の機会もほとんどなく，政党や国会議員の役割は（水面下ではともかく）国会での質疑と附帯決議以外にはほとんど見られなかった。

(d) 立法を進める事務局との民間関係者を交えたオープンな意見交換の機会はほとんどなく，NPO法の立法過程におけるような全国的な法案の修正要望運動の展開は見られなかった。政府の側においては，2回のパブリックコメントを実施し，民間人による懇談会や有識者会議をもつなど，民間

の知恵や意見を求める努力は一定程度行われた。また民間の側からは積極的に関与して発言する団体もあり，途中段階からはそれらを中心としたネットワーク組織もできて各地で改革の進行状況や課題について議論する機会をもった。しかしそれらは法案に反映されるには十分なものではなかった。民間の動きで大きな変更を迫ったのは，NPO法人側からの要望による公益法人制度改革からのNPO法人制度の除外だけといってもよい。

(f) 当事者である公益法人からはいくらか声が出てきたものの，中間法人からは全く反応がなく，また多くの企業財団や業界団体をかかえる経済界も声をあげることはなく，主務官庁として大きな役割を担ってきた都道府県からも特別の表立った意見は表明されなかった。これらの意見が条文に反映される機会としては2回目のパブリックコメントのみといってもよいが，それも具体的なものは法案提出3ヵ月前という段階で，しかも提示されたものは「概要」のみで肝心の法の全体像を検証するには不十分なものであった。条文を含む具体的な全体像は，国会提出によって初めて明らかにされた。内閣立法における情報開示のあり方の問題として，今後の検討が求められる。

(g) NPO法の場合は必要なことはできるだけ条文に書き込むこととしたから，施行までにすべきことの主なものとしては所轄庁である都道府県の条例制定のみといってもよかったが，関連3法では制度設計の細部が多数の政省令に任された。そのため，今後の政省令の策定が立法過程の重要な後続部分となってくる。これらの策定の多くは内閣府に設けられる公益認定等委員会に諮問して行われ，主要なものについてはパブリックコメントが求められると思われるから，NPO法の施行準備段階とは異なった形での民間の立場からの参加が進められることになる。また都道府県には行政庁として公益認定等の業務を行うための条例制定が求められ，この過程を通じて公益法人制度改革のあり方が地域レベルで活発に議論されることも望まれるが，今のところNPO法の施行準備段階の時のような熱気や機運は感じられない。民間の立場でその問題に取り組む中間支援組織が，各地域

に存在しないのも一因のように思われる[48]。

(h) 行政改革や民間公益活動の促進という観点からは税との一体的な議論が重要になるが，税については政府税調が法人制度の内容に応じて定めることとなっており，今回の関連3法では具体的には触れられていない。(g)と同様に立法の後続部分として重要であるが，その立法過程においてすでに政府税調の中間報告が出されている点では，NPO法の場合よりも方向性は見えている。しかし一般法人における法人税の課税原則のあり方や公益法人における税優遇の具体的内容については未定であり，恐らくは2007年秋からの政府税調で活発に論議されると思われるが，公布から1年以上の空白があるため，世論をどこまで高めることができるか見通しはつかない。

Ⅵ おわりに

特別法による新しい法人制度の創出と100年以上も続いた基本法による法人制度の抜本改革では，その意味も作業量も大きく異なるものがある。そして立法過程も，前者は議員立法として，後者は内閣立法として，通常の立法過程[49]とは大きく異なる経過をたどった。いわば通常の立法過程の両極端に位置する，ある意味で新しい特異な立法過程をたどったといえる。恐らく今後も多くの非営利または準非営利の法人制度の改革が進むと思われるが，その過程においてどのような市民参加が可能であり望ましいのか，法人制度を市民のものとして使いこなすためには，そこが問われることになろう。

今回の論考では，二つの法人制度に関する立法過程への市民参加について吟味してきた。できれば通常の立法過程をたどった中間法人法の立法過程も視野に入れればと考えたが，時間と入手資料の都合でかなわなかった。著者自身は立法学の専門家でもないし政治学・行政学の専門家でもないから理論的な分析には限界があるが，今後のこれら専門分野の課題として，ぜひ立法過程への市民参加の議論を深めていただきたい。本論考が，その素材となれば幸いである。

1) これらの統計数値は内閣府国民生活局の「NPO公式ホームページ」で見ることができる。1ヵ月余りの遅れで刻々と詳細な統計数値が公表されるのも、この法人制度の特徴である。ちなみに同じ時点での不認証数は384、認証取消数は132となっている。認証されても登記しないと法人としては成立しないので、現存の法人数は認証数より若干少なくなり、その数値は確認できない。なお、これらの法人の内容についても随時各種の調査がなされており、最近のものとしては、標本調査ではあるが内閣府［2006］、経済産業研究所［2006］があり、それぞれの視点からNPO法人の全体概要を知ることができる。
2) 総務省［2006］によると、この時点での公益法人数は25,263。前年同日と比べると新設は152、解散は422となっており、270の減少となっている。
3) 関連3法は2007年5月26日成立、6月2日に法律第48、49、50号として公布。詳しくは本論文Ⅴ1（pp. 585-592）参照。
4) 立法過程は熊代編著［1998］「第2章 NPO法成立への道程—三年有余の苦闘」（pp. 11-46）に記述。改訂版にあたる熊代編著［2003］では再編されて第5章（pp. 162-198）になり、別に法成立後の改正に至る簡単な経緯とその内容も解説されている。
5) 堂本［2000］（pp. 164-174）。
6) 新党さきがけ［1995］ 堂本自身の考えは「はじめに なぜ「市民活動法人法」なのか」（pp. 9-19）および堂本の司会による「第1章 民権政治を確立する市民活動」（pp. 21-37）と「第3章 法案のポイントと意義」（pp. 59-72）の座談会に示されている。第2章では法案全文も再録（pp. 48-58）。
7) 辻元［1998］（pp. 28-36, 94-99, 136-138, 160-162, 178-180, 184-186,）。なお、辻元［1997］にはNPO法の辻本私案全文も再録（pp. 291-316）。
8) 橘・正木［1998］「第1章 NPO法制定までの背景と経緯」（pp. 12-33）および橘［1999］。
9) シーズ［1998b］のうち第一章「NPO法立法過程の現在までの経緯」では経過を詳述し（pp. 2-75）、年表と20の参考資料を再掲している（pp. 77-145）。なお第二章は「解説：NPO法のテーマと争点」として21項目の解説を行っている（pp. 146-167）。改訂第三版に先立って立法過程のある時点までをまとめたものに、初版［1996］、改訂新版［1998a］がある。
10) 松原［1999］など。
11) 堀田・雨宮編［1998］「第3部 NPO法の逐条解説（コンメンタール）」のうち第1～5条と別表（pp. 71-106）を松原が担当。なお「第2部 NPO法をどう活用するか」（pp. 29-67）では執筆者である浅野晋、雨宮孝子、濱口博史、松原明、堀田力がそれぞれの立法過程における関わりを背景に座談会を行っている。
12) 山岡［2001］の他にも、山岡［1996］は1990年代初期の立法前史から1996年の

与党案国会提出前までの市民団体や研究団体の動きを詳細に記述しており，山岡［1999］はそのプロローグ（pp. 1-10）において立法過程の流れを概観し，所収の講演内容をその流れの中で解説している。

13) 初谷［2001］「第4章 特定非営利活動促進法の立法政策過程」（pp. 269-338）。

14) 政策過程において政策が変化し学習されていくプロセスを総合的かつ操作的に扱うモデル（初谷［2001］pp. 270）。

15) 初谷［2001］「第2章 7 NPO政策に係わる政策提言の系譜」（pp. 191-208）。この中で初谷は，「公益活動研究会」提言(85)，「公益法人税制研究会」提言(86)，「公益に関する事業，組織，制度に関する調査研究委員会」報告(98)，「公益法人・公益信託税制研究会」提言(90)，「NPO研究フォーラム」の主張・提言(93)，非営利法人制度に関する提案(94)，NPO研究フォーラム緊急提言(95)，「非営利法人制度創設の法案要綱案」(96)について分析している。このうちの4件に著者（山岡）は代表または研究委員として参加した。

16) 小島［2003］pp. 10。

17) 問題の流れ，政策の流れ，政治の流れが決定的な時点に政策の窓が開くことによって合流するというキングダン提唱の「政策の窓モデル」に，野中・竹中の導出した組織的知識創造モデルの構成概念の一部を取り入れて改訂したもの（小島［2003］pp. 18, 19-20）。なお小島は，初谷の用いた唱導連携モデルは「小さな政策変化」を分析対象としたもので，NPO法の立法のような「大きな政策変化」の分析には適さないと指摘している（小島［2003］pp. 9-10）。

18) PEKKANEN［2000］［2006］。

19) 1995年4月15日，シーズ，NPO研究フォーラム，市民公益活動を考える会の呼びかけで結成。法の成立後は1999年6月に「NPO/NGOに関する税・法人制度改革連絡会」に再編，現在に至る。事務局はシーズ，および日本NPOセンターが担ってきた。

20) 以下の各ステップの概要は，シーズ［1998b］を中心に谷［1998a］［1998b］・小島［2003］を参照し，合わせて著者（山岡）が直接係わった事象についてはその記憶も考慮して整理した。また必要に応じ，著者自身がどう考え，どう行動したかも記述する。その意味では，本論文は必ずしも客観的な研究論文ということはできない。

21) 以下，本文書はシーズ［1998b］pp. 83-86 による。

22) 以下，本文書はシーズ［1998b］pp. 98-100 による。

23) 以下，本文書はシーズ［1997］pp. 28-43 による。

24) 以下，本文書はシーズ［1998b］pp. 111-118 による。

25) 以下，本文書はシーズ［1998b］pp. 130-145 による。

26) 以下，本文書はシーズ［2005］pp. 86-100 による。

27) この現行民法は 2006 年 6 月に公布された公益法人制度改革関連 3 法の成立により大幅に改正され，2008 年 12 月 2 日までの施行によって過去のものとなる。詳しくは V 参照。
28) 現行民法の 33, 34 条の法文は以下の通り（2005 年 4 月より平仮名表記）。
　第 33 条　法人は，この法律その他の法律の規定によらなければ，成立しない。
　第 34 条　学術，技芸，慈善，祭祀，宗教その他の公益に関する社団又は財団であって営利を目的としないものは，主務官庁の許可を得て，法人と為すことができる。
29) この原則は必ずしもすべてに当てはまるとは限らない。例えば消費生活協同組合法人は 33 条による法人であるが，認可制度であり税制的には原則課税であるものの軽減税率が適用されている。
30) 例えば PAN や JANIC。著者（山岡）自身は常に準則主義を主張し続けた。一定の要件を備えれば準則主義によっても原則非課税は可能なはずと考えていたからである。これは今回成立した一般法人制度についても主張していることである。
31) 各内容は次のように定義。具体化：基本的な合意内容は変えないが抽象的な記述を具体的に表現し，あるいは項目として列記すること（一般に法案になってからは起こらない）。変更：合意事項の文中の語句を入れ替えたり付加または除去することにより，基本的な合意内容を変化させること。削除：合意項目中の文言（法案なら条・項・号）を除くこと。追加：合意項目に文言（法案なら条・項・号）を加えること。
32) 橘・正木［1998］pp. 14-15，堀田・雨宮編［1998］pp. 73-74（松原明執筆）参照。
33) 与党 NPO プロジェクト内で交わされた「確認事項」（pp. 559）の「1.「公益」について」では，「基本理念の第三項は理念的なものであり，認証条件ではなく，1 〜 14 に該当する場合は，この法律案の他の要件を満たす限り，それ以上の「公益性」を必要としない」との念を押している。またシーズが 1996 年 2 月 6 日に与党 NPO プロジェクトの各党の座長に提出した要望書においても，「定義，基本理念にある「公益の増進」という表現を削除すること」を修正の第一点に記している。
34) 前記の「確認事項」では，「2.「ボランティア」について」として「「骨子試案」の「定義」にある「ボランティアをはじめとする市民の自主的な社会参加活動」の意味は，ボランティア活動だけでなく，それ以外の市民活動も含まれる」と明記している。
35) シーズが 1996 年 2 月 6 日に与党 NPO プロジェクトの各党座長に申し入れた要望書では，修正要望の②として「まちづくり」「女性の地位向上」「動物愛護」「消費者保護」「行政活動の監視」などの項目を加えるとともに，これらの項目を単なる例示にとどめるよう求めている。これらの項目のうち，「まちづくり」はそのま

ま,「女性の地位向上」は「男女共同参画社会の形成」として(ii)に加えられ,「行政活動の監視」は参議院の国会審議の中で辻元清美議員から「まちづくり」に含むとの答弁がなされている。「消費者保護」は(D)の追加項目として実現した。「動物愛護」だけはまだ含まれてない。なお,これらの活動項目はその後も例示ではなく限定列挙として扱われていく。

36) 経済企画庁国民生活局編［1995］このもととなった委員会報告も同局編［1994］として刊行されている。なおこれらの報告書では「市民活動」の言葉は使われず,国民生活審議会で長年用いてきた「社会参加活動」が使われている。

37) 1995年2月3日に官房長官の指示で設置されたもの。科学技術庁と防衛庁以外の当時のすべての省庁が加わって新しい非営利法人制度の創設について議論したが,その内容はボランティア団体に焦点があてられ,市民活動団体を育てるという主旨の内容には向かっていなかった。11月8日に中間報告を官房長官に提出するが,与党から議員立法で進める方針が出されたため発表を見送り,幻のボランティア支援立法となった。

38) 例えば,公益法人協会［1988］,本間正明編著［1993］およびこれをもとにした1995年の緊急提案,総合研究開発機構［1996］,構想日本［1997］などがある。また抜本改革着手後の提言調査としては,公益法人協会［2002］,新しい非営利法人制度研究会［2003］などがある。

39) 本論文IV-6（pp. 583-585）参照。

40) 例えば2001年6月成立の中間法人法については,民法の特別法として法務省が研究会を設置して検討し,法制審議会の審議を経て内閣立法に持ち込んだ。

41) 財団法人ケーエスデー中小企業経営者福祉事業団の理事による背任・横領・贈賄などの,官界・政界に及ぶ一大不祥事。2001年1月に発覚。

42) 横田［2006］および土肥［2006］を参照して作成。

43) 衆参両院の行革特別委員会では約126時間に及ぶ質疑がなされたというが,それは行革推進法案と市場化テスト法案を含む一括審議全体のことで,公益法人制度改革関連3法案に関する限りは,附帯決議として記録された事項以外については決して十分に議論されたとは言えない。この質疑の概要については,公益法人協会［2006］「公益法人制度改革・行革特別委員会質疑（抄）」（pp. 8-14）参照。なお『公益法人』誌は随時これまでも改革の動向や有識者会議の報告などを紹介し,公表資料も再録していて,公益法人制度改革の立法過程を知る資料として有効に活用できる。

44) 参議院での附帯決議は,1.公益法人の関係者等への立法趣旨の周知徹底,2.公益認定等委員会の中立性・独立性への配慮と適切な運営および主務官庁の影響力の排除,3.制度統一の観点からの都道府県への情報提供と現行公益法人の移行における活動実績の適切な評価,4.制度運用における積極的情報公開と個人情報保護

への配慮，5．政令・府省令の制定についての広く国民からの意見聴取，6．税制についての早急な検討と適切な措置，7．施行状況の変化に対応した見直し，の7項目。このうち3の一部と4を除くものが，表現的な差異はあるが衆議院の附帯決議となっている。

45) 2006年4月施行の改正行政手続法ではパブリックコメントの期間は1ヵ月以上としているが，この時点ではその定めがなかったから法的には25日でも問題ではなかった。

46) 内閣官房行政改革推進事務局のウェブ・サイトで入手可。

47) 山岡「民間活動の足かせにだけはしてほしくない公益法人制度改革」『日本NPO学会ニューズレター』（通巻27号，2006年2月）参照。なお，以下の8項目の指摘に対する解説は，2006年6月4日の日本NPO学会新潟大会における討論で発表した内容に一部修正を加えたもので，ほぼ同様の解説を日本NPOセンターのウェブ・サイトにおいても公表している。

48) 本章Ⅳ-2でも述べたように（pp. 571-572），NPO法の場合には別表の特定非営利活動分野に12項を追加することで中間支援組織の設立にインセンティブを与えたが，今回の公益法人認定法では別表の公益目的事業23分野に，そのような中間支援組織の事業は含まれていない。そのため，そのような組織が公益法人として設立される可能性は，今後とも低い。

49) 内閣立法も議員立法も，その法の性質や立法事情によってそれぞれ個別の立法過程をたどるから「通常の」ものがあるわけではないが，大森・鎌田編［2006］では「第2章 立法の企画立案」において，大森が内閣立法と議員立法の基本原則について，伊藤直・山本庸幸が内閣立法の企画立案について，橘幸信・石村健が議員立法の企画立案について論述しており，これが通常の立法過程を示すものと考えてよい。なお，その意味では，中間法人法は通常の内閣立法の過程をたどって成立したということができる。しかしその法律自身，施行を直前にした閣議において，すでに廃止・吸収の方針が出されていたことになる。

参 考 文 献

新しい非営利法人制度研究会［2003］『新しい非営利法人制度研究会検討報告書〜NPO・市民活動をふまえた非営利法人制度のあり方〜』（経済産業研究所委託調査）新しい非営利法人制度研究会

雨宮孝子［2004］「第2部　第3章　日本の非営利法人制度の現状」（pp. 73-92）塚本一郎・古川俊一・雨宮孝子編著『NPOと新しい社会デザイン』同文舘出版

大森政輔・鎌田薫編［2006］『立法学講義』商事法務

熊代昭彦編著［1998］『日本のNPO法―特定非営利活動促進法の意義と解説』，ぎょうせい

―――［2003］『新 日本の NPO 法―特定非営利活動促進法の意義と解説』, ぎょうせい

経済企画庁国民生活局編［1994］『自覚と責任ある社会へ』（第 14 次国民生活審議会総合政策部会 市民意識と社会参加活動委員会報告）大蔵省印刷局

―――［1995］『個人の自立と社会参加』（第 14 次国民生活審議会総合政策部会報告）大蔵省印刷局

経済産業研究所・他［2006］「平成 17 年度 NPO 法人の活動に関する調査研究報告書」（ホームページ公開）

構想日本編［1997］『「低コスト高満足社会」実現のための提案―公活動の基盤整備に関する法律案―（公活動促進法案）』構想日本

公益法人協会編［2002］『21 世紀の公益法人と制度のあり方を探る』公益法人協会

―――編［2006］月刊誌『公益法人』Vol. 35 No. 7 公益法人協会

小島廣光［2003］『政策形成と NPO 法―問題，政策，そして政治』有斐閣

シーズ＝市民活動を支える制度をつくる会［1996］『解説・NPO 法～その経緯と争点～』（C's ブックレット・シリーズ No. 2）

―――［1997a］『市民活動促進法案 なにが問題か』（C's ブックレット・シリーズ No. 3）

―――［1997b］『よくわかる『市民活動促進法案』』（C's ブックレット・シリーズ No. 4）

―――［1998a］『改訂新版 解説・NPO 法～その経緯と争点～』（C's ブックレット・シリーズ No. 2）

―――［1998b］『改訂第 3 版 解説・NPO 法～その経緯と争点～』（C's ブックレット・シリーズ No. 2）

新党さきがけ［1995］『さきがけの市民活動促進法― NPO/NGO の推進をめざして』（さきがけ政策ブックレット No. 2）

総合研究開発機構編［1994］『市民公益活動基盤整備に関する調査研究』総合研究開発機構

―――［1996］『市民公益活動の促進に関する法と制度のあり方―市民公益活動基盤整備に関する調査研究（第 2 期）―』総合研究開発機構

総務省［2006］「平成 18 年度 公益法人に関する年次報告」（公益法人白書）（総務省のホームページで公表）

橘幸信・正木寛也［1998］『やさしい NPO 法の解説』礼文出版

橘幸信［1999］『知っておきたい NPO 法＝市民が行う自由な社会貢献活動の発展を目指して』大蔵省印刷局

谷勝宏［1999a］「議員立法の有効性の事例研究― NPO 法の立法過程を通して―(1)」『名城法学』第 48 巻第 4 号 (pp. 59-111)

─── ［1999b］「議員立法の有効性の事例研究─ NPO 法の立法過程を通して─(2)」『名城法学』第 49 巻第 1 号（pp. 55-132）
辻元清美［1997］『転職して，国会議員になった』（第三書館）
─── ［1998］『辻元清美の永田町航海記』（第三書館）
堂本暁子［2000］「第 10 章　NPO 法の立法過程─環境 NPO の視点から」（pp. 164-174）鳥越皓之編『環境ボランティア・NPO の社会学』新曜社
土肥寿員［2006］「公益法人 100 年の軌跡 21　バブル経済崩壊以降(3)─公益法人制度の抜本的改革─」（pp. 18-21）『公益法人』VOL. 35 No. 7（2006 年 7 月号）公益法人協会
内閣府国民生活局［2006］『平成 17 年度市民活動団体基本調査』（NPO 公式ホームページ）
初谷勇［2001］『NPO 政策の理論と展開』大阪大学出版会
本間正明編著［1993］『フィランソロピーの社会経済学』東洋経済新報社
松原明［1999］「第 2 章「NPO 法」に至る背景と立法過程」（pp. 51-63）中村陽一・日本 NPO センター編『日本の NPO/2000』日本評論社
─── ［2005］『改正 NPO 法準拠　新版・NPO 法人ハンドブック─特定非営利活動法人設立のための検討事項』シーズ＝市民活動を支える制度をつくる会
山岡義典［1996］「市民活動団体への法人格付与制度創設に関する最近の動きと市民団体の対応─その 1 ─」（pp. 95-107）日本福祉大学経済学部『日本福祉大学経済論集第 13 号』
─── ［1999］『時代が動くとき─社会の変革と NPO の可能性』ぎょうせい
─── ［2001］「第 3 編　第 2 章　立法過程への市民参加─ NPO 法」（pp. 208-231）市民立法機構編『市民立法入門─市民・議員のための立法講座』ぎょうせい
横田信孝［2006］「公益法人制度改革関連三法について」（pp. 2-7）『公益法人』VOL. 35 No. 7（2006 年 7 月号）公益法人協会
PEKKANEN, Robert［2000］Japan's New politics: The Case of the NPO Law "*Journal of Japanese Studies*" 26: 1　Society for Japanese Studies
─── ［2006］"*Japan's Dual Civil Society ─ MEMBERS WITHOUT ADVOCATES ─*" STANFORD UNIVERSITY PRESS

〔法政大学現代福祉学部教授・(特)日本 NPO センター副代表理事〕

第 6 章

協働公益活動の合意形成及び逆システム学による検証

竹 田 純 一

I はじめに

　私は1990年以降の17年間,「個人の生き方と環境問題」というテーマで,さまざまな活動を企画,プロデュースしてきました。
　その活動の中から提起した一つの結論は,環境問題の解決は,個人のライフスタイルの中に,個人の嗜好に合った分野の「協働公益活動」を創出し活動へと導く必要があるという考えです。この考えに確信を持ったのは,三つの概念との出会いです。
　一つ目は,「地元学」との出会いです。戦後日本の公害の象徴であり,環境運動の原点と考える人が多い水俣病は,40年の間,人と人との関係,コミュニケーションが途絶えていました。水俣市では,この関係性をもとに戻すために,大字単位で地域の自然,文化,風土と暮らしの見直し作業を"もやいなおし"運動として行ってきました。この人と人,人と自然とのコミュニケーションを回復させた活動をふりかえり,地元に学ぶ地元学と命名しました〔吉本哲郎 2001〕。この地元学から,個人と環境問題,地域共同体と環境問題との関係性のあり方を見つめ直しました。
　二つ目は,「合意形成」です。この概念は,公共事業を行う際に,地権者,利害関係者の範囲を特定し,行政側の方針と地権者,住民側の意見の調整を図る手法です。合意形成は,あくまで,行政側から,住民,利害関係者,国民側

へ，公共政策への理解と合意を図るために構築されてきた手法です。一方，個人と環境問題の関係を見つめると，環境問題の解決には，個人の暮らし方，浪費型のライフスタイルの転換が求められているために，国民の主体的な環境政策への参加と協働が不可欠です。この視点から，行政側からの合意形成に代わる，住民，地域社会側からの「包括的な事前の合意形成」の必要性を痛感しています。

三つ目は，「逆システム学」〔金子　勝，児玉龍彦　2004〕との出会いです。

市場経済を中心とする社会システムは，非市場的なセーフティーネットにより支えられているという概念です。市場経済は，個人，企業の自由な活動が，自動調和的に最適な市場を形成するという考え方で構築されてきました。この考え方を支えたのは，要素還元論と全体論です。しかし，市場経済も，生命科学も，この両者の概念では説明できないさまざまな現象が現れました。また，人間の遺伝子（ヒトゲノム）の解析が進み，この両者からわかった結論は，これまでの，原因に対して対処するような経済政策や病気の原因を特定し投薬するのでは，数十パーセントの確率で有効に働いても，残り数十パーセントは，副作用が起こってしまうということです。ヒトゲノムの解析以降，生命科学の領域では，個別の原因に対する処方ではない，多重な反応の束に対する処方の研究が進んでいます。市場経済でも同様に，年金問題や福祉政策，ボランティア制度の促進のような非市場経済のしくみが，政策の中心で議論されるようになりました。もはや，生命科学も市場経済も，市場や制度の中にある無数の企業や個人，商品を分析するのではなく，日常的に現れているさまざまな現象に対するセーフティネットの張り替えが必要です。このパラダイムの転換が逆システム学です。

生命体も市場経済も，さまざまな要素が複雑に反応しています。その一つひとつの解析は不可能です。逆システム学では，生命体や市場経済におけるさまざまな反応を「多重フィードバック」として捉え，その多重な反応を，コントロールし，生命体や市場経済の維持存続を果たしている「制御の束」があると定義しています。これまでの，要素（原因）に対する結果を考察するのではな

い，それぞれの遺伝子の反応に対する，制御系遺伝子の反応（フィードバック）が，生命体も市場経済も支えているという概念です。

これまで，都市に対する過疎地，経済活動に対するボランティア活動，賃金労働に対する年金などは，市場経済のしくみに対する非市場的な副次的なしくみとして捉えられてきましたが，逆システム学では，市場経済は，非市場的なしくみによって支えられていると結論づけています。私が，1990年から行ってきた環境を軸とする取り組みは，非市場的なしくみとして，社会の中に，浸透してきました。時代が非市場的なしくみ，セーフティーネットの貼り替えを求めていたように思えます。

この三つの概念との出会いから，これまでの活動を，「協働公益活動の創出」という視点で整理しました。科学的に検証したものではありませんので，私の利己的な解釈に走りすぎている点は，読者の感じるところであると思いますが，合意形成手法のさらなる発展と，社会システムのパラダイムの転換，そして何よりも，個人と環境問題の関係を改善するための協働公益活動の一助として活用いただければ幸いです。

II　個人の生き方と環境問題

1．人の生き方，ライフスタイルと環境問題

日本は戦後，さまざまな改革を実施してきた。その中でも中核をなすのは，先進諸国に並ぶ経済発展であることはいうまでもないが，ここでは，この間の市場経済の発展と，環境問題の関係を，個人の生き方と環境問題，及び，地域共同体と環境問題という二つの視点から整理したい。ここではまず，その前提となる要素の整理を行いたい。

(1)　経済成長の原動力は，統一された教育と農山村から都市への人材の流出だった。都市圏の拡大と市街化，工場の集積が進む中，産業技術の基盤を支えたチッソが有機水銀を放出し，50年たった今もさまざまな被害と事実認識の相違が残る水俣病を生んだ。この水俣病を契機に，以降さまざまな公害訴訟が起こった。日本の環境問題の原点は，水俣とよくいわれるが，環境活動を始め

る人の原点も，この水俣との出会いである人が多い。これが第一番目の関わりである。

(2) ついで重要な要素は，都市へ人材が流出した農山村である。戦前の人口と比較すると半減程度で済んでいる地域から，集落機能が崩壊している地域まで，現在も人材の流出は進んでいる。過疎高齢化が進む農山村の現状は，公害問題と対極にある人為の減少という放置により生じた環境問題である。ここでの危機は，管理不足から来る治山，治水機能の低下，管理されていない棚田や人工林地の地滑りが，気候変動に伴う豪雨等が重なり急速に拡大している。これが第二番目の関わりである。

(3) その一方で，平和に見える市街地では，行き過ぎた消費生活がもたらす環境負荷の増大や，生活実感のない都市生活が生み出す社会の脆弱さが目立ち始めている。一部の研究者を除き，数年前までは，ほとんどの人々が信じなかった，異常気象やインフルエンザが昨今猛威をふるい，その恐怖は，世界をふるえ上がらせているが，その根元は，まぎれもない都市化された過度な消費生活と，市場経済がもたらす豊かな生活の代償である。ここに，環境問題と個人の第三番目の関わりがある。

(4) そして，もう一つの環境問題との関わりは，学生闘争や公共事業での立ち退き，反原発運動などに見られる反対運動や反対訴訟である。この間，さまざまな訴訟や抗議運動が行われてきたが，これらの運動は，1992年を境に徐々に代案提示運動に代わり，現在は，交渉のテーブルを設けた協働の場が設けられることが多い。これが第四番目の関わりである。

以上は，非常に，雑ぱくな分類であるが，戦後から今日までの，個人と環境問題に関わる重要な要素として，以下のような分類を行い次項以降の検討の要素とした。

(a) 公害裁判の原告側と被告側，及利害関係者
(b) 農山村で，戦後地域の維持活動を行ってきた農林家
(c) 過度な消費生活を行っている都市生活者
(d) 反対運動，環境運動，市民活動に携わっている人，及び，抗議，協議の

対象である行政等が設けた協働の場

　このような分類をすると，各分類に属する人数は，(c)が大多数を占め，(b)は，全国民の 10 ％弱，(a)は，非常に少数であり，(d)は，昨今急増しているが，人数は，国民のほんの数％程度である。

　図1の「セーフティーネットの再構築」は，農山村(b)と都市(c)の環境問題における課題を示した図である。これまで社会システムは，市場経済を中心に構築されてきたが，もはや，都市においては，温暖化対策，省エネルギー，3 R の推進や都市緑化等を推進しなければ，温暖化と資源の両面から，社会を持続させることができなくなる。

　農山村では，生物多様性の危機，治山治水，食糧やエネルギーの自給率向上が求められているが，所得や経済的メリットがないため，担い手ができず，農村の維持管理を行うことができない状況に追い込まれている。

図1　セーフティーネットの再構築

```
┌─ セーフティーネットの再構築 ─────────────────────┐
│                                                    │
│       新たな制度の構築　21世紀の社会に根ざした公民への転換 │
│                                                    │
│    都市型協働公益活動        農山村・里地里山型協働公益活動 │
│         ⇩                           ⇩              │
│  ┌─ 都市の環境政策 ─┐      ┌─ 農山村・里地里山の環境政策 ─┐ │
│  │ 温暖化対策        │      │ 生物多様性    二次林        │ │
│  │ ・省エネルギー    │      │               溜池          │ │
│  │ ・都市緑化        │      │ 治山治水      棚田          │ │
│  │                   │  ⇔  │               水路の        │ │
│  │ 省資源，資源循環利用政策│      │ 食糧生産      維持管理      │ │
│  │ ・3R推進          │      │ ・食の安全性                │ │
│  │                   │      │ ・自給率                    │ │
│  └───────────────────┘      └─────────────────────────────┘ │
│                市場経済                              │
│           ╱先端技術開発╲                             │
│          │ 情報ネットワーク網の構築 │                │
│           ╲ 行財政改革 ╱                             │
│              ……                                    │
│              ……                                    │
└────────────────────────────────────────────────────┘
```

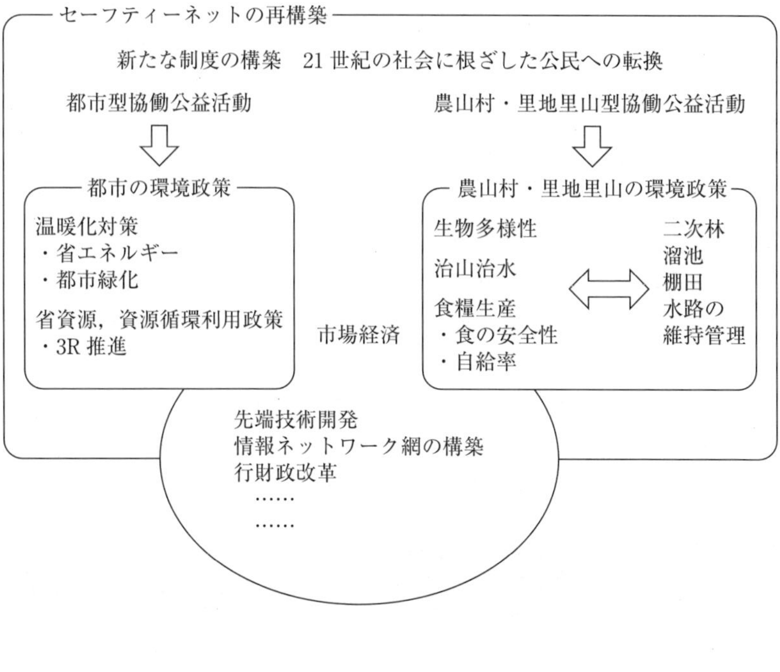

この両者とも，市場経済中心のしくみ作りのゆがみであることは間違いないが，結果として生じているこれらの現象への対処が行われなければ，危機は，ますます深刻になるばかりである。
　Ⅳで引用する逆システム学では，この再構築のしかたを，セーフティーネットの張り替えと結論づけている。この張り替えは容易にできるものではないが，今の日本社会には，本質的な環境問題を解決できるようなセーフティーネットの張り替えが求められている。
　今日，政府はさまざまな基本政策の転換を行っている。この転換をスムーズに行うためには，セーフティーネットの張り替えが急務である。このような時代に，国民に求められているのは，自由な経済活動を行う利己的な個人ではなく，将来世代にわたり，社会の存続方法を選択できる，戦後とは異なる日本人，公的な活動を主体的に行える新たな公民への転換が必要である。この公民は，公民権を与えられている意味での国民ではなく，行政と連携した協働公益活動を行う新たな公民像である。

2．協働公益活動の主体

　個人と環境問題の関わりは，個人と個人の関わり，個人と学校の関わり，個人と企業との関わり，個人と社会の関わりを考えればわかるとおり，さまざまな選択肢がある。しかしながら，環境問題は，時々刻々，環境負荷を増し，全ての主体が，環境配慮を内在化させない限り，誰かに，どこかに，しわ寄せがゆき，結果的には，全てが自分自身に返ってくる。選択，非選択とは異なる主体的な環境活動，つまり，生活自体の環境改善が不可欠であるが，強制されていないが故に，または，隣人が行っていないが故に，環境に配慮しない暮らしが，日本社会全体で行われているのが実情である。
　典型的な例は，2005年，小池環境大臣が，クールビズ，ウォームビズを立ち上げた際の，一部の経済界の反発である。しかし，経済効果があるとわかると急速にマスコミにのり全国に広がった。つまり，ビジネスチャンスや家計の収支，個人に直結した利害がない限り，他人事という意識が日本人と環境の関

わりの平均的な姿である。金銭中心であるこれまでの利害の意識から個人を含む地域社会の存続という意識に徐々に変えていかなければ，今のしくみは崩壊する。この崩壊を避けるために，利己的な個人から，地域社会の存続を考える協働公益活動の創出が必要である。

協働公益活動は，日々の暮らしの場での環境活動の提案である。足下の暮らしから目をそらし，他所での活動や他の環境テーマの活動への参加ではなく，暮らしの場で，行政と協働した公益活動が前提である。自分の住んでいる地域を見つめ直し，コミュニティーとの関わりをつくり，コミュニティーが有している環境課題の中から，自分に合った活動を主体的に担う活動である。このこ

図2　社会的合意形成

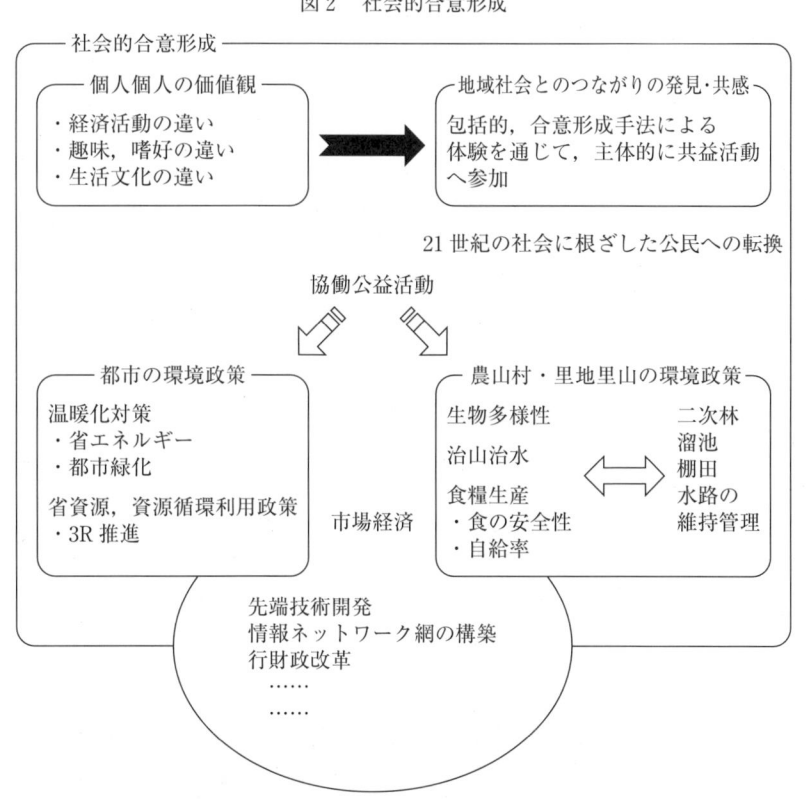

社会的合意形成

個人個人の価値観
・経済活動の違い
・趣味，嗜好の違い
・生活文化の違い

地域社会とのつながりの発見・共感
包括的，合意形成手法による体験を通じて，主体的に共益活動へ参加

21世紀の社会に根ざした公民への転換

協働公益活動

都市の環境政策
温暖化対策
・省エネルギー
・都市緑化

省資源，資源循環利用政策
・3R推進

市場経済

農山村・里地里山の環境政策
生物多様性
治山治水
食糧生産
・食の安全性
・自給率

二次林
溜池
棚田
水路の
維持管理

先端技術開発
情報ネットワーク網の構築
行財政改革
……
……

とは，環境活動だけではなく，希薄な人間関係から生ずる犯罪や悲惨な事件の予防，人間性の回復にも有効に機能する。この協働公益活動は，個人と行政，及び，コミュニティーとの協働作業である。その公益活動の契機は，次項のワークショップ手法により形づくることができる。

3．利己的な個人と共同体の意識

地域社会では，さまざまな個人が生活をしている。この個人の意識と地域共同体の意識を，各地のワークショップ等を行った印象から図示すると，以下のようになる。

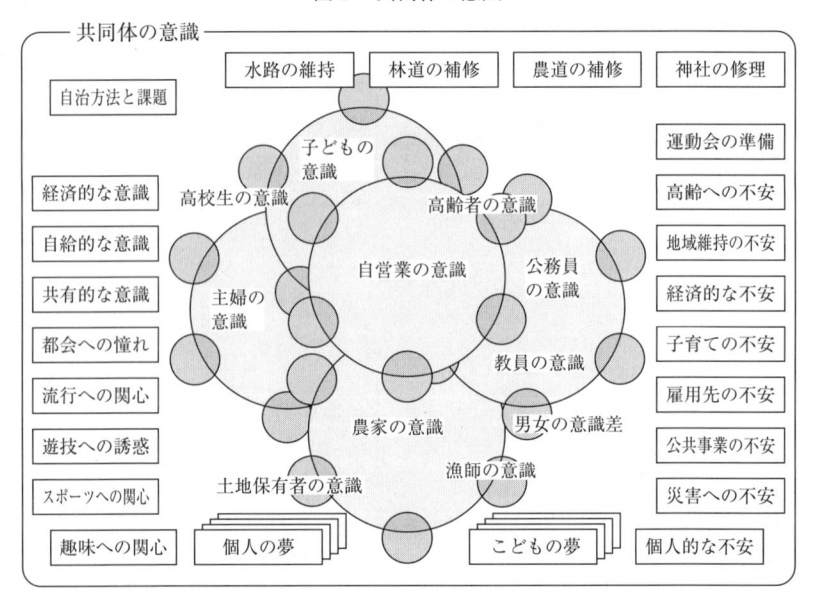

図3　共同体の意識

共同体の運営者である区長や公民館長，自治振興会や地域団体の事務局の意識は，共同体として担わなければならない役務に関心が集まっている。しかし，共同体を構成する各個人の関心は，個人個人さまざまで，男女，年齢，仕事，趣味等によって，個人個人で同一であるわけもなく，また，その個人で構成さ

れる共同体自体も，他の共同体とは，性格を異にする。これまで調べてきた地域の中で，隣同士の地域共同体の性格は，数個先の地域共同体の意識とは似ていても，隣同士は，正反対であるケースが非常に多い。これは，隣接しているが故に競争と区別，隣とは違うという心理的な作用が働くようである。地域共同体の意識は，沢ひとつ，斜面ひとつ，字ひとつ違えば極端に異なるケースが多い。

4．環境政策を担う地域共同体
(1) 地域共同体の分類

　個人の意識は，個々人により異なるが，地域共同体は，個人と異なり，いくつかのタイプに分類が可能である。農山村にある集落を，市街地の自治会等と比較した場合，都市近郊の集落，中山間地の集落，諸島の集落など，それぞれの集落は，風土や地域性によってさまざまな特性がある。これらの集落に共通している特徴の一つに，農山村の集落は，市街地とは比較にならないほど広大な森林，農地，雑種地などを保有している点があげられる。

　この土地の管理は，市街地においては，個人管理の宅地建物以外は，ほぼ，行政が公的に管理を行っている。住民は，私有地以外の道路，河川，学校，その他の公共施設等を管理する意識も義務もない。

　一方，広大な農地，山林，雑種地等を保有する集落においては，住民と行政の役割は，市街地と異なり，行政は，市町村道（国道，県道）と災害等による被害に対して復旧作業の一部を行うが，この作業自体も，場合によっては，行政が住民に委託を出して行うなど，地域共同体内の維持管理は，基本的には，住民自身が負っている。この点に，市街地と地域共同体における住民と行政の関係に基本的な相異がある。

(2) 地域共同体における維持管理

　地域共同体の維持管理は，自治組織がこれまで行ってきた。しかし，この維持管理が行えないほど，人口が減少し過疎化が進んだ場合には，集落崩壊の危機が高まる。一方，行政側から見ると，崩壊の危機が訪れたとしても，市町村

の総面積は，人口及び自治体の職員や機構に対して，市街地とは比較にならないほど広大である。集落崩壊が拡大したとしても，自治体が管理を行うことは不可能である。

(3) 自治内容の区分と地域共同体に求められている機能

以上のような観点から，自治組織，コミュニティーの機能によりこれまでの自治区（字，区，集落）の区分を考えると以下のような分類を行うことができる。言い換えれば，地域社会における個人と環境活動との関わりや合意形成手法は，この区分により異なる方法が必要となる。

(a) 市街地の自治体が地域の維持管理を行い，地域住民は，地域の維持管理に直接関与していない場合
(b) 市街化の影響を受け，地域の維持管理機能が低下している場合
(c) 地域の維持管理機能が，正常に働き，コミュニティーが健在な場合
(d) 地域の維持管理機能は，働いているが，本業が地域外であるため，時間の調整が難しく，個人負担が限界に達している場合
(e) 集落崩壊に近い状態にあり，住民が地域の維持管理を放棄した場合

上記のそれぞれの特徴は，以下のとおりである。

(i) 市街地の自治体においては，行政の関与を前提として，行政サービスの変更，地域内への公共工事や施設の設置，街並み景観に関する条例等の検討を行える地域
(ii) (i)に加えて，共有地，公民館，これまで共同で行われてきた共同作業や，地域行事の検討，自治施設，共有施設の設置，社会教育の検討を行える地域
(iii) 特徴ある地域づくり，農林漁業の生産方針，生業の調整，水道，道路，水路，施設，消防などの維持管理，学校行事，社会教育，防災までのさまざまな調整を行える地域
(iv) 上記(iii)の内，生活に直結した事項が残り，森林，河川，水路，防災に関する対策がとれなくなった地域
(v) 本来(iii)の機能を果たしていた地域であるが，個人の農地，屋敷に関わる

道，水路，施設のみの維持管理が行われ，他の作業は行われず，荒廃が急速に進んでいる地域

以上は，各地を訪問する中で感じた地域特性ごとの特徴であるが，地域がどのような状態にあるかにより，個人，地域共同体の関心と意欲，態度は，大きく異なることになる。

(4) 地域共同体を構成する個の集団

上記区分は，地域共同体を構成する個のバランスの点においても大きな違いがある。

市街地では，一次産業を営む生産者は，少数で，二次，三次産業を中心に，自営業と会社員が中心的である。人口ピラミッドも，日本の平均的なデータに近くなる。

市街地とは対照的に農山村の地域共同体では，一次産業（兼業農家）が中心となり，高齢者の割合が高くなる。また崩壊集落に近づくと，高齢農家のみが残り，他分野の住民は，集落を離れてゆく。

ここでは，(c)の一般的な地域共同体を前提として，地域共同体と個の関係についてふれてみたい。

コミュニティーが存在し，地域の維持管理作業が行われている地域共同体では，さまざまな個人が居住し暮らしを営んでいる。高齢者の大半は，農業を営み，山林の管理，川，海などの漁や自家用の食品加工などを業として，または，自給用に行っている。

この内，壮年期の夫婦は，兼業農家として，地区外に勤めに出ているケースが非常に多い。役場，農協，漁協，土木関連，教員，郵便局，商店，酒屋は，どの地域でも定番の職業である。地場産業が残っている地域や観光資源のある地域では，木工所，大工，民宿，雑貨店などもよくある職業である。

こども達は，小中学生までは，両親とともに暮らしているが，高校以降は，近くに適した学校がないため地区外に出るケースが非常に多い。問題は，そのまま都会に出て，地域に帰る動機がなくなることである。農林水産業以外の仕事は，役場勤務等の空席がない限り，地域に戻ってこない点にある。集落を構

成する個は，このような傾向から，以下のように分類して考えると，個と集団の特徴を把握する上で参考になることが多い。

- 高齢者の男性：農業従事，狩猟採取，水の経路，堆肥，燃料，百の智恵
- 高齢者の女性：農業従事，食品加工，食文化，信仰，衣食住の智恵
- 壮年期の男性：地区外へ勤務，関心と技術は人による
- 壮年期の女性：農業従事，または，地域内外でパート，芸能や趣味の活動
- 青年期の男性：公務員，教員，JA，郵便局，大工，民宿経営など単一の職業と趣味
- 青年期の女性：地域内外でパートなど単一の職業と趣味
- 少年少女　　：小中学校までは在所，以降，都市へ

　また，勤務先が行政やJAである個人が地域共同体にいる場合，地域によっては，個人が多様な役割を果たすことがある。同様に，名士，地主，神主，住職，校長は，封建的な家父長制が残る地域共同体では，その特徴やリーダーシップの取り方，意思決定のしくみが，異なる傾向がある。

　このような個の集団は，かつては，家父長制や区会など，頻繁に開催される会合等で，集落の情報は，良くも悪くも一元的に管理され情報の共有が行われていた。しかし，現在は，うわさレベルの情報の共有は非常に早いが，基礎的な情報の共有が行われておらず，共同体として機能していない場合が多い。

5．集落の形，自然環境と文化のしくみ

　個々の集落のできた歴史は，集落ごとに異なるが，それぞれの集落は，いずれも水源を持ち，その水量によって，集落の戸数，水田の大きさと枚数，畑，家畜の頭数などが，自然環境の中で必然的に定められてきた。各集落の大きさは，長い時間をかけて自然に淘汰され，その結果として，昭和30年代頃まで，各地で見られた姿を作り出していた。一部の例外は，疎水等の事業により，水の経路を変えたことで，戸数や水田の面積は，その疎水量の分だけ拡大した。本来，その集落で活用できる水量は，集水域の大きさと雨量，地質等によって定まっていたが，それらの水使いの仕方は，長い歳月を経て，治山と治水を巧

妙に調整し，溜池と水田水路，家畜と堆肥，里山の関係は，地域の気候風土に応じた活用方法を，経験則に照らして調整されてきたしくみである。

このしくみは，伝統的な農作業，農事暦等に智恵や技術が刻まれているが，その継承者が不在のまま，もはや消えようとしている。

その一方で，文化の継承は，人間国宝や伝承芸能に見られるように，その芸能的な形だけが保存されている。しかし，本来の伝承芸能は，形の背後にある意味にあたる技術や智恵，喜びや悲しみを継承しないと，伝統の価値は，人々からますます遠ざかっていく。長い歳月をかけて継承されてきた地域の自然環境，地形と暮らしの関係や，人が自然に働きかけ構築してきた文化の基本的な情報が，失われている所以である。

(1) 災害と生活文化の智恵

この智恵とは，一見たいしたことがなさそうに見えるが，山の中の水の経路が変わると，その下の集落に大量の水が流れこむように，風や水の道は，日本の急峻で繊細な地形，台風等の自然が作り上げてきた地形であるため，地形とのつきあい方がおかしくなると，たちまち，災害は大きさを増す。戦後から今日まで，現在の高齢者の何気ない所作が，各地域の維持管理を行ってきた。しかし，壮年層が継承していない風土と土地と水のしくみが，今後の大きな課題となってくるはずである。このことに気づき始めた集落の活動と，気づいていない集落の活動とでは，今後，大きく地域の環境政策が異なってくることになる。

この検証は，2005年より，琵琶湖博物館の館長・嘉田由紀子氏（現 滋賀県知事）が，国土交通省からの委託を受けて始めた河川の氾濫等の災害現場の聞き取り調査によって，徐々に解明されることになろうが，全国各地を訪問するなか気づくことは，起きた災害の箇所とその原因を，住民から聞き取ると，前記した自然との関わりや，水の経路の変化が浮かび上がってくることだ。何気ない些細な所作，または，不作為が，水の経路を変え，災害へと発展しているケースが多い。地域共同体を構成する個と個の集団としての共同体のありようは，これらの基礎的な情報の共有を行えるか否かで対応が異なることになる。

(2) 民俗学者のまなざし

　民俗学者の宮本常一は,「民俗学の旅」の中で, 旅立つ前に父から送られた言葉を記している。はじめての地域に訪れたら, 以下の点に注意して地域を見つめよと指摘した言葉だ。

- ・田畑の作物, 作物の育ち具合, 家の大きさ, 屋根瓦, 草葺き等の違い, 人の往来, 服装
- ・高いところから, 見渡し, 方向, 目立つもの, お宮, 神社, 家のあり方, 田畑のあり方, 周囲の山々を見る
- ・名物や料理を食べることで, 暮らしの高さを知る
- ・時間のゆとりがあったらできるだけ歩いてみる, いろいろなことを教えられる

などである。自ら住む土地のことを知らずに現代人は生きている。そのことを象徴する話は, 先日, 四国で見た不幸な地域である。地名は,「沖」。水の中という意味だ。この沖は, もともと深田だったが, ある農家が大きめの耕耘機を置くためにやや立派な農具置き場を建てた。その小屋を見て, 住宅開発会社が, ここには家が建てられるのかと考え, 土地を買収し, 土を盛って, 宅地として販売した。しかし, 住宅が建って数年, 土地は徐々に沈み始め, 今では, 周辺河川より土地が低くなった。もちろん年に数度, 浸水している地域である。これは, 笑い事のような話だが, いかに人は, 土地との関わりを失い, 市場経済と金額の高い安いで物事を見ているかを象徴している。同様のことは, 地域を見つめ直すと, さまざまなことが見えてくる。農山村・里地里山に住んでいて大切なことは, 一人ひとりが, 自分と地域との関わり, 風土と関わる生活感や自然との距離, 自然との関わり方, 自然が作り上げてきた風土と, これからの変化を知ることだ。「調べた人しか詳しくならない。だから自分で自分の住んでいる地域のことは調べる」こういったのは, 水俣市で, 環境の再生を住民と共に創った吉本哲郎（現　水俣病資料館館長）の言葉だ。地域共同体で, 既に, 環境や防災に対する十分な意識を持っている地域は良いが, 備えのない地域は, 以下のような意識形成を行う必要がある。このマトリックスは, 筆者が, ここ

図4 共同体の意識形成過程

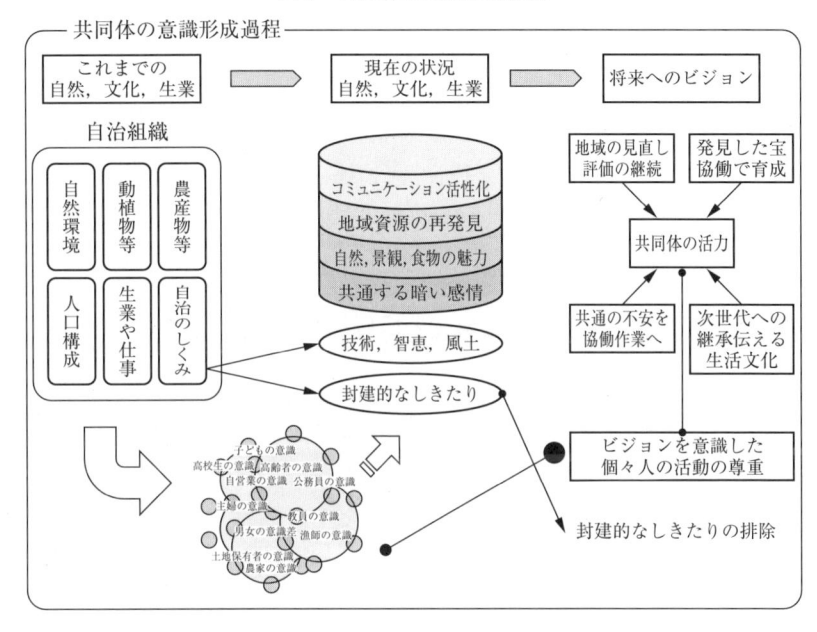

図中テキスト：
- 共同体の意識形成過程
- これまでの自然，文化，生業
- 現在の状況 自然，文化，生業
- 将来へのビジョン
- 自治組織
- 自然環境／動植物等／農産物等／人口構成／生業や仕事／自治のしくみ
- コミュニケーション活性化／地域資源の再発見／自然，景観，食物の魅力／共通する暗い感情
- 技術，智恵，風土
- 封建的なしきたり
- 子どもの意識／高校生の意識／高齢者の意識／自営業の意識／公務員の意識／主婦の意識／男女の意識差／漁師の意識／土地保有者の意識／農家の意識
- 地域の見直し評価の継続／発見した宝協働で育成
- 共同体の活力
- 共通の不安を協働作業へ／次世代への継承伝える生活文化
- ビジョンを意識した個々人の活動の尊重
- 封建的なしきたりの排除

17年ほど，実践型の集落ビジョンの策定や，公益活動の実施を促進させるために，行ってきた手法を，図示したものである．実施にあたっては，さまざまな配慮が必要だが，ポイントは，大きく三つのフレームから構成できた．

一番目のフレームは，これまでの自然や文化，生業や課題，集落の暗い感情〔玉井袈裟男 1980〕等の把握である．この把握には，地元学（吉本哲郎 1995）の手法を用いて，地域共同体内に呼びかけ，極力全員で，地域調査を行うことである．老若男女を問わず，行政や外部の専門家，学芸員，デザイナーなどが加わることで，地域調査の内容は濃くなる．

二番目のフレームは，調査内容から住民のニーズを掘り下げ，暗い感情を反動としてビジョンを描くことである．その際のビジョンは，絵に描いた餅ではなく，共同体において現実に数年間で実施する内容をビジョンとして表現する

ことである。この手法は，四面会議法〔岡田憲夫・杉万俊夫・平塚伸治・河原利和 2000〕が優れている。

　三番目のフレームは，共同体の封建的なしくみから，智恵と技術を学び活用し，古い制度やしきたりは，新たな共同体の動くしくみや組織に変えることである。この三つのフレームができれば，共同体は，調べた住民が自らの意思に基づいて，それぞれの嗜好にあった活動に参加する形で実現することができる。

Ⅲ　合意形成と協働公益活動

　合意形成とは，環境問題や国際紛争の解決，迷惑施設やまちづくりに伴う住民合意等，これまで行われてきた公共事業，公共政策から，先端科学技術の利用の可否など，社会的意思決定の質の改善，実施根拠である正当性の改善がもとめられてきたために，1990 年以降急速に広がってきた概念である。さまざまな合意形成の試みは，対象とする政策領域，利害関係者の広がり，最終的な社会的意思決定との距離，必要とされる情報・知識等に関しては多岐にわたるが，ここでは，まず，さまざまな合意形成手法の概念整理を行い，その機能を明確にしたい。

1．合意形成の用語

「パブリックコメント」　国民の声を反映することを目的として行う意見募集

「パブリック・インボルブメント」　さまざまな市民やステークホルダーとの関係構築技法

「パブリック・アクセプタンス」　科学技術の受容を社会に求めるときの技法

「パートナーシップ・インキュベーション」　関係者の関係構築支援の技法

「コンセンサス・ビルディング」　複数の交渉事項について多数の利害関係者が交渉するプロセスの流れの構築技法

「コンセンサス会議」　科学技術利用に関して，陪審制度同様，素人集団を形成し，専門家の意見を聞き，提案書の作成を行う会議技法

「パブリック・イニシアチブ」　市民による提案・発議

「参加型まちづくり」　ワークショップ等を通じて，都市計画の作成，実現，運営にさまざまな主体が関わる活動。実施者ごとに異なる名称を付けているケースが多いが，地図，写真，カードとポストイットを組み合わせた参加型のワークショップで行う形式が一般的である。

2．合意形成のこれまでの経緯と概況

(1)　パブリックコメント，パブリック・インボルブメント

道路整備 5 カ年計画に国民の声を反映することを目的に 1996 年より行われた意見募集。

その後，高速道路，幹線道路，コミュニティ道路の計画において実践され，コミュニケーション型国土行政の創造（1999），公共事業の説明責任向上行動指針（1999），道路計画合意形成研究会提言（2001），市民参加型道路計画プロセスのガイドライン（2002）などの指針やガイドラインが策定され，参加型の社会資本整備や公共事業を推進している〔石川雄章 2005〕。

(2)　河川管理

1990 年代前半から，利害関係者のカテゴリー化と各々に即した取り扱いを河川管理に導入するため，住民等の参加方法に関する実験が行われた。特に，東京都を流れる荒川の河川敷の例では，スポーツでの利用と自然保護に関心を持つ関係者との利害対立があることがわかった。さまざまな試行調査を通じて，河川法の一部改正等，参加型川づくりの手法が制度化された。

(3)　都市計画

都市計画決定においては，意見書の収集や公聴会等の開催が法定されている。また，都市計画マスタープランの策定にあたり，公聴会等を通じて住民の意見を反映させるための必要な措置を講ずるとされているが，この両者ともあまり機能していない。それに代わる手法として，「まちづくりワークショップ」が

開催され，ワークショップの成果が，まちづくり条例等によって実現される例がある。

(4) 公共事業における用地買収

公共事業における用地買収の大部分が任意買収によるものである。「足繁く説明を重ねるとともに，制度の柔軟な運用を通して利害の調整を図る」ことが，これまでの合意形成とされてきた。しかし，最近では，公共事業計画の初期の入口段階で十分な社会的合意形成を図る代わりに，出口段階では収用制度も用いて迅速に進めるようにしたいという動きがある。ここ数年，公共事業費の削減傾向が強まり，地元での社会的合意形成を公共事業の前提として設定され始めている。

(5) 道路整備と交通政策

トランスポート・ディマンド・マネジメントは，交通政策の社会実験である。

車の乗り入れ規制や違法駐車対策の強化，パークアンドライド計画などが実施されている。

(6) コンセンサス・ビルディング

複数の交渉事項について多数の利害関係者（ステークホルダー）が交渉するプロセスの流れを，以下の六つのステップで運営する手法である。

(a) 利害関係者を特定し，各関係者の利害や能力，そしてコンセンサスに基づく合意形成の可能性を評価する。

(b) コンセンサス・ビルディング・プロセスを実施するかしないかを判断し，わかりやすい目標，規約，作業計画，スケジュールを設けた上でプロセスを開始する。

(c) 共同事実確認（joint fact-finding）を用い，科学技術や事実認識に関係する疑問を解消し，現実的な代替案の検討作業に利害関係者を集中させる。

(d) 利害関係者による審議（deliberation）のプロセスを運営・管理することで，技術的に適切でかつ政治的にも受け入れられる合意案の発見可能性を最大化する。

(e) コンセンサスによる合意を追求する。全員一致の同意が難しい場合はできる限りコンセンサスに近い合意を形成する。
(f) 実施段階においても，必要に応じ利害関係者が合意条件を再確認，再検討する機会を設ける。

(7) コンセンサス会議

先端科学技術の利用は，遺伝子組み換え食品の例で見ればわかるように，一定の不確実性が不可避である。このような科学技術の利用を行うか否かに際して「一定の方法で選ばれた素人のグループを設定し，そのグループの求めに応じて専門家が応答する機会を設けた上で，当該グループに一定の結論となる文書を作成させる」社会的合意形成の手法である。

(8) 参加型まちづくり

住宅地，公共施設，街路空間，公園，街並み等の都市の計画の作成，その実現及び運営に，住民，市民を中心に専門家等のさまざまな主体が関わる活動である。

「まちづくりワークショップ」「まちづくり協議会」，「まちづくり会社」「まちづくり条例」等，地域特性や関わる専門家等により異なる名称を用いているが，以下の三つの技術が盛り込まれ，それぞれが，詳細な技術を持っている〔饗庭 伸 2005〕。

(a) 主体間のコミュニケーションの技術
(b) 他の主体を認識し，社会的な主体として位置づける技術
(c) 多くの主体の活動をマネージメントする技術が生まれた。

これらの技術は，緑地の問題，日照権の問題，部落改善の問題などで展開された。

また，まちづくりの仕掛人側から見た政策の立場は，以下の四つに分かれる〔饗庭 伸 2005〕。

(a) 多元主義重視の立場：多元社会を前提に，公共政策の意思決定の過程に対して，個別のセクターが等しく意見を表明することができる政策立案，評価のプロセスを充実させる立場。

(b) 代議制重視の立場：地域社会は代議制システムにより代表されるという原則的な考え方に基づき，コミュニティーの意思をくみ取る代議制システム（議会）を充実させる立場。

(c) 自由競争重視の立場：自治体の役割を縮小し，NPOや市場セクターが競争しながら公共サービスに取り組める環境づくりに専念する立場。

(d) 協働重視の立場：地域社会の中に戦略的にパートナーを見つけ，パートナーを中心とした「まちづくりシステム」を構築し，計画の作成から事業の実現までをパートナーと協働で取り組む立場。

3．合意形成の手法とポジション

前項で記載したとおり，合意形成の中心は，河川，道路，公共施設の建設，設置に際して利害関係者間の合意を取り付ける手法である。また，科学技術利用の是非の国民の社会的合意形成の一つの手法としてのコンセンサス会議も，この範疇で議論されることが多い。唯一の例外は，参加型まちづくりの技法であるが，これは，都市計画の住民の意向調査の延長線上にあるものから，住民参加，住民の行政への参画を導き出そうとする試みまで，地域や実施者によって，その内容は多岐にわたる。

この合意形成手法の内，住民の参画を求める参加型まちづくりの手法の一部を除いては，決定された公共事業，ないしは，利用を前提とした科学技術に関して，地権者，利害関係者の合意，または，国民の社会的合意を形成しようとする取り組みである。

アセスメントの実施や，公聴会，アンケート調査と結果報告なども，同様の範疇に入る部分がある。

この手法の限界は，計画策定後に合意を取り付けることにある。このため，合意の前提として，高額な補償が準備されている点も，補償の対象者と非対象者間でのトラブルの源になっているのもこの特徴の一つである。

しかしながら，公共事業により，地球温暖化対策や，農山村の荒廃，里地里山の保全が図れないことは自明であるが，これに代わる措置は，法律による義

第6章　協働公益活動の合意形成及び逆システム学による検証　629

務づけか，国民の主体的な意思に基づく活動を促進する方法がある。この両輪で行うことができれば，即効性を期待できるが，ここでは，国民の主体的な意思に基づく活動を促進する方法の検討を，行うこととした。

図5の合意形成の手法とポジションは，上記の合意形成手法の位置を示したものである。個々人の活動は，利己的な個々人の活動と捉え，縦軸である「国民の主体性―公共政策」の国民側に，横軸である「公的活動―私的活動」では，私的活動側に位置づけた。この私的活動を，公的な活動に転換させる方法として，「地元学」の実施を位置づけた。この実施により，地域共同体の活動方針を定め，その活動への，行政側の一部支援により，公的な活動を主体的に実施するしくみをめざしている。

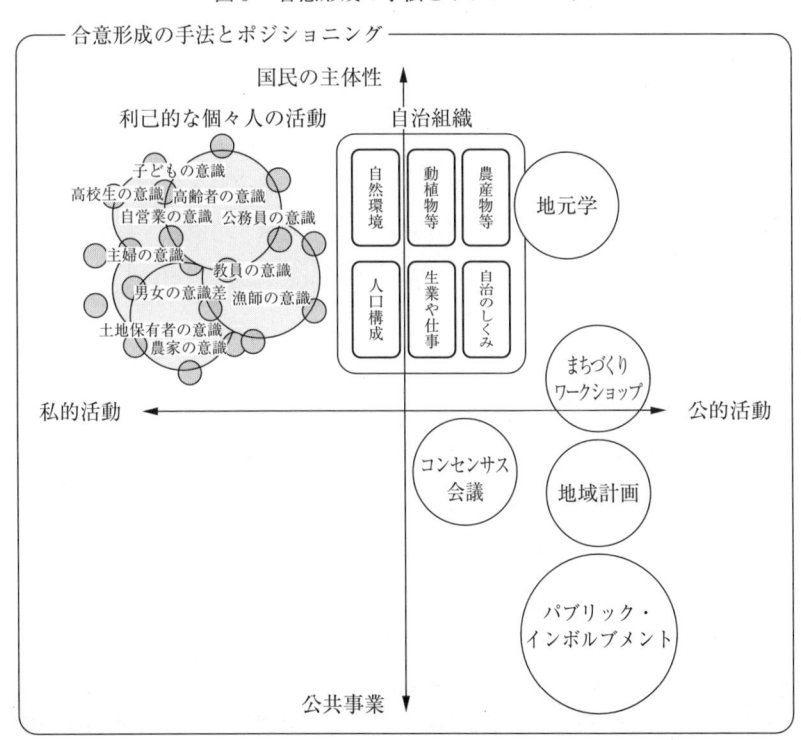

図5　合意形成の手法とポジショニング

一方，これまでの合意形成（パブリック・インボルブメント等）は，行政側から住民，地権者，国民側へ，公共政策の実施を前提に，政策の実施に関わる利害関係者を特定し，その利害関係者との意見交換を行う形で行われてきた交渉手続の手法である。

しかしながら，構造改革が進み，財政削減が深刻に議論され始めたことから，利害関係者との事前の合意が，公共事業の実施の前提条件とする動きが一部現れている。

この事前の合意形成や，質の高い公共事業，次世代への社会の継承を前提とした社会的合意形成は，著者がもっとも望むところであるが，これからの公共事業が，地域ごとの見直しを前提として，地域共同体の意思に基づく主体的な施策を自治体がくみあげ，行政が，新たな公共事業の枠組みを設け実施するしくみ，例えば，地域共同体と自治体，県，国との協働公益事業というような形で実施できれば，公共事業は，住民による「事前の包括的な合意」のもとに，計画から実施まで，迅速かつ少ない予算での実施が可能となる。

この手法は，公共事業等の素案段階で，地域共同体において，地元学等のワークショップを実施し，地域共同体における包括的な方針を前提として，公共事業を協働公益活動として位置づけ，住民と共に実施する方式である。

この手法の具体的なしくみは，IVの逆システム学の考察の後，Vにて詳しくふれることとする。

4．地元学による合意形成事例

以下は，各地の地元学による合意形成と協働公益活動の概要図である。

(1) 新潟県佐渡市野浦地区における協働公益活動と地元学

佐渡市野浦地区は，世帯数40戸，住民160人の本土に面した急峻な地形の集落である。かつて，トキがエサ場とした標高200m〜400m地帯の棚田や沢と，眼前に広がる日本海に面した半農半漁の集落である。兼業農家が中心で，専業農家は数戸のみである。この地域共同体は，かつて，地味な集落といわれていたが，伝統芸能である文弥人形の一座を立ち上げたことを機会に，島内で

有数な活性化した地域として評価された地域共同体である。この野浦地区の地元学の特徴は，以下の点にある。まず，住民全員が，地域調査に参画したこと。そこから，自分自身と地域の関わりを再確認して，各個人でできることを，無理なく，個人作業，ないしは，協働作業として実施したことにある。この手法に自信を持った野浦地区は，公民館活動として，四つの常任委員会を設置し，常時地域を見つめ直す委員会，外部との交流を進める委員会，トキのエサ場や産品開発を行う委員会，芸能活動を推進する委員会を立ち上げ，今日に至っている。この明確な地域ビジョンに対して，行政は，野浦地区の特徴に合った事業を，行政と地区との協働事業として位置づけ実施し始めている（実施年度：1999年）。

(2) 新潟県佐渡市久知河内地区における協働公益活動と地元学

野浦地区のある本土に面した前浜海岸から600mの小佐渡の山を越えた反対

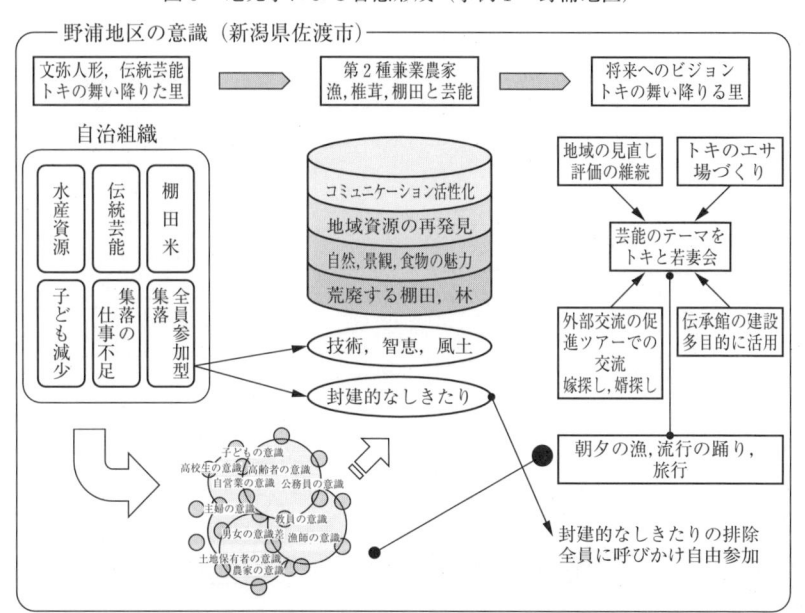

図6　地元学による合意形成（事例1　野浦地区）

側，両津港側にある久知河内集落は，久知川に面する全戸の先祖が僧侶という集落である。この集落の戸数は，27戸約80人の小さな共同体である。この共同体の中心を流れる久知川では，10年ほど前からホタルが発生し始めた。このホタルを保護してホタルの里として地域づくりを行ってきた集落であるが，高齢化が進み，空き屋と高齢者対策が課題であった。

この集落では，野浦の例を見た新潟県より，地域ビジョンの策定の依頼を受けた。これまでの行政主導のビジョンではない，住民自身によるビジョン作成のコーディネートを頼まれたため快諾した事業である。この集落でも同様に，地元学を全戸参加で実施した。その結果わかったことは，住民自身の課題は，高齢化と戸数の減少である。一方，ホタルの発生により，多くの観察者が，地区を訪れることの喜びを知ったこの地区では，この二つの課題に先がけて，久知川に魚道を設置し，鮭が集落の上に上がってこれるようなビジョンを作成し，

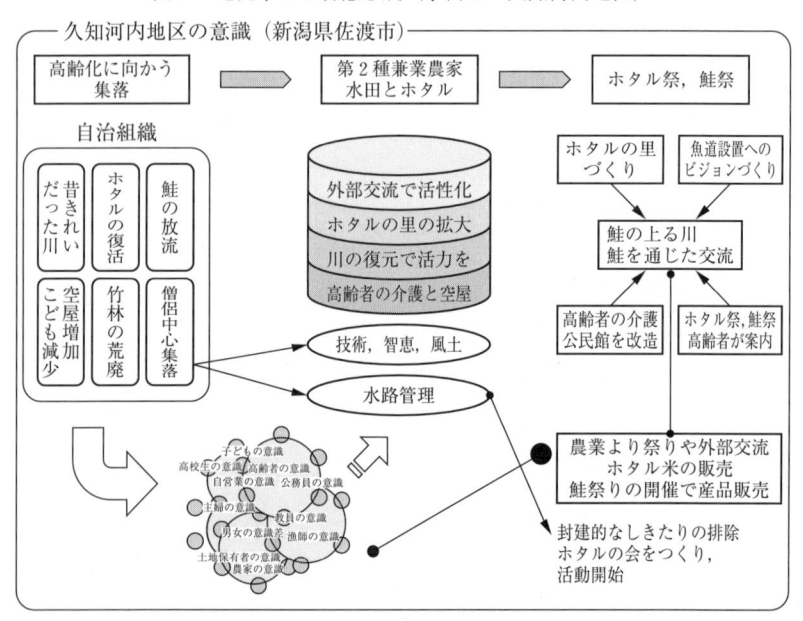

図7 地元学よる合意形成（事例2 久知河内地区）

住民自身でできることをまず行うという方針を固めた。このビジョン作成は，新潟県，佐渡市（当時，両津市）の職員が事務局を担っていたため，住民，公民館，佐渡市，新潟県のそれぞれできることをお互い分担し，2005年より，15ある堰に下流より順次魚道を設置する方針を固め，現在工事に着手している。この計画の後，環境省，農林水産省，林野庁，国土交通省，新潟県，佐渡市等で計画を策定していたトキの野生復帰ビジョンにもこの内容が反映している。一つの事前の包括的な合意形成が形となった例である（実施年度：2002年）。

(3) 新潟県佐渡市城腰地区における協働公益活動と地元学

その翌年の2003年，隣接する城腰地区において，同様に，新潟県からの依頼に基づいてビジョン策定を行った。世帯数は25戸，住民100名程のもと城下町だった小さな集落である。この集落でも，同様の地元学を実施し，「暗い

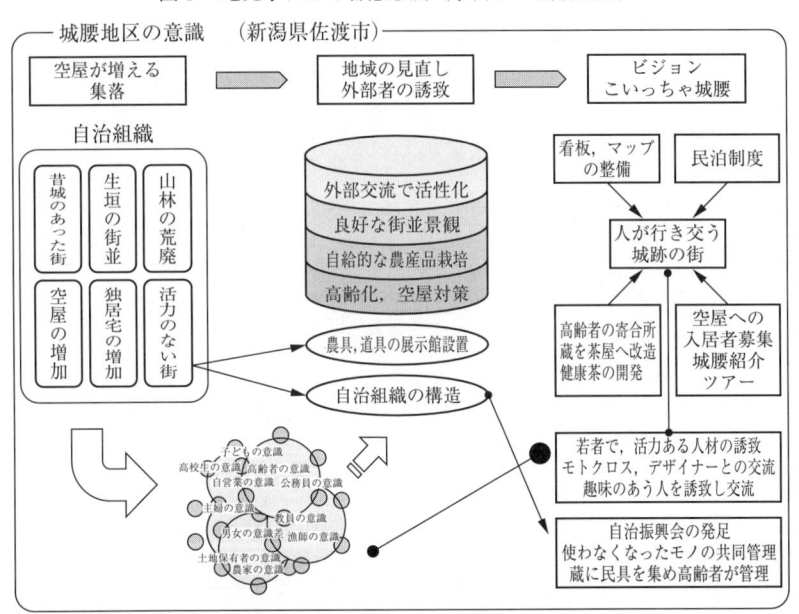

図8 地元学による合意形成（事例3 城腰地区）

感情」〔玉井袈裟男 1980〕と四面会議法〔岡田憲夫・杉万俊夫・平塚伸治・河原利和 2000〕によって，計画づくりを実施した．暗い感情は，高齢者対策，独居老人への介護と空き屋対策，そして，希望は，外部との交流で活気だった街なみだった．この集落では，空いている蔵に不要な民具，農具を集め，蔵を民芸館として改修し，そこで健康茶を出すこととなった．健康茶の開発は，婦人会が行い，開発されたお茶は，高齢者間の交流をかねて老人会が出し，外部からの交流者をもてなす．また，交流者のために，ガイドマップを作成し，この蔵で配布するという計画である．ガイドマップの制作は，交流をかねてデザイン学校の学生を誘致し，デザイン画を作成してもらい，マップの仕上げを行ってもらった．この事業でできた「こいっちゃ城腰マップ」は，新潟県の観光部局や佐渡汽船等で地域紹介として活用されている（実施年度：2003 年）．

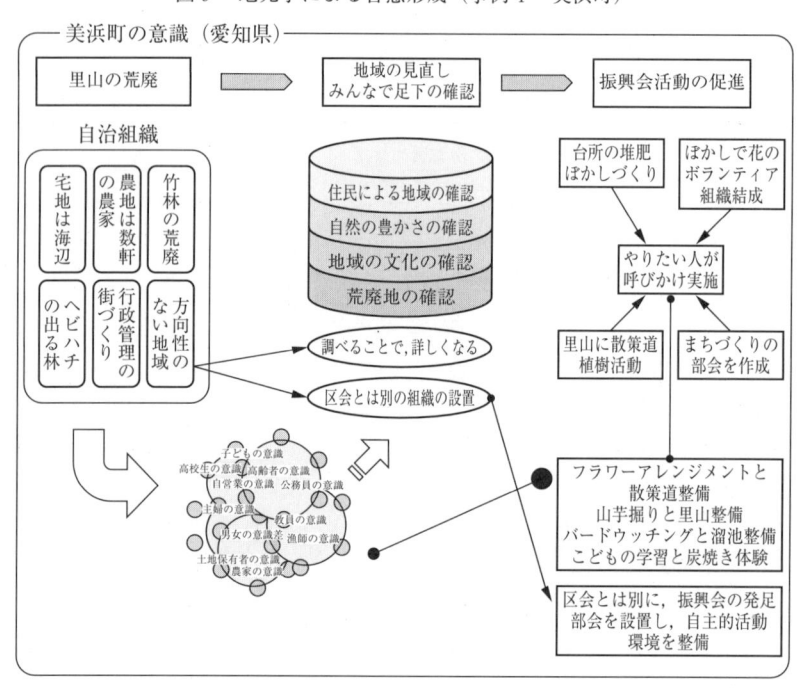

図 9　地元学による合意形成（事例 4　美浜町）

(4) 愛知県美浜町における協働公益活動と地元学

　美浜町は，知多半島の中腹，伊勢湾と三河湾の両方に接する砂浜と里山の町である。防風林として保護されてきた里山は，開発されず，無数に点在する溜池と共に残されてきた。この町の布土地区で，まちづくり協議会を中心とした地元学を実施した。参加したのは，協議会の幹部メンバーと友人知人の30名程度と役場職員10名，外部からは地元学を提唱した吉本哲郎氏をはじめとする専門家数名での実施である。調査結果は，全員が，地域の風土や自然環境を把握したこと。その内容を伝えるフォーラムをキノコ狩りハイキングと報告会という形式で実施し，800人の集落から300人が集まった。名古屋への往復とスポーツ等が中心だったこの美浜町の住民は，里地里山活動や地域の足下を見つめ直す活動を開始した。実施後，炭焼活動と里山保全が始まり，2005年全国里山シンポジウムが，美浜町で行われた。この間，町民の森づくりをはじめとして，町政では，里山と，健康，安全安心な農産物の販売拠点などの整備が行われた。これも，地域共同体と連携した協働公益活動の一種である（実施年度1998年）。

(5) 神奈川県城山町小松城北地区における協働公益活動と地元学

　城山町での取り組みは，神奈川県環境農政部が所管する「里山づくりモデル事業」の実施地域である。この協働公益事業では，県と城山町が事務局となり，地域共同体，及び，地域団体が中心となり活動方針を作成し，県のモデル事業としての里山整備活動を開始した。2004年，同メンバー30名が地元学調査を行い，その結果を元に，里山を守る会と事務局にて，整備方針を固め，県と市は，資材費と人力を出し，地域団体は，保全作業を実施した。この協働公益活動は，神奈川県と城山町としては，地域共同体との協働事業，住民主体の公共事業構築のモデルケースである（実施年度2004年度）。

　新潟県佐渡市では，野浦地区，久知河内地区，城腰地区をはじめとして，月布施地区，片野尾地区，小学校区の5集落など，さまざまな地元学と計画策定，及び，保全活動を実施してきた。それぞれの活動は，いずれも振りかえれば，

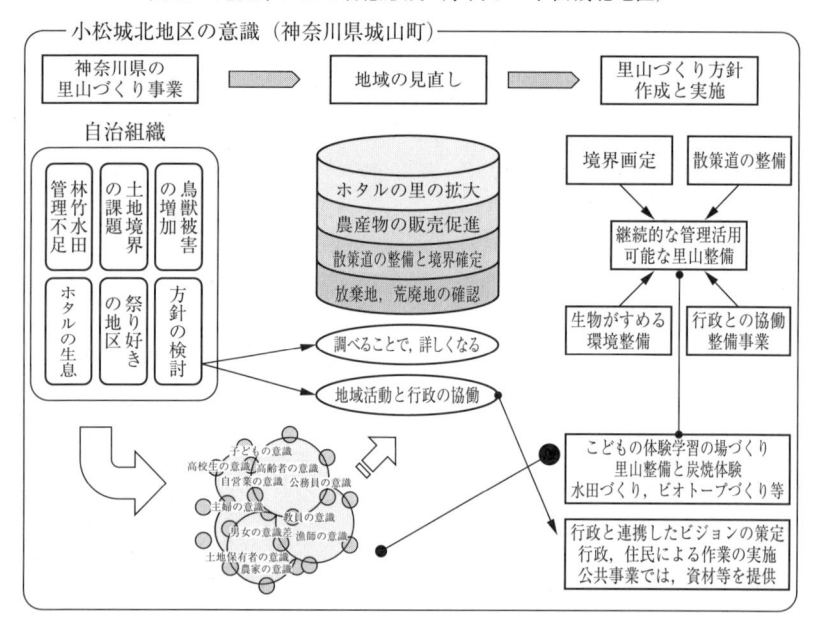

図10 地元学による合意形成（事例5　小松城北地区）

行政と地域共同体との協働公益活動である．この内，県や市が主体となり，また，私がアドバイザーとして，参加した事例が，新潟県の3事例と城山町である．愛知県美浜町は，私がはじめての地元学を実施した地域で，その後，ことあるごとに活動のフォローを行っている．この他，地元学，計画作成，行政と地域共同体の協働公益活動は，秋田県能代市，岩手県西和賀町，山形県戸沢村，神奈川県秦野市，福井県越前市，熊本県水川町，熊本県水俣市等で実施している．また，地元学の実施のみでは，三重県の自治会館組合（市町村職員研修で，2000年より毎年8地域程度で実施中）が，最多県で，その他，数十カ所での実施例もある．

Ⅳ 逆システム学と協働公益活動

1．逆システム学とは

「逆システム学」〔金子 勝・児玉龍彦 2004〕とは，新たな現象の本質に迫る方法論である。諸科学の現象の本質に迫る方法論は，これまでの二つの相対立する立場があったが，これに代わるものとして，同書で紹介されている。

これまでの二つの立場は，いうまでもなく「要素還元論」（本質的な要素を抽出し，個別の要素から理論を組み立てる方法論）と「全体論」（個々の要素を規定する本質的な構造を規定し，理論を組み立てる方法論）である。

この二つの立場で説明できないさまざまな現象に関して，逆システム学では，明快な方法論を示している。特に，本章では，地域共同体における事前の合意形成と環境政策の構築を論旨とするため，生命科学と市場経済用語の引用は極力避け，諸科学に共通する事象として解説されている部分を中心に逆システム学の骨子を引用させていただくこととした。

(1) 対象となる現象

これまでの要素還元論や全体論では，「要素が増えるにつれて増大する」「たくさんの要素からなる複雑なしくみを取り扱う場合には，個別の要素から理論を組み立てる方法論」では，「羅列的に並べるだけでは，膨大な情報に途方にくれ」，また，「一つの要素が異なる二つの反応を起こすような場合の説明がこれまでの方法論ではできなかった」。

逆システム学は，「個と全体を結ぶ中間領域にある制限，調節制御のしくみに注目した。そして，そのしくみは，〈制御の束〉と〈多重フィードバック〉によってできていると規定した。むしろこの中間的な領域にこそ，市場経済や生命体の本質が宿っていると考えたのである。実際多重フィードバックがこわれてしまうと市場経済も生命体も維持することができないからだ」。

(2) 現象の把握のしかた

「逆システム学の「逆」は，演繹的にシステムを定義するのとは異なる立場を意味している。つまり，それは制度の束が持つ調整制御の多重フィードバッ

クを帰納的に実証することによって，生命体や市場経済の全体像を明らかにする方法である。……さらに，……変化や進化という動態（歴史）の内的プロセスを明らかにできる。」

(3) 調査のポイント

「さまざまな実験や，経済政策の結果から，いかなる制御系が働いているかを明らかにしようという考え方」に立ち「いつ，どこで，調節制御が働くか，調節制御のしくみができてくると，調整によって環境変化に適応できる範囲が広がる」。つまり，調節制御のしくみは，時々刻々と進化している生命科学や市場経済のしくみを対象とすることができる。

(4) 要素還元論と全体論の解析方法

「経済学の領域では，個人や個別の企業が自己利益を追求するだけで，市場経済が自動調整的に均衡に達するモデルとして一般均衡論が完成し，セントラルドグマとなった。」このような現象と結果が，対応するようなケースで要素還元論や全体論が機能していたことになる。このことは，「「利己的な遺伝子」が，自分の利益や満足度を最大化しようと活動することで，競争市場が自動調節的に均衡に達する。市場経済の自律性を根拠に，普遍的なモデルとして適用されてきた。」というように，要素還元論や全体論は，あくまで解析可能な現象と到達結果を示す方法論であり，非市場的な諸制度の検討に役立つ方法論ではない。

(5) 非市場的な諸制度の取り扱い

この市場経済の「モデルから排除された非市場的な諸制度が，複雑な相互作用を保ちつつ市場経済を制御している」。「逆システム学は，人間や社会が本質的に抱える複雑さを解明し，現実に有効な治療法の開発や経済政策の樹立のために生まれた方法」である。

この非市場的なしくみは，セーフティーネットという概念で紹介されてきているが，「セーフティーネットがないと，調節制御系がこわれて市場経済は機能が麻痺」する。つまり，市場は，セーフティーネットによって支えられているために機能できているという考え方である。このセーフティーネットは，生

命科学においても，市場経済においても現在複雑に張り巡らされ，むしろ，進化した生命や成熟した社会は，このセーフティーネットのしくみが大半を占めていると言及している。

(6) 生命科学における解析方法

遺伝子全体の活性化の様子などを系統的に解析すると，どの制御系が働いているか比較的簡単に推測できるのである。このように調節制御と，その重なりを解析していく実験手法を逆システム学という。いわば観察可能な複雑な対象に，モデルやシミュレーションををするのではなく，何らかの介入をし，それを経時的に「いつ」，場所特定的に「どこで」に注目しながら観察していくのである。そこから，実際に重要な役割を果たしている制御系を明らかにしてゆく。全体はわからないかもしれないが，どのような治療法が有効かの予測の制度を大きく上げている。

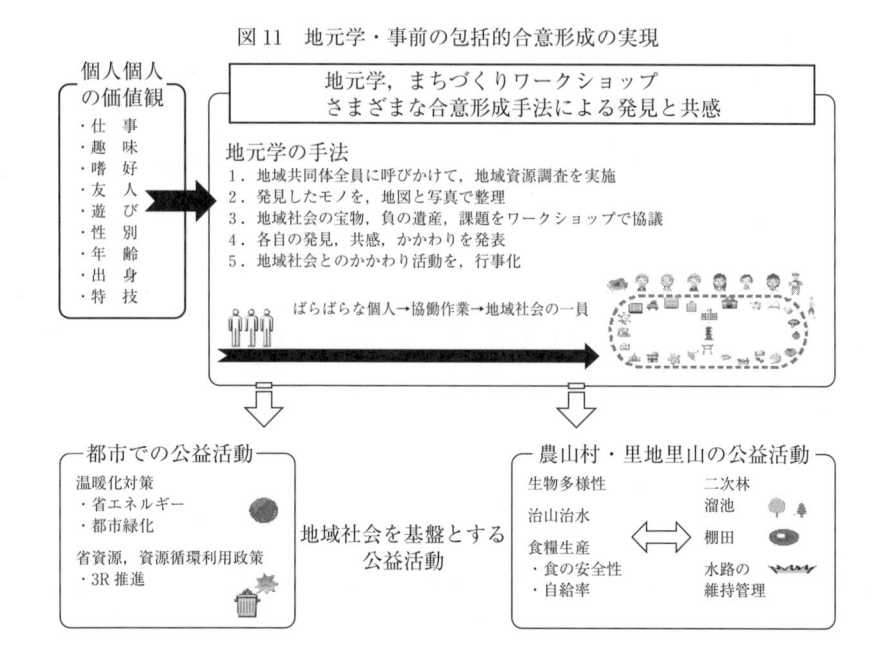

図11　地元学・事前の包括的合意形成の実現

個人個人の価値観
・仕　事
・趣　味
・嗜　好
・友　人
・遊　び
・性　別
・年　齢
・出　身
・特　技

地元学，まちづくりワークショップ
さまざまな合意形成手法による発見と共感

地元学の手法
1．地域共同体全員に呼びかけて，地域資源調査を実施
2．発見したモノを，地図と写真で整理
3．地域社会の宝物，負の遺産，課題をワークショップで協議
4．各自の発見，共感，かかわりを発表
5．地域社会とのかかわり活動を，行事化

ばらばらな個人→協働作業→地域社会の一員

都市での公益活動
温暖化対策
・省エネルギー
・都市緑化
省資源，資源循環利用政策
・3R推進

地域社会を基盤とする公益活動

農山村・里地里山の公益活動
生物多様性
治山治水
食糧生産
・食の安全性
・自給率
二次林
溜池
棚田
水路の維持管理

2．地元学による地域共同体への介入と逆システム学による解析方法の比較

　上記の生命科学における解析方法は，私が，各地の地域共同体で，地元学を企画し（地域への介入），実施中，及び，実施後に，いつ，どこで，誰が，どのような行動や発言を行うのか，その反応はどの方向を向き，何を求めているのか，または，何を阻止しようとしている発言や行動なのかを観察してきたこれまでの手法と酷似している。実際，地元学によるたび重なる地域共同体への介入により，地域共同体及びその周囲を取り囲むさまざまな人的，物的環境要素から，「反応の束」としての，「制御のしくみ」が明らかになり，地域共同体の症状を確認することができる。どこの誰が制御系として機能し，または，どの集団が，センサーの役割を果たし，誰が，またはどのような集団が，制御系として機能するのか。どのような背景で制御が働くのか，また，その制御系の反応の束は，どのような形で現れるのか。地域共同体ごとに異なる反応の束は，一見複雑に見えても，地域づくりの仕掛けを「地域への介入」と見立て，その後のフォローを「観察」と見立てる基本的な態度から，その特徴を把握できる点が，地域共同体における「逆システム学」と考えた所以である。

3．生命科学における調節制御のしくみ

　調節制御の基本的なしくみは，信号をとらえるセンサー（感知器）と，信号を伝える伝達系と，遺伝子を動かす制御系（制御蛋白）からなっている。この調節制御による多重フィードバックは，階層的構造をとる。それは市場経済でも変わらない。フィードバックが破綻するのは，このセンサー，伝達系，制御系のいずれかの働きが適切でないことによる。そして，セーフティーネットを必要とするもっとも弱いところから，フィードバックがこわれていく。

　「多重フィードバックは，全ての動物における制御の基本なのである。」

　「薬でもっとも効果的に人間に作用するのは，実は人間の受容体，センサー蛋白に結合して，調節系を動かすものであることがわかってきた。」

　「細胞は，他の細胞と接触したりホルモンを受けて安定化しているのである。」

このように生物は，信号を捉え，信号を伝え，調節制御が働くことで，生命体の維持ができてきた。このしくみは，市場経済と市場外経済を支えるセーフティーネットのしくみとして，紹介されている。この三つの働きがこわれてしまっている事例として，以下の三つが紹介されている。

　　フィードバックがこわれている事例1

　欧米では，数年で処理が終わっている不良債権処理に関して，10年たっても処理の終わらない原因は，センサー（公認会計士，銀行経営者，金融庁のモニター），伝達系（政治家，金融庁），制御系（議会，政府）のそれぞれが，機能していないことを指摘している。

　　フィードバックがこわれている事例2

　年金制度を取り上げ，被保険者の保険料がこげついているにも関わらず情報のセンサーであるべき政治家や官僚たちが情報を隠し，責任を回避するために，議会も政府も機能がこわれてしまっているからだと指摘している。

　　フィードバックがこわれている事例3

　「フィードバックがこわれている第三の事例は，公共事業政策だ。……大規模公共事業は，維持費と借入金ばかりを残して地方財政をも悪化させている。……今や，中山間地の集落崩壊に始まって，シャッター商店街や大都市の超高層ビルに建設に見られるように，町や村自体が崩壊を始めている。……こうした状況を克服するためには，ここでも多重なフィードバックを再生させてやらなければならない。……それが地方分権化である。権限と税財源を地方に移譲し，伝達系を短縮して住民の一番近いところでセンサーと制御系を機能させ，政治的な回路を通じたフィードバックを回復してやるのだ。それによって，住民ニーズに合った小さな公共事業を実施し，空洞化が進む町や村を環境・福祉融合型のまちづくりで再建するのである。……新たに地域経済の自立的循環というフィードバック・ループを作ることを意味する。」

「地元学による地域共同体への介入との比較」の項目でも示したが，このセ

図12　利己的な遺伝子と反応の束

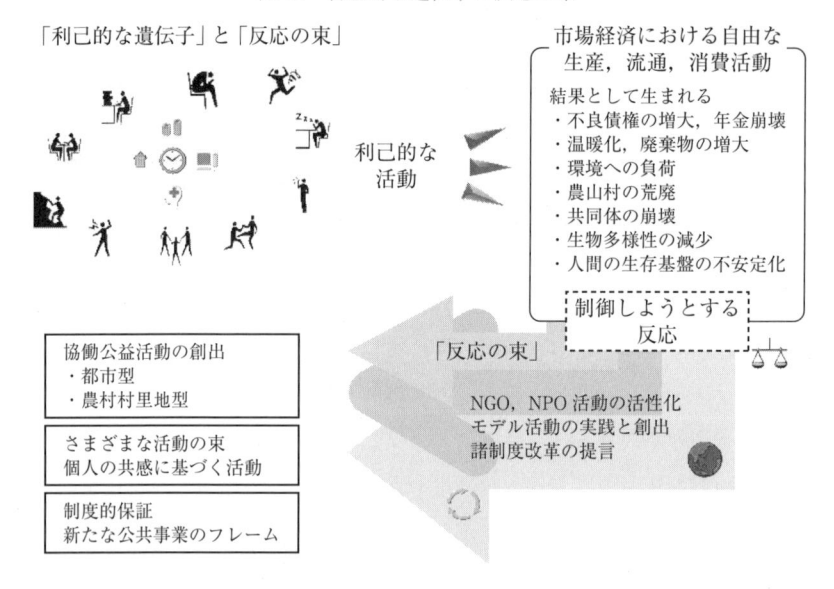

「利己的な遺伝子」と「反応の束」

利己的な活動

市場経済における自由な生産，流通，消費活動

結果として生まれる
・不良債権の増大，年金崩壊
・温暖化，廃棄物の増大
・環境への負荷
・農山村の荒廃
・共同体の崩壊
・生物多様性の減少
・人間の生存基盤の不安定化

制御しようとする反応

「反応の束」

NGO，NPO活動の活性化
モデル活動の実践と創出
諸制度改革の提言

協働公益活動の創出
・都市型
・農村村里地型

さまざまな活動の束
個人の共感に基づく活動

制度的保証
新たな公共事業のフレーム

ンサー，伝達，制御のしくみを，地域共同体の中に適用してみると，さまざまな事象が，多重フィードバックであることがわかった。本章では，この多重フィードバックの再生と，再生した集落での環境政策等の導入方法を，次のVで考察する。

V　協働公益活動の創出

1．多重フィードバックと制御系が地域共同体に果たす役割

(1)　多重フィードバックの段階

地域共同体の環境政策の検討の場や，地域の活性化のための寄り合い等に参加する機会は，仕事柄，年に何十度もあるが，このような話し合いの場では，共通するいくつかの「反応の束」がある。それらの反応の束から，以下の基本的な地域共同体の立場や成熟段階を判断することができる。

(a)　個人，集落の収益につながるか否かの検討を行う段階

(b) 集落の今を再確認しようとする段階
(c) 本質的な課題を避け，一過性の事案として処理しようとする段階
(d) 本質的な問題の共有を行うために，共同体全戸の総会等での報告等を必要とする段階
(e) 多様な価値観を認め，事前の包括的な集落合意がある事項に関しては，個々人の活動を尊重して批判せず許容する段階

　ある事案が，議案に上がったとする。その事案に対する反応は，非常に多様で，個々人によっても，地域共同体によっても，いくつかの方向に分かれたその反応の束は，束ごとの強弱や方向性が異なるのが特徴である。しかし，おおむね，この多重フィードバックは，その結果から，原因を追求すると，地域共同体が見落としていた特徴が現れてくる。その反応の束に耳を傾けることは，地域の個性や特徴の理解につながることになる。

(2) 越えられない本質的な問題の壁

　ある事案の検討中，(d)の作業を経ていれば，集落活動を前向きに進める働きを，参加者のいずれかが調整役となり地域共同体の意思として決定することができる。

　しかし，(d)の過程を経ていないと，議論は，さまざまな方向へ転位し，収拾がつかない状況に陥る。この状態は，個々人が，地域共同体の全体の課題を把握していないために，個人の利害や，部分的な情報を元に議論するため，不毛な議論として終わることになる。せっかくの調整役の提案の趣旨も理解されない。このような現象は，参加者間で，集落の過去から今に対する現状認識の共有ができていないために生ずる現象である。このため調整役の調整案を，一つの提案や意見として受け取め，耳を貸さずに，結果として会合は一過性の事案として扱う(c)の妥協で終了することになる。

　ここで把握しておかなければならないことは，この多重フィードバックと制御系という，集落の一致した合意形成を行うためには，その基盤となる，集落の過去から今を参加者全員が把握していることが重要である。この現状認識が共有されていてこそ，多重フィードバックが意味を生み，制御系の働きに，参

加者が共感することができる。

2. 公共政策に果たす地域社会（個の集団）の役割の重要性

(1) 公共政策への希薄な国民意識

　私は，各地の環境政策の推進のために地域社会に入ることが多いが，その度に痛感するのは，公共政策の浸透度合いは，経済に置き換えられたときに，はじめて全体に波及し浸透するということだ。例えば，温暖化対策の広報は，方向性を示す提案であるが，この提案が機能するのは，石油の市場価格が上昇した段階で，誰でも燃料を節減しようとするため，設定温度を調整したり，我慢のレベルが一歩上昇することになる。この段階で，冷暖房の温度は，政府公報の暖房20度，冷房28度が着実に守られ，意識の高い家庭では，暖房18度，冷房ではなく除湿の設定にすることぐらいは，実施できることである。さらに，より積極的な人は，屋上緑化や薪ストーブの導入の検討を行うようになる。

　メディアもその基調を捉え，「もっと節約するには」，というような特集を組むことになる。このような国民の意識と動向は，地域共同体や個人に経済的なメリットを受けない場合の例で見ると，施策や施設を受け入れるか否かは，自分と地域共同体が直接の関わる必要のない事項として捉え，他人の趣味の範疇のような形で聞いているケースが多い。だから無関心であり，自分や地域共同体と関係のないところで行われるなら問題はないが，自分自身や地域共同体に降りかかる事案は終始拒否するか無関心無関係な態度を表すことになる。

　経済以外にも，企業向けの環境基準や，資格制度の基準，学校教育の中での単位など，何らかの社会システムの中の基準や強制措置，罰則等がないと，日本では，環境意識や倫理，道徳に頼っていたのでは公共政策への協力が得られにくいのが現実である。

(2) 個人と地域共同体の価値感とパラダイムの転換

　一方，地域社会に目を向けると，個々のバラバラな意識とは別に，地域共同体として公共政策を受け入れるケースがある。集落の合意形成に基づく地域社会への浸透度は，集落の維持管理を行っているという自治の意識とコミュニテ

ィーがあるからこそ実現できている。

　この場合，地域特性と集落における個々人の関心事，集落全体の課題や問題点を集落住民自身が把握した上で，その半歩先の解決策の一つとしての公共政策の実施（導入，普及啓発等）を行うことが理想である。かならずしもこのような場合のみではないが，双方の半歩先にメリットを感じれば，合意が可能であり，かつ，永続性が保たれ，政策の効果が上がりやすい。

　個々人の関心事の抽出や，集落の課題，問題点の把握を怠り，本質的な議論を怠ると，施策は上滑りする。言い換えれば，施策の集落への浸透や，継続は，集落の自治意識という基盤の上に，各自の関心や，集落の課題，問題点を掲げ，半歩前進する形で，調整役（制御系）が，機能するメカニズムである。

　一方，市街地においては，個々人の暮らしと，地域自治との連動はほとんどなく，地域社会や組織への帰属意識を前提としていないため，地域共同体のようなしくみで，事前の包括的な合意形成を得ることは不可能か，非常に困難である。但し，市街地では，コンセンサス会議のように，陪審制度を模範とした任意に抽出された素人集団の合意を，社会的合意形成とみなし進める方法や，市民団体や地域団体の幹部等との合意形成手法を用いた，社会的な合意により，十分であるという見方もある。しかし，ここでもっとも重要なことは，環境政策等の実施を地域住民全員で，ないしは，国民全体で推進するには，何らかの，実感，その施策に参加する基本的な内発的な動機づけがないと，浸透しにくいことである。

　シートベルトの罰則制度や運転中の携帯電話の利用は，罰則と厳しい取り締まり措置により徹底されたが，冷暖房の無駄遣いによる温暖化というような地球全体の課題に対しては，罰則がない。また，未来の世代の生存を危うくするような化学物質の利用や漁獲資源を減少させるような工事への規制がないのも日本社会の現実である。

　これらの事態に対して，市民，地域共同体が自らできる防衛策や，環境政策を推進する側が，まず，考えておいた方が良いことは，足下を見つめ直すことである。各地域社会において，昔ながらの区会とは異なる，新たな地域共同体

が機能するような地域の見直し作業を行っている場で，効果的な環境政策を繰り返し，その成果を元に，将来に向けて，全体化するための法的な措置を構築することが一見遠回りなようで，比較的短い時間で達成可能なパラダイムの転換方法である。

3．公的主体としての「制御系」の意義と役割の考察

(1) 崩壊集落の農地，山林と自然災害

地域社会の維持機能が低下する中で，特に，農村の棚田や農地の管理は，かつては，農業生産行為の範疇にあったが，昨今は，生産性が低く経済的な採算が合わないために耕作放棄が進み，放棄による農地のひび割れ等を原因とする土砂崩れや，森林の管理不足による地滑りなどが各地で発生している。また，山の維持管理を行わなくなったことからくる鳥獣被害，ヤマビル被害などが拡大し，山林，農地，集落の維持に，新たな公的な役割が，生まれ始めている。

崩壊集落における土砂災害は，風雨による自然災害や地震によるものであるが，鉄道や道路がこれにより閉鎖されれば，集落内の問題から，社会的な事態へと転換し，被害の影響や危険から重要性が増し，原因である放置されていることの危険がこの段階ではじめて明確になる。

かつては，個々人の家とその周囲の山は，地権者である集落構成員の管理地だったが，集落崩壊に向かう段階の集落では，過疎化や高齢化により，農地，山林の維持管理は，行われなくなる。農地は，この段階で自然環境等と同様，公的な管理や予防の必要性が生まれ始める。

(2) 公的主体としての集落組織と NPO

平成12年に誕生した「中山間地の直接支払制度」では，集落協定に基づき，一定規模の農地を5年間継続管理することを前提に，補助金を付ける制度が生まれた。また，新たに，平成19年度からは，環境に配慮した水田には，中山間地の条件を取り外した環境支払いが行われることとなった。農業生産とは異なる農地の維持管理は，新たな環境保全活動として，食糧生産とは異なる補助金が創設されたわけである。この主体になるのは，これまでは，農家自身が農

業生産を営むことに対する補助金であったが，環境支払いは，集落営農組織，ないし，自治組織等が主体となり，これまでの農業政策と根本的に異なる点である。

一方，耕作放棄している農地に関して，行政，NPO等は，地権者に対して，耕作の要請を行い，できない場合には，NPO等への農地の貸与を義務づけている。これは，農家に代わる管理主体として，NPO等が，農地の管理という環境管理を担当したことになる。

また，NPO及び地域組織に対する公的な役割が，さまざまな分野で拡大していることも，これまでと異なる公的主体の誕生を裏付けている。

市街地では，同様に，さまざまなNPOやボランティア団体が誕生している。まちづくり協議会や，まちづくり株式会社，公園管理のサークルなども，住民自治の側面から，環境政策や福祉政策を担う公的主体の役割を果たし始めている。

(3) 新たな公共事業の萌芽

新潟県では，平成13年度より，毎年，20程度の県内の字単位の集落を対象に，集落計画の作成を公募し，県と市町村職員が各集落ごとに全部局より1名ずつ出て，事務局を編成し，集落ビジョンの作成とビジョンに即した公共事業を行っている。

高知県では，平成15年度より，県職員60人前後を，各市町村に1名前後，割り振り，ふるさと応援隊として，担当地区の集落に張り付いた支援活動を行っている。

神奈川県では，平成16年度より，県環境農政部と市町村が連携して，里山集落の自治会，または，NPOと連携した，里山と農地の活性化を進めている。

また，環境省では，平成13年より市民企業政策提言フォーラムを開催し，市民，企業等からの政策の提言を，環境政策の中に取り込むよう事業を進めている。

このように，かつての公共政策，公共事業は，道路や港湾の建設のように，行政が行うことを前提とした事業であったが，今日の公共事業と公的な役割は，

小さな政府，小さな予算をめざしている側面もあり，自治組織，NPO等との連携，協働を前提とした事業の創出に向けて年々期待が高まってきている。

4．集落における制御系とは何か
(1) 集落会合の基本的なスタンスとスタンスを変えるコーディネーターの役割

集落計画を，地域共同体の構成員と共に立てる際に，良く経験することだが，それぞれの個人が，どのような立場で，どのような立脚点の上に立った発言をするか，または，発言はせずに，抑制するかを見ることは，地域性を見る上で非常に興味深い点である。特に，任意の協力を促すような場合の反応は明確である。

(a) 集落での経済的メリットがない場合は理解を示さない：実施不可
(b) 理念がわかれば調整を試みる：部分実施からの試行的な導入
(c) 一部の理解者が理解を示すが調整されないまま会議は終了：集落としては不可，但し，部分的に試行(c)し，再度調整会議(d)を開催する
(d) 調整会議の開催：理解層を増やし協力を得るため再度会議を設定：条件付実施

特に，私の場合は，環境共生的な暮らしへの転換を要請している立場からは，地域共同体に，生物多様性の保全，自然環境の保全，保護や地域資源を活用した地域づくり，３Rの域内推進や景観の保全，不法投棄の予防等を要請するケースが多い。このような要請の場合，要請に応じたとしても，集落や個人には現時点での直接的な経済的なメリットはなく，長期的な視野で，地域の活力が増したり，集落内の美化や生物多様性の増加，こどもの育つ環境は向上するが，一方で，住民の日常的な作業や協働が必要となるため個人や地域共同体に負担がかることとなる。市街地における暮らしのように，労力を出さずに，行政に依存する暮らし，お金との交換で暮らしを要望するタイプの生活の場合は，この要請は理解されないどころか非難の対象となる。

このような状況の中で，地元学による地域への介入を行えば，どのような集落でも一定の制御が働く。その制御とは，人体における制御系と同じように，

さまざまな主体からの反応が，束となって現れてくる。この多重フィードバックと制御系の意味は，集落におけるさまざまな個の多様な反応があってはじめて，制御系が働いてくる。言い換えれば，利害を代表する長の意見は，集落を構成する個の意見の集約ではなく，病理でいえば，一部の表面化した疾病であり，その意見への対処は，これまでの要素還元論的な処方であり，もし，共同体のメンバー全員が発言したとすれば，その背景や方向性に対して収拾が付かない状況，すなわち，要素が増えるに従って分析が困難になる複雑な要素と反応への対処が必要となり，会議の継続（会議の場での検討や解析）が困難になる。しかし，逆システム学の思考に立てば，反応の束と制御系の役割と捉え，その反応の束の方向を，適正な制御の方向へ戻す，ないしは，制御の方向を変えることにより，環境政策を浸透させる方向へ処置を行えば，生命体の病気が改善してゆくように，自然治癒的に，共同体は，環境配慮に向けて，成長してゆくこととなる。

　これまで，地域社会は，個人または地域共同体への直接的な利益調整を，行政との会合（合意形成）と捉え，経済的な側面から高齢者の男性を中心に，公共施策の調整を行ってきた。しかし，自然と調和した持続的な社会，少ない予算で効果的な公共政策が期待されているため，利権の誘導を伴わない公共政策が必要だ。ここでの問題は，どの地域も，これまでの地域社会の会合が，予算や補償の裏付けがあって行われてきているものが多いため，地域社会の将来を考えるような本質的，根本的なテーマの会合を受容する機運がないことだ。この点から，集落の会合に行政マンが行くと，これまでと同様のペースで，「……で，内容はわかった。で，どういうメリットがあるのか説明してくれ」といういつもの論調で，内容の理解はさておき，経済的なメリットの有無，大小で，事業や提案を受けるか否かの議論に終始することになる。

　これが基本的な集落のスタンスであるが，この戦後養われたスタンス（遺伝子とでもいうべきか）を変えるのは，新たな価値観を確固たる態度をもった行政マンやコーディネータの手腕にかかることになる。もっとも，2007年以降は，農村の環境配慮への新たな直接支払制度，農水省「農地・水・環境保全向

上施策」等の新設により，汗をかくことから始める事業が広まることにより，徐々に，新しい予算制度が出そろうことで，予算メニューの変遷を示し，半歩前に進める地域共同体が，さまざまな施策を始める機運が高まる。このことで，地域共同体の構造は，半歩前進し，多少なりとも変化することを期待したい。

5．地域共同体における制御系の働き

　集落における制御の束とは，コーディネーターや調整役のことではない。個々人のさまざまな意見，集落の過去から現在までの実情を認識した上で，暗黙の内に，出席者に見えてきた，マイナスの方向と，プラスの方向，「このままでは誰もがいけない」と感じたことと，その反応として，「行わなければいけない」という誰もが自覚した内容である。集落の全員が認知したとすれば，暗黙の規範に近い存在ともなろうし，会合に参加していない人にも，伝わりやすい内容である。集落の実情を掘り下げたとき，将来に向かって放置できない現状と言ってもいい。どの集落にも集団にも，認識しておかなければいけない過去から現在までの経緯や経過がある。そして，特に，集落においては，取るべき対応を取っていない集落が多いために，この制御の束は，集落の過去から今を見つめ直したとき機能する集落の自律的な働きである。

(1)　制御系はどの方向に機能するか

　自律的な制御系は，一定の方向を示しながら，特定の力学を生む力ではない。自律的な制御系は，個々人の過去から現在までの生きてきた経緯や経過，集落の過去から現在までの集大成の結果，働く力である。集落の中で，今を生きる個と共同体に関わる個や集団，そのそれぞれの個と集団が，暗黙裏に了解され，または，ワークショップ等によって浮き彫りになった集落像をもとに，その大きな方向に反しないそれぞれの活動が集落によって容認されてゆく。言い換えれば，制御系とは，一定方向への肯定的な反応であり，逆戻りを許さない一定方向への水や風の流れのようなものである。その流れに反する活動が，集落では行いがたくなる。制御系とは，個人や地域共同体を存続させようとする，生命力のようなものである。

6．制御系の構築方法

(1) 市街地における制御系の働き方

人体の病理は，常に，症状として顕在化する。しかし今の社会システムの場合は，動脈硬化を起こしていても，症状を認識するシステムも，警告するシステムが麻痺している。一つひとつの集落を見つめたときに，活力ある集落であって欲しいと願うのは，その集落を守る高齢者だけではなく，新たな世代の若者の中にもいる。

市街地の場合は，病理を検知するシステムは，これまでは行政が担当していた。ライフラインや救急医療，交通，食糧，など，これまでの社会では，自治会が担当してきた部分が大きいが，市街化の影響で，自治会は機能を弱め，個々人が関与するケースはいくつかの例外を除き皆無に近づいた。しかし，阪神淡路震災をはじめとする全国各地の地震や，ナホトカ号をはじめとする重油災害，台風や津波による自然災害では，行政のしくみだけでは，十分な機能を果たせず，市民活動，ボランティア活動が行政を補完する新たなシステムとして機能した。現在は，このサブシステムを組み込んだ新たな公共政策，公的活動が展開されるようになった。市街地の場合，行政システムを補完することで，個々人の意識や，個々の敷地内での出来事を別とすれば，地域社会の表層は，活性化し，まちづくりは，機能していると評価されている。

(2) 集落における制御系の働き方

一方，集落の場合，個の集団としての地域共同体が，地域社会の維持管理を行っているために，市街地と異なり個々人の参画が不可欠である。行政の関与は，最低限であり，また，NPO等の支援も，日常的に農的作業を行っている集落住民の技術力や効率的な作業方法には，遠く及ばない。しかし，集落住民だけでは，刺激がなく，また，新たな風や情報，人が入らなければ，集落の中に変化が起こらず，活力は生まれない。

制御系が前向きに機能するためには，地域共同体の中に風を送り込み，その機能を発揮させる方法がある。これまで，さまざまなワークショップや地域づくり講座が行われてきたが，十分な成果を上げ地域共同体を変えた取り組みは，

数少ないように思える。

さまざま取り組みの中で，集落に活力を与え，持続的な力を発揮している取り組みには，いくつかの共通点がある。
・集落を構成する個の多くが参加，または，参加する機会が十分ある
・集落の過去から今が，参加者がわかる方法で確認されている
・集落住民，行政，学校，関連する組織やNPOとの情報が共有されている
・地域住民の意識，参加者全員の意識や考えを，わかりやすく表現できる技法や人がいる
・集落を半歩前に誘導するコーディネーターのあとおしがある

などである。

活性化の事例として私が着眼している事例は，風土舎の哲学や「暗い感情」（玉井袈裟男 1980）をバネとして婦人会を中心に集落の課題を解決していった取り組みの中にある。風土舎は，長野県内のほぼ全域で活動実績があり，特に，飯田市の上久方風土舎や，小川の庄のおやき村など，さまざまな事例がある。

この制御系は，集落で暮らす個々人を，互いに相手を尊重し，全体を尊重することから始まる。しかしながら，過去数十年，集落内においても，個々の家や行事の参加は，高齢者に限られ，壮年層，若年層，こどもたちが関与するケースがなくなってきている。高齢者が先人から継承してきた智恵や技術，文化はもとより，水の経路，林の管理や境，水利なども同様である。また，食品を買う生活が浸透し，集落内で自生ないし繁殖させたような山菜類や，薬草，果樹などの活用もしなくなってきている。

もう一つの大きな成果は，水俣を再生した吉本哲郎の地元学である。水俣市内32地区のコミュニケーションを活性化し，環境再生を行った方法論を後にふりかえり地元に学ぶ地元学と命名した方法の体系である。

最後に，今後の環境政策において，全市町村に対して，里地里山エリアを設け，環境共生型，生物多様性に着眼した地域づくりを行おうという動きがある。この施策を一歩進める為にも，本章及びこれまでの取りくみの評価と検証が必要である。幸い，2007年より国連大学高等研究所が，世界各国で順次進めて

いるミレニアム・エコシステム・アセスメント（MA）が日本でも実施される。

2010年に行われる生物多様性条約の締結国会議（日本開催予定）の場での発表を前提としている。日本政府としても，温室効果ガスの6％削減を定めた温暖化防止京都会議に次ぐ国際会議であり，日本からの発信は，生物多様性と里地里山里海である。この機を捉え国内外の施策の転換を図りたい。

参考文献

饗庭伸〔2003〕：参加型まちづくりの方法の発展史と防災復興まちづくりへの展開可能性，総合都市研究第80号，pp. 90-102

饗庭伸〔2004〕：まちづくり条例とガバナンスのシステム形成，地域開発，第477号，pp. 28-33，日本地域開発センター

岡田憲夫・杉万俊夫・平塚伸治・河原利和〔2000〕：地域からの挑戦—鳥取県・智頭町の「くに」おこし，岩波ブックレット

嘉田由紀子〔2002〕：環境社会学，岩波書店

金子勝・児玉龍彦〔2004〕：逆システム学，岩波新書

環境省〔2001〕：NGO環境政策提言集，地球環境パートナーシッププラザ（オフィス）

環境省〔2004〕：里地里山—古くて新しい一番近くにある自然—，環境省自然環境局計画課

サステナブルデザイン研究会〔2002〕：2100年未来の街への旅—自然循環型社会とは何か？—，学習研究社，共著竹田純一他

里地ネットワーク〔1999〕：テキスト里地—人と人　人と自然の共生をめざす人へ—，里地文庫

里地ネットワーク〔2003〕：持続可能な里地里山を定義する，里地文庫

篠原一〔2004〕：市民の政治学—討議デモクラシーとは何か—，岩波新書

世田谷まちづくりセンター・千代田まちづくりサポート会議他〔2004〕：走れ！　まちづくりエンジン，ぎょうせい

玉井袈裟男〔1980〕：自己発見の技術，農山漁村文化協会

特定非営利活動法人 PI-Forum・石川雄章・石田東生・城山英明・饗庭伸・ローレンス・E・サスカインド・松浦正浩・竹迫和代他〔2005〕：PI-Forum Vol. 1 (2). Summer, 2005, PI-Forum

農林水産省〔2002〕：人と自然が織りなす里地環境づくり，財団法人水と緑の惑星保全機構

細野助博〔2003〕：実践コミュニティビジネス，中央大学出版部，共著竹田純一他

宮本常一〔1993〕：民俗学の旅，講談社学術文庫
吉本哲郎〔1995〕：わたしの地元学，NECクリエイティブ
吉本哲郎〔2001〕：地域から変わる日本―地元学とは何か―，農山漁村文化協会，増刊現代農業 2001 年 5 月

〔㈶水と緑の惑星保全機構事務局次長・里地ネットワーク事務局長〕

第Ⅴ部
大学改革の動向

第 1 章

大学制度改革の動向と大学法制の課題

舘　　　昭

I　はじめに

　大学制度に，改革が頻りである。今を遡ること15年前の1991年に，大学設置基準の「大綱化」によって大学のカリキュラム編成の自由度を拡大し，一方で大学に自己点検と評価の「努力義務」を制度化するなどの改革が実施された。そうした処置が，多くの大学で新名称の学部を生み出し，合わせて「一般教育」の解体とも言える現象を引き起こしたことから，当時はこの改革を，敗戦直後の「新制大学」発足以来の大改革とみる向きもあった。

　しかしこうした改革も，今日の眼からみれば，より大規模な改革の単なる端緒にしかすぎなかった。改革は，21世紀に突入して加速された。2002年には大学に対する第三者評価が「認証評価」として義務化され，2004年度から実施に移されている。法科大学院を軸とした専門職大学院制度の創設も2002年のことであり，2004年4月には国公私立合わせて68の法科大学院が一斉に開設された。同じ2004年4月には，国立大学の法人化が実施（法制定は2003年）されてもいる。公立大学の法人化も，全部でないものの，これに続いている。COE，GPといった国公私を横並びにしての競争的資金配分制度も，前者は2002年度から，後者は2004年度から始まっている。

　また，2004年からは，これまでのところ構造改革特区に限られているものの，株式会社による大学設置が認められている。2005年には大学新設を量的，地理的に抑制する制度枠組みも撤廃された。学内組織関連では，学部教員の専

任先を大学院へ移す大学院の「部局化」は1991年に東京大学で始められたが，1999年の国立大学設置法の改正でお墨付きを得て，さらに国立大学の法人化によって普遍化しつつある。また，教員の職名を教授・助教授から教授・准教授・助教にする改革は，2005年に法制化され，2007年度には実施に移される。そして，これらはあくまで制度の大枠からくる改革の例示であり，改革の細部をここに書き尽くすことは不可能である。

　この様に，ここ10数年続いてきたあまたの改革は大学制度を極めて複雑なものにしてきた。そして，その複雑さは，全体として整合性の取れたものと成っているとは言えない。それらの改革は，直面する課題に対処するものとしてある程度の成果を上げてはいるものの，一方で，制度本来の意味の認識を欠いた改革が事態をさらに混乱させ，我が国の大学制度をますます整合性の取れないものにしているのである。

　筆者の課題意識は，そうした我が国の大学制度の持つ問題点を抽出するとともに，その解決策を示すことにある。とはいっても，大学制度全般にわたってその課題を果たすことは筆者の力量からいって困難である。そこで，本章では，まず最近年における総合的な大学政策文書を読み解くことによって現今の大学制度改革のあり方の，次に学士課程概念をめぐって大学内部組織の，最後に認証評価にまつわる評価制度の問題点を指摘し，それぞれの解決策を探ることによって，その任に代えたい。

II　近年の大学政策の構造——中教審答申『我が国の高等教育の将来像』の分析から

1．新「将来像」の描いたのは，すでに実施の改革

　2005年1月，中央教育審議会によって，『我が国の高等教育の将来像』（以下，『将来像答申』）が示された。同じく高等教育の将来像を示した大学審議会の『21世紀の大学像と今後の改革方策について』（1998年10月）（以下，『21世紀答申』）から6年余，その補充ともいうべき内容を提示した『グローバル時代に求められる高等教育の在り方について』（2000年11月）（以下，『グロ

ーバル答申』）からは，わずか4年余にして，またまた我が国の高等教育の新「将来像」が描き出されたのである。

　『将来像答申』は，その「はじめに」において七つの事柄を指摘している。その概要を，便宜のために段落ごとに番号を付して示すと，まず，①21世紀の「知識基盤社会」における高等教育の役割の重大性，②『21世紀答申』と『グローバル答申』に示された将来像を踏まえた改革の着実な進捗，③国立大学の法人化，専門職大学院制度の創設，第三者評価制度の導入，構造改革特区における株式会社による大学の設置など，大学審議会時代には具体的日程に上がっていなかった改革の実施，④1999年のケルン・サミットを契機とした，世界各国における「知識基盤社会」を念頭に置いた高等教育改革の進展，のために，⑤従来の諸施策にとらわれない新しい発想による，中長期的な観点から望ましい方向やあるべき姿の提示が必要となったとしている。

　その上で，⑥中央教育審議会が，2001年4月に「今後の高等教育改革の推進方策について」の諮問を受けて以降，総会と大学分科会で審議を重ね，この答申で，高等教育と社会との関係を踏まえつつ，従前の高等教育計画や将来構想に替わるものとしての「中長期的に想定される高等教育の全体像，高等教育機関の在り方及び高等教育の発展を目指した社会の役割に関する将来像（言わば『グランドデザイン』とも呼ぶべきもの）」と，「将来像に向けて取り組むべき施策」を示した，としている。また，最後に，⑦我が国の高等教育については，特に経済的な基盤に関する社会的な議論が不足しており，この面の議論の不可避性が指摘されている。

　この様に①〜⑤には，早々の『将来像』の描き直しが必要だったかが示されている。しかし，①の21世紀の「知識基盤社会」における高等教育の役割の重大性の指摘は，確かに「知識基盤社会」という言葉自体は新しいものの，『21世紀答申』で，その通りの言葉こそ使用してはいないが，21世紀初頭の社会状況を「知の再構築」を求めるものと想定していたし，「大学等の高等教育機関」が「その知的活動によって社会をリードしていくという重要な役割を担う」として，『将来像答申』と同様の認識のもとに「将来像」を描いていたの

である。

　また，④のケルン・サミット云々は，サミットが1999年の事であり，それから1年半後に出された『グローバル答申』は，まさにその事態を織り込んだものだった。そうすると，それらの答申に示された将来像を踏まえた改革が，②で言われている様に着実に進捗しているならば，新たな『将来像』の提示など，必要なかったはずである。

　このことからわかる様に，新「将来像」の提示の必要を生み出したものは，残る③でしかないのである。その部分を正確に引用すると，「その後，国立大学の法人化，公立大学法人制度の創設，学校法人制度の改善，法科大学院等の専門職大学院制度の創設，設置認可の弾力化と第三者評価制度の導入，株式会社による大学設置を認める構造改革特区など，平成10（1998）年当時にはまだ具体的日程に上っていなかった諸改革も，大学改革に関する様々な議論に加えて，国全体の行政改革・司法改革・規制改革等との関連もあり，相次いで実施されてきている。我が国の高等教育改革は，これら各般のシステム改革の段階から，各機関が新たなシステムの下で教育・研究活動の活性化の成果を具体的に競い合う段階へと移行する最中にある。」となる。

　確かに，国立大学の法人化も，専門職大学院制度の創設も，設置認可の方式変更と第三者評価（認証評価）の義務化との抱き合わせ改革も，『21世紀答申』や『グローバル答申』にはなかった。しかしそれは，「具体的日程に上っていなかった」のではなく，改革自体が提起されていなかったのである。

2．大学審議会の外で進む改革とグランド・デザイン問題

　『将来像答申』の新「将来像」は，上記⑥にある様に「言わば『グランドデザイン』とも呼ぶべきもの」とされる。そして，管見によれば，国によるグランド・デザインの作成の必要の議論は，まず，国立大学の法人化の過程で起こっていた。

　国立大学について，前出の1998年の『21世紀答申』では，「国立大学については，国費により支えられているという安定性や国の判断で定員管理が可能

であるなどの特性を踏まえ，その社会的責任として，計画的な人材養成の実施など政策目標の実現，社会的な需要は少ないが重要な学問分野の継承，先導的・実験的な教育研究の実施，各地域特有の課題に応じた教育研究とその解決への貢献などの機能を果たすべきことが期待されている。このような機能を十分果たしていない国立大学については，適切な評価に基づき大学の実情に応じた改組転換を検討する必要も出てくると考えられる。」としたものの，その法人化は全く示唆していない。また，2000年の『グローバル答申』においても，その組織運営の改善を求めるだけで，法人化につながる議論は無かったのである。

　しかし，行政改革が本格化し，2001年1月に省庁の統廃合が実施され，文部省が科学技術庁と合体した文部科学省となった時期から，大学改革は，大学審議会の描いた将来像では収まらないものとなってゆく。まず，登場したのが国立大学の法人化であり，すでに2000年夏に文部省が「国立大学等の独立行政法人化に関する調査検討会議」を招集したときには，そのことは既定路線になっていたといってよい。

　独立行政法人としないでも，この制度枠組みでは，国立大学は中期目標を課され，そのもとでの運営と結果の評価が実施されることになる。ならば，その目標は，個々の大学が全く独立に設定するものではありえず，国公私立間での国立の役割と，その中での個々の国立大学の役割の大枠を示しうる高等教育と学術政策のグランド・デザインが必要なのではないか。その事への賛否，期待と危惧，またどの程度のことを定めるのかのイメージは違っても，そうした当然の議論がそこで起こったのである。

　記録によれば，同会議の人事制度，目標評価，組織業務，財務会計制度の4委員会の内，目標評価委員会の第5回（2000年12月）には，1委員によるグランド・デザインへの言及がみられ，第7回（2001年2月），第8回（同年3月）にも議論がなされている。さらに，4委員会の代表者からなる連絡調整委員会で，第3回（2001年9月），第4回（同年12月），第5回（2002年1月），そして最終の第7回（2002年2月）で，グランド・デザインをめぐる議論が

なされている。

　結果として，2001年9月の中間報告では，「Ⅲ　目標評価」の部分で，「各大学ごとに国のグランドデザイン等を踏まえ教育研究の基本理念・長期計画を盛り込んだ長期目標を自主的に策定・公表」と記されるなど，その策定の必要が強く提起された。そして，2002年3月の報告書，「新しい『国立大学法人』像について」では，トーンは下がったものの，「Ⅳ　目標・評価」の「制度設計の方針」の「基本的考え方」の冒頭に，「国は，大学関係者や広く各界の有識者で構成される審議機関による検討を踏まえ，我が国の高等教育・学術研究に係るグランドデザインや政策目標，さらには国や国立大学が果たすべき役割や責務等を明らかにする責務を負っている。」と記述された。さらに，「Ⅶ　関連するその他の課題」でも，別途，速やかに検討することが必要な事項の冒頭に，「国として長期的な高等教育・学術研究政策やグランドデザインの在り方」を指示したのである。

　しかし，その後，国立大学法人法の制定を経て，2004年4月に国立大学が，一斉に法人化されたが，この間に，グランド・デザインが示されることは無かったのである。その理由は，グランド・デザインは国立大学だけの問題ではないので，より広い場で審議が行われる必要があるということにあったと思われる。しかし，このことは，個々の大学が明確な中期目標を持つことが前提の国立大学法人化が，グランド・デザインといった大きな枠組みを持たずに出発したことを意味する。

　一方，2001年4月に新しく中央教育審議会が設置され，その傘下で大学分科会が組織されると，そこでの議論の中で，グランド・デザインの必要が浮上した。その発端は，記録によれば，2001年7月16日の大学分科会の第3回で，1委員から「従来の日本の高等教育に不足しているのは政策のグランド・デザインである。全体像を見る政策がなかったと思う。この点はどこでどう議論されるのか。」の発言があったが，これに事務局は直接的には応えていない。

　しかし，「大学等の設置認可の望ましい在り方等について」の審議をしていた将来構想部会の第3回（2001年11月）では，ある委員から「制度間の整合

性の調整機能がないために，様々な不調和が起こっている。この部会では設置認可と同時に将来構想を議論しているので，他の部会の議論を集約するグランドデザインを作る役割も担っている。そのためには，将来のターゲットやその時間的なデザインを作るべきではないか。これまでは個別に審議事項に応えてきた結果，トータルな高等教育制度が見えなくなっている。中央教育審議会で初等中等教育を含めて大きく改編するのであればグランドデザインを示すべきだと思う。」の発言があり，ここでも事務局からの応えはなかったが，その後，第8回（2002年3月）になると，事務局の方から，「最速の場合，（専門職大学院制度の）法改正案を今秋の臨時国会に提出し，平成15年度申請受付開始，平成16年度解説ということになるが，今後の情勢次第である。第三者評価については，立上げを検討している評価機関の検討状況も見つつ，導入時期を見極めたい。今後の高等教育の規模に関しては，地域配置や国公私立大学の在り方も含めたグランドデザインの議論をしていただきたい。」，「WTOの会合等でも，国境を越えた教育について議論されている。日本の高等教育のグランドデザインに関して，この場でもご議論願いたい。設置認可の問題として，海外の大学で海外と日本で2年ずつ履修して日本の学位を授与するという形を考えている大学もあるようだ。今後も様々なケースが出てくる可能性があるので，検討していきたい。」との発言がなされた。しかし，第9回，第12回，第13回にその必要等に言及はあるものの，具体的な審議はなされていない。そして最終の2002年11月の第14回での，事務局側から「今後の高等教育のグランドデザインに関し，この部会で議論していただくことになる。」とされた。大学分科会で，グランド・デザインが再び話題となるのは，第2期に入っての2003年2月25日の第15回においてである。

　実は，この間の2002年8月には，将来構想部会自体の審議にもとづいて「大学の質の保証に係る新たなシステムの構築について」が，大学院部会の審議にもとづいて「大学院における高度専門職業人養成について」が，法科大学院部会の審議にもとづいて「法科大学院の設置基準等について」が答申された。認証評価と呼ばれる第三者評価の義務化も，専門職大学院制度の創設も，そし

て専門職大学院の一種ではあるが特別の性格を持つ法科大学院制度も，国立大学の法人化同様に，グランド・デザインの提示を待たずに，2004年度より，スタートしていったのである。

2003年2月発令の第2期大学院分科会は，この宿題とも言えるグランド・デザインの策定に取り組んだ。ただし，その検討の場は，将来構想部会ではなく，大学分科会自身であった。分科会の下には「大学の教育組織の在り方に関する検討委員会」が設けられ，2003年の12月に第2期としてその審議を再開した制度部会と大学院部会が，その具体案に貢献している。

大学分科会は，前記の第15回以来，2004年11月の第43回での「中間報告たたき台」の審議まで，他の議題のみを扱った3回を除く，実に，26回の審議を積み上げた。しかし，当初こそ，その審議は，議題が「高等教育のグランドデザインについて」とされ，資料名も「高等教育のグランドデザインを考える視点」とあるように，グランド・デザインとして審議されていたが，第18回（2003年5月）からは，議題名こそ「グランドデザインについて」のままであるが，具体的に議論するための資料名は「高等教育の将来構想（グランドデザイン）」が用いられるようになる。さらに，他の議題のみを扱った第29回からの3回の後の，第32回（2004年）からは，議題そのものが，「高等教育の将来構想（グランドデザイン）について」と変わり，「審議の概要」案を審議した第37回（同年8月）からは，議題そのものから，グランド・デザインが消え，単に「高等教育の将来構想について」となり，その発想の転換は，今回の答申につながっているのである。

また，この間に，私立学校法の改正による学校法人法の改正も，構造改革特区での株式会社立大学の認可も，薬学部の6年制化も，当然，審議会の議題に載せられはしたが，これらもまた，「グランドデザイン」の提示を待たずに，進められていった。

この様に，グランド・デザインは，当初こそ，相当の規定力を持つ高等教育に関する基本設計として構想されて，その是非も含め議論されたが，結果的には括弧に入れ，さらに表のキャッチフレーズからはずされ，「いわば……呼ぶ

べきもの」として，イメージ性の強い将来像の同義語とされたのである。

3．「答申」には改革の方向性が見えない

　それでは，この『将来像答申』は，どのようなものに仕上がったのだろうか。答申はA4判全189頁からなり，その構成は，「はじめに」，「第1章　新時代の高等教育と社会」，「第2章　新時代における高等教育の全体像」，「第3章　新時代における高等教育の在り方」，「第4章　高等教育の発展を目指した社会の役割」，「第5章『高等教育の将来像』に向けて取り組むべき施策」，「（補論1）21世紀初頭の社会像」，「（補論2）我が国高等教育のこれまでの歩み」，「（補論3）諸外国の高等教育の動向」，「用語解説／ポイント／要旨／基礎データ／参考」となっている。

　まず気が付くのは，この答申では，テーマ，即ち政策の方向性が示されていないことである。『21世紀答申』の副題は「競争的環境の中での個性が輝く大学」であったし，目次を見ると「『知』の再構築が求められる時代」，「課題探求能力の育成」，「学生の主体的学習意欲とその成果の積極的評価」といったキャッチフレーズが，目に飛び込んできた。そして，『グローバル答申』の場合には，表題そのものに「グローバル時代」というメッセージ性があった。しかし，この答申では，そういうものが見えてこないのである。

　そして，中味に入っても，第1章冒頭で，基本認識であるはずの知識基盤社会について，「21世紀は，新しい知識・情報・技術が政治・経済・文化をはじめ社会のあらゆる領域で活動の基盤として飛躍的に重要性を増す，いわゆる『知識基盤社会』（knowledge-based society）の時代であると言われる。」と，「言われる」程度の認識しか示していない。知識と情報と技術を併記して，それをひとくくりにして知識としているのも，安易な感じがするし，この言葉にだけ，カタカナでなく英語そのものが付してあるのも，何か違和感がある。本来なら，それだけこなれていない言葉を登場させる場合，前段でその内容的な説明があるべきだろうが，それらしき説明のあるべき「21世紀初頭の社会」は補論として後ろに回されている上に，そこを見ても，第1章で言われている

以上の内容は見出せない。

　そして，つづいて，「これからの『知識基盤社会』においては，高等教育は，個人の人格の形成の上でも，社会・経済・文化の発展・振興や国際競争力の確保等の国家戦略の上でも，極めて重要である。国際競争が激化する今後の社会では，国の高等教育システムないし高等教育政策そのものの総合力が問われることとなる。国は，将来にわたって高等教育につき責任を負うべきである。」と，国の関与が強調される。さらには，「特に，人々の知的活動・創造力が最大の資源である我が国にとって，優れた人材の養成と科学技術の振興は不可欠であり，高等教育の危機は社会の危機でもある。我が国社会が活力ある発展を続けるためには，高等教育を時代の牽引車として社会の負託に十分に応えるものへと変革し，社会の側がこれを積極的に支援するという双方向の関係の構築が不可欠である。」と，社会からの支援が要請されている。これらは，内容はともかく，提起自体が唐突で，説得力に欠ける。

　第2章「新時代における高等教育の全体像」では，大学・短期大学の収容力（入学者数／志願者数）が2007年には100％に達するものと予測されることを，従前の試算より2年前倒しといって，これと大学や学部等の設置に関する抑制方針が基本的に撤廃されたことを受けて，国の役割は「高等教育計画の策定と各種規制」の時代から「将来像の提示と政策誘導」の時代へ移行するとしている。また，「ユニバーサル段階の高等教育が既に実現しつつある」との認識のもとで，「今後は，分野や水準の面においても，誰もがいつでも自らの選択により学ぶことのできる高等教育の整備，すなわち，学習機会に着目した『ユニバーサル・アクセス』の実現が重要な課題である」と，「ユニバーサル・アクセス」なる新概念を登場させている。また，地域配置に関しても，その課題性を示している。この様に，『将来像答申』には，いくつかの新しい表現や視点はあるものの，続く「高等教育の多様な機能と個性・特色の明確化」，「高等教育の質の保証」でも，「第3章 新時代における高等教育の在り方」，「第4章 高等教育の発展を目指した社会の役割」，「第5章 中期的な施策の方向性」においても，これまでの将来像で提示されてきた内容と，すでに実施してしまった

改革から，大きく踏み出す提言は，みられないものとなっている。

あえて挙げれば，「高等教育の多様な機能と個性・特色の明確化」で，大学の機能類型が「世界的研究・教育拠点」，「高度専門職業人養成」，「幅広い職業人養成」，「総合的教養教育」，「特定の専門的分野（芸術，体育等）の教育・研究」，「地域の生涯学習機会の拠点」，「社会貢献機能（地域貢献，産学官連携等）」と，『21世紀答申』の「総合的な教養教育の提供を重視する大学」，「専門的な職業能力の育成に力点を置く大学」，「地域社会への生涯学習機会の提供に力を注ぐ大学」，「最先端の研究を志向する大学」，「学部中心の大学」，「大学院中心の大学」に対してより整理されたこと，「カリキュラム・ポリシー」や「ディプーマ・ポリシー」とかの新カタカナ語が登場したこと，教員の職名を准教授を含むものに改めること，短期大学の卒業者に学位を授与すること，一定の要件を満たす専門学校の卒業者に大学院入学資格を付与することが適切としたことなどが，新機軸である。

また，1章分（第4章）を割いて，国，地方公共団体，産業界等，それぞれの高等教育に対する支援を説いたことも，内容に飛躍的な展開が示されなかったとしても，新しい取り組みと言えよう。ファンディングについて，具体的に新しい提言があるわけではないが，この問題の重要性を喚起するものにはなっている。

なお，学部教育，大学院教育といわずに，学士課程，修士課程，博士課程，専門職学位課程，短期大学の課程と，課程の概念を用いて整理し，さらに「国際的通用性のある大学教育または大学院教育の課程の修了に係る知識・能力の証明としての学位の本質を踏まえつつ，今後は，教育の充実の観点から，学部や大学院といった組織に着目した整理を，学士・修士・博士・専門職学位といった学位を与える課程中心の考え方に再整理していく必要があると考えられる。」という課題を提起したことは，今後の展開にとっては大きな意義がある。

4．問題解決の方向

以上，『将来像答申』の成立の経緯と，その提起するものを見てきたが，そ

こには統合的な高等教育政策形成主体の不在と，政策の方向性の欠如が読み取れる。では，その解決策はあるのか。

まず，前者，即ち高等教育政策形成主体の不在の問題は法制論を超えている。ただ言えることは，大学に対してこれほどの構造的な制度改革を行うのならば，内閣直属の公式の審議機関を置いて事を処すべきであろうということである。「はじめに」で書いたように，改革の端緒になった1991年の改革は，今日からみればそれほど大きな改革ではなかった。ところが，それでも，それを導くためには，1984年発足の内閣直属の臨時教育審議会が審議を尽くし，その答申を受けて1987年に発足した文部大臣の諮問機関である大学審議会がその内容を具体化したものであった。

遡れば新制大学の発足時の制度改革には内閣直属の教育刷新委員会が当たったし，1918年の大学令の発布という戦前期最大の大学制度改革を断行したときも，内閣総理大臣の諮問機関である臨時教育会議がこれに当たっている。そうしてみると，現行の中央教育審議会ではもともとグランド・デザインをまとめる能力がなかったことがわかる。

次に政策の方向性の欠如については，新語として登場した，ユニバーサル・アクセス概念の処理の仕方の鍵だったと言える。実は，今時の将来像において，2004年9月に大学分科会のものとしてまとめた「審議の概要」段階では，明確にそれが主旋律として，明示されていたのである。

「審議の概要」では，「はじめに」に続き，1に「21世紀初頭の社会像」が提示され，2の「新時代の高等教育と社会」で「知識基盤社会における高等教育」が論じられ，3の「我が国高等教育の中長期的展望」では，「ユニバーサル・アクセスの時代の高等教育の将来像」の副題が付され，さらに終章の「4．新しい高等教育システムに向けて」にも「ユニバーサル・アクセスの実現に向けた施策の方向性」という副題が付されていたのである。

しかし，中央教育審議会のものとして発表された2004年12月の「中間報告」の時点では，「ユニバーサル・アクセス」は目次掲載のレベルからは姿を消し，代わって「高等教育の発展を目指した社会の役割」が，項から章に格上げされ

た。もっとも，「審議の概要」でも，ユニバーサル・アクセスについて書かれていた内容は，その言葉が持つ「望む者すべてに対する経済，社会的障壁の除去，及び必要な内容の教育の供給」（舘昭『現代学校論』放送大学教育振興会，1995年，13頁）という本来の意味からいえば，ものたりないものであった。提示されている施策にいたっては『答申』と同様であり，その意味では答申の方が，中味に忠実だといえないことはない。

しかし，この概念こそ，ばらばらに，しかも既定路線のように進行してしまっている諸改革に方向性を与え，我が国の高等教育のグランド・デザインを描く上でのキーの1柱であることは間違えないところである。

Ⅲ 学部概念の問題点と学士課程教育の確立

1．学部を学士課程だけの組織とすることの問題点

次に，大学の内部組織に関する法制の問題点を浮き彫りにするために，学部と学士課程の関係について掘り下げて検討する。本章執筆時の現行の教育法制において，その根本法である教育基本法には大学に特定した規定はない。大学についての具体的な規定が現れるのは学校教育法においてであり，その1条は「この法律で，学校とは，小学校，中学校，高等学校，中等教育学校，大学，高等専門学校，盲学校，聾学校，養護学校及び幼稚園とする」として，ほぼ1章ずつを割いて校種ごとの目的や組織について規定している。

大学について規定する第5章の表題は「大学」であり，その目的を章冒頭の52条において「大学は，学術の中心として，広く知識を授けるとともに，深く専門の学芸を教授研究し，知的，道徳的及び応用的能力を展開させることを目的とする」と規定している。そして53条で「大学には，学部を置くことを常例とする。ただし，当該大学の教育研究上の目的を達成するため有益かつ適切である場合においては，学部以外の教育研究上の基本となる組織を置くことができる。」としているのであるから，学部とは大学の教育研究上の基本組織である。ここまでの規定では，「学術の中心」という記述からしても大学は大学院の機能も含むものであり，したがって学部は学士課程ばかりでなく，修

士・博士・専門職学位課程のすべての基本組織と見える。

ところが，学校教育法のその後の条文では，大学とはより限定した組織としている。同法55条は「大学の修業年限は，四年とする。……」とし，さらに68条の2では「大学を卒業した者に対し学士の学位を，……授与するものとする」と規定している。つまり，これらの規定によれば大学は学士教育だけの機関ということになり，ここから，大学に置くことを常例とされる「学部」は，学士教育のためだけの組織ということになるのである。

2．「教員は大学院のもの」とする改革の問題

その一方で学校教育法は，「大学には，大学院を置くことができる」（62条）とし，「大学院は，学術の理論及び応用を教授研究し，その深奥をきわめ，又は高度の専門性が求められる職業を担うための深い学識及び卓越した能力を培い，文化の進展に寄与する」（65条），「大学院（専門職大学院を除く。）の課程を修了した者に対し修士又は博士の学位を，専門職大学院の課程を修了した者に対し文部科学大臣の定める学位を授与するもの」（68条の2）と，大学院は大学に置かれるが，大学とは別種の機関として規定されている。そして，「大学院を置く大学には，研究科を置くことを常例とする。ただし，当該大学の教育研究上の目的を達成するため有益かつ適切である場合においては，文部科学大臣の定めるところにより，研究科以外の教育研究上の基本となる組織を置くことができる。」（66条）と，大学院には，研究科を置くことを常例とするとしているので，大学院の課程のための組織は研究科であって，学部ではないということになる。ちなみに，大学院は大学に置かれるが大学ではない学校ということになると，学校教育法の1条には規定がないので，大学院はいわゆる「一条校」ではないことになる。

さて，この様に大学と大学院の区別は，「学部」と「研究科」との区別につながっている。これは，教育面では学士教育と修士，博士課程の区別と結びついているので，抵抗感無く受け止める向きもあるが，研究面でみるとその区別は不条理としか言いようがない，同法によって，大学も「教授研究」の機関で

あり，大学院もそうであることから，研究に大学の研究と大学院の研究，学部レベルの研究と研究科レベルの研究があることになってしまうからである。

　その上，実際には，学部の教員と研究科の教員は重なり合っている場合が一般である。そこから，だいたいどこでも「○○学部」と「○○研究科」と同一名の2枚の看板が架かっている。複数の学部に根を持つ独立研究科などといっても，実際には中で複数に割れている場合が多い。そうであるのに，昨今の「大学院重点化」と称する組織改革がなされた大学では，「はじめに」で紹介したいわゆる大学院の「部局化」によって，教員の専任先は研究科とされ，より多数の学生を抱えている学部の教員は全員兼任などという現象さえ生まれている。

　その上，1999年に改正された旧国立学校設置法では，「国立大学で政令で定めるものの大学院に，学校教育法66条ただし書に定める組織として，教育部及び研究部を置く。」「教育部は，教育上の目的に応じて組織するものとし，その種類及び課程は，政令で定める。」「研究部は，研究上の目的に応じ，かつ，教育上の必要性を考慮して組織するものとし，その種類その他必要な事項は，文部省令で定める。」と規定された。つまり，これまでの研究科に代わって研究用の研究部と教育用の教育部の二つの組織が置かれ，「教育部」及び「研究部」の名称は政省令にもとづき，別名もありうるということになった。そして教員は，大学院のその中でも「研究部」の所属とされる。この法律は2004年の国立大学の法人化により廃止され，教育研究組織のあり方は大学の自主的に定める事柄となったが，実際にはこの線にそった改組が進んでいる。

　この様に，学部を学士課程に限定した組織としていれば，大学院の大きくなった大学では学士課程は兼務の仕事ということになっていく。「学部」と「研究科」が見かけだけの二枚看板のうちはいいが，建前通り「研究科」が主で「学部」は従となったとき，学士課程の責任ある運営は極めて難しいものとなろう。

3. 問題解決の方向

しかしこうした2枚の看板は，そもそも必要ないものなのである。一般に大学院重視の改革はアメリカがモデルと信じられているが，アメリカの大学のグラデュエート・スクールは，アンダーグラデュエート（卒前者）の課程に対してグラデュエート（卒業者）の課程をいうのである。つまり，概念から言って，それは学生の学習課程のレベルを区分するものであって，教員組織の区別ではない。

ここでは，紙数の関係で2例だけを，アメリカで最も有名な大学で示めそう。まずハーバード大学のウェブサイトでは，「The Schools of Harvard」として，スクールの構成が表1のように示されている。

表1　The Schools of Harvard

Faculty of Arts and Sciences
─ Harvard College
─ Graduate School of Arts and Sciences
─ Division of Engineering and Applied Sciences
─ Division of Continuing Education
Faculty of Medicine
Harvard Medical School
Harvard School of Dental Medicine
Harvard Business School
Graduate School of Design
Harvard Divinity School
Harvard Graduate School of Education
John F. Kennedy School of Government
Harvard Law School
Radcliffe Institute for Advanced Study
Harvard School of Public Health

出典：http://www.harvard.edu/academics/　Nov. 5, 2006.

このうち，グラデュエート・スクールと名乗るものは，技芸＆科学（Graduate School of Arts and Sciences），デザイン（Graduate School of Design），教育（Harvard Graduate School of Education）の3組織であるが，これらはハ

ーバード大学（University）の一部であって，大学と対置されるような組織でないことは，一目瞭然である。さらには，同一分野の学士課程（Harvard College）がある技芸＆科学グラデュエート・スクールは，ともに技芸＆科学学部（Faculty of Arts and Sciences）の一部であることも，明瞭に示されている。つまり，両者は教育課程としては明確な区別があるものの，同一の教員団（Faculty）の下にあるのである。

ちなみに，上記の様に，ハーバードには他に，医，ビジネス，神学，行政，法律，公衆衛生の学部（faculty, school）があるが，これらの学部は学士課程を持っていない。日本流にいえば，すべて専門職大学院であるが，特にグラデュエート・スクールと言っていない。

もう一つ，ハーバードと並ぶ名門のイェール大学を見てみよう。同じアイビーリーグでも，両者は異なる個性を持つから，そこでは違ったことが起こっているかも知れないからである。すると，そのウェブサイト上の「Academic programs/Schools」では，表2のように

表2　Academic programs/Schools

Yale University comprises three major academic components : Yale College (the undergraduate program), the Graduate School of Arts and Sciences, and the professional schools.

Yale College
Graduate School of Arts and Sciences
Professional Schools
School of Architecture
School of Art
Divinity School
School of Drama
Faculty of Engineering
School of Forestry & Environmental Studies
Law School
School of Management
School of Medicine

```
School of Music
School of Nursing
School of Public Health
Institute of Sacred Music
Other Programs
Summer session
World Fellows Program
```

出典：http://www.yale.edu/schools/index.html/ Nov. 5, 2006.

とあり、「Professional Schools」には、建築学部（School of Architecture）、芸術学部（School of Arts）、神学部（Divinity School）、演劇学部（School of Drama）、工業学部（Faculty of Engineering）、音楽学部（School of Music）、林業＆環境学部（School of Forestry & Environmental Studies）、法学部（Law School）、経営学部（School of Management）、医学部（School of Medicine）、看護学部（School of Nursing）の存在が示されている。

これらの記載からわかることは、まず、グラデュエート・スクールを名乗るのは技芸＆科学だけで、これは大学の一部であることは間違いない。一方、ハーバードと違い、学士課程（Yale College）と技芸＆科学グラデュエート・スクールは並置されており、一見すると両者は別組織に見える。しかし、実際にはハーバードと同様に、Faculty of Arts and Sciences が存在し、そのウェブサイト上の説明（「技芸＆科学学部の組織」）では、「教員団の構成員（faculty members）はイェール・カレッジ（Yale College）と大学院（the Graduate School）の両方の学科（the academic departments）に任務を持ち、技芸＆科学学部（the Faculty of Arts and Sciences）を構成する。この学部の中には、生物科学、人文学、社会科学、物理科学＆工業の4部門（divisions）がある。各部門の助言委員会（Advisory committees）と部門の長（a director）は学長（the president）が任命する。各助言委員会は部門長が議長を務め、それぞれの部門の人事と教育方針に関する提案を、技芸＆科学学部の執行委員会（the Executive Committee）に対して行う。当該執行委員会は、学長、学監（the Provost）、イェール・カレッジ長（the Dean）及び大学院長（the Dean）より

構成される。」(http://www.yale.edu/fas/html/aboutfas.html Nov. 5, 2006)と、両者の教員組織が同一であることが示されている。

　また、イェールの場合、プロフェッショナル・スクールに分類されている工業学部（faculty）は、学士課程（undergraduate studies）とグラデュエート課程（graduate studies）の両者を持っている。他のスクールは、基本的にはグラデュエート課程だけで、持っていない。[ただし、芸術学部はイェール・カレッジに芸術専攻（major）を提供している。また、音楽学部は、カレッジと共同で技芸学士と音楽修士の統合学位課程を運営しているなど、一部に学士課程への関与がみられる。] このように、プロフェッショナル・スクールは学士課程を持っていてもプロフェッショナル・スクールだし、グラデュエート・スクール課程だけの学部であっても、グラデュエート・スクールとは名乗っていない。これは、日本の専門職大学院と決定的に違っている。

　この様にアメリカの教員組織の基本はファカルティ、スクール、カレッジなど大学によって様々な名称が付けられているものの、学問分野別の組織、即ち「学部」であり、各学部は様々なレベルの課程を持つ。職業系の学部（プロフェッショナル・スクール）ではグラデュエート課程しか持たないものもあるが、自由学芸系（アーツ＆サイエンス）の学部ではまれである。確かに学部の教員全員がグラデュエート課程を担当するとは限らないが、いわゆるリサーチ・ユニバーシティでは原則的に当然に全員が担当するし、他の種類の大学では一部がそれを担当し、その教員たちを集合としてみたときにグラデュエート・ファカルティという言い方がされる。しかし、同一分野の教員は、同一の学部に属するのである。

　さて、2006年4月に国会に提出された教育基本法の全部改正案には、現行の教育基本法には無い「大学」の条項が7条として加えられ、そこには「大学は、学術の中心として、高い教養と専門的能力を培うとともに、深く真理を探求して新たな知見を創造し、これらの成果を広く社会に提供することにより、社会の発展に寄与するものとする。／2　大学については、自主性、自律性その他の大学における教育及び研究の特性が尊重されなければならない。」と記

述されている。これが規定のすべてであり，これと別途に大学院の規定があるわけではないのである。この法案は本章執筆時には継続審議扱いになっていてこのままで成立するかは不明であるが，これを機会に，大学院が大学の一部であることを意識した法的な整理が進むことが期待されるのである。

4．職業系と自由学芸系の区別の欠如

さらに日本の学部体制で問題なのは，前出のイェール大学の学部構成で明確に示されていたような，その種類に職業（プロフェッショナル）系と自由学芸（リベラルアーツ）系の区別がないことである。そのため，我が国の専門教育も，一般教養教育も混乱を極めてきた。これは学士課程に限ったことではない。

学校教育法にもとづき定められるところの大学設置基準では「学部は，専攻により教育研究の必要に応じ組織されるものであって，教育研究上適当な規模内容を有し，学科目又は講座の種類及び数，教員数その他が学部として適当な組織をもつと認められるものとする。」（3条）としているが，別に大学院設置基準と専門職大学院設置基準があり，大学設置基準は学士教育のための基準ということになる。専攻の分野，つまり学部の種類について，1991年まではこの設置基準に「学部の種類は文学，法学，経済学，商学，理学，医学，歯学，工学及び農学の各学部その他学部として適当な規模内容があると認められるものとする」（旧2条2項）と具体的な分野が挙げられていた。さらに，「大学は，……別表第四に定める学士の種類のうち，その履修した専攻に応じた学士を称せしめることができる。」（旧34条，傍線は執筆者）とし，別表では「文学士，教育学士，神学士，社会学士，教養学士，学芸学士，社会科学士，法学士，政治学士，経済学士，商学士，経営学士，理学士，医学士，歯学士，薬学士，看護学士，保健衛生学士，鍼灸学士，栄養学士，工学士，芸術工学士，商船学士，農学士，獣医学士，水産学士，家政学士，芸術学士，体育学士」と，旧2条2項に学部名としては挙げられていなかった20種類を含む29の学士の種類が定められていた，つまりこうした学部だけが「その他」として認められていたの

である。

　これが1991年の改革で，学士が学位の列に加えられる一方，専攻の違いは学位の種類の違いではないということになり，その表記が○○学士から学士（○○）へと変えられた。また，大学設置基準において学部の種類も学位に付記する専攻の名称の列記もが無くなり，ただ先に引用した3条にある「教育研究上適当な規模内容を有し」の一語が，旧2項から移って残されたのである。これによって，国際文化，環境人間学，人間生活学，経営情報など，国際，環境，情報を持つなどの4文字，5文字の学際と称する学部が多数出現し，近年では片仮名名称の学部さえ生まれている。

　しかし，こうした学部での教育の展開が，リベラルアーツとして行われているのか，専門職教育として行われているのか，曖昧である。というより，日本では本来的には専門職の領域のものがリベラルアーツとして，というよりただの「科学」教育として行われるという傾向が強かった。つまり，大学は，職業分野の学部でも直接に職業そのものではなく，その分野に係る科学的な知識の教育だけを行うのだとするのである。先ほどの1991年までの学士の分類でみても，表3に示したようなアメリカの専門区分によれば，教育，神，法，商，経営，薬，看護，保健衛生，鍼灸，栄養，工，商船，農，医，歯，獣医と，29分野のうちの16までが，それぞれ特定の職業に結びつく，というより職業そのものの分野である。それにもかかわらず，それらの学部で教えられることの主体は，当該分野の科学的な知識であり，当該職業の社会的な機能や背景となる経済，職業人としての倫理，職務遂行に必要な技能や組織力などは，軽視ないし無視されてきた。

　日本の大学でのこの面での改革は，工学部と医学部で進んでいる。まず，工学部の改革者によって技術者養成という視点から工学部教育の評価を行う，日本技術者教育認定機構（JABEE）が立ち上げられた。それは，工学部では自分たちの卒業者が国際的な技術者として通用しないという現実に直面したことに端を発している。また，医学部も医師養成という視点から必要なコアカリキュラムを案出し，医師養成課程という視点から単なる学力だけにもとづかない

表3　カーネギー分類での学士レベルでのリベラル・アーツ専門と職業・技能専門の区分

リベラル・アーツ専門 liberal arts disciplines	職業専門 occupational and technical disciplines
英語・英文学 　English language and literature	農業 　agriculture
外国語 　foreign languages	保健関連学 　allied health
文芸 　letters	建築 　architecture
自由・総合研究 　liberal and general studies	ビジネス・経営 　business and management
生命科学 　life sciences	コミュニケーション 　communications
数学 　mathematics	自然資源・保護 　conservation and natural resources
哲学・宗教学 　philosophy and religion	教育 　education
物理科学 　physical sciences	工業 　engineering
心理学 　psychology	健康科学 　health sciences
社会科学 　social sciences	家庭経済 　home economics
視覚・演技芸術 　the visual and performing arts	法律・法規研究 　law and legal studies
地域・民族研究 　area and ethnic studies	図書館・公文書館科学 　library and archival sciences
マルチ・学際研究 　multi- and interdisciplinary studies	マーケティング・配送 　marketing and distribution
	軍事科学 　military sciences
	防護サービス 　protective services
	公経営・サービス 　public administration and services
	神学 　theology

出典：*A Classification of Institutions of Higher Education* 1994 edition.

入学政策をとるなど，この方向への改革に取り組んでいる。そこに，歯科医師や薬剤師の教育を受け持つべき歯学部，薬学部の改革が続こうとしているのである。

さらに，法曹養成面での改革では，アメリカのロースクールに倣った法科大学院が生まれ，法務博士を養成している。これは，大学院という名称が示すように，「学部教育」ではないが，逆に，学士課程である法学部の教育をどういうものとして位置付けるかが，課題となってきているのである。

職業教育を意識した改革は進み始めているが，専門職大学院が制度化されたのでこれとプロフェッショナル・スクールと同一視する向きがあるが，プロフェッショナル・スクールはリベラルアーツ分野以外の学部であり，その分野が学士レベルなら当然それを持つ学部を含む。専門職教育の確立の課題は学士課程にもあるのである。また，職業分野の学部だからといって，それが教育だけの組織だということにはならない。教育課程は職業人を養成するものであっても教員は，その教育を担うためにも，当該分野の問題解決型の研究に従事しなければならない。また教育課程の中には関連のリベラルアーツ系の科目も必要であり，その担い手が研究に従事するのは当然である。

5．リベラルアーツ系は統合して学際分野にも一般教育にも取り組む

学部の専門分野構成の改革について，特に学士課程教育の確立という観点からさらに指摘しておかなければならないのが，学際分野の専門教育と一般教育を担う組織についてである。端的に言って，それにはリベラルアーツ学部の確立しかない。しかし，それは，いわゆる教養学部のことではない。その大学が文学部や理学部それに経済学部などの非職業系学部を持っていれば，それらを統合したものこそリベラルアーツ学部であり，アメリカの総合大学で一般に使っている名称でいえばアーツ＆サイエンス学部である。

今日，我が国において学際的と言っている専門には「国際開発」や「医療経営管理」のような新しい職業分野のものと，「女性学」や「環境科学」のような自由学芸のものとがある。実は，一般に前者の場合は，あえて学際という必

要はない。特定の職業人の養成には，その職業の基礎として必要な分野が総動員されてあたりまえだからである。

しかし，後者については，相当の再考を要する。その多くが，文理の融合を掲げているが，そうだとすると文学部や経済学部のいわゆる文系学部と理学部とを別々に置いている意味は何なのかである。学際の語源は，interdisciplinary であるが，それは当然に discipline の存在を前提としている。もし，それを前提としない状態となったら discipline であって，それはすでに学際と言わないものになるわけであるが，discipline を前提とする限り，それとの関係は重要であり，学際分野なるものと孤立的に作ることは，かなり無理がある。

この点，アメリカのリベラルアーツ専門は，ほとんどの大学で arts and sciences 等の名称の1学部として存在している。つまり，人文学，社会科学，自然科学に属する諸専門は，discipline ごとにデパートメントを構成しており，interdisciplinary 教育プログラムや研究プロジェクトが必要となったときは，協力してこれに取り組んでいるのである。また，この学部は，そのリベラルアーツを専門とする学部の仕事として，大学全体の一般教養教育の実施に当たっている。そのため，同じような専門分野の教員でありながら，一般教育にのみ当たる教養部のような組織を必要としない点も長所となっている。

この様に，学士課程教育の確立にとって必要なのは，まず学部を大学院課程も含めた大学の基礎的な教育研究組織として位置付けることである。その上で，学部の専門分野が職業系なのかリベラルアーツ系なのか見極め，職業系の学部は養成すべき人材に即した専門教育を準備し，提供する。リベラルアーツ系の専門は大くくりの1学部となってバランスのとれた一般教育を自分の学部の学生ばかりか職業系の学部の学生にも提供し，もちろんリベラルアーツ系の専門教育を提供する。そして必要ならば，学際専門を学部内のデパートメント間協力，あるいは学部を越えた協力によって組み立てる。そうすることによって，それを基盤に日本の学士課程教育は，新しい一歩を踏み出すことができるのである。もともと，大学の内部組織の構成まで国の法律で一律に規定するべきなのか議論のあるところであるが，少なくとも法制は上記の方向での問題解決を

妨げるものであってはならない。

Ⅳ　認証評価制度の問題点と今後の課題

1．認証評価の法制

　2004年4月から，認証評価制度が実施段階に入った。同年8月には，大学基準協会が大学の評価を行う機関として認証を受け，初めての認証評価機関となり，その後，大学の評価機関としては，大学評価・学位授与機構と日本高等教育評価機構が，短期大学の評価を行う機関としては，短期大学基準協会と大学評価・学位授与機構が，高等専門学校を評価する機関としては，大学評価・学位授与機構が認証された。また法科大学院の評価を行う機関として，日弁連法務研究財団と大学評価・学位授与機構が認証されており，大学基準協会も申請の準備を進めている。この様に，すでに，実際の評価が始まっており，また，法科大学院以外の専門職大学院の評価でも，認証評価機関立ち上げの動きが始まっている。本章では，本制度について改めてその制度の意義を検討し，今後の課題について考察する。

　まず，今回の改正の学校教育法は69条の3第1項は，「大学は，その教育研究水準の向上に資するため，文部科学大臣の定めるところにより，当該大学の教育及び研究，組織及び運営並びに施設及び設備（教育研究等）の状況について自ら点検及び評価を行い，その結果を公表するものとする」としている。これまで「自己点検・評価」に関する規定は，下位法規である設置基準（省令）で示していたが，ここで法律上の明文を得たのである。

　改正学校教育法はそれに69条の3第2～4項及び69条の4,5,6条の条項を加え，「認証評価」について規定している。69条の3第2項は，大学は，当該大学の教育研究等の総合的な状況について，政令で定める期間（7年）ごとに，文部科学大臣の認証を受けた者（認証評価機関）による評価（認証評価）を受けるものとすると規定している。また，3項では専門職大学院を置く大学にあっては，当該専門職大学院の設置の目的に照らし，当該専門職大学院の教育課程，教員組織その他教育研究活動の状況について，政令で定める期間（5

年)ごとに,認証評価を受けるものとしている。さらに,4項で認証評価は,大学からの求めにより,認証評価機関が定める大学評価基準に従って行うものとしている。

69条の4では,「認証評価機関」に関する規定が示され,その細目が,平成16年3月の同法施行規則の改正とそれにもとづく「学校教育法第六十九条の四第二項に規定する基準を適用するに際して必要な細目を定める省令」として定められた。そこには,評価機関が認証を受けるには,その大学評価基準が設置基準に適合していること,大学が自ら行う点検及び評価の結果の分析並びに大学の教育研究活動等の状況についての実地調査が含まれていること,大学の教員及びそれ以外の者であって大学の教育研究活動等に関し識見を有する者が認証評価の業務に従事していることが必要である等の規定が盛り込まれている。

69条の5,6では,それぞれ認証評価機関の文部科学大臣による監督,認証等での審議会等への諮問が定められており,後者では中央教育審議会がその任に当たることとなっている。

2.認証評価の目的の曖昧性と解決方策

この様に,認証評価は法定されているが,そこには,いくつかの問題点が伏在している。それらは,評価の実施と合わせ,解決の方向を探っていく必要があるのである。

その第一が,この評価の目的の曖昧性である。実は,この法改正の基となった中央教育審議会の答申(『大学の質の保証に係る新たなシステムの構築について』,2002年8月)では,「新たに導入されるべき第三者評価」を,「自ら定める評価の基準に基づき大学を定期的に評価し,その基準を満たすものかどうかについて社会に向けて明らかにすることにより,社会による評価を受けるとともに,評価結果を踏まえて大学が自ら改善を図ることを促す制度」とし,「基準を満たすかどうか」,つまり適格認定を目的の第一としていた。さらに遡れば,4月の中間報告段階では,章のタイトルを「第三者評価(適格認定)制

度の導入」として，本文も「その基準に達しているものに対して適格認定を行うとともに，……」となっていたのである。

　しかし，法には前記のように，自己評価については大学の教育研究水準の向上に資するためとしつつ，認証評価については目的を全く記述していない。そして，このことに関して，当時の文部科学大臣は，その著書において「認証評価制度は，厳密に言うと『質の保証』のための制度というより，大学の自己改善と適切な社会的評価の確保，さらにはこれらを通じての消費者の保護のための仕組みという性格が強いものである。『質の保証』のための制度としては，依然として設置認可審査と法令違反に対する改善勧告などの法令上の措置が前提となる。」（遠山敦子『こう変わる学校　こう変わる大学』講談社，2004 年，199-200 頁）と説明している。つまり，認証評価は，「適格認定」でなくてもよいということになる。ちなみに，その修了が司法試験受検の要件となる法科大学院の評価についてだけは，それが適格認定でなければならないことが，「法科大学院の教育と司法試験等との連携等に関する法律」によって担保されている。しかし，そのことは逆に，他の評価ではそれが要求されるものでないことを示している。

　ここで問題なのは，適格認定でなくてもいいということが，適格認定だけではいけないとうことにつながっている点である。実際には，認証評価が大学を認証する評価だという誤解も手伝ってか，これまで認証された認証評価機関のすべてが，適格認定に当たる行為を，その評価に含めている。しかし，認証評価では，適格認定を超えた評価もまた，要求されるような構造になっているのである。

　これが，答申の線にそって適格認定を主とし，それが結果とし大学の自己改善につながるというのであれば，評価は基準を満たしているかどうかに焦点を絞った評価ができる。受ける側も，自己評価を，基準を満たしているということの証明に集中できる。結果の公表は適否に限り，適否に直接関係しない評価を通じて明らかになった諸点は，大学にのみ伝えるということですますことができる。それが，自己改善と社会的な評価の獲得のためとなると，評価の範囲

は一挙に拡大するのである。また，目的が違えば，本来方法も異なる。それを，複合的な目的で行うのだから，評価は複雑となる。評価結果も，適不適以外に，評価のすべてを結果として社会に公表する必要が起こってくる。

こうした複雑な評価に要する，人的，物的，時間的なコストは，膨大である。日本の高等教育界は，この制度によって，この数年の内に，機関ごとの評価だけでも，700を超える大学，500近い短期大学の評価をやり遂げなければならない。それも，国立大学は，同時期に，初めての中期目標評価に直面する。COEやGPと称される評価を伴う新規の競争的資金の種類もすでに10種類に上っている。

こうした中で，認証評価をやり抜くためには，その目的をより絞って実施していく必要がある。そして，その絞り込む先は，適格認定でなければならない。

3．設置認可との関係の整理の必要性

そうして，認証評価を適格認定に絞っていった場合の問題は，設置認可とのバッティングである。そして，そのことが，審議を重ね，さらには法制化を図る内に，認証評価が適格認定から離れていった原因であったと推察される。

まず，適格認定は，アクレディテーションの訳語である。この訳語は1998年の大学審議会答申「21世紀の大学像と今後の改革方策について」で，「アクレディテーション（適格認定）」と，括弧書きで登場して以来，定着してきた。ちなみに，それまでは「基準認定」とかいった訳がなされてきたが，これは基準を認定するようで，意をなさない。それで，実は，当時，著者が審議会事務局の求めで，この訳語を考案したのである。

それはさておき，アクレディテーションは，言葉どおりの意味は，クレジット（信用）を与えること，つまり公的な承認である。したがって，それは，認可とも訳せる。事実，近年，東欧圏で共産主義体制の崩壊とともに私立大学が興ってきたが，その政府による認可をアクレディテーションと言っている場合がある（D. D. Hendel and D. R. Lewis, "Quality Assurance of Higher Education in Transition Countries", *Tertiary Education and Management*, Vol. 11 No. 3)。し たがって，政府の設置認可が，大学の質を保障するものならば，認証評価機関 による適格認定は，上述の様に，その機能とバッティングするのは当然であ る。

　しかし，アクレディテーションは，アメリカの大学界では，特別な意味を持ってきた。それは，政府による認可はいわば大学創業のためのトライアルの許可であり，実際の大学としての認知は非政府組織により実施される評価によって適格と認定されなければならない。これが，固有にアクレディテーションと呼ばれているものなのである。

　こうした現象が起きた理由としては，次のことが考えられる。アメリカは，連邦形成以来，教育に関する直接の権限は州に留保されている。そして，大学は州によって設立されるか，または州の認可を受ける。しかし，その名称はチャーター，ライセンス，アプルーバル，レコグニッションと多様であり，その認可の基準は，州ごとに異なっている。後述の地域アクレディテーションと同等かそれ以上の水準で認可を実施している州がある一方で，社会的にはデグリー・ミル（無価値学位製造所）とみなされている大学の存在を許している州まである。

　そのため，アメリカでは，同格の大学が連合して協会を作り，その加盟に「アクレディテーション」と呼ぶ適格認定を行い，その協会員としての最低基準保障を行っている。この協会は，非営利ではあるが民間の組織であり，したがっていくつもの協会が並存する。つまり，いくつもの種類の最低基準が存在するのであり，社会は，その基準の意味を個々に判断する。例えば，大学間で異なる協会の認定校からの単位移籍は認めないとか，あるいは州が特定の基準協会の認定課程修了者には職業資格取得で特典を与える，といったことが起こる。

　アクレディテーション協会は機関アクレディテーション協会と専門アクレディテーション協会に大別される。前者は大学を全体として認定するもので，地域アクレディテーション協会と全国アクレディテーションに分類され，後者は

専門職業人養成を中心に，専門分野ごとに存在し，課程ごとに認定する。この内，最も中心的な存在は，地域アクレディテーション協会であり，全米を6地域に分けて協会が存在している。一般に，社会が通常の大学と見ているのは，この地域協会加盟の大学であり，専門アクレディテーション協会も，ほとんどが，課程の認定の前提に，大学自体が地域協会加盟校であることを要求している。また，地域協会加盟校は，一般に，全国アクレディテーションに分類される協会の加盟校，またはそれにも属さない州認可校からの直接の単位移籍とか大学院進学は認めていない。

　アクレディテーションは，政府の行為ではないため，国外にもその効力を及ぼすことができる。

　日本の場合，先ほどの中央教育議会答申では，「設置認可を弾力化し大学が自らの判断で社会の変化等に対応した教育研究活動を展開できるようにするとともに，設置後の状況を第三者が客観的な立場から継続的に評価を行う体制を整備」として，設置認可を「事前規制」，認証評価を「事後チェック」ととらえている。ところが，「答申」は合わせて，「評価機関の基準に達せず，適格認定されなかったような場合でも，当該大学は，それを理由に国から行政処分を課されることとなるものではない」と言っている。しかし，これでは認証評価は事前規制に対応した事後チェックにはなっていない。「答申」の考え方には矛盾があったと言わざるをえないのである。

　先ほどの説明（遠山『こう変わる学校　こう変わる大学』）でも，質の保証のための制度は依然として設置認可審査と言いながら，「しかし，これらの法令上の処置だけでは，消費者保護として必ずしも十分ではない。」と，それは質保障になっていないことを認めている。

　この際，設置認可は大学創業のトライアルをする許可とし，それが大学と認められるかは卒業生を出した以降に，その成果を見て行われる第三者機関の適格認定に，事後チェックを正式に委任するという方向に，明確に踏み切る必要がある。

4．総合的評価と分野別評価の関係の未整理

　次に問題なのは，総合的評価と分野別評価の関係が未整理のままに展開していることである。先に示したように，大学に課された評価が，「教育研究等の総合的な状況について」であり，「教育研究等」の定義は「教育及び研究，組織及び運営並びに施設及び設備」（学校教育法69条の3）とされる。ここでは，全学と学部，研究科といった部局等との関係で，「総合的状況」の評価が何を意味するのか曖昧である。というより，言葉どおりとれば，総合は，部分あっての総合であるから，評価上は，部分の評価を積み上げなければならない。ところが，上述のように評価の目的が曖昧なままに，その積み上げを行うのは，大変な労力を要する作業となる。

　アメリカの該当物である地域協会の適格認定の場合，教育を軸に多様な基準が示されているが，その評価の主眼は大学の目的の明確性と運営のインテグリティ（公明性）にあり，それの確認が自己評価の信頼性につながるというスタンスがある。つまり，部分部分を細かに調べ上げるという様には取っていない。さらには，すでに職業系の教育課程については分野別の適格認定機関の評価が発達しており，それの状況が活用できる。ところが日本の場合は，部分を積み上げる以上に，どうやって全体を見るかという方法論がないばかりか，分野別の評価自体が，未発達な状況にある。

　この点から，分野別の評価については専門職大学院についてのみ制度化されたことの問題性は明らかである。これについて答申は，「専門分野別第三者評価については，将来的には多様な分野で行われる必要があるが，当面，必要性が強い法科大学院等の専門職大学院から開始することとする。」としているが，専門職大学院での必要性が他の課程より強いという状況はない。事実，日本技術者教育認定機構（JABEE）は学士課程レベルを対象としているが，その設立は平成7年であり，すでに国際的な認知を受けるまでに成長してきている。必要は，あらゆるレベル，あらゆる分野で存在しているのである。

　こうしたことから，現行の認証評価制度に組み込まれているか否かを問わず，分野別の教育課程評価こそ，充実させていくことが求められる。その点で，薬

学部の6年制化を進言した2004年1月の中教審答申「薬学教育の改善・充実について」において，「薬学教育については，薬学教育の関係者や職能団体，企業の関係者のみならず，薬学関係以外の者の参画も得つつ，早急に第三者評価を実施するための体制が整備される必要があり，その組織，評価の基準，方法等について十分な検討を進めるべきである。」と提言していることは，注目に値する。さらには教員分野の大学等の設置又は収容定員増の抑制方針の撤廃を求めた2005年3月の「教員養成系学部等の入学定員の在り方に関する調査研究協力者会議」の報告書において，「教員養成に係る分野別評価が行われるということも有効であると考えられることから，これを行うにふさわしい団体が育成させることが期待される」としていることは，評価に値しよう。

一方，例えば臨床心理士の様な民間の資格取得が，大学のカリキュラムを大きく規定している例が多くみられるようになってきている。これは，見方によっては，分野ごとの適格認定につながるものであり，その質を担保する意味で，認証評価の枠組みに入れていくことも，考えられる。

5．適格認定は市場化における質保障の要

認証評価の今後を考える上で，そもそもこの制度化が，新公共経営（New Public Management, NPM）と総称される政策の中で出てきたものであることに注目する必要がある。知識社会化，グローバル化，少子高齢化，IT化等の社会変動は，各国において，政府と公共部門及び民間との関係に構造変化を引き起こし，この種の政策が進行している。それは，手段より成果を重視する傾向を持つもので，①従来は公的活動として政府自体のものとし，あるいは政府の強い規制の下においてきた公共部門に，市場原理を働かせるための自律性を与え，あるいは，旧来は公共部門に限られてきた活動へ民間の参入を認める一方，②それらの活動に説明責任と外部評価による質の保証や成果の実現を課すというもので，諸事業のグローバル化による国際競争を前提にしている。

すでに紹介した，中央教育審議会の議論の前提には，総合規制改革会議の規制改革の推進に関する第1次答申（2001年12月）があった。そこでは，「高

等教育における自由な競争環境の整備」として，「大学・学部の設置規制の準則主義化」の2002年度中の措置（検討・結論）が提起され，学科の設置は認可制から届出制へ，学部の設置等に対する抑制方針の見直し，校地面積基準・自己所有比率規制の緩和，工業(場)等制限法の抜本的見直しと「制限区域」における抑制方針の廃止が打ち出された。そして，これとセットで提起されたのが，「第三者による評価認証（アクレディテーション）制度の導入〈2002年度中に措置（検討・結論）〉」だったのである。

つまり，これと並行して進められた構造改革特区における株式会社による大学の設置の公認と合わせると，日本の高等教育は，急速な勢いで市場化へ向かうことになる。内外の大学の国際的な展開が，これに拍車をかける。このように，高等教育界の市場化が政策化している以上，その質の保証には適格認定システムの，より意識的な構築が必要となっているのである。すでに見てきたように，これに，現行の認証評価制度は，十分対応できたものになっていない。

なお，法技術的な面では，「認証評価」，「認証評価機関」という命名自体に問題がある。認証を受けた評価機関のことを「認証評価機関」と呼び，「認証評価機関による評価」を「認証評価」と呼ぶことは，日本語の通常の用法とかけはなれている。そのため，前者を「認証評価を行う機関」，後者を「認証という行為の評価」と取る方が自然であり，現在の命名は，誤解を生んでいる。それに，認証を受けた機関が行う評価は，「認証評価」だけではない場合が多い。

例えば，大学評価・学位授与機構は国立大学法人の教育研究面の評価を実施するが，これは学校教育法にいう認証評価ではないし，短期大学基準協会は相互評価や「地域総合科学科」の適格認定を実施しているが，それも認証評価には該当しない。

そうした混迷状況も，本制度をより普遍性のある適格認定制度へと展開させることによって解消することができるのである。

(本章のⅡ，Ⅲ，Ⅳはそれぞれ『IDE現代の高等教育』の2005年3月号，2004年1月号，2005年12月号の当該テーマにかかる著者の論稿をベースにしている。)

〔大学評価・学位授与機構評価研究部教授〕

第 2 章

2001年「国立大学の構造改革の方針」の6年の考察

本 間 政 雄

I 「国立大学の構造改革」前史

　国立大学は，機関数（87校11.7％），学生数（62.9万人22.0％）いずれをとっても我が国全体の1割から2割程度に過ぎないが，我が国における高等教育に占める重要性はこの数字の示すものよりはるかに大きい。我が国の高等教育に対する公的投資額は，2002年度約3.2兆円であるが，その74％にあたる2.2兆円が国立大学及び国立の大学共同利用機関，国立高等専門学校に投入されているし，我が国の基本的な学術研究助成金である科学研究費補助金の70.8％にあたる1,151億円が，国立大学の研究者を代表者とする研究プロジェクトに投入されている。さらに，2002年度から開始された「21世紀COEプログラム」（世界的な教育研究拠点形成経費）272件のうち78.4％にあたる203件，合計273.5億円が，国立大学に対するものである（2002-04年度）。大学教員総数約15.8万人のうち約4割にあたる6.1万人が国立大学の教員である。いずれにしても，我が国の学界は言うに及ばず経済，行政，外交，司法，政治，社会，ジャーナリズム各分野における指導的人材，幹部の多くは国立大学の出身者であり，我が国の存立は国立大学出身者抜きでは考えられない。

　一方，国立大学のあり方に関しては，各界から批判が絶えなかったのも事実であった。高度経済成長を背景にした1960年代の急激な大学人口の膨張の結果引き起こされた1960年代末から1970年代初頭にかけて吹き荒れたいわゆる

大学紛争は，その一つの暴力的な表出であったし，1983年から87年にかけて中曽根政権の下で精力的に審議を行った臨時教育審議会も，国立大学に限らず我が国の大学のあり方一般に関し鋭い問題提起を行い，1988年には大学問題を集中的に審議・勧告するための大学審議会が設置されている。

　教育に不熱心な教員，時代遅れで一貫性のないカリキュラム，徒弟制度的な研究体制，国際性の欠如，貧困な施設・設備など国立大学に関する問題や批判は枚挙に暇がなかったのである。

　このような状況に根本的な変化が生まれ始めたのは，1990年代に入ってからである。この時期にいわゆるバブル経済が崩壊し，ハーバード大学のE. Vogel教授をして「ジャパン・アズ・ナンバーワン」とまで言わしめた我が国の経済は失速し，その後10年以上にわたり我が国経済は長いトンネルに入り，停滞を続けることになる。その一方で，このような状況に危機感を抱いた政府により，我が国の経済システムや金融・経済行政のあり方について抜本的な見直しが始まった。製造業から金融業に至るまで企業の経営システムや人事制度，コスト構造などを改革する「構造改革」が開始された。行政による「護送船団」方式と呼ばれる行政による手厚い業界・企業保護政策（他分野の企業による新規参入制限や非関税障壁による外国企業の参入阻止など）や，行政主導による企業の競争力強化（企業の研究開発を税制や補助金により保護・支援）から，各種の規制緩和による新規企業参入の促進，市場開放による競争原理の導入，再編・統合などによる企業の競争力強化，官業の見直し・縮小廃止や独立行政法人への転換など「小さな政府」への転換が急速に進んだ。

　このような我が国の経済構造の再点検・再構築の過程で，経済発展に果たす大学とりわけ国立大学の役割の重要性が改めて認識されることになった。とりわけ米国西海岸カリフォルニア州のシリコン・バレーのように，大学発で生まれた発明・発見を製品化したベンチャー企業が，瞬く間に世界を席巻するような大企業に発展していく姿や州立大学・私立大学を問わず企業と積極的に共同研究を行い，相互に裨益するような形で（大学は研究資金と現場の問題意識を得ることができ，企業は自らは不得意な基礎研究，原理原則を探求する息の長

い研究からしばしばブレークスルーを得ることができる）大学と企業が協力・連携するという状況に強い衝撃を受けた通産省（当時）や経済界は，米国と対極にある我が国の大学の旧態依然たるあり方に対して，批判と期待を強めていくことになった。

著者は，1992年から約3年間，旧文部省において工学部や農学部などいわゆる実学を所管する文部省（当時）高等教育局専門教育課の課長を務めていたが，通産省からさかんに文部省の産学官連携施策についての情報を求めてきたことを記憶している。例えば，産学官連携の基本的な考え方，方向性，具体的な施策，高等教育政策，国立大学振興策などについてである。文部省の産学官連携施策がようやく緒に就いたばかりで，産業振興の立場から大学関係施策を積極的に打ち出す余地が大きいと考えた通産省は，「大学連携推進室」を設けて，産学のトップを集めて産学連携会議を設けたり，産学連携のあり方を議論するシンポジウムを大々的に開催したりした。

文部省は，60年代末から70年代の大学紛争のトラウマからようやく脱し，1980年代後半に学術国際局に「研究協力室」を設け，寄附講座・寄附部門を制度化するなどの産学連携施策を打ち出していたが，こうした通産省の動きに刺激を受け，次第に自ら大学を産業界に向けて開く施策を積極的に打ち出すようになった。

企業との共同研究や技術相談などを行う「地域共同研究センター」は1987年から富山，熊本，神戸大学から順次設置されていたし，企業との共同研究を行い，研究成果の企業化を促進する「ベンチャー・ビジネス・ラボラトリー（VBL）」も1996年から設置が始まっている。社会人を対象とする学部，大学院レベルの再教育コースが多くの大学で設置され始め，社会人が入学しやすく，学びやすい大学院の設置を積極的に進めるようになった。社会人を対象にした特別選抜制度も急速に拡大した。

大学教育に関しても，1991年の大学審議会答申を受けて，同年に大学設置基準の大綱化が行われたのを機に，教養教育とそれを担ってきた教養部の抜本的な見直しが各国立大学で行われた。その結果，多くの国立大学で教養部の廃

止と教養部教員を活用した新学部・大学院の設置が相次ぐ一方，長らく設置基準の縛りのために形骸化したり，高校教育の延長と批判されてきた教養教育を社会や時代の要請に適合させようという動きが加速した。

　大学設置基準の大綱化により教育課程編成が自由化された一方で，大学教育の「質の保証」を図るために，各大学に自己点検・自己評価を実施するよう努めることが義務付けられたことは特筆されるべきであろう。これにより，教育・研究，国際交流，社会貢献などを自ら点検し，その結果を報告書として公表し，大学のあり方を広く社会に問うという，かつて「象牙の塔」と呼ばれた国立大学では考えられないような動きが始まったのである。

　さらに，教員の教育力を高めるためのファカルティ・ディベロップメント（FD）の実施，授業を体系化し，学生の科目選択に役立てるためのシラバス（授業要綱）の作成，学生による授業評価の導入，ITを活用した授業改善など教育改善に向けた様々な試みが拡大した。

II　国立大学を取り巻く環境の変化

　しかし，国立大学を取り巻く環境は，こうした大学改革の動きをはるかに上回る速度と広がりで変化していった。

　まず第一に，我が国の経済が低迷を続ける中で，国立大学に対する失望と期待が一段と強まったことである。確かに国立大学は改革に取り組み始めた。その効果も徐々にではあるが出始めていた。教養教育を中心とする学部教育の見直し，再編成，教授法の改善，企業との共同研究の増加など産学官連携の強化，教員の流動化の促進，社会や産業界のニーズの変化に対応する教育研究組織の再編成などの改革も加速しつつあった。

　しかし，欧米との激烈な経済競争と韓国や中国，インドを始めとするいわゆるBRICsの追い上げが加速する中で，機能・価格・納期などでこれら各国を上回る製品・サービスを開発しようと焦る日本企業は，自力で研究開発を行う資金力を失い，国立大学を中心とする大学で息長く行われている基礎研究に大きな期待をかけるようになっていた。言い換えれば，最先端の科学技術の成果

を活用した，他国の追随を許さない高付加価値の製品を開発するには，原理原則の発見を目指す大学に注目するようになったのである。しかし，ようやく産学連携が大学の中で市民権を得るようになったものの，企業との共同研究や受託研究，寄附講座の設置などは始まったばかりであり，しかも大学の研究室で生まれた研究成果が企業化されるには多くの時間がかかる状況は容易には改められなかったし，まして大学で生まれた研究成果が特許化され，あるいはベンチャー企業の創出につながっていくことは極めて例外的であった。国立大学の中にあっても，産学連携を支援し，企業の技術相談に応じ，研究成果を特許化し，起業につなげていくような支援組織は未整備で弱体であった。

　第二に，大学に関する規制緩和の波である。1992年にピークに達した第二次ベビー・ブーム世代に対応するためのいわゆる臨時的定員の恒常化が認められたのを契機に，大学設置及び学部・学科の新設や入学定員の増加を伴う学部・学科の再編成に関する規制が大幅に緩和されることになり，これに伴って1990年代以降大学設置が相次いだ。1990年（507校）から2006年（744校）までの17年間に大学数は実に237校も増えたのである。その中には，短期大学から4年制大学に昇格を果たしたものもあるが，多くは新設大学である。このような規制緩和は，大学進学率の上昇を生み，進学率は1990年の35.2％から2000年の49.1％にまで上昇し，この期間の18歳人口の急速な減少にも拘わらず学生数も261万人から286万人へと増加した。国立大学は，大学の数こそ96校から99校へと3校しか増えていないものの，学生数は51.9万人から62.4万人へと20％強の増加を見，しかも政府の大学院倍増政策の後押しを受けてこの間の大学院生の増加はすさまじく，5.8万人から12.9万人へと倍以上の増加になっているのである。かくして，我が国の高等教育は，マス段階からいわゆるユニバーサル段階に到達したということができる。このような大学セクターの拡大は，大学を維持するための経費の増大を招かずにはおかず，国立大学予算は1990年の1兆5,411億円から2000年には2兆2,457億円にまで増加し，名目値で実に45.7％の増加を示しているのである。同時に，学生の多様性は一層拡大し，学力・学習意欲の低下と教育の困難性の増大という大きな

課題を大学につきつけることになった。

　第三は、規制緩和と表裏一体の関係であるが、規制緩和され膨張した大学の教育・研究の質と水準を維持し、さらに高めるための大学評価が導入されたことである。当初は実施努力義務として「自己点検・自己評価」が導入されたものの、1998年の大学審議会答申「21世紀の大学像と今後の改革方策について」を受けて、翌年には自己点検・自己評価が義務付けされ、第三者評価・外部評価が努力義務となった。そして、2000年には従前の学位授与機構が改組されて「大学評価・学位授与機構」が創設され、国立大学を中心に全学テーマ別の評価（「教育サービス面における社会貢献」「教養教育」「研究活動面における社会との連携及び協力」「国際的な連携及び交流活動」）及び分野別の評価が2000年度から3年間、試行的に実施された。

　そして、学校教育法の改正により、2004年度から、大学だけではなく高等専門学校をも対象にした「認証評価」が全高等教育機関に義務付けられるに至った。さらに、法科大学院（ロー・スクール）や経営学大学院（ビジネス・スクール）などの専門職大学院には、別途独自の認証評価が行われることになり、一般の大学などが7年に一度の評価なのに対して、専門職大学院に対しては5年に一度の評価が義務付けられるに至った。文部科学大臣が、公的な評価機関として「認証」する「認証評価機関」は、大学評価・学位授与機構に加えて従来からある大学基準協会に加え、新たに設けられた「日本高等教育評価機構」ともっぱらロー・スクールの評価を行う「日弁連法務研究財団」がある。

　このように、自己点検・自己評価から始まった我が国の大学評価は、導入後約15年を経て本格化し、評価への対応と評価結果を踏まえた教育研究や大学の管理運営の改善・改革は、国公私立を問わず大学の重要な業務になり、政府から見れば大学改革の主要な政策手段の一つになったと言うことができる。このような評価「文化」の大学への導入・拡大は、一方で教員一人ひとりの業績評価の実施にも広がろうとしており、1990年代半ばから顕著になった政府の評価結果に基づく資源配分の強化策すなわち競争原理の強化策と相まって、大学のありようを大きく変えることになった。実際のところ、客観的な評価に基

づく競争原理の強化は,「国立大学の構造改革の方針」の三つの柱のうちの一つになっているのである。

　第四に,国立大学に対し,「投資に見合った効果」を求める声が日増しに高まってきたことが挙げられる。かつての国立大学は,予算規模も小さく,学生数もわずかで,1960年代末から70年代にかけての大学紛争の時代を除けば,「象牙の塔」的な世界に閉じこもることが許されていた。ちなみに,1960年度,1970年度の国立大学予算は,それぞれ496億円,2,670億円に過ぎなかったし,学生数もそれぞれ19.4万人,31.0万人であった。しかし,2000年当時の国立大学数は99校に達し,学生数62.4万人,教職員数11.8万人,年間予算2.2兆円にも及ぶ一大セクターに成長していた。1996年から策定が始まった「科学技術基本計画」には5年間の公的資金の投資額が目標として明示されているが,第1期17兆円,第2期23兆円そして2005年からスタートした第3期計画には実に24兆円もの税金が国立大学を中心とする科学技術部門に投入されることになっているのである。

　しかも,国立大学は単に規模が拡大したというにとどまらず,我が国の経済・社会の発展にとって国立大学が果たす役割が飛躍的に重要性を増し,「構造改革の方針」が発表される時点では,「(国立)大学の構造改革なくして,我が国の再生と発展はない」(遠山敦子文部科学大臣)とまで言わせる状況になっていたのである。先端科学技術が我が国の経済を牽引するといういわゆる「Knowledge Based Economy, Knowledge Driven Economy (知識基盤社会)」論の台頭とともに,高度人材育成と基礎から応用に至る幅広い学術研究活動を行う国立大学の役割が見直され,期待が高まったのである。税を負担する国民一般,企業・財界はもちろん,財政当局や政治家からも,投資に見合った成果を出すべしとの圧力が強まったのである。

　それだけでなく,国立大学が行っている教育研究,医療その他の活動について,国民や社会に分かりやすい形で示すよう求める声が高まった。このような,いわゆる「社会的説明責任」を求める流れが,第五番目の変化である。国立大学に関わりをもち,そのあり方に利害をもつのは,もはやこれまでのように学

生やその親，学生を直接採用する企業にとどまらず，国立大学と共同研究を行ったり，治験や研究を委託する企業，国立大学に寄付講座をもつ企業，国立大学に地域の課題の解決や地域住民の生涯学習の場の提供を期待する地方自治体や地元企業，卒業生等に広がることになった。もちろん広く納税者に対しても，国立大学の活動を広報し，幅広い理解を得ることは不可欠である。まして，国立大学で研究費の私的流用などの不正や，付属病院で院内感染や医療過誤が起きれば，直ちに社会に大学としての対応や再発防止策について適時・適切な説明を行うことが求められるのである。もはや，国立大学だからという理由で，ほぼ無条件に社会や納税者が信頼し，必要な国費の支出を認めてくれるという時代ではなくなったとも言える。

　さらに第六に，「官から民へ」「民でできることは民で」という「小さな政府」の流れが決定的になったことである。この流れは，既に1990年代から始まっていたが，財政赤字の一層の拡大とともに90年代後半に至ってさらに勢いを増すことになった。公団・公社の民営化，特殊法人の廃止・合併や再編成，さらに英国で導入された「独立行政法人」化が行財政改革をめざす政治のキーワードになり，ついには国立大学もその対象として検討の俎上に上ったのである。

　2001年4月に政権の座についた小泉純一郎は，郵政民営化に政治生命をかけるほどの「小さな政府」論者であり，国立大学に関しても，東大と京大だけがあればあとは民営化（私学化）して自然淘汰に任せればいいという考えであったと巷間伝えられる。事の真偽は別にしても，「国立大学の構造改革の方針」が第一の柱に「大胆な統合再編による国立大学の数の大幅な削減」を謳っていることを見れば，小泉の発言と伝えられるこうした考えが小泉総理の発言と伝えられるのもあながち見当違いではないことが分かる。いずれにしても，教育研究，先端医療のような「事業」は，できる限り政府の関与と規制を外し，競争原理が働く民業の形態に近づけることによって「事業」の効率化が図られ，効果的「執行」が実現できるという「小さな政府」論が，国立大学のあり方に関する論議に大きな影響をもったことは疑いがない。

III 「国立大学の構造改革の方針」の発表へ

2001年6月14日,文部科学省は国立大学長会議において「大学(国立大学)の構造改革の方針―活力に富み国際競争力のある国公私立大学づくりの一環として―」を発表した。その内容は以下の通りである。

1. 国立大学の再編・統合を大胆に進める。
○各大学や分野ごとの状況を踏まえ再編・統合
・教員養成系など→規模の縮小・再編(地方移管等も検討)
・単科大(医科大など)→他大学との統合等(同上)
・県域を越えた大学・学部間の再編・統合など
○国立大学の数の大幅な削減を目指す
　　　　→ スクラップ・アンド・ビルドで活性化
2. 国立大学に民間的発想の経営手法を導入する。
○大学役員や経営組織に外部の専門家を登用
○経営責任の明確化により機動的・戦略的に大学を運営
○能力主義・業績主義に立った新しい人事システムを導入
○国立大学の機能の一部を分離・独立(独立採算制を導入)
・附属学校,ビジネス・スクール等から対象を検討
　　　　→ 新しい「国立大学法人」に早期移行
3. 大学に第三者評価による競争原理を導入する。
○専門家・民間人が参画する第三者評価システムを導入
・「大学評価・学位授与機構」等を活用
○評価結果を学生・企業・助成団体など国民・社会に全面公開
○評価結果に応じて資金を重点配分
○国公私を通じた競争的資金を拡充
　　　　→ 国公私「トップ30」を世界最高水準に育成

この「方針」を発表するに当たり,当時の文部科学大臣であった遠山敦子氏は,「20世紀後半,急速に経済発展を見た我が国社会も,90年代以降残念なが

ら経済が長期にわたって低迷し、社会に閉塞感が充満しており……これまでうまく機能してきた仕組みが、21世紀の社会には必ずしもふさわしくないことが明らかになって参りました……」と述べた上、「日本の大学は、国民の期待に十分に応えているとはいえず、産業界をはじめとする社会からのさまざまな批判もあり、これらを謙虚に受け止め、さらに改革への努力がなされるべきであり……その前提の上で、私は、『大学の構造改革なくして、日本の再生と発展はない』との信念の下に、国立大学を、活力に富み、国際競争力のある大学にするため、三つの方針で改革を実行すべきものと考えて」いるとして、上記「方針」の内容と考え方を説明した。そして、「……国立大学のあり方に対し、厳しい眼が注がれていることを想起していただきたいと思います。……要は、『これなら大学に重点投資をしてよいだろう』との世上の期待と支援をとりつけて、もっと『世界を相手に勝てる大学』『国民から信頼される大学』になってほしい」と結んでいる。

この「方針」が、内閣府に設けられた経済財政諮問会議によるいわゆる骨太の方針「大学を起点とする日本経済活性化のための構造改革プラン」と同一線上にあることは明らかである。同プランでは、大学を核とした改革の柱として、(1)世界最高水準の大学作り、(2)人材大国の創造、(3)都市・地域の再生を謳っているが、「国立大学の構造改革の方針」がまさにこれらの柱を実現するための具体的な政策なのである。

本章は、この「方針」の発表から6年を経た現時点での、国立大学の構造改革の到達点を考察し、それを実証的に明らかにする試みである。

IV 国立大学の再編・統合──行財政改革か、教育研究機能の強化か？

まず、第一の柱である「国立大学の再編・統合」から見てみることにする。「方針」が発表された時点で、国立大学は99校を数えていた。天野郁夫東大名誉教授による分類に従えば、東大などの「基幹・研究・重点大学」が13校、熊本大学などの「地方拠点・地方国立・総合複合大学」が37校、小樽商科大

学などの「特殊単科大学」が24校，そして最後に豊橋技術科学大学などの「新構想単科大学」が25校ということになる。

　文部科学省による国立大学の再編・統合構想は，当初あたかも国立大学の数を減らすこと自体が目的のように発表され，何のための再編・統合なのか理念が明確ではなかった。これは，小泉総理の強い指示の下，とにかく国立大学の数を減らすことが先行したため，理念がいわゆる後付けになったからではないかと思われる。あえて単純化すれば，行財政改革のための数減らしなのか，統合・再編により教育研究基盤の強化を図り，新たな教育研究上の要請に応えるという積極的な意義を目指したものなのか，極めて不明確であった。

　文部科学省は，「方針」発表後半年近くを経た2001年11月に至ってようやく「大学（国立大学）の構造改革の方針について」という文書を発表し，「再編・統合を推進する理由」として，「国立大学の再編・統合は，大学の数の削減自体を目的とするものではなく，従来の各大学の枠内では不可能であったような教育や研究等の抜本的な改革・発展と，それらを通じた社会への積極的な貢献を目指し，……国立大学全体の再生と新たな飛躍を期するものである」と再定義したが，時系列で文部科学省の動きを見れば「まず削減ありき」の感が強く，こうした理由は後から考えた色彩が濃い。

　いずれにしても，この再編・統合の方針が発表された際，当時の高等教育局長から「もし，国立大学が自主的に再編・統合案を作ることができなければ，当省の責任において案を作るとあえて恫喝させていただく」という強い発言があったため，各国立大学は著しく動揺を来たし，多くの大学がしゃにむに再編・統合に向けて走り出した。著者は，「方針」発表当時京都大学の事務局長を務めていたが，近隣の国立大学などから統合についての打診や京大はどうするかといった問い合わせが相次いだことを鮮明に記憶している。

　私自身は，京大は既に2.2万人という多数の学生を擁し，主なキャンパスだけでも吉田，宇治そして新たに建設の始まっていた桂と3ヶ所に分散していて，これ以上の大学規模の拡大は教育研究基盤の強化などの利点よりもキャンパスの分散，意思決定プロセスの一層の複雑化など問題のほうが多いと考えていた。

「方針」発表後，1ヶ月足らずの間に再編・統合についての考え方をまとめ，例年7月初旬に行われる文部科学省に対する次年度の概算要求の場で説明することが求められていたので，一応近隣の大学との再編・統合の可能性について検討は行ったが，統合について京都大学は極めて消極的という検討結果をまとめ，文科省に伝えた。

　しかし，京大のような総合大学で，これまで百年以上にわたり国の手厚い庇護，重点投資の対象であった国立大学はむしろ例外であり，多くの大学は歴史と伝統，それらに基盤を持ついわゆるブランド力が欠けるか弱く，また地元企業から研究資金や寄付を集めようにも地域経済が停滞，後退していて打つ手が限られているような大学の方が多数であり，彼らが再編・統合して規模の拡大を図らない限り，法人化後は生き残りすら難しいのではないかと焦ったのも無理はないと思われる。

　国立大学の再編・統合について，遠山文部科学大臣は，「現下の厳しい経済，財政状況や，法人化の流れも考慮しつつ，将来への更なる発展を目指して各大学の運営基盤を強化するためには，大胆かつ柔軟な発想に立って，大学間の再編，統合等を進めることが不可欠」と述べている。しかし，文部科学省が，再編・統合について「厳しい財政状況」「運営基盤の強化」「大幅な数の削減」「スクラップ・アンド・ビルド」といったキーワードを並べた上で，具体案づくりを各大学の自主的な検討に任せた結果，中小の大学を始めとして理念と目的意識を欠いた再編・統合案が一人歩きをした感があることは否めない。前述のように，文部科学省は後に再編・統合は「国立大学の数の削減自体が目的ではない」と軌道修正したが，大学側に法人化後は財政基盤の弱い中小の国立大学とりわけ地域に立地する単科大学などは生き残りが難しいのではないかという不安を与えたことは間違いがない。同時に，多くの国立大学が必ずしも原理原則の明確ではない再編・統合案の検討に走ったことは，自らの大学のありようについて強い信念を欠いていることをも如実に示していたように思う。

　それにしても，文部科学省は，「戦後一貫して取られてきた，①基幹大学を研究大学として育成していくこと，②地方国立大学は総合化して，地域の拠点

大学にしていくこと，③単科大学のなかで新構想のものはそれぞれ特色を持たせた大学として育てていく」（天野郁夫）国立大学振興政策を転換するに当たって，自らが主導権を持つのではなく，国立大学側に検討を委ねたのであるが，そのことに問題はなかったか。国立大学は，文部科学省自身が認めている通り，国の将来にとって決定的に重要な戦略拠点であり，その配置や規模，学部・学科構成などはすぐれて全国的規模で検討しなければならない課題である。

　著者がかつて旧文部省において政策調整担当の総務審議官の職にあったとき，2000年の初夏の頃だったと思うが，定例の旧帝大学長会議が京都で開催され，当時の高等教育局長と学術国際局長と出席したことがある。この際，高等教育局長から「法人化されると中小の国立大学は生き残りが難しくなる。旧帝大で近隣の中小の国立大学を統合することを考えてもいいのではないか」と問題提起があったのに対し，当時の東大総長から「今日の国立大学の配置や有り様は，文部省が作ってきたものであり，そのことの結果（財政基盤の脆弱な中小国立大学の存在）の責任を大学側に押しつけられても困る」と強い調子で反論が行われた。このことは，国立大学の再編・統合を政府の主導による「上からの」改革として行うか，国立大学の自主性，大学の自治を尊重して，大学側の提案を踏まえて，最終的に政府が決定するかという難しい問題があることを如実に示している。

　著者は，文部科学省と国立大学の代表者が協議して，まず再編・統合の基本原則と枠組みを決めた上，その枠内で各国立大学が具体的な再編・統合案を検討し，大学間で協議すべきであったと考える。また，同時に国立大学の教育研究基盤の強化を問題にするのであれば，何も手段を物理的な再編・統合に限る必要はなく，国立大学に限らず公私立大学や専門学校，企業や地方自治体の研究機関との教育や研究面での機能的な協力・連携まで含んだ国立大学全体の強化策として構想するように助言すべきであったと考える（実際，文部科学省は後にそういう方針を示すに至った）。

　何故なら，今回の再編・統合が厳しい行財政状況の下で効率化を目指した政策としての側面を持っていることは紛れもない事実であるし，一方で単なる行

財政改革・効率化を目指したものでもなく,「競争的環境のなかで個性輝く大学」作りを目指した国立大学の競争力向上策,大学改革の一環であったことも疑いがないからである。効率化を図り,教育研究強化を目指すのであれば,再編・統合が唯一の政策手段ではなく,高等教育・研究機関との機能的連携・協力も極めて有効な政策手段たり得るからである。

各大学が自らの生き残りだけを考えて構想した,必ずしも合理性があるとは言えない再編・統合案を寄せ集めたものが,結果的に一貫性と整合性があり国際的な競争力のある国立大学の展開図になるなどということはありえないし,あってはならないことであろう。

いずれにしても,国立大学の再編・統合は,「方針」発表後6年を経た時点で,2002年10月に山梨大学と山梨医科大学が「山梨大学」に,筑波大学と図書館情報大学が「筑波大学」に,2003年10月に東京商船大学と東京水産大学が「東京海洋大学」,神戸大学と神戸商船大学が「神戸大学」,九州大学と九州芸術工科大学が「九州大学」へ,そして福井大学,島根大学,香川大学,高知大学,佐賀大学,大分大学がそれぞれ同県内の医科大学と統合し,最後に2005年10月に富山大学と富山医科薬科大学,高岡短期大学が統合し「富山大学」となった。これにより13国立大学,1国立短期大学が削減されたことになる。また,大阪大学と大阪外国語大学の2007年10月を期しての統合も固まったと伝えられる。

これまで行われた再編・統合の態様を見ると,新生「山梨大学」で医学と工学を融合した「医学工学総合大学院」が設けられ,大学院重点化が行われたこと,新生「富山大学」が統合効果を発揮して新たに「芸術文化」「人間発達科学」の2学部を新設したこと,「東京海洋大学」が海洋工学,海洋科学の2学部体制をとったほかは,単科大学が近隣の有力大学に吸収合併されただけという形が多いように見受けられる。

文部科学省の「国立大学の再編・統合の現状と今後の取り組み」(2003年3月高等教育局)を見ると,これらの再編・統合の具体的効果として,「教養教育の充実,地域サービスの充実」(全大学),「全学的な企画・立案・評価部門

（6大学），産学官連携部門（5大学），国際交流部門（3大学），広報・調査部門（3大学），学生の学修・生活支援・就職支援部門（1大学），財務部門（1大学），図書学術情報提供部門（2大学），診療サービス部門（1大学）」の強化が挙げられているほか，専門分野の異なる大学が統合することにより，学際的分野や融合領域の教育研究が進展することが挙げられている。例えば東京海洋大学では「『海』を基盤とする教育研究，例えば海洋汚染，食糧危機等の社会的関心の高い問題を総合的に解明」するとされ，香川大学では「農学・医学等の諸学の融合として，自然界で希少な糖類の生産と医薬品の開発等」が挙げられているのである。

　しかし，こうした学際的な研究や教育は，大学を統合しなくても当事者がその気になって努力すれば十分可能であるし，逆にキャンパスを異にする旧大学の教員が，統合後も所属する学科や専攻の名前が変わるだけで，従来の研究室に留まるのであれば，本当の意味での教育研究の「融合」は困難になり，「学際的研究」は画餅に帰するであろう。統合大学の旧大学のキャンパス間の距離はかなり離れている場合が多い（例外は筑波大学と図書館大学）が，物理的に教員と学生が別の場所にいることは，教育上あるいは研究上，さらには大学を一体的に運営していく上でも大きな障害となる。このことは，戦後の大学改革の一環として行われた1県1国立大学設置計画により，旧制の高校や各種高等専門学校が統合して新制国立大学ができた後，移転によりキャンパスの統合ができたところは別として，新制大学発足後半世紀を経た今日でも本当の意味での融合，一体化が多かれ少なかれ未完に終わっていることでも明らかである。

　例えば，分散型新制国立大学の典型である信州大学は，長野市，松本市，上田市，伊那市という相互に数十キロから百キロ以上離れた場所にキャンパスが分散し，大学としての意思決定を行うにも相当の不便をかこっているし，テレビ会議も膝をつき合わせてのコミュニケーションに比べれば一定の限界がある。まして，教育上の工夫や共同研究の遂行にも時間距離が大きいということは不利に働くことは容易に想像がつくであろう。

　他方，全大学の統合のメリットとして「教養教育の充実，地域サービスの充

実」が挙げられているが、これは単科大学にも一定数の教養教育担当教員が配置されているため、これら分野や専門が重複する教員をどうするかは統合大学にとって大きな課題であったに違いない。例えば、英語学を専門とする教員はどの大学にも最低数は配置されているはずで、統合によって数が急に増えても困るからである。教養教育の教員は、文系・理系全体をカバーする総合学部の教員のような存在であり、数学や法律学の教員など一部は理学部や法文学部など専門学部の強化・充実に回すとしても、専門の関係でどうしても再配置が難しい教員もいる。そういう教員を吸収するため結局、引き続き教養教育を担当する組織に残すか（教養教育の充実）、新たに生涯学習センターのような組織を作った（地域サービスの充実）と考えられる。あえて言えば、教養教育や地域サービスの充実をするために統合を行ったというより、統合をした結果余剰となった教員を処遇するためにこのような形を取ったという方が現実に近いのではないだろうか。

　統合によるシナジー効果が教育研究面で発揮されるにはこのように障害が大きいと考えられるが、一方統合を契機に各大学で行われた事務組織、教育研究支援組織の強化は確実に一定の統合効果を挙げたと思われる。事務系や図書系の職員は、教員と異なりいわば辞令１本で部署を動かすことが可能であるし、従前から厳しい定員削減の下で組織の再編・統合を行ってきた経験があるからである。これまで充実の必要性が認識されながら、厳しい行財政事情のためになかなか強化が難しかった国際交流や産学官連携部門、さらに法人化後の戦略的大学経営を行っていくために不可欠の企画・評価部門の充実が、統合により可能になったことは間違いがないと思われる。

V　国立大学の法人化

　「方針」の第二の、そしておそらく最も重要な柱は、国立大学の法人化と全教職員の非公務員化であろう。「方針」では、国立大学の法人化の目的を「民間的発想の経営手法の導入」とし、大学役員や経営組織に外部の専門家を登用、経営責任の明確化により機動的・戦略的に大学を運営、能力主義・業績主義に

立った新しい人事システムを導入，国立大学の一部（附属学校・ビジネススクールなど）を分離・独立（独立採算制を導入）を具体的な施策として挙げている。

国立大学の法人化の具体的なあり方を検討する「国立大学等の独立行政法人化に関する調査検討会議」は2年近くの検討を経て2002年3月に最終報告書「新しい『国立大学法人』像について」を提出し，文部科学省はこれを踏まえて立法作業に入った。「国立大学法人法」は，約3ヶ月にわたる国会審議を経て2003年7月に成立し，2004年4月を期して国立大学は一斉に法人化されることになった。

国立大学法人法成立直後に開催された臨時国立大学長・大学共同利用機関長等会議において，遠山文部科学大臣（当時）は，今後の制度の運用のあるべき姿として「大学の自主的な判断」「中長期的視点」「透明性」「柔軟性」という四つの原則を挙げ，「法人化という国立大学制度の一大改革を契機に，各国立大学が，その個性や特色を大いに発揮され，国際的に通用する，魅力ある大学へと脱皮し，国民や社会に支持され，その期待に応える大学となることを，心から願っている……」とし，「そのためには，学術研究の推進による国際社会への『知の発信』とともに，特にこれまで問題とされた教育機能をより一層強化していただき，深い教養と優れた専門性を兼ね備えた人材の育成に，真剣にお取り組みいただくことが重要であります。また，大学が，社会に開かれた存在として，社会の動向や要請にも柔軟に対応しつつ，人材養成と学術研究を通じた幅広い分野での社会貢献にご努力いただくことが必要」であると述べている。

また，同大臣は，国立大学法人は「国が設立し，責任をもって財政措置を行うことを前提としている独立行政法人制度を活用しながらも，大学の教育研究の特性を踏まえた基本的な枠組みを明確に位置付けた独自の法人制度であり，学問の自由を守り，大学の自主性，自立性が尊重される制度」と説明している。国立大学法人の仕組みは，図1のようになっている。

本章では，「方針」発表後6年，法人化後3年を経た2007年の段階で，それ

708 第Ⅴ部 大学改革の動向

図1 国立大学法人の仕組みの概要

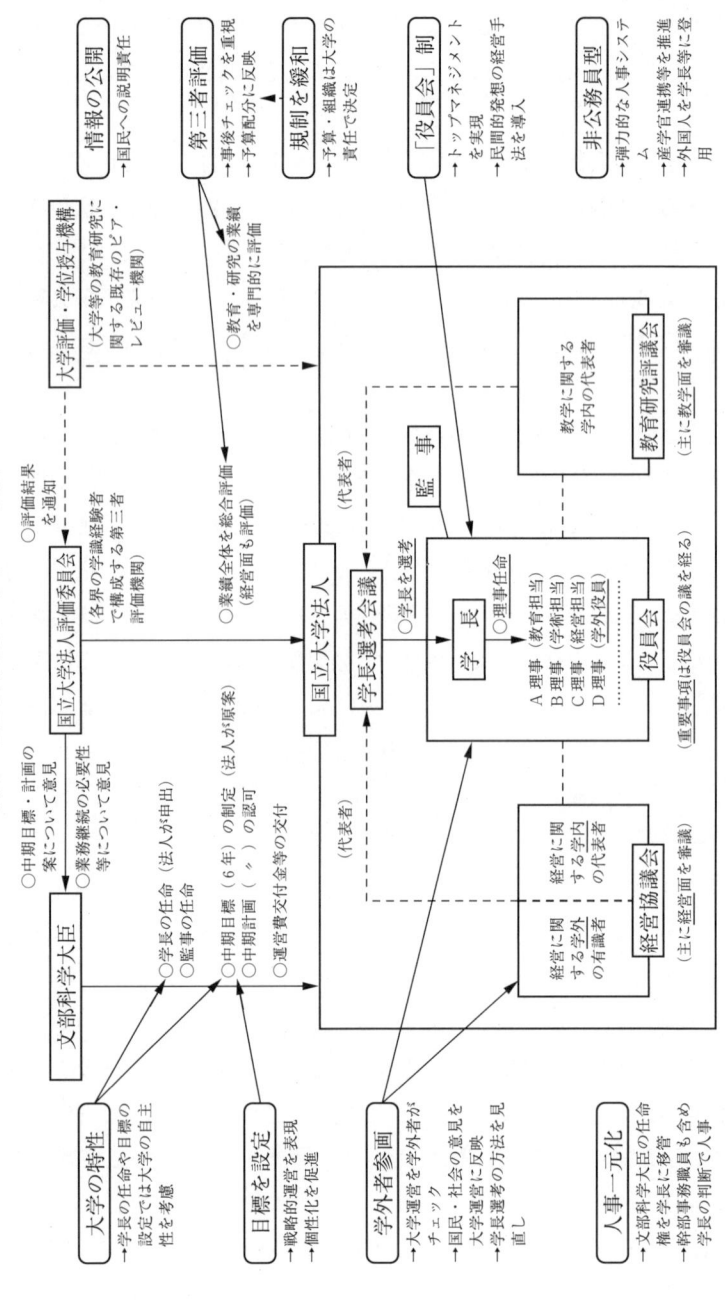

情報の公開
→国民への説明責任

第三者評価
→事後チェックを重視
→予算配分に反映

規制を緩和
→予算・組織は大学の責任で決定

「役員会」制
→トップマネジメントを実現
→民間的発想の経営手法を導入

非公務員型
→弾力的な人事システム
→産学官連携等を推進
→外国人を学長等に登用

大学評価・学位授与機構
(大学等の教育研究に関する既存のピア・レビュー機関)

国立大学法人評価委員会
(各界の学識経験者で構成する第三者評価機関)
○業績全体を総合評価 (経営面も評価)
○教育・研究の業績を専門的に評価

○評価結果を通知

文部科学大臣
○中期目標・計画の案について意見
○業務継続の必要性等について意見
○学長の任命 (法人から申出)
○監事の任命
○中期目標 (6年) の制定 (法人から原案)
○中期計画 (〃) の認可
○運営費交付金の交付

大学の特性
→学長の任命や目標の設定では大学の自主性を考慮

目標を設定
→戦略的な目標を表現
→個性化を促進

学外者参画
→大学運営を学外者がチェック
→国民・社会の意見を大学運営に反映
→学長選考の方法を見直し

人事一元化
→文部科学大臣の任命権を学長に移譲
→幹部事務職員も含め学長の判断で人事

国立大学法人

学長選考会議 (代表者)

学長 →理事任命
A 理事 (教育担当)
B 理事 (学術担当)
C 理事 (経営担当)
D 理事 (学外役員)

監事

役員会
(重要事項は役員会の議を経る)

教育研究評議会
教学に関する学内の代表者
(主に教学面を審議)

経営協議会
経営に関する学外の有識者
経営に関する学内の代表者
(主に経営面を審議)

出典:文部科学省

それ意図された国立大学改革がどの程度実現しているかを，①経営責任の明確化による機動的・戦略的大学運営の実現（トップ・マネジメントの実現），②学外者の参画による大学運営の透明化と国民・社会の意見の反映，③中長期の目標に沿った教育研究活動の展開，④能力主義・業績主義に立った新しい人事システムの導入，⑤事務改革・事務組織改革による効率的・効果的大学運営の実現（大学「運営」から大学「経営」への転換）という5点について検証してみる。

　国立大学の改革の状況については，各国立大学法人が文部科学省に設けられた国立大学法人評価委員会に毎年度終了後提出する年度実績報告書をベースに，同委員会が行う評価結果及び文部科学省がとりまとめた国立大学の改革推進状況が基礎資料になるが，一方で年度実績報告書は国立大学法人評価委員会による評価の対象となるため，当然ながら各大学では改革が進展していることを強調するし，「問題点」よりは「成果」「メリット」を列挙することになるので注意が必要である。そこで，国立大学財務・経営センターが2006年度にまとめた「国立大学の財務・経営の実態に関する全国調査」（科学研究費。研究代表：天野郁夫同センター研究部長〔当時〕）の中間報告に示されたアンケート結果や，著者の京都大学理事・副学長（総務，人事，広報，事務総合調整担当）としての経験，さらには大学改革に関わる各種講演会や研修会に講師として招かれた際に国立大学長や理事，部課長などの幹部職員，部局長や一般教員などと行った意見交換などを踏まえてできる限り実情に近い結果になるよう検証を行った。また，著者が中心となって2005年4月に設立した「国立大学マネジメント研究会」の活動を通して，数多くの国立大学の経営あるいは教学に関するマネジメントの革新事例についても情報を得ているので，それらも適宜踏まえた。

VI　法人化効果の検証——経営責任の明確化による機動的・戦略的大学運営の実現

　法人化の枠組みにおいては，学長が大学運営に関する最終的な意思決定者で

あり，学長を補佐するために大学の規模などに応じて理事が2名から最大8名置かれることになっている。学長が教学上，経営上の重要事項に関して意思決定を行う際には，理事で構成される役員会の議を経るものとされている。また，教学上の重要事項に関しては，教員の代表から構成される「教育研究評議会」の審議を経ること，経営上の重要事項に関しては，学外者を半数以上含む「経営協議会」の審議を経ることになっている。

　法人化以前は，学長は意思決定者というより，大学の象徴と考えられることが多く，大学運営に関して指導力を発揮することは期待されていなかったし，そのような権能も付与されていなかった。というより，もともと法人化される前の国立大学に，実質的な決定権限のある事柄はほとんどなかったと言ってよい。それらは，教育研究組織の新設・改廃や施設・設備などに関する概算要求事項の決定と，入学者選抜方式の決定や教育課程の編成，教員人事などに限られていたのである。

　法人化後，国立大学は，法的人格を持つに至り，教育研究，医療などを行うのに必要な資産を与えられ，自主性・自律性原則の下に自らの権限と責任において大学運営を行うことになった。法人化後の国立大学は，法律の規定（中期目標は文部科学大臣が策定するとされている）はともかく，実質的に大学の中期目標を定め，それに基づく執行計画である6年間の中期計画を定め，国から一括交付金として与えられる運営費交付金や入学金や授業料などの学生納付金や寄付金，附属病院収入，科学研究費補助金，施設整備費補助金などを自ら定める財務計画に沿って執行し，非公務員化された教職員の人事・給与制度を過半数代表者や職員組合などと協議・交渉の上自ら決定し，事務職員や技術職員などの組織を自ら制度設計することができるようになった。言い換えれば，法人化後の国立大学は，その史上初めて教学だけではなく人事，財務，組織運営などに関して大幅な権限を手にしたのである。

　しかし，このような大きな権限を手にする一方，法人化は，同時に国立大学が教学，経営にわたる大きな責任を負うことをも意味していた。公正でかつ教職員の能力を最大限に引き出すことができるような人事・給与制度の設計，社

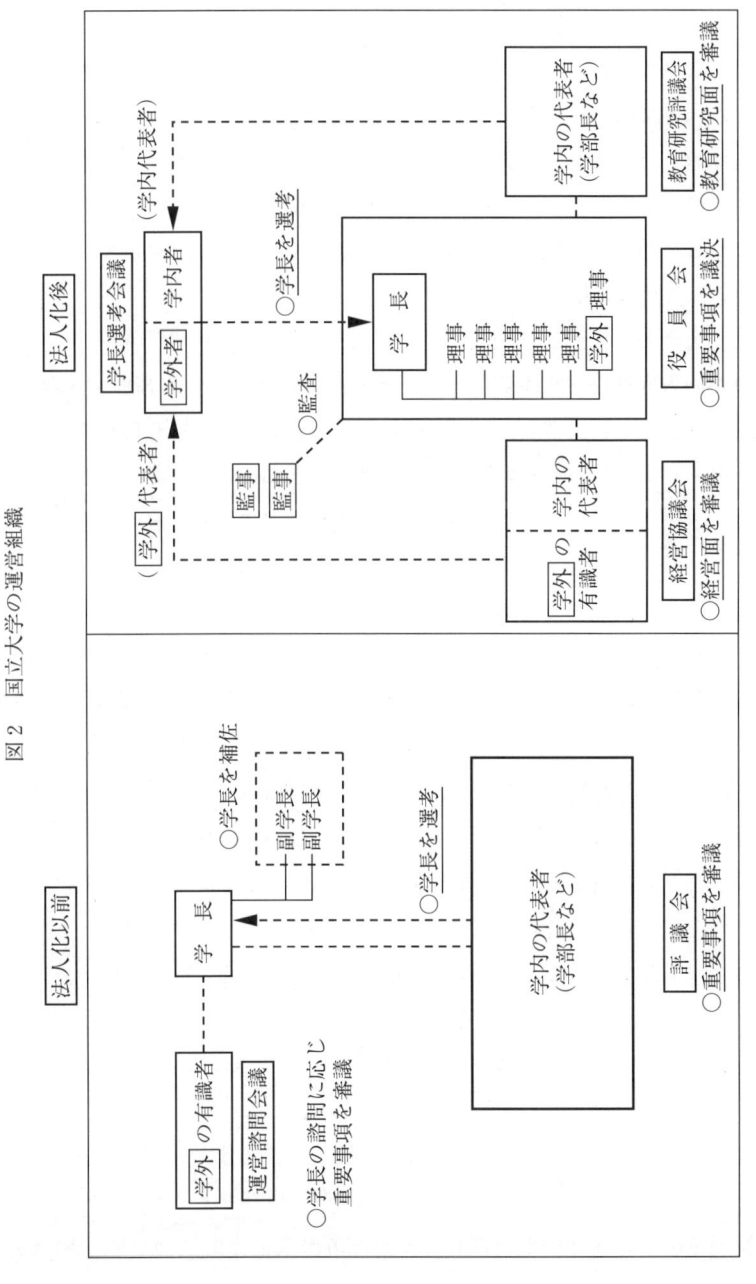

第 2 章　2001 年「国立大学の構造改革の方針」の 6 年の考察　711

図 2　国立大学の運営組織

出典：文部科学省

会や学問の要請に的確に応え，大学の個性化，活性化に資するような資源配分や均衡の取れた財務計画の立案をはじめ，適切なリスク管理，社会的説明責任の遂行，大学業務の見直しと上意下達型，官僚組織型で決められたことを執行するには適しているものの，意思決定に時間がかかり，企画立案機能が脆弱な事務組織の再編成など，法人化後の国立大学が抱える経営課題は枚挙に暇がない。これらを的確に処理していくには，学長を中心とする迅速かつ戦略的な意思決定のシステムの構築が前提となる。

　各国立大学の「機動的・戦略的大学運営」実現のための取り組みを見ると，いくつかの方向性を看取することができる。第一は，学長を補佐する理事に，若手教員や事務職員，場合によっては外部から企業人などを登用して調査・分析，企画・立案を行わせるスタッフを配置するというものである。これらスタッフを，学長あるいは役員会直轄の「室」として組織化する例も多く見られる（北大，東大，東北大，九大など）し，スタッフに「副理事」「理事補佐」（東大など）などの役職を与えるケース，さらには理事直属の「委員会」（京大など）とするケースなどがある。また，中期目標・中期計画実現に向けて理事や部局代表者などによる「経営戦略会議」を設置しているところもある。（佐賀大学など）

　第二は，第一と裏腹の関係であるが，法人化以前ほとんどの大学に設けられていた，学部長や研究所長，センター長などの部局長で構成する会議や，評議会での正式な意思決定に先立って学内における実質的な調整の機能を担っていた各種の全学委員会を廃止し（東北大，阪大など），理事の補佐スタッフなり理事の諮問機関としての委員会にその機能を委ね，さらに従前の全学委員会では不十分であった企画・立案機能を強化するケースである。

　第三に，学長が経営責任者として指導力を発揮できるように，「学長裁量経費」「学長裁量定員」といった形で，学長や理事のイニシアティブで全学から留保した一定額の資金や定員（人件費）を戦略的に配分できるようにするというものである。例えば，熊本大学では「学長裁量経費」として全学の教育・研究経費の 0.6％に当たる 2.2 億円，「重点配分経費」として同 1％に相当する

3.4億円,「研究戦略会議」が配分を決定する「間接経費」として同じく1％にあたる3億円を確保している。それらは,学長のリーダーシップの下,教育,研究,国際交流,広報活動,地域連携,大型設備,環境整備,特許経費などに優先的に配分されている。また,「学長裁量定員」として教員定数の10％にあたる99人の教員定員を確保し,教育研究組織の充実・強化や効率化係数対応などに優先的に配分を行っている。

　第四に,学長や理事,理事スタッフの機動的・戦略的な大学運営を調査・分析,選択肢の企画・立案の面で支える事務機構の整備・充実である。多くの大学で「経営企画室」「病院経営企画室」「大学情報分析室」「財務分析・戦略課」などが設置されている。

　こうした試みは,学長の補佐体制を強化し,調査・分析,企画・立案機能を飛躍的に高め,これまでのような往々にして「一律配分・一律削減」「部局回り持ちの予算配分」といった戦略性も優先順位も欠けた,「学内の平和」を重んじた資源配分のあり方を大きく変えつつある。法人化が従来の企図した学長を中心とした「戦略的な」大学運営は,ある程度実現しつつあると考えてもいいであろう。また,これまでのような全学委員会や部局長会議といった全学参加型,全学合意型の組織による意思決定方式に比べれば,学長あるいは理事直属の「室」組織などによる意思決定方式は,結論に至る速度がはるかに速くなり,時間が短縮されており,その意味でも「機動的な」大学運営もある程度実現しつつあると考えられる。

　法人化初年度の2004年度に係る業務の実績評価において,野依良治国立大学法人評価委員長も,「学長……のリーダーシップを発揮する運営体制の整備や,方針としての経営戦略の策定,戦略的な資源配分の実施等の面で,特色ある取り組みを進めているなど,全般的には,法人化を契機として,あるいは法人化のメリットを活かして改革に積極的に取り組んでおり,法人化初年度の限られた時間の中で,法人としての経営基盤を確立し,中期計画を順調に実施していることを高く評価」すると述べている。(2005年9月16日) また,法人化2年目の2005年度についても,「全般的に,学長等のリーダーシップの下で,

運営・経営体制の充実・強化が図られ，機動的・戦略的な法人運営・経営が順調に滑り出していることを高く評価」する（2006年9月29日）と述べている。

一方で，国立大学法人評価委員会（文部科学省）に提出される実績報告は，いずれ 2011 年度から始まる次期中期計画期間中の運営費交付金額に反映されることになる国立大学法人評価委員会評価に何らかの形で参考にされる性格のものであり，大学側としては慎重に内容を考え，課題よりは成果を強調するものになることは十分考えられる。著者自身が，京都大学における初年度の実績評価報告書の作成に直接携わった経験からもそのことは言える。

また，国立大学法人評価委員会は，4名ほどのチームに分かれて，各大学の担当理事などから実績報告について直接聞き取りを行うが，担当する大学の数も多く，どうしても短い時間しか取れないのが実情である。しかも，法人化後の国立大学の運営実態に必ずしも通じていない委員もいる中で，30 分に満たない短時間で，報告書に書かれている以上の実態を把握するのは相当難しいとの印象を持った。

従って，同委員会の2年度にわたる全大学の評価結果を概観すると，結果よりも「学長直属の経営企画室を設けた」「外部専門家の助言を得て，大学業務の抜本的見直しを行った」式のどちらかと言えば形式的な「実績」が評価され，そのことによって「どれだけ戦略性の高い決定が行われたか」「どれだけ大学業務が実際に削減されたか」といった具体的な「結果」については必ずしも十分考慮されなかった憾みがある。実際には，「室」を設けたものの，戦略目標が不明確であったり，部局の抵抗にあって形骸化している場合や，大学業務改革について専門家から「助言」を得ても，一番肝心の実施の段階で旧来型の組織や業務執行のやり方に固執する事務サイドからの反対や慎重論などに阻まれているケースも少なからずあるのではないかと思われる。

何故なら，「戦略的な大学運営」というのは，一言で言えば「資金，人員，土地・施設などの資源配分において部局間，学科・専攻間，事務各部の間などで優先順位をつけること」に他ならず，部局や事務各部の既得権や期待権に変

更を迫ることであって，容易に受け入れがたいものだからである。著者の経験でも，例えば京都大学において2006年度から客観的な指標に基づく業務量調査に基づく事務職員の再配分を行ったが，部局長会議において非常な反発・反対に直面したことがある。

さらに，「学長裁量経費」といい「学長裁量定員」という場合，全部局，事務各部から同じ比率で削減を行い，それを原資として再配分を行うケースがほとんどであるが，これは全部局が削減に関してはいわば「痛み分け」での状況であり，不平・不満はありつつも仕方なく受け入れている。しかし，これら裁量経費・定員の配分に当たっては，戦略的に行うとは言っても結果を見ると，各部局から大きな不満が出ないようにある程度部局間，分野間の均衡を考慮しながら配分しているように見える。しかも，一律削減方式で確保できる資源・定員には限界があり，中期計画期間中全体でおおむね5％程度であり，最大でも10％程度に過ぎない。周知の通り，人件費を含む管理費に関しては設置基準教員を除いて毎年1％，5年間で5％の効率化係数が課せられるので，これを上回る削減を行わなければ原則として再配分に回すことのできる「余剰資源」は生まれてこない。また，この方式では，学科，専攻やセンター，附属学校などの教育研究組織自体を廃止して他の組織に転換するような抜本的な「戦略的」決定は難しい。

Ⅶ　法人化効果の検証——学外者の参画による大学運営の透明化と国民・社会の意見の反映

国立大学は，長きにわたり「象牙の塔」「孤高の学府」などと呼ばれてきた。選び抜かれたエリートが高邁な学問に精進し，優秀な学生を教育し，教学や経営の重要事項は教員が中心になって決めるという大学の自治が尊重される……そんな国立大学に，一般国民や社会が関心を示すことは稀であり，国立大学の組織やそこで行われる教育や研究のあり方を批判したり，ましてや国立大学の運営に学外者が関わるなどということはつい最近まで全く考えられなかった。

そんな状況が変わり始めたのが，1980年代半ばの臨時教育審議会での高等

教育に関する抜本的な見直しからであり，1987年に大学審議会が設けられて国立大学を含む大学のあり方について大学関係者だけでなく，産業界の代表やジャーナリストなど幅広い関係者が加わるようになってからは，様々な意見や批判が国立大学に対して向けられるようになってきた。1992年から国立大学に自己点検・自己評価が努力義務として課され，1998年には第三者評価が努力義務とされたこと，そしてその年には国立大学に，外部有識者による「運営諮問会議」の設置が義務付けられるに至ったのは，もはや国立大学が一部の関係者だけの関心事ではなく，膨大な予算を費消し，社会や経済のあり方を大きく左右する極めて重要な社会組織であることが幅広く認識されたためである。

国立大学の法人化の枠組みにおいて，少なくとも半数以上の学外者を含む「経営協議会」の設置，理事の少なくとも一人を学外者にすること，文部科学大臣の任命に係る監事を置くことが国立大学法人法によって規定されたのは，上述のような国立大学がもはや「象牙の塔」ではありえなくなり，広く社会の関心を集める「公的存在」として，社会に説明責任を負ったことの証左である。

まず，経営協議会に関してであるが，各国立大学の経営協議会の学外委員を見てみると，地元自治体，産業界，ジャーナリスト，病院長，官僚OB，弁護士や会計士などの専門家，私立大学学長など高等教育関係者，学者などの学識経験者などが名を連ねている。いずれ劣らぬ学識と経験，専門知識の持ち主ばかりである。大学によっては，東北大学のように外国人を委員として委嘱しているケースもある。

経営協議会は，「経営に関する重要事項の審議」を行うことになっており，予算・決算，理事などの重要人事案件，重要な財務案件，就業規則などが審議に付されることになっている。その意味において，これまで外部になかなか公開されることのなかった国立大学の運営の詳細な状況が学外者に明らかにされ，さらに学外者の意見を聞いた上で決定を行うことが義務付けられたことの意味は極めて大きい。学外者は，それぞれの分野で成功を収め，高い識見と専門的知見を有していると考えられる社会的に大きな影響力を持つ人たちがほと

んどであり，彼らが国立大学の運営実態，教育研究や先端医療，社会貢献などの多面的な活動について運営責任者である学長や理事，部局長などから直接説明を聞き，質問に対する答えを聞くことにより，国立大学に対する理解を深め，それぞれの持ち場で国立大学に関する意見形成に大きな影響力を発揮するだろうことは想像に難くない。その観点からすれば，学外委員が法人化後の国立大学に関して肯定的な評価を行うような運営，すなわち従来閉鎖的と考えられてきた国立大学が，効率的・効果的な大学運営に努め，使命である教育研究に全力で取り組み，学外者の意見に真摯に耳を傾け，それらを踏まえた意思決定を行っているという感想，印象を持つことが重要であり，そのことの意義は大きい。逆に，国立大学の側が，経営協議会の学外委員の意見を適当に聞き流したり，前例や慣行などを盾にそれらにきちんと対応しないようなことがあれば，あるいは形式的な意見拝聴ばかりで実質的な審議が行われないような運営を行えば，学外委員が社会的影響力を持つ人々だけに，法人化後の国立大学に関し否定的な意見，世論が形成されることになる。その意味で，経営協議会が法の設計どおり十分機能しているかどうかは極めて重要である。

　一般に，大学人は長い間「教員の自治共同体」("Academic Republic"〔A. Wolter〕）として，教員自らが中心となって教員のための大学運営を行ってきたので，政府であろうと産業界であろうと，はたまた広く社会一般の意見であろうと，およそ大学外部からの「干渉」には常に反発，反対，無視してきたことはよく知られている。経費の過半を国民の税金で賄われているにもかかわらず，国立大学においても状況は変わらず，もともと教育研究に関しては教員が最も良く知っており，その運営は教員自らでないと適切に行うことはできないという意識が根強かったし，そのような事情は法人化後においても一般教員レベルでは基本的にはほとんど変わっていない。そのため，経営協議会の学外委員の人選や運営に当たって，それを形骸化・形式化しようという力学が学内で働いたことは程度の差こそあれ，どの国立大学でも起きたことと思われる。文部科学大臣が任命する監事が，「大学業務の監査」の名の下に，大学の主要な「業務」である教育研究についてまで干渉してくるのではないかと警戒する声

は，法人化に向けての準備を行う学内の作業グループで教員から頻繁に発せられたところである。

経営協議会が，法人法の設計どおり，「大学運営を学外者がチェックする」「国民・社会の声を大学運営に反映する」役割を十分果たしているかについて，著者が研究代表となり，(財)文教協会の研究費助成を受けて，2006年10月時点における国立大学の外部人材の登用実態及び活用方策についての調査・研究という形で調査を行った。ここで言う「外部人材」とは，経営協議会の学外委員だけでなく学外理事，学外から登用した副理事，学長補佐などの経営スタッフ，監事，事務部門に外部から登用された課長職相当以上の専門人材を含んでいる。そして，外部人材を活用する立場の国立大学側（総務・人事担当理事）と外部人材の双方に対し，外部人材の数，所掌，出身バックグランド，ラインとして持つ事務組織の有無・数などを聞いた他，大学として外部人材を活用できているかについて，あるいは法人化後の国立大学運営に関して外部人材が考える課題や法人化について一般的な意見を聞いた。また，研究に「奥行き」をもたせるため，研究グループ主催により，外部人材に集まっていただいて，座談会を行い，直接意見を聞いている。調査結果によれば，経営協議会学外委員については，国立大学側は事前に資料を配付するなり，会議後大学執行部と委員側の懇談会を半数以上の大学が設けるなど会議の運営に工夫を凝らしている姿が伺われ，「大学として学外委員を活用できている」と考える大学が9割近くを占めるなどそれなりの機能・役割を果たしていると考えている。一方，学外委員自身も，「大学は，学外委員の意見に真摯に耳を傾け，経営協議会の意見を踏まえた大学運営を行っている」と考える割合が9割を占めている。にもかかわらず，自由記述意見を見ると国立大学の運営のあり方にかなり厳しい意見をもっていることが明らかになった。すなわち，法人化しても「お役所意識」「親方日の丸意識」が抜けないとか，「旧来の大学自治の残滓が払拭されていない」，「改革に向けた教職員の意識改革が必要」といった意見が少なからず見られた。

いずれにしても，国立大学の運営実態についての学外委員の理解や知見は確

実に深まっているものの，学外委員の意見や提案が実際に予算や教育研究組織の再編成や改廃に至るような重要事項の帰趨に決定的な影響力を持っているかというとその点は限定的であると思われる。学外委員が，というより経営協議会が，学長が提案・提示した予算案や人事案に重要な変更を加え，あるいは提案自体を覆したり，差し戻して再検討を促した，さらには学外委員が教育研究組織や事務組織に関する重要な提案を行って，取り上げられたという例は，著者は寡聞にしてあまり聞いたことがないのである。

　その原因はいくつか考えられる。第一に，審議事項に比して多忙な有力者を集めた経営協議会の開催回数，開催時間が極めて限定的であるということがある。大学によって異なるであろうが，著者の研究グループが行った前記調査では約半数の大学では年4回，1回2時間程度の開催になっている。法令によって経営協議会に諮らなければならないとされる事項は複雑多岐にわたっており，会議の時間の大半は膨大な資料の説明と内容を理解するための質疑応答に費やされ，事柄の適否について実質的な審議になかなか時間を使えないのである。

　第二に，学外委員自身が，自分たちは大学の運営に関しては素人であり，また当該国立大学の歴史や文化，慣行に通暁しているわけではなく，そういう事情のよく分からない自分たちが参考程度の意見を述べることはできても，大学内でよく練られてきた提案を変更し，再検討させるだけの実質的な意見を言うことはできないし，また言うべきでもないと考えているのではないか。実際，前記調査によれば約4分の3の学外委員が，大学運営に関して具体的提案を行ったと回答しているが，その内容は中期計画・年度計画，予算・概算要求の内容，教育研究組織の新設・改編，事務改革・組織改革の順に多い。しかし経営協議会は決算にしても文部科学省に対する概算要求の内容に関しても，締め切りぎりぎりのタイミングで開かれることが多く，その段階で変更を求められたり，差し戻し・再検討といわれても実際問題として対応できないのである。意識的でないにせよ，大学側は経営協議会で異論が出ないという前提で，会議日を設定し，大学運営のスケジュールを考えているのであり，学外委員もそうい

う大学側の事情を「理解」して発言を行っていると考えられるのである。あるいは，学外委員の側にある種の「遠慮」のようなものがあるのかもしれない。著者自身の経験を述べれば，京都大学で翌年度の概算要求に，経済学部が工学部と協力してビジネス・スクールを設置する計画を盛り込み，経営協議会に諮ったところ，学外委員の一部から「ビジネス・スクール設置に当たってコスト計算をしたか」「京大では，何でもありですか（暗に私学が得意とする分野にも，税金で競争力のある授業料を保証された上で，京大が進出してくることを批判）」という声が上がったが，大学側の説明でそれ以上の意見や，まして構想自体を再検討すべしというような意見は出なかった。このことは，上記のような状況を示す一つの例である。

　第三に，学外委員の人選に当たって，いわゆるうるさ型の人物を意識的に避け，大所高所からの一般論は述べるが，基本的には大学側の提案をそのまま追認する「ラバー・スタンプ型」の人物を選任している可能性もある。本人は意識していなくても，同じ国立大学出身の大学人や研究者には，大学人同士のいわば「仁義」として大学側の提案に異論をさしはさむことを避ける傾向があることは十分考えられる。

Ⅷ　法人化効果の検証──中長期の目標に沿った教育研究活動の展開

　法人法では，各国立大学が6年間にわたる教育研究に係る中期目標とその実施計画とも言うべき中期計画を策定することを求め（法的には，中期目標は文部科学大臣が策定し，中期計画は大学が作成し文部科学大臣の認可を受けることになっているが，現実にはいずれも大学が作成し，その内容どおり大臣が認可する慣行ができつつあるし，中期目標の策定に関し大学側の意見を尊重する義務が大臣に課せられている），その結果を国立大学法人評価委員会が評価し，次の中期計画期間の予算配分に反映することを規定している。

　教育研究に関する目標や計画を国立大学が作成することは，これまでの目標と計画を欠いた国立大学の教育研究活動のあり方に鑑みれば180度とも言える

方向転換である。もちろんこれまでも，研究者には研究者としての研究目標もあり，それを実現するための研究計画もあったし，教育に関しても，個々の教員なり，場合によっては学科，専攻，学部単位の教育目標と計画を作成していたところもなかったわけではない。しかし，6年間という一定のサイクルで目的と目的達成のための計画の作成を義務付け，それを形式的にとはいえ大臣の認可にかからしめたことの意味は極めて大きい。それは，第一に教員に，教育や研究は，目的と目的実現のための工程表を持った計画的な活動であることを意識させた点で，そして第二に教員に，教育研究は，一定期間内に評価の対象となり，具体的な成果が求められる活動であることを理解させた点で重要である。

　我が国の大学教育は，OECDの教育政策レビューの結果を見るまでもなく，初等中等教育の国際的に高い評価と比べて，極めて多くの問題があるとされてきたが，大学自治，学問の自由，教員の保守的意識などといった壁に阻まれて，教育改善・教育改革に向けて有効な手立てを持たなかった。受験で疲弊し大学を「モラトリアム」の場，「レジャーランド」と心得違いする学生が増加する一方で，教員の教育に対する無関心や手抜きが見過ごされ，政府は「学問の自由に対する干渉」との批判を恐れて，そういう状況を放置し，大学生を採用する企業は「大学教育に期待しない」というような発言を繰り返す中で，我が国の大学教育は国際的な競争力を失ってきたのである。ようやく1990年代に入り，大学審議会の答申を踏まえて，授業要綱の作成や教員の教授能力開発，授業評価などが徐々に国立大学に導入されてきたが，法人化まではそうした試みは散発的であり，試行的であった。中期目標・中計画の中で教育が主要な柱になり，国立大学の中で教育のあり方が初めて組織的に検討され，国民や社会に広く公開されることになったのであり，そのことの意義は極めて大きい。

　同時に，いわゆる「現代GP」や「大学院GP」など，教育改善の先導的な試みに対して政府から助成金が交付されることになり，また教育研究組織の設置改廃に関する文部科学省の規制が法人化と同時に大幅に緩和され，例えば研究所の新設もそのために必要な資源を大学自身で措置するのであれば原則とし

て大学の自由になり，また学生の入学定員の増加を伴わない学部・学科の再編や改廃，新設も同様に大学の判断に任されることになったことも，国立大学の教育研究組織の刷新の追い風となっている。また，一部とはいえ教員個人の評価が岡山大学や熊本大学などの有力大学で試行的に始まり，その中で教育に関する評価が重要な要素となっていることも重要である。1991年の大学設置基準の大綱化が契機となって教養部の見直しが行われ，その一環として大学教育の改善の役割を持った「大学教育研究センター」などの組織が多くの国立大学で設置されたことも教育改革への機運を高め，教授法改善や授業評価の手順の研究開発など地道ながら実質的な貢献を行っている。

　教育に関する中期目標，中期計画については，具体的な数値目標が挙げられておらず，抽象的なものが多いとの批判があったのは事実であるが，しかし徐々にではあるが教員の目が教育に向きつつあり，改善の実が挙がっていることも事実であり，優秀な学生をめぐる国際規模での競争の激化や，大学教育に対する企業からの期待の高まりと相まってさらなる教育改善につながっていくことが期待できる。

IX　法人化効果の検証——能力主義・業績主義に立った新しい人事システムの導入

　法人化と同時に行われた教職員の非公務員化により，大学の教育研究をより効果的に行い，教育研究活動を支援し，効率的な大学経営を行うのに必要な教職員の人事システムを構築することが可能になった。言うまでもなく法人化以前の国立大学の教職員は国家公務員であり，争議権，団体交渉権を剥奪されている代わり，人事院が勤務条件や給与などについて民間のそれと比較考量しながら改善について政府に勧告し，政府はそれらについて尊重する義務を負っていた。教員については，教育公務員特例法によって，任用について競争試験によらず選考による採用が認められたり，懲戒について教員で構成する評議会の議を経ることとされるほか，兼業についても教育研究上有益と判断されれば一般公務員に比べてはるかに広い範囲で認められるなど，教育研究に従事する教

育公務員の特性に鑑みて特例措置が規定されていた。一方で，国家公務員として，政治的行為は厳しく制限され，外国人が国家公務員としての国立大学教員になることは許されても，国家の権力行為とされる人事や予算に関する権限を持つ学長や学部長になることはできなかった。

　教職員の非公務員化により，各国立大学は自らの裁量で教員や事務，医療，技術の職員などの制度を決定することができるようになり，国家公務員時代の兼業や学長職などに関する制限も外されることになった。ここで課題になったのが，国家公務員として手厚い身分保障の下に置かれ，年功序列，終身雇用，減点主義と称される特徴を持つ事務職員人事システムの，能力主義，業績主義を柱とする抜本的な改革の実施であり，教育研究業績に関係なく一律の教員の給与を実績の評価に応じていわば信賞必罰の制度に転換していくことであり，さらに教育研究をより効果的に行い，限られた人件費の中でより多くの，より質の高い研究者を確保していくための制度づくりであった。

　事務職員に関する制度改革は，多くの国立大学で始まっている。法人化後，大学自らが，自らの責任の下で決定しなければならない事柄が飛躍的に増え，教育研究を主たる使命とし，経営に関する知識・経験を欠く教員に代わって事務職員がそのような決定を実質的に行い，あるいは教員に合理的な選択肢を綿密な調査分析に基づいて企画立案する役割を担いつつある。そのような状況の下で，これまでのように文部科学省で行政経験を積んだ執行能力には長けているものの，企画立案能力には必ずしも優れていない，しかも文部科学省の人事の都合で2～3年で交代してしまういわゆる「全国異動官職者」に頼った大学運営から，大学採用のいわゆる「生え抜き」職員を幹部職員として育成し，幹部職に登用し，彼らが中核となる大学運営に早期に移行していくことが課題になっている。

　しかし，現状では，「生え抜き」職員は，どんなに優秀な人材でも係長に昇任するのはようやく40歳前後，責任ある立場の課長・事務長に昇任するのは50代半ばであり，改革を推進するベースとなる課題発見能力，調査分析力，企画立案力，大学運営の重要な利害関係者である教員や学生とのコミュニケー

ション能力という意味での能力主義，業績主義などほとんど全く機能していないのが現実である。それは，意欲が高く，能力的にも評価される人材の多くは，20代のうちに文部科学省に転任するか，40代前後で文部科学省の課長登用試験を受けて「全国異動官職」に転じており，彼らが国立大学の本部事務局の総務，人事，財務，学生など主要な部課の長になっており，権限と責任があまりないと考えられてきた部局の事務長に「生え抜き」職員を配置するという長年の間に定着した人事昇進システムの下での現実であった。

　法人化後，どの国立大学でも多かれ少なかれこのような人事システムの見直しが始まり，大学改革の推進力，担い手たりうる職員の養成に向けて，効果的・効率的で職員のやる気を引き出し，能力・業績に応じて昇進や昇給が決定される人事システムの構築に向けて，様々な制度改革が検討され，実行に移されるようになっている。例えば，京都大学では，従来の性格評価（慎重，軽率，怒りっぽい，社交的……）や一般的な能力評価（知識が豊富，指導力がある……）に加えて，上司と話し合いながら設定した年間の業務目標の達成度に対する実績の評価や「業務の合理化」「新規提案」「対学生・教員サービスの向上」など各職種に共通する目標に対する実績の評価を法人化後導入することにする一方，毎年実績とは関係なくほとんど機械的に順番に配分してきた特別昇給や勤勉手当の査定を，このような実績評価と連動させて実質化させるよう課長・事務長に求めるような運用を開始している。これは，法人化後行った全職員に対する人事制度に関するアンケートにおいて，一生懸命働いて実績を上げた職員も，何もせずただ机に座っているだけの職員も同じように順番が来れば特別昇給を受け，勤勉手当の査定においても何らペナルティを課されないことが職員の士気を著しく下げていると多くの職員が不満を述べてきたことを踏まえたものである。

　京大の例は，他の多くの大学の実績と法人化後の大学運営において新たに必要となった調査・分析力，企画・立案能力，教員とのコミュニケーション力など，さらには従来の国立大学運営では教員の専権分野として事務職員の意見や発言を許さなかった学生支援，教育改善，国際交流などの分野での専門知識な

どを評価して，昇給や昇進につなげていこうという改革努力の一例に過ぎない。人事制度改革の常として時間はかかるし，職員組合や教員との十分な意思の疎通が必要となるが，国立大学の人事制度は実績と能力を評価する方向に着実に進みつつあると考えてもいいのではないだろうか。

　教員の人事制度に関しては，これまでの財務省（人件費管理），総務省（行政組織・国家公務員の定員管理），文部科学省（教育研究組織の適正管理）の規制から解放され，任期制教員・研究員ポストの新設，兼業兼職の緩和などが急速に進展する一方，目覚しい教育研究業績を上げた教員に対する特例的な厚遇（研究費の増額，研究スペースの追加配分，研究員の追加配置など）は必ずしも円滑に進んでいない。研究業績のように評価基準がある程度確立している場合は，あまり問題はないが，教育業績の評価になると異論が続出するのである。「良い」授業とは何か，「良い」教科書とは何か，「良い」か「悪いか」誰が判定するのか，教育「効果」をどの時点で誰が評価すべきなのか……などをめぐって甲論乙駁の状況が続いているのが，多くの国立大学の現状ではないだろうか。任期制の採用や，国内だけでなく国外をも対象にした全国公募も，ほとんどの国立大学で導入されているが，任期制は新規採用のポストでしかも助手などに限るとか，全国公募を行っても実態は従来どおりの師弟関係をベースにした採用になっていたりして，真の意味での能力主義，業績主義はまだまだ浸透していないというのが実情であると思われる。

X　法人化効果の検証――事務改革・事務組織改革による効率的・効果的大学運営の実現（大学「運営」から大学「経営」への転換）

　これまでの国立大学の業務やこれを執行する事務組織は，基本的には中央官庁の業務，組織と同じであった。国立大学の業務は，中央官庁たる文部科学省や財務省，総務省，会計検査院，人事院などが定める法令，規則に従って執行に移され，その組織は執行にふさわしい部，課，係ごとの所掌事務と権限・責任が明確に定められた縦割りであった。事務組織の新設，改廃は，基本的には文部科学省が財務省，総務省と毎年協議しながら決定し，国立大学側にはほと

んど自ら事務組織を構築する権限はなかった。国立大学の事務組織は，文部科学省の行政組織の一部であり，執行を担う末端行政組織であったと言ってもいい。

　法人化後，国立大学は自らの事務組織を自由に編成，構築することができるようになり，事務組織が行う業務を見直し，廃止・簡素化するなり，外部に委託することができるようになった。法人化とともに，ほとんどすべての国立大学で，大学事務の抜本的な見直しが始まり，民間企業や私立大学をモデルにして規則の簡素化・廃止による業務の合理化が図られ，旅費の支払いや給与計算などの定型的な業務の外部委託や派遣職員への切り替えが始まりつつある。

　一例を挙げれば，厳格な旅費規則に基づく複雑・煩瑣な旅費計算業務の抜本的見直しである。国家公務員の旅費の原資は言うまでもなく国民の税金であり，その支給に当たっては最大限の合理性が必要とされ，旅費の支給基準やその額は実に法律によって規定されていた。国家公務員が公務によって勤務官署を離れて旅行する，そのための経費を支弁するのが旅費であり，その計算・支給基準，旅行経路の決定に，多くの経理・人事職員が多大の勢力と時間を使っているのが国家公務員の世界である。不適当な旅費算定や支給があれば，会計検査によって指摘され，国民から非難を浴びるので，旅費担当職員は例えば大学外部から有識者を招いて講演会を開催する場合の旅費の算定（例えば，特別車両料金〔いわゆるグリーン車料金〕を支給すべきかどうかについて，有識者の職歴，学歴などについて資料を求め，その評価に多くの時間を費やす）に当たっては極めて慎重になる。国立大学でも，法人化以前は旅費法に従って厳格な旅費計算を行っていた。

　しかし，法人化後は，このような厳密・厳格な旅費支給に要する人件費との費用計算を行い，たぶんゼロにすることはできない過払いや不正申告の事例による費用を差し引いても，旅費支給に関する規則を大幅に緩和し，旅費申告者の申請に従って旅費支給を行うほうが効率的で経費も削減できるという方向に傾く国立大学が出始めている（九大や京大など）。京大の年間出張件数は国内6万件，国外7,000件に及び，約30億円の経費を支出している。これらの出

張の旅費計算，精算業務に費やしているエネルギーは想像を絶するものがあるが，法人化までは旅費法があるため，有無を言わず黙って執行を行っていた。しかし，法人化後は，事務職員の仕事の少なくない部分を占めるこの旅費計算，精算という業務の見直しが行われ，そもそも教育研究の必要に応じて自由に動き回る教員の旅行手段，経路を予めすべて想定し，それらに応じた旅費支給基準を設けることは不可能であり，どのように精緻にあらゆるケースを想定して規則を定めてもすべてのケースに対応することはできないし，規則が精緻になればなるほど現場の職員の負担は増すという認識の下に，思い切って旅行者こそが最適かつ最も合理的な旅行方法を選択するという前提の下で，2006年度を期して旅費規則の大幅な簡素化を行ったところである。

　旅費規則の簡素化は，あくまで業務簡素化の一例に過ぎず，教職員，学生をも対象にした事務改善コンクールや，外部の専門家の助言，事務各部各課による業務の見直しなどにより，多くの大学で業務の簡素化，従来から行われてきた清掃や建物管理業務，附属病院の診療報酬計算・請求業務から1歩進んで給与計算や人事関係業務など定型業務の外部委託や契約，派遣職員による代行などが多くの大学で導入されるようになっている。

　法人化された国立大学に求められる事務組織構築に向けての，抜本的な再編成に関しては，未だ多くの国立大学において検討過程，あるいは実施途上にあると言わざるを得ない状況である。しかし，事務組織再編成の方向性は明確である。執行から調査・分析，企画・立案機能を重視した組織，中央事務局を中心とする管理部門重視から部局事務部門重視へ，そして総務・人事・財務などの管理部門重視から教育改善，学生支援，留学生交流，国際交流，産学官連携，知財管理・活用，図書館・情報基盤，社会連携や広報などの渉外など教育研究に直接関わる部門重視，社会への説明責任を果たす部門重視という方向性である。

　併せて，係員から係長，課長補佐，課長，次長，部長へと連なる重層的な縦のラインを平準化，簡素化する（いわゆるフラット化）とともに，係・課単位で縦割り構造が強固で，それゆえに係間，課の間，部の間で多くの調整を必要

とする組織を組みなおし，組織単位を大括りにして（いわゆるグループ化），組織単位間の膨大な調整業務を減らすとともに，機動的・流動的な業務執行体制を確立することである。

こういう方向性は明確でありながら，事務組織改革がなかなか進まないのには理由がある。一つには，大学を管理的発想で捉え，教育研究や先端医療，地域貢献などの国立大学の役割について企画し，教員の活動を支援することこそが事務職員の最も重要な役割，使命であるという発想，意識が事務職員に希薄であることが大きい。このことは，総務（組織管理や危機管理などを主に担当），人事（人事制度の企画やその運用を担当），財務（財務計画の企画や経費の執行を担当）に責任を持つが，教育研究活動とは最も直接的な接触のない管理部門が組織の主流になってきたことに端的に現れている。言い換えれば，法人化以前もそして法人化された今も依然として，いわゆる人事畑，経理畑（財務ではない）出身の事務系理事，事務局長，部長が圧倒的に多く，いわゆる学生畑，研究協力・国際交流畑出身の事務系理事，事務局長，部長が少数派なのである。こういう意識が強い間は，限られた事務職員ポストを管理部門から教育研究の現場支援の部署に回すことは難しい。また，契約管理，経費支出，旅費計算，資産管理など定型的業務を多く抱えている経理部，財務部の仕事は，今後外部委託や契約・派遣職員によって置き換え，財務戦略の策定や資金・資産の活用・運用に重点を移行させなくてはならないが，そのことに対する経理系職員の不安がそのような改革に対する抵抗，消極的な姿勢となって現れている。誰しも自らの組織が外部委託に取って代わられ，人員が縮小していくことには抵抗を感じるものである。

フラット化に関しては，人事制度としての係員から部課長に至る職を残すことにして，意思決定過程としてのラインを短縮化すること……例えば職制としての課長補佐の廃止や，部長職の理事スタッフへの転換など……は，いくつかの大学で実施に移されている。一方，従来の係を大括りにして，季節ごとの業務の繁閑を調節し，業務の効率的執行を可能にする，すなわち従来より少ない人員でより多くの業務をこなすことには，これまでのように狭い所掌範囲のこ

とだけやっていればいいという状態から，隣の係の仕事までこなさなければならない状態に移行せねばならず，抵抗感が強い。しかし，例えば滋賀大学のような小規模の大学は，総務課1課10数名で，例えば京大の総務部，人事部，企画部，研究推進部，国際部の仕事（総勢約50名）をこなしていることを想起すべきであり，「二つの係の仕事にはとても対応できない」という反論は合理性を欠くと言わざるを得ない。今後，効率化係数への対応，法人化後の業務の飛躍的増加，学生重視，教育重視の流れ，国際協力や留学生交流の重要性の拡大，外部資金の獲得にとって貢献度の大きい研究協力・産学官連携や国際交流部署の重要性の拡大などに鑑みれば，現状でこそ遅々として進まなく見える組織改革も，いずれ抜本的な取り組みをせざるを得ず，その方向で改革が進むことは間違いがないと思われる。

XI　第三者評価による競争原理の導入

「方針」の第三の柱である，第三者による競争原理の導入は，「方針」の三つの柱の中で最も顕著に具体化されたと言っていいであろう。既に「方針」発表以前から，国立大学に実績とは関係なく一律に配分されていた教官当たり「積算校費」は，増額どころか据え置き，場合によっては減額されるようになっていたし，その一方で研究計画の優劣，独創性，可能性の評価や過去の研究実績に応じて採択が決定される科学研究費補助金や科学技術振興調整費などのいわゆる「競争的資金」は厳しい財政事情の中でも年々大幅に増額されてきていた。

その意味では，「方針」の中で強調された競争原理の導入は，何も目新しいものではなく，そうした流れを決定付け，さらに加速するものに他ならなかった。そのような競争原理の前提となる「評価」については，大きな前進があった。国公私立を問わず全大学を問わず義務付けられるに至った「認証評価」の制度化であり，国立大学に対する新設の国立大学法人評価委員会による教育研究，大学運営全般に係る定期的評価とその結果に応じた予算配分の実現である。また，大学の自己努力による経費の節約分や剰余金に関して大学側の「経営努

力」を評価して翌年度に繰越できる制度の実現も，広い意味での第三者評価の導入である。

　教育研究に関する世界的な卓越拠点の形成を目指す「21世紀COEプログラム」の開始，教育に関し先導的，革新的事例（Good Practice）の助成・普及を目指す各種GPプログラム，管理経費について一律の効率化あるいは経営改善係数を課する一方，各大学の特色ある教育研究活動を支援する「教育研究特別経費」の確保・増額なども，大学間の競争を刺激し，国立大学にとってのどから手が出るほど欲しい外部資金の獲得に向けて大学の努力を促す大きな効果を上げたということができる。

　国立大学の評価を行う組織も，「大学評価・学位授与機構」の新設に始まり，国立大学法人評価委員会の設置，文部科学省高等教育局における国立大学法人評価室の設置をはじめ，日本学術振興会（JSPS）や科学技術振興機構（JST）などの資金配分機関において各種競争的資金の審査，中間評価，事後評価を行う評価・選定委員会の設置などが相次ぎ，評価の体制が急速に整っている。

XII　結　　論

　「国立大学の構造改革の方針」が，我が国の高等教育や学術研究，大学の運営のあり方に関し，極めて重要な変革と転換を迫るものであったことは疑いの余地がない。これまで見てきたように，「方針」を形作る3本の柱それぞれに大きな，将来にわたって極めて影響の大きな変化を生じせしめていることも事実である。国立大学の役割・使命に関する基本的見直し，大学「運営」から大学「経営」への転換，これまで大学にはなじまないとされてきた評価と評価結果に基づく資源配分，行政組織から企業型組織への転換，社会に対する説明責任の拡大など，いずれもこれまでの国立大学からすれば，ほとんど「革命的」と呼んでもいいほどの変貌振りである。

　「方針」が，国立大学の再編・統合に関しては中途半端な状況にとどまっていること，再編・統合が実質的な行財政改革にならず，学長や事務局長ポストの削減など見かけ上の削減にとどまっていること，法人化による民間的経営手

法の導入が，学内の抵抗により必ずしも順調に進んでいるとは言えないこと，さらに旧来の国家公務員，行政組織的意識からの脱却が十分行われておらず，そのことが事務改革，事務組織改革の停滞を招いていることなどの問題点を抱えながら，しかし基本的方向に関しては我が国の国立大学の経営改善，教育研究力の強化に向かって大きな，そして重要な1歩を踏み出したことは確かである。

〔立命館副総長，前京都大学理事・副学長〕

第Ⅵ部
国際的文脈における法および政策の動向

第 1 章

WTO における貿易紛争解決手続きの問題点
——とくに発展途上国の権利向上の視点から——

松 下 満 雄

I　WTO における加盟国間紛争解決手続きの概要

　WTO（世界貿易機関）の紛争解決手続きは，国際的紛争解決のための国際法廷としては最も成功したものといわれている。もっともその司法機関としての成熟度においては日本，米国等の国内司法機関には比較すべくもないが，国連の国際司法裁判所等いわゆる国際法廷に比較すると，強制管轄権が認められ，WTO の決定が違反者に対する報復措置の適用という形であれ一種の執行力を有するなどの点においてはるかに強力であり，有効性は明らかである。

　WTO における紛争解決手続きの概略を述べるならば，以下のようである。WTO 加盟国が他の加盟国の貿易措置が WTO 協定に違反していると判断する場合には，前者は後者を相手として，WTO 紛争解決機関（The Dispute Settlement Body，通常は DSB と略称される。DSB は WTO 理事会の付置機関である。）に提訴することができる。この場合，当該紛争を処理する手続きはガット 23 条各項及びそれを詳細化した「紛争解決に関する了解」（The Understanding on Rules and Procedures Governing the Settlement of Disputes）（通常は DSU と略称される。）に規定されている[1]。これらの規定によると，WTO 協定のもとで紛争が発生する場合には，加盟国はこれらに定められた手続きに基づいて紛争の処理にあたらなければならないとされている[2]。すなわち，その紛争が WTO 協定の適用対象となるものである限り，当該当事国はその紛争

をDSBに付託して解決しなければならないのであり,いわゆる一方的報復措置をとることは禁止されている。1980年代,90年代においては,米国が通商法301条を頻発して,日本,EC,インド,ブラジル等に対して一方的報復措置を発動し,これが大きな通商問題となったが,DSUの規定はかかる一方的報復措置の濫用を禁止するために策定されたものである。

いずれにせよ,加盟国による紛争の付託（提訴）が行われると,WTOのDSBはDSUの規定に従って,その紛争の処理に当たることとなる。まず当事国の協議が行われるが,その協議の場で当該紛争を解決することができなかった場合には,当事国は紛争解決をDSBに付託することができる。（通常マスコミ等ではかかる付託をWTO提訴とよんでいる。）

かかる付託が行われると,DSBは紛争解決小委員会（パネル）を設置する。パネルは通常3人のパネリストによって構成されている。このパネルが当該案件について審議を行い,報告書を提出する。この報告書においては,WTO協定解釈の観点からいずれの当事国の主張が妥当であるかが判断される。すなわち,一方の当事国が勝訴し,他方が敗訴することとなる。そして,その報告書がDSBに提出されると,その報告書は「逆コンセンサス方式」によって採択される。逆コンセンサス方式とは,すべての加盟国が全会一致で反対しない限り当該案件は採択されるというもので,一票賛成の票があれば,報告書は採択される。

しかし,紛争当事国の一方がこのパネル報告書の内容に不服がある場合には,当該当事国は上級委員会に上訴することができる。そして,この上訴があると上級委員会の判断が出るまではDSBによる採択は中止される。通常は敗訴した当事国が上訴するが,勝訴した当事国がパネル報告書の論理又は理由付けに不服である場合にも上訴することができ,その例もある[3]。上訴は法律問題に限られ,上級委員会はパネル報告書がWTO協定の解釈を誤ったものかどうかについて審査をし,パネル報告書に関して,支持,修正,又は破棄のいずれかを行う。

そして,この上級委員会報告,及び,全面破棄の場合を除き,上級委員会に

よって支持，修正，又は一部破棄されたパネル報告書がDSBによって採択される。この採択も逆コンセンサス方式によって行われる。

このように採択されたパネル・上級委員会報告書においてある加盟国の措置がWTO協定違反とされる場合には，同報告書はDSBに対して，当該加盟国に対して違反の措置を修正又は廃止して，同国の貿易措置がWTO協定に適合するようにすることを勧告すべきことを勧告する。DSBのかかる勧告にもかかわらず当該違反の加盟国がこの措置を修正又は廃止しない場合には，提訴国はDSBに当該国に対する譲許の停止（報復措置をとること）等を請求し，これが認められるとこの対抗措置をとることとなる。

WTO発足以来約400件の紛争案件がこの紛争処理手続きに持ち込まれ，パネル及び上級委員会の報告に至った件数は70件以上となっている。1947年から1994年にかけて旧ガットに提訴された案件が約300件であるのに比較すると，これは大変に多い数字であり，この紛争解決手続きがWTO加盟国の信任を得ていることを示している。しかし，発足以来10年以上が経過して，紛争解決手続きの問題点も明らかになりつつある。かかる問題点は多数あるが，以下においては，それらのうちの手続法的な問題点を検討するにとどめる。

II 弁論主義の功罪――WTO紛争解決手続きと発展途上国

国内裁判手続きと比較するとWTOのパネル及び上級委員会の手続きは民事訴訟手続きに近似している[4]。パネル及び上級委員会の手続きの特徴のひとつは，職権探知主義と対比される「弁論主義」にある。この方式にあっては，裁判官（パネルにおいてはパネリスト，上級委員会においては上級委員）は当事者が主張している事実と法解釈に基づいて案件について判断を下す。すなわち，当事者の事実関係についての主張が食い違っているような場合には職権に基づいて調査をすることもあるが，原則的には当事者の主張する事実関係及び法解釈論に基づいて判断を下す。ということは，当事者が粗雑な事実の主張をし，又は説得性に乏しい法律解釈を主張する場合には，その当事者は敗訴することを意味する。WTOは加盟国がすべて平等との前提に立っているので，このよ

うな民事訴訟方式がとられたと思われる。

　パネル手続きのひとつの問題点は，いわゆる「審査基準」(standard of review) であり，パネルは当事国の提示する証拠以外の証拠を取得して審議を進めることができるかについては種々の議論がある。これを認める先例もないではない[5]が，いずれにせよ少なくとも事実関係に関してはパネルの調査能力は限られており，仮に解釈上パネルの調査権限を大幅に認めたとしても，パネルの事実発見能力は低いものである。DSU 13 条は，パネルはいかなる人及び団体に対しても資料等情報提供の請求ができ，また，加盟国はパネルから情報提供の要請がある場合にはこれに協力する義務があると規定するが，パネルには強制調査権はなく，被請求者が情報提供を拒否すれば，パネルはなすすべがない。

　上級委員会の審議においては，口頭審査の占める役割は重要である。すなわち，上級委員会の審議の一環として，当事者を喚問して口頭で双方の主張を聴取するのであるが，ここでは複雑な事実問題，法律問題に関して難解な質問が矢継ぎ早に発せられ，当事国代表はその場でこれに即答しなければならない。この過程においては当事者の口頭弁論能力が大きな役割を演ずる。

　かかる WTO の紛争解決手続きにおいては，先進国と発展途上国の間で法技術を駆使する能力に関して著しい差異があり，先進国（とくに米国）が紛争処理の現場では有利になる傾向は否定できない。そして，このようなことから，発展途上国側には WTO の紛争処理手続きに関する幻滅と懐疑が広がっているという[6]。いまや発展途上国は WTO の多数派であり，このような事態は WTO にとって憂慮すべき事態である。そこで，これについてなんらかの対策が必要であろう。

　第一には，DSU に裁定者（パネリスト及び上級委員）には「釈明権」があることを明記する案はどうであろうか。これにより，裁定者が一方当事者である発展途上国が弁論能力不足のために十分な弁論ができないと判断する場合には，釈明権を行使して事実上若干職権探知主義に近い形で調査を行い，発展途上国の主張の不十分を補正するということである。このようなことが行き過ぎ

ると，逆の弊害が生ずることにも留意すべきであるが，検討に値すると思われる。

　第二には，上級委員会の審議において，もっと書面主義を導入することが考えられる。前述のように，上級委員会の事件審査にあたっては口頭審査（ヒヤリング）の役割が重要であるが，これによって発展途上国が不利な立場に置かれていることは前述した。そこで口頭審査において十分に主張し尽くせなかった論点等について後に書面で主張を展開させるということができれば，この問題点は幾分でも矯正される。上級委員会が取り扱った「ガソリン事件」[7]において，上級委員会は口頭審査の後に当事者に書面で「最終陳述書」を提出させている。この最終陳述書はまことに整備されたもので，口頭審査の結果をも踏まえて当事者の主張がよく展開されていた。筆者はこの事件を担当したが，当該事件において提出された書面のなかで最も価値の高いものであったとの印象を有している。この慣行はこの回限りでその後は行われていない。かかる慣行を再現すべきであろう。

　上記のような発展途上国の訴訟追行能力の不足を補うために，若干のWTO加盟国の出資によってWTOアドヴァイソリ・センター（WTO Advisory Center）が設置されており，ここには10名程度のWTO法専門弁護士が勤務し，発展途上国がWTO紛争解決手続きに申立国として，又は被申立国として参加する場合には，この発展途上国に資料の提供，場合によっては代理人としての訴訟の引き受け等を行っている。これはこれなりに重要なものであり，今後もかかる制度を拡充することが望ましい。

　また，法務官制度の導入はどうであろうか。法務官（Advocate General）の制度はEC裁判所において認められている[8]。これはEC裁判所の審議において，当事者としてではなく，いわば公益代表としてEC条約解釈等につき見解を表明し，時としてはこれが重要な役割を演ずる。この制度をWTO紛争解決手続きに導入するとすれば，法務官は発展途上国である当事者を代表して見解を述べるのではなく，客観的な解釈を述べるのであるが，発展途上国である当事者と先進国である当事者との争訟において，先進国側と発展途上国側で大き

な弁論能力等訴訟遂行能力に大きな差異がある場合に，法務官意見はこの「力の格差」に対する矯正として機能するのではなかろうか。

しかし，WTO 手続きを含めて，訴訟過程においては所詮究極的には自己責任で主張を展開しなければならないのであり，イェーリングのいう「汝は闘争において汝の権利を見出すべし。」(Im Kamph sollst du deine Recht finden.) との法諺が妥当する。発展途上国は他力本願ではなく，WTO 法に精通した自国の法律家の養成に努めるべきである。

Ⅲ　挙　証　責　任

挙証責任はいずれの訴訟においても重要課題であるが，これは WTO 法においても然りである。WTO においては，初期のシャツ・ブラウス事件[9]において上級委員会は挙証責任について判断した。それによると，紛争解決手続きにおいて，ある当事者が他方当事者の協定違反を主張する場合には，その当事者に他方当事者の違反を立証する責任があるとされる。これは自然な解釈であるが，その後，ホルモン牛肉事件[10]及び鰯表示事件[11]等でこの問題が取り上げられた。これらの事件における上級委員会の解釈にはいささか疑問があるが，これを鰯事件上級委員会判断に即して検討する。

鰯事件とはペルーと EC の間の紛争案件である。EC は理事会規則によって，缶詰の鰯については北海，地中海，及び，黒海産の鰯を用いている場合にのみ，「サーディーン (sardines)」の名称を使用することができるとした。したがってペルー産の鰯の缶詰にこの名称を使用することができないこととなったが，ペルーはこれが TBT 協定（貿易の技術的障害に関する協定）2.4 条の規定に違反するとして WTO 提訴した。同条によると，製品の表示基準等に関して国際規格がある場合には原則として加盟国はこれに基づいて国内の強制規格を策定すべきものとされている。しかし，例外として，国際規格によることが適切ではなく，又は，国内規格の目的達成に資することができないときにはこれから離脱できるとされている。鰯の缶詰の表示基準に関しては，国連機関である WHO/FOA の策定したコーデックス基準があり，これによると缶詰鰯に関し

ては「X sardines」と表示することができるとされている。したがって、この国際規格によるとペルー産の鰯を原料とする缶詰は「Peruvian sardines」又は「Pacific sardines」と表示できることとなる。

　そこでTBT協定2.4条に定める離脱条項の要件を満たしていればECは国際規格に準拠しないことができるが、問題は、ECはかかる離脱条項を満たしているか（又は満たしていないか）の挙証責任をだれが負うかである。

　パネルはTBT協定2.4条の離脱規定は例外条項であるので、これを主張する当事者、すなわち、ECがかかる離脱規定の要件を満たしていることの挙証責任を負うと判断したが、上級委員会はこの判断を覆して、申立人たるペルーがかかる挙証責任を負っているとした。この判断によると、ペルーは、(1)ECはTBT協定2.4条に違反して国際規格があるにもかかわらずこれに準拠していないこと、及び、(2)離脱規定による必要がないこと、の両方を立証しなければならない。

　かかる挙証責任の原則は原告にとって過大な負担を課するものではなかろうか。とくに、発展途上国が提訴国（原告）である場合には、過重な立証責任は深刻な問題となる。ガット20条各号はガットの禁止規定に対する例外を定めているが、この規定の援用に関しては、援用国がかかる例外扱いの必要性を立証すべきこととされている[12]。すなわち、ガット20条に関しては、ある加盟国が他の加盟国のガット違反を主張し、これに対して被提訴国が問題となる措置がガット20条によって例外とされることの立証をするという手順となる。

　そこで、ガット20条とTBT協定2.4条の離脱条項とのあいだに質的な違いがあるかが問題である。この点につき、上級委員会はホルモン牛肉事件及び鰯事件において、TBT協定及びSPS協定における離脱条項は加盟国にTBT協定又はSPS協定上の義務から離脱した一定の措置をとる権利を付与するのに対して、ガット20条は同条がなければあるガット規定に違反である措置をガットの禁止から除外するのみで、これ自体はなんら加盟国に権利を与えるものではないので、ここに両者の違いがあるとして、ここからガット20条適用における挙証責任とTBT協定及びSPS協定における離脱条項に関する挙証責任

を区別している。しかし，ガット20条は，ある加盟国を一定のガット上の義務から解放し，それがなければガット違反となる措置をとることを認めるのであるから，これもまた，加盟国に一定の権利を付与するものであるといえなくもない。このようにみてくると，両者のあいだに本質的な差異があるとは思われない。かかる点からみても，両者における挙証責任は同一の原則によるべきであろうと思われる。すなわち，ガット20条と同じく，TBT協定2.4条の適用においても国際規格遵守が原則であり，それからの離脱は例外であるので，この例外措置の援用国がかかる例外措置が必要であるとの立証をすべきとの挙証原則を確立すべきであろう。

鰯事件における上級委員会のように判断をするとすれば，提訴国は被提訴国がTBT協定2.4条に定める離脱要件を満たしていないことを立証しなければならないこととなるが，かかる立証原則による場合には，立証国は他国の国内政策にまで立ち入って当該国家にとって何が必要な政策かなどについて判断をしなければならないこととなる。これは発展途上国にとっては，相当な困難をもたらすこともあり得る。訴訟における挙証責任に関しては，ある事項を立証することに最も適する者が立証責任を負うという考慮も必要であろう。このような情報へのアクセスの容易さによって挙証責任を配分するということは，すべての争訟に必ず適用されるとは限らないとしても，ひとつの原則であり，WTO法においても状況によっては取り入れるべきものであろう。

EC特恵関税事件[13]における上級委員会の判断は上記とは若干異なっている。この事件は，ECが発展途上国援助のためにガット上認められている「授権条項」（Enabling Clause）により，麻薬問題を抱えている発展途上国にのみ特恵関税を供与したことに対して，この対象とならなかったインドが最恵国待遇（ガット1条）違反を根拠として対EC提訴をしたというものである。授権条項においては，ガット1条に定める最恵国待遇にもかかわらず，先進国は発展途上国に対して特恵関税を付与できるとするものであるが，ここでの問題は授権条項によって一定の発展途上国のみに特恵関税を付与することができるかであった。

挙証責任に関して，上級委員会は，授権条項は例外条項であるからこれを援用する当事者（EC）に挙証責任があるとしたが，授権条項は単なる例外ではないので，申立国（インド）はその申立において被申立国の措置が最恵国待遇に違反することを立証するのみならず，被申立国は授権条項によってかかる措置を正当化することはできないことを申し立てる必要があるとした。ただし，このことを指摘すれば足り，これについての完全な挙証責任を負担するわけではないとした。この判断はいささか難解であるが，授権条項は例外であるがガット 20 条のような単なる例外でないことを根拠として，申立人の挙証責任を若干加重したものである。しかし，このように申立人の挙証責任を加重しなければならない理由も明白ではなく，判示の趣旨にはあいまいさが残ることを否定できないところであろう。

ともかく，原則・例外の関係においては，挙証責任について判示した上級委員会の報告書はいささか混乱しており，実質上矛盾もあるようである。論点の整理と責任配分原則の再構築が必要である。

IV 科学的鑑定の取り扱い

WTO 協定のあるものは科学，技術に密接に関係している。たとえば，TBT 協定（貿易の技術的障害に関する協定），及び，SPS 協定（衛生植物検疫措置に関する協定）がその例であるが，以下においては SPS 協定を例にとって検討する。

SPS 協定は食品の安全性，動物検疫，農産物検疫等に関する協定であるが，これによると加盟国は食品安全等に関して強制規格を策定する場合には，国際規格があればそれに準拠しなければならないとされている。しかし，国内的事情等から国際規格に準拠することが適切ではない場合には，独自のより高い基準を設定することができる。しかし，この場合，かかる独自の規格が十分な科学的根拠に基づいていることを証拠をもって立証しなければならない。

EC―ホルモンズ事件[14]においては，EC が牛肉に含まれるホルモンに発がん性があるとして，ホルモン投与によって育成された食用牛から生産された牛

肉の販売と輸入を禁止した。しかし，国際基準である国連のコーデックス基準によると，含有ホルモンが同基準に定める数値以下であれば，発がん性の兆候はないということであった。米国とカナダ産牛肉の70％はホルモンを投与して育成した食肉牛から生産したものである。そこで，これらはECに輸出することができなかったが，これについて米国とカナダがWTOに対EC提訴を行って，ECによるSPS協定違反を主張した。

パネルは鑑定人として数人の科学者に鑑定を委嘱したが，鑑定人のうち多数意見は含有ホルモンがコーデックス基準の範囲内であれば発がんの危険の兆候はないとした。しかし，一人の科学者はこの場合でも100万人に一人の割合で発がんするとした。パネルは多数意見を採用し，ECの基準について科学的根拠はないとした。

上級委員会も基本的にはこれを支持しているが，この上級委員会報告の中には重要な指摘がある。すなわち，事が人の生命の危険に関するものである場合には，それを指摘する少数意見といえども無視できないのではないか，ということである。SPS協定においては，人間，動物，及び，植物の生命及び健康に関する保護措置が対象となっている。この協定3条3項は動物及び植物の生命や健康維持の措置に関して他の措置をとる場合の対費用効果（経済効率）を考慮するものとするとしているが，この3条3項の規定から人間の生命及び健康の維持に関する措置は除かれている。このことは，人間の生命及び健康の維持に関しては効率性等の経済性を基準にしてはならないことを意味するとも考えられる。この判断は基本的にはケース・バイ・ケースーになされるべきであるが，ひとつの重要な問題提起である[15]。

V 上級委員会に対する審査手続きの必要性

前述のようにWTOの紛争解決手続きにおいては，紛争はパネルによって判断され，パネルの判断に対して当事国は上級委員会に提訴することができる。そして，パネル報告書及び上級委員会報告書がDSBによって採択されると，これはWTOの決定となる。このDSBの決定は，前述のように「逆コンセン

サス方式」によって行われる。すなわち，上級委員会の報告書採択が全員一致で反対されない限り，当該報告書は採択されるということである。当該争訟において勝訴した当事国はこの採択に賛成するので，全員一致で報告書採択に反対するという事態は生ずる可能性がない。

　このように逆コンセンサス方式を採択したのは，WTO以前の旧ガット時代における紛争解決方法の欠陥に対する反省の結果であった。すなわち，旧ガットにおいては，ある紛争についてパネルが判断を下す場合，このパネル報告書がガット理事会においてで全会一致で採択されるとそれがガットの決定となった。しかし，この方式では，ある加盟国（とくに敗訴当事国）が採択に反対すると，この全会一致の決定を得ることがでず，報告書は採択されないこととなった。すなわち，旧ガットの紛争解決手続きにおいては，敗訴当事者が案件採択に関して拒否権を有することとなっていたのであり，これがこの方式の決定的欠陥であった。

　WTOの紛争解決手続きにおいては，この欠陥を矯正するために，逆コンセンサス方式を採択した。この体制の下にあっては，パネル及び上級委員会報告書は自動的に採択される。パネル報告書に対しては敗訴当事国は上級委員会に上訴できるが，上級委員会の報告に対しては，もはや上訴する道はない。この意味で，WTO関連紛争において，上級委員会判断は最終判断である。この方式はWTOの紛争解決手続きの有効性を維持するためには有意義なものということができる。このようなことから，紛争解決手続きはWTOの諸機能のうちでも，最も有効に機能しているものとして評価されている。

　しかし，そこには問題もないではない。すなわち，WTO紛争解決手続きは国家機関との対比では「司法府」にあたる。国家において最高裁が法律の判断において誤りを犯した場合，又はその判断が社会的，政治的に受け入れられないものである場合には，立法府が法律を制定して，最高裁の判断を是正することができる。WTOにおいてこの立法府に相当するものは「閣僚会議」又は「一般理事会」であるが，ここでは決定は「コンセンサス方式」（全員一致を要する。）で行われ，また政治的思惑等も絡んで容易に決定が行われない。

このような状況においては，仮に上級委員会の判断が間違いである，又は間違いでないとしても，政策的理由で受け入れられないものであるとしても，この判断を修正すべき立法府（閣僚理事会又は一般理事会）はしばしば機能不全に陥り，チェック機関としての役割を果たすことができない。したがって，仮に上級委員会の判断が間違っている場合にも，これを是正する手段がないのが現状である。かかることから，発展途上国や米国議会では上級委員会に対する批判が強くなっている。すなわち，WTOにおいては上級委員会の判断に関する限り，「抑制と均衡」が働いていないのである。

上級委員会の判断に関しては，従来から高い評価が与えられている。しかし，すべての制度において抑制と均衡の原理は必要であり，これを欠くと決定機関としては行き過ぎるか，又は消極的になり過ぎるかの両極端に走る危険がある。筆者の見解では，上級委員会は従来の案件処理にあたって，WTO協定の「文言」を重視しており，この結果若干杓子定規の判断（概念法学的判断）となる傾向がある。もうすこし大胆かつ柔軟な解釈をすべき場合があると思われるが，この前提は，もし仮に判断に間違いがある場合には，なんらかのチェックが行われることである。それでは，かかるチェックの方式とはいかなるものがありうるかが問題である。

この点に関して，米国の経済学者であるクラウド・バーフィールド氏[16]は，現行WTOの紛争処理体制はあまりにも司法化し過ぎているとして，「政治的解決」を志向すべしとする。すなわち，「裁判」類似の手続きではなく，政治的な「折衝」によって貿易紛争案件の解決を行うべしとの立場である。しかし，政治的折衝によって紛争解決をする場合には，当事者の経済的，政治的影響力によって交渉能力が決定され，有力国（米，EC，中国）が有利になる傾向は否定できない。WTO設立に際して，貿易紛争解決において政治的解決ではなく法的解決を行う方式を導入したのは，まさにこのような「弱肉強食」を排除して，ルール指向型の多角的通商体制を確立することにあった。とすると，政治的解決方式の導入については疑問がある[17]。やはり，現行のような準司法的解決方式を堅持しつつ，その欠陥を矯正することを考えるべきである。

WTO設立協定（いわゆるマラケッシュ協定）9条2項は，WTO閣僚理事会はWTO協定の解釈に関して排他的権限を有すると規定する。そして，その解釈の採択に当たっては，加盟国3/4の多数決を必要とするとしている。これは閣僚理事会がいざとなれば上級委員会の判断を覆すことができることを意味する。加盟国の大多数が上級委員会の判断は法的，政治的に到底受け入れがたいと決定する場合には，閣僚理事会はこの権限を活用して上級委員会の判断を覆すことができる。しかし，WTO設立以来この権限が行使された例はない。その理由としては，加盟国3/4の多数決を得ることが容易ではないことがあげられる。そこで，この規定を改正して2/3，又は，単純多数決にすることも考えられる。しかし，閣僚理事会は政治的決定機関であり，これが司法判断に対してあまりにも容易に介入できるとするのは，政策決定機能と司法機能のバランス失墜の原因ともなり妥当とはいえないであろう。この規定は，やはり現行どおりでよいと思われる。

　ひとつの考えとしては，WTOの枠内に「法律賢人委員会」とも言うべき委員会を設置し，そこに高名な学者，裁判官，弁護士等を配置し，これが上級委員会の判断を定期的にレビューしてこれに対して批判を述べるということが考えられる。かかる委員会は上級委員会の判断を覆す権限を有せず，もっぱら第三者的，批判的検討を発表するにとどまる。しかし，かかるソフトな方式によって上級委員会の判断が改善される可能性は大きいと思われる。

VI　パネルの専門化

　現在のWTOのパネルは紛争が生ずるごとに設置され，DSBがその委員を任命するが，常設のパネルや専任のパネリストはなく，紛争のつどDSBによってパネルが設置され，そのつど人選が行われる。紛争当事者の推薦によってパネリストが選定されることもあるが，多くの場合，紛争当事者間に適切なパネリストについての合意が得られず，WTO事務局長がパネリストを任命する例が多い。一応パネリスト候補者のリストがあり100名以上の氏名が記載されているが，このリストから選ばれるとは限らず，そうでないことが多い。ある

人物が場合によっては数回パネリストを務める場合もあるが，多くは1回のみパネリストを務め，また数回務める場合にも2，3回にとどまり，常任には程遠い。また，審議期間中パネリストは3回ほどWTO本部があるジュネーブに出張し，2，3日滞在して当事者に対するヒヤリング等を行うのみである。これではパネリストが深く案件審査に関係して，パネリスト中心の厳密な案件審査体制がとられ得るかについて疑問がある。

　パネル慣行の問題点は，パネリストの専門性がなかなか確保されないこと，及び，WTOの紛争案件審査に当たり，片手間ではなく準専任的責任又は第一次的責任[18]を有するパネリストをなかなか確保できないということである。場合によっては，世界的なWTO学者（たとえば，ジョージタウン大学のジャクソン教授，ニューヨーク大学のワイラー教授等）がパネリストを務めることもあるが，多くの場合にはジュネーブ在住の外交官等が任命されることが多い。そして，かかる外交官は他の業務に関して多忙であり，複雑な貿易紛争案件に専念することが困難なことも多く，また，必ずしもWTO法に精通したものがパネリストに選任される保証もないのである。かかる点からみると，現行のパネリスト選定方式は必ずしも満足すべきものともいえない。

　パネリストの専門性が不十分である結果，パネリストがWTO事務局に過度に依存する傾向がある。報告書のあるものは事務局の担当官が執筆し，パネリストはこれを追認するにすぎない場合があるといわれている。WTO事務局には有能な法務官がいるが，事務局にはWTOバイアスもあろう。WTOの紛争は経済紛争であると同時に政治紛争でもあり，これの解決に当たっては，自由貿易というひとつの観点のみではなく，各種の要因の調和を図る必要もある。また，3人のパネリストを選定してこれに紛争処理を行わしめるということは，3人の意見が一致することでバランスの取れた判断が期待できるということである。また，WTO加盟国はパネリストに紛争の解決を委任したのであって，事務局にそれを委任したわけではない。ここからみると，パネリストが紛争解決に当たって過度にWTO事務局に依存するのはパネル方式の本来の趣旨から逸脱しており，バランスを欠く判断につながる恐れもなしとはしない。

そこで改善策としては何がありうるのかについて，ECが提案[19]を出している。このうち，ECの提案はパネルを常設化し，20人程度の常任パネリストを置き，これが紛争解決に当たるというものである。このようにすることによって，パネリストはローテイション方式によって繰り返し紛争解決に従事し，この経験を通じて専門性を高めることができる。

しかし，この方式においては，パネリストの選定に当たって加盟国，とくに紛争当事国に発言権はないこととなる。現在のWTO体制がそこまで成熟しているか否かが問題である。現在これについて最終的な解決策は見出されていないが，この点について加盟国間で検討を重ね，妥当な結論を出すべきものと思われる。

Ⅶ　おわりに

WTO紛争解決手続きは種々の問題を孕みつつ，全体としては成功裏に運営されている。本章で指摘したように，これからのWTO紛争解決制度の最大の問題点はいかにして発展途上国と先進国の間にある訴訟遂行能力の格差を是正していくかである。このためには，WTO，アジア開発銀行，日本政府，各種のNGO，ジョージタウン大学等の大学が行っている各種のWTO研修プログラムは有意義であるが，究極的には根本は発展途上国の法学教育を充実したものとすることにあると信ずる。

1) WTO紛争解決手続きに関しては，David Palmeter and Petros C. Mavroidis, Dispute Settlement in the World Trade Organization — Practice and Procedure (Kluwer Law International, 1999)；岩沢雄二・WTOの紛争処理（三省堂1995年）等を参照。また，WTOの決定の履行問題に関しては，川瀬剛志・荒木一郎編著・WTO紛争解決手続における履行制度（三省堂2005年）参照。
2) 紛争解決了解（DSU）23条1項は，加盟国はWTO協定に関する紛争の解決に当たってはDSUの手続きを活用し，その規則を遵守しなければならない（... shall have recourse to, and abide by, the rules and procedures of this Understanding.）と規定する。この規定はWTO加盟国は米通商法301条においてかつてみられたように他の加盟国に対して一方的に制裁措置を発動することを禁止していると解釈さ

れている。
3) United States — Measures Affecting Imports of Woven Wool Shirts and Blouses from India, WT/DS33/AB/R, 23 May 1997.
4) 道垣内正人「WTO 紛争処理における手続法的問題」企業行動と法（商事法務研究会，1995 年）は WTO の紛争解決手続きを民事訴訟法に類似するものと位置付ける。なお，「ガット/WTO 紛争解決における手続法上の諸問題」（公正貿易センター，1995 年）に WTO 紛争解決手続きについての詳細な手続法的分析がある。また，菊地浩明「WTO 紛争解決了解（DSU）―民事訴訟法的観点からの検討」国際商事法務 Vol. 31, No. 10（2003）は，裁判官の観点から DSU を分析した珍しい論考である。
5) Thailand — Antidumping Duties on Angles, Shapes and Sections of Iron or Non-Alloy Steel H-Beams from Poland, Report of the Appellate Body, 5 April 2001, WT, DS122/AB/R.
6) What Should Developing Countries Be Requesting In The Doha Round With Regard To The WTO Dispute Settlement Understanding ?（UNCTAD/ITC/TSB/2003/7, United Nations, May 2003）は，発展途上国側からみた WTO 紛争解決手続の問題点について詳述する。
7) United States — Standards for Reformulated and Conventional Gasoline, Report of the Panel, 29 June 1996, WT/DS2/JR；Report of the Appellate Body, 29 April 1996, WT/DS2/jAB/R.
8) EC 裁判所における法務官については，山根裕子・EU/EC 法（有信堂，1995 年），158-159 頁参照。
9) United States — Measures Affecting Imports of Woven Wool Shirts and Blouses from India, Report of the Panel, 6 June 1977, WT/DS33/R, Report of the Appellate Body, 25 April 1977, WT/JDSD33/AB/R.
10) European Communities — Measures Concerning Meat and Meat Products, Report of the Panel, 18 August 1977, WT/DS4；8/R/Canada；WT/DS26/R/USA；Report of the Appellate Body, 13 February 1998, WT/DS26/AB/R；12 July 1999, WT/DS26/ARB (Hormones Arbitration).
11) European Communities — Trade Description of Sardines, Report of the Appellate Body, 26 September 2002, WT/DS231/AB/R.
12) ガット 20 条の解釈問題については，松下満雄「ガット 20 条（例外条項の解釈に関する事例研究)」成蹊法学第 8 号（1998 年 12 月）所収参照。
13) European Communities — Conditions for the Granting of Tariff Preferences to Developing Countries, WT/DS246/AB/R, 20 April 2005.
14) 注 9)の文献参照。

15) 詳細については，松下満雄「日本のリンゴ検疫制度に関する WTO 上の紛争案件」法の支配第 40 号（2006 年 1 月）22 頁以下参照。
16) Claude Barfield, Free Trade, Sovereignty, Democracy : The Future of the World Trade Organization, (The AEI Press, 2001).
17) Barfield 氏の所論に対する批判としては，Clause-Dieter Ehlermann, Some Personal Experiences as member of the Appellate Body of the WTO（European University Institute, 2002）参照。
18) DSU17：3 条の規定によると，上級委員会の委員は「常に勤務可能」でなければならないとされている。WTO 上級委員は形式上専任職ではないが，実質上はそれに近い。
19) EC 提案については，World Trade Organization, Dispute Settlement Body, Special Session, Contribution of the European Communities and Its Member States to the Improvement of the WTO Dispute Settlement Understanding, TN/DS/W/1, 13 March 2002. なお，パネル常設化を含む DSU 改正問題については，公正貿易センター・平成 14 年度 WTO 新ラウンドにおける紛争解決了解（DSU）改正のありうべき要素検討会（中間報告書）（平成 15 年 3 月）所収の論稿を参照。

〔東京大学名誉教授・元 WTO 上級委員〕

第 2 章

国 際 社 会 と 法

黒 川 剛

I はじめに

　米国でジョージ・W.ブッシュ政権が成立して以来，京都議定書からの脱退や国連安保理による明確な委任を欠いたイラク戦争の開始など，国際的合意を無視したいわゆる単独主義的行動が目立ち，国際社会における法の有効性にあらためて疑問をいだかせることなった。

　もとより問題は米国だけにあるのではなく，アル・カーイダなどのテロリスト・グループの破壊行動は，主として主権国家間の関係を律してきた従来の国際法では対処しきれない状況を惹きおこしている。またチェチェンをはじめとするロシア連邦内の反体制行動とそれへのプーチン政権の対応は，これらを国内問題だとする同政権の主張にもかかわらず，人道問題や人権は国際社会全体の課題だとする立場の人々から強い批判を浴びている。さらにわが近隣に目を注げば，北朝鮮は自国の核武装をめぐって従来の国際合意を無視した行動を重ねており，また中国がわが在外公館の不可侵権を蹂躙した行動への責任を認めず謝罪もしていないことは記憶に新しい。

　前世紀後半の冷戦時代にも，国際法を無視した国家の行動は無数にあった。しかし国際社会は問題を正面から取り上げることには及び腰だった。米ソ両超大国の核兵器の所有を背景とした「恐怖の均衡」のもとでは，力が法であるという苦い現実を受け入れたほうが国際社会の秩序を維持しやすかったためである。

冷戦が終わり目に見えない「おもし」が取りはずされると，国際社会における法とはなにかという議論が息をふきかえし，数多くの論考が提示された。巨視的にみると，国際法を専門とする人々は（おそらく自分の存在理由がかかっていることもあって）国際法の意義と有効性を肯定する傾向が強く，国内法の専門家や国際政治学者は逆に国際法の限界を強調しがちである。いわば「コップに半分水がはいっている」説と「コップは半分カラである」説の対立である。

本章はそのどちらかに軍配を挙げようとするものではない。1960年代以降いささかながら国際政治の現場近くでその実態を観察し，時にはその渦に巻きこまれた実務者の視点から，国際社会で法がどのように機能し，国際社会（特に主権国家）が法をどのように利用しようとしているかの一端を述べようとするものである。なお，近年通商問題や環境問題にかかわる国際法がいちじるしく整備され，国際秩序の構築に少なからず貢献していることは事実であるが，本章は対象を狭義の安全保障の分野に限定している。

II 国際政治と法秩序

1. 強制力の存在しない社会での法

法学の講義ではまず「法の本質は強制力である」と教えられる。たしかに一つの国家のなかでは，法は国家の集権的権力を前提として成立している。国家には（多くの場合主権者たる国民が選出した議会という形をとる）統一された立法機関があり，そこで成立した法律は反対者を含むすべての国民にたいして差別なく拘束力をもち，法律違反にたいしては裁判をつうじた処罰という強制力が行使され，警察力がその適用を担保している。自国の法体制に同意しないものは，理論的には亡命や移住の自由をもっている。1960年代末，当時の西ドイツでキリスト教民主・社会同盟と社会民主党の大連立が成立したのをきっかけに形成された「院外反対勢力」（APO）の指導者たちは，自分たちは国家による強制力の独占 Gewaltmonopol des Staates を認めると言明していた。これは，彼らが基本的には体制内の批判勢力であり，革命主義者ではないことを

示していた。

　これにたいして国際社会は，おもに主権国家を構成員とする分権社会であって統一的な立法機関はなく，そこで「法」と呼ばれるものは独立した諸国家の合意にすぎない。その合意はそれに参加した当事者である締約国のみを拘束し，第三者には拘束は及ばない。しかも締約国はその合意に参加する際に，自国の利害にかかわる問題については留保を付して批准しあるいは加入する権利をもっている。また締約国が合意に違反した場合，その国に合意遵守を有効的に強制しうる制度は現実には存在しない。そればかりでなく国家は，その合意やそれを成立させた組織（国際機関）から脱退する自由も有している。現に1930年代の日本の満洲事変以降の行動やナチス・ドイツのヴェルサイユ条約に違反した行動は，両国が国際聯盟を脱退してしまったため，聯盟規約による制裁の対象とはなりえなかった。

　かつてはそのような合意違反により損害をこうむった当事国が，戦争などの形で自力救済にうったえることが国際社会の常識として認められていた。しかし現在戦争は一般的に違法なものとされている。にもかかわらず，国際紛争を武力以外の手段で解決する方法は限られている。たとえば，国連総会の決議は道義的圧力こそ加えうるかもしれないが，法的拘束力や物理的強制力はもたない。国際司法裁判所などへの提訴があるではないかとの反論はあろう。だがこれらの司法機関は当事者がその管轄権を認めた場合にしか行動しえず（たとえば韓国は竹島問題についての日本の提訴を拒否している），かつ判決が下されたとしてもその強制的な執行を担保するものはない。

　2002年に発足した常設の国際刑事裁判所は，国際社会における法の支配を現実のものとするための大きなステップであると喧伝されているが，米国が同裁判所による自国民の訴追を拒んでいるために，半身不随の存在となりかねない。また暫定的な国際刑事裁判所である旧ユーゴ戦犯法廷は，セルビアのミロシェヴィッチこそ自ら名乗り出て裁かれているものの，「民族浄化」の現場の責任者であるカラジッチとムラディッチは未だにいずこかに身をひそめており，法廷はそれに手が出せない状況である。

さらに，国際連合安全保障理事会（安保理）の決議は加盟国にたいして強制力をもつのではないかという指摘もありえよう。それは理論的には正しく，事実上すべての国家が国連に加盟している今日，安保理決議は国際平和の維持・回復のための強力な手段となりうるはずである。ところが安保理には常任理事国の拒否権なるものが存在する。そして国際情勢に多大の影響を及ぼしうるような事象は常任理事国の利害におおきく関係してくるのが常である。そのため重大な問題ほど拒否権のために，あるいは拒否権の発動が予想されるので決議案が上程されないために決議が成立しない場合が多く，これによって安保理の機能がいちじるしく阻害されていることは周知の通りである。

　この拒否権は，国際平和に主要な責任を負う大国の負担に対応した権利であると説明されているが，それはこれらの「大国」の自制を暗黙の前提にしている。しかし現実には常任理事国がその期待にこたえているとは言いがたく，そのために加盟国間の不平等が顕在化している。それを克服ないし改善するために安保理改革が提唱されているが，既得権を固守しようとする常任理事国や，自らの好まぬ国の安保理入りを阻止したいあるいは不平等の拡大をおそれる多数の加盟国の反対により進展がみられていない。かくして安保理拡大を含む国連改革の停滞は，国際社会における法や法体制が唯一至高の普遍的な道義の実現のための要請ではなく，構成国間の利益追求の手段であるという現実をもっとも如実に示している。

２．価値の多様性から来る限界

　悲観論者や現実主義者は言うであろう。そもそも国際社会に普遍的な道義の存在を求めるのは誤っている，と。国家間の関係を規制する法の必要性を認識した当時の世界は，キリスト教的価値観という単一の文明をわかちあう均質な存在であった。そこでは，その文明に内在する普遍的な原理に発する要請をもって構成国を律することが可能であった。しかしその後日本や中国のごとき非キリスト教国が国際社会で大きな役割を演ずるようになり，さらに第二次世界大戦後アジア，アフリカの旧植民地が続々と独立するに及んで，世界は多様な

文明, 価値観が並存する場となった。そして西欧・北米のキリスト教諸国には, 自己の文明が最高の存在であるとしてこれによって他文明の諸国を支配する力はもはや残っていない。

　現代の国際社会でも, 主権国家がその中核的な構成要素であり, これらの国家が政治体制や経済の発展段階の差異にもかかわらず法律的には平等であるという建前は, 基本的には変わっていない。しかし歴史上前例のない多様性が, 国際社会における法の成立と遵守にとっていちじるしい障碍となっていることも事実である。

　20世紀初頭にマルクスの思想をもとに成立した共産主義イデオロギーは, 本来階級という横断的な要素を重視しており, 民族国家という縦割りの要素から成り立っていたそれまでの国際社会の基本概念に対立するものであった（但しスターリンの一国社会主義への転換以降当初の理念は後退した）。また近年イスラム国家群が過激な原理主義グループによる国際テロや石油政策などにより国際社会不安定化の大きな要因とみなされているが, そもそもイスラムはユダヤ教やキリスト教と同根の一神教的宇宙観の産物ではあるにせよ, そこでは民族国家や国家間の関係は想定されていなかったのであって, 彼らの（国際）法の理解は非イスラム教国のそれとはおのずと異なっている。欧州に存在していた「正戦」論は19世紀以降は否定されてしまったが, イスラムの「聖戦」論は今日にいたるまでその世界では有効である。

　一国内の社会には, 富者と貧者, 自営業者とサラリーマン, 都市生活者と農山村住民の間に利害の対立があるかもしれない。また構成員たる国民には一定限度内での（反体制的）思想や行動の自由が与えられている。こうした利害の対立や自由があるにもかかわらず, 国民全体としては, 現存の秩序を暴力的に破壊することなく, 自らの所属する国家の安定と繁栄に貢献することが共通の利益であるという認識が存在している。そして法規を遵守することがその共通の利益の実現に資するという認識がある。さればこそ立法・行政当局はその共通認識を前提として政策を立案し執行することが可能となる。

　これに反し国際社会は, 異なった価値観をもった集団が並存する場であり,

どのような価値観を奉じ，いかなる体制でそれを実現するかはそれぞれの国家の主権に属する事項である。国際社会のなかに存在する価値観が多様化し，先進国と発展途上国，工業国と農業国，自由主義体制と統制主義体制の間の利害の対立が顕在化し拡大すると，これを調整して全員に受け入れられるようなルールを確立することはますます困難になる。

そこでは，20世紀初頭までは少なくとも建前としては通用していた普遍的な正義の実現にむけての古典的な主権国家間の平等という理念はもはや存在しえない。正義についての客観的な基準が存在しない以上，強者の実力のもとでの相対的安定を求めるのが次善の選択だという認識がひろまってくる。大国・超大国が国際平和の確立と維持への責任と権威をもつべきだとする現実主義的・実証主義的な主張が強まってくる。とはいえ，大国ならざる諸国がそれに完全に満足しているわけではないのだから，世界は大国の支配とそれにたいする非大国の抵抗，そして両者のエゴイズムの衝突の場となり，国際社会における法は所詮政治の道具とならざるをえないという悲観論が生まれる。

III 政治の道具としての法

1. 違法化されても戦争はなくならない

国際法によって戦争を違法化することは，現実にどの程度意味をもっているのであろうか。20世紀初頭までの世界は弱肉強食の時代であり，戦争の合法性・違法性は問題にならなかった。戦争は君主の意思によってプロの軍人同士の間で行われるものであった。ところが第一次世界大戦は武器の近代化（飛行機，戦車，潜水艦）とそれに伴う戦争の大規模化によって，非戦闘員をも巻きこみ国家経済全体の動員を必要とする総力戦となった。その結果，戦争はそれまで想像しえた範囲をはるかにこえた人命の損害，社会的インフラや経済力の破壊を伴う事象となった。それは敗者たるドイツやオーストリア・ハンガリーだけでなく，勝者であるはずの英国やフランスにもあてはまることであり，事実この戦争を機に西欧は世界のリーダーたる地位を失ってしまった。つまり「戦争はペイしなくなった」のである。

かくして勝者と敗者の利害が一致し，またウィルソンという理想主義者の登場もあって，ヴェルサイユ講和会議で戦争の違法化を含む国際聯盟規約が採択された。さらに1928年には不戦条約が成立し，この機運はワシントン，ロンドンの両軍縮条約にもつながった。しかし前大戦を「世界で最後の戦争」とするはずであったヴェルサイユ体制は，わずか20年にして崩壊してしまった。

にぎやかな犯人探しが行われる。いわく，聯盟の意思決定メカニズムや戦争防止装置としての制裁規定が十分に機能しなかった。いわく，英仏両国が強硬な世論におされて敗戦国ドイツにたいして巨額の賠償金，領土の割譲，民族自決の例外化，軍備制限などを含むあまりにも厳しい条件をおしつけ，それがドイツ人のナショナリズムを刺激し，ひいてはヒトラーという悪の天才の登場を招いたしまった，などなど。

こうした分析が正しいか否かはともかく，「不戦の誓」が20年しかもたず，前大戦と比較にならぬ大きな惨害をもたらした第二次世界大戦を阻止しえなかったことは冷厳な事実である。そのことへの反省も含めて，新たな戦争防止装置をめざした国際連合では国際紛争解決の手段としての戦争をあらためて原則として禁止するとともに，強力な権限をもつ安全保障理事会を設置した。また西側連合国は（ソ連の勢力拡張への防壁構築の必要からも）敗戦国にたいする占領政策，講和条件を比較的寛大なものにした。

では，この新しいメカニズムは有効だったのであろうか。これにたいしては「イエス」と「ノー」の二つの回答が可能である。肯定論者は言う。過去半世紀世界大戦は起きなかったではないか。国連の平和維持活動はそれなりの成果を挙げているではないか。これにたいして否定論者はただちに反論する。第三次世界大戦が起きなかったのは各国の国際法遵守の精神が向上したからではなく，核兵器を背景とした米ソ対立のなかで動きがとれなかったからにすぎない。現に核発動の危険がない場合には武力紛争が多発しているではないか。朝鮮戦争，ヴェトナム戦争をみよ。印パ戦争，湾岸戦争はどうだ。国連はソ連のハンガリーやチェコへの武力介入やアフガニスタン侵攻を阻止できなかったではないか。要するに戦争はなくなりなどしなかったのだ，と。

国連憲章は,国連軍が紛争処理に行動を起こすまでの間という条件付ながら,加盟国が個別のあるいは集団的な自衛権を発動することを認めている。しかし本来の意味での「国連軍」はこれまで形成されてこなかったし,これからも成立しないであろうから,各国は常に自衛権の名において行動を起こす権利をもち,かつそれを行使してきたのである。朝鮮戦争における国連軍は,ソ連が中国代表権の問題で安保理をボイコットしていた変則的な時期に米国主導で出来上がったもので,前例とはならない。

　実をいうと,国際社会における法の有効性をめぐる論争には勝者も敗者もありえない。論者が法になにを期待するかによって答は変わってくるのであって,同一の前提条件から出発しない限り不毛な論争である。

2．中立は尊重されてきたか

　敗戦直後の占領時代に連合国軍最高司令官が「日本はアジアのスイスとなれ」などと発言したこともあって,スイスの「中立」の実態を知らぬままに,非武装中立論を唱える政党やこれに同調する自称識者があらわれた。戦争が違法化されたのだから中立の余地はないのではないかという皮肉な主張もあったが,現実に戦争がなくならない以上中立は一つの選択肢でありうる。但しこの選択肢は中立が尊重されなければ成立しえない。

　では過去において中立は常に尊重されてきたのであろうか。たとえばベルギーは第一次,第二次両大戦で中立を宣言したが,ドイツはこれを無視してベルギー経由でフランスに侵攻した。ドイツにしてみれば,侵犯した場合の国際社会による非難と戦略上の利益（第二次大戦の際はマジノ線迂回）を秤にかけて,後者のメリットのほうが大きかったのである。国際社会の非難など,戦争に勝ってしまえば問題にならず,かつ,そもそも負けるつもりで戦争を始める国はない。

　このような「勝てば官軍」の露骨な例が,1945年8月のソ連による日ソ中立条約違反である。ソ連は条約の不延長を予告してはいたが同時点では条約はなお有効であった。ソ連はこの侵犯を正当化するために,ヤルタやポツダムで

の連合国間の合意に言及したり，日本がソ連攻撃のために大動員を行った（いわゆる関特演）ことを挙げているが，日本は自国が参加していない第三者間の合意に拘束されるいわれはなく，また仮想敵国との戦争準備をすることは国際法違反ではない。もしこのような理屈が通るのであれば，米国が20世紀初頭に対日戦争を想定して策定したオレンジ・プランも「平和にたいする罪」として断罪されるはずである。そして周知の通り極東国際軍事裁判では日本の行動のみが訴追の対象となり，ソ連の条約違反は議題とならなかった。

　さてスイスはどのようにして中立を貫徹しえたのか。これは悪名高きナチス・ドイツですらスイスの永世中立を尊重したためであり，したがって中立に関する国際法が現代でも有効であることを立証する事例なのだろうか。ドイツはスイス侵攻の可能性を検討しその準備を進めていた。フランス侵攻の経路として，また同盟国たるイタリアへの人員・物資の輸送経路として，スイスを自国の支配下におくことは大きな利益をもたらす。他方，スイスに中立を維持せしめることには，敵からの同国経由の対独攻撃の危険を排除し，スイスからの武器輸入やスイスでの通貨調達などの長所がある。さらにスイスは総動員をかけて有事の際にはアルプス・トンネルを爆破する構えをみせていたばかりでなく，この国には大規模な兵力を展開しにくい山岳地帯が多いことをも考慮すると，侵攻した場合のコストはきわめて高いものとなることが予想された。ドイツはこれらの利害得失を計算した結果侵攻計画を放棄したのであって，国際法の尊重は主たる理由ではなかった。

　第二次世界大戦後に中立を宣言した国はオーストリアである。この国は1938年にドイツに併合され，大ドイツ帝国の一部として連合国と戦った。そのために，1945年のドイツの降伏が自国にとって敗北であったのかあるいは解放であったのかが，未だに議論されている。同国はドイツ同様米英仏ソ4ケ国によって分割占領されたが，これを放置すれば，ドイツのように東西に二分された形でしか占領の終了・主権の回復がのぞめなくなる惧れがあった。また仮に統一国家として主権を回復しても，ドイツと同じく東西両陣営の接点に位置する地政学的状況から，国際情勢が悪化した場合いずれかの側からの武力介

入をまねく危険も発生しえた。

　1949年には西側諸国が北大西洋条約（NATO）を結成し，ドイツ連邦共和国（西独）もやがてはこれに編入される情勢となった。NATOにとってオーストリアは加盟国たる西独とイタリアを結ぶ場所にあり，ぜひとも確保しておきたい地域である。他方ソ連にとっては，せっかく東独・ポーランド・チェコスロヴァキア・ハンガリーのラインまで拡張した自己の勢力圏の西辺の守りをかためるためにも，オーストリアへの自国軍の駐留を続けたいところであった。またソ連は，この国がドイツに再併合される可能性を排除しておきたかった。

　こうした状況のなかでオーストリア政府が模索したのは，将来いかなる軍事同盟にも加入せず，国内にいかなる外国の軍事基地をも認めないとの条件で，統一国家としての主権を回復する道であった。これは一種の「三方一両損」方式であり，ソ連でスターリン死後フルシチョフが権力を獲得して一時期ながら東西間に緊張緩和の空気がただよっていたこととも相まって，1955年に占領4ケ国との国家条約が締結され独立が回復された。その機会にオーストリアは条約交渉時の諒解に従って，永世中立を宣明する国内法を成立させた。ソ連が一旦支配下においた領域から自国軍を撤退させるのは，同じ共産主義勢力たる中国共産党が支配するにいたった旧満洲の例をのぞけば稀有なことであり，オーストリア外交の成功として高く評価される所以である。

　この事例は，国際的中立は関係国家群の利害が中立承認に収斂しうる場合にのみ成立し，かつその状況が続く限りにおいて有効であること，換言すれば国際合意の有効性は政治状況に依存することをあらためて証明している。1956年のハンガリー動乱も，また1968年のチェコ事件も，オーストリアの隣国にソ連軍が介入したのであった。しかしソ連の意図が勢力圏の西欧への拡大ではなく，東欧における支配権をかためることにあったため，オーストリアは，ハンガリーやチェコからの多数の難民を受け入れながらも，中立を全うすることができたのである。なお同国は冷戦終了後欧州連合（EU）に加盟したが，上記の法にもとづいてNATOには加盟しなかった。もっとも近年欧州連合は独自

の軍事組織形成に動いており，加盟国たるオーストリアがこれにどう対処するかが未解決の課題となっている。

3．「東京裁判」違法論について

極東国際軍事法廷が純法理論的には欠陥の多いものであり，政治的な報復行為とみなされるべき事象であることは，もはや定説になっている観がある。東京裁判批判の論考は汗牛充棟の趣があるが，おおまかに整理してみれば以下の通りである。

(1) 罪刑法定主義と法律不遡及の原則

　　日本が受諾したポツダム宣言はその第10項で「吾等の俘虜を虐待せる者を含む一切の戦争犯罪人に対しては厳重なる処罰を加えられるべし」と述べている。検察側は「人道にたいする罪」「平和にたいする罪」を訴因に挙げ，これらを犯したものは上記の戦争犯罪人であると主張しているが，この二つの罪についての実定法はその時点では存在しない。ロンドン協定で戦争犯罪の概念を拡張して両罪を本法廷憲章に規定したとしても，それは事後法であり，遡及して訴追することはできない。

(2) 裁判管轄権の範囲

　　日本はポツダム宣言を受諾し，本件法廷も同宣言の規定にもとづいて設置されたものであるから，裁判の訴追対象期間は，宣言が対象とした第二次世界大戦（日本の対英米蘭宣戦布告以降）に限定されるはずである。しかるに検察側は，1931年から1941年にいたる期間の被告たちの行動——満洲事変，「支那事変」，ノモンハン事件など——をも訴追の対象としている。現にいわゆるA級戦犯中ただ一人の非軍人として死刑に処せられた広田弘毅の場合は，同人が1936年から1937年初頭にかけて内閣総理大臣であったときの行動が「侵略戦争遂行の共同謀議」に該当するとされたのであった。この法廷は自己の管轄権を恣意的に拡大したのである。

(3) 戦争と個人責任

　　主権国家がその主権の作用としてなした行為に関して，あるものがその

時点で国家の機関であったゆえをもって個人的に責任を負うことはないというのが，確立された国際法の原理である。したがって，既存の戦時国際法に違反する捕虜の虐待などの個人の行動は別として，閣議などの国家機関で政策を策定したことにたいして，その機関に所属し政策策定に参加した個人の責任を追及することはできない。ゆえに被告たちにたいする訴因の多くは成立しない。

(4) 裁判の中立性

　法廷を構成する裁判官と検察官のいずれもが戦勝国に所属するものであり，敗戦国はともかく，中立国の代表すら参加していないため，裁判の公正・中立が保障されていない。

(5) 連合国側の戦争犯罪

　法の下の平等という原則に鑑みれば，戦争犯罪は当事者双方について訴追されるべきものである。この観点からすれば，もっぱら非防守地域の非戦闘員の殺害を目的とする原爆投下や東京大空襲も訴追されてしかるべきである（東京地裁は1963年に，無防備都市にたいする無差別爆撃は当時の国際法からみても違法な戦闘行為と解するのが相当であると認定している）。上述したソ連による日ソ中立条約侵犯についても同様である。

　こうした批判がすべて裁判終了後や占領終了後に湧いてきたわけではない。この裁判の被告たちにたいしては，日本人だけでなく米国人の弁護人が弁護活動を行うことが認められており，彼らは政治的偏見にとらわれることなく純粋な法理論を展開して弁護にあたり，これが，当時の日本人にきわめて新鮮な印象をあたえたことが思い出される。そして弁護人たちは上記の幾つかの疑念に触れて法廷にかずかずの動議を提出したのであった。これにたいし裁判長は「すべての動議を却下する。その理由は将来宣明する」としたが，もとよりその宣明とやらは行われなかった。

　連合国軍最高司令官が絶対的権限をもっていた当時にあって，日本のメディアや学界がその時点でこうした批判を表明しえなかったことを糾弾するのは酷であろうが，主権回復後も東京裁判を全面的に肯定する論者が存在したことは

事実である。同様の認識は，いわゆるA級戦犯が合祀されている限り内閣総理大臣は靖国神社に参拝すべきではないと主張する現在の論者にまで引き継がれている。これらの人々の代表格として，当時国際法学の第一人者とされ後日人臣位を極めた某氏の所説を紹介しておこう。

　同氏は1950年に刊行された著書で次のように全面的肯定論を展開している。すなわち，侵略戦争は国際社会の全体にたいして重大な害悪をあたえるので実質的に国際犯罪であるばかりでなく，形式的にも不戦条約以前から犯罪と認められている。もっともその犯罪化が比較的最近のことであるためこれにたいする制裁（刑罰）が十分に組織化されていないのは事実であるが，国際法は一般に制裁を具体的に定めていないから，形式的不備を理由としてこの裁判を非難するのは正当でない。被告たちの行動には実質的に戦争犯罪として処罰される理由があり，これが軍事裁判により犯罪として確定したのである。この点は人道に対する罪についても同様である。すべては新しいことであり，これで有力な先例ができたのである，と。

　極東国際軍事法廷の合法性・違法性をめぐるこのような論争は，どのような意義をもっているのであろうか。現実主義の立場から結論を先取りしていえば，これもまた不毛な論争である。いずれの陣営も，国際社会における法について国内社会における法の諸原理がそのまま適用される，あるいは適用されるべきであるという理想主義的な前提に立って議論を展開しているが，その前提はそもそも成り立たないからである。

　違法論者には，東京裁判が勝者の敗者にたいする報復としての政治行為であって，訴状にいう「文明が原告」などという主張が成立しないことは十分に証明されたと映るであろう。この裁判の違法性したがって裁判の判決の無効性はもはや常識となっていると主張するであろう。彼らは，このような違法性は裁判の際に日米の弁護人から提起され後日精緻な形で立証されたばかりでなく，パル（印度），レーリンク（蘭）両裁判官すら指摘していると付言する（但し有名なパル判事の無罪論は，日本の行為全体が合法的だったとするのではなく，あくまで法律論として法廷自体の正当性を否認し，その観点から被告の無罪を主

張したものであることを注記する必要があろう。世上これを意図的にあるいは無知から歪曲して拡大解釈しているものが少なくないので）。

　しかし，この裁判とその判決の合法性あるいは違法性が事後的に立証されたとしても，裁判が実施されその判決が執行されたという事実を変更することはできず，かつその事実がその後の国際関係に及ぼした影響を消滅せしめることはできない。日本は平和条約第11条において「極東軍事裁判所並びに国内及び国外の他の連合国戦争犯罪法廷の裁判を受諾し，且つ，日本国で拘禁されている日本国民にこれらの法廷が課した刑を執行する」ことを宣した。これについては，日本が受諾したのは英語正文に則していえば「諸判決」judgments とその執行であって，東京裁判自体の合法性を認めたわけではないとの解釈が支配的である。それはそれとして，仮に平和条約交渉時に裁判の違法性の明示的確認を求めたとしても，連合国側がそのような要請を受諾するはずはなく，これに固執すれば平和条約そのものが成立せず主権の回復は大幅に遅れ，日本の国際的立場はいちじるしく悪化したであろう。また占領下の日本政府にとって，裁判実施期にその違法性を主張することが不可能であったのはいうまでもない。

　これを要するに，本質的に力が支配する世界である国際社会においては，国際紛争の終結に際して勝者が敗者を懲罰しその復活を阻止するために厳しい条件を課するのは常識であって，その是非を法的に論ずることに実効性はない。実効性が生ずるのは，敗者がふたたび強者となりかつての勝者をいかなる手段にせよ屈服せしめたときである。国内社会では，たとえ一種の擬制であるにせよ「一つの正義」に則してある行為の合・違法性を決定しそれに応じた措置をとることが有効である。これにたいして，当事国・当事者の数だけ正義が存在する国際社会においては，法理論を掲げて事の是非を論ずることは，相手が同じ舞台に立つ用意がある限り有効であるが，さもなくば不毛な議論となるか，少なくともある限界のなかでしか意味をもたない。

Ⅳ　理想主義と現実主義

　法学そのものは何千年にも及ぶ歴史をもっているが，国際法学は17世紀に形成された若い学問であり，国際政治学にいたっては20世紀に入って第一次世界大戦が歴史上初めての総力戦となったことに対応して生まれたきわめて若い学問である。国際政治学者は，自らの学問分野が時代の要請に応じて形成されたとの自負心からか，おしなべてそれ以前から存在する国際法の限界を強調し，国際社会における法は政治の侍女でしかないという立場をとりがちである。

　E. H. カーは国際政治(学)における理想主義（カーによればユートピアニズム）と現実主義を対比させて論じた。この対比は，国際社会における法を論ずる際にも有効であると思われる。現実主義者は，国際社会における法は倫理から自由な力の実現のための手段であると断ずる。法が法として機能するためには政治諸力間の均衡が存在しなければならず，かつ均衡を作り出すのは法の仕事ではなく政治の仕事であると論ずる。その系譜は主権国家社会成立以前のマキアヴェリに発し，国際政治学形成に先立つフィヒテ（「最強国の正義でない限り国家間には法も正義も存在しない」）やヘーゲル（「戦争は永久的な道徳的なもの」）の国家哲学を経て，実務家としてのメッテルニッヒ，ビスマルクさらにはキッシンジャーにまで続いている。同じく実務家でもあったニコルソンは「外交は道徳哲学の体系ではない」「法律学は最悪の外交官である」とさえ言っている。ヒトラーにいたっては「国家が危険に陥ると，合法性の問題は副次的な役割しか演じない」と放言し，かつその通りに行動した。

　他方理想主義者は，普遍への憧憬に導かれ，政治から独立のものであるべき基準を打ちたて，政治をこの基準に従わしめようとする。この派の聖典はカントの「永久平和のために」であり，聖人は国際法の父と呼ばれるグロティウスである。近年にいたっては，ウィルソン米国大統領の名が，その「作品」である国際聯盟が短命なまま挫折したにもかかわらず，燦然として輝いている。彼がたたき上げの政治家ではなく，長老派教会の敬虔な家庭の出身であり，プリ

ンストン大学の法学の教授であった（博士号をもつ最初の米国大統領）ことは偶然ではあるまい。

　しかしそのウィルソンにしても理念を絶対視する空想的理想主義者ではなかった。彼は，19世紀の理想主義者たちが先験的合理的原則のうえにユートピアを描き出したものの，ユートピアを現実のものとはなしえなかったことを知っていた。自らの唱導する国際協調のもとでの平和が実は白人支配の世界のなかでの平和であるという「現実」を認識しており，さればこそ，ヴェルサイユ会議で日本代表団が提出した人種平等決議案を，かかる重要な案件は全会一致で採択される要ありとの口実のもとに葬り去ったのであった。彼に続く歴代米国大統領で理想主義と目される人々の発想と行動にも，こうした現実主義は受け継がれており，理念絶対型のエピゴーネンたちと一線を画している。

　こうしてみると，二つの世界観・価値観の対決は，文句なしに現実主義者側に軍配があがりそうな印象をあたえるが，ことはさほど簡単ではない。カーは言う。現実主義はたしかに力に支えられており空虚な理念を寄せ付けないが，他面現実追認に終わる危険を含み，行為の源泉となるものをあたえてくれない。他方理想主義はそれだけでは現実を変える力をもっていないが，政治の当事者に刺激をあたえ現状克服への契機をあたえる可能性をもっている。

　とすれば，理想主義と現実主義のいずれが正しいかを神学的に論ずることに意味はない。見かけ上の現実主義の優位にもかかわらず，両者は国際政治というコインの両面であり，世界の振り子はその両者の間を不定期にゆり動き時としてさまざまな迂回路をとりながら徐々に進んでいくものなのだろう。そしてこのことは国際社会における法についてもあてはまるのであろう。

V　結語に代えて——「建前」と「本音」

　完全に法が支配する国際社会は見果てぬ夢である。しかしそのことは，国際社会における法，二国間，多国間あるいは国際組織をつうじて成立した国家間の条約や合意そしてそれらによって形成された国際的な体制を単なる政治の手段として軽視してよいことを意味するものではない。いささか逆説的ながら，

国際社会における法の有効性の限界を客観的に認識することによって，法が国際社会を変える可能性をひろげてゆくことができるのであろう。

　たしかに，国際政治の現実を知るものにとっては，各国の指導者がさまざまな機会に口にする美しい理想主義的な言葉は空虚に響く。国際社会は倫理と力が相会する場であるが，現実には力が支配的である以上，政治が倫理（法）の機能であるのではなく倫理（法）が政治の機能であることは避けられない。つまり道義は権力が生むものであり，事柄が法的になることで道義的になるわけではない。指導者たちがたとえば国際条約の採択の際に説く理想は，彼らがそのために死ぬことすら厭わない原理なのではなく，その時代におけるそれぞれの国家利益の意識的なあるいは無意識的な反映なのである。したがって彼らは国益が命ずれば法を無視し法に違反することをためらわない。

　法は前文などでその目的とする理念を謳いあげる。それはほとんどの場合高尚な理想主義的なものである。しかし，その理念もまた現実の国益追求のための一手段であるのだから，法の内容はそのときの大国・強国の利益を反映したものになりやすい。もとより小国もそこに自国の利益を反映すべく努力を重ね，しかもそこそこ成功する場合が稀ではない。

　では，各国の指導者や政府はその辺の事情を十分に知りながら，なぜ美しいが空虚な言葉を口にしてやまないのであろうか。そこには「建前」と「本音」の世界がある。国際社会における法は建前の色が濃く，国際社会で我々が眼にする行動は本音の表現である。高度に現実主義的な政治家は，建前としての理念を説くことの政治的効用を知り尽くし，手段として理念を縦横に駆使する。そしてその建前は国益の内容如何によって変わりうるものであって，二枚舌は国際社会では必ずしも悪徳ではない。したがって彼らの説く理念が空虚であるとか現実を反映していないといって失望したり批判したりするのは，ナイーヴに過ぎるといわざるをえない。もっとも，国際政治においては時として批判そのものが現実主義的計算にもとづいた政治行動でありうるので油断はできない。その場合批判自体が建前なのである。

　人はあるいは言うかもしれない。建前と本音の使い分けは日本人の特技では

なかったのか。とすれば，日本はもっとも優れた外交を展開できるはずではないのか，と。ところが現実の日本外交は，建前と本音の乖離を恐れるがごとく，あくまで誠実であろうとし，そのくせ必ずしも高い評価をえていないようだが，それは何故か，と。その鍵は国内社会と国際社会の違いにある。日本はほぼ共通の価値観をもった人々が構成する性善説の社会である。国際社会は多様な価値観が並存する性悪説の世界である。国内で通用する形での「建前」と「本音」の使い分けは，国際社会では通用しない。国際舞台の役者や観衆は互いに理解しあおうとする心やさしい人々ではなく，相手のあらを探し，言葉は自己の主張を貫徹するための武器だと心得ている人々である。そこで通用しうる建前は感覚的に選ばれたものではなく，戦略的に巧妙に作り上げられたものでなければならない。

　国内国外を問わず危険きわまりなく，国内では喜劇になりうるが国際社会では悲劇になりかねないのは，建前を唱えているうちにそれを現実と混同することである。自らの言葉に酔うことである。ローズヴェルトが民主主義を説き，スターリンが世界平和を説いたとき，彼らの言葉の背後にはしたたかな計算があった。1940年代に日本政府が「大東亜共栄圏」の理想を掲げたとき，それは当初なしくずしに始めてしまった戦争の大義名分探しとして認識されていたのかも知れないが，時を経ずしてスローガンを作り出した当事者自身がこの言葉に酔ってしまい，空虚な目標だけが一人歩きしてしまったのとは大きな違いがある。他方アジアを白人支配から解放するというこの理念が，提唱者の挫折にもかかわらず，東南アジア・南アジアの民族意識の高揚につながり，結果としてこれらの諸民族の独立にいたったことも事実である。

　この教訓は，国際社会における法の問題と取り組む際にも活かしうるものであろう。法の掲げる高邁な理想に酔い，それを一挙に実現させようとする盲目的な執念の虜となってしまうと，理想が現実とならないことへの失望が強まり，ひいては法の有効性そのものを疑い否定することになりかねない。逆に，国際社会における法の限界を醒めた目で認識し，歩みの遅さに落胆せず，たとえ半歩なりとも理想へ近づくために現実主義的な視点から法を利用しようとするこ

とが，長期的にはかえって法の権威を確立し法の有効性を高めることにつながるのであろう。

参 考 文 献

　本章は，中央大学日本比較法研究所が2002年7月に実施した特殊講義シリーズ「日本法制2010」の一環として行った講義を敷衍拡大したものである。したがって文中で直接間接に引用された所説については，その都度脚注で記すことはせず，以下の形で参考文献として挙げるに留める。

有賀貞他（1995『講座 国際政治 ① 国際政治の理論』東京大学出版会
内田久司他（1985）『国際法を学ぶ・現代国際法の理解のために』有斐閣
衛藤瀋吉他（1993）『国際関係論・第二版』東京大学出版会
カー，E. H.（1955）『危機の二十年』岩波書店
太平洋戦争研究会（2005）『東京裁判の全貌』河出書房新社
中西寛（2003）『国際政治とは何か・地球社会における人間と秩序』中央公論社
ニコルソン，H.（1989）『外交』東京大学出版会
防衛大学校安全保障学研究会（2001）『安全保障学入門』亜紀書房
細谷千博他（1997）『東京裁判を問う』講談社
横田喜三郎（1960）『国際法・改訂版』有斐閣
横田洋三（2005）『国際法入門』有斐閣

〔中央大学総合政策学部教授〕

第 3 章

パックス・アメリカーナ第Ⅱ期（PAⅡ）と日米同盟

坂 本 正 弘

Ⅰ 冷戦後の世界と一極・アメリカ

1．関与と拡大政策の戦略

　冷戦の終了はアメリカにも，同盟国にも大きな国際関係の変化をもたらした。NATO は解体の危機に直面し，日米同盟も漂流が伝えられた。しかし，1990年の湾岸戦争はアメリカの軍事力の卓越性を世界に示し，その後のボスニア・コゾボ争乱でも，アメリカの軍事力無くしては，世界の安全保障の有効な維持は困難だとの認識が拡がった。1990年代，アメリカは世界の IT 革命を主導し，経済成長を加速すると共に，財政再建を達成し，クリントン大統領は 1997 年教書で「21 世紀もアメリカの世紀」と喝破した。軍事と経済の優位を背景に，一極となった状況でのパックス・アメリカーナ第Ⅱ期の宣言と言えた。

　クリントン大統領はアメリカの国家安全保障政策の柱として，関与と拡大政策（Strategy of Engagement & Enlargement）を提唱したが，軍事的に関与し，民主主義と市場経済というアメリカの価値を世界に拡大する戦略である〔White House 1996〕。すでに，フランシス・フクヤマが歴史のおわりとして，民主主義を世界文明の主流と位置づけたが〔フクヤマ 1992〕，市場経済と民主主義というアメリカの価値がシナジーを強めながら世界に伝播させるシナリオであった。折から，台頭する中国への対応が大きな課題となっていたが，関与と拡大政策は正に中国への対応の面があった。中国に軍事的に関与しながら，

中国に市場経済を拡大し,世界経済の中に取り込み,これを制御し,民主主義への可能性を探るという戦略である。

2．ブッシュ・ドクトリンの青写真

2000年の大統領選挙での共和党政権構想は自由尊重,軍事力充実,同盟重視を打ち出すと共に,中国を現状破壊の挑戦者とし,無頼国家に,その警戒感を示した〔Rice 2000〕。アメリカの国益を主張し,国際主義よりも,単独主義を示すなど,改革者・アメリカの伝統を示すブッシュ・ドクトリンの出発ともいうべきものであった。

2001年の9.11事件の後,アフガニスタンでの勝利を経て,ブッシュ政権は2002年9月,アメリカ一極の世界戦略ともいうべき国家安全保障戦略を出した。第一に,自由への願いは,時と所を問わない人類の価値であると喝破し,その実現のためにアメリカの卓越する力を使用するとした。1990年代以来の軍事関与と民主主義と市場経済の拡大戦略の延長といって良いが,自由の価値・民主主義による平和をより強く打ち出している。

第二に,アメリカは,世界の政治・経済の自由の価値を保障するため,勢力均衡（balance of power）を創出するとした。アメリカ主導による大国の協調体制を形成するという意味であるが,アフガン勝利後の状況でアメリカの影響力は強く,達成は十分に可能との自信を示していた。

第三は,その,重点目標として,テロとの闘い,大量殺戮兵器の拡散防止を挙げた。9.11の再発はアメリカの悪夢であり,その防止は極めて重要な目標であり,これらの「新しい脅威」への対応において,鍵として無頼国家への対策を挙げた。ブッシュ大統領は2002年1月の一般教書で,悪の枢軸としてイラク,イラン,北朝鮮を挙げ,これら無頼国家が,①自国の民を苛斂誅求する中で,核開発を進め,②テロリストを支援し,③核などの大量破壊兵器の拡散を行っていると非難した。これらの諸国は二極体制の緩衝帯にあり,二極体制の中,その除去を目指したと言って良い。これら不均整な諸国への対応に,関与を強め,単独行動,先制行動もあるとした。

第四の特色は，アメリカの軍事的優位への挑戦者が出現しないよう説得するということだが，第二のソ連の再来は許さないと言うことである。ロシアの弱体化が進む中で，この論理の主要な対象は中国であった。

第五に，市場経済と自由貿易を推進し，途上国の開発を促進するとした。以上が，アメリカのアフガン戦勝利の時点での世界管理の青写真である。

3．イラク情勢の影響

ブッシュ・ドクトリンは 2006 年 3 月発表の国家安全保障戦略にも（表1）踏襲されたが，イラク戦争を経て，アメリカの内外情勢は大きく変化した。Gordon は「Bush 革命は終わった」としたが〔Gordon 2006〕，その世界戦略の青写真は大きな挑戦を受けた。

第一は，関与と拡大政策への挑戦である。特に，中東政策に関連するが，民主主義の効果への疑問である。アメリカがイラクに介入してから，3年を越えたが，その安定は達成されていない。この間，3回の総選挙があり，議会の選挙，憲法の是非，内閣の成立などが，対象であったが，テロの脅威にも拘わらず，勇敢に投票するイラク国民の姿はアメリカの進める民主化成功の象徴のようであった。特に，女性の参加はイラクの将来に希望を持たせた。そして，2006 年 4 月にはマリキ内閣が難産ながら成立し，イラクの自治が始まるかと

表1　2006 年アメリカ国家安全保障戦略の柱

1．人間の尊厳の要求として自由と民主主義を伝播する
2．地球的テロに対抗し，同盟を強化し，アメリカ及び友邦国を守る
3．地域衝突回避のための協力を強める
4．大量破壊兵器による敵の脅威からアメリカ及び同盟・友好国を防ぐ
5．市場経済，自由貿易により，世界経済成長の新紀元を促進する
6．社会を開放し，民主主義の基盤を作る良循環を拡大する
7．世界的強国との協力行動を促進する
8．アメリカの安全保障機関を 21 世紀の挑戦と機会に対応するよう改革する
9．エイズ，麻薬，パンデミックなどの地球化の挑戦を関与・対抗する

出典：White House (2006), Security Strategy 2006.

期待があった。しかしながら，その後の情勢は，依然テロの横行が収まらず，アナン国連事務総長は内乱状態だとした。

　テロは，スンニ派，シーヤ派，クルド派の対立から発しており，被害は一般市民，アメリカ軍に及んでいる。イラクの自治の名の下に，シーヤ派中核のイラク軍や警察を増強することは，スンニ派への弾圧を強める。スンニ派がテロを激化させれば，これへの反テロが続くという悪循環が続いている。このような情勢に直面して，イラクで単一の民主的国民国家を作るという処方箋自体が間違っているのではないか，という疑惑が沸いてくる。しかも，内乱であればアメリカ軍駐留の正統性がないからである。

　イラクでの，民主主義国家形成の試みは大きな壁に突き当たっているが，国家形成に成功したと思われたアフガニスタンにおいても似たような展開があり，アメリカ軍を初め，NATO軍駐留継続の中，テロ活動が再活性化している。更に言えば，それ以外の中東諸国でも，政治情勢は混迷に陥っている。パレスチナでは，国民投票の結果，テロ容認のハマスが政権を握り，レバノンでも選挙の結果，イスラエルに強硬なヒズボラが台頭し，先頃までイスラエルと戦火を交えていた。更に，イランでは強硬派のアフマデイネジャード大統領が出現し，核開発問題で，西側諸国と対立している。イスラム世界の反発は，中東からアジアにかけて拡大し，これに対応して，西欧諸国でのイスラム原理主義への反感が高まり，文明の衝突のおそれが出てきている。

　以上を総括すると，アメリカの目指した拡大政策とそれに基づいた民主国家形成のシナリオは，イラクを初め，中東イスラム地域で失敗しており，アメリカはその罠に落ちて，名誉ある出口を失っている。国際的影響力を弱くし，東アジアでの介入力を低め，アメリカ国内の政治情勢を混迷させた。

　2006年11月の中間選挙での民主党多数の勝利以来，ブッシュ大統領は国防長官更迭など体制の立て直しを行い，2007年1月，アメリカ兵2万人余の増派の新政策を進めている。その骨子は，①宗派間暴力の8割がバグダッド周辺で起きているので，バグダッドの治安回復に専念する。②治安回復はイラク軍

と共同で行うが，イラク側の主導性を重視する。③これまでテロリスト掃討後，すぐ撤退したのが失敗だとし，掃討後もその地域に止まって治安を維持する。④イランとシリアからのイラク内部抗争への支援を遮断する。⑤アメリカはサウジ，エジプト，ヨルダンなどのイラク支持獲得の外交努力をする。⑥アメリカは2007年11月までに全州の治安権限はイラク政府に委譲する。

増派後の状況を見ると，マリキ政権は国際会議を主催するなど，主体性を強め，やる気を出しているように見える。しかし，テロは依然多発し，治安安定に到っていない。アメリカ軍の駐留は規模を縮小するが，長期にわたるとの観測が強い。

4．大国との協調の変貌

第二に，アメリカ戦略の柱である大国との協調シナリオも大きく変貌している。まず，ロシアの大国復活ぶりが目立っている。ロシアは原油の値上がりもあり，経済成長を高め，財政収支，国際収支の黒字は大幅になるにつれて，その大国意識を急激に強めている。ウクライナやグルジアのロシア離反や中央アジア問題もあり，アメリカとの距離を大きくし，上海条約機構を利用し，アメリカの中央アジアからの締め出しに，中国との連携を深めている状況が窺える。

次に，中国も高度成長を続け，軍事力の充実を背景に，大国としての台頭ぶりが注目される。アメリカが中東問題で，行動の自由を制約される状況は，アメリカ内では中国依存の責任国家論が高まっているが，これを利用して，中国は面従腹背を強めている。一方で，6者協議を仕切り，アメリカと世界を共同で仕切るとの姿勢を示すが，同時に，中央アジアや東アジアからのアメリカの締め出しを狙い，アフリカなどでの勢力拡充に努めている。

米欧関係も大きく変化した。イラク問題を巡る国連安保理での対立が大きく原因したが，その背後には，ケーガンの言うように，ソ連崩壊後の欧州が，脅威をなくし，美の神・ビーナスの世界に住んでいるのに対して，アメリカは世界の安全保障と取り組む軍神・マルスの世界に住んでいると言う状況がある

〔ケーガン 2003〕。更に言えば，仏独などには，欧州統合の進展によって，世界の政治システムはアメリカ一極ではなく，多角的なものを志向すべきとする考えが強い。世界の多極を目指す中国と同じ考えが，欧州の対中政策の背後にもあることも対立の原因である。

ただし，EUの影響力はフランス・オランダなどでの統合憲法への挫折があり，リーダーのフランスも国内社会問題を抱えている。また，加盟国の拡大はEUの内部調整を複雑にし，対外的な外交の影響力を削ぐ作用をする。EUが世界の安全保障よりも，内部調整を主題にできるのは，深刻な安全保障の危機がなく，美の世界に安住できると見るのは僻目だろうか〔ケーガン 2003〕。

最近の米欧関係は，しかし，イラク問題やイスラム原理主義との関係に危機感を抱く西欧諸国のアメリカ接近もあり，関係改善の動きがある。しかし，英，伊などのアメリカ支持の同盟国で，政権交代が予想される。

以上の中で，アメリカは軍事改革を進め，その卓越性を維持する一方，大国との関係の再編成を目指している。アジアでは，日米同盟を強化すると共に，インドとの友好関係を強化し，オーストラリアや一部アセアン諸国との連携を強化しようとしているが，鍵は米中関係である。東アジアでは，特に北朝鮮の核問題が改めて浮上している。アメリカはイラク問題での制約が大きく，中国依存を強め，中国に6者会談を主催させ，北朝鮮の封じ込めに期待したが，北朝鮮は核開発を続け，2006年の7月のミサイル連射に続き，10月9日には核実験を行った。国連安保理の強い非難の中の実験であり，日本，アメリカの追加制裁と共に，中国の出方が注目された。その後アメリカと北朝鮮の直接の接触が行われ，2007年2月6者会議の合意が見られたが，その後の進展は遅々としている。

5．以上の状態をどの様に解釈し，どの様に展望するか

アメリカの現状がイラク戦争の結果が，大きく影響していることは確かである。しかし，同時に，二極体制で発達したアメリカと国際社会との調和的関係

が，一極体制への移行過程において，両者にズレを生じ，調和を欠いている面はないか。国際関係は自立性の高い国民国家を基礎としているが，冷戦はアメリカを頂点とする西側同盟関係を強固にし，共通の目標を持っていた。しかし，冷戦終了はこの関係を変化させた。冷戦時代，強固な同盟関係にあった米欧関係は変質した。冷戦後，アメリカの主導を認めていた大国は今や独自の道を歩みつつあるとも言える。更に，アメリカの進める民主主義と市場経済の拡大政策は，国際社会に新しいアクターを登場させると共に，世界の管理を一層難しくする側面がある。イスラムとの対応がその典型であるが，無頼国家，失敗国家やテロリストの登場がある。しかも，その中で中国やインドなどが新しい大国として登場しつつある。

アメリカはアメリカ軍の変革を進め，これらの問題に対応しているが，一極に対応した国際関係を作っていない。例えば，二極時に比べると，その対象は本土防衛のみでなく，旧東地域を初め，拡大し，また，同盟の再編の中，過剰伸張に陥っている感もある。特に，日本の立場から言うと，極東アジアでの安全保障が北朝鮮の核問題や中国の劇的台頭，台湾海峡などで緊迫している中で，アメリカは，イラク問題から足を抜けず，21世紀の中核的問題であるアジアの安定に十分意を注いでいないように見える。日米同盟の未来はどうかである。

Ⅱ 二極体制から一極体制への影響

1．Gilpinのシステム論

Gilpinは国際システムの変動を，システムの構成要素（国家などアクター）のSystem Changeとシステムの統御（一極，二極，多極）に関するSystemic Changeとシステム交流に関するInteraction Change[1]に分ける。国際システムの統御形態は一極，二極，多極に分かれるが，歴史的には一極が最も安定的であり，二極は不安定である〔Gilpin 1981, p. 29〕とした。

二極から一極への変化は権力分布の変化のSystemic Changeであり，統御形態の変化に伴い，国際関係に大きな変化を与えるとした〔Gilpin 1981, p. 42〕。

世界が一極体制に移行してから 20 年近くなるが，現状はその移行過程とも言える。更に言えば，現状は System Change の兆候もある。国民国家は国益に従い合理的行動すると考えられてきたが，失敗国家や無頼国家は必ずしもそのような論理に従わない。更に，テロ集団，宗教集団，多国籍企業が影響を強めて，国際社会に登場して来ている。

2．Waltz の二極安定論

　Waltz は国際システムを構造（system）level とこれを構成する単位（units）level に分け，国際システムの構造は強国の数，能力の分布により，決定されるとした。国家は自国の生存を優先追求し，国際社会は anarchy であるが，結果として強国の分布に対応する秩序ができるというのである。国際システムの構造は丁度，企業が競争を追求する結果，市場が独占，寡占，完全競争の形態をとることに似るとする。強国の分布がシステムの構造を決定し，これが各国の行動を規定するが，それは各国が持っている unit level の資質とは別だとする〔Waltz 1979, Chapter 5〕。地位が人を変えるという言葉があるが，独占，寡占，完全競争の中で，国の行動も変わるというのである。

　Waltz は国際システムとしては，二極が一極より，安定的だとし，戦後の米ソ二極体制の安定性を主張した。即ち，米ソは unit level では自由主義と共産主義の全く異なる資質の国であるが，二極のシステムの論理に従い，互いに相手を熟知し，慎重に行動し，破局を避けて，平和を実現したとする。逆に，能力分布が一極に集中する体制では，覇権国が傲慢になり，他の国の対抗（balancing）を呼び，一極は多極になりやすいとする〔Waltz 2002〕。Waltz は主権を重視し，力への反抗が国際関係の基本と考えるからである。最近のアメリカに対する，中，ロを初めとする大国の状況は Waltz の一極への予測を正当化すると言えようか。

　ISA はアメリカの学会であるが，世界の国際関係論，国際政治学者が集まる点で世界の学会となっている[2]。2006 年春の年次総会までの ISA での議論は，アメリカの政策は国際的に不人気であるが，アメリカに balancing は起こって

いないというのが主流である。Wholforth は Waltz の功績を認めながらも，アメリカ一極の卓越性が極めて強い現在で，近代欧州で横行した balancing（反抗）は起こっていないとする。EU，中国，ロシアとも，それぞれに多極を志向するが，アメリカ一極に反対する強固な同盟を築くまでに行かない。世界は過去とは違う国際システムに移行しているとする〔Wohlforth 2002〕。

問題は二極体制の中で形成，発展した国際関係が，一極体制の中でも妥当するかと言うことである。

3．土山教授の同盟の理論

土山教授は「同盟形成のパターン」に関して，図1の興味ある分類を作成している。「パワーの行は利得や大きくしようとする動機が脅威の行より支配的であるのに対し，脅威の行は征服や損失をぎりぎりのところで避けようとする動機が強いことを示す。バランスの列はバンドワゴンの列よりも力や脅威の弱い側につこうとし，バンドワゴンの列は反対に強い側につこうとすると解説する〔土山 1987, p. 166〕[3]。

Waltz は同盟の論理として強国への対抗として勢力均衡を述べたが，Walt は脅威への対抗が，同盟の形成に大きな役割を果たすことを指摘した。戦後の状

図1　同盟形成のパターン

同盟形成の要因	バランス	バンドワゴン
パワー	勢力均衡（支配的勢力に対抗して弱い側につく）	利益獲得と勢力拡大のためのバンドワゴン（最も力の優越した側につく）
脅　威	脅威の均衡（大きな脅威に対抗し，小さな脅威や脅威でない側につく）	損失回避とサバイバルのためのバンドワゴン（脅かしている側につく）

出典：土山實男（1997）「日米同盟の国際政治理論」日本国際政治学会編『国際政治 115・日米安保体制—持続と変容』有斐閣

況は最強国アメリカへの対抗ではなく、ソ連への脅威が同盟形成の要因であるとした〔Walt 1987〕。Waltは、但し、その後、アメリカが一極体制の中で、単独主義の論理を続ければ、アメリカへのbalancingの可能性有りとした〔Walt 2002〕。

ChristensenとSnyderは、各国の外交政策を重視し、同盟の要請に対し、消極的対応をとるbuck-passingあるいは積極的に利益を求めて同盟をするchain-gangingの政策を採るケースを分析した〔Christensen & Snyder 1990〕。

土山教授は日本の同盟に関し、日英同盟、日米同盟とも覇権国へのband wagonが主要な動機だと指摘する。そして、日米同盟に関して、realism、制度主義、構成主義の面からも検討を加え、三つの立場のいずれからも存続の理由があるとしている〔土山、1987〕。著者は、現在の日米同盟は、アジアでの脅威の対応としての国益の共有、長く続いた同盟の枠組み、日本での小泉改革の結果、民主主義・市場経済についての価値の共有が近接したことによって支えられていると考えている。

4．Schwellerの見方

Schwellerは国際関係における諸国家を動物に例えて分類し、band wagonがbalancingより、普通であるとした。国際関係では現状維持派のライオン国家とこれにband wagonする羊がいるが、これに対し、現状維持の転覆に強い意欲を持つ（balancing）覆す狼国家がある。更に、それほど大きく現状変更に意欲を持たないJackal国家は時としてオオカミ国家に同調するが、やがて分離してゆくとする〔Schweller 1994〕。

Schwellerの理論は各国の外交政策から現在の（一極の）国際関係を理解するのに、有用である。改革者の伝統を持つアメリカを単純に現状維持派と定義するのは、抵抗があるが、覇権の維持に強い意欲を持つという点からすれば、ライオンと位置づけられよう。これに対し、現状変更に根強い意欲を持ち、強い反抗（balancing）を示す中国は正に狼国家である。ロシアも狼国家とも言えるが、それほど強い意欲を持たず、アメリカへのbalancingも限定的だとい

う点からみれば, Jackal ともいえる。多くの無頼国家も Jackal に似た性格を持ち, 中国やロシアと連携しているが, その国益は一時的である。多くのイスラム国家もアメリカへの対応では類似である。

多くの西欧諸国はフランス・ドイツを初め, NATO に入っているが, 単純に band wagon というには遙かに独立的である。しかし, アメリカに対抗する Jackal とも言えない状況であり, イラク問題では buck-passing であった。日本は Schweller の基準では中国に脅威を持ち, アメリカに band wagon の羊であろう。台湾や韓国も類似のものと解釈されよう。インドはアメリカと関係を深めているが, より独立的であり, buck-passing の可能性もあるといえる。

III　覇権と国際システム――覇権としてのパックス・アメリカーナ

1. 覇権の要素と国際システム

国際システム制御の上で, 覇権国の存在が国際関係に決定的影響力を与えるが, 近代では19世紀イギリスと20世紀アメリカの覇権があった。覇権国の要素として国力, 国際システム, 覇権の正統性の三つの要素が肝要である。国力は軍事力, 経済力, 文化力からなるが, これをベースに覇権国は世界の安全保障システム, 国際通貨・貿易システムを構築し, 生活様式としての覇権文明が世界に伝播するとき, 国際システムは安定する。覇権の正統性は世界戦争の勝者が獲得するが, 国際システムの発展と共に, 定着する〔Modelski 1981, 坂本 1986〕。

著者は国際システムの機能として総体性, 利便性, 階層性を挙げる。覇権国は, 安全保障システム, 通貨システム, 通商システムを自国の覇権の確立・拡大に総体的に利用するが, 確立した国際システムは他国からも公共財として支持される局面がある。安全保障・国際通貨システムが高い階層性を持ち, その利便性から, 覇権の衰退期にも, 支持され, 覇権の低下を遅速させる作用がある〔坂本 2001〕。

2. パックス・ブリタニカの国際システム

　国際システムは覇権国の国力，国相，システムの統御形態によって異なってくる。19世紀初め，産業革命を主導したイギリスは19世紀前半には世界の工業生産の過半を占め，二国標準の海軍力を持ち覇権の基礎とした。ナポレオン戦争の盟主として同盟国を援助，勝利し，正統性を高めたが，議会民主主義もイギリスの進歩性を示し，覇権を強めた。パックス・ブリタニカ（PB）の戦略は，欧大陸で圧倒的強国が出ないように勢力均衡を図る一方，イギリスは強い海軍力を基礎に世界の海と植民地を支配した。イギリスは，同盟国を持たず，光栄ある孤立を保ち，海軍力を基礎に，最盛期には世界の領土と人口の4分の1を支配し，世界の安全保障，経済システムを作った〔Gilpin 1977〕。

　イギリスの時代の論理は国民国家の形成期として，国益の主張が強かった。19世紀後半には，欧州諸国も世界に植民地を作り，PBはイギリスと欧州列強の帝国主義時代となった。しかし，イギリスの作った国際システムは次第に公共財の色彩を持った。世界の通商をリードする多角システムを形成し，ポンドを基軸とし，シティの金融機関による通貨・金融システムは安全保障システムと共に，総体としてパックス・ブリタニカを強化した〔坂本，2001〕。

　19世紀末からイギリスはドイツとアメリカの挑戦を受けた。20世紀初め，産業・技術力ではアメリカがイギリスを遙かに追い越したが（1914年の工業生産はアメリカの3分の1），世界の安全保障，国際通貨システムはイギリスのシステムとして作用し，アメリカが最終的に覇権を握るのは世界恐慌と第二次大戦を経てからであった。産業技術力を覇権の先行指標とすれば，階層性の高い世界の安全保障や国際通貨システムは覇権の遅行指標と言える。世界の公共財システムとして，イギリスのみならず，他の諸国が欲したものであり，国際システムの総体性・利便性の維持作用を示している〔坂本 2001〕。

3. パックス・アメリカーナ第I期のシステム

　アメリカの台頭は世界を変えた。著者はアメリカの外交政策は，①日の当たる町の使命感の下，反植民，自由・民主の志向の改革者であり，②世界 NO. 1

の意志を持ちながら，③国力と国際関係を踏まえた pragmatism の混合として推進されてきたと考えている。反植民，民主志向の改革者だが，国力の弱いときは，防衛的モンロー主義を示した。しかし，国力の充実と共に，NO. 1 の志向を強め，テオドール・ルーズベルトは帝国主義外交を進めた。第一次大戦時にはウイルソンの 14 項目の提案，国際連盟創設は画期的であったが，それは欧州列強の帝国主義への対抗の主張を持っていた〔坂本 2004〕。

　第二次大戦はパックス・アメリカーナ第Ⅰ期（PAⅠ）の形成，確立を助けた。第二次大戦後のアメリカは原爆の独占，工業生産が世界の過半を占めたことに典型だが，その国力は軍事力，経済力，金融力において圧倒的であった。第二次大戦の盟主として，イギリス，ソ連を初め多くの連合国に援助を与え，勝利したことはアメリカの覇権の正統性を保障した。更に，大西洋憲章に見るごとく，国際連合，国際通貨，自由通商体制の提案など，国際主義を標榜し，世界運営での主導を進め，先輩の欧州諸国に対して，正統性を確立した。

　アメリカの優位は圧倒的であったが，PAⅠは軍事力を急激に強め，核戦力で対等のソ連と対峙する二極体制となった。アメリカはソ連・共産圏との対抗のため，欧州及び東アジアを初め，世界中の国と同盟を結び，多くの基地にアメリカ軍を配置して対応するシステムを形成した。ソ連への恐怖は西欧諸国を初めとする同盟国の支持を固めた。更に改革者，アメリカの主導する民主主義，自由貿易体制は，社会主義への挑戦として作用した。アメリカは世界的な安全保障システム，金・ドル本位制，自由貿易体制を総体的に進め，正統性を高めて，対抗した。アメリカは，共産主義との戦いを優先し，自国の国益を抑え，自由貿易体制の推進においても，技術の供与の他，同盟国のただ乗りを時として認め，西側の高度成長を図った。OECD, GATT, IMF はその象徴である。国連はソ連が加入する国際機関であったが，その活動は停滞し，途上国の不満のガス抜きとの評価があった。

　1970 年代になると，しかし，ソ連は核軍事力においてアメリカを凌ぐ勢いになり，日本や欧州から産業・通貨面で挑戦を受け，パックス・アメリカーナの調整期となった。しかし，アメリカは国際通貨面では相次ぐ石油危機を克服

して，ドル本位が確立し，日本や独の挑戦は，これらの通貨の切り上げによって退けた（通貨システムの階層性）。更に，ソ連との対決では，軍事のみでなく，通貨，経済システムとイデオロギーを総体的に動員し，同盟国の強い協力を得たアメリカの勝利となった〔坂本 2001〕。

4．パックス・アメリカーナ第Ⅱ期のシステム

冷戦を勝利したアメリカは一極体制となり，パックス・アメリカーナ第Ⅱ期（PA Ⅱ）となる。第二次大戦後の PA Ⅰに比較して，国力の卓越性，国際システムの定着度，覇権の正統性についても勝っていた。軍事力の卓越性はソ連がいた戦後と比較すれば明らかである。アメリカは卓越した軍を世界に展開し，今は更に軍の改革を進めて卓越性を維持している。アメリカ経済も活性化した状況だが，それは IT 革命を主導し，高度に発達した金融資本市場が世界の金融と通貨を支えている。アメリカ社会は，また，世界の人材を吸収し，極めて活発な交流を世界と繰り返している。

しかし，すでに述べたように，アメリカの覇権の正統性は現在，大きな挑戦を受けている。アメリカは軍事力を強め，各国との関係改善に努め，正統性の回復を狙っているが，現在の世界には，特にイスラム諸国に反米の風潮がみなぎり，アメリカへの反抗（balancing）の感じすらある。

この理由についてはイラクでの行き詰まりの他に，第一に現在の国際システムが独立性の強い国家から成り立っており，Waltz に言わせれば基本的に anachy である。一極では二極で働いた恐怖のセメントは作用しない。覇権国といっても級長であり，他を命令する教師の立場にない。強い国力と浸透した国際システムがあっても，覇権の正統性が問題とされると，困難となる。

第二に，Waltz の言うごとく冷戦に勝ち，一極となったアメリカには成功故の奢りがあった面がある。①イラク戦直後の国連軽視やサミット軽視などが良い例であるが，単独主義は欧州などの同盟国を疎遠にした。②唯一の超大国・アメリカには核の危険はなく，制空，制海権の独占の中で軍事力の行使は容易になり，その効果は高まった。先制攻撃理論は核戦争においても第2撃能力を

独占するアメリカにして初めて可能であるが、イラクの場合は予防戦争の実施ともいうべきかも知れない。③アメリカの自由主義、民主主義は確かに20世紀の世界を牽引してきた。しかし、自由と民主主義は必ずしもいずれの国でも即効的とは限らない。更に言えば、一極の過信への反感として働く面があると考える。

第三に、世界もまた変化していた。①9.11事件は自由と市場経済による空前の繁栄を享受する覇権国への妬みと考えて良かろう。その証拠に冷戦後、テロが最も標的にしたのはアメリカ及びその在外公館であった。②無頼国家は二極時代には米ソの谷間にあり安全であった。しかし、一極への国際関係の変化は無頼国家を不安にした。イラクの湾岸戦争、イランの核疑惑にも国際関係の変化があるが、更に、北朝鮮の孤独は韓国がロシア、中国と国交を盛んにし、繁栄していることにあると考えられる。③米欧関係も大きく変化しているが、逆にアジアでは中国が台頭し、日米同盟は逆に強化された。中国の台頭はソ連の崩壊なくしては考えられない。④グローバリゼーションは失敗国家、テロ、多国籍企業など様々な主体を国際社会に登場させ、世界管理を困難にしている。

国際関係としてみれば核の恐怖に支えられたPA Iを称えるつもりはないが、国際システムとしてみれば、一極体制では覇権国はより慎重にすべきとも思われる。一極は秩序を重要視せざるを得ない。その意味では覇権国を中心とした階層的な関係が必要なのかも知れない[4]。

Ⅳ　アメリカ覇権の見通し

1．世界経済主導のアメリカ

アメリカ覇権の行方を考えると、まず、アメリカ経済は、先進国の中で唯一、人口増加が高いと共に、生産性の上昇が顕著なことである。今後も、実質4％に近い成長を誇り、世界経済を主導しよう。アメリカは世界に大きな市場を提供し、アメリカを中核とする世界貿易の循環、拡大を支持し、更に、基軸通貨・ドルと巨大な金融資本市場が世界経済の循環を促進しているが、この役割

は今後も続こう。世界貿易の循環は，日本，韓国を初めとするアジア諸国の輸出が中国を経由するか，あるいは直接に，最終市場であるアメリカに向けて流れている。これら諸国の貿易収支は大幅黒字となり，世界で国際収支の困難な国は数える程しかない。逆にアメリカの経常収支は大赤字であるが，経常収支を遙かに上回る資本の流れが，アメリカへ流入し，経常収支の赤字を賄うのみでなく，アメリカの海外への大きな投資を可能にしている。2005年の状況は，アメリカへの資本流入1兆2,000億ドルはアメリカの経常収支赤字8,000億ドルを賄い，アメリカ企業の海外投資4,000億ドルを可能にしている。このような循環は1980年代から続いているが，整備された巨大なアメリカ金融・資本市場の魅力と基軸通貨・ドルの優れた機能によるものであり，世界経済の循環を促進している〔坂本 2006〕。

　国際通貨においてはユーロの登場があり，ドルとの競合を懸念する向きがあるが，今のところ，ドルの本位通貨としての機能の衰えはない。ドルの世界の準備通貨としての機能は，世界の公的機関の保有する外貨準備のドルの比率が65％と，圧倒的である（ユーロは17％）。また，世界の為替市場の全取引は1日約2兆ドルとされるが，その95％を占め，ユーロ30％を大きく越える〔Lim 2006〕。さらに，ドルは各国通貨の価値基準として，介入通貨で圧倒的な地位を占めている。

　アメリカの累積債務が増える中，ドルへの不安を示す向きもあるが，有事に強いドルと共に，アメリカドルが取引対象として最も魅力的な通貨であることがドルへの重要性を強める。アメリカ経済のダイナミズムが続き，アメリカがその資本市場と共に，世界の安全保障の中核である限り，ドル本位の継続が予想される。

2．世界を支えるアメリカの軍事優位

(1) アメリカは超大国としての圧倒的軍事力を誇るが，この優位は今後も続くと予想される。まず，現在，核の保有国は安保理常任理事国の他，インド，パキスタンなどがあるが，相手の攻撃に生き延び，かつ，相手に大きな被害を

与える第2撃能力を持つ国はアメリカのみであり，その優位は当分動かないと考える（逆にいえば，アメリカのみが先制攻撃が可能である）。

　通常兵力で見ると，本格的空母を11隻保有するのはアメリカのみである。また，GPSによる遠距離精密誘導弾を有し，相手を制圧する能力は，その情報力と共に圧倒的優位である。但し，第2のソ連の出現には神経質であり，2006年のアメリカ4年目国防見直し（QDR）は，中国，ロシア，インドを戦略的岐路の国と位置づける。いずれも，将来アメリカに挑戦する可能性ある国という意味だが，インドは友好国，ロシアも挑戦の意志はないとするが，中国は挑戦の能力と意志を持てる国と位置づける。中国は現在，アメリカ本土を直撃する大陸間弾道弾の保有は限定的であるが，今後の軍事能力の拡充のテンポ，特に，核や宇宙能力の増強には大きな注意を払い，その透明性を強く要求している〔Secretary of Defense 2006〕。

　(2)　アメリカが進める軍事改革はアメリカの優位を高めよう。改革の基本は，①冷戦時の脅威対応型・前方展開から新しい脅威への対応のため，能力基盤を充実し，遠征能力を高める方式に転換する。②軍事革命（RMA）により，空軍などの遠距離誘導弾の威力を高め，軍隊を軽量化し，陸海空軍の統合を強化し，遠征能力を高める。③軍隊を海外から本土・領土へ転換配置する。

　この結果，陸軍は現在の10師団33旅団から師団を廃止し，45〜48旅団へ転換中である。海兵隊と特殊部隊の展開能力を高め，空軍は航続性を強化し，無人機導入を進める。海軍は島嶼戦と内陸への攻撃を高め，海上基地（Sea Basing）を随時作る，など軍事近代化を進めている〔Secretary of Defense 2006〕。

　アメリカ軍は依然世界に700近い基地を擁している〔Johnson 2004〕。20世紀の安全保障の中心地は欧州であったが，ソ連崩壊後，その脅威は縮小した。緊張の中心は中東とアジアに移ったが，これに対抗する戦略は本土，領土に兵力を集中し，遠征能力を高める方式である。ハワイ，グアムの強化と共に，海外では中東と東アジアを重視し，特に日本との同盟を強化して対応しようとしている。日本への司令部機能の集中，ミサイル防衛の協力強化が行われるが，

朝鮮半島からの兵力転換，再編成がある〔Secretary of Defense 2006〕。

(3) アメリカは冷戦後現役兵力を200万人から140万人に縮小したが，ソ連の崩壊，9.11に伴い守備範囲が増大し（本土，東欧，西アジア，中東），現在は現役の他，予備兵や州兵を動員し，民間軍事契約者も創設し，能率を上げていわば，帝国直属軍を運営している。しかし，中東・西アジアへの配備は現在20万人近くなり，アメリカ軍の兵員繰りは極めてきつい。イラク問題が片づかない限り，アメリカ軍の他の地域への介入は極めて制約が大きい。ハワイ，グアムなど，西太平洋での軍事配備の目覚ましい向上があるが，その活動には大きな制約がある。それだけ，同盟国の軍備増強を期待している。

3．アメリカ覇権継続の条件

以上から見るとアメリカは今後も，軍事力において勝り，経済力においても世界の通貨，経済システムを運営する能力を持ち，戦略的物資の石油への接近も十分である。見通せる未来において，アメリカに代替する国はない。しかし，国際社会の現実はアメリカの覇権の正統性への強い反発であり，balancing に進む可能性もないではない。現状の優位性を保ちながら，アメリカは幾つかの挑戦へ応えなければならない。

第一は，イラク問題への対応であり，第二は，中東の安定に関する取り組みであるが，それはイスラエル問題と共に，イスラム文明との取り組みに関係する。第三は，東アジアの安定であり，特に中国の台頭にどの様に対応するかである。そして，第四に，一極の世界管理に関するシステムの構築である。

すでに述べたように，一極体制は同盟を強化するセメントがないので，国際関係の処理には調整が必要である。軍事力の行使は慎重にすべきだが，無頼国家の扱いは時によって決定的であるべきである。但し，戦争は単独で出来ても復興は国際協力が要るので単独主義は避けるべきである。

まず，第一にイラク問題の決着が重要である。イラクの呪縛はアメリカの世界の他の地域での行動の自由を制約しており，且つ反米の源である。その決着は世界の問題であり，アメリカは名誉ある出口戦略を考えざるを得ない。特に

3回の国民選挙にも拘わらず，イラクは内戦状態だというのであれば，これまでの一つの国民国家を形成する戦略は再検討の必要があるのではないか。シーヤ，スンニ，クルドの三者からなる連邦を作ると共に，石油利益の配分が提案されている〔Biden 2006〕。

　第二に，イラク問題と平行して中東での安定策が求められるが，容易ではない。一方にイスラエルとパレスチナ問題があるが，レバノン，シリアなどと関連する問題となっている。長期的にイスラエルが生存を図るとすれば，他国との和解を探る道が必要ではないか。また，イランの核を巡る困難な交渉がある。これらの問題の底には，中東石油の問題が絡むが，またイスラムとの関係の困難がある。アメリカはフランス，イギリス，ドイツ，ロシアなどの諸国と国際的な対応の枠組みを整備すべきである（日本も利害国だが）。

　第三は，アジアは，また，21世紀の世界の安全保障の中核となるが，米中関係が極めて重要である。特に，アメリカが中東を優先せざるを得ない状況では，東アジアの安全保障は，日米同盟を強化し，インドを友邦とするが，日に日に影響力の強まる中国に依存を強化せざるを得ない状況がある。特に，北朝鮮問題への対応は，中国と利害の合致する面もあり，米中関係は劇的に発展する可能性がある。しかし，中国がアメリカの依存を利用して，アジア全域での自国の勢力の拡張と対抗を進め，アメリカの勢力を閉め出そうとし，また，台湾問題で，アメリカの意図を誤って行動した場合，不測の事態もあり得よう。日本は以上のような複雑な情勢展開に備え，日米同盟を強化すべきである。

　第四に，アメリカは改めて一極体制の論理に適合した国際関係を作るべきである。現代の国際社会は主権国家の集合であり，各国が平等だとすれば，その管理は難しい。PAは幕藩体制との議論もあるが，特にアメリカが唱道する民主主義の定着を目指すのであれば，覇権国はせいぜい級長である。その中で，正統性，権威を確立するにはどうしたらよいか。

　改めて，国連改革を推進すべきである。現在の国連常任理事会はアメリカ，イギリスとロシア・中国の国益・価値が隔たりすぎる。ロシア，中国に時としてフランスが加わり，既得権益を利用して，安保理はアメリカの主導性を制約

する牙城となっている。日本やインドを常任理事国に加えることによって，より公平となり，アメリカの利益ともなろう。

V 米中関係

1．アメリカの立場，中国の立場

　アメリカは中国のためともいえる関与と拡大政策により，中国を世界の中に取り入れる政策を採ってきた。WTOへの加盟もその流れであるが，最近の中国は全方位外交，相次ぐFTA交渉，6者会談や国連安保理の常任理事国として存在感を示し，アフリカ，中南米にも影響力を及ぼす。特に，アメリカが中東で制約される中，アメリカで中国 Stakeholder 論が強くなっている。北朝鮮問題を巡って，米中の利益が一致し，世界の安全保障に責任を持つ国との評価が一層高くなる場合もあり得よう。

　しかし，他方，中国はアメリカの困難を利用し，地域覇権を目指すとの警戒心も強い。2006年国家安全保障計画はアメリカの軍事優位に挑戦する国の企てを放棄させるとし，2006年 QDR で中国を戦略的岐路の国とし，警戒を示す。また，2006年の「中国軍事力報告」では中国の政策を弱い間は我慢するという政策を欺瞞外交（Deception diplomacy）として，軍事力の拡大目的を問い，軍事力の不透明さに懸念を表明する〔Secretary of Defense 2006〕。

　中国は他方，基本的には反覇権，自主独立，平和5原則を掲げ，総合国力を充実し，21世紀央の富強を目指す意欲は高い。中華帝国再興の歴史の圧力は大一統実現の願いを強め，総合国力の上昇により，戦略的国境を拡大し，台湾の回収によるアジアの盟主・地域覇権への強い狙いとなる〔坂本 1999〕。このため，その高度成長，軍事力の拡大の中，経済力を政治に用い，全方位外交を展開し，アジアでの大国ぶりを示す。中国は強引な資源獲得外交を世界的に展開し，生存のためとも言えるが，同時に東アジア共同体の形成，中央アジアでの影響力の向上，インド洋や太平洋への進出の大国外交となる。アメリカには面従の，柔軟な外交姿勢であるが，世界の共同管理を持ちかける大国ぶりである。が，それは時として，アメリカ締め出しの腹背外交となる。

2．中国の未来

21世紀央の富強の大国を目指す中国にとっては，経済の高度成長の継続が不可欠である。中国の比較優位である低賃金の労働力と大きな市場を背景にした成長の条件は続くと予想されるが，環境が悪化し，良質な労働力供給にも陰りがみえ，長期的には人口高齢化の制約が大きくなろう。石油や原材料についても海外への依存が増え，経済の脆弱性が高まろう。また，中国の元がある時点で上昇し，成長率は鈍化するシナリオも考えられる。

中国では都市と農村，沿岸と内陸で大きな不均衡が発展し，土地の収用を巡って，年間8万件の暴動が起こっている。経済成長が鈍化すると社会の安定が損なわれ，更に成長の制約になるという悪循環のシナリオがある。

中国の軍事力の拡張は，継続しよう。成長が鈍化しても軍事予算は増加するだろうし，人民解放軍の軍事費の多くの部分は国家予算の外にあるためである。アメリカにとって問題なのは中国がアメリカの本土を攻撃する能力を十分取得し，ソ連と同じようにMADの状態に持ち込み，地域覇権を奪取させる状態である。最近の中国のミサイルの整備は，アメリカ本土へ届くものは増強が限られていたが，2007年度から増強に転じ，宇宙での挑戦も加速するとされている。2007年1月，中国は衛星を破壊する能力を示したが，潜水艦からのミサイル発射も整備が予定されている。アメリカが本気で透明性を問題にする事態があろう。

3．中国病の矛盾

中国の台頭は世界に大きな波紋を及ぼしているが，今後，中国病と言える状況が世界文明を汚染する。第一は，各国政治家などへの招待・買収外交である。特に日本が典型だが，日中摩擦のたびに多くの政治家が北京詣でを行う。しかし，これは日本のみでなく，アメリカでも，中国の招待外交，中国ロビーへの反発と警戒が強くなっている。第二に，日本が忘れがたいのは，国連常任理事国立候補の際の無惨な敗北ぶりであるが，その背景に中国があらゆる手段を動員して，各国に圧力をかけたことである。中国は，アフリカ諸国の実力者を絞

り，簡単に豪邸などを送り，巨額の援助の見返りを要求できる体制を持っている。これは OECD などで，積み重ねられた ODA の理念を大きく毒するやり方である。第三に，中国は道路や豪邸を贈るとき，多数の中国労働者・技術者を同伴するが，構築物完成後，これら労働者を現地に棄民している。これら労働者が現地で中国街を作り，中国人の海外移住を促進すると同時に現地原住民と大きな摩擦を起こしている。中国人の流出がアフリカ，ロシアなどでの摩擦を高めることは必須であろう。

第四に，中国は一党支配の国であり，中国企業は基本的に共産党支配の会社として，他の国の民間会社との競争では短期的には有利になる。中国に進出の外国企業は種々の負担を受けるほか，政治的関与を受ける。市場経済，自由貿易の原則は，西欧が，数世紀をかけて，作り上げてきた原則だが，中国が影響力を強めるにつけ，政治が干渉し，中国の汚染は強くなろう。

中国病の論理は中国の歴史，体質からみれば，当然であろうが，世界文明の流れ，市民社会の論理と大きく衝突することである〔坂本 2006 b〕。

4．米中関係のシナリオ

米中関係には幾つかのシナリオがある。一方には，中国責任国家論がある。21世紀初頭の中国の発展は目を見張るものがある。全方位外交は中国の国益優先を強く意図しているが，中国が発展すればするほど，世界への依存を強め，世界との調整が必要なことも明らかである。責任国家として国際協調を強めるというシナリオが出てくる。ただし，これは，国内との大きな調整が必要となる。更に言えば，石油を求めて狂奔し，無頼国家との付き合いを重要視する姿は責任国家とはほど遠いものがある。

他方に，アメリカの中東との関わりの行方である。イラク問題と共に，イラン問題が出てきているが，その背後にイスラエル問題がある。中国の発展にはアメリカが中東に手を取られ，中国を責任国家としなければならなかった状況は6者会議に典型である。アメリカが中東問題を比較的早期に沈静化できれば，アジア情勢に勢力を振り向けられようが，そうでなければ，アメリカは中国に

依存することになる。

　2007年2月中旬にはアーミテージ元国務副長官とナイ・ハバード教授を共同議長とした「日米同盟─2020年へのアジアの正しい方向」アーミテージ報告Ⅱが出た。21世紀のアジアは世界秩序の鍵だが，中国・インドの2大国が同時に勃興し，日本の覚醒，朝鮮半島・台湾の紛争，民族主義の強い興隆など，極めて不安定である。地域の安定化は米中共同支配，あるいは日米二国協力だけでは旨く行かない。日米中3国の協力が不可欠であるとすべき点である。アーミテージ報告Ⅰでは日米同盟の強化で良かったが，報告Ⅱでは，中国の参加が不可欠としている。

　そして，日米は同盟強化によって，良好な日米中の3国関係を促進すべきであるとするが，日米はインド，オーストラリア，シンガポールなどの民主主義国をモデルとし，ヴェトナムなども引き入れ，中国とは不同意部分を明らかにしながら，協力の領域を拡大して行くのが，アジアを正しい方向に導くとする。

　ただし，アメリカでは先頃の人工衛星破壊のように，中国はアメリカへの挑戦者の道を歩んでいるとの警戒が高まっている。アーミテージ報告Ⅱも，中国の軍事力の増強，石油を巡る海外進出，無頼国家との付き合い，中国社会の腐敗，一党独裁体制，愛国心の鼓舞などに触れ，中国が2020年に重商主義的，熱狂的愛国主義の軍事大国として隣国に迷惑な存在となるシナリオを捨ててない。

Ⅵ　日米同盟，日本の役割

1．日本の安全保障政策

　日本は第二次大戦後，アメリカの管理下にあり，米ソ二極対立の中，日本は専守防衛，一国平和主義を墨守できた。冷戦終了後，逆に，防衛力の増強が必要となった。まず，湾岸戦争が勃発し，日本は対応に混乱し，国際的非難を浴び，日本はPKOなどに参加を開始した。1990年代半ば，北朝鮮の核開発，台湾問題の先鋭化などがで発生し，日本は1996年の日米安保共同宣言，周辺事

態法の成立など，安全保障環境の変化に対応せざるを得なかった。

21世紀に入ると北朝鮮の脅威が顕在化し，朝鮮半島情勢が懸念され，日中関係は歴史認識など悪化した。日本も有事立法を整える他，2004年12月には新しい防衛大綱と防衛整備5カ年計画を作成した。折から，アメリカは冷戦後のアメリカ軍改革と海外アメリカ軍の再編に取りかかっていたが，日米同盟を再編，強化する必要に迫られた。

日米戦略協議は2004年8月のアメリカ大統領の海外アメリカ軍の大幅再編の宣言以降本格化し，両国は同盟の目標，使命・分担，兵力態勢，基地再編，予算の5段階に分かれて協議した。2005年2月，両国は強い共通の戦略目標の所有に合意し，特に，北朝鮮の核開発，台湾問題の平和的解決，中国の軍事分野での透明性に言及した。中国は，強く反発し，この合意が4月の反日デモの真の原因とも言われる。その後戦略協議は2005年10月末中間報告を経て，2006月5月最終合意に到達した。日米同盟の新紀元と言われる画期的内容である。ミサイル防衛を含め，日米司令部機能協力の飛躍的強化が合意され，アメリカ軍との合同訓練などによる防衛力の向上，自衛隊の統合運用促進などが合意された（普天間飛行場の返還と海兵隊司令部のグアム移転なども合意）。

2．日米同盟の基礎——米英同盟に比較する

アーミテージ報告は日米同盟は米英同盟のようになるべしと述べた〔INSS 2000〕。アジアが21世紀の世界の安全保障の中心であり，国益の共有，同盟体制の歴史，価値の共有の三つの面で強い絆がある以上，今や米英同盟に劣らない強い絆だと思われる。

第一に，日米両国には東アジアの安全保障に関して強い共通の国益がある。中国が急激に台頭し，不安定な台湾海峡，朝鮮半島を抱える中で，日米同盟の充実によってのみ，東アジアの安定が可能だという国益である。東アジアが世界の安全保障の鍵である点からすれば，欧州安全保障が世界の安全保障の鍵だった20世紀の米英関係と劣らないものがある。特に日米同盟の基礎には，国際政治の多角化が将来の世界秩序であり，アジアは中国が代表するというヨー

ロッパ，ロシアの考え方とは異なった考えであり，日米の共通した国益に基づいている〔東京財団国防政策研究グループ 2005〕。

　第二に，日米同盟は 60 年の歴史を有し，これまでも海，空での強い協力態勢があるが，先ほどの戦略協議の結果は司令部の集中，ミサイル防衛など，陸の協力態勢を含め，一層強化も強化されようとしている。しかも，この間，百万人を超えるアメリカ駐留軍・家族が在日し，日本に好意を持って帰国し，アメリカでの知日派として活躍している状況がある。

　第三に，小泉改革の創造的破壊の結果，日本は官僚主導社会から脱して，市民社会の形成へ大きなあゆみを進めた。民主主義，市場経済など，価値の共有が進んでいる。

　これに対し，英米同盟に比較し，日米同盟の共有する価値と大きな差があるとの意見がある。しかし，19 世紀の英米関係はむしろ敵対関係の連続であった。20 世紀の両国関係は，まず，1941 年の大西洋宣言を挟む第二次大戦時の軍事同盟として発展し，さらに，冷戦時には対ソ戦の欧州司令部として同盟を深めた。1970 年に及ぶ国益の共通が両国の同盟の基礎にある。日米の価値も，上記のように小泉改革によって一段と，急激な接近を見ている。今や，共通の国益は価値の近接によって支持されて行くと考える。

　また，日米同盟の不均整の指摘がある。確かに，世界をカバーするアメリカ軍と憲法 9 条の制約下にある自衛隊では，両者の軍事力格差が大きく，アメリカ軍の下請けしかできないとの指摘がある。但しこの格差は，日本のみではない。格差は米欧関係離反の一因であるが，イギリスですらイラク戦争はアメリカ軍と離れた独自の戦いを強いられた。しかし，日本のインド洋への自衛艦の派遣，イラク復交への参加などは日本の国際的地位を高めた。また，アメリカ軍との協力，相互運用性の向上の中で自衛隊の国際競争力は高まることが期待される。

3．日本の国家戦略

　以上の中で，日本は改めて国家戦略を樹立すべきだが，2006 年 9 月の安倍

新政権の発足は，日本外交の再構成に好機である。主張する外交，強い日本，頼れる日本の戦略は，安全保障の重視が基礎にあり，憲法の改正，官邸における外交・安全保障機能の拡充，防衛省の実現などの主張は時代の要請に応えるものである。

　第一に日米同盟の強化が日本外交の基礎であるのは言うまでもない。

　ただし，アーミテージ報告Ⅱで述べるごとく，アメリカは日米中の協力をアジアの安定に不可欠としていることである。中国の21世紀初頭の発展は目覚ましく，global power としての姿勢も見え，アメリカはこれを無視し得なくなった状況と言える。しかし，それは日本に大きく依存できないとの現実への反省でもある。アーミテージ報告は日米同盟はアメリカのアジア政策の中核とした上で，次の諸点を求めている。①日本は憲法の改正，防衛力の整備，海外派遣の法整備を行う。②日米は安全保障，軍事協力を強化し，自由貿易協定を締結する。③日米はアジア地域との対話を深め，④エネルギー，環境，テロなど地域的課題で協力を進める。

　第二に地勢からして，日本はアジアの一国であり，アジアへの対応は極めて重要である。まず，目の前にある問題として北朝鮮問題がある。北朝鮮は2006年7月のミサイル連射に続き，10月8日に核実験を行ったが，更に実験を続け，核保有国としての地位を固める可能性が十分ある。北朝鮮の非核化は関係各国の望みであり，国連決議を踏まえ，日本はアメリカと共に，北に強い影響力を持つ，中国を含め，協力を強める必要がある。日本は独自の制裁を行っているが，これを維持，更に一層，強化すべき事態もあろう。また，日本は核・ミサイルの攻撃に対し，縦深性が浅く，極めて脆弱性が高い。アメリカとのミサイル防衛の前倒しが検討されているが，抑止として，核・ミサイルの策源地の攻撃能力を早急に整備すべきである〔日本戦略研究フォーラム 2006〕（表2）。現代のようにミサイルが遠距離から短時間で通る時代に，これを攻撃する爆撃機やミサイルを持っていない独立国は無い。

　次に，急激に台頭する中国との関係の修復が必要であるが，中国との関係は政治体制も異なり，歴史問題もあり，友好を第一義とすべきでない。友好を第

表2　日本戦略研究フォーラム緊急政策提言要約「北朝鮮弾道ミサイルへの脅威への抑止としての策源地攻撃能力の保有について」

1．北朝鮮の弾道ミサイル脅威に対する抑止力として，ミサイル策源地攻撃能力を早急に保有すべし。
2．策源地攻撃能力の整備は，早期に保有可能なものから高度なものへと進むべきである。
　(1)　F15，F2など現有航空機などの対地攻撃能力の強化
　(2)　トマホーク・巡航ミサイルなど遠距離攻撃ミサイルの装備化
　(3)　F22などの最新鋭戦闘機の導入促進
3．策源地攻撃能力保有には，情報収集・分析・伝達能力を併せて，飛躍的に強化すべきである。
4．北朝鮮ミサイル脅威の顕在化に対応し，防衛大綱・中期防計画を見直し，策源地攻撃能力体制を整備する。
5．ミサイル策源地攻撃能力にかかわる日米の緊密な共同体制を構築すべきである。
6．北朝鮮のミサイル策源地攻撃に対しては，十分な外交努力と共に，政治の判断として対応を進めるべし。
7．ミサイル策源地攻撃能力の保有について，国民の理解を得るように十分に努力すべきである。

出典：日本戦略研究フォーラム緊急政策提言（2006）より要約

一義とし，宥和を繰り返し，追いつめられて破綻すべきでない。基本的姿勢は対立を恐れず，対等の形で争い，交渉し，しかし，破綻を避けることである。このような外交は中国の得意とするところだが，これを反面教師とすべきである。

　幸い，日本経済の回復は本物であり，3年目には，中国依存に圧力を感じていた日本企業は今や立場が大きく変化したことを感じ，自信を強めている。先端技術，環境，省エネなど，中国が日本との交流強化をより望んでおり，靖国問題も熱い問題ではなくなっている。また，構造改革を進め，官僚主導から政治主導，市民社会の論理を強める日本は，麻生大臣の言うアジアでの先行者（Thought Leader）の立場を強めている。

第三に，日本は海洋国家であり，戦後の日本は太平洋の諸国と交流し発展した。北米地域はもちろんであるが，西太平洋でも台湾，アセアン，オセアニアと交流を深めた。日米豪の安全保障対話も発展している。日本は明治以来，世界各国と交易してきたが，アフガニスタン戦争，イラク戦争後の自衛隊派遣の結果，インド洋へのシーレーンが形成され，先ほどの津波では日本の救援は迅速に行われた。PSI（大量兵器拡散防止）協力や海賊防止などを通じてマラッカ海峡の安定を図り，アセアン諸国との交流を深める道を模索すべきであり，そのための艦船の供与も考慮すべきである〔東京財団 2005〕。

　（故佐伯喜一氏は日本はアジア大陸に深入りせず，太平洋協力に努力せよとした。）

　第四に，このような中で日本の情報外交の貧弱さが改めて浮き彫りになっている。特に，2005 年は中国の情報外交，靖国外交があり，日本は国連常任理事国入りの道をふさがれ，靖国問題は日本の戦後への反省がないとする国際キャンペーンがアメリカにも高かった。国連常任理事国入りは極めて重要であるが，北朝鮮問題は極めて重要な機会と考える。毅然とした態度で日本の立場を説明し〔東京財団国防政策研究グループ 2005b〕，日本の国際的メッセージを強める情報外交が改めて必要である。

　最後に，安倍政権が憲法改正を最重要の課題としているのは大賛成である。先に国民投票法が成立したが，さらに，憲法 9 条の改正に着手すべきである。憲法 9 条の不合理は，第一に，9 条を日本語として読めば，自衛隊は違憲となることである。日本は不毛な神学論争を排し，法治国家の誇りを取り戻すべきである。第二に，現行憲法では，例えば，日本が提案する北朝鮮への国連憲章 7 章の制裁に十分参加できない可能性がある。世界の安全保障に関われないで，安全保障理事会常任理事国の役割を果たすことは困難である。第三に，9 条は日本人から戦略的思考を奪ったことである。日本はイラク派兵でも 9 条に違反しているか否かで，その是非を判断してきた。しかし，本来は派兵を短長期の国益から，多面的に検討して，政治判断として決定すべきであった。この状況では，激しく変化する 21 世紀のアジアの荒波を乗り切れない。改めて早急な

憲法9条改正が光栄ある生存を実現する上で必須のものであることを主張したい。

1) 金ドル本位からドル本位への変化など。
2) ISA は International Study Association の略号。筆者は"パックス・アメリカーナ第2期，東アジア，日本の選択"というパネルを組み，この7年間，その年次総会に継続して，出席している。
3) Elman は *Realism and Balancing of Power*（2003）で，現代の現実主義国際政治家の理論を Vasquez の解釈で次表のように照会している（p. 14）。

表　Vasquez による批評

Author	Independent Variables	Predicted State Behavior	Predicted Systemic Outcome	Type of Balance of Power Theory
Waltz	Distribution of capabilities	Indeterminate	Balance of capabilities	Automatic
Christensen and Snyder	Distribution of capabilities plus perception of offense-defense balance	Depends on perceived offense-defense balance Buck-passing and hyper-balancing	Indeterminate	Partly dyadic
Walt	Distribution of capabilities plus offense-defense balance plus proximity plus intentions	Balancing (some rare bandwagoning)	Balance of threat	Dyadic

Schweller	Distribution of capabilities plus state motives (fear or greed)	Depends on whether states are fearful or greedy Balancing and band-wagoning	Indeterminate	Partly dyadic

出典：Elman, Colin (2003, p. 14) "Introduction Appraising Balance of Power Theory" Vasquez, Tohm A. and Elman, Colin (eds), *Realism and The Balancing of Power* Upper Saddle River, New Jergy 07548

4) PA II は幕藩体制に近い。最大の石高を持ち，天領，親藩，譜代，外様を配置し，最大の経済都市，江戸・大坂を抑え，対外貿易を独占し，金山銀山を持ち，貨幣の流通や主要物資の交流を抑えた姿は，世界に多くのアメリカ軍基地を持ち，世界の安全保障を抑え，ドルを擁し，石油資源の多くを抑えたパックス・アメリカーナの姿に通じる。しかし，徳川幕藩体制は秩序維持を最優先し，強制力と階層性を持つシステムを築いた。

参 考 文 献

Armitage, Richard L. & Nye, Joseph S. (2007) *The U. S. -Japan Alliance-Getting Asia Right through 2020* Center for Strategic and International Studies

中央大学・大学院総合政策研究科日本論委員会編『日本論』中央大学出版部

Christensen, Thomas J. & Snyder, Jack (1990) "Chain Gangs and Passed Bucks: Predicting Alliance Patterns in Multi-polarity" *International Organization* 44 (2) (spring)

Elman, Colin "Introduction-Appraising Balance of Power Theory" Vasquez, John A. & Elman, Colin (eds.) *Realism and Balance of Power* Upper Saddle River NY

Gilpin, Robert (1981) *War and Change in World Politics* Cambridge Univ Press NY

Gordon, Philip (2006) "The End of the Bush Revolution" Council on Foreign Relations *Foreign Affaires* July/August 2006 Vol. 85 Summer 4

ハンチントン，サムエル（1998）鈴木主税訳 文明の衝突（*The Clash of Civilization and the Remaking of World Order*）集英社

INSS (2000) *The United States and Japan*

Johnson, Chalmers (2004) *The Sorrow of Empire* Metropolitan Books NY

川上高司（2004）『米軍の前方展開と日米同盟』同文社

ケーガン，ロバート（2003）山岡洋一訳『ネオコンの論理』光文社

Lim, Eve-Ghee (2006) *The Euro's Challenge to the Dollar* IMF Working Paper IMF
Office of the Secretary of Defense (2006) *Military Power of the People's Republic of China* 2006
Modelski, George (1980) "Theory of Long Cycle and U. S. Strategic Policies" R. Harky & Kolodzien (eds.) *American Security Policy and Policy Making*. Lexington Press.
長島昭久（2004）『日米同盟の新しい設計図』日本評論社
日本戦略研究フォーラム（2006）緊急政策提言グループ『北朝鮮弾道ミサイル脅威への抑止としての策源地攻撃能力保有について』
Rice, Condelezza (2000) "Promoting the National Interest" Council on Foreign Relations *Foreign Affaires* January/February 2000 Vol. 79, No. 1
坂本正弘（1986）『パックス・アメリカーナの国際システム』有斐閣
────（1999）『中国・分裂と膨張の3000年』東洋経済新報社
────（2000）「中国の国家目標と台湾問題」世界経済研究協会『世界経済評論』2000年5月 Vol. 44 No. 5
────（2001）『パックスアメリカーナと日本』中央大学出版部
────（2004）「アメリカの世界戦略」世界経済研究協会『世界経済評論』2004年一月号 Vol. 48 No. 1
────（2006）「米国世界戦略と日米同盟新紀元」世界経済研究協会『世界経済評論』2006年6月 Vol. 50 No. 6
Schweller, Randal L. (1994) "Bandwagoning for Profit ── Bringing The Revisionist State Back in" *International Security* 19 Summer
Secretary of Defense (2006) *Quadrennial Defense Review Report*
東京財団・国防戦略研究グループ（2005）『緊急政策提言・米軍再編と日本の対応』
東京財団・国防戦略研究グループ（2005b）『対中外交への緊急政策提言』
土山實實（1997）「日米同盟の国際政治理論」日本国際政治学会編『日米安保体制──持続と変容』国際政治 115．有斐閣
Walt, Stephen M. (1987) *The Origin of Alliance*: Corneil Univ. Press
Waltz, Kenneth N. (1979) *Theory of International Politics* Random House
──────── (2002) "Stractual realism after the Cold War" Ikenberry, John (ed.) *America Unrivaled*, Itaca & London Cornell Univ. Press
White House (1996) *A National Security Strategy of Engagement and Enlargement*
────（2002）*The National Security Strategy of the USA*
────（2006）*The National Security Strategy of the USA*
Wohlforth, William C. (2002) "US Strategies in a Unipolar World" Ikenberry, John (ed.) *America Unrivaled*, Itaca & London Cornell Univ. Press

〔元中央大学総合政策学部教授〕

第 4 章

日本法と外国法

木　下　　毅

I　比較法制度的アプローチ

　フランスの比較法学者 René David は，第二次世界大戦後間もない 1950 年に『比較民事法原論』(Traité élémentaire de droit civil comparé) を公刊し，従来の「大陸法系」「英米法系」を包摂した「西欧法系」(systéme du droit occidental) という上位概念を提唱した[1]。David によれば，西欧世界 (monde occidental) の基礎を形成してきたのは，キリスト教の道徳原理 (les principes moraux de christianisme)，自由主義的民主政の政治社会原理 (les principes politiques et sociaux de la démocratie libérale) および資本主義経済構造 (une structure économique capitaliste) であるという[2]。彼は，イデオロギー的視座（正義の観念といった哲学的基礎）とテクニカルな視座（法技術）を段階的に区別し，後者は前者に劣後するものとして，現今世界の法制度を，「西欧法系」「ソヴィエト法系」「イスラーム法系」「ヒンドゥー法系」および「シナ法系」の 5 つの法系に分類し，日本法をシナ法系に位置づけた[3]。
　しかし David は，その後 1964 年に，その実質的第 2 版ともいうべき『現代の主要な法系』(Les grands systémes de droit contemporains) を著し，従前の「イデオロギー的要素＞テクニカルな要素」を改め，両者を同じレベルに並置した上で，法系分類 (David のいう famille de droits ＝法家族＝法族) にも一部修正を施すに至る。それによれば，現代世界の法秩序は，(1)ローマ・ゲルマン法族〔大陸法系〕，(2)コモン・ロー法族〔英米法系〕，(3)社会主義法族，およ

び，(4)宗教的・伝統的法族に分類され，日本法は第4の下位分類の一つである極東法として位置づけられている[4]。にもかかわらず，Davidの分類に従えば，「日本法はロオマ・ゲルマン法族（famille romano-germanique）に属している」，すなわち，大陸法系に属している，という[5]。（法文化と区別された）法制度の問題としても，果たしてそういえるであろうか？

　他方，ドイツの比較法学者 Konrad Zweigert は，1961年に Hessel E. Yntema の記念論集『20世紀の比較法および抵触法』に寄稿した「法圏論」において，世界の法秩序を，ロマン法圏，ドイツ法圏，スカンジナヴィア法圏，コモン・ロー法圏，社会主義法圏，極東法圏，イスラーム法圏，ヒンドゥー法圏に分類し，日本法を，極東法圏の中に位置づけながらも，現代日本法は伝統法の支配する極東法圏を脱して西欧法圏に帰属させる段階にまで発展してきている，とみる[6]。さらに，10年後の1971年に刊行された Konrad Zweigert & Hein Kötz の共著『法比較入門』(Einführung in die Rechtsvergleichung auf dem Gebiete des Privatrechts) において，今日の日本法を次のように性格づけた。「以前は確かに，日本人がヨーロッパ大陸法をモデルとして成文化し施行した数多くの法典が，日本の法的現実に取り立てていうほどの影響を及ぼさなかったことは事実である。しかし，今日では法律および訴訟（公開の裁判所における形式的紛争処理）に対する伝統的アレルギーは弱まってきているようにみえる。この事実は，今日の日本法を『極東』法圏に分類することは断念せざるをえないことを意味する」と[7]。

　さらに，ルーマニア出身の比較法学者で Zweigert の論敵でもある Leontin-Jean Constantinesco は，「比較法における『様式理論』の様式について」(Über den Stil der "Stiltheorie" in der Rechtsvergleichung, 1979) と題する論文において，「比較法学者の大半は，今日の日本法をどちらかといえばヨーロッパ大陸法圏に属する」と捉えている，という[8]。

　20世紀後半を代表する3人の西欧の比較法学者は，今日の日本法を大陸法系に分類しようとしている点で共通している。これらの諸見解は，主として日本の法制度・実定法を念頭に置いた見解であり，西欧の代表的比較法学者の日

本法に対する見識を示唆するものとして興味深いものがある。野田良之をして「世界の著名で有力なる比較法学者の法圏論に追随することは，比較法学者の真の使命を果すゆえんではない」といわしめたのは，この点に関する[9]。真田芳憲によれば，日本法を大陸法系に位置づける法系論の問題性は，先進的な西欧法制度にのみ目を奪われ，中国の法制度を除きアジア全体の法制度および法文化に無関心であった「日本人研究者の学問的怠慢の総決算の〈つけ〉」でもあるという[10]。

II　日本の法制度は，大陸法系に属するか？

ところで，わが国の代表的比較法学者・野田良之も，「わが国の現行法体系は，いわばフランス法とドイツ法を両親としてその間に生まれた子だと言ってよい。そのかぎりでは，ルネ・ダヴィド教授の分類に従えば，日本法は，ロマ・ゲルマン法族（famille romano-germanique）〔大陸法系〕に属している。このことは構造を問題とするかぎり異論の余地はない」という[11]。果たしてそうであろうか。日本法は，法文化ないし法機能を問題とする場合はいうに及ばず，法制度ないし法構造を問題とする場合であっても，大陸法系に属するといえるであろうか。

わが国の不文固有法は，大化の改新以降，唐の律令制度の影響を強く受けてきたが，その後は次第に固有法が復活し，特に中世から近世にかけて，わが国独自の法体系が形成されるに至る[12]。

明治維新以降，政府は，1858年に調印した日米修好通商条約（不平等条約）の改正交渉を進めるには，西欧の近代的法典の編纂が急務であると考え，1890年ころまでに一応これを完成させるに至るが，そのとき摂取されたのは，主としてローマ・カノン法を継受したドイツ法（民法典に関しては，さらにフランスも加わる）を中心とするヨーロッパ大陸法系であった。これに対し，第二次大戦後は，特定の領域，特に公法の分野で，アメリカ法を継受するに至る。このように法史的にみると，わが国は3度外国法の影響を受けてきた。しかし，これらの外国法の摂取も，程度の差こそあれ，受容する側，すなわち，日本の

伝統社会の主体的関与を必然的に伴うものであった[13]。

このようにわが国の法制度は，第二次大戦後アメリカの占領政策の影響を受け，特に日本国憲法（なかでも第3章の基本的人権と第6章の司法）を中心とする公法の領域においてアメリカ法の影響を強く受けるに至る[14]。田中英夫によれば，憲法，刑事訴訟法，少年法，矯正保護法，人身保護法，裁判所法，訴訟規則，会社法，会社更生法，破産法，証券取引法，独占禁止法，行政委員会と実質的証拠の法則，労働組合法，労働基準法等など，「第二次大戦後の占領期においてアメリカ法を範としつつ作られた諸立法は，その量においてのみならず質の点においても，わが国の法制の基幹的な部分に触れるものであった」という[15]。三ヶ月章も，「敗戦に伴う事態の急転——アメリカ法の影響の圧倒的な増大」と題して，次のようにいう。「憲法の枠組みが大きくドイツ型からアメリカ型に転回するとなれば，その下での各般の法律制度も大きな変動にさらされざるをえないのは当然のことであり，ここに日本は，これまでにない規模での法制の再編成の波に洗われることになった」と。止目すべき点は，「この第二次大戦の敗戦に伴う法制の激変」が，「量においてもまた質においても，比較を絶するほどに大規模なものであった」という事実にある。この「戦後にみられた法制の変動は，大陸法系から英米法系への転換という質的な断絶をあえてしている面がある」と指摘する[16]。そうであるとすれば，法制度ないし法構造を問題とする場合であっても，日本法を「ローマ・ゲルマン法族」すなわち「大陸法系」に分類すること自体，問題なしとしない[17]。

Ⅲ　日本人の訴訟嫌いと比較法文化的アプローチ

さらに一歩踏み込んで，わが国の法制度ないし実定法から一歩距離を置いて法文化ないし法機能の視座から日本法を眺めた場合，果たして大陸法系の一員ないし西欧法文化の傘下にあるといえるであろうか。この論点を考える上で，晩年のRené Davidの「法の機能」に関する所説は示唆に富む。

彼は，「社会における諸関係の調整装置としての法の機能」という問題を採り上げ，法の果たす機能ないし役割が「西欧法」と「東アジア法」（極東法）

とでは著しく異なっていることを指摘する。曰く,「フランス, イングランド, ドイツ, イタリアおよびアメリカ合衆国においては, 社会は, 可能な限り包括的に法に支配されていることが望ましいとされる。これが, 法治国家 (Rechtsstaat) というドイツ的理念であり, 法の支配 (rule of law) というイギリス的理念である。法は, 正義のシンボルであり, 市民は, 法の優位 (supremacy) を確保するために, 闘争することが要請される」と。これに対して,「東アジアにおける伝統的哲学は, 法 (the law) というものを『野蛮人』を陶冶する目的にのみ有効な当座の処理方法とみる。誠実な市民は, 法を問題としない。彼は, 法にかかわろうとせず, 裁判所から距離を置いている。彼は, 法に関心を寄せることなく, 先祖伝来の道徳, 正当性および礼儀作法の準則に従って生活しており, こうした準則はその者がある特定の共同体に属しているという感覚 (sense) によって課せられている」[18]。上に述べた「正義の理念を表す法」と「可能な限り用いられないことが期待されている法」という2種類の法を比較することは, きわめて困難である。法の機能に関するこの発想の基本的差異は, 実務的レヴェルではきわめて重大な結果を引き起こす。すなわち,「近代の西欧法思想に基本的な主観的権利 (subjective rights) という発想および客観的法〔法準則〕(régle droit) という理念でさえもが, 東アジアにおいては排斥されている」。換言すれば,「東アジア社会およびアフリカ黒人社会では, 原理としての法の観念を排斥する」[19]。「20世紀の西欧の法律家にとっては, よく組織化された社会とは, 法に基礎を置く社会でなければならないことは自明の理であり, 社会の観念そのものが, 法の観念と不可分である」[20]。「これらの国の人々にとっても, ある種の事案において判決を下し, 社会で通用している準則に従わなかった者にある解決を施すことは, 必要やむをえないこととされる。しかし, サンクションを科す判決を下すことは, 正常なこととはみなされていない。ましてやそのことが, 人間関係における望ましい解決手段として提唱される価値はない。紛争と犯罪とは, 社会という『からだ』の正常な機能を阻害する病理的現象とみなされる。これらの事故は, 事故として処理されるべきであり, 権威主義的解決を必要としない。紛争は, いったん生じ

てしまえば，解決され（resolved）なければならないのではなく，調停手続により『解消され』(dissolved) なければならないのである。いかなる状況においても肝要な点は，調和（harmony）を回復することにある」。というのは，「人と人との調和は，宇宙の調和とリンクしており，人類が自然的秩序に従って平和裡に生活することを願望するのであれば，確保しなければならないものである。訴訟の終わりには，勝ち組も敗け組もあってはならないのである。ある解決が押しつけられるとすれば，それは実際には有効に機能するものではありえない」[21]と。そして，結論として次のようにいう。東アジア社会およびアフリカ黒人社会の「平和と調和の理念は，西欧およびイスラームの思想を支配してきた『法の支配』の理念とは対照的である。アフリカおよび東アジアの包容的で寛大なヴィジョンは，最前面に個人の権利・利益ではなく，両者の義務と必要度とをみて，両者に解決を受け入れさせる多くの要因を考慮に入れる。この解決のメリットは，その『法的』性質にあるのではなく，その『公正な』性質にある。正義は，すでに生じた事件が十分にかつ最終的に清算され，平和と調和が回復されることを要請する」と[22]。

　このような東アジア社会ないしアフリカ黒人社会の発想を反映してか，「わが国では一般に，私人間の紛争を訴訟によって解決することを，ためらい或いは嫌うという傾向がある」（川島武宜）といわれる。わが国の伝統的な「法意識においては，権利・義務は，あるような・ないようなものとして意識されており，それが明確化され確定的なものとされることは好まれない」。西欧の裁判制度をモデルとしてきた「現代のわが国の裁判制度は，紛争事実を明確にした上，それにもとづいて当事者の権利義務を明確且つ確定的のものにすることを目標としている。そこでは，権利があるか，ないか——すなわち，『すべてか，無か』all or nothing——という形で判断が下されることによって，紛争が解決される」。ところが，「このような解決は，本来，わが国の人間関係やそれについての意識には適しない異質のものであるのみならず，そのような裁判によって，それまで不明確・不確定であった権利義務は，明確・確定的なものに転化させられる。そうして，権利義務が明確・確定的でないということによって

当事者間の友好的な或いは『協同体』的な関係が成立しまた維持されているのであるから，右のような訴訟は，いわゆる『黒白を明らかにする』ことによって，この友好的な『協同体』的な関係の基礎を破壊する」。それ故，「伝統的な法意識にとっては，訴訟をおこすということは，相手方に対する公然たる挑戦であり，喧嘩を吹っかけることを意味する」ことになる。「民事訴訟に関するこのような意識は，裁判にも影響を与えている」ようである。日本人の喧嘩両成敗的発想，過失相殺的傾向，和解的思考などは，その例である。その結果，「日本人の法意識に適合する調停が大いに愛好されたのに比べ，訴訟は忌避された」と推測される[23]。

　従来の通説的見解によれば，日本人は紛争解決の公式手段である「訴訟」を嫌い，非公式的な紛争解決手段である「和解」ないし「調停」という裁判外的手段に訴える傾向が強かった。このことから生じる訴訟提起率の低さは，日本人の訴訟嫌いな文化の生み出したものないし意見の一致ないし調和に対する日本人の基本的性格として説明されてきた[24]。日本古来の「理非を論ぜず」「折衷の理」「相互主義」「等価の原則」，中世法の集大成的性格を有する分国法（家法）に見られる「喧嘩両成敗法」，徳川吉宗時代の江戸町奉行・大岡忠助の発した「相対済し令」などは，その例といえよう[25]。しかし他方では，法律家（法曹人口）の不足，訴訟費用，法の実現における法執行（例えば，私人の役割）ないし救済方法（例えば，自力救済，法律扶助制度，代表訴訟，懲罰的損害賠償等など）に期待し得ない現実といった要素を強調する見解も少なからず存在する[26]。

　このように訴訟忌避傾向は，「日本の法文化の中心的要素」であるにもかかわらず，この問題を広範囲にわたって徹底的に分析することは必ずしも行われてきていない[27]。しかし，近時，ドイツの学者故 Christian Wollschläger は，人口比訴訟率を帝国主義時代の日本と大戦後の経済発展の局面とを比較し，「民事裁判の受理件数の低さは，西欧諸国の法の実施状況と対比した限りでは，法文化の真の要素である」と指摘する。この要素こそ，「日本法の日本的局面である」という。歴史的司法統計によれば，「民事裁判の受理件数の低さは，

18世紀の江戸の町奉行にまで遡る」ことができ,「農地を基礎とする封建国家時代から続いている法に対する社会的態度は,西欧国家からの距離の隔たりの大きさとも相まって,日本における訴訟の持続的な世俗的発展を説明する唯一の基礎でもある」と結論づけている[28]。それ故,Wollschlägerの調査結果は,「川島武宜の歴史的アプローチにおいて定式化された訴訟忌避の伝統的通説」を確認するものであるといえよう[29]。

IV 比較法文化論と法人類学(法人間学)

Constantinescoによれば,このような「法の観念」(Auffassung vom Recht),「法の役割」(Rolle des Rechts)ないし「法の機能」は,他の一切の基準の性質や作用を規定するものであり,過渡的現象というにはあまりにも安定的であって,必ずしも社会・経済的変化に伴って動くとはいえない独自の秩序の在り方を示す,という[30]。

わが国では,野田良之の立場がこれに近い,といえよう。野田はいう。「法観念の相違は,法体系を異ならしめる上で決して小さくない要因だということをここでもう一度強調しておきたい。そしてこの法観念を支えている一国民のメンタリティというものの特色は,究極的にはおそらく遺伝子によって担われているものであり,遺伝子はきわめて安定度の高いものであることを思うと,メンタリティ,ひいては法観念もまたその本質においてはきわめて変化しにくい(変化しないということとは違うことを強調しておきたい)ということに思い至らざるを得ない。だから,ある国民が外国法を大量に摂取した場合,いかにその摂取が忠実に行われたとしても,それはやがてその国民の無意識の深層の中で,そのメンタリティにふさわしく同化され,変形されざるを得ない」。しからば,「日本法は世界の法体系のなかでどう位置づけられるべきか」。その問題提起に答えるためには,「比較法の考察の対象をいかに広げていっても,法解釈学的ないし法規中心的見方から脱却しないかぎり,この問題は解決されないということである。それは比較法文化論としてより広い視野に立たねばならない」と[31]。

野田によれば，このメンタリティの相違を生じさせる環境条件などの外部的要因および文化集団の性格といった内部的要因をも考慮の中に入れて日本法を考察した場合，「われわれは，それがロオマ・ゲルマン法族〔大陸法系〕に属するとは簡単にはいえない」，ということになる[32]。この René David 説に対する批判は，そのまま Zweigert および Constantinesco に対しても当てはまるであろう。

これに対し，法観念ないし法意識を「超歴史的・固定的なもの」〔文化のパターン〕として捉えず，むしろ「政治的・経済的・社会的諸状況」，なかでも裁判制度の不備など，「それぞれの時と場所における具体的状況によって」変化しうることを強調する学説も見られる。さらに，法観念ないし法意識を，歴史的社会の土壌に育まれた「歴史的形成物」として捉え，国制史的変動との関連において追究すべだ，とする学説も見られる[33]。

では，日本法は，世界の法文化圏・法系・法族の中にあって，「いかなる法として位置づけられるべきなのであろうか」。法文化論的にいえば，「歴史的文化価値を担う日本法は，西欧化された法ではあっても，西欧法ではない」[34]。このような「日本法の生きた姿」（行為規範となっている社会行動の次元における法）を正しく伝えることが，今後の日本の比較法学者に課された重要な任務と思われる。日本の「生ける法」（lebendes Recht）を捉えるためには，「実定法」ないし「書かれた法」から一歩距離を置いて，より広い比較法文化論的視座に立たねばならない[35]。

他方，EU 法の発展に伴うイギリス法のヨーロッパ法化により，伝統的な「大陸法系」と「英米法系」という枠組みそれ自体が弛緩し，今や「ヨーロッパ法系」と「アメリカ法系」がこれに代替するかの観を呈しつつある[36]。そして，これらの上位概念である「西欧法文化」と東アジア法系を中心とする「北東ユーラシア法文化圏」とが，今や世界の三大経済圏（アメリカ，EU，日本）に対応する主要な二大法文化圏となりつつある，といえよう。

このようなグローバルな潮流を踏まえて，世界の法文化圏・法系・法族における日本法の地位を法文化論的に考察することが，本稿に課せられた主たる目

的である．そのためには，近代および現代のわが国の法の元形（原型・古層・執拗低音）および歴史的前提を探ることが，その出発点となろう．わが国の法と法学の近代化にさいしては，もっぱら西欧の法と法学を摂取する方法をとり，「土着の制度を発展させた側面」は非常に限られていた．しかし，「法についてのものの考え方（法観念・法意識）」に関する限り，「前近代と近代とはけっして断絶していない」．換言すれば，西欧の法と法学を継受するさいには，「意識的にせよ無意識的にせよ，伝統的な〔法観念ないし〕法意識がそこに介在することは避けられなかった」．和魂洋才といわれる所以である[37]．

　日本の「法制度」および「法文化」を考察するに当たっては，以上の法観念ないし法意識といった精神的・心理的・法文化的要因と法制度を中心とする政治的・経済的・社会的諸状況を止揚的に捉え，「精神構造を含んだ意味での社会構造」を比較の対象とするそれぞれの国家ないし社会について明らかにしていく必要があろう[38]．

　そのためには，いかなる方法によるべきであろうか．Leopold Pospisil によれば，「西欧の法制度を他文化の諸制度と比較すると，エスノセントリックな（ethnocentric＝他民族ないし他社会集団およびその文化を自己の立場から判断しがちな）法の性格がドラスティックな形で明らかになる」という．「文化的比較から得られる洞察は，社会学，哲学，法理学から発展してきた重要ではあるがエスノセントリックな法に対するアプローチを補完するために不可欠である」．Pospisil は，さらに「民族学的（ethnological）なアプローチは，欧米人のもつエスノセントリックな偏見を減じさせる可能性がある．このアプローチこそ，法というものを単に西欧法として，また単に文化と切り離された準則の体系（a system of rules）としてだけでなく，その機能は文化を反映し，その構造は多変数的多元的であるダイナミックなプロセスとして視る複眼的なものの見方を可能にする」という．「このような比較的視座から，深く沁みこんだエスノセントリックな偏見は白日の下に晒され，自己の法制度をより客観的に理解することを可能にする．その結果，すべての社会に適用可能な法の役割について，一般化できる可能性が開かれてくることになる」と指摘する[39]．

彼は，古典的名著『法人類学―比較理論』(Anthropology of Law — A Comparative Theory) において，次のようにいう。法人類学（法人間学）は，「人間の文化から，経済，政治構造，法，性格構造，社会的関係といった一部分（a segment）を恣意的に摘出するのではなく，人間文化を統合された全体として捉え，考察しなければならない」と。したがって，法というものも，「文化全体の統合的部分として研究しなければならない」ことになる[40]。

1) René David, Traité élémentaire de droit civil comparé 227 (1950).
2) Id. at 224.
3) Id. at 223 f., 226 ff.
4) René David & C. Jauffret-Spinosi, Les grands systémes de droit contemporains § 491 (10th ed. 1992) (1964). 以上の点に関する邦語文献として五十嵐清『比較法入門』（改訂版）87頁以下（日本評論社・1972年）(1968年) 参照。
5) Id. at § 58 (Des liens étroits avec la famille romano-germanique subsistent au Japon)；野田良之「日本における比較法の発展と現状 (2)」法学協会雑誌90巻1号14頁（1973年）；R. DAVID & J. BRIERLEY, MAJOR LEGAL SYSTEMS IN THE WORLD TODAY § 56 (1968) ([T]he menbership in the Romano-Germanic family continues to characterize the laws of Japan)；id. at § 58 (3d ed. 1985) ([L]inks with the Romano-Germanic family remain in the case of Japan).
6) K. Zweigert, Zur Lehre von der Rechtskreisen, in : XXth CENTURY COMPARATIVE AND CONFLICTS LAW 42 (in honor of Hessel E. Yntema, 1961), 真田芳憲訳「法圏論について」，桑田三郎編訳『西ドイツ比較法学の諸問題』71頁（中央大学出版部・1988年）。
7) K. ZWEIGERT & H. KÖTZ, EINFÜHRUNG IN DIE RECHTSVERGLEICHUNG AUF DEM GEBIETE DES PRIVATRECHTS 65 (3. Aufl. 1996) (1971), 原書第1版の邦訳として，大木雅夫訳『比較法概論・原論』112頁（東京大学出版会・1974年）がある。
8) L. J. Constantinesco, Über den Stil der "Stiltheorie" in der Rechtsvergleichung, 78ZvglRWiss 154, 171 (1979), 真田芳憲・後藤武秀訳「比較法における『様式理論』の様式について」，桑田，前掲注6) 95, 127頁。
9) 野田良之「書評：K・ツヴァイゲルト／H・ケッツ著，大木雅夫訳『比較法概論・原論』[1974年]」，比較法研究37号227頁（1975年）。
10) 真田芳憲「基礎法学と比較法」・日本比較法研究所編『比較法の方法と今日的課題』48頁以下（中央大学出版部・1990年）。その突破口を開いたのは，A. T. ヴォ

第 4 章　日本法と外国法　813

ン・メーレン編『日本の法—変動する社会における法秩序—』（東京大学出版会・1965 年）であり，安田信之『アジアの法と社会』（三省堂・1987 年），千葉正士『アジア法の多元的構造』（成文堂・1998 年）が，これに続く。
11) 野田，前掲注 5)。
12) 石井良助『日本法制史概説』1 頁以下（創文社・1952 年）(「上代（古代—不文固有法の時代）および中代（朝廷法時代—律令時代—シナ法継受時代；荘園的封建時代—式目法時代—固有法復活時代；藩村的封建時代—触書法の時代—固有法発展時代）を通じて大部分は固有法の時代であった」(5)。「奈良朝時代頃には，全面的にシナ法系の影響を受けたが，その後，次第に古代の固有法が復活発達して，独自の体系を樹立した」(1)。
13) 野田良之「日本における外国法の摂取」・伊藤正巳編『外国法と日本法』14 現代法 180 頁以下（岩波書店・1966 年）。
14) 伊藤正巳「日本国憲法と英米憲法」600 ジュリスト 150 頁（1975 年）。
15) 田中英夫「日本における外国法の摂取—アメリカ法」・伊藤正巳編，前掲注 13) 291-300 頁。
16) 三ヶ月章『法学入門』89 頁以下（弘文堂・1982 年）。
17) 拙稿「日本法と外国法：法継受論 (2)」46 北大法学論集 1113 頁以下（1995 年）。
18) R. David, The Different Conceptions of the Law : Introduction, 2 INT'L ENCYCLO. COMP. L. : THE LEGAL SYSTEMS OF THE WORLD, THEIR COMPARISON AND UNIFICATION 3 (1975), 大木雅夫『日本人の法観念—西洋的法観念との比較』10 頁（東京大学出版会・1983 年）にその一部の邦訳がある。
19) Id. at 4 (5. The rule of law, the ideal in some societies) (Ubi societas ibi jus).
20) Id. at 5 (7. The Far Eastern ideal of social harmony).
21) Id.
22) Id.
23) 川島武宜『日本人の法意識』127, 139-40, 143-44, 132, 166 頁以下（岩波新書・1967 年）。See also Dan F. HENDERSON, CONCILIATION AND JAPANESE LAW : TOKUGAWA AND MODERN ch. VIII (1965).
24) Takeyoshi Kawashima, Dispute Resolution in Contemporary Japan, in : Arthur T. von MEHREN (ed.), LAW IN JAPAN : THE LEGAL ORDER IN A CHANGING SOCIETY 41 (1963), 川島武宜「現代日本における紛争解決」A. T. ヴォン・メーレン編『日本の法—変動する社会における法秩序—』（上）59 頁（東京大学出版会・1965 年）。
25) 石母田正「歴史学と『日本人論』」石母田正著作集『古代法と中世法』8 巻 292 頁以下（岩波書店・1989 年）。
26) John Owen Haley, The Myth of the Reluctant Litigant, 4 J. JAPANESE STUD.

359-90 (1978), 加藤新太郎訳「裁判嫌いの神話」902 判例時報 14 頁（1978 年），907 判例時報 13 頁（1979 年）；佐々木吉男『増補民事調停の研究』（法律文化社・1967 年）；田中英夫・竹内昭夫『法の実現における私人の役割』3 頁以下（東京大学出版会・1987 年）；熊谷開作『近代日本の法学と法意識』108 頁（法律文化社・1991 年）。

27) J. Mark Ramseyer & Minoru Nakazato, The Rational Litigant : Settlement Amounts and Verdict Rates in Japan, 18 J. LEG. STUD. 263 (1989) ; Takao Tanase, The Management of Disputes : Automobile Accident Compensation in Japan, 24 L. & SOC'Y REV. 651 (1990) ; Daniel H. Foote, Resolution of Traffic Accident Disputes and Judicial Activism in Japan, 25 LAW IN JAPAN 19, 39 (1995).

28) Christian Wollschläger, Historical Trends of Civil Litigation in Japan, Arizona, Sweden, and Germany : Japanese Legal Culture in the Light of Judicial Statistics, in : HARALD BAUM (ed.), JAPAN : ECONOMIC SUCCESS AND LEGAL SYSTEM 89 ff. (1997).

29) Wollschläger, supra note 28, at 134.

30) 1 L. CONSTANTINESCO, RECHTSVERGLEICHUNG : EINFÜHRUNG IN DIE RECHTSVERGLEICHUNG S. 266 (1971)；六本佳平「『日本人の法意識』研究概観―法観念を中心として」，35 法社会学 15 頁（1983 年）。

31) 野田，前掲注 5) 14-15 頁。

32) 野田，前掲注 5) 14 頁。

33) 前掲注 26) 引用の諸論文参照。さらに，大木雅夫『日本人の法観念―西洋的法観念との比較―』243 頁（東京大学出版会・1983 年）；石井紫郎「中世の法と国制に関する覚書」同『日本人の国家生活』73, 77 頁（東京大学出版会・1986 年）；水林彪「『日本的法意識』の歴史的基礎」法社会学 35 巻 34, 35 頁（1983 年）。

34) 野田，前掲注 13) 181 頁。

35) 野田，前掲注 5) 14-15 頁。

36) J. SCHWARZE, EUROPÄISCHES VERWALTUNGSRECHT (1988) ; H. KÖTZ, EUROPÄISCHES VERTRAGSRECHTS (1992), H. KÖTZ & A. FLESSNER, EUROPEAN CONTRACT LAW (T. Weir transl. 1997), 潮見佳男・中田邦博・松岡久和訳『ヨーロッパ契約法』（法律文化社・1999 年）；JURGEN BASEDOW, EUROPÄISCHE VERTRAGSRECHTSVEREINHEITLICHUNG UND DEUTSCHES RECHT (2000), 半田吉信他訳『ヨーロッパ統一契約法への道』（法律文化社・2004 年）；CHRISTIAN v. BAR, GEMEINEUROPÄISCHES DELIKTSRECHT (1998), 窪田充見訳『ヨーロッパ不法行為法』（弘文堂・1998 年）；Cees van DAM, EUROPEAN TORT LAW (2006) ; 2/2005 ERA- FORUM, Special Focus on EUROPEAN PRIVATE LAW ; 2006 Special Issue : EUROPEAN CONTRACT LAW.

37) C. Montesquieu, De l'esprit des lois, Livres 14-17 (1748) ; A. FEUERBACH, IDEE UND NOTWENDIGKEIT EINER UNIVERSALJURISPRUDENZ (1853) は，その先駆的業績である。わが国では，野田良之「比較法文化論の一つの試み」・早稲田大学比較法研究所編『比較法と外国法』19，40-41 頁（1978 年）；石井紫郎『近世の法と国制』前掲注 33)，231-32 頁。
38) 村上淳一『「権利のための闘争」を読む』274 頁（岩波書店・1983 年）。
39) Leopold J. POSPISIL, ETHNOLOGY OF LAW, Preface & 1 f. (2d ed. 1978).
40) Leopold J. POSPISIL, ANTHROPOLOGY OF LAW ix-x (1971) (Anthropology of law avoids ethnocentric bias. It studies societies comparatively, no matter how primitive or civilized. Law should be studied as an integral part of the cultural whole).

〔中央大学法学部教授〕

第 5 章

ALI/UNIDROIT 渉外民事訴訟手続の策定

小 島 武 司
清 水 宏

I　はじめに

　通信手段や交通手段の発達に伴い，経済・社会のグローバル化が進展しており，それに応じて司法（正義）へのアクセスに対する要請もグローバルなものとなっている。また，渉外事件における司法へのアクセス障害は，国内事件におけるそれと比較して，一段と大きくなりがちである。そこで，渉外事件におけるアクセス障害を可能な限り解消する必要はとりわけ高い。

　かつてイタリアのマウロ・カペレッティ教授が中心となって推進された手続法改革に関するフィレンツェ・プロジェクトにおいては，改革に関する三つの波に分けて，その分析が行われた[1]。それに加えて，同プロジェクトの共同研究者であった小島は，これらに続く第四の波としての相対交渉，第五の波としての渉外的な手続保障の理論を提唱している[2]。この第五の波は，上述した渉外事件における正義への普遍的アクセスの重要性を認識してのものである。

II　渉外事件における正義へのアクセス実現の努力

1．過去の努力

　もちろん，これまでも，正義へのアクセス実現のひとつの方法として，各国の法制度の間に存在する相違点を可能な限り減少させ，裁判手続を国際的に調和させていこうという幾多の試みが行われてきた。そして，こうした試みは，

それなりに進展をみせている。

若干の例を挙げると，市民的権利に関する条約のあるものには，裁判機関での平等な取扱い，独立の保障された裁判機関における公正で，効率的で，公開の，口頭審問を受ける権利など，基本的な手続保障が含まれている[3]。こうした手続的保障は，いわば普遍的原理であり，手続法的ハーモナイゼーションの基礎として広く認識されているといえよう[4]。また，外国送達および外国での証拠収集に関するハーグ条約，管轄および判決の承認に関するハーグ条約，そして，判決の承認に関するヨーロッパ条約など，個別具体的な問題に関する国際条約というかたちでも，訴訟法の国際的な調和に向けた努力は行われてきた。しかしながら，これらの諸条約では各国の既存の裁判制度を所与の前提とし，訴訟制度そのものの調和にまで踏み込むものではなかった[5]。

もっとも，ベルギー・ゲント大学のマルセル・シュトルメ教授およびその協同研究者のグループは，この問題に関する先駆的な研究である司法のアプロクシメーション・プロジェクトにおいて，請求の方式，証拠調べ，および裁判手続といった点については，国際的な調和が可能であることを分析した[6]。

たしかに，近年，コモン・ローと大陸法における手続法的な相違は実質的に減少しており，法族間の距離が以前よりも接近していることは事実である[7]。しかしながら訴訟制度間の相違には，地域的・法文化的伝統に根ざしている克服しがたいものもあるため，訴訟制度の国際的調和は達成できないであろうという思い込みもあり，さらなる調和には依然として大きな壁が立ちはだかっているといえよう[8]。

2．ALI渉外民事訴訟ルール・プロジェクト

アメリカにおいても，グローバリゼーションの進展を受けて，アメリカ法律協会（American Law Institute：ALI）がその活動範囲のグローバル化を決断し，国際的なプロジェクトを発足させた。すなわち，1997年にアメリカ・イェール大学のジェフリー・C．ハザード・ジュニア教授およびイタリア・パヴィア大学のミケーレ・タルフォ教授による渉外民事訴訟ルール（Transnational

Rules of Civil Procedure）の起草がそれである[9]。

　このプロジェクトを始めるにあたって，両教授はさまざまな国の法文化の衝突を避けるため，慎重にルールの対象を設定している[10]。すなわち，当初は，司法の性格や制度の相違が政治的・文化的に影響を与えるおそれの少ない，国際商事取引から生じる紛争に限定している[11]。また，手続の各分野においても，アメリカ法に固執せず，大陸法的な手続を採用する努力が払われており，そうした調和のための配慮は，ルールの各条文における文言に用いる言葉の選定にまで及んでいるのである[12]。

　このプロジェクトにとって大きな転機となったのは，国際連盟の補助機関として創設され，ローマに本拠を置く私法統一国際協会（UNIDROIT）が参加することとなった1999年4月であった。参加に際して同協会は，ドイツ・フライブルク大学のロルフ・シュトゥルナー教授に，当時発表されていた渉外民事訴訟ルールの草案[13]の検討を依頼した。シュトゥルナー教授は，その鑑定意見において，訴訟法の調和は世界的規模での統一民事訴訟の制定に比べて有益で，望ましいものであり，現実に各法族が近似している傾向に鑑みて十分に成功の見込みがあるとした。その上で，大陸法諸国が同ルールを採用する上での最大の困難は，当時の草案では規定が置かれていた陪審の克服であることを指摘し，それを除いては，推奨できるとし，各国および各州によっては修正を伴って採用されるであろうと肯定的な評価を行った[14]。

　このようにして協同の枠組みが生まれ，私法国際統一協会側からは，このプロジェクトに，渉外民事訴訟ルールだけでなく，訴訟手続に係る基本原則も含めることが提案され，アメリカ法律協会がそれを受け入れた。これによって，本プロジェクトは，渉外民事訴訟に関する基本原則（Principles of Transnational Civil Procedure）と渉外民事訴訟ルールとの2本立てで行われることになった[15]。

　その後，アメリカ法律協会と私法統一国際協会の共同作業[16]は，数度の草案[17]が作成された後に，ついに，私法統一国際協会においては2004年4月に，また，アメリカ法律協会においては2004年5月に渉外民事訴訟の基本原則が

採択されるに至った。

3．日本における活動

このように，本プロジェクトは，ハザード教授およびタルフォ教授を中心とするアメリカ法律協会のプロジェクトではあるが，アメリカン・スタンダードをグローバル・スタンダードとして押し付けるものではなく，各国の法文化との抵触を最低限度に抑えたものとするため，世界各地での協議会[18]等を通じて不断に意見の汲み上げが行われ，それを基に修正が行われている。

わが国においては，国際アドヴァイザーとして，谷口安平教授，三木浩一教授，および小島が，また，作業グループには UNIDOROIT を通じて河野正憲教授が参加することとなった。また，コンサルテイティヴ・グループとして伊藤眞教授が，さらに，国際コンサルタントとして浅香吉幹教授，梶谷 玄弁護士（当時。後に最高裁判所判事），竹下守夫教授，田邊 誠教授，松下淳一教授，南 敏文判事，本林 徹弁護士，および柳田幸男弁護士が，関与することとなった。なお，1999 年 6 月および 2001 年 10 月には，ハザード教授およびタルフォ教授の他，トレイナー会長を含むアメリカ法律協会の複数のメンバーが来日し，国際アドヴァイザー会議が開催された。

また，国内における多様な意見を集約するために，1999 年 6 月に民事手続法国際ハーモナイゼイションフォーラムが開催された[19]。同フォーラムでは，国際アドヴァイザー会議を受けて，渉外民事訴訟ルール草案を日本法と比較しつつ逐条的検討を行った[20]。また，シュトゥルナー教授が私法統一国際協会に提出した鑑定意見の内容を報告し[21]，大陸法的観点からの比較検討も行われた。こうした作業を通じて，本プロジェクトに対する日本側の意見集約が行われた。その結果を踏まえて，さらなる国際アドヴァイザー会議での討論が行われた[22]。また，こうした作業と併行して，アメリカ法律協会の組織的活動に関する研究も行われた[23]。

III　渉外民事訴訟手続に関する基本原則の生成

1．対象の設定

　このプロジェクトは，手続の対象を国際商事取引に絞って調和を行うことを目的とするものである。

　まず，商事事件に限った理由であるが，一般民事事件すべてを渉外民事訴訟手続ルールの対象とすると，とりわけ，懲罰的損害賠償制度や全面成功報酬制度などと結びついたアメリカの不法行為訴訟を取り込むことになる。しかし，そうした点について，大陸法的な訴訟制度と調和させるために敢えてアメリカに譲歩を求めても，その実現はきわめて困難であると予想される。国際的影響力を有するアメリカの参加は渉外民事訴訟手続プロジェクトの成否に大きな影響を与えるため，対象を商事事件に限定したものである[24]。

　次に，渉外事件を対象としたのは，国内訴訟法というものは，既述のように各国の法の伝統に根ざすものであって，各国はそれぞれ独自の法文化ないし訴訟文化を創り上げており，これらを無視して各国の国内訴訟法を統一することは現実的でないためである。ドイツから移植された日本の訴訟法も，独自の展開を遂げていることから，単なる条文の共通化では，統一的なルールの形成には近づき難いのである。これに対して，渉外事件については，国際仲裁の経験から明らかなように，法文化から中立的な手続形成が可能である。そこで，渉外事件に限定して，法の調和を図ろうとしたのである[25]。もっとも，渉外性という要件については，外国人当事者を加えて渉外性をもたせることで，内国訴訟ルールの適用を回避する可能性も否定し得ない。そこで，裁判機関が，当事者間の紛争のうち，何が主たる紛争かを特定して渉外性を判断する仕組みを講じる必要があろう[26]。

2．類似点および相違点の分析

　渉外民事訴訟手続の基本原則は，本質的に，国家の裁判システムの下で施行されている民事訴訟法典において表明されるべき必要事項を宣明することを意

図するものである。これに対して，渉外民事訴訟ルールは，渉外商事紛争に関する裁判手続のため，国家の裁判システムにおいて採用することのできる適切な民事訴訟法典モデルの提案を意図するものである。したがって，基本原則とルールとは，渉外的な民事紛争解決手続という問題を対象としようとする点では同じであるが，その内容の抽象度という点で異なるのである[27]。

また，このプロジェクトにおける基本原則とは，手続について詳細に定めた本体部分であるルールの解釈指針であると位置づけることもでき，さらには，既存の国家法を解釈するための指針として採用されることも考えられよう[28]。

アメリカ法律協会と私法統一国際協会との作業では，こうした基本原則を抽出する前段階として，まず，訴訟制度における基本的な類似点と基本的な相違点の分類が行われた[29]。すなわち，近代的訴訟制度が基本的な類似点を備えているということは重要な出発点であり，これらの類似点は，訴訟法というものが，ある固有の要請に応えなければならないという事実から生じるものであるということができる[30]。そこで，どのような要請が存在するのかを分析することで，異なる法制度間における機能的な類似点を抽出する作業を容易なものとすることができるのである。他方で，訴訟制度の相違点を分析することで，そうした相違が本質的なものか否かを見極め，達成可能な調和の程度を想定することが可能となるのである[31]。

訴訟制度における基本的な類似点としては，対人管轄および対物管轄の仕組み，中立の審判者の特性，被告に対する通知の手続，請求の方式についてのルール，適用可能な実体法の解釈，証拠を通した事実認定，専門家の証言の取扱い，審理，判決，および上訴審についてのルール，判決の終局性などが挙げられよう[32]。

これに対して，相違点には多様なものがあるが，そのうち最も典型的なものとしては，大陸法とコモン・ローとの違いから来るものが挙げられよう[33]。近年，両者にはさまざまな局面で接近する傾向があることが分析されているものの，なお，影響力のある相違点であるといえよう[34]。これには，たとえば，以下のようなものが挙げられる。

(1) 大陸法の裁判官は，コモン・ローの裁判官と比べて，職権主義的な傾向が強いとされており，証拠調べを含む手続進行において主導的な役割を果たしている。
(2) 大陸法の裁判官は，職業裁判官としてキャリアを形成するのに対して，コモン・ローの裁判官は，一般に経験を積んだ弁護士から選出されることが多い[35]。
(3) 裁判官および弁護士の役割に関しては，それぞれにおいて異なる技術が要求されている。大陸法における裁判官は，争点を形成し，秩序立ててそれを検討するし，また，大陸法の弁護士は，訴訟の進行に関し，裁判官に対して訴訟指揮権の行使を求める。

これに対して，コモン・ローにおいて要求される技術は，多かれ少なかれ反対のものである。コモン・ローの弁護士は自ら，争点を形成し，秩序立ててそれを検討するための技術を身につけていなければならず，手続を主導する立場に立つ。他方，コモン・ローの裁判官は補充的な尋問によって事案の解明を行うことが期待されるに過ぎない[36]。
(4) 大陸法の訴訟は，一連の短い審理期日の積み重ねを通じて行われる（併行審理）のと対照的に，コモン・ローの訴訟では，プリトライアル手続の後で，集中的に証拠を取り調べるトライアル（集中審理）が行われる。
(5) 証拠調べに関しては，コモン・ローの伝統では，弁護士によって取調べが行われ，裁判官は証拠の管理ないし取調べの補助をするに過ぎないのに対して，大陸法の伝統では，証拠は裁判官によって取り調べられるのであって，弁護士は意見を述べるに過ぎない[37]。
(6) コモン・ローでは，証拠は，集中審理が行われるトライアルにおいて定められたスケジュールに従って取り調べられるのに対して，多くの大陸法では，証拠は，通常，証言者の都合などを考慮しつつ各期日のいずれかの時点で取り調べられることになる。
(7) 大陸法の上訴審は事実審および法律審の二つがあるのに対して，コモン・ローでは原則2審制が採られ，上訴審とは法律審を指すことになる場

合が多い。

　さらに，同じコモン・ローといっても，アメリカのそれは，他の諸国のそれとでは大きく異なっている。アメリカ法の特徴には，たとえば，以下のようなものがある。

(a)　アメリカの連邦および州の裁判所では，陪審審理が広く採用されており，同制度に対する国民の支持もきわめて高い。これに対して，他のコモン・ロー諸国では，民事事件においては陪審が利用されないことが多いようである。

(b)　アメリカでは，証拠開示に関して，ディスカヴァリおよびディスクロージャーという制度が整備されており，事件に関する情報および証拠の収集に関して，当事者にきわめて広範な権限が認められている。これに対して，他のコモン・ロー諸国では，文書などに限定されたディスカヴァリが認められる程度である。

(c)　弁護士費用の負担について，アメリカでは，勝訴当事者を含めたいずれの当事者も，自ら契約した弁護士の報酬を支払い，敗訴当事者からそれを取り立てることはできないという，いわゆるアメリカン・ルールにより運営されている。これに対して，他の諸国では，弁護士報酬について敗訴者負担制度が導入されている[38]。

3．プロジェクトにおける調和のあり方

　このプロジェクトは，単なる渉外的な紛争解決手続の研究だけを目的とするものでなく，最終的には各国の政府によって採用され，条約ないし国内法として施行され，国家の裁判機関において利用されることまでを視野に入れたものである。

　たとえば，請求の方式に関しては，ほとんどの法制度で実質的に類似している。大陸法制度においては，訴状に当事者，請求，攻撃防御方法，証拠などに関する詳細な情報を記載することが求められる。また，コモン・ロー制度における訴答でも，原告は，人，場所，時間，事件の結果などに関する事実につい

て，合理的に詳述することを求められる[39)]。この点では，そのエッセンスを抽出することで，調和が容易に達成できるであろう。

　もっとも，訴訟法の調和を図るにあたっては，相違点の克服がきわめて重要となろう。たとえば，陪審制度の利用は，上述のようにコモン・ローと大陸法と大きな相違点であるが，この点についてはコモン・ローが譲歩を行い，職業裁判官による審理を原則とする手続となっている。すなわち，基本原則1条1項では，「裁判機関（court）および裁判官（judge）は，」として，陪審（jury）という概念を用いていない。これは，陪審審理に大きな信頼を置くアメリカにとっては大きな譲歩であるといえよう。

　これに対して，ディスカヴァリについては，アメリカのそれに一定の修正を加えて認めることで，大陸法側が譲歩を行っている。基本原則16条2項では，「裁判機関は，当事者の適時の申立てにより，相手方当事者が所有し，または，支配する，重要で，秘匿特権のない，そして，合理的に認否された証拠を開示するよう命じなければならない。」として，制限的な文書のディスカヴァリおよびディポジションを認めている。これは，わが国の文書提出命令や検証物提出命令よりは広いが，アメリカのディスカヴァリよりは限定的なものであるといえよう。その背景には，特定の事実に関する主張を求める訴答制度を採用することで，ディスカヴァリを限定したという事情がある。すなわち，特定の事実について訴答を行った当事者は，ディスカヴァリを行う段階で，これらの主張を根拠付けることになる文書，証言，鑑定報告書を含む，特定の証拠に限定して開示を求めれば足りることになるのである。さらに，その前提としては，訴えの提起は相当な根拠に基づくことが必要であり，単にディスカヴァリによって事件の内容が明らかになることが期待できる程度では不十分であるとの理解の存在が指摘できよう。この訴答とディスカヴァリというコンビネーションは，多くの大陸法制度では不適法とみなされているものの，大陸法の裁判官も，関連する文書証拠および証人の証言の提出を強制する権限を有していることに鑑みれば，その受容がまったく不可能とはいえないであろう[40)]。

　ところで，専門家の取扱いについては，裁判機関による中立の専門家の利用

と，当事者による専門家証人の利用とをいずれも認めるというかたちで止揚を図っている。たとえば，ルール26条1項では，「裁判機関は，法律上の定めがある場合には，中立の鑑定人または鑑定人団に鑑定を委嘱しなければならない。」と定めると共に，26条3項では，「当事者は，あらゆる争点に関して，鑑定人または鑑定人団を任命することができる。」と定めており，いずれの制度の利用も認めている[41]。

このように，コモン・ロー，大陸法，いずれかが一部譲歩を行う，あるいは，両者を統合するかたちで均衡状態が成立しているとみることができる。今後，実際に各国が渉外民事訴訟の基本原則およびルールを採用するにあたって，この均衡状態がどのように動くかは注目に値しよう。

Ⅳ　わが国への導入の可否

繰り返しになるが，本プロジェクトは，各国または各州で現実に採用されることを目的としている。そこで，本プロジェクトの基本原則について，①わが国にも同様の基本原則が存在するため，そのまま受容可能であるもの，②わが国には同様の基本原則が存在しないものの，そのまま受容可能であるもの，③わが国の基本原則を修正して受容すべきもの，④受容が困難であると思われるもの，の四つのカテゴリーに分けて検討してみる[42]。

1．日本法において明文で同様の基本原則が定められているため，そのまま受容可能であるもの

1条に関して，司法権の独立（憲76条3項），裁判官の身分保障（憲78条）については，わが国において問題なく認められている。また，裁判所の偏頗性を争うための手続としては，裁判官の除斥（民訴23条）および忌避（民訴24条）の制度がおかれている。さらに，当事者の出席不能に関しては，訴訟手続の中断および中止の制度がおかれている（民訴124条）。

2条1項，2項に関して，被告の居所（民訴4条2項）や被告の財産所在地（5条4号）などに基づく管轄権の行使は，わが国でも認められている。

3条4項に関しては，法定管轄に関する規定（民訴4条以下）は，当事者間の公平や便宜に配慮したものであり，法廷地の住民でない者に不合理な負担を課すものではない。

4条2項後段について，弁護士は職務上知りえた秘密を保持する権利を有し義務を負うものとされている（弁23条）。

5条1項，3項に関して，日本では，送達（民訴98条以下）に関する詳細な手続，期日における呼出し（民訴94条，民訴規213条2項・3項）について定めが置かれている。とりわけ，訴状や判決などの重要な判断については，特に送達に関する定めが置かれている（民訴138条，255条参照）。また，同7項に関しては，電話会議システム等の利用（民訴170条3項，204条など）についても定めが置かれている。さらに，同8項に関して，決定手続においては口頭弁論を開くことが裁判所の裁量に委ねられており（民訴87条1項），口頭弁論を開かずして，裁判所が判断を下すことは可能である。また，決定に対する不服申立て方法として，抗告制度（民訴328条以下）が存在する。

6条3項に関して，日本語に通じていない者については，通訳人の立会い（民訴154条）が認められている。

7条に関して，民事訴訟法2条では，「裁判所は，民事訴訟が公正かつ迅速に行われるように努め，当事者は，信義に従い誠実に民事訴訟を追行しなければならない」と定めている。

8条1項に関して，民事保全法で，民事訴訟の本案の権利実現のための仮差押えおよび係争物に関する仮処分，並びに本案の権利関係についての仮の地位を定める仮処分が認められている（民保1条）。また，同2項に関して，裁判所は必要に応じて債務者を審尋することができ，保全命令に対する保全異議（民保26条）も認められている。さらに，同3項に関しては，保全命令に当たって，裁判所は担保提供命令を発することができる（民保14条）。

9条1項，4項に関しては，コモン・ローにおける訴答制度を採用していることから，形式的には，大陸法的な構造を有するわが国の民事訴訟法と相容れないのではないかとの見方も可能であろう。しかしながら，わが国の訴訟構造

を，訴状および答弁書の提出から第一回口頭弁論期日まで，争点整理手続[43]，および集中証拠調べの3段階としてみるならば，それぞれに対応関係が見られ，受容には問題ないものと思われる。9条2項・3項に関しては，いわゆるファクト・プリーディングであるとみることができ，この段階で要求されている書面の記載事項については，訴状の必要的記載事項（民訴133条2項）および任意的記載事項（民訴規53条・54条），答弁書の記載事項（民訴規80条）が定められている。その他，進行協議期日（民訴規95条），計画審理制度（民訴147条の2以下），中間判決（民訴245条）などの制度もあり，受容に問題はないであろう。

10条1項に関して，処分権主義に基づいて，訴訟の開始は当事者の意思に委ねられる。具体的には，原告による訴状の提出（民訴133条1項）により，訴訟は開始する。

11条4項に関して，擬制自白（民訴159条）についての定めが置かれている。もっとも，その効果や撤回の可否等については，検討を要しよう。

12条に関して，共同訴訟（民訴38条以下），訴訟参加（民訴42条以下），当事者の交替（民訴124条1項参照），請求の併合（民訴136条），訴えの変更（民訴143条以下），中間確認の訴え（民訴145条），反訴（民訴146条）などいずれも定めが置かれている。

14条1項に関して，裁判所には訴訟指揮権が認められており（民訴148条），公正かつ迅速な裁判を行う責務を負っている（民訴2条）。また，同2項に関しては，当事者には期日申立て権（民訴93条参照）のように，一定の場合には手続に関する申立て権が認められている。さらに，同3項に関しては，計画審理制度（民訴147条の2以下）の定めもある。

15条1項に関して，口頭弁論を経ないで訴えを却下する場合（民訴140条）については，相応する定めが置かれている（民訴78条，290条，355条など）。

16条4項に関して，尋問の順序は，原則として，尋問を申し出た当事者，相手方当事者，そして裁判官の順序によるが，裁判所は，当事者の意見を聴いて，この順序を変更することができる（民訴202条1項・2項）。また，同6

項に関して，自由心証主義（民訴247条）の採用により，証拠力を自由に評価することも認められている。

17条に関して，民事訴訟法上の制裁としては，費用の負担（民訴62条・63条），過料等（民訴192条等），罰金（民訴193条等），事実に関する推定（民訴224条）がある。また，裁判所は攻撃防御方法を却下すること（民訴157条以下）や，訴権の濫用として訴えを却下することも認められている（民訴140条参照）。

18条1項に関しては，証言拒絶（民訴197条）および提出義務除外文書（民訴220条4号参照）により，秘密が保護されうる。また，文書の秘密性を判断するためのイン・カメラ手続もおかれている（民訴223条6項）。さらに，同2項・3項に関して，当事者が文書提出命令に従わない場合等の効果（民訴224条）や第三者が文書提出命令に従わない場合の制裁（民訴225条）も定められている。

19条に関して，日本では，口頭主義を原則としつつも，手続実施日の証拠とするためや，重要な訴訟行為の確実を期するためなどを理由として，一定の場合に書面主義が導入されている（民訴133条1項等）。

20条に関して，口頭弁論を支える原則である裁判の公開は，憲法上の要請であり（憲82条1項），例外としての公開停止に関する定めもある（憲82条2項）。訴訟記録の閲覧も，原則として認められている（民訴91条参照）。

21条3項に関して，相手方による証明妨害に対する制裁としては，上述のように文書の提出に関するもの（民訴224条）がある。

22条3項に関して，判決の言渡しについては，原則として，主文，事実，理由等を記載した判決書（民訴253条1項参照）による。また，その言渡しは，原則として，口頭弁論終結後2ヶ月以内にしなければならないとされている。

24条1項に関して，裁判機関は，和解について，訴訟がいかなる程度にあるかを問わず，勧試することができる（民訴89条）。また，同3項に関して，当事者が和解の費用負担等を定めなかった場合，第一審裁判所の裁判所書記官は，その額を定めることができ（民訴72条），不必要な行為があったときには，

それによって生じた費用の全部または一部を負担させることができる（民訴62条）。

25条2項に関して，上述のように，不必要な行為があった場合（民訴62条），および，訴訟を遅延させた場合（民訴63条）の費用負担の定めが置かれている。

28条1項に関して，係属中の訴訟に関するルールについては，わが国でも，口頭弁論終結後の承継人に対して既判力がおよぶ（民訴115条1項3号）として，認められている。

2．日本法には同様の基本原則を定める明文が存在しないものの，そのまま受容可能であるもの

1条5項に関して，原則として，法律問題を裁判機関の専権事項とすることは，異論なく認められている。

2条5項，6項に関して，不便宜法廷地の法理（forum non convenience）的な考え方は，国際裁判管轄権行使の判断要素として用いる下級審裁判例があり[44]，受容可能であると思われる。

3条1項，2項に関して，日本では，裁判の理想の一つとして当事者の公平が挙げられる。また，口頭弁論を支える原則の一つとして，当事者平等主義が採用されている。このことは，渉外事件においても変わるものではないであろう。

4条2項に関して，訴訟代理人が依頼者に対して忠誠を尽くすことは問題なく認められる。もっとも，その程度については，弁護士倫理の問題でもあり，究極においては各国の法文化に委ねられることになろう。

5条2項に関しては，特段の問題はないであろう。同4項に関して，当事者の主張・立証の権利については，弁論主義が採用されていることから認められる。同5項に関しては，手続保障の観点からも受容可能であろう。

10条2項に関して，訴答制度を前提としているため，訴答の修正という表現となるものの，わが国における準備書面（民訴161条）による訴状または答

弁書の補充や修正に相応するものとみることもできよう。また，同2項に関しては，訴えの取下げ（民訴261条），訴訟上の和解（民訴89条・267条）などにおいて，当事者が自主的に訴訟を終了させることも認められている。

11条1項〜3項に関しては，民事訴訟法2条の内容を具体化したものとみることができよう。また，同5項に関しては，地方裁判所以上の裁判所で訴訟を行う場合，訴訟代理人は弁護士でなければならず（民訴54条1項本文），弁護士は，弁護士法および弁護士倫理による規制を受けるため，本条の定めによる要請に十分応えることができよう。

15条3項，5項に関して，実務において当然に行われていることであり，受容に問題はないであろう。

16条3項に関して，証人尋問等に際して，日本ではドイツと異なり，訴訟外での証人に対する接触は禁じられていないため，受容可能である。

22条1項・2項で述べられていることは，日本においても裁判所の役割とされており，受容可能である。また，同4項に関しては，外国法など裁判官が現実に知らない法的知識については証明の対象となり，鑑定が実施されることになる。

26条に関して，判決に仮執行宣言（民訴259条）が付されていれば，終局判決後，暫定的であるが，直ちに執行することが可能となる。実務においては，給付訴訟のほとんどで仮執行宣言の申立てがなされていることに鑑みれば，それほど問題ではなかろう。

27条3項に関して，新たな事実および証拠を取り調べることができるという点は，控訴審についてみれば，わが国の採用する続審制になじみやすいものといえよう。

29条に関して，上述のように，給付訴訟の請求認容判決について仮執行宣言が付されれば，迅速な執行が可能となろう。

31条[45]に関して，相互主義の点から問題はないであろう[46]。

3．日本法の基本原則を修正して受容すべきもの

3条3項に関して，わが国では，原告が日本国内に住所等を有しない場合には，裁判所は，被告の申立てにより，決定で訴訟費用の担保を立てることを命じなければならない（民訴75条1項）。こうした負担は，渉外事件の不当な障壁とされるおそれがあり，修正されるべきであろう。

4条1項について，一般に訴訟代理人（民訴54条参照）は認められているものの，渉外事件における外国弁護士の活動については，国際仲裁など一定の場合を除き[47]，制限されている（弁72条）。この点については，業務の開放を進め，法律サーヴィスの向上を図るべきであろう。

9条3項5号に関しては，ディスカヴァリおよびディスクロージャーの導入が問題となり，一部で抵抗も予想されよう。もっとも，わが国においても，訴え提起前の証拠収集の処分等に関する制度（民訴132条2以下），当事者照会制度（民訴163条），文書提出命令制度（民訴223条）などがあり，これらの制度趣旨に鑑みれば，深刻なアレルギーを引き起こすほどのものでもないのかも知れない。

16条1項・2項がディスカヴァリおよびディスクロージャーの実施を意味するのであれば，上述のことが当てはまる。なお，証言録取書に関しては，わが国の陳述書制度および当事者照会制度の機能を強化する必要があろう。

24条2項に関して，ADRと裁判との連係については，家事事件について調停前置（家審18条参照）が認められるものの，その他の民事事件においても，利用促進が今後の課題であろう[48]。

28条3項は，請求排除効という点で，わが国の争点効理論をめぐる問題が影響を及ぼす可能性がある。もっとも，実務においては，信義則による後訴の排斥を行うことで，事実上，争点効を認めたのと同様の結論を導いており[49]，受容にそれほど問題はないであろう。

30条前段に関して，外国裁判機関の確定判決の効力は，①外国裁判機関の裁判権の存在，②敗訴者に対する手続保障の充足，③公序良俗違反のないこと，④相互主義の適用のあること，の4つの要件を満たすときに，承認される（民

訴118条)。本条では，③の要件に限定しているように読めるが，①，②，④の要件は，ほとんどの国で採用されており，それほど問題はなかろう。

4．日本においては受容が困難であると思われるもの

2条3項に関して，裁判管轄権が肯定されない場合に司法権の行使としての暫定措置を行うことは困難であろう。同4項に関して，専属管轄合意（民訴11条参照）は，直ちに不適法とされるものではないが，国際的専属管轄合意については，渉外事件の特殊性に鑑み，新たな条件を設定する必要があろう。

13条に関して，日本ではいわゆる「裁判所の友」制度[50]は存在しない。また，その利用に関しては，事案との関連性を欠く場合の利用，および，裁判機関に予断を抱かせるおそれがある，などの点で問題が指摘されている[51]。もっとも，法律問題について，法律専門家が法律鑑定を行い，書証としてこれを提出することが実務上行われている。これを釈明権行使の延長上で考えることもできるのかも知れない。

15条2項，4項などのいわゆる欠席判決制度については，わが国に存在せず，また，渉外事件では即時の出頭が困難な場合も考えられ，受容には問題があろう。もっとも，審理の現状等に基づく判決制度の運用によっては，同等の効果をあげることも不可能ではないであろう。

22条2項に関して，証明度については，わが国では10中8，9確からしいという高度の蓋然性が要求されるのに対して，アメリカなどでは，証拠の優越で足りるとされる。この点をどのように調和させるのかが今後の課題であろう[52]。

25条1項に関しては，訴訟費用は原則として敗訴者負担とされている（民訴61条）。ただし，弁護士報酬については，原則，各当事者が負担するものとされている[53]。この点については，敗訴者負担とすることも検討されたが，反対意見も根強く主張されている。

30条後段に関して，民事訴訟法118条により承認の対象となるのは，終局本案判決であるとされ，暫定措置は含まれない。したがって，これを受容する

には，承認・執行制度の対象を拡げることなどが必要となろう[54]。

5. 小　括

これまで検討したところからすると，大多数の条文が大きな修正なくして受容可能であると解される。これは，私法統一国際協会の参加によって，現実に大陸法諸国およびコモン・ロー諸国で採用可能なレヴェルが探求された結果を反映してのことであろう。

担保の提供，外国弁護士による代理，証拠開示，ADRとの連係，請求排除効，および外国判決の簡易化については，わが国の国民の裁判を受ける権利を損なうものではなく，かえって実質を充実させることが期待できるものであり，日本法に一定の修正を施した上で，受容すべきであろう。

これらに対して，国際的な暫定措置・保全措置の運用，国際専属管轄合意，裁判所の友，欠席判決制度，証明度，および弁護士報酬の敗訴者負担といった問題は，その導入について，今後本格的な検討が必要となろう。

V　結びに代えて

渉外民事訴訟の基本原則という本プロジェクトの一つの成果はゴールではなく，ようやくのスタートとして受け止められるべきものといえよう。ここから，当初目的である現実の採用までには，さらに多くの困難な課題が待ち受けているであろう。したがって，これからも手続法改革に向けた一層の努力が求められているといえよう。

なお，渉外民事訴訟手続の基本原則およびルールの採用にあたっては，その前提として，何が理想的な手続かについて共通認識が浸透し，共通のプラクティスを運営する力量を備えた法律家が多数生まれることによる国際的ハーモナイゼイションの健全な展開が必要であるといえよう[55]。すなわち，真の意味で国際的な法律家の活躍が切実な時代の要請となっており，これには，司法制度改革・法曹養成制度改革の進展が不可欠の前提となるであろう。

〔附篇〕

渉外民事訴訟に関する基本原則

以下では，資料として渉外民事訴訟の基本原則の試訳を掲げておく[56]。

「渉外民事訴訟に関する基本原則」
基本原則の適用される対象
　この基本原則は，渉外的な商事紛争に関する裁判規範である。この基本原則は，その他あらゆる種類の民事紛争の解決にも同様に適用しうるものであり，将来の民事訴訟手続改革を主導する基礎となるべきものである。

1. 裁判機関および裁判官の独立性，中立性，および身分保障
1.1　裁判機関および裁判官は，事実および法に基づいて紛争について判断するため，裁判機関内外の不当な影響からの自由を含めて，司法の独立が認められなければならない。
1.2　裁判官は，合理的な在職期間を保障されなければならない。職業裁判官でない裁判体の構成員は，手続において，当事者，紛争，および当該紛争解決に関する利害関係人からの独立性を保障されなければならない。
1.3　裁判機関は中立でなければならない。裁判官またはその他の判断権者は，その中立性に疑義を抱くべき合理的な根拠が存在する場合，手続に関与してはならない。司法の偏頗性を争うための公正で効率的な手続が定められなければならない。
1.4　裁判機関および裁判官のいずれも，一方当事者が欠席した場合に相手方当事者の行う訴訟行為を受けてはならない。ただし，相手方に対する通知を要しない手続，または，通常の手続進行に関する訴訟行為についてはこの限りではない。裁判機関および当事者間で，一方当事者が欠席したまま訴訟行為が行われた場合，当該欠席当事者に訴訟行為の内容を遅滞なく通知しなければならない。
1.5　裁判機関は実体法に関する知識および経験を有するものとする。

2. 裁判管轄
2.1　当事者に対する裁判管轄権は以下の場合に行使することができる。
　2.1.1　当事者間の合意により事件が裁判体に付託されたとき。
　2.1.2　法廷地国と当事者，取引，または事件との間に，実体的関連性が存在するとき。

「実体的関連性の存在」とは，取引または事件の重要な一部が法廷地国に存在する場合，自然人である被告が，法廷地国に住所を有する者，法廷地国の設立認可を受けた法人，または，法廷地国に主たる事業所を有する者である場合，もしくは，紛争に関連する財産が法廷地国に存在する場合，をいう。
2.2 裁判管轄権は，以下の理由に基づいて，他の裁判機関を利用できない場合にも，行使することができる。
  2.1.2 法廷地国に被告が滞在すること，および被告の国籍，または，
  2.2.2 当該財産と紛争との関連性にかかわらず，被告の財産が法廷地国に存在すること。ただし，裁判機関の権限は，当該財産またはその価値を超えて及ぼすことはできない。
2.3 裁判機関は，当該紛争に関して裁判管轄権を有しない場合でも，法廷地国の領域内に存在する人または財産に対して暫定措置を行うことができる。
2.4 当事者が予め他の裁判機関を専属管轄とする旨の合意を行った場合，その他の裁判機関は，原則として，裁判管轄権の行使を控えなければならない。
2.5 ある裁判機関が，裁判管轄権を行使できる他の裁判機関と比較して，明らかに不適切である場合，当該裁判機関は，裁判管轄権の行使を抑制し，または，手続を停止しなければならない。
2.6 事件が既に，裁判管轄権を行使できる他の裁判機関に係属する場合，当該裁判機関においては，紛争が公正に，効率的に，かつ，迅速に解決されえないときを除き，当該機関は，裁判管轄権の行使を控え，または，手続を停止しなければならない。

3. 当事者の手続的公平
3.1 裁判機関は，当事者を公平に取り扱い，その権利に関する主張または防御の提出のために合理的な機会を保障しなければならない。
3.2 公平に取り扱われる権利には，あらゆる種類の不当な差別，わけても国籍または住居所に基づくものを防止さるべきこと，が含まれる。裁判機関は，外国人当事者に特有の問題に配慮しなければならない。
3.3 法廷地国の国民または居住者ではないという根拠のみに基づいて，裁判費用のため，または，暫定措置を申し立てた者の責任として，担保の提供を必要としてはならない。
3.4 原則として，裁判籍に関するルールが，法廷地の住民でない者に不合理な負担を課すものであってはならない。

4. 訴訟代理人（lawyer）を選任する権利

4.1 当事者は，自らの選定に係る訴訟代理人を選任する権利を有する。これには，法廷において活動することを認められた訴訟代理人によって代表されること，および，その他の場所で活動することを認められた訴訟代理人から，裁判機関の面前で積極的な助言を受けることが含まれる。

4.2 訴訟代理人の専門家としての独立性は尊重されなければならない。訴訟代理人は，依頼者に忠誠を尽くすこと，および，依頼者の秘密を保持する責任を果たすことを認められなければならない。

5. 適正な通知および審問を受ける権利

5.1 手続の開始に当たり，原告以外の当事者に対して，効率的な方法で通知を発しなければならない。この通知には，訴状その他請求に関する主張および原告の求める救済を含む文書の写しを添付しなければならない。救済を求める者の相手方当事者に，答弁のための手続，および適時に答弁しなかったことを理由とする欠席判決の可能性について通知しなければならない。

5.2 前項に掲げる文書は，法廷地の使用言語によるものでなければならない。また，自然人である居住者の母国語，裁判機関が主たる業務を行う地の言語，または，取引における主たる文書において使用される言語であってもよい。被告その他の当事者は，6条に定めるところに従い，手続における使用言語により，答弁その他の主張および救済申立ての通知を行わなければならない。

5.3 手続開始後，すべての当事者に対し，申立て，相手方による申し出，および裁判機関による判断について，遅滞なく通知しなければならない。

5.4 当事者は，事実上および法律上の重要な主張を行い，その根拠となる証拠を申し出る権利を有する。

5.5 当事者には，事実上および法律上の主張に対して回答するための公正な機会および相当な期間を与えなければならない。

5.6 裁判機関は，当事者の提出するすべての主張を検討し，実体的な争点を整理しなければならない。

5.7 当事者は，合意により，または，裁判機関の許可を得て，電話会議システム等の意思伝達促進手段を利用することができる。

5.8 裁判機関は，当事者の利害に関わる命令を，事前の通知なくして，発令し，執行することができる。この命令を申し立てるに当たり，当事者は，緊急の必要性，および，公正さへの配慮の点だけを疎明すればよい。一方的申立ては，申立人が保護を求める利益に相応するものでなければならない。利害関係人には，直ちに，命令

および理由を通知しなければならない。また，裁判機関による再審理を求める権利が認められなければならない。

6. 言語
6.1 書面手続および口頭手続のいずれも，原則として，裁判機関の使用言語で行われなければならない。
6.2 裁判機関は，当事者の権利を侵害しない限りにおいて，手続全体またはその一部において，他の言語を使用することを許可できる。
6.3 当事者または証人が手続において用いられる言語に堪能でない場合，通訳が提供されなければならない。長文のまたは複数の文書の翻訳は，当事者間の合意または裁判機関の職権により，一部に限定することができる。

7. 迅速な判断
7.1 裁判機関は，紛争を相当な期間内に解決しなければならない。
7.2 当事者は，手続進行に関して協力すべき義務を負い，適切な指揮を受ける権利を有する。適切な期間，期限を遵守しなかった場合，および正当な理由なくして当該ルールまたは命令に従わなかった場合に，当事者またはその訴訟代理人に，手続ルールまたは裁判機関の命令に基づいて制裁を科すべきことを定めることができる。

8. 暫定措置および保全措置
8.1 裁判機関は，終局判決による効率的な救済の可能性を保全するため，または現状を維持ないし他の手段で規制するために必要と認めるときは，暫定的救済を命じることができる。暫定措置は相当性の原則（principle of proportionality）に基づかなければならない。
8.2 裁判機関は，緊急の必要性，および公正さへの配慮についての疎明だけに基づいて，相手方への通知なくして，暫定的救済を命じることができる。申立人は，裁判機関が適切に認識すべき事実上および法律上の問題をすべて開示しなければならない。一方的救済命令を申し立てた者の相手方は，実務上可能な範囲で早期に救済の適否に関して回答を行う機会を与えられなければならない。
8.3 暫定的救済の申立人は，裁判機関が当該救済は命じられるべきでなかったと判断した場合，原則として，相手方の損害を賠償する責めを負う。裁判機関は，適切な条件の下で，暫定的救済の申立人に，保証金の支払または形式的な損害賠償義務の推定を求めなければならない。

9. 手続の構造

9.1　手続は，原則として，訴答段階，中間段階（interim phase），最終段階（final phase）の三段階からなるものとする。

9.2　訴答段階においては，当事者は，請求，答弁，その他の主張を書面で提出しなければならない。また，主要な証拠の認否をしなければならない。

9.3　裁判機関は，中間段階において，必要と認めるときは，

9.3.1　手続の進行を決定するための協議を行わなければならない。

9.3.2　手続の進行の概要に関する計画を立てなければならない。

9.3.3　管轄，暫定措置，および出訴期限（statutes of limitation）のような早期に考慮すべき問題を処理しなければならない。

9.3.4　証拠能力，自白，ディスクロージャー，およびディスカヴリといった問題を処理しなければならない。

9.3.5　紛争の全部または一部について早期に判断するため，先決問題について判断しなければならない。

9.3.6　証拠を提出するよう命じなければならない。

9.4　最終段階は，原則として，裁判機関が9条3項6号に従って未だ受理していない証拠を，集中的最終審理において提出するものである。そこでは，当事者が，最終弁論（concluding arguments）も行う。

10. 当事者による手続の開始および手続の対象範囲

10.1　手続は，裁判機関自らの職権の発動によるのではなく，原告の請求（claim or claims）によって開始される。

10.2　裁判機関は，出訴期限法，係属中の訴訟（lis pendence）に関する法則，およびその他の適時的要件に従って訴状の提出されるべき時期を決定しなければならない。

10.3　手続の対象範囲は，訴答において，修正されたものを含む当事者の請求および答弁によって判断される。

10.4　当事者は，正当な請求原因を提示するため，相手方当事者に通知した上で，請求または答弁を修正する権利を有する。ただし，修正により手続を著しく遅滞させる場合，またはその他不当な結果を生じる場合にはこの限りではない。

10.5　当事者は，訴えの取下げ，請求の認諾，または和解により，自主的に訴訟手続またはその一部を終了ないし変更する権利を有する。相手方当事者に損害が生じる場合，当事者が一方的に訴訟を終了または変更することは許されない。

11. 当事者および訴訟代理人の責務

11.1　当事者およびその訴訟代理人は，裁判機関および相手方当事者に対して，信義に基づいて行動しなければならない。

11.2　当事者は，裁判機関と，公正で，効率的で，適度に迅速な紛争解決手続の運営を行う責任を共有する。当事者は，証人に対する妨害や証拠の毀滅等の手続の濫用をしてはならない。

11.3　訴答段階において，当事者は，重要な事実，法的主張，および求める救済を詳細に提示しなければならず，主張を根拠付けるために提出される，証拠能力を有する証拠を十分明確に示さなければならない。当事者が，重要な証拠を詳細に提示できないこと，または，証拠を十分明確に示せないことにつき正当な理由がある場合，裁判機関は，必要な事実および証拠が以後の手続中に提出される可能性を適切に考慮しなければならない。

11.4　一方当事者が，相手方当事者の主張に対して，正当の理由なく適時に回答しなかった場合，当該当事者に釈明した後，裁判機関は，当該主張が自白されたものとみなすべき十分な根拠とすることができる。

11.5　当事者の訴訟代理人は，手続上の義務を遵守しつつ当事者を援助するための職業専門家としての責務を負う。

12. 請求および当事者の複数，訴訟参加

12.1　当事者は，裁判機関の管轄に服する，係属中の事件の訴訟物と実体上関係する，相手方当事者または第三者に対するいかなる請求でも主張することができる。

12.2　係属中の事件の訴訟物と実体上関連する利益を有する者は，参加を申し出ることができる。裁判機関は，職権または当事者の申立てにより，当該利益を有する者に，参加を求める告知を行うことができる。裁判機関は，訴訟手続を不当に遅延させたり，混乱させたり，または，その他不当な損害を当事者にもたらすものでない場合，参加を認めることができる。法廷地法に従い，第二審における参加を認めることもできる。

12.3　裁判機関は，相当と認めるときは，当事者と交替すべき者，または，当事者からの相続を認められた者に，当事者となるべき許可を与えなければならない。

12.4　手続に参加した当事者の手続関与および協力に関する権利および義務は，原則として，従前の当事者のそれと同一である。権利および義務の程度は，引込みまたは参加の原因，時期，および条件による。

12.5　裁判機関は，公正かつ効率的な手続の運営および判断のため，または，正義の観点から，請求，争点，または当事者の，分離，もしくは，他の手続との併合を命じ

ることができる。当事者または請求に関して手続を拡張する権限の所在は，この基本原則の対象となるべき問題ではない。

13. 裁判所の友（amicus curiae）の提出
　　手続における重要な法律問題，および背景事情に関する第三者による書面は，裁判機関の同意を得て，当事者と協議の上で，受理することができる。裁判機関は，こうした書面の提出を求めることができる。当事者には，こうした書面が裁判機関によって考慮される前に，それに含まれる事項について，書面による主張を提出する機会が与えられなければならない。

14. 手続進行に対する裁判機関の責務
14.1　実務的に可能な限り早期に手続を開始するよう，裁判機関は，積極的に手続を運営し，紛争を公正，効率的，かつ適度に迅速に解決するため，権限を行使しなければならない。紛争の渉外的な性格を考慮しなければならない。
14.2　裁判機関は，実務的に可能な限り合理的に，当事者と協議の上で手続を運営しなければならない。
14.3　裁判機関は，解決すべき争点について判断し，および手続の全段階において，期日および期限を含む審理計画（timetable）を策定しなければならない

15. 訴え却下および欠席判決
15.1　訴えを却下する場合は，原則として，原告に対して，理由を付さず，提訴できないことを告知しなければならない。訴え却下を告知する前に，裁判機関は，この点について原告に相当な方法で釈明しなければならない。
15.2　欠席判決をくだす場合は，原則として，被告または第三者に対して，理由を付さず，予め定められた期間内に出頭または回答しなかったことを告知しなければならない。
15.3　裁判機関は，欠席判決または訴えの却下を告知する場合，以下の点について判断しなければならない。
　15.3.1　判決の告知を受けるべき当事者に対して管轄権を有していること。
　15.3.2　告知に関する条項に従っていること，および当事者が回答するのに十分な時間が与えられていたこと。
　15.3.3　請求が，審理の対象となりうる事実および証拠によって合理的に根拠付けられ，法律的には損害賠償請求および費用に関する請求を含んでいること。
15.4　欠席判決は，金額または救済の多様性という点において，訴状で要求されたもの

を超えることはできない。

15.5 訴えの却下または欠席判決は，上訴または再審に服する。

15.6 その他手続に関与する義務に従わなかった当事者は，17条に従い，制裁に服する。

16. 情報および証拠へのアクセス

16.1 一般に，裁判機関および各当事者は，重要かつ秘匿特権のない (nonprivileged)，当事者および証人の陳述，専門家の報告，文書，および，物の調査，土地への立入り，適切な条件の下での人に対する物理的または心理的検査から得られる証拠等の証拠に対してアクセスできなければならない。当事者は，証拠としての効力を認められる陳述書を提出する権利を有する。

16.2 裁判機関は，当事者の適時の申立てにより，相手方当事者が所有し，または，支配する，重要で，秘匿特権のない，そして，合理的に認否がなされた証拠を開示するよう命じなければならない。また，必要と認めるときは，遅滞なく，第三者についても同様にしなければならない。証拠が，開示を行うべき当事者または第三者に不利益なものとなるおそれは，開示に対する異議事由とはならない。

16.3 情報に対するアクセスを促進するため，訴訟代理人は，証人となりうる第三者に対して，自発的な意見聴取を行うことができる。

16.4 当事者，証人，および専門家に陳述させることは，法廷の慣行に従って行わなければならない。当事者は，最初に裁判官もしくは相手方当事者による質問を受けた当事者，証人，または専門家に対して直接に，尋問を行う権利を有する。

16.5 証拠を作出した者は，当事者であると否とを問わず，秘密情報の不適当な公開を防止する裁判機関の命令を求める権利を有する。

16.6 裁判機関は，証拠を自由に評価し，証拠方法または提出者に応じて，正当な異議を認めなければならない。

17. 制裁

17.1 裁判機関は，手続に関する義務に従うことを拒否した，または，従わなかった当事者，訴訟代理人，および第三者に，制裁を科すことができる。

17.2 制裁は合理的なもので，当該問題およびもたらされる損害の重大性に応じたものでなければならず，また，手続への関与の程度および審理の程度を反映したものでなければならない。

17.3 当事者に対して用いることのできる制裁としては，

不利益な推定を行うこと，訴え，答弁，全部または一部の主張を却下すること，

欠席判決をくだすこと，手続を停止すること，通常の費用に関するルールの下で許容されるものに加えて費用負担を命じること，がある。当事者および第三者に対して用いることのできる制裁には，過料や間接強制のような金銭的制裁がある。訴訟代理人に対する制裁としては，費用負担に関する判断がある。
17.4 法廷地法により，当事者または第三者による，偽証，暴行，または脅迫といった重大なもしくは悪質な違法行為に対する刑事責任等の追加的制裁を科すこともできる。

18. 証拠に関する特権および免責事項
18.1 秘匿特権，免責事項，および当事者もしくは第三者に対する証拠またはその他の情報の開示に関する同様の保護措置が実施されなければならない。
18.2 裁判機関は，不利益な推定を行うか，または，他の間接的な制裁を科すかを決定する場合，これらの保護措置によって当事者が証拠またはその他の情報を開示しないことを正当化できるか否かを考慮しなければならない。
18.3 裁判機関は，当事者または第三者に対して，証拠またはその他の情報の開示に従うよう直接の制裁を科す場合，これらの保護措置を承認しなければならない。

19. 口頭または書面による主張
19.1 訴答，正式の請求（申立て），および法律上の主張は，原則として，最初に書面によって提出しなければならない。もっとも，当事者は，実体上および手続上の重要な争点に関して口頭により主張を提出する権利を有する。
19.2 裁判機関は，陳述のための手続を定めなければならない。原則として，当事者および証人の陳述は口頭で，また，専門家の報告は書面でなされなければならない。ただし，裁判機関は，当事者と協議の上，証人の最初の証言を書面で提出するよう求めることができる。この書面は，審理に先立って当事者に交付されなければならない。
19.3 口頭による陳述は，当事者の主要な証言または専門家の報告に関する書面の提出後に行われる尋問に限定することができる。

20. 手続の公開
20.1 原則として，証拠が提出され，判決が言渡される期日（hearing）を含む本体的口頭弁論は，公開しなければならない。裁判機関は，当事者との協議の後，正義，公共の安寧，またはプライヴァシーの観点から，審理の全部または一部を非公開とする裁判を行うことができる。

20.2 裁判機関における一件記録（files）および訴訟記録（records）は，公開またはその他の手段により，法廷地法に従って法的利益を有する者または原因調査（responsible inquiry）を行う者が閲覧できるようにしなければならない。
20.3 手続が公開される場合であっても，正義，公共の安寧，またはプライヴァシーの観点から，裁判官は手続の一部を非公開で行うよう命じることができる。
20.4 判決（理由を含む），およびその他の裁判（ordinarily other orders）は，原則として，閲覧できるようにしなければならない。

21. 証明責任および証明度
21.1 原則として，各当事者は，自己に有利な主張（party's case）の基礎となるすべての重要事実について証明責任を負う。
21.2 裁判機関が，事実が真実であると合理的に確信したとき，事実が証明されたものとされる。
21.3 明らかに，当事者が所有し，または，支配している重要な証拠の提出を，理由なくして拒む場合，裁判機関は，当該証拠による証明の対象である争点に関して不利益な推定を行うことができる。

22. 事実および法律に関する判断の責任
22.1 裁判機関は，すべての重要な事実および証拠を検討し，外国法に基づいて判断される問題を含めて，判断のための正確な法的基礎を決定する責任を負う。
22.2 裁判機関は，当事者に回答のための機会を与える場合，以下のことをすることができる。
　22.2.1 当事者に，事実上または法律上の主張を修正すること，および追加の法的主張または証拠を提出することを許可し，もしくは，要請すること。また，
　22.2.2 当事者の申し出ていない証拠の取調べを命じること，もしくは，
　22.2.3 当事者によって提出されていない法理論，事実の解釈，または法律の解釈に依拠すること。
22.3 裁判機関は，原則として，すべての証拠を直接取り調べることができる。ただし，必要と認めるときは，最終段階における裁判機関による検討のために，適切な代替機関に，証拠を取り調べかつ保全することを委託することができる。
22.4 裁判機関は，外国法を含む専門家の報告が有用である重要な争点に関し，当該報告を行うことを専門家に委嘱することができる。
　22.4.1 当事者が専門家について合意した場合，裁判機関は，原則としてその専門家を任用しなければならない。

22.4.2　当事者は，専門家の報告が有用である重要な争点に関し，その選定に係る専門家を通じて，専門家の報告を提出する権利を有する。

22.4.3　専門家は，裁判機関による選定と当事者による選定とを問わず，裁判機関に対して，当該争点に関する完全かつ客観的な評価を提出する義務を負う。

23. 裁判および理由（reasoned explanation）

23.1　当事者の主張・立証が終了すると，裁判機関は，遅滞なく判決を言渡し，書面でもって記録しなければならない。判決では判断された救済を定め，金銭の支払を命じる判断の場合はその額を定めなければならない。

23.2　判決においては，判断の基礎となった重要な事実，法，および証拠に関する理由を付さなければならない。

24. 和解

24.1　裁判機関は，当事者の判決を求める（pursue litigation）意思を尊重しつつも，合理的に可能であれば，当事者間の和解を勧試（encourage）しなければならない。

24.2　裁判機関は，手続のいかなる段階においても，当事者による代替的紛争解決手続の利用を促進しなければならない。

24.3　当事者は，訴訟開始の前後において，合理的な和解交渉（settlement endeavors）に対して協力しなければならない。裁判機関は，和解交渉における不合理な怠慢または信義則違反を反映させて，費用に関する判断を調整することができる。

25. 費用

25.1　勝訴当事者には，原則として，合理的に算出される費用の全部または主要な部分が支払われなければならない。この「費用」には，提訴手数料，速記官等の官吏に支払われる報酬，専門家証人の報酬等の費用，および弁護士報酬が含まれる。

25.2　ただし，裁判機関は，明確な理由が存在する場合には，勝訴当事者に対する費用の支払を行わない，または，制限することができる。裁判機関は，紛争に関する問題に対する純粋な支出を反映した金額に制限することができる。また，不必要な争点を提起した，あるいは，その他不合理な方法で訴訟活動を行った勝訴当事者に費用を負担させることができる。裁判機関は，費用に関する判断を行うに際して，すべての当事者の手続法違反行為を考慮することができる。

26. 判決の即時執行

26.1　第一審裁判機関の終局判決は，原則として，直ちに執行しなければならない。

26.2 第一審裁判機関または上級審裁判機関は，職権または当事者の申立てにより，正義の観点から，上級審係属中の判決の執行を停止することができる。

26.3 上訴人には，執行停止の条件として，また，相手方には，執行停止を拒絶する条件として，担保の供与を求めることができる。

27. 上訴

27.1 上訴は，法廷地法における他の判決（other judgment）と実質的に同じ条件で用いられなければならない。上級審は迅速に結論を出さなければならない。

27.2 上級審の対象範囲は，原則として，第一審手続において提出された請求および答弁に限定されなければならない。

27.3 上級審裁判機関は，正義の観点から，新たな事実および証拠を取り調べることができる。

28. 係属中の訴訟に関する法則および既判力

28.1 係属中の訴訟に関するルールを適用する場合，手続の対象範囲は，修正後のものも含め当事者の訴答における請求によって判断される。

28.2 請求排除に関するルールを適用する場合，請求または既に判断された請求の範囲は，修正後のものも含めて当事者の訴答における請求および答弁，そして，裁判機関の判断および理由を基礎として判断される。

28.3 争点排除という概念は，事実に関する争点，または，事実に対する法の適用に関して，実体的な不公正を防止されるためにのみ適用されなければならない。

29. 効果的な執行

　金銭に関する判断，費用，差止命令，および暫定措置を含む判決の執行手続は，迅速かつ効果的なものでなければならない。

30. 承認

　他の法廷におけるこの基本原則と実質的に矛盾しない手続において判断された終局判決は，実体的公序に反しない限り，承認され，執行されなければならない。同じ観点から，暫定的救済は承認されなければならない。

31. 国際司法共助

　この基本原則を採用した国の裁判機関は，この基本原則と矛盾しない手続を行っているすべての国の裁判機関に，保護的救済または暫定的救済を含む協力，そして，証拠の

認否，保全，および提出に関する協力を提供しなければならない。

(清水宏訳)

1) See, Mauro Cappelletti and Bryant Garth, ed., "Access to Justice ; A world survey", vol. 1, 2 (A. Giuffre, 1978), Mauro Cappelletti and John Weisner, ed., "Access to Justice ; Promising institutions" vol. 1, 2 (A. Giuffre, 1978), Mauro Cappelletti and Bryant Garth, ed., "Access to Justice ; Emerging issues and perspectives", (A. Giuffre, 1979), Klaus-Friedrich Koch, "Access to Justice ; The anthropological perspective : patterns of conflict management : essays in the ethnography of law", (A. Giuffre, 1979). また，その抄訳文献として，マウロ・カペレッティ編（小島武司，谷口安平編訳）『裁判・紛争処理の比較法的研究（上巻）』（1982年，中央大学出版部），同下巻（1985年，中央大学出版部）がある。
2) 小島武司「正義へのアクセス，その新たな波」判タ1183号120頁以下，小島武司「正義への普遍的アクセスムーブメント21世紀の新たな波」『平沼高明先生古稀記念論文集・損害賠償と責任保険の理論と実務』（信山社，2005年）1頁以下参照。
3) たとえば，ヨーロッパ人権条約47条参照。
4) See, ALI/UNIDROIT, "Principles of Transnational Civil Procedure" (Cambridge University Press, 2006), 2.
5) 小島武司「アメリカ法律協会『渉外民事訴訟ルール』について」法の支配119号61頁。この点について，ハザード教授は，これまでのハーモナイゼーションの試みが訴訟制度そのものにまで踏み込めなかった理由として，①手続法は市民および企業の行う一次的な活動から生じた紛争に対応する裁判官および弁護士の活動を対象とするため，法とその対象に一定の社会的距離があること，②手続法は，裁判官や弁護士の活動を対象とすることから，司法機構の権限および義務を規律するものであること，③手続のルールは，特定の国における裁判に関する国家政策をきわめて強く反映したかたちで裁判官や弁護士の役割分担を定めていること，の3点を指摘されている。これらのうち，最も重要なものは，各国に固有の法文化およびそれに対応する政治的価値観が大きく影響する③である。小島・同書，61頁。
6) Marcel Storme, ed., "Approximation of Judiciary in the Europe Union", (Kluwer, 1994).
7) 法族の分析を通じて訴訟法の国際的なハーモナイゼーションの可能性を探求したものとして，小島武司編著『訴訟法における法族の再検討』（中央大学出版部，1999年）がある。
8) 小島・前掲註5)，61頁。
9) この草案は，当初，ハザード教授およびタルフォ教授の私案として発表されたも

のに，ペンシルヴァニア大学の比較民事訴訟セミナー等における検討を通じて数度の修正が加えられた後，1998年3月に正式にアメリカ法律協会の予備草案（Preliminary Draft）として承認された。

10) 小島・前掲註5），61頁。
11) 小島・前掲註5），62頁。
12) 小島・前掲註5），61頁以下。
13) 1999年当時の渉外民事訴訟ルールの概要については，田邊誠「『渉外民事訴訟ルール』草案（アメリカ法律協会起草）研究会報告」国商27巻10号1157頁以下。
14) シュトゥルナー教授の報告書については，春日偉知郎「『渉外民事訴訟ルール草案』に対するヨーロッパ側の反応～シュトゥルナー鑑定意見の翻訳～〔上〕」国商28巻3号281頁以下，同「〔下〕」国商28巻4号407頁以下。
15) ジェフリー・C．ハザード・ジュニア著（猪股孝史訳）「ALI/UNIDROITによる渉外民事訴訟プロジェクトに関する経過報告」国商30巻4号457頁以下。
16) このプロジェクトに関する文献として，Richard L. Marcus, 'Putting American Procedural Exceptionalism into a Globalized Context', 53 Am. J. Comp. L. 709, Michael Trayner, 'Conflict of Laws, Comparative Law, and The American Law Institute', 49 Am. J. Comp. L. 391, Stephen McAuley, 'ACHIEVING THE HARMONIZATION OF TRANSNATIONAL CIVIL PROCEDURE: WILL THE ALI/UNIDROIT PROJECT SUCCEED？', 15 Am. Rev. Int'l Arb. 231, Geoffrey C. Hazard, Jr., Michele Taruffo, Rolf Stuerner, Antonio Gidi, 'PRINCIPLES AND RULES OF TRANSNATIONAL CIVIL PROCEDURE: INTRODUCTION TO THE PRINCIPLES AND RULES OF TRANSNATIONAL CIVIL PROCEDURE', 33 N.Y.U. J. Int'l L. & Pol. 769, Geoffrey C. Hazard, Jr, 'FEDERAL PRACTICE AND PROCEDURE SYMPOSIUM HONORING CHARLES ALAN WRIGHT: From Whom No Secrets Are Hid', 76 Tex. L. Rev. 1665, Glenn S. Koppel, 'Toward A New Federalism in State Civil Justice: Developing a Uniform Code of State Civil Procedure Through a Collaborative Rule-Making Process', 58 Vand. L. Rev. 1167, Moderator: Frederic Bloom, Participants: Geoffrey Hazard, Michele Taruffo, 'CENTENNIAL UNIVERSAL CONGRESS OF LAWYERS CONFERENCE-LAWYERS AND JURISTS IN THE 21ST CENTURY: TRANSCRIPTION: HARMONIZATION OF CIVIL PROCEDURE', 4 Wash. U. Global Stud. L. Rev. 639, Paul R. Dubinsky, Human Rights Law Meets Private Law Harmonization: The Coming Conflict', 30 Yale J. Int'l L. 211.
17) 作成された草案としては，Preliminary Draft No. 1-3 (1998, 2000, 2002), Interim Revision (1998), Council Draft No. 1-2 (2001, 2003), Discussion Draft No. 1-4 (1999, 2001, 2002, 2003), Proposed final Draft (2004) がある。これらのうち，Discussion Draft No. 1 の邦訳文献として，三木浩一「アメリカ法律協会　渉外民事訴訟ルール」

国商 27 巻 5 号 513 頁以下がある。
18) ストックホルム（スウェーデン），リガ（ラトビア），アテネ（ギリシア），イグアス・フォールズ（ブラジル），ブエノス・アイレス（アルゼンチン），ボローニャ（イタリア），ローマ（イタリア），フライブルク（ドイツ），ハイデルベルク（ドイツ），バルセロナ（スペイン），バンクーバー（カナダ），サン・フランシスコ（アメリカ），ボストン（アメリカ），ワシントン D. C.（アメリカ），フィラデルフィア（アメリカ），ウィーン（オーストリア），東京（日本），シンガポール（シンガポール），パリ（フランス），リヨン（フランス），メキシコ・シティー（メキシコ），北京（中国），モスクワ（ロシア），ロンドン（イギリス）で会合が行われた。See, ALI/UNIDROIT, op. cit., 13-15.
19) 同フォーラムは，1999 年の 6 月にハザード教授が来日した際に，千種秀夫最高裁判事および小島が昼食に招待され，席上で本プロジェクトについての説明を受けた後，日本側の研究グループを創立してほしいとの要請を受けて結成したものである。顧問として，尾崎行信弁護士，梶谷玄弁護士，新堂幸司弁護士，鈴木正裕教授，園部逸夫元最高裁判事，田尾桃二教授，竹下守夫教授，谷口安平教授，千種秀夫最高裁判事，中野貞一郎教授を迎え，伊藤眞教授，上北武男教授，大村雅彦教授，春日偉知郎教授，加藤哲夫教授，小島，紺谷浩二教授，田邊誠教授，出口雅久助教授，三木浩一教授，山本克己教授が運営委員に就任した。なお，小島と並んで，猪股孝史助教授，および，清水も事務スタッフとして関わった。（肩書きはいずれも当時のものである。）
20) 田邊・前掲註 13）参照。
21) 春日・前掲註 14）参照。
22) ハザード・前掲註 15）参照。
23) アメリカ法律協会の概要については，小島・前掲註 5），57 頁以下，清水宏「アメリカ法律協会について」国商 28 巻 11 号 1342 頁以下参照。
24) 小島武司「近未来の課題としての渉外民事訴訟共通ルール」『新堂幸司先生古稀記念論文集・民事訴訟法理論の新たな構築 上巻』272 頁以下で，対象設定に関する詳細な分析がなされている。
25) 小島・前掲註 24）・276 頁。
26) この点については，2001 年 10 月に開催された国際アドヴァイザー会議において報告されたメモを参考にさせていただいた。
27) ハザード・前掲註 15）458-459 頁。
28) See, ALI/UNIDROIT, op. cit., 10-11.
29) 小島・前掲註 5），1 頁以下。
30) この点をグローバルなプラクティスの形成という点から論じたものとして，小島前掲註 24）・275 頁以下。

31) See, ALI/UNIDROIT, op. cit., 4-5.
32) See, ALI/UNIDROIT, op. cit., 5, ハザード・前掲註 15), 458 頁。
33) See, ALI/UNIDROIT, op. cit., 5, ハザード・前掲註 15), 458-459 頁, 小島・前掲註 24), 278 頁以下。
34) 小島・前掲註 7), 1 頁以下。
35) See, ALI/UNIDROIT, op. cit., 6.
36) See, ALI/UNIDROIT, op. cit., 9-10.
37) See, ALI/UNIDROIT, op. cit., 9-10.
38) See, ALI/UNIDROIT, op. cit., 6-7.
39) See, ALI/UNIDROIT, op. cit., 7-9.
40) See, ALI/UNIDROIT, op. cit., 8-9.
41) この問題について論じた文献として，小島武司「民事訴訟審理における鑑定・私鑑定—第三の証明モデルの提唱」賠償医学 13 号 50 頁。なお，大陸法的な観点から，日本の実務を批判的に論じたものとして，木川統一郎編著『民事鑑定の研究』（判例タイムズ社，2003 年）がある。
42) この分類設定に当たっては，2001 年 10 月に開催された国際アドヴァイザー会議において伊藤眞教授が報告された，渉外民事訴訟ルールを逐条的に検討されたメモ，および，そこでの議論の記録等を参考にさせて頂き，渉外民事訴訟原則に関する基本原則を対象として作業したものである。
43) 必ずしも第一回口頭弁論期日の後に行わなければならないわけではないが，この段階で行うのが一般的であろう。
44) たとえば，東京地判平成 3 年 1 月 29 日判時 1390 号 98 頁。
45) 渉外訴訟の判決の承認について，Konstantinos D. Kerameus, 'Enforcement in the International Context', Martinus Nijhoff Publishers, 1997.
46) この問題について，たとえば，本間靖規・中野俊一郎・酒井一『国際民事手続法』（有斐閣，2005 年）128 頁以下〔酒井一〕，多田望『国際民事証拠共助法の研究』（大阪大学出版会，2000 年）6 頁以下参照。
47) 外国弁護士に認められる法律事務としては，外国弁護士による法律事務の取扱いに関する特別措置法 3 条，5 条，5 条の 2，5 条の 3 参照。同法の改正に関する文献として，小島武司『外国弁護士法上巻』（信山社，2004 年），および同下巻（信山社，2004 年）などがある。
48) 西口元「民事訴訟と ADR との連携」『石川明先生古稀記念論文集・現代社会における民事手続法の展開 下巻』（商事法務，2002 年）327 頁以下参照。
49) たとえば，最判昭和 48 年 7 月 20 日民集 27 巻 7 号 890 頁。民事訴訟における判決理由中の判断と信義則の問題を扱ったものとして，竹下守夫「争点効・判決理由中の判断をめぐる判例の評価」民商 93 巻臨増 I 259 頁など参照。

50) Amicus curiae について，伊藤正己「Amicus curiae について—その実際と評価—」『菊井維大先生献呈論集・裁判と法 上巻』（有斐閣，1967年）150頁以下，「小島武司『民事訴訟の新しい課題』（法学書院，1975年）61頁以下参照。
51) 前掲註25) のメモを参考にさせていただいた。
52) この問題について，伊藤眞『民事訴訟法 第三版再訂版』（有斐閣，2006年）301頁以下参照。
53) 例外的に，不法行為に基づく損害賠償請求については，弁護士報酬を損害として償還を求めることができる。最判昭和44年2月27日民集23巻4号441頁。この問題に関しては，小林久起＝近藤昌昭『民訴費用法・仲裁法』（商事法務，2005年）21頁以下。
54) 国際仲裁に関しては，UNCITRALモデル仲裁法が改正され，暫定措置・保全措置の承認・執行に関する定めが置かれた。わが国の仲裁法も，モデル法に従った改正が行われることが予想され，その際に，この問題が検討されることとなろう。
55) 小島・前掲註24), 283-283頁。
56) 試訳は清水による。訳語は，可能な限り，ほぼハザード・前掲註15)，および三木・前掲註16)によった。

［小島 武司（中央大学法科大学院教授）
　清水　宏（桐蔭横浜大学法学部助教授）］

資料 I

大学院法学研究科履修要綱（1999 年度〜 2005 年度）

1999 年度
特殊講義 I（日本法制 2010 年）　　　　　　　　　教　授　小島　武司 他
　I　課　題
　わが国は，固有の法意識を根底に据えながらも，欧米先進各国の法律の移植によって法制を整備し，近代的な法制を確立することに成功したかに見える。しかしながら，この近代法制は，ポストモダンの鋭い挑戦を受けて再吟味のさなかにあるのみならず，そもそも法の明確性とそのエンフォースメントの機構の不備のゆえに，法の支配を確立するための力を欠いているのではないかという疑問を拭いがたい。このような法制上の不備は，行政の裁量を増殖させ，司法のプレゼンスを弱め，リーガル・プロフェッションの活動を極めて狭い範囲に封じ込めるという結果を招いている。
　公正で透明感のあるルールが貫徹され自由な個性が十分に発揮される「よき法化社会」は，21 世紀の世界にとってのいわばミニマム・スタンダードであると考えなければならない。そこで，日本法制の根幹をなす問題を深刻に受けとめ，この問題の解決に向けて前進するためには，当然のことながら，実体法と手続法の各分野におけるさまざまな法律にメスを入れ（第三フェイズ），近未来における法改革の姿を具体的に示すことが必要である。このような検討に先立って，日本社会の特色ないし特性を現実に即して客観的に把握すること（第一フェイズ）が必要であり（たとえば，日本論），又，各法制運営の実情を社会学的な調査に基づいて統計的に明らかにする作業が行なわれなければならない（第二フェイズ）。最終的な評価を行なうにあたっては，法律には，各社会の現実に即応した個別性と法の普遍的性格に由来する共通性という両面が存在することを冷静に認識し，問題の所在と改革の方向を歪みない視点から吟味してゆくためには，比較法的な研究を重視すべきであろう（第四フェイズ）。
　このような基本的認識に基づいて，日本法制 2010 年の総合的研究プロジェクトを組織し，その成果を大学院の授業の場において発表し，日本法制の未来像について内外の識者の参加を得ての討論を展開し，日本の未来の創造に向けて力を注ぐ（第五フェイズ）というのが，我々の念願である。
　II　進 め 方
　この総合科目は，学外の専門家，法学部教員および総合政策学部教員による総合的研究プロジェクトを背後にもつことから，基本的には三種のプログラムの組合せから構成

される。
① 年2,3回のラウンド・テーブル（3,4人のスピーカーからなる集中授業）
② 法学部教員および総合政策学部教員による研究成果の発表と討論（原則として単発のセミナー形式）
③ ゲスト・スピーカー等を交えての講演と討論（年3回実施）

Ⅲ 内　　容
1　ラウンド・テーブル
A　近未来課題としての法律改革
　① 立法をめぐる実務と学理　　法制審議会委員　竹下守夫
　② 民事法制の改革　　法務大臣官房参事官　原田晃治
　③ 立法過程の再検討　　内閣法制局中央官庁改革法制室長　山本康幸
　④ 民商事センターによる立法支援　　法務総合研究所総務企画部長　桜井　治
B　私人による公共訴訟
　① 住民訴訟　中西又三
　② 株主代表訴訟　　弁護士　小林秀之
　③ オンブズマン　　川崎市オンブズマン（元高裁長官）大石忠生
C　民事訴訟の21世紀的展開
　① 国際裁判管轄のハーモナイゼイション　　京都大学教授　高桑　昭
　② 民事訴訟法の改革と再改革　　ニューヨーク大学客員教授　谷口安平
　③ トランスナショナル民事訴訟ルールの創設　　アメリカ法律協会プロジェクト・アドバイザー　小島武司
D　情報公開法制の展開
　① 情報公開法の課題　　堀部政男
　② 情報公開法の制定　　総務庁行政管理局（予定）
2　研究報告と討論
　① 法族の理論的考察　　木下　毅
　② 国際私法の改革　　山内惟介
　③ 憲法の改正問題　　長尾一紘
　④ 日本型刑事訴訟の可能性　　椎橋隆幸
　⑤ 法と裁判における正義　　渥美東洋
　⑥ 担保法の課題　　山野目章夫
　⑦ 世界的比較軸のなかの日本　　坂本正弘
　⑧ 外国弁護士活動の法規制と政策　　立命舘大学助教授　レオナルド・チアノ
　⑨ 中国民事手続法の立法的展開　　中国西南政法大学助教授　陳　剛

⑩　その他
　　〔後日に変更補充〕
Ⅳ　その他
　　総合政策研究科「日本論」との一部合併授業として実施・遠隔授業教室を使用するため，多摩，駿河台のいずれでも受講可。

2000年度

特殊講義Ⅰ（日本法制2010年）　　　　　　　　教　授　小島　武司 他
Ⅰ　前掲
Ⅱ　前掲
Ⅲ　内　　容
①　立法過程の課題
　　・民事手続法の改革　　　　　　　（法務省法務大臣官房参事官）
　　・立法過程の現状と改革　　　　　山本庸幸（内閣法制局中央省庁等改革法制室長）
②　司法改革
　　・国家的課題としての司法改革　　保岡興治（衆議院議員・自民党司法制度調査会会長）
　　・司法改革の展望　　　　　　　　太田　茂（法務大臣官房司法法制調査部司法法制課長）
　　・裁判所からみた民事司法の現状と課題　（最高裁判所担当官）
③　法の支配と公共訴訟
　　・情報公開法とソーシャル・コントロール
　　　　　　　　　　　　　　　　　　堀部政男（前行政改革委員会行政情報公開部会専門委員）
　　・組織における法令遵守（コンプライアンス）
　　　　　　　　　　　　　　　　　　野村修也（金融庁検査部参事）
　　・規制緩和と消費者　　　　　　　廣瀬久和（東京大学教授）
④　裁判外紛争処理制度の課題
　　・ICCにおける仲裁と調停　　　　澤田壽夫（ICC国際仲裁裁判所副所長・弁護士）
　　・WTOにおける国際紛争の解決　　松下満雄（WTO仲裁裁判所判事）
　　・民事調停の課題と改革　　　　　萩原金美（神奈川大学教授）
　　・渉外訴訟トランスナショナル・ルール

　　　　　　　　　　　　　　　　　　小島武司（ALIプロジェクト・アドヴァイザー）
⑤　日本の社会と法
　・日本社会における正義と法　　　　渥美東洋
　・行政改革の特色と問題点　　　　　増島俊之（元総務庁事務次官）
　・日本社会の基本的性格　　　　　　坂本正弘
⑥　転換期の商事法制
　・新世紀の商法　　　　　　　　　　岩原紳作（東京大学教授・法制審議会商法部会委員）
　・判例における新潮流　　　　　　　永井和之
⑦　取引の電子化と日本法制
　・電子取引法制の課題と展望　　　　福原紀彦（通産省電子取引研究会主査）
　・電子商取引と電子書面認証機関　　龍崎孝嗣（通産省電子政策課）
　・商業登記に基礎をおく電子認証制度　金子直史（法務省民事局）
⑧　法曹養成の在り方
　・学部・大学院の役割分担　　　　　本間政雄（文部省大臣官房総務審議官）
　・法科専門大学院の構想　　　　　　合田隆史（文部省高等教育局大学課長）
　・法学教育における内実の刷新　　　田中成明（京都大学教授・文部省法学教育の在り方等に関する調査研究協力者会議委員）
　・司法研修所教育の課題　　　　　　奥村隆文（判事・司法研修所事務局長）
⑨　外国の法学教育
　・ドイツ　　　　　　　　　　　　　石川敏行（予定）
　・アメリカ　　　　　　　　　　　　木下　毅
　・イギリス　　　　　　　　　　　　我妻　学（東京都立大学教授）
　・カナダ　　　　　　　　　　　　　長内　了

2001 年度

特殊講義Ⅰ（日本法制 2010 年）　　　　　　　　　　教　授　小島　武司 他
Ⅰ　前掲
Ⅱ　前掲
Ⅲ　内　　容
【2001 年 7 月 28 日】
Ⅰ　日本社会，国際社会と法（10：30 ～ 13：00）

Ⅰ－1．日本社会と法　　　　　　　坂本正弘（中央大学教授）
　　Ⅰ－2．国際社会と法　　　　　　　黒川　剛（中央大学教授・元オーストリア
　　　　　　　　　　　　　　　　　　　　　　　　大使）
　　Ⅰ－3．社会変動と法　　　　　　　渥美東洋（中央大学教授）
　Ⅱ　法学教育の改革（14：00〜20：00）
　　Ⅱ－1．イギリスの法学教育　　　　我妻　学（東京都立大学教授）
　　Ⅱ－2．ドイツの法学教育　　　　　バルテルス 石川，アンナ マリア
　　　　　　　　　　　　　　　　　　　　　　　（中央大学法学部兼任講師）
　　Ⅱ－3．アメリカ・カナダの法学教育　長内　了（中央大学教授）
　　　《Ⅱ－2，Ⅱ－3は，2002年1月26日に変更の可能性あり》
　　Ⅱ－4．地球社会における法比較　　木下　毅（中央大学教授）

【2001年9月1日】
　Ⅲ　法の支配とその実現のメカニズム（第1部）（13：00〜17：30）
　　Ⅲ－1．住民訴訟の問題　　　　　　中西又三（中央大学教授）
　　Ⅲ－2．行政法制の変動　　　　　　石川敏行（中央大学教授）
　　Ⅲ－3．情報公開法の課題　　　　　堀部政男（中央大学教授・前行政改革委員
　　　　　　　　　　　　　　　　　　　　　　　　会行政情報公開部会専門委員）
　　Ⅲ－4．行政改革の今後　　　　　　増島俊之（中央大学教授・元総務庁次官）
　Ⅳ　法の支配とその実現のメカニズム（第2部）（18：00〜21：00）
　　Ⅳ－1．民営化のメカニズム　　　　今村都南雄（中央大学教授）
　　Ⅳ－2．法の支配　　　　　　　　　長尾一紘（中央大学教授）

【2001年9月8日】
　Ⅴ　電子取引と法制の新展開（10：30〜13：00）
　　Ⅴ－1．電子取引法制の課題　　　　福原紀彦（中央大学教授・前 OECD・
　　　　　　　　　　　　　　　　　　　　　　　　CCP 専門委員）
　　Ⅴ－2．電子契約法の展開（予定）　（関係官庁担当官）
　　Ⅴ－3．電子取引と不法行為（予定）（関係官庁担当官）
　Ⅵ　取引社会における公正の確保（14：00〜21：00）
　　Ⅵ－1．企業における法令遵守（コンプライアンス）
　　　　　　　　　　　　　　　　　　野村修也（中央大学教授・金融庁検査部参
　　　　　　　　　　　　　　　　　　　　　　　　事）
　　Ⅵ－2．会社法務部の実態と問題点　小島武司（中央大学教授・経営法友会実態

　　　　　　　　　　　　　　　　　　　　　調査座長）
　Ⅵ－3．コーポレート・ガバナンス　　永井和之（中央大学教授）
　Ⅵ－4．ユニドロワ契約原則　　　　　廣瀬久和（東京大学教授）
　Ⅵ－5．ヨーロッパ契約法典　　　　　廣瀬久和（東京大学教授）

【2002年1月19日】
Ⅶ　司法制度改革（13：00～18：00）
　Ⅶ－1．司法制度の改革（予定）　　　竹下守夫（駿河台大学学長・司法制度改革
　　　　　　　　　　　　　　　　　　　　　　　審議会会長代理〔交渉中〕）
　Ⅶ－2．民事手続法の改革（予定）　　（法務省担当官）
　Ⅶ－3．法学教育の課題（予定）　　　（文部科学省担当官）
　Ⅶ－4．民事裁判運営の課題（予定）　（最高裁担当官または司法研修所教官）
Ⅷ　総括討論（19：00～20：30）
　Ⅷ－1．近未来の日本法制の夢を語る（その1）
　　　　　　　　　　　　　　　　　　小島武司（中央大学教授）

【2002年1月26日】
Ⅸ　総括討論（14：00～17：00）
　Ⅸ－1．近未来の日本法制の夢を語る（その2）～最終レポート打合せ～
　　　　　　　　　　　　　　　　　　小島武司（中央大学教授）
　［注］特殊講義Ⅰ「日本法制2010年」を終えるにあたって，数個の重要論点について短
　　　　い意見表明とディスカッションを行う。参加者は，2002年1月19日までに1ペ
　　　　ージ程度のメモを提出し，その中から討論に適したテーマをこちらで選択する。

2002年度

特殊講義Ⅰ（日本法制2010年）　　　　　　　　　　　教　授　小島　武司 他
Ⅰ　前掲
Ⅱ　前掲
Ⅲ　内　　容
【2002年7月27日(土)】（10：30～20：00）
Ⅰ　「日本社会・国際社会と法」
　　　　　　　　　　　　　　　　　　黒川　剛（中央大学教授）・他2名
Ⅱ　「新世紀の日本経済と電子商取引法制」
　　①電子取引法制の課題　　　　　　福原紀彦（中央大学教授）

②電子契約法の展開　　　　　　　　経済産業省担当官
　　③電子取引と不法行為法　　　　　　経済産業省担当官
Ⅲ　「情報と人権」
　　①ボーダレス時代の個人情報保護法　堀部政男（中央大学教授）
　　②情報公開制度の課題　　　　　　　堀部政男（中央大学教授）

【2002年9月7日（土）】（13：00～18：30）
Ⅳ　「法の支配とその実現のメカニズム（第1部）」
　　①住民訴訟の問題　　　　　　　　　中西又三（中央大学教授）
　　②行政訴訟の今後　　　　　　　　　増島俊之（中央大学教授）
Ⅴ　「法の支配とその実現のメカニズム（第2部）」
　　①民営化のメカニズム　　　　　　　今村都南雄（中央大学教授）
　　②法の支配　　　　　　　　　　　　長尾一紘（中央大学教授）

【2002年9月14日（土）】（14：00～18：50）
Ⅵ　「司法制度改革とその周辺」
　　①民商基本法の整備状況　　　　　　法務省担当官
　　②司法制度改革の重要課題　　　　　法務省担当官
　　③専門的訴訟運営の改善　　　　　　最高裁判所担当官
　　④大学改革の動向　　　　　　　　　大学評価学位授与機構教授

【2003年1月18日（土）】（13：30～17：00）
Ⅶ　「日本と世界の法学教育・ラウンドテーブル」
　　①アメリカ　　　　　　　　　　　　木下　毅（中央大学教授）
　　②ドイツ　　　　　　　　　　　　　石川敏行（中央大学教授）
　　③カナダ　　　　　　　　　　　　　長内　了（中央大学教授）
　　④イギリス　　　　　　　　　　　　（交渉中）
　　⑤フランス　　　　　　　　　　　　柳井俊二（中央大学教授）
　　⑥日本の法科大学院　　　　　　　　小島武司（中央大学教授）
　　各20分程度ご報告いただいた後，討論会を行いたいと思います。

【2003年1月25日（土）】（11：00～18：20）
Ⅷ　「将来の日本法制」
　　①将来の日本法制・全体討論　　　　小島武司（中央大学教授）

②リガール・コンプライアンス　　　　　野村修也（中央大学教授）
　③コーポレート・ガバナンス　　　　　　永井和之（中央大学教授）
　④会社法務部の実態と問題点　　　　　　小島武司（中央大学教授）
　⑤契約法の国際的ハーモナイゼーション①　　廣瀬久和（東京大学教授）
　⑥契約法の国際的ハーモナイゼーション②　　廣瀬久和（東京大学教授）
　全体討論会では，数人の受講者による短いプレゼテーションの後，多角的な討論を行いたいと思います。

2003 年度
特殊講義Ⅰ（日本法制 2010 年）　　　　　　　　　　教　授　小島　武司 他
Ⅰ　前掲
Ⅱ　前掲
Ⅲ　内　　容
　授業内容の詳細は別途お知らせする。日程は①7月下旬，②9月上旬，③9月中旬，④1月中旬，⑤1月下旬の土曜日5回，それぞれ2限から5限までを予定している。
【第1回（7月下旬）】
　Ⅰ　「日本社会・国際社会と法」
　Ⅱ　「新世紀の日本経済と電子商取引法制」
　Ⅲ　「情報と人権」
【第2回（9月上旬）】
　Ⅳ　「法の支配とその実現のメカニズム（第1部）」
　Ⅴ　「法の支配とその実現のメカニズム（第2部）」
【第3回（9月中旬）】
　Ⅵ　「司法制度改革とその周辺」
【第4回（1月中旬）】
　Ⅶ　「日本と世界の法学教育・ラウンドテーブル」
【第5回（1月下旬）】
　Ⅷ　「将来の日本法制」

2004 年度
特殊講義Ⅰ（日本法制 2010 年）　　　　　　　　　　教　授　小島　武司 他
Ⅰ　前掲
Ⅱ　前掲
Ⅲ　内　　容

本年度は下記のとおり実施する予定である。
2004 年 7 月 24 日（土）
10：00〜14：30　「ユビキタス・ジャスティスをめぐって」
　　　　　　　　　正義へのアクセスを普遍化するための諸方策を，立法課題となっている「司法ネット」とのかかわりで多角的に検討する。立法関係者，弁護士などのゲストを招いて，その未来像を探る。
15：30〜20：00　「仲裁制度の改革と法曹のあり方」
　　　　　　　　　主要な常設仲裁機関のあり様および弁護士活動の国際的な潮流をからませて，仲裁関係者および弁護士，学者の報告を聞き，討論を行う。
2004 年 7 月 31 日（土）
10：00〜14：30　「NPO 活動の展開と日本社会」
　　　　　　　　　行政改革，NPO 活動の具体像，その日本社会に及ぼす影響などを，活動の現場にある実践者の報告を受けて討論を行う。
15：30〜20：00　「民法および民事手続法の国際的ハーモナイゼイションを考える」
2005 年 1 月 22 日（土）
10：00〜14：00　「リーガル・コンプライアンス，コーポレート・ガヴァナンス，e コマース」
15：00〜20：00　「ADR，仲裁法など」
　　　　　　　　「自由討論」

2005 年度

特殊講義 I（日本法制 2010 年）　　　　　　　　　　教　授　小島　武司 他
I　前掲
II　前掲
III　内　　容
　本年度は下記のとおり実施する。ただし，講師間の日程調整のため相当の変更がありうる。
2005 年 7 月 23 日（土）
　・仲裁
　　ドメインネーム紛争とその解決（中央大学　佐藤恵太氏）
　・倫理
　　弁護士と依頼者との関係— fiduciary duty をめぐって（東京大学　樋口範雄氏予定）
　　ゴーン（社長）経営改革の中の法と倫理（元日産自動車役員予定）

- 司法ネット
   総合法律支援法の目標と仕組み（法務省司法法制関係担当者予定）
   弁護士会及び法律扶助協会の対応をめぐって（日本法律扶助協会理事予定）
- 地域弁護士活動の昨日・今日・明日―指導的弁護士の体験に即して（弁護士を予定）
   ＊2回分

2005年7月30日（土）
- 裁判外紛争解決手続利用促進法
   ADR機関の認証とその評価を中心として（一橋大学　山本和彦氏予定）
   新法制下のPLセンターについて（製品安全協会理事長予定）
- 仲裁
   UNCITRALにおけるモデル仲裁法の改革について（慶応大学　三木浩一氏予定）
   事例から見た仲裁法の運用と問題点（中央大学　小島武司・桐蔭横浜大学　清水宏氏）＊2回分
- 検察
   変化する日本社会と検察の役割―とくに特捜部を中心に（中央大学法科大学院教授　宗像紀夫氏予定）

2005年9月17日（土）
- 国際的ハーモナイゼイション
   ヨーロッパ契約法について（東京大学　廣瀬久和氏予定）＊2回分
   日本の会社法の過去と現在―ドイツ法とアメリカ法の狭間での歴史（中央大学　丸山秀平氏予定）
- 司法アクセスの基礎理論
   司法アクセスの理論（東京大学　太田勝造氏予定）
   相対交渉のあり方（弁護士　大澤恒夫氏）
- 最高裁判所の21世紀―これまでの判例展開を顧みて―（元高裁長官等を予定）

2006年1月21日（土）
- 総括（中央大学　小島武司）

なお，さらに三つのテーマの設定を予定している。

《後記》以上，1999年度から2005年度までの履修要綱を掲げたが，その後相当大幅な変更があって，現実に実施された授業では，テーマ，講師などが要綱とは異なっている。資料が散逸しており，正確な記述は困難であるものの，イメージを伝えることが有意義であるとの考えから，履修要綱における当初の記載をそのまま掲記した。関係の方々のご海容をお願いしたい。

資料 II

中央大学編『司法改革・教育改革』
（中央大学大学院「日本法制 2010 年」講義集（2001 年 3 月　中央大学出版部）

はしがき

　本書は，中央大学大学院法学研究科における平成 11 年度「日本法制 2010 年」（「特殊講義 I」）の集中講義（平成 11 年 7 月，同年 9 月および平成 12 年 1 月に実施）のうち，司法改革に関係するテーマを中心に，主として国会，各官庁等からご出講いただいた先生方のご講義を，とりあえず一巻にまとめたものです。内容は，その後の展開を加筆した部分も若干はありますが，原則として講義をしていただいた時点のものです。なお，このほかのご講義については別の形での公刊が予定されております。

　このなかには，別にご執筆いただいたご論考が多数を占めますが，口頭のご講演を反訳して作成していただいたものも若干あり，このことも関係して，文体を異にするご論考が含まれています。それぞれにメッセージを伝える独特の力があることから，あえて統一をしないことに致しました。

　ご講義は，各界における貴重なご経験と豊かな学識に基づくものであり，多くの学生たちに感銘を与え，今後の学位論文等を構想する際の貴重な指針となるものと確信致しております。学生たちも，ゲスト・スピーカーの方々がお与えくださったこの機会を得難いものと感じており，感謝の言葉がわたくしのもとに寄せられております。本務ご多用のところ，ご出講を賜り，まことにありがたく，改めて厚く御礼申し上げます。

　本講座は，中央大学大学院の都心展開の一環として平成 11 年 4 月より創設された社会人教育のための講義として企画されたものであり，学理と実務を総合した教育をめざす中央大学の新しい方向を指し示す象徴的な試みの一つです。司法改革もいよいよ正念場を迎えつつあるいま，中央大学にとっても特別の意義があり，阿部三郎理事長をはじめ法人の方々のご配慮をえて，中央大学出版部から公刊されることになり，講座「日本法制 2010 年」の世話役（コーディネイター）としては感激一入です。

　本書の出版にあたっては，中央大学出版部の大久保功夫部長，矢崎英明副部長に大変お世話になりました。ここに特記して，感謝の意を表します。

2000 年 9 月

小　島　武　司

目　次

はしがき

Ⅰ　新世紀の国家的課題
　　　国策としての司法改革　　　　　　　　　　　　　保岡　興治… 1

Ⅱ　立法過程
　　　立法過程の現状と改革　　　　　　　　　　　　　山本　庸幸… 17
　　　アジア諸国への法整備支援　　　　　　　　　　　栃木庄太郎… 33

Ⅲ　司法改革
　　　司法改革の展望　　　　　　　　　　　　　　　　太田　　茂… 59
　　　日弁連の司法改革プラン　　　　　　　　　　　　堤　　淳一… 75

Ⅳ　教育改革
　　　法学教育改革への挑戦　　　　　　　　　　　　　清水　　潔… 107
　　　イギリスの法学教育・法曹教育　　　　アンドリュー・ワトソン… 123
　　　　　　　　　　　　　　　　　　　　　　　訳 田島　裕

Ⅴ　行政と改革
　　　情報公開法の制定　　　　　　　　　　　　　　　瀧上　信光… 155

編者・著者紹介

＊ (株)株式会社，(財)財団法人，(社)社団法人，(独)独立行政法人，(特)特定非営利活動法人

近藤昌昭 名古屋地方裁判所判事

齋藤　隆 東京地方裁判所判事

合田俊文 (株)富士通総研シニアマネジングコンサルタント

石川幹子 (株)富士通総研コンサルタント

藤本光太郎 (株)富士通総研コンサルタント

出井直樹 大東文化大学法科大学院教授・日本弁護士連合会事務次長・日本仲裁人協会理事・弁護士

唐木芳博 (財)建設経済研究所研究理事

大貫雅晴 (社)日本商事仲裁協会理事・関西大学講師

松元俊夫 (社)日本海運集会所顧問

川村　明 国際法曹協会事務総長・(社)日本仲裁人協会常務理事・元京都大学法学研究科客員教授・弁護士

澤田壽夫 上智大学名誉教授・ICC 国際仲裁裁判所副所長・弁護士

山本和彦 一橋大学法学研究科教授

萩原金美 神奈川大学名誉教授

島野　康 (独)国民生活センター審議役・明治学院大学法学部非常勤講師

田中圭子 (特)日本メディエーションセンター代表理事・JMC 研究所所長

相澤　哲 法務省民事局商事課長

小林秀之 一橋大学大学院国際企業戦略研究科教授・弁護士

高木新二郎 野村證券(株)顧問・法学博士

臼井純子 (株)富士通総研取締役公共コンサルティング事業部長兼 PPP 推進室長

坂野成俊 (株)富士通総研公共コンサルティング事業部シニアコンサルタント

山岡義典 法政大学現代福祉学部教授・(特)日本 NPO センター副代表理事

竹田純一 (財)水と緑の惑星保全機構事務局次長・里地ネットワーク事務局長

舘　　昭 桜美林大学院国際学研究科教授

本間政雄 立命館副総長・前京都大学理事副学長・国立大学マネジメント研究会会長

松下満雄 東京大学名誉教授・元 WTO 上級委員

黒川　剛 (財)日独協会理事・元中央大学総合政治学部教授

坂本　正弘（さかもと　まさひろ）　日本戦略研究フォーラム副理事長・中央大学総合政策博士
木下　毅（きのした　つよし）　元中央大学法学部教授・弁護士
小島　武司（こじま　たけし）　桐蔭横浜大学法学部長・大学院研究科長・日本仲裁ADR法学会理事長・日本司法アクセス学会長・中央大学名誉教授
清水　宏（しみず　ひろし）　桐蔭横浜大学法学部准教授

日本法制の改革：立法と実務の最前線
日本比較法研究所研究叢書 (74)

2007年9月10日　初版第1刷発行

編著者　小　島　武　司

発行者　福　田　孝　志

発行所　中　央　大　学　出　版　部
〒 192-0393
東京都八王子市東中野742-1
電話042-674-2351・FAX 042-674-2354
http://www2.chuo-u.ac.jp/up/

© 2007　小島武司　　ISBN978-4-8057-0573-5　　㈱大森印刷, 法令製本

日本比較法研究所研究叢書

1	小島武司 著	法律扶助・弁護士保険の比較法的研究	A5判 2940円
2	藤本哲也 著	CRIME AND DELINQUENCY AMONG THE JAPANESE-AMERICANS	菊判 1680円
3	塚本重頼 著	アメリカ刑事法研究	A5判 2940円
4	小島武司／外間寛 編	オムブズマン制度の比較研究	A5判 3675円
5	田村五郎 著	非嫡出子に対する親権の研究	A5判 3360円
6	小島武司 編	各国法律扶助制度の比較研究	A5判 4725円
7	小島武司 著	仲裁・苦情処理の比較法的研究	A5判 3990円
8	塚本重頼 著	英米民事法の研究	A5判 5040円
9	桑田三郎 著	国際私法の諸相	A5判 5670円
10	山内惟介 編	Beiträge zum japanishen und ausländischen Bank- und Finanzrecht	菊判 3780円
11	木内宜彦／M・ルッター 編著	日独会社法の展開	A5判 (品切)
12	山内惟介 著	海事国際私法の研究	A5判 2940円
13	渥美東洋 編	米国刑事判例の動向 I	A5判 5145円
14	小島武司 編著	調停と法	A5判 4384円
15	塚本重頼 著	裁判制度の国際比較	A5判 (品切)
16	渥美東洋 編	米国刑事判例の動向 II	A5判 5040円
17	日本比較法研究所 編	比較法の方法と今日的課題	A5判 3150円
18	小島武司 編	Perspectives On Civil Justice and ADR: Japan and the U.S.A	菊判 5250円
19	小島／清水／渥美／外間 編	フランスの裁判法制	A5判 (品切)
20	小杉末吉 著	ロシア革命と良心の自由	A5判 5145円
21	小島／清水／渥美／外間 編	アメリカの大司法システム(上)	A5判 3045円
22	小島／清水／渥美／外間 編	Système juridique français	菊判 4200円

日本比較法研究所研究叢書

23	小島・渥美・清水・外間 編	アメリカの大司法システム（下）	A5判 1890円
24	小島武司・韓相範 編	韓国法の現在（上）	A5判 4620円
25	小島・渥美・川添・清水・外間 編	ヨーロッパ裁判制度の源流	A5判 2730円
26	塚本重頼 著	労使関係法制の比較法的研究	A5判 2310円
27	小島武司・韓相範 編	韓国法の現在 下	A5判 5250円
28	渥美東洋 編	米国刑事判例の動向Ⅲ	A5判 3570円
29	藤本哲也 著	Crime Problems in Japan	菊判（品切）
30	小島・渥美・清水・外間 編	The Grand Design of America's Justice System	菊判 4725円
31	川村泰啓 著	個人史としての民法学	A5判 5040円
32	白羽祐三 著	民法起草者穂積陳重論	A5判 3465円
33	日本比較法研究所 編	国際社会における法の普遍性と固有性	A5判 3360円
34	丸山秀平 編著	ドイツ企業法判例の展開	A5判 2940円
35	白羽祐三 著	プロパティと現代的契約自由	A5判 13650円
36	藤本哲也 著	諸外国の刑事政策	A5判 4200円
37	小島武司他 編	Europe's Judicial Systems	菊判 3255円
38	伊従寛 著	独占禁止政策と独占禁止法	A5判 9450円
39	白羽祐三 著	「日本法理研究会」の分析	A5判 5985円
40	伊従・山内・ヘンリー 編	競争法の国際的調整と貿易問題	A5判 2940円
41	渥美・小島 編	日韓における立法の新展開	A5判 4515円
42	渥美東洋 編	組織・企業犯罪を考える	A5判 3990円
43	丸山秀平 編著	続ドイツ企業法判例の展開	A5判 2415円
44	住吉博 著	学生はいかにして法律家となるか	A5判 4410円

日本比較法研究所研究叢書

45	藤本哲也 著	刑事政策の諸問題	A5判	4620円
46	小島武司 編著	訴訟法における法族の再検討	A5判	7455円
47	桑田三郎 著	工業所有権法における国際的消耗論	A5判	5985円
48	多喜 寛 著	国際私法の基本的課題	A5判	5460円
49	多喜 寛 著	国際仲裁と国際取引法	A5判	6720円
50	眞田・松村 編著	イスラーム身分関係法	A5判	7875円
51	川添・小島 編	ドイツ法・ヨーロッパ法の展開と判例	A5判	1995円
52	西海・山野目 編	今日の家族をめぐる日仏の法的諸問題	A5判	2310円
53	加美和照 著	会社取締役法制度研究	A5判	7350円
54	植野妙実子 編著	21世紀の女性政策	A5判	4200円
55	山内惟介 著	国際公序法の研究	A5判	4305円
56	山内惟介 著	国際私法・国際経済法論集	A5判	5670円
57	大内・西海 編	国連の紛争予防・解決機能	A5判	7350円
58	白羽祐三 著	日清・日露戦争と法律学	A5判	4200円
59	伊従 寛 他編	APEC諸国における競争政策と経済発表	A5判	4200円
60	工藤達朗 編	ドイツの憲法裁判	A5判	6300円
61	白羽祐三 著	刑法学者牧野英一の民法論	A5判	2205円
62	小島武司 編	ＡＤＲの実際と理論Ⅰ	A5判	4200円
63	大内・西海 編	United Nation's Contributions to the Prevention and Settlement of Conflicts	菊判	4725円
64	山内惟介 著	国際会社法研究 第一巻	A5判	5040円
65	小島武司 著	CIVIL PROCEDURE and ADR in JAPAN	菊判	5565円
66	小堀憲助 著	「知的(発達)障害者」福祉思想とその潮流	A5判	3045円

日本比較法研究所研究叢書

67	藤本哲也 編著	諸外国の修復的司法	A5判 6300円
68	小島武司 編	ＡＤＲの実際と理論Ⅱ	A5判 5460円
69	吉田　豊 著	手付の研究	A5判 7875円
70	渥美東洋 編著	日韓比較刑事法シンポジウム	A5判 3780円
71	藤本哲也 著	犯罪学研究	A5判 4410円
72	多喜　寛 著	国家契約の法理論	A5判 3570円
73	石川・エーラース・グロスフェルト・山内 編著	共演　ドイツ法と日本法	A5判 6825円

＊価格は消費税5％を含みます．